JN449281

제3판

SPSS/AMOS 활용

구조방정식모형 논문통계분석

조철호

SPSS

Statistical Analysis of Structural Equation Model Using SPSS/AMOS

AMOS

도서출판 청람

| 머리말 |

대학원의 논문 제출기간과 학술대회기간이 다가오면 많은 연구자들이 풀리지 않는 통계분석과 연구방법론의 의문을 가지고 해결책을 찾기 위해 필자를 찾는다. 외부 전문가의 조언을 받아 수집된 자료라지만 가져온 데이터를 분석을 해보면 의도한 분석결과가 나오지 않는 경우가 대부분이다. 이는 처음부터 잘못된 연구설계(연구모형, 설문도구, 데이터 수집방법 등)로 인해 연구의 타당성과 신뢰성을 확보하지 못했기 때문이다. 이런 데이터로 내가 조언해 줄 수 있는 것은 매우 제한적이다. 연구자가 처음부터 좋은 선생과 책을 접하고 실제적인 논문작성을 위한 연구방법과 분석기법에 좀 더 집중할 수 있었다면 성과는 많이 달랐을 것이다.

나는 SPSS/AMOS를 활용한 구조방정식모형 논문통계특강을 15년 이상 해오면서 연구자들과 논문통계에 대해 많은 의견을 나눈 바 있다. 값비싼 통계특강을 수강해보지만 막상 연구를 시작하려면 연구모형 구축, 설문도구 설계, 통계분석기법 선정 등 연구설계 단계에서부터 막힌다는 것이다. 어쩌다 수집된 데이터를 분석해보면 의미 없는 결론에 도달하거나, 학술지 투고를 하더라도 돌아오는 것은 불가능해 보이는 '수정 후 재심사'나 '기각' 통고라는 것이다.

사실 초보연구자가 독자적으로 연구를 한다는 것은 쉬운 일이 아니다. 논문을 쓰려면 전공지식은 물론 연구방법론, 통계학, 통계프로그램, 최신 연구경향까지 알아야 하는데 대학원 교육과정에서 연구조사방법론은 대부분의 경우에 이론 강의에 머무르는 수준이고, 바쁜 지도교수의 역할이 현실적으로 제한적일 수밖에 없는 상황에서 홀로 연구하고 논문을 저술한다는 것은 사실상 쉽지 않다. 그러나 본서는 많은 상담을 통해 초보연구자들의 고충을 이해하고 학습자 관점에서 저술되었기에 연구자들의 근심과 고민을 대부분 덜 수 있을 것으로 기대한다.

본서의 특징은 간략히 말하면 다음과 같다. 첫째, 구조방정식모형을 활용한 논문을 작성할 때 반드시 알아야 할 내용들을 수록하고 있다. 둘째, 논문작성에 필요한 이론은 물론 SPSS 기초부터 AMOS 고급과정까지 다루고 있다. 셋째, 내용구성과 목차순서는 학습자의 이해력을 높이기 위해 차별화하였다. 넷째, 중요 핵심사항은 학습하면서 자연히 습득되도록 반복 기술하였다. 다섯째, 구조방정식모형 논문에 사용되는 통계기법을 효율적으로 설명하고 있어 효과적인 학습이 가능하다. 마지막으로 제14장 말미에 '실전실습과제'를 제시하여 학습자가 논문통계분석 실습을 실제처럼 시도할 수 있는 기회를 제공하고 있다. 이에 대한 해설은 별도의 장(제5부의 제18장)을 할애하여 자세하게 다루고 있다.

본서의 구성은 다음과 같다. 제1부 '연구논문의 이해'에서는 연구논문구조, 이론적 개념, 연구설계방법, 설문도구작성, 자료수집에 대해 다루고 있다. 제2부 'SPSS 통계분석'에서는 논문통계에서 필요한 SPSS 분석기법을 실습을 통해 설명하고 있다. 특히 'SPSS의 이해와 기본운영'에서는 SPSS 프로그램을 빠르게 습득할 수 있도록 내용을 구성하였다. 제3부 'AMOS 구조방정식모형 통계분석'에서는 구조방정식모형 논문에서 사용되는 통계분석 프로세스를 소개하고 탐색적 요인분석부터 구조방정식 모형을 이용한 인과관계분석까지 전 과정을 실제 연구데이터의 분석실습을 통해 설명하고 있다. 특히 제14장 말미의 '실전실습과제'는 학습자의 실력을 배가시킬 수 있는 핵심과제로서 실전적인 논문통계분석 능력을 효과적으로 키울 수 있다. 제4부 '매개효과와 조절효과분석'에서는 연구자들이 가장 궁금해 하는 매개효과와 조절효과 분석 방법을 실제 데이터분석을 통해 설명하고 있다. 특히 조절효과분석은 조절회귀분석은 물론 다집단비교 구조방정식모형분석까지 핵심적으로 다루고 있다. 신설된 제5부의 제18장에서는 제14장 말미의 '실전실습과제'의 풀이과정을 자세하게 다루고 있다. 마지막으로 부록에서는 저자가 저술한 연구논문 두 편을 제시하여 실전학습에 도움이 되도록 하였다. 이 두 논문은 본서의 실전데이터 실습과 연계된다.

필자는 필자의 강의와 지도를 통해 연구자들이 연구성과를 내고, 학위를 받고, 우수논문상을 수상할 때마다 감사하며 깊은 보람을 느낀다. 부디 이번 책도 학습자에게 기대 이상의 성과를 내는 좋은 책이 되었으면 한다. 부족한 점은 학습자들의 의견을 들어 차후에 보강하고자 하며 e메일과 다양한 채널로 많은 지적과 질문을 환영한다.

아울러 이 책이 출간될 수 있도록 지원해준 도서출판 청람의 이수영 사장님, 묵묵히 응원해준 가족, 조언을 아끼지 않는 선·후배 교수님들, 본서와 통계특강을 통해 학문적 소통과 인연을 이어오고 있는 많은 학습자들에게도 감사의 마음을 전하고자 한다.

2021년 5월

조철호

| 차례 |

Part 1 연구논문의 이해

Chapter 01 연구논문의 구조적 특성 및 작성 프로세스

Chapter 02 연구논문에 활용되는 주요 이론적 개념

Part 2 SPSS 통계분석

Chapter 05 SPSS의 이해와 기본운영

Chapter 06 교차분석

Chapter 07 평균비교

Chapter 08 분산분석

Part 3 AMOS 구조방정식모형 통계분석

Chapter 13 구조방정식모형 기반 논문통계분석 프로세스

Chapter 14 구조방정식모형을 이용한 실전데이터분석

Part 4 매개효과와 조절효과분석

Chapter 15 매개효과

Chapter 16 조절효과(1): 조절회귀분석

Chapter 17 조절효과(2): 다집단비교 구조방정식모형분석

Part 5 구조방정식모형 논문통계 완성

Chapter 18 핵심 실전실습과제 풀이

SPSS/AMOS 활용
구조방정식모형 논문통계분석

PART 01

연구논문의 이해

SPSS/AMOS 활용 구조방정식모형 논문통계분석

CHAPTER

01 연구논문의 구조적 특성 및 작성 프로세스

제 1 절 연구논문 심사기준과 매력적 연구

1.1 연구논문 심사기준

일반적으로 연구자들은 다양한 목적으로 연구논문을 작성하여 권위 있는 학술지에 투고하고자 한다. 대학원생은 학위요건을 채우기 위해서, 학위취득자는 교수임용을 위해서, 교수는 학문의 발전과 연구업적을 위해서 많은 시간을 들여 연구하고 논문을 작성하여 학술지에 투고한다.

학술지의 논문심사 프로세스를 살펴보면, 학술지마다 차이는 있으나 투고된 논문은 학회의 편집위원회를 거쳐 전공분야의 교수 2인 이상에게 무기명 심사가 의뢰되고 심사교수는 심사를 거쳐 논문의 게재 등급을 판정하여 심사보고서를 작성한다. 작성된 심사보고서는 편집위원회에 송부되고 편집위원회는 심사보고서를 투고자에게 송부한다. 투고자는 심사보고서를 참고하여 수정보고서를 작성한 후에 수정된 논문과 함께 편집위원회로 송부로 한다. 이러한 과정이 한두 차례 반복되면서 논문심사 프로세스가 완성된다.

논문의 판정기준을 살펴보면, 학술지마다 약간의 차이는 있지만 일반적으로 연구주제의 적합성(학술지 성격과의 부합도), 연구주제의 참신성(이론적, 실무적 관점), 연구방법의 타당성(이론전개 및 실증적 연구), 논문구성의 충실성(논리 및 구성의 체계성), 연구결과의 기여도(시사점의 실제적 기여), 논문의 의사전달 효과(논문작성의 기준의 부합정도) 등으로 구성되어 있다. 논문의 판정등급은 일반적으로 '무수정 게재', '수정 후 게재', '수정 후 재심사', '게재불가'로 세분되어진다. '무수정 게재 판정'

은 판정기준에 완벽하게 부합하는 경우로 이에 해당하는 논문은 매우 드물다. '수정 후 게재 판정'은 판정기준에 대부분 부합된 논문으로 사소한 수정이 필요한 경우이다. 대부분의 경우에는 '수정 후 재심사' 또는 '게재불가' 중 하나를 판정받게 된다. '수정 후 재심사'는 현재 상태에서는 게재가 불가능하지만 많은 수정을 거쳐 논문이 게재기준에 부합하게 되면 게재가 가능한 경우를 말하며, '게재불가'는 이론적으로나 실증적으로 많은 오류가 있어서 게재가 불가능한 경우를 말한다.

실제로 '수정 후 재심사' 판정을 받았다면 초보 연구자는 많은 수정요구에 좌절할지도 모르겠다. 그러나 이 경우에 본인의 논문이 심사자의 수정요구에 부합될 수 있다면 학술지에 게재될 가능성이 크다는 것을 인식해야 한다. 따라서 심사자의 수정요구에 최대한 응하는 자세를 가져야 한다. 가끔은 불가능한 수정요구가 한두 개 있을 수 있으며 이 경우에 심사자가 용인할 수 있는 부분이라면 양해를 구하고 연구의 한계로 기술하여 향후 연구과제로 남겨 둘 수도 있다. 그리고 '게재불가' 판정을 받았을지라도 수정보고서를 참고하여 논문을 완벽하게 수정하여 재투고할 수 있으며, 실제로 많은 경우에 게재에 성공하기도 한다.

1.2 연구논문 심사에서 고려되는 사항

연구논문의 경우에 심사자에게 비쳐지는 논문의 첫 인상은 게재 여부에 영향을 줄 수 있을 정도로 매우 중요하다. 따라서 논문의 내용도 중요하지만 심사에서 고려되는 매력적인 요소에 대한 관리가 필요하다. 이에 대해 살펴보면 다음과 같다.

첫째, 논문제목은 연구내용을 보여주며 진부하지 않아야 한다. 논문제목에서 연구내용이 나타나야 하며, 단순히 인과적 관계를 나타내는 제목보다는 좀 더 임팩트 있고 참신하게 보일 수 있는 논문제목을 찾아보는 것이 좋다.

둘째, 연구주제 및 대상을 명확히 해야 한다. 즉 내가 하고자 하는 연구가 무엇이고 어떤 연구대상에 적용해서 무엇을 알고자 하는 것인지를 명확히 기술해야 한다.

셋째, 연구의 필요성, 중요성, 연구목적이 명확해야 한다. 문제제기를 통하여 연구의 필요성과 중요성을 강조하고, 연구를 통해 달성되어야 할 연구목적이 명확하게 제시되어야 한다.

넷째, 연구의 희소성과 차별성을 최대로 부각시켜야 한다. 특정 주제와 관련하여 비슷한 유형의 논문제목과 연구모형을 가진 논문들이 투고되고 게재되는 가운데 논문의 서론에서 자신의 연구의 희소성과 차별성을 부각시키지 못한다면 논문에 대한 매력은 떨어지고 학술지 게재 가능성은 그만큼 낮아지게 된다. 투고 논문이 다른 논문과 어떻게 다르고 어떤 희소성을 가지는지를 적극적으로 기술해야 심사위원이 관심을 가지고 열심히 읽어줄 것이다.

다섯째, 연구방법 및 절차에 대한 기술이 명확해야 한다. 일반적으로 연구자들은 자신들의 논문을 쓰기 위해 벤치마킹 차원에서 기존 논문의 연구방법과 절차를 공부하고 활용하여 연구를 진행하는 경우가 많다. 따라서 심사논문에서 연구방법과 절차가 명확하지 않은 경우에 논문의 진실성은 떨어지게 되고 궁극적으로 의심을 받게 된다.

여섯째, 연구결과로 인한 기대효과나 파급효과를 제시해야 한다. 사회과학분야의 인과관계를 밝히는 논문은 이론적 연구결과도 중요하지만 논문의 결론 부분에서 문제에 대한 해결책을 실무적 방향에서 제시할 수 있어야 한다. 이러한 해결방안은 연구의 기대효과에서 제시될 수 있다. 즉 연구논문의 이론적·실무적 기여에 대한 기대효과를 제시할 수 있어야 한다. 연구결과가 향후 후속연구에 미칠 파급효과도 제시될 수 있다.

일곱째, 연구가설과 연구모형의 구성은 시사성과 참신성을 가져야 한다. 연구가설과 연구모형은 서론에서 제기된 문제를 해결하기 위한 연구방향과 예상되는 변수 간의 인과적 관계를 보여준다. 이와 함께 기존 연구와 다른 참신성을 보여줄 수 있어야 한다. 파격적인 참신성을 보여주는 것은 어렵지만 연구모형을 구축하는 과정에서 매개변수와 조절변수를 적절하게 활용한다면 약간의 차별성과 참신성을 더할 수 있다.

여덟째, 연구에 적합하고 수준 있는 데이터 분석기법을 사용한다. 심사자들은 연구논문의 분석기법과 수준을 평가하며, 분석기법이 타당하다 할지라도 수집된 데이터 수준에 비해 분석기법이 단순한 경우에는 분석의 세밀성, 연구자의 분석능력, 시사적 결론의 결핍 등의 이유로 기각판정을 내리기도 한다. 인과분석과 관련하여 예를 들면 회귀분석보다는 경로분석이, 경로분석보다는 구조방정식모형을 활용한 공분산구조분석이 선호된다. 여기서 주의할 점은 동일한 데이터를 분석하더라도 회귀분석, 경로분석, 구조방정식모형을 활용한 공분산구조분석은 오차항의 적용차원 수준이 다르므로 분석결과(가설의 채택, 기각)가 정도의 차이는 있지만 각기 다르게 나타나기도 한다. 따라서 분석기법의 세밀성을 떠나 어떤 분석을 활용하든 간에 연구자가 예측한 연구결과의 의미성이 나타날 수 있는 분석기법을 선택하는 것이 좋다.

아홉째, 권장되는 데이터 분석기법과 프로세스는 준수하는 것이 좋다. 특히 요인 또는 변수 간의 인과관계를 밝히는 논문의 경우에 권장되는 데이터 분석기법과 프로세스가 연구자들 사이에서 암묵적으로 존재한다. 특히 사회과학분야의 논문을 살펴보면 80% 이상이 인과관계 분석논문이며, 분석프로세스는 일정한 분석기법과 패턴을 가지고 있다. 주로 인과분석을 위한 사전분석들로서 변인들의 타당성과 신뢰성 제고를 위한 과정들이다.

마지막으로 의미 있는 결론과 유용한 시시점이 제시되어야 한다. 필자는 많은 논문들을 심사하면서 장황한 서론, 이론적 배경, 연구방법, 연구결과와는 달리 보잘 것 없는 결론으로 마무리 짓는 경우를 많이 보아왔다. 초보 연구자인 경우에 글쓰기 기술이 부족한 것도 한 가지 원인이 되겠지만, 이 경우에 심사자는 결과에 대한 고찰이 부족하다고 판단하거나 연구목적과 의미성을 상실한 논문으로 판단내리기 쉽다. 따라서 결론에서는 연구목적을 충분히 살려 연구결과로부터 풍부한 이론적 · 실무적 시사점이 제시될 수 있어야 한다. 그리고 특정 논문이 연구 분야의 모든 현상을 완벽하게 밝힐 수 없기 때문에 연구의 한계는 결론 마지막에 제시되어야 하며 향후 연구방향까지 밝힐 수 있어야 한다.

그림 1-1 연구논문 심사에서 고려되는 사항

1. 논문 제목은 연구내용을 보여주며 진부하지 않아야 한다.
2. 연구주제 및 대상을 명확히 해야 한다.
3. 연구의 필요성, 중요성, 연구목적이 명확해야 한다.
4. 연구의 희소성과 차별성을 최대로 부각시켜야 한다.
5. 연구방법 및 절차에 대한 기술이 명확해야 한다.
6. 연구결과로 인한 기대효과나 파급효과를 제시해야 한다.
7. 연구가설과 연구모형의 구성은 시사성과 참신성을 가져야 한다.
8. 연구에 적합하고 수준 있는 데이터 분석기법을 사용해야 한다.
9. 권장되는 데이터 분석기법과 프로세스는 준수하는 것이 좋다.
10. 의미 있는 결론과 유용한 시시점이 제시되어야 한다.

제 2 절 효과적인 연구주제의 탐색과 고려사항

연구주제의 선택은 연구의 시작이므로 최선의 선택을 위해서는 다음과 같은 사항을 고려해야 한다. 첫째, 연구주제의 흐름(trend)과 최신성을 파악해야 한다. 이를 위해서는 최근의 학회지의 탐색은 물론이고 학술대회를 참가함으로써 최근의 연구에 대한 흐름을 탐색해야 한다.

둘째, 연구주제에 따른 연구 가치를 고려해야 한다. 초보 연구자들은 너무도 당연한 사실을 연구주제로 선택하는 경우가 많다. 예를 들면 '밥을 많이 먹으면 배가 부르다'는 식이다. 즉 굳이 연구를 하지 않아도 많은 사람들이 상식적으로 결과를 예측할 수 있는 것이라면 연구주제로 부적합하다고 할 수 있다. 그러나 평범한 주제라고 할지라도 많은 사람들의 예측을 뛰어넘을 수 있거나 매개변수와 조절변수를 첨가하여 시사성이 강하고 가치 있는 결과를 도출할 수 있다면 오히려 좋은 연구주제가 될 수도 있다.

셋째, 연구주제는 의미 있는 시사점을 도출할 수 있는 것이야 한다. 연구주제가 아무리 거창하고 화려하더라도 결론에서 의미 있는 이론적·실무적 시사점을 도출할 수 없는 것이라면 폐기되어야 한다.

넷째, 연구주제는 실현가능한 것이어야 한다. 초보 연구자들의 경우에 연구의지가 매우 강한 나머지 세상 모든 것을 연구할 것 같은 기세로 연구주제를 정하는 경우를 많이 보았다. 필자가 보았을 땐 10년 이상의 연구기간으로도 모자랄 것처럼 보였다. 연구주제는 지도교수의 지도와 다른 연구를 벤치마킹하여 연구가능한 범위 내에서 설정되어야 한다.

다섯째, 연구주제는 연구방법의 효율성과 효과성을 고려해야 한다. 연구를 수행함에 있어서 데이터분석도 중요하지만 데이터 수집과정도 중요하다. 연구에 대한 과도한 욕심으로 불가능한 연구대상을 선정하고 불가능한 설문을 수행하다가 결국에는 연구를 미루거나 포기하는 경우를 많이 보아왔다. 즉 누구를 조사대상으로 할 것이며 어떤 설문도구를 사용할지는 연구 설계단계에서 중요하다. 여기는 효율성과 효과성의 원칙이 적용되어야 한다. 특히 초보 연구자라면 과도한 욕심을 부릴 것이 아니라 설문과정이 쉬운 연구대상과 설문도구를 개발하는 것이 좋다.

여섯째, 기존 연구모형의 활용 및 변형가능성을 고려해야 한다. 실제로 연구논문에서 연구자가 창의적으로 주장하고 기술하는 부분은 전체 연구논문에서 10% 내외에 불과하다. 즉 서론의 일부와 결론부분에 한정된다. 만약 완벽하게 독창적으로 기술된 논문이 있다면 그것은 그저 황당하고, 논리적인 수필에 불과하다. 즉 적어도 단기간 내에는 학계에서 인정받지 못하는 글이 되고 만다. 초보 연구자에겐 10% 내외에서 창의적인 논문을 쓰는 것도 쉽지 않은 과제이다. 대부분의 경우에 지도교수의 지도를 받아도 상황은 별로 달라지지 않는다. 왜냐하면 논문을 처음 쓰는 초보 연구자가 발휘할 수 있는 창의성에는 한계가 있기 때문이다. 창의성도 중요하지만 좀 더 효율적으로 쓰고자 한다면 주제관련 논문들을 많이 읽어 본인 연구와 가까운 기존 연구모형을 찾아 벤치마킹하고 이를 기초로 하여 연구모형을 구성하는 것이 좋다. 여기에 연구자의 연구방향에 맞게 매개변수와 조절변수를 활용할 수 있다면 연구모형은 창의성을 가질 수 있을 것이다. 그리고 기존 논문과는 차별되는 연구대상을 모집단으로 삼았다면 최선의 연구논문은 아니겠지만 새로운 연구로서 채택될 가능성이 높아진다.

» 그림 1-2 **연구주제의 탐색 시 고려사항**

1. 연구주제의 흐름(trend)과 최신성을 파악해야 한다.
2. 연구주제에 따른 연구 가치를 고려해야 한다.
3. 연구주제는 의미 있는 시사점을 도출할 수 있는 것이어야 한다.
4. 연구주제는 실현가능한 것이어야 한다.
5. 연구주제는 연구방법의 효율성과 효과성을 고려해야 한다.
6. 연구주제는 기존 연구모형의 활용 및 변형가능성을 고려해야 한다.

제 3 절 연구설계 5요소: 연구주제, 연구가설, 연구모형, 통계기법, 설문도구

일반적으로 초보 연구자들로부터 많이 받는 질문 중에 하나가 연구를 시작함에 있어서 무엇부터 염두에 두고 연구를 시작할 것인가이다. 일반적으로 처음 연구를 시작하면서 쉽게 저지르는 실수 중에 하나가 연구주제를 정하고 바로 설문도구를 작성해서 데이터를 수집해버리는 경우이다. 이 경우에 수집된 데이터를 전문분석가에게 의뢰하면 바로 연구결과가 나온다고 생각한다. 그러나 이것은 착각이다. 연구시작 단계에서 사전 연구설계 없이 수집된 데이터는 헛수고의 무용지물이며 뛰어난 분석가라 할지라도 한정된 분석이 되거나 오류투성이의 결과를 낼 수밖에 없다. 따라서 타당성과 신뢰성이 확보된 체계적인 연구가 되기 위해서는 사전에 연구설계가 필요하다. 이를 위해서는 필자가 구상한 [그림 1-3]의 '연구설계의 5요소체계'인 연구주제, 연구가설, 연구모형, 설문도구, 통계기법에 대한 통합적 이해가 필요하다.

먼저 연구주제는 연구의 모든 것을 결정한다. 즉 연구주제는 연구대상, 연구의 난이도, 연구가설, 예상 시사점, 전체적인 연구방향 등을 결정한다. 그리고 연구주제는 연구가설, 연구모형, 설문도구, 통계기법과 유기적 연관성을 가진다. 연구가설은 연구주제로부터 형성되며, 연구가설은 연구모형으로 도식화될 수 있다. 그리고 설문도구는 연구논문에서 사용될 통계기법은 물론이고 연구가설의 검정을 염두에 두고 작성되어야하기 때문에 매우 중요하다.

» 그림 1-3 **연구설계의 5요소체계**

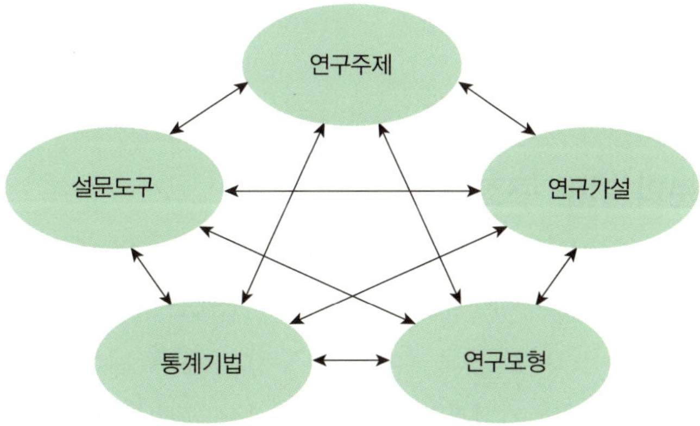

연구자는 원활한 연구를 위해서 연구설계 단계에서 연구주제, 연구가설, 연구모형, 설문도구, 통계기법을 생각해야 하는데 이들 간에는 유기적 연관성이 매우 높다. 연구경험이 많은 연구자는 그간의 시행착오를 바탕으로 이들 5가지 요소를 동시에 고려할 수 있지만 이들 5가지 요소에 대한 이해가 부족한 초보 연구자들에게는 결코 쉬운 작업은 아니며 경험자의 멘토링이 요구되기도 한다.

편의상 연구설계의 5요소의 선후관계를 이야기하자면 다음과 같이 도식화할 수 있다. 연구설계의 첫 단계는 연구주제의 설정이며 연구주제로부터 연구자가 밝히고자 하는 연구가설과 연구모형을 개발한다. 그리고 연구가설의 검정을 위해 사용할 핵심 통계기법과 통계기법에 적용할 수 있는 척도(scale)를 설계한다. 마지막으로 사용될 통계기법과 척도를 염두에 두고 거기에 맞게 설문도구를 작성한다.

설문도구의 작성은 매우 중요하다. 연구설계 5요소의 마지막 단계인 설문도구의 작성은 연구설계 단계의 백미이자 본격적인 설문조사 활동의 첫 관문이기도 하다. 설문도구는 연구 전체를 좌지우지할 만큼 매우 중요하다. 왜냐하면 자료수집의 원천적 도구로서 분석결과는 물론이고 결론에서 제시될 시사점의 방향에 영향을 미치기 때문이다.

» 그림 1-4 연구설계 5요소의 단계 프로세스

제 4 절 연구논문의 기본 구조와 작성

연구논문은 일반적으로 정형화된 구성형태를 가진다. 연구논문은 약간의 차이는 있지만 특수한 경우를 제외하고는 대략적으로 서론(문제제기), 이론적 배경, 연구가설과 연구모형, 연구방법, 실증분석과 가설검정, 결론 및 시사점, 참고문헌으로 구성되어진다. 다음은 각 부분별 설명과 작성에 대하여 알아보기로 한다.

4.1 서론

서론은 연구논문의 도입부로서 연구자가 연구주제와 대상에 대하여 연구를 시작하게 된 전반적 사항을 기술하고 해결해야 할 문제를 제기하는 부분으로서 일명 “문제의 제기”라고도 한다. 서론은 논문의 도입부인 만큼 많은 연구자들이 글쓰기에 부담을 갖는 부분이며 어떤 내용으로 채워야 할지 고민하는 부분이기도 하다. 또한 서론은 투고 논문인 경우에 심사자가 논문제목과 함께 처음으로 접하게 되는 부분이기 때문에 심사자 또는 독자에게 논문의 첫인상을 결정짓는 매우 중요한 부분이다.

서론에 들어갈 내용을 순서대로 말하면 다음과 같다. 첫째, 연구자는 연구하고자 하는 것이 무엇인지를 명확히 기술해야 한다. 여기에는 연구대상과 연구주제에 관한 기술이 포함된다. 둘째, 연구대상과 연구주제와 관련한 초기부터 최근까지 현황 또는 배경을 기술한다. 셋째, 연구대상 또는 연구주제와 관련하여 연구의 가치와 중요성을 강조한다. 넷째, 주제와 관련하여 가치와 중요성이 대두됨에도 불구하고 현 상황에서 운영되거나 관리되지 못하고 있는 현실에 대해 문제를 제기한다. 다섯째, 문제해결을 위한 연구의 목적을 기술한다. 여섯째, 연구의 희소성과 차별성을 적극 기술한다.

일반적으로 서론은 논문의 도입부인 동시에 문제를 제기하는 부분이다. 주변에서 문제제기가 가장 잘 되어 있는 글은 찾는다면 주로 언론매체의 기사문에서 많이 볼 수 있다. 연구자의 관심주제가 매체의 관련기사와 연관이 깊다면 연구자는 서론을 작성하는데 있어서 관련 기사문의 내용을 일부 참고할 수 있다. 이 경우에 서론은 좀 더 시사성이 강한 글이 되고 심사자나 독자로 하여금 좀 더 많은 관심을 갖도록 하는데 유인요소가 될 수 있다.

4.2 이론적 배경

먼저 이론적 배경을 설명하기 전에 이론에 대하여 간략히 설명하고자 한다. 이론은 현상을 설명하고 예측하는데 이용되는 개념, 정의, 가정 등을 조직적으로 결합하여 만들어진 진술이다. 이론은 현상에 대하여 체계적인 견해를 제공하는 일반적인 진술 또는 명제로 구성되어 있다.

이론의 목적은 경험적이고 검정이 가능하여 현상에 대한 설명과 예측을 목적으로 한다. 이론의 주요기능을 보면 법칙의 일반화, 변수와 변수 간의 관계의 일반화, 일반화를 통한 의사결정이나 예측이다. 연구에서 이론의 역할은 연구방향을 제시하고, 연구의 의미를 부여하며, 연구대상물에 대한 정보를 요약한다.

이론과 가설의 차이점을 비교설명하면, 이론은 사실을 설명하고 예측하기 위한 개념으로서 변수의 일반화와 변수 간의 관계를 설명하며, 추상적이고 많은 변수를 다루는 동시에 다소 복잡한 구조를 가진다. 이에 반해 가설은 두 변수 간의 관계를 진술하는 명제이며 구체적이고 단순한 구조를 가진다.

본격적으로 연구논문에서 이론적 배경에 대하여 알아보면, 이론적 배경은 연구자가 의도한 연구의 방향과 연구가설을 유도하기 위한 이론적 토대를 말한다. 많은 연구들의 이론적 배경을 살펴보면 대부분이 기존연구로부터 이론적 토대와 인과관계를 추출하여 기술하고 있다. 이론적 배경에 기술된 내용을 살펴보면 연구제목 또는 연구요약(abstract)의 핵심어(key words)를 중심으로 기술되어 있음을 알 수 있다. 따라서 연구자는 연구제목 또는 연구요약(abstract)에 쓰일 핵심어(key words)를 선택하고 연구자의 연구방향과 연구가설을 고려하면서 이론적 배경의 내용을 채워나가면 된다. 이때 좋은 이론적 배경을 작성하기 위해서는 관련 논문들을 탐색하여 본인의 연구방향과 유사한 벤치마킹 논문(핵심논문)과 이론적 배경을 채울 참고논문(보조논문) 십여 편 정도를 사전에 잘 선택해서 논문작성 과정에 잘 활용할 줄 알아야 한다. 그리고 논문의 작성과정에서 표절논란을 피해갈 편집능력은 연구자 개인의 몫이 된다.

이론적 배경의 기술하는 방법에는, 첫째, 핵심어(key words) 중심의 이론적 정의와 이들 간의 이론적 인과관계를 분리하여 종합적으로 기술하는 방법, 둘째, 개별 이론적 정의를 기술하고 해당 이론적 요인 간의 인과관계를 유도하여 연구가설과 함께 기술하는 방법이 있다. 즉 인과적 관계를 가지는 두 개의 요인을 한조로 묶어 각각의 이론적 정의를 제시하고 난 후에 바로 기존연구로부터 유도된 두 요인 간의 인과적 관계를 함께 기술하면서 연구가설을 바로 제시하는 방법이다. 전자는 많은 논문분량을 필요로 하는 학위논문에서 활용되며, 후자는 한정된 투고분량을 이유로 축약을 필요로 하는 학술지 연구논문에서 많이 활용된다. 기술형식이 정해진 것은 아니며, 연구자의 필요나 개성에 따라 작성될 수 있다.

» 그림 1-5 이론적 배경과 연구가설 편집형식

2. 이론적 배경 2.1 서비스품질 서비스품질을 무엇이다. 2.2 서비스가치 서비스가치는 무엇이다. 2.3 고객만족 고객만족은 무엇이다. 2.4 인과관계 종합 기존연구에서 서비스품질, 가치, 고객만족 간에 인과관계가 있다고 한다.	2. 이론적 배경과 연구가설 2.1 서비스품질과 서비스가치 서비스품질은 무엇이다. 서비스가치는 무엇이다. 기존연구에서 서비스품질과 서비스가치는 인과관계가 있다고 한다. 본 연구에서 다음 연구가설을 제시한다. 가설 1: 서비스품질은 서비스가치에 정(+)의 영향을 미칠 것이다.

4.3 연구가설과 연구모형

연구가설은 연구자가 특정 주제에 대하여 문제를 제기하며 실증적으로 밝히고자 하는 구체적 연구과제로서 연구자가 수행하고자 하는 연구의 방향을 독자로 하여금 예측할 수 있게 해준다.

» 그림 1-6 연구가설의 예시

가설 1. 미용서비스품질은 서비스가치에 정(+)의 영향을 미칠 것이다.
  가설 1-1 물리적 환경은 서비스가치에 정(+)의 영향을 미칠 것이다.
  가설 1-2 고객응대는 서비스가치에 정(+)의 영향을 미칠 것이다.
  가설 1-3 디자이너 능력은 서비스가치에 정(+)의 영향을 미칠 것이다.
  가설 1-4 관계관리는 서비스가치에 정(+)의 영향을 미칠 것이다.
  가설 1-5 고객신뢰는 서비스가치에 정(+)의 영향을 미칠 것이다.

연구모형은 연구자가 관심을 가지고 연구하고자 하는 가설적 모형으로서 연구가설을 유기적으로 도식화하여 연구내용을 한눈에 알아볼 수 있게 해준다. 연구모형은 연구자의 연구방향은 물론이고 연구자가 사용한 설문도구의 개략적 내용과 사용할 통계 기법까지지도 예측할 수 있게 해준다.

일반적으로 연구모형은 요인(잠재변수, latent variable)의 위치에 따라 독립변수, 종속변수, 매개변수, 조절변수 등으로 구성되며 이들 요인(잠재변수) 값은 후에 수집된 데이터를 근거로 해서 총합척도(summated scale)에 의해 산출될 수 있다. 총합척도의 산출방법은 [그림 1-8]과 같다.

»그림 1-7 연구주제에 따른 연구모형 예시

미용서비스품질이 서비스가치, 고객만족, 재이용 의도에 미치는 영향: 단골고객 조절효과	LMX가 임파워먼트, 직무만족, 조직몰입에 미치는 영향: 지각된 조직지원의 조절효과
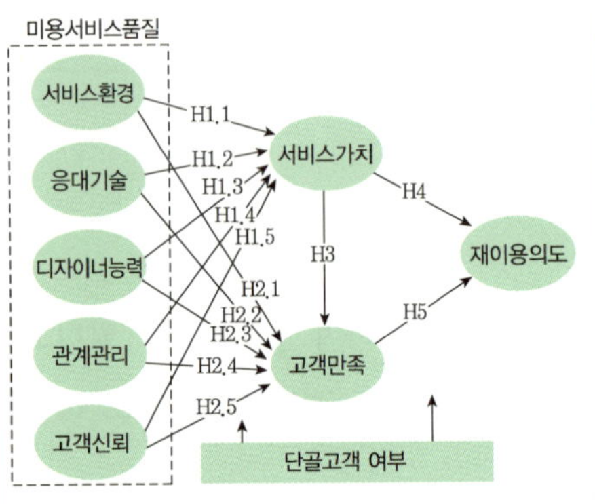	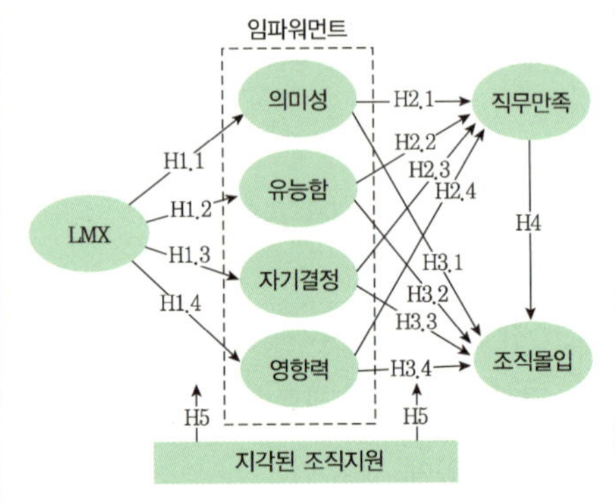

출처: 조철호(2011), 가치창출을 통한 고객만족전략연구: 브랜드미용실의 단골인지의 조절효과, 서비스경영학회, 12(3), 27-55.

정대용·조철호(2010), 상사부하 교환관계(LMX)에 기반한 임파워먼트가 직무만족과 조직몰입에 미치는 영향: 대구 경북지역 노인요양시설을 중심으로, 대한경영학회, 23(5), 2353-2375.

»그림 1-8 총합척도와 예시

- 요인값의 직접측정은 불가
- 변수값을 이용한 요인값을 간접측정
- 음식요인의 값은 (4+3+5)/3=4점(음식의 질 4점; 음식의 맛 3점; 음식의 양 5점)
- 총합척도의 값은 계량적 분석의 근간이 됨(요인 간의 상관분석, 요인 간의 인과분석 등)

4.4 연구방법

(1) 설문도구의 개발

연구방법에서는 설문도구의 개발과정과 개발된 측정항목을 구체적으로 제시해야 한다. 먼저 설문도구의 개발과 관련하여 설문도구는 타당성과 신뢰성의 확보가 관건이기 때문에 많은 연구자들은 타당성과 신뢰성이 이미 검증된 기존연구(학위논문 및 연구논문)로부터 설문도구의 일부를 차용하여 사용한다. 특히 초보 연구자들인 경우에 이 방법이 가장 합리적이고 효율적이라고 생각한다.

그러나 연구에 대한 욕심이 과한 나머지 초보 연구자들 중에는 지금까지 없던 새로운 연구를 한다며 참고할 논문마저 거의 없는 최초 연구를 시도하려고 하는 경우가 있다. 그러다 보니 참고할 설문도구조차 없어 새롭게 개발해야 하는 경우가 생기게 된다. 이는 초보 연구자로서 매우 무모하며 예측할 수 없는 난관에 부딪칠 가능성이 크다. 이 경우에 설문도구의 개발은 "특정 주제에 대한 척도개발"과 다를 바 없으며, 이를 근거로 예측 불가능한 연구를 수행해야 하는 이중, 삼중의 난관과 마주하게 된다. 이 같은 연구는 경험 많은 연구자들도 국가 연구기관으로부터 수천 만원의 연구비를 지원받아 수행해야 할 정도로 어려운 과제이다.

그럼에도 불구하고 이 같이 어려운 과제를 수행하고자 한다면 방법이 아주 없는 것은 아니다. 그야말로 새로운 설문도구, 즉 새로운 척도를 개발해야 한다. 새로운 설문도구의 개발방법을 간략히 설명하면 다음과 같다. 먼저 예시를 들어 한 연구자가 "청도 소싸움 축제에 대한 만족도 조사"와 관련한 연구논문을 쓰고자 한다고 가정하자. 이와 관련해 참고할 만한 기존연구가 없는 최초의 연구라고 가정하자.

첫째, 예비조사(pilot test)를 실시한다. 연구자는 설문도구에 들어갈 타당성과 신뢰성이 확립된 요인이나 측정항목을 발견해야 하며 이를 항상 염두에 두고 있어야 한다. 아마도 가정 먼저 하게 되는 일이 인터넷 탐색과 문헌조사일 것이다. 그러나 연구자의 궁금증을 모두 채워주기에 부족할 것이다. 그래서 현지에 나가 예비조사를 해야 한다. 예비조사는 일명 현지조사(field study)라고도 한다. 예비조사는 기초조사로서 메모할 수첩과 녹음기를 가지고 현지로 나가 청도소싸움 축제 관계자, 지역 전문가, 축제 참가자, 관람자들을 대상으로 하는 일종의 인터뷰조사이다. 이때 인구통계학적인 것은 물론이고 청도소싸움 축제의 서비스품질, 고객만족, 재이용의도, 구전의도 등과 관련된 조사질문(요인발견)과 측정질문(변수발견)을 하게 될 것이고 이를 통하여 설문문항을 개발하기 위한 기초적인 정보들(요인, 변수)을 확보할 수 있다.

둘째, 사전조사(pretest)를 실시한다. 예비조사를 통하여 수집된 정보를 토대로 기초문항들을 작성해보고 타당성과 신뢰성이 높다고 판단되는 항목들을 추출하여 가설문지를 작성한다. 작성된 가설문지를 테스트하기 위해 일부 표본을 대상으로 설문작업을 실시하여 데이터를 수집한다. 수집된 데이터를 탐색적 요인분석과 신뢰성분석을 실시하여 통계적으로 타당성과 신뢰성이 확립된 측정문항을 선별한다. 선별된 측정문항은 본설문지 작성에 활용된다. 이렇게 해서 새로운 설문도구가 완성될 수 있다.

이 경우에도 연구자는 새로운 설문도구의 타당성과 신뢰성을 입증하기 위해 반드시 설문도구의 개발과정을 상세하게 논문에 기술해야 하는 것은 물론이고 심사자나 독자로부터 설문지의 개발과정이 타당하다는 암묵적 승인을 받을 수 있어야 한다.

(2) 측정항목의 개발: 변수의 조작적 정의

연구에서 사용되는 요인(factor)의 명칭은 다양하다. 구성개념 또는 구성차원(construct), 잠재변수(latent variables)라고도 하며 일반적으로 직접적인 측정이 불가능하다. 예를 들어 학교 식당의 서비스품질 가운데 "음식요인"이 있다고 하자. 이 음식요인이라는 구성개념은 "학교에서 학생들에게 판매되는 먹거리"로 정의될 수 있으며, 설문을 통하여 직접 측정할 수 없다. 요인을 대표할 수 있는 측정문항(측정변수)들을 이용하여 간접적으로만 측정이 가능하다. 그러기 위해서는 요인을 대표하면서 측정가능한 측정항목(측정변수)들을 만들어야 한다. 즉 [표 1-1]처럼 직접적으로 측정 불가능한 요인을 측정가능한 변수들로 타당성 있게 구성하는 것을 조작적 정의(operational definition)라고 한다. 연구자는 요인 내의 변수값들을 산술평균하여 요인의 대표값을 구할 수 있는데 이를 총합척도(summated scale)라고 한다. 즉, 총합척도 값이 바로 요인의 대표값이 된다.

| 표 1-1 | 변수의 조작적 정의 예시

구성차원	구성차원의 정의	측정문항	기존연구 및 응용
제품 다양성	인터넷쇼핑몰에서 제공하는 상품, 브랜드 및 가격의 다양성	① 취급 상품 다양 여부 ② 취급 브랜드 다양 여부 ③ 상품가격 다양 여부 ④ 상품디자인 다양 여부 ⑤ 원하는 상품 구매할 수 있는지 여부	Pepper and Rogers(1998) Cheskin Research(1999) 곽수일과 정인근(1998) 윤성준(2000)
정보 제공성	인터넷쇼핑몰에서 소비자가 찾고자 하는 제품 및 서비스에 관한 정보 제공과 개인정보 관리에 대한 믿음의 정도	① 정확한 정보 제공 ② 최신의 정보 제공 ③ 유용한 정보 제공 ④ 상품구매정보 보호 ⑤ 개인신상정보 보호	Christy and Matthew(2000) Doney and cannon(1997) Lynch et al.(2001)
검색 편리성	인터넷쇼핑몰에서 소비자가 찾고자 하는 제품 및 서비스를 빠르고 쉽게 찾을 수 있는 정도	① 상품목록 정리 여부 ② 상품검색방법 다양성 여부 ③ 검색도움기능 유용 여부 ④ 정보검색속도 ⑤ 원하는 상품 쉽게 찾는 정도	Pepper and Rogers(1998) Cheskin Research(1999) Fong et al.(1998) 윤성준(2000)
쇼핑몰 이미지	소비자가 다양한 매체를 통하여 소비자가 지각하는 인터넷쇼핑몰의 평판	① 명성 ② 평판 ③ 디자인 ④ 검색엔진에서 쉽게 찾는 정도	Pepper and Rogers(1998) Cheskin Research(1999) Fong et al.(1998) 곽수일과 정인근(1998) 윤성준(2000)

출처: 조철호(2006), 전자상거래에서 초기신뢰와 재구매의도에 영향을 미치는 소비자 구매결정요인에 관한 연구: 중소 인터넷쇼핑몰을 중심으로, 중소기업연구, 28(1), 173-202.

4.5 실증분석과 가설검정

인과관계 논문에서 인과관계의 측정 목적은 독립변수와 종속변수 간의 관계의 유의성 검정, 영향력의 방향과 크기의 측정이다. 이를 위해 회귀분석, 경로분석, 공분산 구조분석 중 하나를 실시하게 된다. 그러나 그 이전에 정확한 인과분석을 위해서 투입되는 요인들과 변수들의 타당성과 신뢰성을 점검하고 높여가는 과정을 거쳐야 한다.

가설검정을 실시하기 위해서는 수집된 데이터의 실증적 분석이 선행되어야 한다. 인과관계 분석을 주요 분석으로 하는 논문의 경우에 통계분석 프로세스를 살펴보면 다음과 같다.

첫째, 일반적으로 [표 1-2]처럼 인구통계적 분석방법(빈도분석)이 선행되며, 경우에 따라 평균비교분석(t검정, ANOVA)과 교차분석이 추가적으로 수반되기도 한다.

표 1-2 응답자의 인구통계적 특성 예시

변수	특성	빈도	백분율(%)	변수	특성	빈도	백분율(%)
성별	남자 여자	132 116	53.2 46.8	나이	20대 이하 30대 40대 이상	199 27 22	80.2 10.9 8.9
	합계	248	100		합계	248	100
학력	고졸 이하 대재 대졸 이상	6 192 50	2.4 77.4 20.2	직업	학생 회사원	156 92	62.9 37.1
	합계	248	100		합계	248	100

둘째, 척도의 정화를 위해 [표 1-3]처럼 탐색적 요인분석과 신뢰도분석이 이어진다. 척도의 정화란 수집된 데이터의 분석결과를 기초로 하여 타당성과 신뢰성이 떨어

표 1-3 탐색요인분석 결과와 신뢰성분석 예시

구성개념	최초 항목수	사각 회전후	Factor Loading					Cronbach α
			요인1	요인2	요인3	요인4	요인5	
거래 신뢰성	5	4	0.828 0.802 0.766 0.648	–	–	–	–	0.8367
제품 다양성	5	4	–	0.799 0.764 0.759 0.657	–	–	–	0.8065
정보 제공성	5	2	–	–	0.869 0.769	–	–	0.7566
검색 편리성	5	3	–	–	–	0.877 0.693 0.515	–	0.6585
쇼핑몰 이미지	4	2	–	–	–	–	0.865 0.833	0.7716
고유치			5.563	1.644	1.227	1.162	1.002	
설명된 분산의 %			37.09	10.96	8.18	7.74	6.68	70.65%

출처: 조철호(2006), 전자상거래에서 초기신뢰와 재구매의도에 영향을 미치는 소비자 구매결정요인에 관한 연구: 중소 인터넷쇼핑몰을 중심으로, 중소기업연구, 28(1), 173-202.

지는 문항들을 제거해 나가는 과정을 말한다. 이를 위해 기본분석으로서 탐색적 요인분석과 신뢰도분석이 사용된다.

| 표 1-4 | 확인요인분석 결과 예시

구성개념	CFA 전	CFA 후	정제된 측정변수	적합도지수
LMX	8	5	② 시설장은 나의 직무관련문제와 욕구를 알고 있음, ④ 시설장은 업무수행과 관련하여 나와 생각이 맞음, ⑥ 시설장은 나의 업무상 실수를 방어하여 줌, ⑦ 시설장은 업무상 문제발생 시에 나를 도와줌, ⑧ 시설장은 직무상 고뇔 때 나를 도와줌	GFI=0.990 AGFI=0.970 RMR=0.010 NFI=0.992 χ^2(df)=10.312(5)
의미성	4	3	① 개인측면에서의 업무활동 의미정도, ② 개인측면에서의 업무활동 중요정도, ③ 회사측면에서의 업무활동 의미정도	just-identified
유능성	4	4	① 업무활동에 필요한 기술, 지식소유, ② 업무수행에 대한 자신감, ③ 업무목표달성에 대한 자신감, ④ 업무수행능력의 비교우위	GFI=0.987 AGFI=0.937 RMR=0.008 NFI=0.986 χ^2(df)=10.543(2)
권한능력	6	4	① 업무처리 결정에 대한 영향력, ③ 직장업무에 대한 영향력, ④ 업무 중 발생사건에 대한 통제력, ⑥ 업무처리의 독자적 기회권한	GFI=0.998 AGFI=0.991 RMR=0.004 NFI=0.999 χ^2(df)=1.333(2)
직무만족	4	3	③ 동료비교대비 직무에 대한 애정, ④ 직무선택에 대한 후회하지 않는 정도, ⑤ 업무에 대한 전반적인 만족정도	just-identified
조직몰입	5	4	① 현 직장에 대한 애착, ② 직장문제와 나의 문제를 동일시함, ③ 현 직장에 대한 강한 소속감, ⑤ 개인과 직장의 상호간 필요성 정도	GFI=0.997 AGFI=0.986 RMR=0.006 NFI=0.996 χ^2(df)=2.120(2)

출처: 정대용·조철호(2010), 상사부하 교환관계(LMX)에 기반한 임파워먼트가 직무만족과 조직몰입에 미치는 영향: 대구 경북지역 노인요양시설을 중심으로, 대한경영학회, 23(5), 2353-2375.

▍표 1-5 ▍측정모형분석(전체 확인요인분석) 결과 예시

구성개념	항목	요인 적재치	표준요인 적재치	t값	p값	구성개념 신뢰도	분산 추출
거래 신뢰성	지불시스템	1.000	0.725	–	–	0.886	0.661
	사후서비스	0.851	0.697	10.185	0.000		
	상품배송	0.947	0.088	10.812	0.000		
	주문처리프로세스	0.988	0.849	12.074	0.000		
제품 다양성	다양한 디자인	1.000	0.719	–	–	0.849	0.585
	폭넓은 상품가격	0.890	0.651	9.041	0.000		
	다양한 브랜드	1.059	0.750	10.194	0.000		
	다양한 상품	0.951	0.739	10.087	0.000		
정보 제공성	유용한 정보	1.000	0.780	–	–	0.852	0.742
	최신 정보	0.933	0.782	8.582	0.000		
검색 편리성	검색속도	1.000	0.536	–	–	0.752	0.507
	다양한 검색방법	1.294	0.620	6.492	0.000		
	카테고리별 검색	1.321	0.751	6.970	0.000		
쇼핑몰 이미지	검색순위	1.000	0.838	–	–	0.810	0.681
	지명도	0.790	0.756	7.832	0.000		
$\chi^2=217.60$, df=80, p=0.000, RMR=0.042, GFI=0.90, AGFI=0.84, NFI=0.86, IFI=0.91, CFI=0.91							

출처: 조철호(2006). 전자상거래에서 초기신뢰와 재구매의도에 영향을 미치는 소비자 구매결정요인에 관한 연구: 중소 인터넷쇼핑몰을 중심으로. 중소기업연구, 28(1), 173-202.

그리고 궁극적으로 구조방정식모형을 사용해야 할 경우에는 반드시 이론적 모형과 수집된 자료의 적합성을 검증하기 위해 탐색적 요인분석과 신뢰도분석 외에 [표 1-4]의 요인별 확인요인분석이나 [표 1-5]의 전체 확인요인분석인 측정모형분석이 필수적으로 수반되어야 한다.

셋째, [표 1-6]처럼 연구모형을 이루는 요인들 간의 상관분석이 실시된다. 요인들 간의 상관분석의 목적은 요인 간의 판별타당성과 기준타당성을 입증하기 위함이다. 요인 간의 판별타당성(discriminant validity)이란 인과관계를 검정할 요인들이 서로 상이한 개념이어서 서로 구별될 수 있음을 의미한다. 요인 간의 판별타당성을 입증하는 방법에는 두 가지가 있는데, 첫 번째는 서로 다른 요인 간의 상관계수가 1 이하이어서 동일하지 않은 개념임을 밝혀 판별타당성을 입증하는 방법이며, 두 번째는 요인의 평균분산추출값의 제곱근값이 다른 요인들의 상관계수값보다 크다는 것을 보임으로써 판별타당성을 입증하는 방법이다.

연구자는 가설을 설정함에 있어서 대부분의 경우에 "A는 B에 정(+)의 영향을 미치게 될 것이다"처럼 가설제시와 함께 가설의 방향을 설정하게 되는데 요인 간의 상관분석을 통하여 가설의 인과관계를 일정부분 예측할 수 있다. 이처럼 인과관계의 방향이 예측가능하다면 이들 요인 간의 관계는 향후 인과적 기준이 될 수 있기에 이를 예측타당성(predictive validity) 또는 기준타당성(criterion-related validity)이라고 한다.

▌표 1-6 ▌요인들 간의 상관행렬 예시

구성 개념	거래 신뢰성	제품 다양성	정보 제공성	검색 편리성	쇼핑몰 이미지	고객 만족	재이용 의도	Mean	SD
거래신뢰성	1							3.44	0.67
제품다양성	0.464	1						3.58	0.69
정보제공성	0.458	0.292	1					3.44	0.66
검색편리성	0.466	0.471	0.389	1				3.50	0.64
쇼핑몰이미지	0.388	0.359	0.342	0.333	1			3.98	0.83
고객만족	0.601	0.384	0.434	0.466	0.348	1		3.53	0.65
재이용의도	0.623	0.266	0.395	0.392	0.291	0.744	1	3.52	0.71

주: 모든 상관계수는 유의수준 0.01에서 유의함.
출처: 조철호(2006). 전자상거래에서 초기신뢰와 재구매의도에 영향을 미치는 소비자 구매결정요인에 관한 연구: 중소 인터넷쇼핑몰을 중심으로. 중소기업연구, 28(1), 173-202.

넷째, [그림 1-9]와 [표 1-7]처럼 본격적인 연구모형의 인과관계분석이 실시된다. 인과관계분석은 요인 간의 인과관계를 실증적으로 검증하고자 하는 연구논문에서는 핵심적인 분석이 된다. 앞에서 언급된 탐색적 요인분석, 신뢰도분석, 확인요인분석, 상관행렬분석 등은 최적의 인과관계 분석을 위해 수집된 자료의 타당성과 신뢰성을 최적화시켜가는 사전분석이라고 해도 과언이 아니다. 이처럼 수집된 자료의 타당성과 신뢰성을 최적화시켜가는 작업을 '척도의 정화'라고 한다.

인과관계분석에는 회귀분석, 경로분석, 구조방정식모형을 이용한 공분산구조분석 등이 있다. 최근에는 연구모형에 매개변수가 있는 경우가 많아 [표 1-8]처럼 총효과의 분해분석을 통해 총효과, 직접효과, 간접효과를 측정하기도 하며 매개변수에 의한 매개효과의 유의성을 검정(Baron & Kenny 방법, Sobel test 등)하는 경우도 많이 볼 수 있다. 또한 요인들의 인과관계에서 특정 조절변수의 조절효과를 검증하기 위한 [표 1-9]처럼 조절회귀분석과 [표 1-9]의 다집단비교 구조방정식모형분석(multiple structural equation model analysis: 이하 multi-SEM 분석)이 추가적으로 사용되기도 한다. 특히 multi-SEM 분석의 경우는 분석을 위한 사전조건들이 충족되어야 하므로 조절회귀분석에 비해 실제 적용이 까다롭다. 이러한 매개효과 검증과 조절효과 검증을 위한 분석은 연구논문의 수준을 한층 더 높여준다.

» 그림 1-9 연구모형의 인과분석 결과 예시

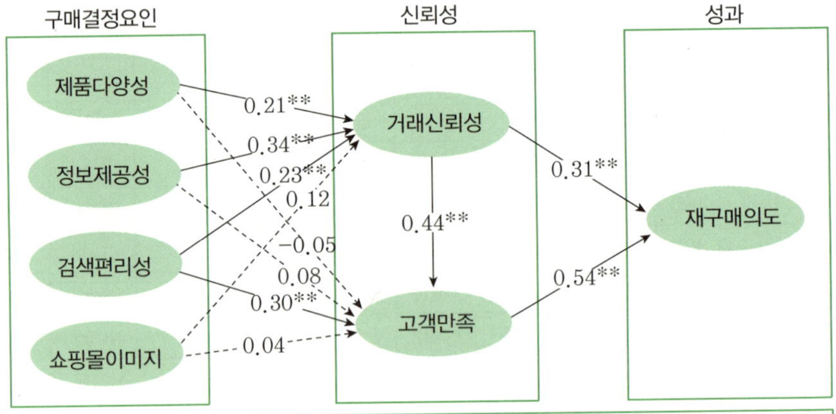

χ^2=242.16, *df*=94, p=0.000, GFI=0.90, AGFI=0.85, RMR=0.027, NFI=0.86, IFI=0.91, GFI=0.91

출처: 조철호(2006), 전자상거래에서 초기신뢰와 재구매의도에 영향을 미치는 소비자 구매결정요인에 관한 연구: 중소 인터넷쇼핑몰을 중심으로, 중소기업연구, 28(1), 173-202.

표 1-7 가설검정 결과 예시

가설	경로	경로 명칭	표준화된 경로계수	t값	p값	채택 여부
H1-1	제품다양성(ξ_1) → 거래신뢰성(η_1)	γ_{11}	0.21	2.21	0.027	**채택**
H1-2	정보제공성(ξ_2) → 거래신뢰성(η_1)	γ_{12}	0.34	3.65	0.000	**채택**
H1-3	검색편리성(ξ_3) → 거래신뢰성(η_1)	γ_{13}	0.23	1.99	0.047	**채택**
H1-4	쇼핑몰이미지(ξ_4) → 거래신뢰성(η_1)	γ_{14}	0.12	1.46	0.145	기각
H2-1	제품다양성(ξ_1) → 고객만족(η_2)	γ_{21}	-0.05	-0.53	0.593	기각
H2-2	정보제공성(ξ_2) → 고객만족(η_2)	γ_{22}	0.08	0.88	0.378	기각
H2-3	검색편리성(ξ_3) → 고객만족(η_2)	γ_{23}	0.30	2.69	0.007	**채택**
H2-4	쇼핑몰이미지(ξ_4) → 고객만족(η_2)	γ_{24}	0.04	0.53	0.599	기각
H3	거래신뢰성(η_1) → 고객만족(η_2)	β_{21}	0.44	4.95	0.000	**채택**
H4	거래신뢰성(η_1) → 재구매의도(η_3)	β_{31}	0.31	4.92	0.000	**채택**
H5	고객만족(η_2) → 재구매의도(η_3)	β_{32}	0.54	9.43	0.000	**채택**

출처: 조철호(2006), 전자상거래에서 초기신뢰와 재구매의도에 영향을 미치는 소비자 구매결정요인에 관한 연구: 중소 인터넷쇼핑몰을 중심으로, 중소기업연구, 28(1), 173-202.

표 1-8 총효과의 분해 결과

경로	직접효과	간접효과	총효과
서비스환경(ξ_1) → 고객만족(η_2)	-0.082	-0.005	-0.087
응대기술(ξ_2) → 고객만족(η_2)	0.227**	-0.004	**0.223**
디자이너능력(ξ_3) → 고객만족(η_2)	0.169**	0.047	**0.216**
관계관리(ξ_4) → 고객만족(η_2)	0.242**	0.009	**0.251**
고객신뢰(ξ_5) → 고객만족(η_2)	0.262**	0.033	**0.295**

주: 효과계수는 표준화된 계수이며 **$p<0.01$

출처: 조철호(2011), 가치창출을 통한 고객만족전략연구: 브랜드미용실의 단골인지의 조절효과, 서비스경영학회, 12(3), 27-55.

| 표 1-9 | 조절효과분석 예시: 가치-고객만족-재이용의도 간의 단골고객 인지의 조절효과

가설	변수	모형 1				모형 2				$\triangle R^2$	F값	p값	판정
		비표준화 계수	표준화 계수	t	p값	비표준화 계수	표준화 계수	t	p값				
H8	상수항	2.128		10.504	0.000	2.147		5.491	0.000	0.000	0.003	0.954	기각
	가치	0.449	0.381	7.810	0.000	0.444	0.377	4.113	0.000				
	단골인지	0.022	0.034	0.699	0.485	0.012	0.018	0.067	0.947				
	가치* 단골인지	-	-	-	-	0.028	0.018	0.058	0.954				
H9	상수항	2.605		10.483	0.000	2.446		5.100	0.000	0.000	0.150	0.698	기각
	가치	0.282	0.204	3.993	0.000	0.325	0.236	2.456	0.014				
	단골인지	0.094	0.122	2.389	0.017	0.179	0.233	0.803	0.422				
	가치* 단골인지	-	-	-	-	-0.023	-0.124	-0.388	0.698				
H10	상수항	1.645		7.991	0.000	2.448		5.558	0.000	0.009	4.197	0.041	**채택**
	고객만족	0.527	0.452	9.748	0.000	0.321	0.268	2.812	0.005				
	단골인지	0.082	0.120	2.519	0.009	-0.359	-0.458	-1.619	0.106				
	고객만족* 단골인지	-	-	-	-	0.114	0.634	2.052	0.041				

주: 종속변수: H8. 고객만족, H9. 재이용의도, H10. 재이용의도

출처: 조철호(2011), 가치창출을 통한 고객만족전략연구: 브랜드미용실의 단골인지의 조절효과, 서비스경영학회, 12(3), 27-55.

| 표 1-10 | 다중그룹비교분석 예시: 조직지원인식에 따른 다중그룹비교분석 결과

모형	구분	χ_2^2 (df)	$\chi_2^2-\chi_1^2$ (임계치: 3.84)	p값	제한모형 표준화계수		판정
					조직지원	비조직지원	
1	LMX(ξ_1) → 의미성(η_1)	153.517(16)	0.045	0.833	-	-	지원=비지원
2	LMX(ξ_2) → 유능함(η_1)	161.265(16)	7.793	0.005	0.242	0.224	**지원 > 비지원**
3	LMX(ξ_3) → 권한능력(η_1)	161.760(16)	8.288	0.004	0.392	0.417	**지원 < 비지원**
4	의미성(η_1) → 직무만족(η_4)	155.463(16)	1.991	0.158	-	-	지원=비지원
5	유능함(η_2) → 직무만족(η_4)	158.209(16)	4.737	0.030	0.417	0.184	**지원 > 비지원**
6	권한능력(η_3) → 직무만족(η_4)	158.554(16)	5.082	0.024	0.054	-0.127	비유의계수, 판정보류

7	의미성(η_1)→조직몰입(η_5)	153.892(16)	0.420	0.517	-	-	지원=비지원
8	유능함(η_2)→조직몰입(η_5)	154.489(16)	1.017	0.313	-	-	지원=비지원
9	권한능력(η_3)→조직몰입(η_5)	158.576(16)	5.104	0.024	-0.035	-0.035	비유의계수, 판정보류
10	직무만족(η_4)→조직몰입(η_5)	153.472(16)	0.001	0.981	-	-	지원=비지원
※ χ_1^2: 153.472(df: 15), χ_1^2: 자유모형, χ_2^2: 제한모형							

출처: 정대용 · 조철호(2010), 상사부하 교환관계(LMX)에 기반한 임파워먼트가 직무만족과 조직몰입에 미치는 영향: 대구 경북지역 노인요양시설을 중심으로, 대한경영학회, 23(5), 2353-2375.

앞에서 제시된 결과표들은 구조모형방정식을 이용하여 인과관계를 다루는 연구논문에서 예외 없이 사용되는 핵심적인 표들로서 하루 빨리 논문을 써야 할 사람이라면 반드시 눈여겨 봐둬야 한다.

일반적으로 구조방정식모형을 기반으로 SPSS와 AMOS를 활용한 인과관계 분석 논문에는 연구자들 간에 암묵적으로 권장되는 분석기법과 프로세스가 존재한다. 이를 정리하면 [그림 1-10], [그림 1-11]과 같다. 첫 번째 분석 프로세스 [그림 1-10]은 인과관계 논문에서 가장 많이 활용되는 분석기법과 프로세스로써 타당성과 신뢰성 확보를 위해 반드시 거쳐야 하는 분석과정들을 모두 포함하고 있다. 따라서 이 경우에는 심사자들이 데이터 분석과정에서의 필수 분석기법의 누락 등의 이유로 불리한 판정을 내리기 어렵다.

두 번째 프로세스 [그림 1-11]은 연구에 차용되어 사용되는 설문도구가 너무도 유명하고 여러 연구자들에 의하여 그 타당성과 신뢰성이 이미 확정적으로 증명된 경우에 사용된다. 즉 타당성과 신뢰성을 확인하기 위한 일부 분석기법을 생략해도 무방한 경우에 사용될 수 있다. 그러나 이 경우에도 심사자가 요구할 경우에는 생략되었던 분석기법들을 추가해야 한다.

》 그림 1-10 논문통계분석 프로세스 1

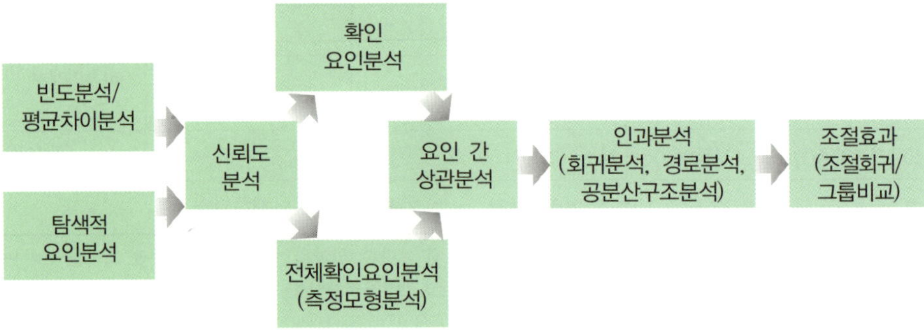

》 그림 1-11 논문통계분석 프로세스 2

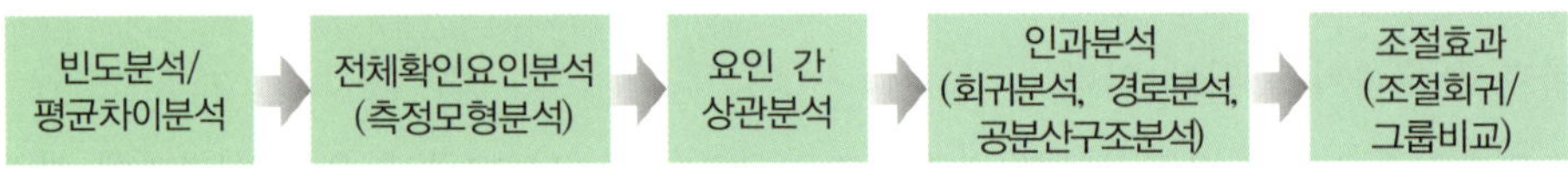

4.6 결론 및 시사점

연구논문에서 결론과 시사점은 최종적인 연구 성과를 보여주는 부분이어서 매우 중요하다. 연구자가 앞부분에서 완벽한 연구모형을 만들고 데이터 분석을 치밀하게 수행하여 바라던 분석결과가 나왔다고 할지라도 결론 및 시사점의 기술이 양적 · 질적으로 심사자의 기대에 미치지 못한다면 '고찰 및 시사점 결여', '미미한 연구 기여도'의 이유로 게재불가 판정을 받게 될 수도 있다.

결론 및 시사점을 기술하는 데에도 암묵적 형식이 있다. 이를 순서대로 살펴보면, 첫째, 연구내용을 요약하여 기술한다. 즉 연구자가 본래 연구하고자 했던 내용과 연구목적을 몇 줄로 요약하여 기술한다.

둘째, 연구결과를 요약하여 기술한다. 연구결과는 가설검정 등의 분석결과를 말하며 간략하게 가설의 채택과 기각을 중심으로 기술하고 이에 대한 고찰을 추가한다.

셋째, 연구결과로부터 도출된 시사점을 기술한다. 시사점은 기본적으로 이론적 시사점과 실무적 시사점으로 나누어 기술하는 것이 좋다. 실제로 많은 연구에서 이론적 시사점과 실무적 시사점을 분리하여 기술하고 있으며 심사자들이 권유하고 있는 부분이기도 하다.

이론적 시사점에서는 연구자가 연구가설을 유도하는 과정에서 기존 연구의 이론을 이론적 배경에서 사용하였기에 기존 이론들이 내 연구에도 그대로 적용되었는지 또는 다른 결과로 나타났는지 여부를 논리적으로 기술해야 한다. 실무적 시사점에서는 연구결과를 토대로 실무적으로 적용될 수 있는 방안이나 전략들을 중심으로 기술해야 한다.

넷째, 연구의 한계와 향후 연구방향을 기술한다. 결론과 시사점에서 시사점만큼이나 중요한 것이 바로 연구의 한계이다. 연구자 본인이 아무리 완벽하고 잘 된 연구라고 생각하더라도 심사자나 독자의 입장에서 볼 때에 여전히 부족함이 많고 사소하더라도 많은 오류를 보이는 것이 사실이다. 연구자는 본인의 연구를 과신하거나 과시할 것이 아니라 연구에 한계가 있음을 인정하고 몸을 낮추어야 하며 겸손한 자세를 잊어서는 안 된다.

연구의 한계는 처음 투고할 때에 두세 개 정도만 기술하는 것이 좋다. 왜냐하면 심사자가 심사과정에서 무리하거나 불가능한 수정을 요구하는 경우가 종종 있다. 이 경우에 최선을 다해 수정을 하고 부족한 부분은 심사자에게 양해를 구한 후에 이를 연구의 한계에 포함시키고 향후 추가 연구로 둠으로써 "연구의 한계"의 이점을 활용해야 하기 때문이다. 이렇게 연구의 한계는 현실적인 연구의 단점을 극복할 수 있는 피난처로 활용될 수 있다.

4.7 참고문헌

참고문헌은 연구자가 이론적 배경 등 본문에서 인용하여 사용한 기존연구들을 문헌형식을 빌어 공식적으로 게시하는 부분이다. 따라서 참고문헌은 심사자에게 가장 많이 지적받는 부분 중에 하나이기도 한다. 이에 대한 주의사항을 살펴보면 다음과 같다. 첫째, 참고문헌은 본문에서 인용된 것과 반드시 일치해야 하며 정확해야 한다. 왜냐하면 본문에서 사용된 참고문헌들이 일치하지 않거나 정확하지 않으면 논문의 진실성을 의심받을 수 있으며 경우에 따라 게재불가 판정을 받을 수도 있다.

둘째, 참고문헌은 최신의 것을 인용하고 기술하는 것이 바람직하다. 일부 심사자들은 이론적 트렌드를 중시하는 경향이 있기에 오래된 참고문헌보다는 최신의 참고문헌을 활용하고 기술하는 것이 좋다. 실제로 심사과정에서 참고문헌이 너무 오래된 경우에 최신 참고문헌으로 바꿀 것을 권유한다.

셋째, 투고학회의 참고문헌 형식을 준수해야 한다. 학회마다 참고문헌의 작성형식이 다르기 때문에 투고학회에 맞게 작성해야 한다.

넷째, 참고문헌의 수는 적당한 수준에서 정한다. 심사과정에서 보면 일부 논문들은 과도한 인용으로 인하여 많은 페이지가 참고문헌으로 할애되고 있는 경우가 있다. 이 또한 연구자의 과욕으로 인한 것으로 참고문헌의 수는 연구의 진실성을 해치지 않는 범위 내에서 정하는 것이 바람직하다.

다음 장에서는 연구논문 작성에서 반드시 알아야 할 주요 이론적 개념에 대해서 배우기로 한다.

CHAPTER 02

연구논문에 활용되는 주요 이론적 개념

제 1 절 구성개념과 정의

1.1 구성개념

구성개념이란 특정 연구나 이론을 위해 연구자에 의하여 의도적으로 고안된 개념을 말한다. 따라서 사전적 의미의 개념과는 구별된다. 예를 들어 음식을 사전적 의미로 개념화 하면 “사람이 음용할 수 있는 식품류의 통칭”으로 정의될 수 있으나 학교식당 만족도 연구에 사용되는 구성개념으로 정의하면 “학교식당에서 학생들에게 판매되는 먹거리 메뉴”로 정의될 수 있다. 또한 차후에 배울 요인분석(factor analysis)을 통하여 통계적으로 발견된 요인(factor)에 적합한 이름을 부여하여 실증적으로 검정된 구성개념으로 활용할 수 있다. 또한 구성개념(construct)은 구성차원, 요인(factor), 잠재변수(latent variable) 등 다양한 이름을 가지고 있다.

1.2 정의

연구자가 의도하는 개념의 의미가 정확하게 전달되지 않는다면 연구의 가치는 떨어지게 된다. 정의(definition)는 이러한 위험을 감소시켜 주는 수단 및 도구적 역할을 한다. 예를 들어 고객을 정의한다면 “업무상 거래하는 내부 및 외부의 이해당사자”로 정의할 수 있다. 이처럼 정의는 개념 혹은 현상을 나타내는 용어를 그 내용을 풀어 구체적으로 밝히는 것이다.

논문작성과 직접적인 연관을 가지는 정의에는 명목적 정의(nominal definition)

와 조작적 정의(operational definition)가 있다. 명목적 정의는 연구자가 일정한 범위와 조건 속에서 용어의 뜻을 규정하는 것을 의미하며, 조작적 정의는 구성개념(요인)을 경험적이고 가시적으로 측정하기 위하여 본래의 속성을 모두 표현할 수 있는 변수들로 나타내는 것을 의미한다. 예를 들어 학교식당의 만족도 연구에서 음식이라는 구성개념(요인)을 가지고 명목적 정의를 내리면 "학교식당에서 학생들에게 판매되는 먹거리 메뉴"로 정의될 수 있으며, 이것을 다시 조작적 정의를 내리면 "음식의 맛, 음식의 양, 음식의 질, 음식의 가격"으로 변수화할 수 있다.

제 2 절 변수

2.1 변수의 정의와 종류

연구자가 연구하려는 대상은 형태의 유무를 떠나 여러 가지 특성을 가진다. 여기서 연구의 대상을 개체(case, item)라고 정의한다. 개체의 특성을 나타내려면 앞서 설명한 구성개념을 이용할 수도 있으나, 연구자가 특별히 관심을 가지고 측정하길 원하는 특성이 있다. 이를 변수(variable)라고 한다. 즉 변수는 연구자가 개체에 관하여 관심을 갖고 있는 속성이자 측정가능한 속성을 의미한다. 또한 이들 변수는 구성개념(요인)을 설명하는 구체적인 기본개념이 된다. 그리고 설문도구에서 변수는 측정문항으로 표현된다.

인과관계 논문에 많이 사용되는 변수의 종류에는 일반적으로 독립변수(independent variable), 종속변수(dependent variable), 매개변수(intervening variable), 조절변수(moderating variable), 외생변수(extraneous variable), 통제변수(control variable) 등으로 나누어진다. 독립변수는 영향을 주는 변수이며, 종속변수는 영향을 받는 변수를 의미한다. 매개변수는 독립변수와 종속변수 간의 인과관계를 설명해주고 있으며, 조절변수는 독립변수와 종속변수 간의 인과관계에서 상황을 조절해주는 역할을 한다. 통제변수는 연구를 수행하면서 탐구하기를 원하지 않기 때문에 통제하는 변수를 말하다. 실례로 독립변수와 종속변수 간의 순수한 인과관계를 저해하는 외생변수의 효과를 무력화하거나 제거해야 할 경우에 외생변수를 통제변수로 지정할 수 있다. 다음은 인과관계 논문에서 중요한 역할을 하는 매개변수와 조절변수에 대해 설명하고자 한다.

2.2 매개변수

매개변수(intervening variable)는 독립변수와 종속변수 간의 인과관계를 설명해주는 역할을 하며 [그림 2-1]처럼 표현될 수 있다. 자장면 가게를 예로 들어보자. 불특정 다수에게 자장면 맛에 만족하냐고 물으면 일반적으로 자장면에 대한 기대감과 시식 경험의 차이가 크지 않아 정도의 차이는 있지만 대체로 만족한다고 한다. 그런데 다음의 예시를 생각해보자. 특정 중국식당에서 어떤 고객이 자장면을 시켜 먹는데 그 자장면은 보기에도 일반 자장면과는 달리 요리 수준이었고 맛 또한 감탄사가 연발할 정도로 훌륭하였다. 그때 그 고객은 다른 자장면보다는 값이 약간 비쌀 것으로 예상했으며 그럼에도 만족스럽게 자장면을 먹었다. 그러나 계산하려고 하니 자장면의 값은 십만원이었다고 하자. 과연 그 고객은 만족감을 유지할 수 있었을까? 불만이었을 것이다. 그렇다면 이 인과적 관계를 어떻게 설명할 수 있을까? 자장면 맛과 만족이라는 변수 사이에 가치라는 매개변수로 삽입하여 설명할 수 있다. 가치는 자장면 맛과 만족 간의 관계를 설명해준다. 즉 자장면이 맛이 있다고 해서 일방적으로 만족한다기보다는 고객들이 자장면 맛의 효용과 비용(가격)을 비교하는 가치 여하에 따라 만족의 정도가 달라진다고 해석할 수 있다. 만약 연구자가 자장면 맛과 만족 간의 인과관계에서 가치의 매개효과에 중점을 두고 이에 대한 유의성을 검정하고자 한다면 다음의 연구가설을 세울 수 있을 것이다.

가설 1: 가치는 자장면 맛과 만족 간의 인과관계를 매개할 것이다.

≫ 그림 2-1 매개변수

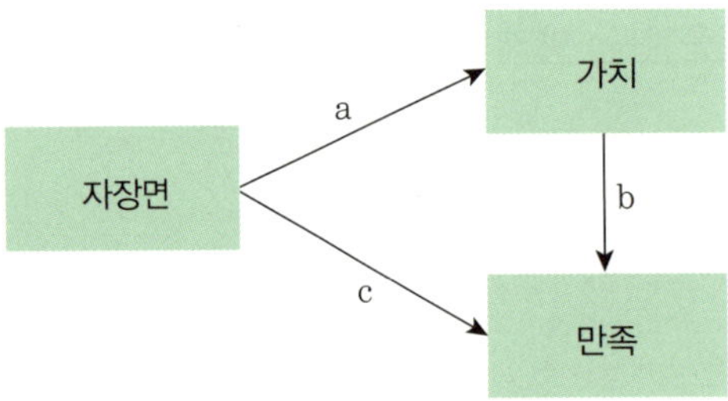

2.3 조절변수

(1) 조절변수

조절변수(moderating variable)는 독립변수와 종속변수 간의 인과관계에서 상황을 조절해주는 변수이며 [그림 2-2]와 같이 표현될 수 있다. 예시를 들면 테마파크 시설이 고객만족에 미치는 영향에 대해 연구한다고 가정하자. 그런데 연구자가 "모든 연령대에서 동일한 결과가 나타날까? 혹시 연령대에 따라 인과관계가 달라지지 않을까" 하고 의문을 가지고 연구를 한다면 이때의 조절변수는 고객의 연령대가 되는 것이다. 상식적으로 생각해보건대 10대 아이들은 놀이시설에 관심을 가질 것이고, 2·30대 성인은 데이트를 위한 시설과 분위기에 관심을 가질 것이다. 그리고 40대의 경우에는 아이들을 위해 놀이시설에 오게 되므로 아마도 아이들이 놀고 있는 동안 휴식할 수 있는 공간과 시설을 더 선호할 것이다. 즉 연령별로 시설에 따른 만족감이 달라질 수 있음을 충분히 예상해볼 수 있다. 이 경우에 연령층은 조절변수가 될 가능성이 있다. 이를 근거로 다음의 가설을 세울 수 있다.

가설 2: 연령대는 테마파크 시설과 고객만족 간의 인과관계를 조절할 것이다.

》 그림 2-2 조절변수

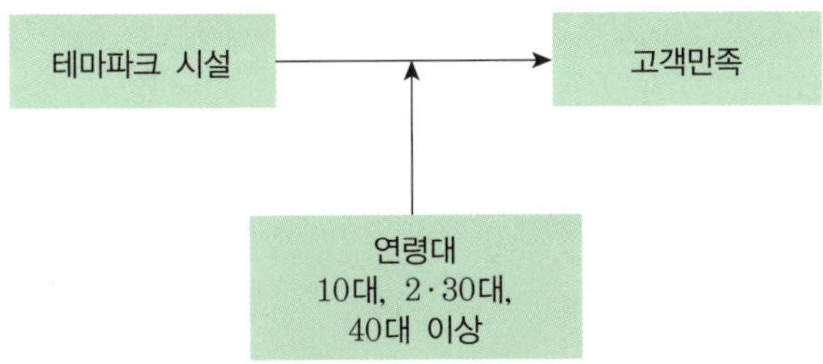

(2) 조절변수의 척도와 분석기법

다음은 조절변수의 활용에서 중요한 조절변수의 척도와 분석기법에 대해 알아보고자 한다. 조절변수에 대하여 공부를 하면서 초보 연구자들이 가지는 의문 중에 하나가 조절변수가 등간/비율척도일 경우와 명목척도일 경우에 분석목적과 분석방법이다. 먼저 분석기법에 대한 답을 하면 전자는 조절회귀분석을 사용하고 후자는 다집단비교구조방정식모형분석(multiple structural equation model analysis: 이하 multi-SEM)이 사용된다. 즉 두 가지의 경우에 조절효과의 분석기법뿐만 아니라 분석목적 또한 완전히 다르다. 차후에 조절효과분석에 대해 자세히 공부하겠지만 간략하게 설명하면 다음과 같다.

첫째, 조절변수가 등간/비율척도처럼 경우에 연속적이면서 양적 속성을 가질 경우에는 조절회귀분석이 사용된다. 이 경우에는 독립변수와 종속변수 간의 인과관계에서 양적변수가 어떤 조절적 영향을 미치는지를 알아보는 것이다. 라디오를 예로 들어 설명하면 라디오의 전원을 켜면 소리가 난다. 이때 전원이 독립변수이고 소리가 종속변수라고 하자. 이때 볼륨 스위치를 정(+)의 방향으로 천천히 돌리면 소리가 커진다고 하자. 이때 볼륨 스위치는 조절변수가 되며 전원과 라디오 소리 간에 정(+)의 방향으로 조절효과를 발휘하게 된다. 또한 이때 라디오 소리는 전원과 볼륨뿐만 아니라 '전원*볼륨'의 복합작용에 의해 영향을 받게 된다. 특히 '전원*볼륨'의 복합작용을 조절회귀분석에서 상호작용항이라고 부르며 중요하게 다루어진다. 상호작용항이 포함된 회귀식의 설명력이 증가되고 상호작용항이 종속변수에 유의한 영향을 미칠 때 조절변수의 조절효과가 있다고 판단한다. 연구자는 다음과 같은 가설을 세울 수 있다.

가설 3: 볼륨 스위치는 전원과 소리 간의 인과관계를 조절할 것이다.

그림 2-3 조절변수(등간/비율척도)

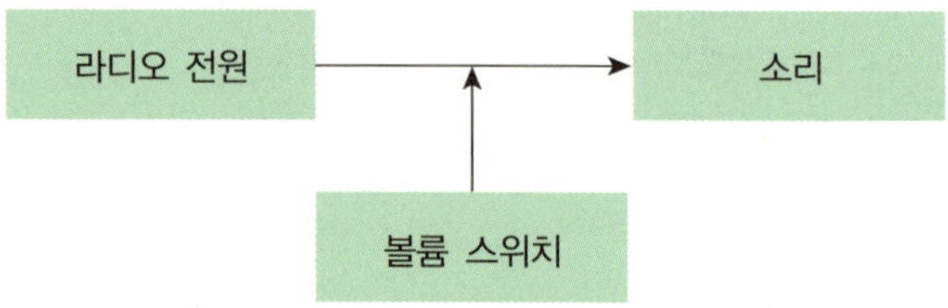

둘째, 조절변수가 명목척도처럼 질적 속성을 가질 경우에는 다집단비교 구조방정식모형분석(multi-SEM)이 사용된다. 이 경우에 동일한 연구모형을 가지는 두 집단에서 각각의 연구가설마다 쌍을 이루어 영향력의 크기 차이를 검증하게 된다. 이때 조절변수는 집단이 된다. 예를 들면 독립변수가 식욕이고 종속변수가 식사량이라고 하고 비만과 저체중의 두 개 집단이 있다고 하자. 연구자는 대상집단에 따라 식욕과 식사량 간의 인과관계의 차이가 날 것이라고 의문을 가질 수 있으며 비만집단이 더 강할 것으로 예상할 수 있다. 이 경우에 다집단비교 구조방정식모형분석(multi-SEM)이 사용되며 연구자는 다음과 같은 가설을 세울 수 있다.

가설 4: 대상 집단에 따라 식욕과 식사량 간의 인과관계는 차이가 있을 것이다.

그림 2-4 조절변수(명목척도)

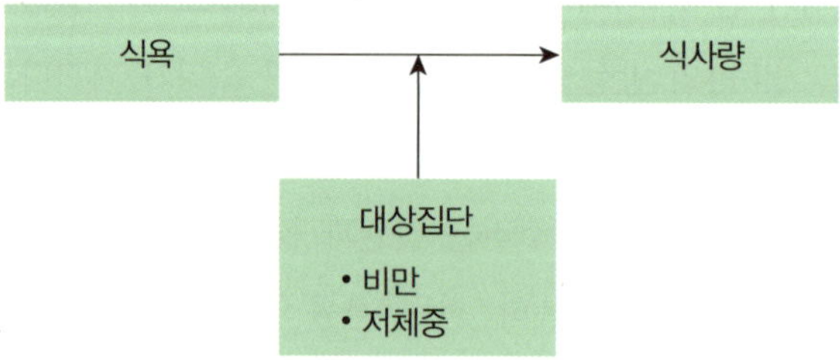

자세한 이야기는 차후에 조절효과검정에서 다루고자 한다.

2.4 외생변수

외생변수(extraneous variable)는 연구자에 의해 의도적으로 배제되거나 종속변수에 예기치 못하게 영향을 미치는 독립변수를 말한다. [그림 2-5]처럼 외생변수는 인과관계에 영향을 미치지만 연구에서 측정변수로 이용되지 않는다. 외생변수는 일종의 우연변수로서 연구자의 연구의도와 달리 암암리에 독립변수와 종속변수 간의 관계의 크기를 증가 또는 감소시키는 능력을 가지고 있다. 예를 들면 실험실에서 몇 마리의 실험쥐에게 암세포를 주입하고 새로운 항암제를 주입하여 항암제의 효과를 검증하는 실험을 한다고 하자. 이때 독립변수는 항암제 투약이 될 것이고 종속변수는 투약 후 암 종양의 크기가 될 것이다. 그러나 실험쥐의 일부가 유전적으로 암세포에 대항하는 유전자를 가지고 있다면 이 또한 종속변수에 영향을 미치게 되며, 연구결과에 영향을 미치게 된다. 따라서 암세포 대항 유전자는 실험연구에서 외생변수로 작용하게 된다.

즉 외생변수는 연구자가 의도한 독립변수와 종속변수 간의 순수한 인과관계의 검증을 방해하는 변수라고 할 수 있다. 외생변수는 연구에서 연구자가 의도하지 않은 독립변수, 매개변수, 조절변수의 형태로 나타날 수 있다. 따라서 정확한 연구를 수행하기 위해서는 외생변수의 영향을 체계적으로 방지하거나 제거해야 한다. 연구자가 외생변수를 사전에 인지하고 의도적으로 통제하고자 할 경우에 외생변수를 통제변수로 지정하여 연구과정에서 외생변수에 의한 효과를 관리하거나 통제할 수 있다.

» 그림 2-5 외생변수

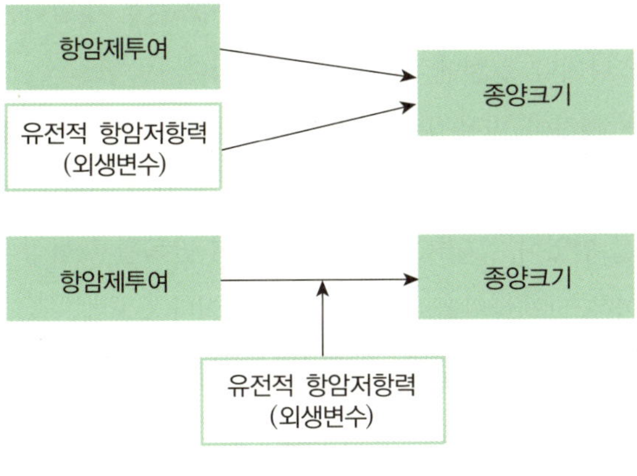

(1) 외생효과

연구자들은 연구설계를 세우고 설문지를 만들어 자신의 연구대상을 상대로 자료를 수집하고 분석하여 결과를 토대로 결론을 내린다. 그러나 경우에 따라 기존연구와 약간 다른 결과가 나오거나 완전히 뒤집는 결과가 나오기도 하며, 이 경우에 초보 연구자들은 당혹감을 느끼게 된다. 이 경우에 데이터입력 및 분석 프로세스 상에 문제가 없다면 혹시 연구자가 놓친 외생변수에 의한 외생효과가 영향을 미친 것은 아닌지 점검해봐야 한다.

일반적으로 외생변수에 의한 외생효과에는 시험효과(주시험효과, 상호작용효과), 성숙효과, 우발적 사건, 통계적 회귀, 측정방법의 변화, 표본의 편중, 실험대상의 소멸 등이 있다. 먼저 시험효과 중의 주시험효과는 실험변수와 관계없이 동일한 측정을 반복함으로써 결과변수에 발생하는 효과를 말한다. 예를 들면 같은 유형의 시험을 반복적으로 치를 경우에 실력보다는 시험분위기에 익숙해져서 성적이 조금씩 향상되는 경우를 말한다. 상호작용효과는 사전의 측정이 실험변수에 미치는 효과를 말하는데, 예를 들면 광고에 대한 관심도를 측정하기 전에 응답자들에게 브랜드에 대한 인지도를 사전 측정하게 되면 해당 브랜드의 광고에 대한 관심이 커지게 된다.

성숙효과는 실험기간 중에 실험집단의 특성변화가 결과변수에 영향을 미치는 효과를 말한다. 예를 들면 초등학생들의 공부시간과 시험점수 간의 상관관계 측정에서 실험시간이 길어지면 학생들의 지적 수준이 향상되어 시험점수가 급격히 높아지게 되는 경우이다.

우발적 사건은 실험자가 전혀 생각하지 못했던 사건(사고)이 실험결과에 지대한 영향을 미치는 것을 말한다. 예를 들면 자동차의 새로운 브레이크 시스템을 실험하는 과정에서 운전자의 실수로 사고가 나거나 실험에 실패하는 경우이다.

통계적 회귀는 실험대상에 대한 측정이 반복될수록 결과변수의 값이 실험대상의 평균값으로 회귀하는 현상을 말한다. 즉 평소에 학급에서 75점으로 중간정도 하는 학생이 어느 날 95점의 우수한 점수를 받았다. 그러나 이 학생의 과거 반복된 시험성적을 평균해보면 여전히 중간에 가까우므로 놀라울 것이 없다는 것이다.

측정방법의 변화는 관찰자의 변화나 설문지 같은 측정방법의 변화가 측정결과에 영향을 미치는 현상을 말한다. 예를 설문작업 기간 중에 설문 면접자가 교체되거나 설문문항의 문구가 수정되어 측정결과에 영향을 주는 경우이다.

표본의 편중은 실험대상이 되는 집단의 차이가 결과변수에 영향을 미치는 현상을 말한다. 예를 들면 생필품의 가격인하 효과에 대한 조사에서 표본이 고소득층에 몰려 있다면 가격인하에 대한 효과측정은 미미하게 나타나게 된다. 이 경우에 표본의 선택을 위한 표본추출방법이 중요시 된다.

실험대상의 소멸은 특정 실험대상에 속한 개개인이 실험기간 동안에 이탈함으로써 결과의 왜곡을 가져오는 것을 말한다. 패널연구(panel study)를 예를 들어 설명하면 다음과 같다. 먼저 패널연구(panel study)에 대해 간략히 설명하면 시계열연구(time series study)의 한 종류로 패널(panel)이라는 확정 불변의 소수 집단을 실험집단으로 정하고 일정기간마다 설문을 하는 방식이다. 예를 들어 실버타운의 삶의 질 조사를 하는 데 고정된 입주노인 20명을 대상으로 1년마다 3년에 걸쳐 패널조사를 한다고 하자. 패널이 첫해는 20명이었지만, 둘째 해에는 18명, 셋째 해에는 17명으로 사망으로 인한 실험대상의 소멸이 일어났다면 불변의 패널이 있어야 하는 패널연구의 속성상 실험결과는 왜곡된 결과를 보일 수 있다.

(2) 외생변수의 통제

그렇다면 외생변수에 의한 외생효과의 통제는 불가능한 것일까? 완벽할 수는 없지만 어느 정도 가능하다. 외생변수가 예측한 것이라면 제거할 수 있으며, 제거가 불가능할지라도 결과에 큰 결과를 미치지 못하도록 사전에 조치를 취할 수 있다. 외생변수의 통제방법에는 크게 제거(elimination), 균형화(matching), 무작위화(randomization), 상쇄(counter balance)의 네 가지가 있다.

먼저 제거(elimination)는 실험에 영향을 미칠 수 있는 외생변수를 예측하고 그 효과를 완전하게 제거하는 것이다. 즉 실험대상 집단별로 외생변수를 똑같이 적용하여 그 효과를 제거하는 방법이다. 이것은 특히 소수의 특정 경험이 실험에 영향을 미치는 경우에도 사용된다. 예를 들면 식품회사가 딸기와 복숭아를 이용한 우유음료를 개발하여 시음실험을 하였다. 딸기를 좋아하는 그룹과 복숭아를 좋아하는 그룹의 2개 집단으로 나눠 개발된 딸기 및 복숭아 우유음료를 제공하였다. 그런데 만약 이들 두 그룹에 우유를 좋아하지 않는 사람들이 편중되어서 섞여 있다면 실험 결과를 왜곡시킬 수 있다. 외생효과를 막기 위해 우유를 싫어하는 사람들은 사전에 실험대상에서 제외되어야 한다. 만약 제외하는 것이 어렵다면 우유를 싫어하는 사람들이 각 집단에 고루 분포될 수 있도록 해야 한다.

균형화(matching)는 외생변수가 동일하게 영향을 미칠 수 있도록 실험집단과 통제집단을 선정하는 방법이다. 특히 외생변수가 학력과 같은 인구통계학적 특성을 가질 경우에 동일한 학력분포를 갖도록 각 조사집단의 대상을 추출해야 한다.

무작위화(randomization)는 외생변수를 사전에 예상하지 못하여 그 어떠한 외생효과를 알 수 없는 경우에 사용되는 방법으로 각 실험집단을 모집단에서 무작위로 추출하여 외생변수의 영향력을 제거하는 방법이다.

상쇄(counter balancing)는 하나의 실험집단에 두 개 이상의 실험변수가 가해질 때에 실험순서에 따라 결과가 달라져 왜곡되는 경우에 이를 방지할 목적으로 사용된다. 즉 실험이 A · B 순서로 시행되었다면 B · A 순서로 한 번 더 실행함으로써 결과의 왜곡을 방지하는 것이다. 예를 들어 소비자가 홍보행사에서 두 개의 비교제품에 노출되는 경우를 가정하여 살펴보자. P음료회사는 경쟁사의 C콜라에 대항하여 P콜라를 홍보하기 위해 어느 무더운 여름날 거리에서 소비자를 대상으로 시음대회를 열었다고 가정하자. 눈을 가리고 P콜라와 C콜라를 마시게 하고 맛이 있는 음료에 투표하도록 하는 방식이다. 이때 주최회사인 P음료회사는 눈 가린 소비자에게 항상 P콜라를 먼저 마시게 한 후에 C콜라를 마시게 해서 C콜라에 대한 느낌을 둔감하게 하고자 하였다. 결과는 다수가 P콜라가 맛있다고 선택했고 이는 외생효과에 의한 결과라고 할 수 있다. 공정성을 고려했다면 외생효과의 상쇄차원에서 소비자가 P콜라 식음 후에 C콜라, 다시 C콜라 식음 후에 P콜라 순으로 마시게 했어야 했다.

제 3 절 타당성과 신뢰성의 평가

3.1 타당성

(1) 타당성의 정의

타당성(validity)은 측정하고자 하는 개념이나 속성을 어느 정도 정확하게 측정하였는가를 나타낸다. 개념이나 속성을 측정하기 위하여 개발된 측정도구가 해당 속성을 정확하게 반영하고 있어야 한다. 예를 들면 실버타운의 서비스 속성을 측정하려고 하면서 양로원의 서비스 속성 설문도구로 측정한다면 타당성이 없다고 할 수 있다. 또한 음식요인을 측정한다고 하면서 음식관련 측정문항 중에 "화장실 청결정도" 문항이 생뚱맞게 있다면 그 또한 타당성이 없다고 하겠다. 이처럼 타당성을 떨어뜨리는 문항은 사전에 제거되어야 한다.

연구자는 자신이 의도한 개념을 정확히 측정하고 있다는 것을 보여주어야 하며 이는 곧 타당성의 문제이다. 타당성은 연구자가 의도한 요인을 측정하는 측정도구에 국한한 문제로서 요인 간의 인과관계를 따지기 이전에 통계적 검증을 통해 반드시 해결해야 할 과제이다.

(2) 타당성의 종류

타당성에는 내용타당성(content validity), 기준타당성(criterion-related validity), 구성개념타당성(construct validity)이 있다. 간략하게 정리하면 다음과 같다. 첫째, 내용타당성(content validity)은 측정도구를 구성하고 있는 항목들이 측정하고자 하는 내용을 어느 정도 충실하게 측정하고 있는지를 논리적으로 알아보는 것으로 내적 타당성이라고도 한다. 즉 학교식당에서 음식요인을 측정하고자 한다면 측정변수로서 음식의 맛, 음식의 양, 음식의 질, 음식의 가격 등을 사용할 수 있겠다.

둘째, 기준타당성(criterion-related validity)은 결과요인에 대한 예측력을 나타내는 것으로서 독립변수와 종속변수 간의 연관성 또는 상관 정도를 나타낸다. 예를 들어 토플성적이 높은 사람이 영어를 잘하는 사람으로 평가된다면 토플시험은 한 개인의 영어능력을 평가하는데 유용한 도구로 이용될 수 있다. 이처럼 토플성적과 영어능력 간에 인과적 연관성이 높다고 하면 토플시험과 영어성적 간에는 기준타당성을 가진다고 할 수 있으며 이를 통하여 토플성적이 높은 사람은 영어를 잘하는 사람이라고 예측이 가능하므로 기준타당성을 예측타당성이라고도 한다. 또한 연구결과를 다른 대상이나 상황에 적용할 수 있는 가능성이 있으므로 외적타당성이라고도 한다.

셋째, 구성개념타당성(construct validity)은 요인과 관련한 타당성으로 집중타당성(convergent validity)과 판별타당성(discriminant validity)이 있다. 집중타당성은 동일한 개념에 대하여 상이한 방법으로 측정한 값 사이에는 상관관계가 높아야 한다는 것이다. 예를 들면 음식요인을 측정한다면 이를 측정한 음식의 맛, 음식의 질, 음식의 모양, 음식의 가격의 측정값에는 상호 간 상관관계가 높아야 한다는 것이다.

반면에 판별타당성은 상이한 구성개념 사이에 상관관계가 유의하면서도 낮아야 한다는 것이다. [그림 2-7]의 예를 보면 음식요인을 측정한 측정항목끼리, 청결요인을 측정한 측정항목끼리는 집중타당성에 의하여 상관관계가 높을 것이다. 그러나 음식요인과 청결요인 간에 서로 상이한 개념이므로 상관관계가 낮을 것이다. 이렇게 요인 간에는 상이한 개념으로 구별되기에 판별타당성이 높다고 한다.

타당성이 높은 설문도구를 만들기 위해서는 타당성이 높은 측정문항들을 만들어야 한다. 이를 위해서는, 첫째, 문헌연구와 기존의 관련연구를 통하여 연구자는 연구 분야에 대해 충분한 지식을 가져야 한다. 둘째, 의욕에 넘쳐 새로운 설문도구의 개발에 힘쓰기보다는 기존연구를 통하여 검증된 측정문항과 설문도구를 활용하여 조금이라도 더 타당성을 높이도록 노력해야 한다. 셋째, 구성개념을 구성하는 문항들을 면밀히 검토하여 항목 간의 상관관계가 낮은 문항을 선별적으로 제거하고, 상관관계가 높은 문항으로만 구성해야 한다. [그림 2-6]은 타당성의 분류체계를 보여준다.

>> 그림 2-6 타당성의 분류

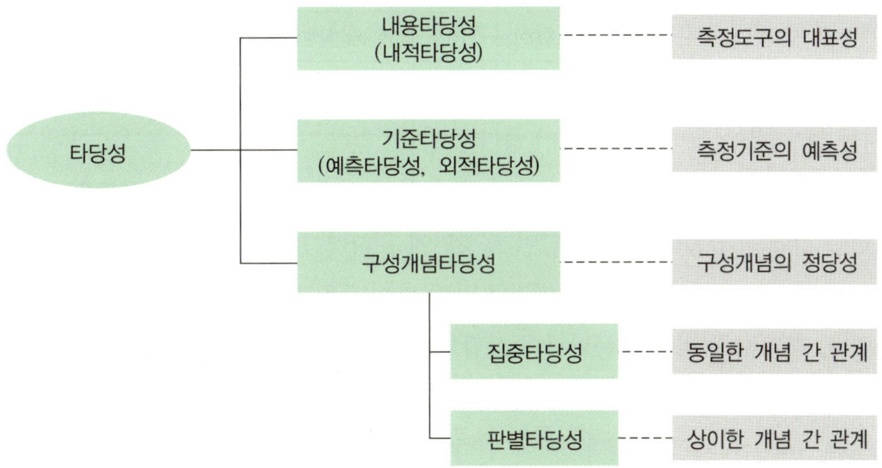

>> 그림 2-7 구성개념타당성의 예시

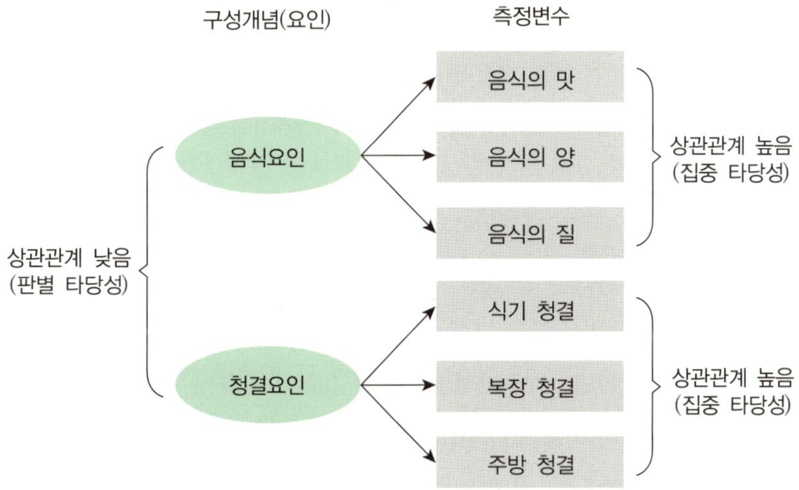

3.2 신뢰성

신뢰성은 측정자가 대상을 얼마나 일관성 있게 측정하고 있는가의 정도를 나타낸다. 즉 타당성은 정확성에 관한 것이라면 신뢰성은 일관성에 관한 것이라고 할 수 있다. 신뢰도는 신뢰성의 정도이며, 높은 신뢰도는 동일한 측정대상을 반복적으로 측정하여도 결과가 동일함을 의미하며 조사결과에 대한 일관성을 제공하는 역할을 한다.

계량적 측면에서 신뢰성은 동일한 구성개념에 대하여 반복적으로 측정하였을 때 나타나는 측정값들의 분산(오차)을 의미한다. 분산(오차)이 작다면 일관성이 있는 측정치를 얻은 것이 되므로 신뢰성이 높다고 할 수 있다. 즉 신뢰성은 응답의 일관성과 안정성을 의미한다. 예를 들어 정신 장애가 있는 사람과 정상인에게 설문을 하였을 때 정신 장애가 있는 사람의 응답이 정상인에 비하여 응답의 범위가 넓다면 정신적 장애가 있는 사람은 신뢰성이 떨어진다고 보고 반대로 정상인은 신뢰성이 높다고 할 수 있다. 따라서 신뢰성은 응답자의 응답의 안전성, 일관성, 예측가능성을 포함하는 개념이다. 만약 상태의 불안정으로 인해 응답의 신뢰성이 떨어지는 데이터(개별 설문지 또는 case)는 사전에 제거되어야 한다.

또한 신뢰도는 응답자가 아닌 측정문항의 관점에서도 생각할 수 있다. 예를 들어 어떤 특정 문항을 수십 명에게 설문하였으나 각각 응답의 범위가 일관성 없었다고 하자. 이 경우에 모든 사람들이 정신 장애를 가졌거나 불안정하다기보다는 측정문항이 일관된 응답을 유도할 수 없는 잘못된 문항이라고 판단할 수 있다. 즉 신뢰도가 떨어지는 문항으로 판단할 수 있다. 이처럼 신뢰성이 떨어지는 문항은 사전에 제거되어야 한다.

신뢰도 측정방법에는 재검사법, 반분법, 문항분석법, 알파계수법이 있으나 일반적으로 연구논문에서 사용되는 신뢰성 검증방법은 '알파계수법'을 사용한다. 알파계수법은 동일한 측정을 위하여 항목 간의 평균적인 관계에 근거하여 내적인 일관성을 구하는 방법이다. 기준값으로 크론바하알파(Cronbach's alpha)계수를 사용하며 일반적으로 0.6 이상이면 신뢰도가 높다고 한다.

신뢰성의 개선방안으로는, 첫째, 구성개념을 구성하는 측정문항 중에 모호한 문항을 제거하면 신뢰성이 개선된다. 둘째, 구성개념 내의 측정문항의 수를 증가시키면 측정값들의 분산(오차)이 감소되기 때문에 신뢰도가 개선된다. 그러나 맹목적인 측정문항 수의 증가는 타당성을 저해시킬 수 있다. 셋째, 사전에 검증된 측정문항을 활용한다. 넷째, 척도를 조정한다. 즉, 척도를 5점 척도에서 7점 척도로 조정하면 오차 폭이 감소하여 신뢰성이 개선된다.

타당성과 신뢰성의 관계측면에서 볼 때 일반적으로 설문도구의 타당성이 높으면 신뢰성은 높아지지만 반대로 신뢰성이 높다고 해서 반드시 타당성이 높아지는 것은 아니다. 따라서 신뢰성은 연구결과와 해석을 위한 필요조건에 불과하며, 충분조건은 되지 못한다. 그러므로 타당성의 개선이 수반되지 않은 신뢰성만의 개선은 무의미할 수 있다.

설문도구에 사용되는 측정문항들의 타당성과 신뢰성 확보는 연구결과의 타당성과 신뢰성과 연결되기 때문에 매우 중요하다. 연구자가 연구모형에서 구성개념들 간의 인과관계를 검증하기 직전까지 행하는 분석들은 척도의 정화, 즉 측정항목의 타당성과 신뢰성을 높이기 위한 분석들이며, 여기에는 탐색적 요인분석, 신뢰성분석, 확인요인분석, 요인 간 상관행렬분석 등이 있다.

종합적 측면에서 타당성과 신뢰성을 제고하기 위해서는, 첫째, 명확한 개념의 정의와 조작적 정의가 필요하며, 둘째, 단일항목보다는 다항목 측정이 유리하다. 여기서 단일항목은 구성개념의 측정을 한 개의 단일항목으로 하는 것이며, 다항목은 여러 개의 항목을 사용하는 것이다. 셋째, 사전에 측정문항의 타당성과 신뢰성 평가가 필요하며 이를 위해 예비테스트가 필요하다. 마지막으로 측정자료가 연구목적과 연구질문에 합당한가를 확인해야 한다.

[그림 2-8]은 신뢰성과 타당성을 그림으로 표현한 것이다. 첫 번째 그림은 신뢰성과 타당성이 모두 높은 경우를 보여주며, 두 번째 그림은 신뢰성은 높으나 타당성이 없는 경우를 보여준다. 마지막 그림은 신뢰성과 타당성 둘 다 없는 경우를 보여준다.

» 그림 2-8 신뢰성과 타당성

제 4 절 귀무가설과 연구가설

4.1 가설의 의의와 종류

가설은 실제 증명에 앞서서 세워지는 잠정적인 진술이며, 후에 논리적으로 검정되는 명제를 말한다. 가설은 이론과는 달리 구조적 측면에서 두 변수 간의 관계(조절변수 또는 매개변수를 고려하는 가설일 경우에는 세 변수 간의 관계)를 진술하는 명제이며 비교적 구체적이고 단순한 구조를 가진다. 가설의 종류에는 귀무가설(null hypothesis)과 연구가설(대립가설, research hypothesis)이 있으며, 연구가설은 일반적으로 미래형으로 기술한다.

귀무가설은 기존 이론으로서 기존의 것을 지지하며, 보수적 입장을 취한다. 이에 반하여 연구가설은 연구자가 내세우는 나의 주장으로서 새로운 것을 지지하며, 진보적 입장을 취한다. 예를 들면 항공승무원학과에 신입생들이 입학한다고 가정하자. 그 동안의 신입생들의 평균체중이 53kg이었는데 금년 신입생들의 평균체중은 55kg이었다고 하자. 그렇다면 금년 신입생의 평균체중은 예년에 비해 2kg 늘어 변화가 있다고 볼 수 있는가?

이 경우에 평균체중은 예년과 같아 변화가 없다고 본다면 귀무가설은 "평균체중은 53kg이다"가 된다. 이에 반하여 평균체중의 변화를 감지한 연구자는 이에 이의를 제기하고 연구가설로 "평균체중은 53kg이 아닐 것이다"를 제시하게 된다.

좋은 가설이 되기 위해서는, 첫째, 가설이 연구목적에 적합해야 하며, 둘째, 통계적으로 검정이 가능해야 한다. 셋째, 조건이나 가정이 없이 간단해야 하며, 넷째, 논리적이며 간결하고 명확한 표현이 사용되어야 한다. 다섯째, 측정가능해야 하며, 여섯째, 입증된 결과는 이론으로서 일반화가 가능해야 한다.

4.2 가설검정의 원리

귀무가설과 연구가설은 상호 대립적 입장을 취하며 통계량을 근거로 통계적 유의성이 검정된다. 검정의 대상은 연구가설이 아닌 귀무가설이며, 귀무가설이 채택되면 연구가설은 기각되고($p>\alpha=0.05$), 귀무가설이 기각되면 연구가설이 채택된다($p<\alpha=0.05$).

앞의 예시를 들어 가설검정을 설명하면, 항공승무원학과에 신입생들이 입학했다고 하자. 그동안의 신입생들의 평균체중이 53kg이었는데 금년 신입생들의 평균체중은 55kg이었다고 하자. 이 경우에 연구자는 평균체중이 2kg 늘었다고 생각할 수 있으며 이에 대한 문제제기를 할 수 있다. 이 경우에 가설은 다음과 같다.

귀무가설(H_0): 신입생의 평균체중은 변화가 없다.($\mu=53$kg)
연구가설(H_1): 신입생의 평균체중은 변화가 있다.($\mu\neq53$kg)

2kg의 증가를 바라보는 귀무가설의 입장은 다음과 같다. 2kg의 증가는 모집단에 표본을 추출하기 때문에 발생하는 어쩔 수 없는 우연오차로서 실제로 평균체중에는 변화가 없다는 입장이다. 이에 반해 연구가설의 입장은 2kg의 증가는 우연오차가 아닌 실제적인 증가로서 평균체중에 명백한 변화가 있다는 입장이다. 이는 모집단의 특성인 모수(모집단의 평균)에 대해 약간의 정보를 가지고 있으므로 표본의 통계량과 임계치를 비교하거나 또는 p값(유의확률)과 α(유의수준)를 비교하여 어느 가설이 지지되고 기각될지를 검정할 수 있다.

앞의 예를 가지고 검정의 원리를 [그림 2-9]로 설명하면 다음과 같다. 먼저 통계량(t, Z)과 임계치($t_{\frac{\alpha}{2}}$, $Z_{\frac{\alpha}{2}}$)를 비교하여 검정하는 경우를 살펴보자. 신입생들의 표본의 t통계량 값이 -2.56 또는 2.56으로 나타났다고 가정하자. 이 경우에 t통계량이 임계치 내부인 귀무가설 지지영역($-1.96\leq t\leq1.96$)의 밖에 위치하게 되므로 귀무가설이 기각되고 연구가설이 채택된다.

이것을 다시 p값(유의확률)과 α(유의수준)를 비교하여 검정하는 경우에서 살펴보자. 신입생들의 표본의 t통계량 값이 -2.56 또는 2.56으로 나타난 경우에 t통계량 값의 확률값인 p값은 0.01이 된다. 이때 $\alpha=0.05$에서 볼 때 p값은 유의수준보다 작게 되고 결국 귀무가설을 지지하는 영역을 벗어나 연구가설을 지지하는 영역에 포함된다($p<0.05$). 이 경우에 귀무가설은 기각되고 연구가설이 채택된다. 따라서 $\alpha=0.05$에서 신입생의 평균체중은 변화가 있다고 결론내릴 수 있다. 통계량(t, Z)과 임

계치, p값(유의확률)과 α(유의수준)의 개념을 정의하면 [표 2-1]과 같다.

» 그림 2-9 귀무가설과 연구가설의 채택영역

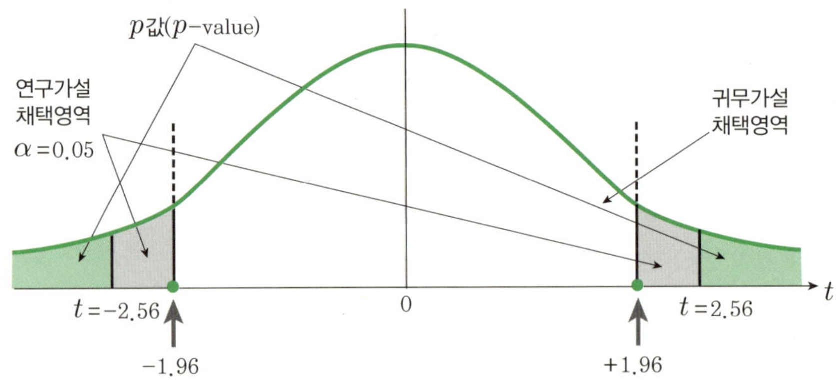

▌표 2-1▐ 검정통계량과 임계치, p값(유의확률)과 α(유의수준)의 정의

용어	개념 정의
검정통계량	표본으로부터 추출한 통계량
임계치	검정의 종류와 신뢰수준에 따라 달라지며 귀무가설의 채택 여부를 결정짓는 경계값
유의수준(α)	귀무가설을 기각하고 연구가설을 채택할 1종 오류의 최대치
유의확률(p-value)	모수의 참값으로부터 먼 방향의 통계량의 확률값

제 5 절 연구모형

모형은 상징적 혹은 물리적인 현상으로 설계하여 만든 정식화된 이론적인 표현이다. 즉 실제 현실의 축약된 표현이라고 말할 수 있다. 이론의 역할은 설명과 예측에 있으나 모형의 역할은 시각적 표현에 있다. 인과관계 연구에 사용되는 모형에는 연구의 개념적 틀(conceptional framework)과 연구모형(research model)이 있다.

» 그림 2-10 **연구의 개념의 틀의 예시**

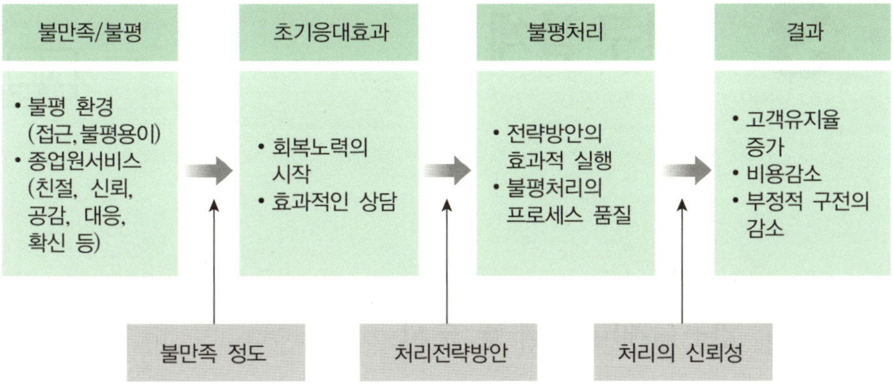

출처: 강병서 · 백종득 · 조철호(2004), "고객 불평처리 프로세스의 효과성 분석: 인과효과와 조절효과를 중심으로", 경영학연구, 33(5), 1489-1521.

» 그림 2-11 **연구의 개념적 틀에서 유도된 연구모형의 예시**

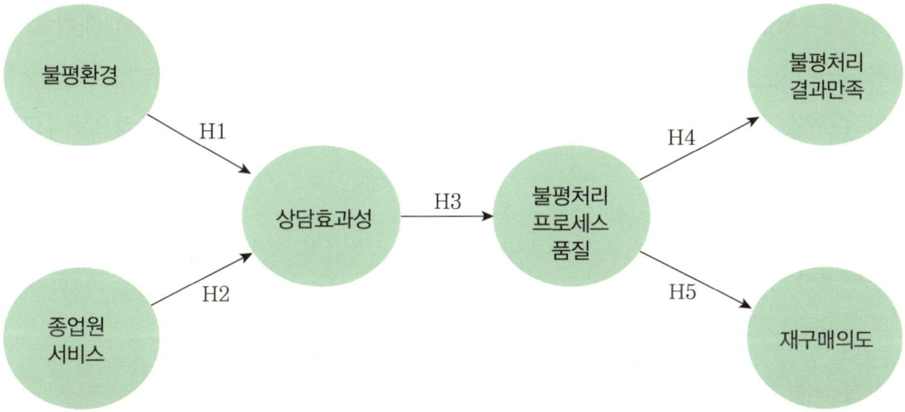

출처: 강병서 · 백종득 · 조철호(2004), "고객 불평처리 프로세스의 효과성 분석: 인과효과와 조절효과를 중심으로", 경영학연구, 33(5), 1489-1521.

연구의 개념적 틀(conceptional framework)은 모형의 일종으로 연구모형을 도출하기 위한 전 단계적인 모형으로서 사전에 요약되거나 확립되는 모형적인 프로세스라고 말할 수 있다. 그리고 연구모형은 연구가설로 이루어진 도식화된 틀이라고 말할 수 있다. [그림 2-10]과 [그림 2-11]은 각각 연구논문에서 사용된 연구의 개념의 틀과 연구모형을 보여주고 있다.

다음 장에서는 연구설계와 관련된 기본 이론에 대하여 설명하기로 한다.

CHAPTER 03 연구설계

제 1 절 연구설계의 의의 및 순서

연구설계(research design)란 제기된 문제에 대하여 해결방안을 제시하는 데 필요한 전반적인 계획이며 구조를 말한다. 즉 문제의 탐색 및 대상선정, 요인 및 연구모형 설계, 측정변수 및 분석기법 선정, 표본추출, 설문도구 작성 및 배포, 자료수집 및 분석, 결과해석, 결론도출 및 논문작성에 이르는 모든 활동을 논리적으로 계획을 세워서 강구하는 것을 말하며, 일련의 과정은 로드맵의 형태로 제시될 수 있다. 연구설계의 순서를 확정적으로 말할 수는 없지만 실전 연구논문에서는 일반적으로 [그림 3-1]과 같이 진행된다.

» 그림 3-1 연구설계의 순서

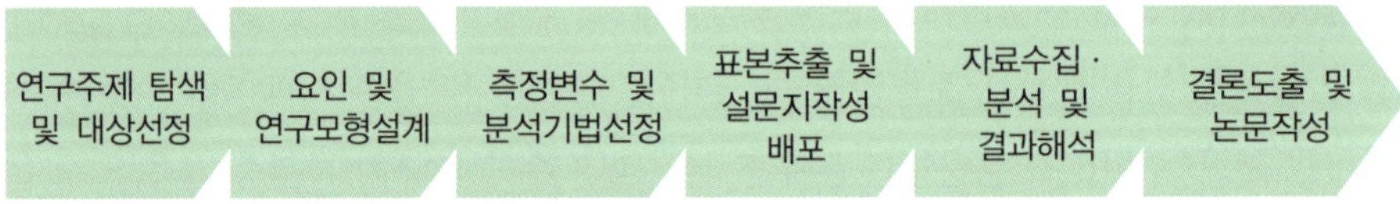

첫째, 연구주제 탐색 및 대상선정 단계는 연구자가 관심을 갖고 쓰고자 하는 논문의 연구대상과 연구주제를 탐색하는 단계로서 아이디어 개발단계라고 말할 수 있다. 여기서 주의할 점은 과연 연구자가 탐색한 문제와 대상이 연구주제로서 가치가 있는지를 판단해야 하는데 연구주제와 관련된 기존연구의 탐색을 통해 살펴봐야 한다.

둘째, 요인 및 연구모형의 설계단계는 연구자가 관심을 가지는 요인을 설정하고 이들 간의 인과관계의 선후관계를 이론적으로 탐색하여 연구모형을 설계한다. 또한 인과관계에서 매개적 관계와 조절적 관계에 관여하는 요인 및 변수를 발견하여 연구모형에 적용가능한지를 살핀다. 연구모형은 심사자나 독자로 하여금 연구자의 연구방향과 연구수준까지 가늠하게 하므로 신중하게 설계해야 한다.

셋째, 측정변수 및 분석기법 단계는 연구모형의 요인을 측정할 수 있는 변수를 만들고 이들 변수를 이용하여 의미 있는 결과를 도출할 수 있는 분석기법을 설정하는 단계이다. 변수의 설정은 물론이고 측정에 사용되는 척도는 분석기법을 염두에 두고 결정해야 한다. 왜냐하면 척도는 분석기법을 제한하기 때문이다. 예를 들면 독립변수 '성별(명목척도)'과 종속변수 '고객만족(등간척도)'에 사용될 수 있는 통계기법은 일반적으로 빈도분석, 독립표본 t검정, 더미변수를 이용한 회귀분석 정도로 한정된다.

넷째, 표본추출 및 설문지작성 배포단계는 표본추출방법을 결정하고 설문지를 작성하여 배포하는 단계를 말한다. 표본추출방법은 중요하다. 왜냐하면 연구자가 관심있어 하는 모집단의 특성을 간직하고 있는 표본을 추출해야 하기 때문이며, 경우에 따라서는 표본추출방법을 어떤 것을 사용하느냐에 따라 결과가 달라지기 때문이다. 표본추출방법에는 크게 확률표본추출과 비확률표본추출이 있는데 자세한 추출방법은 차후에 배우기로 한다.

설문조사방식에는 전화조사, 우편조사, 대면조사(face to face) 등이 있으며 이 외도 이메일조사, 배포조사, 소셜네트워크(SNS)를 이용한 조사 등이 있다. 이들 조사 중에 가장 정확성과 타당성이 높은 조사는 대면조사이지만 비용과 시간측면에서 불리하여 배포조사를 이용한다. 배포조사는 설문지를 수십 장씩 설문대상 기관에 부탁하여 조사는 경우를 말한다. 배포조사는 많은 결측치, 조사자와의 소통부재, 응답의 부정확 등의 문제가 있음에도 불구하고 실제로 많은 연구자들이 사용하고 있다. 따라서 이러한 약점을 보강하기 위해 담당자에게 당부를 하는 것은 물론 설문지에 무응답이 없도록 당부의 글을 남기고, 조사자 없이도 이해가 쉽도록 문항을 작성하는 등 주의를 기울여야 한다. 그럼에도 불구하고 수집된 설문데이터 중 결측치가 많거나 응답이 불성실한 일부 설문데이터는 제거해야 한다.

설문지 작성은 쉬운 일이 아니다. 왜냐하면 설문도구는 타당성과 신뢰성이 사전에 어느 정도 확보되어야 하기 때문이다. 그래야 분석단계에서 척도의 정화작업(탐색적 요인분석, 신뢰도분석, 확인요인분석 등)을 할 때 연구자가 고생을 덜하기 때문이다.

따라서 설문도구의 작성은 타당성과 신뢰성이 확보된 기존연구의 설문도구를 차용하여 사용하는 것이 좀 더 안전하다고 하겠다.

다섯째, 자료수집, 분석 및 결과해석 단계는 수집된 자료를 분석하고 도출된 결과를 해석하는 단계이다. 일단 수집된 자료들 중에서 결측치가 많거나 불성실하다고 판단되는 자료는 분석에 어려움이 없는 한도 내에서 선별적으로 제거되어야 한다.

데이터분석은 연구초기에 계획한 분석기법을 사용하며 분석된 결과가 연구자가 예상했던 범위 내에서 나왔는지를 확인한다. 예상한 범위에서 큰 차이가 없다면 다행이나 너무 많은 가설이 기각되었다든지 연구결과가 상식을 벗어나는 결과라면 재분석을 통하여 원인을 파악하고 조치를 취해야 한다. 예를 들어 공분산구조분석을 하여 많은 기각이 발생하였을 경우에 경로분석이나 회귀분석을 사용하게 되면 기각된 가설이 채택되는 경우가 있음을 참고하길 바란다.

마지막으로 결론도출 및 논문작성은 분석결과를 기초하여 연구의 시사점을 도출하여 실제로 논문을 작성하는 단계이다. 결론도출의 범위는 분석한 결과 내에서 이루어져야 하며, 결론도출은 분석결과를 토대로 이론적 시사점과 실무적 시사점을 제시할 수 있는 수준이어야 한다.

제 2 절 연구설계의 형태

연구설계의 형태는 연구자가 연구대상과의 접촉횟수, 변수의 조작가능성, 조사목적 등에 따라 구분된다.

2.1 모집단과 접촉횟수에 따른 분류

연구설계는 연구자가 연구대상과 접촉횟수에 따라 횡단적 연구, 전후연구, 종단적 연구 등으로 구분된다.

첫째, 횡단적 연구(cross-sectional study)는 사회과학에서 가장 많이 사용되는 연구설계로서 단일횟수(one shot)연구, 상태(status)연구라고 한다. 횡단적 연구는 현상, 문제점, 태도 등의 상황을 발견할 목적으로 하는 연구에 유용하다. 횡단적 연구는 모집단과의 한 번의 접촉으로 연구가 가능하고 분석이 비교적 용이하지만, 그로 인하여 변화를 측정할 수 없다는 단점을 가진다.

둘째, 전후연구(before-and-after study)는 특정 실험 또는 처치에 대한 동일 실험대상의 변화를 측정하기 위한 연구이다. 전후연구는 두 시점에서 측정변수의 변화를 발견하기 위하여 동일 모집단을 두 번 횡단적으로 접촉하는 연구라고 할 수 있다. 가장 큰 단점으로는 사전에 외생변수 확인 및 측정이 어렵다는 것이다. 분석방법에는 쌍표본 t검정(paired t test)이 사용되며 시험 또는 처치의 지속효과를 추가하여 보는 경우에는 반복측정(repeated measure)이 사용된다.

셋째, 종단적 연구(longitudinal study)는 장기간에 걸쳐 정규적으로 모집단과 접촉하여 패턴을 파악하는 연구 형태로 시계열연구(time series study)라고도 한다. 종단적 연구의 대표적인 분석방법에는 시계열연구와 함께 패널연구(panel study)가 있는데 패널연구(panel study)는 시계열연구(time series study)의 한 종류로 패널(panel)이라는 확정 불변의 소수 집단을 실험집단으로 정하고 일정기간마다 설문을 하는 방식이다. 예를 들어 1년마다 3년에 걸쳐 실버타운의 삶의 질 조사를 한다고 하자. 시계열분석은 매년 모집단에서 일정 표본을 선택하면 되지만 패널연구의 경우는 일정수의 고정된 노인들을 패널(panel)로 지정해야 하며 이탈이나 사망 등으로 인해 패널에 변화가 있을 경우에 이미 패널연구가 아니며 일반 시계열연구로의 전환을 고려해 봐야 한다.

2.2 변수의 조작가능성에 따른 분류

변수의 조작가능성에 따라 연구설계는 원시실험설계, 순수실험설계, 유사실험설계, 사후설계 등으로 구분된다.

먼저 원시실험설계(original experimental design)는 표본선정의 무작위나 실험사의 외생변수 통제가 거의 이루어지지 않는다. 연구대상 또는 현상의 관찰을 주목적으로 하는 연구설계이므로 가설검정보다는 문제도출 및 실험설계 전의 탐색조사로 많이 사용된다.

순수실험설계(real experimental design)는 인과관계를 명확하게 밝히기 위해 연구자가 독립변수를 조작하여 종속변수에 미치는 영향을 정도를 파악하는 설계를 말한다. 그리고 순수실험설계는 외생변수의 효과가 완벽하게 배제된 실험실 상황을 전제로 한다. 즉 실험과 관련된 변수의 통제 및 대상의 무작위화가 엄격하게 이루어진 실험설계 방법이이다. 순수실험설계는 상업적 조사보다는 학문적 조사에 주로 사용된다.

유사실험설계(quasi-experimental design)는 실험상황이 아니더라도 실험상황과 유사한 효과를 얻기 위해 실시하며, 연구자는 독립변수에 대하여 조절화고 통제한다. 그러나 순수실험설계보다는 통제력이 훨씬 약하다. 유사실험설계는 실험변수의 노출시기 및 실험대상의 무작위화에 대한 통제가 불가능하며, 다만 측정대상과 측정시점만을 통제할 수 있는 실험설계방법이다.

사후설계(ex post facto design)는 비설험설계로서 독립변수를 조작할 수 없는 상태이거나 이미 노출된 상태에서 연구가 이루어진다. 따라서 독립변수를 사전에 조작할 수 없으므로 원칙적으로 변수 간의 인과관계를 밝힐 수 없으며 단순히 변수들 간의 상관관계만 밝힐 수 있다. 그러나 이것은 원론적인 이야기일 뿐 실제로 사후설계를 이용한 다수의 연구에서 인과관계를 논하고 있다.

2.3 연구목적에 따른 분류

연구의 목적은 연구내용의 깊이에 따라 달라진다. 이에 따라 탐색연구, 기술연구, 인과관계연구로 구분할 수 있다.

탐색연구(exploratory research)는 일종의 예비적 연구로서 실험이나 변수를 확정하기 어려운 경우에 탐색적으로 행하는 연구설계이다. 탐색연구에는 문헌조사, 경험조사, 예비조사(pilot test), 사전조사(pretest)는 물론 인터넷조사까지 포함된다. 특히 예비조사(pilot test)와 사전조사(pretest)는 새로운 설문도구의 개발에 매우 유용한 연구설계이다.

기술연구(descriptive design)는 연구주제의 누가, 언제, 무엇을, 어떻게 등에 대해 알고자 하는데 그 목적이 있다. 기술연구는 설문을 포함한 자료조사와 가설을 이용되며 탐색연구보다 높은 수준의 연구설계가 필요하다. 기술연구는 예측력이 다소 약하나 인과관계연구의 수준에 버금간다고 할 수 있다.

인과관계연구(cause and effect research)는 연구의 핵심이 현상을 구성하고 변수들 간의 관계를 과학적으로 밝히는 경우에 사용되는 연구이다. 사회과학분야는 물론이고 자연과학분야에서도 인과관계연구는 매우 중요시되고 있으며 절대다수가 인과관계연구를 기반으로 하고 있다. 인구관계연구는 한 변수가 다른 변수에 미치는 영향력 또는 그 원인을 조사하는데 이용되며 연구결과를 토대로 변수 간의 관계예측이 가능하다. 인과관계연구 역시 설문을 포함한 자료조사와 가설이 이용된다.

제 3 절 측정과 척도

3.1 측정

측정은 자료를 얻기 위한 목적으로 관찰대상에 내재하는 성질을 파악하는 기술로써 규칙에 따라 관찰대상에 대해 기술적으로 수치를 부여하는 것을 말한다. 마치 이것은 우리가 분필의 길이를 재기 위해 자를 대고 수치를 읽는 것과 같다.

연구자들은 현상에 인과적 관계를 파악하기 위해 데이터를 얻으려고 노력한다. 특히 인간의 생각과 태도가 연구대상이라면 연구자들은 인간의 마음을 읽어 자료화해야 한다. 도구적 수단은 크게는 설문도구가 되며 작게는 설문도구 안의 측정문항이 된다. 즉 연구자는 설문도구의 측정문항을 통하여 사람들의 생각과 태도를 측정한다. 결국 측정의 목적은 연구대상의 경험적 사건의 특성을 연구자가 분석가능한 형식으로 전환시키는 것이라고 말할 수 있다.

측정의 절차는 경험적 사건을 일정규칙에 따라 수치를 배정하는 절차이다. 이를 위해 연구자는 복잡한 현상을 탐색하고 개별적으로 분리하여 관심 있는 구성개념을 개발하여야 한다. 그리고 조작적 정의를 통하여 변수를 정의하고, 이 변수를 측정하기 위해 척도를 선택한다. 측정을 실행하고 타당성과 신뢰성을 기준으로 척도를 평가한다. 척도가 타당성과 신뢰성이 떨어지면 피드백(feedback)하여 조작적 정의를 재차 시도한다. 측정의 절차는 척도의 개발로 확장될 수 있다. 이것을 도식화하면 [그림 3-2]와 같다.

그림 3-2 측정 및 척도의 개발 절차

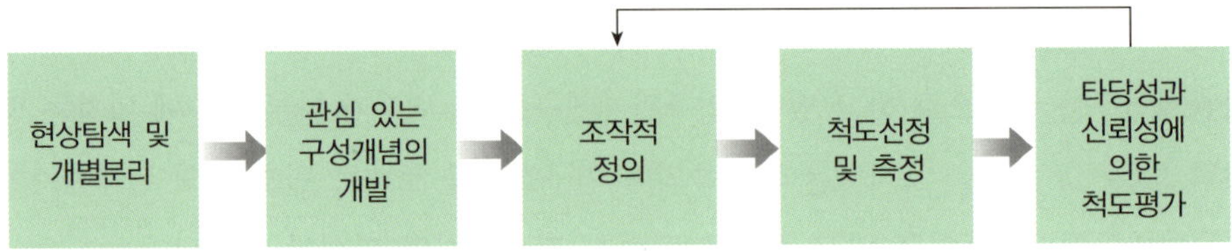

3.2 척도

(1) 척도의 종류

척도는 일정한 규칙을 가지고 관찰대상을 측정하기 위해 그 속성을 일련의 기호 또는 숫자로 나타내는 도구를 말한다. 다시 말해 척도는 질적인 자료를 양적인 자료로 전환시켜주는 도구이다. 척도를 사용하여 관찰대상을 측정하면 그 속성을 객관화시킬 수 있으며 본질을 명확하게 파악할 수 있다. 즉 사람들의 주관적인 태도나 감정도 다소 차이는 있지만 객관화된 수치로 파악할 수 있다. 또한 측정변수의 척도를 활용하여 관찰대상들을 서로 비교할 수 있으며 그들 사이의 일정한 관계를 파악할 수 있다. 그리고 척도의 특성에 따라 사용되는 통계분석기법이 달라지는 것은 물론 한정되기 때문에 척도의 특성을 파악하는 것은 매우 중요하다. 즉 척도가 제공하는 정보량이 적을수록 사용될 수 있는 통계기법 또한 제한된다. 척도는 제공되는 정보량과 정밀성에 따라 명목척도, 서열척도, 등간척도, 비율척도로 분류되며 설명은 다음과 같다.

명목척도는 단지 구분을 목적으로 사용되는 척도이다. 남자는 1, 여자는 2처럼 구분에 지정된 숫자는 양적 의미를 갖지 않고 단지 구분을 위한 표기이다. 즉 명목척도는 측정대상을 속성에 따라 상호 배타적이고 포괄적인 범주로 구분하는데 이용된다. 즉, 명목척도는 단지 범주적 정보만 제공한다.

서열척도는 관찰대상이 지닌 속성의 순서적 특징만을 나타낸다. 명목척도와 마찬가지로 양적인 의미는 없다. 예를 들어 의료서비스에서 중요하다고 생각하는 것을 순서대로 나열한다고 하자. 1순위가 의료진 실력, 2순위가 병원의료시설, 3순위가 행정서비스라고 하자. 이때 1순위, 2순위, 3순위 간에는 양적인 의미는 없다. 즉 2순위가 3순위보다 2배 중요하다거나, 1순위가 3순위보다 3배 중요하다는 의미는 아니라는 것이다. 즉 관찰대상의 비교우위를 결정할 뿐 각 서열 간의 차이는 문제가 되지 않는다. 서열척도는 범주적 정보 이외에 순위 정보를 제공한다.

등간척도는 관찰치가 지닌 속성의 차이를 의도적으로 양적인 차이로 측정하기 위해 균일한 간격을 두고 분할하여 측정하는 척도이다. 대표적인 척도로 리커트(Likert) 5점 척도와 7점 척도가 있다(학자에 따라 서열척도로 분류되기도 함). 5점 척도를 예를 들면 1(전혀 아니다), 2(아니다), 3(보통이다), 4(그렇다), 5(매우 그렇다)인 경우에 등간척도라는 이름에서 볼 수 있듯이 각 간격의 차이는 동일하다. 즉 속성에 대한 순위를 부여하되 순위 사이의 간격은 동일하다. 또한 부여된 수치는 양적인 수치로서 계량적으로 다룰 수 있다. 등간척도는 범주적, 순위정보 이외에 등간격이라는 계량적 정보를 제공한다.

비율척도는 앞에서 설명한 척도들의 속성에 비율적 개념을 부가한 척도로서 관찰치의 속성을 양적인 차이로 표현할 수 있다. 연구조사에서 많이 사용되는 척도로 절대 0을 출발점으로 하여 측정대상이 지니고 있는 속성을 양적 차이로 표현하는 척도이다. 비율척도는 등간격과 비율적 속성을 가지므로 더하기, 빼기는 물론 곱하기, 나누기가 가능하며 차이는 양적인 의미를 가진다. 그리고 비율척도는 범주적, 순위적, 등간격의 계량적 정보 이외의 절대 0의 값을 제공하며 이는 대상의 측정변수값이 0임을 의미한다.

(2) 척도의 정보적 특성과 변형

앞에서 말한 것처럼 네 가지 척도가 주는 정보적 특성은 다르며 요약하면 [표 3-1]과 같다. 척도가 주는 정보적 특성을 활용할 줄 알면 연구목적에 맞게 척도를 자유자재로 변형시킬 수 있다. 따라서 연구자의 척도변형 능력은 연구의 폭을 확대시켜 줄 뿐만 아니라 연구의 질을 높여준다. 예를 들어 설명하면 다음과 같다. 첫째, 명목척도는 범주적 정보 이외에 변형가능성은 없다.

둘째, 서열척도는 순위정보 이외에도 명목적 정보를 제공하기 때문에 이를 활용한 분석, 즉 평균비교(독립표본 t검정, ANOVA)와 그룹별 인과관계분석 등을 수행할 수 있다. 예를 들어 취미 선호도에서 1등 등산, 2등 골프, 3등 테니스로 나왔다고 가정하자. 이 경우에 등산 선호그룹, 골프 선호그룹, 테니스 선호그룹으로 나누어 이들 간의 취미활동 만족도 차이라든지 월비용 등 명목척도를 활용하여 다양한 결과변수의 차이분석을 수행할 수 있다.

셋째, 등간척도는 등간격 정보 이외에도 각 응답에 순위를 부여하여 할 수 있으며 응답그룹을 범주화하여 명목척도를 활용한 분석을 수행할 수 있다. 예를 들어 학교식당 만족도에 대해 5점 척도("전혀 아니다", "아니다", "보통이다", "그렇다", "매우 그렇다")를 활용하여 설문을 수행했다고 가정하자. 이때 평균값을 기준으로 만족도가 높은 그룹과 낮은 그룹으로 분리하여 평균비교(독립표본 t검정, ANOVA)와 그룹별 인과관계분석 등을 수행할 수 있다.

넷째, 비율척도는 고유의 특성은 물론이고 범주, 순위, 등간격의 정보를 모두 제공한다. 연구방법론을 수강한 학생들의 성적을 예로 들어보자. 분명 성적에는 0점이 있는 것은 물론이고, 성적에 따른 순위정보가 있는 것은 당연하다. 이외에도 학생들의 평균성적을 산출하여 이를 중심으로 성적 상위집단과 하위집단으로 구분하면 명목척도를 이용한 통계분석도 수행할 수 있다.

표 3-1 네 가지 척도의 정보특성

특성 / 척도	범주	순위	등간격	절대영
명목척도	○	×	×	×
서열척도	○	○	×	×
등간척도	○	○	○	×
비율척도	○	○	○	○

(3) 측정의 오류

측정에는 크든 작든 간에 오류가 있기 마련이다. 문제는 그 오류의 발생원인이며 발생원인의 사전 파악은 오류의 가능성을 줄여준다. 일반적으로 오류의 발생원인을 크게 2가지로 생각해볼 수 있다. 첫째는 측정도구에 의한 오류이며, 둘째는 그 이외의 기타 오류, 즉 측정자의 측정오류, 입력오류, 환경적 오류 등이 있다. 전자의 오류를 체계적 오류라고 하고, 후자의 오류를 비체계적 오류라고 한다.

체계적 오류는 타당성관련 오류라고 하며, 측정도구의 선택이 잘못되어 측정대상 모두에게 동일한 오류가 발생하며 발생되는 오류는 일정한 방향을 가진다. 예를 들어 양로원 만족도 설문도구로 실버타운의 만족도 조사를 한다면 타당성이 떨어지며 오류가 체계적으로 발생한다는 것이다. 즉 체계적 오류는 측정도구(설문도구)의 내용타당성, 기준타당성, 구성개념 타당성과 관련이 깊다.

이에 반하여 비체계적 오류는 응답의 일관성인 신뢰성과 관련된 오류로서 측정도구 자체에는 타당성 및 신뢰성과 관련하여 아무런 문제가 없으나 측정대상의 불안전성(정신적 장애, 정서적 장애, 무관심 등)으로 인해 무작위로 발생하는 오류를 말한다. 따라서 오류의 크기와 방향은 일정하지 않으며 임의로 변화한다.

다음 장에서는 설문도구의 작성방법과 자료수집방법에 대해 설명하기로 한다.

CHAPTER 04

설문도구의 작성과 자료수집

제 1 절 설문도구의 작성

1.1 설문도구의 중요성

설문도구의 작성은 연구설계의 마지막 단계이자 조사활동의 처음 단계로서 어떻게 작성되느냐에 따라 연구의 성공과 실패가 달려있다. 아무리 전문가라 할지라도 한 번에 작성된 초안으로 질문지를 확정하는 경우에 의도한 자료를 얻기가 쉽지 않으므로 수시로 문제점을 파악하여 수정 보완해야 한다. 따라서 초보 연구자가 설문도구를 작성한다는 것은 매우 어려운 작업이다.

이전에서 언급했듯이 설문도구의 작성은 기존연구의 타당성이 확립된 설문문항을 활용하여 본인의 연구에 맞게 수정하여 활용하는 것이 좀 더 합리적일 것이다.

1.2 소개편지

설문의 맨 앞장을 장식하는 소개편지(covering letter)는 응답자에게 설문활동의 협조를 구하기 위해 설문에 대한 안내와 익명성을 보장하는 기능을 한다. 소개편지에는 인사말, 설문개요, 조사목적, 조사기관 또는 조사자, 연락처(전화 및 이메일주소) 등이 들어가며, 응답자에 대한 비밀보장과 익명성을 강조하는 문구가 들어간다. 응답자가 원할 경우에는 조사내용의 알림문구와 문의처가 포함된다.

» 그림 4-1 소개편지의 사례

안녕하십니까. 먼저 본 설문에 응해 주셔서 감사합니다. 본 설문은 노인요양시설에서 근무하는 구성원들의 직무상황에 따른 직무태도를 연구조사하기 위한 것이며 통계법에 따라 익명성이 절대 보장되오니 귀하의 소중하고 성실한 답변을 부탁드립니다. 연구결과를 원하시는 분은 아래 연락처로 전화주거나 메일로 연락주시길 바랍니다. 본 설문은 총 3장으로 구성되어 있습니다. 감사합니다.

2009. 8.
○○대학교 일반대학원 ○○학과
박사과정 ○ ○ ○
연락처: 010-0000-1234, Email: abc123@efg123.co.kr

1.3 설문지의 작성 시 주의사항

좋은 설문지의 조건은 다음과 같다. 첫째, 연구자의 의도는 숨겨져 있어야 한다. 특히 정치·사회적으로 민감한 이슈를 다루는 경우에는 발생하는 편의(bias)를 줄이기 위해 연구자의 설문의도가 드러나서는 안 된다. 둘째, 측정질문에는 내적 타당성이 있어야 한다. 측정문항은 동일한 개념을 물을 경우에 내용상 상관관계가 높아야 하는 것은 물론 일관성이 있어야 한다. 셋째, 사전의 충분한 이론연구가 있어야 한다. 연구주제에 맞고 타당성 있는 설문지를 작성하기 위해서는 원칙적으로 관련 논문을 충분히 읽고 이해해야 하는데 현실적으로는 쉽지 않은 작업이다. 넷째, 적당량의 문항 수와 쉬운 단어로 구성되어야 한다. 측정문항이 너무 많거나 사용되는 어휘가 이해하기 힘든 경우에 설문에 대한 거부감을 갖게 된다. 특히 이 경우에 설문의 신뢰성을 저해하기 쉽다. 다섯째, 설문의 시작과 끝은 부드러워야 한다. 가는 말이 고와야 오는 말이 곱다는 속담처럼 응답자가 평정심을 가지고 설문에 몰두할 수 있도록 설문의 처음과 끝은 부드럽게 장식해야 한다. 여섯째, 기존 설문지를 응용하거나 설문의 예비조사를 실시한다. 설문지 작성에서 가급적이면 타당성이 입증된 기존 설문지를 응용하는 것이 합리적이며, 기존연구가 적어 설문문항의 타당성이 불확실하거나 설문을 새롭게 개발해야 하는 경우에는 반드시 예비조사(pilot test)와 사전조사(pretest)를 실시해서 설문도구의 타당성을 높여가야 한다. 그리고 설문개발의 과정을 밝혀야 한다.

1.4 설문도구의 배열 시 고려사항

설문도구의 측정문항 배열 시에 다음 사항들을 고려해야 한다. 첫째, 처음 질문은 쉽고 재미있는 문항을 선정한다. 처음부터 딱딱하거나 심각한 질문은 응답에 거부감을 줄 수 있다.

둘째, 인구통계학적 질문은 마지막에 한다. 인구통계학적 질문에는 개인에게 민감하게 받아들여질 수 있는 질문들이 있다. 예를 들면, 직업이나 월수입에 관한 질문이다. 따라서 개인에 대한 인구통계학적 질문들은 맨 마지막에 두는 것이 좋다.

셋째, 질문항목 간의 관계를 고려해야 한다. 앞의 질문이 다음 질문에 어떤 연상작용을 일으켜 다음 질문에 영향을 미칠 수 있는 문항은 멀리 떨어뜨려야 한다. 예를 들면 첫 번째 질문에 "당신은 일상생활에서 윤리적 생활관을 중요시 합니까?"라고 묻고 두 번째 질문에서 "당신은 윤리적으로 일탈을 한 경험이 있습니까?"라고 묻는다면 두 번째 질문의 응답은 앞의 질문에 영향을 받게 될 것이다.

넷째, 응답자의 응답내용에 따라 다음 질문을 생략하고 넘어가는 경우에 어떤 질문으로 가야 하는지 명확하게 표시해야 한다. 이를 조건부 질문이라고도 한다. 예를 들어 "문항2. 귀하께서는 지난 한 달간 근로활동을 하셨습니까?"라는 질문에 대해 답변 보기는 "① 예(문항 3번으로), ② 아니오(문항 5번으로)"와 같이 작성해야 한다. [그림 4-2]는 조건부 질문의 예시이다.

≫ 그림 4-2 조건부 질문

■ 조건부 질문의 예시

〈문항 1〉 귀하는 최근에 규칙적인 운동(월 4회 이상)을 하고 계십니까?
① 예 [〈문항 2〉로 가시오]
② 아니오 [〈문항 3〉으로 가시오]

〈문항 2〉 얼마나 자주 운동을 하십니까?
① 매일 ② 주당 4~5일 ③ 주당 2~3일 ④ 주당 하루

〈문항 3〉 운동을 하지 않는 이유는 무엇입니까?
( )

다섯째, 대답하기 쉬운 질문부터 시작해서 어려운 질문 순으로 작성한다. 대답하기 어려운 질문부터 작성하면 설문에 대한 거부감이 들 수 있다.

여섯째, 상호 관련이 있는 질문은 모아서 배치한다. 학문적 연구를 위한 설문의 경우에 측정문항이 요인별로 배치되는 경우가 많으며, 외생효과만 발생하지 않는다면 응답자들로부터 동일개념에 대한 일관성 있는 응답을 유인하는 효과를 볼 수 있다.

일곱째, 설문지에 측정문항을 배치할 때 연구자의 의도에 따라 설문범위는 깔대기형 배열과 역깔대기형의 배열로 배치할 수 있다. 깔대기형 배열을 예로 들면 처음에 우리나라의 의료정책을 폭넓게 묻다가 나중에 우리나라의 응급의료정책에 한정하여 묻는 경우가 이에 속한다.

1.5 개별 측정항목 작성 시 주의사항

연구자는 개별 측정문항 및 응답에 사용되는 용어는 물론이고 작성방식에서도 주의를 기울여야 한다. 왜냐하면 응답자가 설문문항이 묻는 의미를 잘못 파악하거나 이해하지 못한다면 응답에 대한 신뢰도가 떨어지기 때문이다. 이에 대한 주의사항은 다음과 같다. 첫째, 간단하고 의미가 명료한 단어를 사용한다. 응답자들이 설문문항을 보고 수초 안에 응답을 할 수 있어야 하고, 응답의 신뢰성을 높여야 하기 때문에 장황하거나 어려운 단어를 사용해서는 안 된다.

둘째, 다지선다형의 폐쇄형 질문에 대해서는 모든 가능한 응답을 제시한다. 특히 폐쇄형 질문의 경우에 응답자가 설문에 자기가 원하는 응답이 제시되지 않았을 경우에 응답을 하지 않을 수 있어 결측치가 발생할 수 있다.

셋째, 응답항목 간의 내용이 중복되어서는 안 된다. 응답항목이 내용상 중복되어 비슷한 경우에 응답의 신뢰성이 떨어지게 되는 것을 물론 무의미한 응답이 된다.

넷째, 이중질문을 하지 않는다. 초보 연구자의 경우에 한 개의 측정문항에서 두 개의 질문을 하는 경우가 있다. 예를 들어 측정문항이 "학교식당의 음식은 양이 많고 맛이 있다"일 때 응답자는 혼란스럽게 된다. 응답자가 음식 양은 많은 데 맛이 없다고 느낄 경우에 어떻게 대답을 해야 할지 막막해진다. 이럴 경우에도 응답의 신뢰성이 떨어지게 된다.

다섯째, 조사자 임의로 응답자에 대한 가정을 하지 않는다. 예를 들어 "귀하가 내일 죽는다면~", "귀하가 종교인이라고 가정하면~" 식의 응답자에 대한 가정을 하지 않는다. 가정에 대한 경험이 없기 때문에 응답에 대한 신뢰성이 떨어진다.

여섯째, 유도질문을 하지 않는다. 유도질문은 응답자의 생각과 태도에 영향을 미치기 때문이다. 예를 들어 "미국의 공공의료의 영리화는 의료산업을 발전시켰고 많은 일자리를 창출하여 경기부양효과가 있었습니다. 귀하께서는 의료 영리화에 찬성하십니까?"라고 유도하여 물으면 많은 사람들이 찬성하는 쪽으로 응답할 가능성이 크다.

일곱째, 지나치게 자세한 응답을 요구하지 않는다. 지나치게 자세한 응답을 요구할 경우에 응답자에 반감을 가질 수 있어 결측치가 발생하거나 응답의 신뢰성을 저해할 수 있다.

여덟째, 응답자가 대답하기 곤란한 질문은 간접적으로 묻는다. 응답이 곤란한 질문을 직접적으로 물을 경우에 결측치가 발생하거나 응답에 신뢰성이 떨어질 수 있다. 예를 들어 고교생들의 흡연에 대해 조사한다고 하자. 아마도 "귀하는 흡연을 하십니까?"라고 물으면 교칙 상의 민감한 사안이기에 아마도 "그렇다"라고 응답하는 학생이 있다고 하더라도 소수에 불과할 것이다. 그러나 "귀하의 친구들 중에 흡연하는 학생들이 있습니까?"라고 간접적으로 물으면 아마도 많은 수가 "그렇다"라고 대답할 것이다.

아홉째, 측정문항은 중립적 표현을 사용한다. 예를 들어 같은 질문이라도 "학교식당의 음식 맛은 훌륭하니까?", "학교식당의 음식 맛은 적절합니까?", "학교식당의 음식 맛은 먹을 만합니까?"라고 물었을 때 응답은 달리 나올 가능성이 크다. 첫 번째 질문에 경우에는 평균적으로 낮게 응답할 가능성이 크고 마지막 질문의 경우에는 높게 응답할 가능성이 크다. 그렇다면 당연히 측정문항은 중립적으로 표현되어야 한다.

1.6 판단유보의 범주와 사전조사

설문조사 활동에서 응답자는 특정 설문에 대한 응답에 유보적 자세를 취하는 경우가 있다. 여러 이유가 있지만 질문의 의미를 잘 모를 때, 판단이 서지 않아 선택하기 어려울 때, 응답이 곤란한 질문에 응답을 종용받을 때 등이다. 이러한 문항으로 설문을 진행할 경우에 신뢰성이 저해될 가능성이 크다. 그러나 이를 방지할 수 있는 방법이 있는데 본조사 이전의 사전조사(pretest)에서 설문문항에 판단유보 범주의 보기(예: 잘 모르겠음)를 삽입하여 설문하고, 이에 대한 선택 빈도가 높은 문항을 제거하는 것이다. 즉 판단유보의 보기의 사용은 설문사용에 부적절하거나 타당성이 떨어지는 문항들을 찾아 제거하는 데 활용될 수 있다. [그림 4-3]은 판단유보의 범주의 예시를 보여준다.

» 그림 4-3 판단유보의 범주

▪ 판단유보의 범주의 예시

(○○공단 근로자 대상)

〈문항 1〉 귀하는 정부가 시행 중인 산업안전 및 보건지원정책에 만족하십니까?

① 아니다. ② 전혀 아니다. ③ 보통이다.

④ 그렇다. ⑤ 매우 그렇다. ⑥ 잘 모르겠다.

제 2 절 표본조사

2.1 표본조사의 의의와 표본오차

연구자가 연구와 관련하여 관심을 가지는 대상은 모집단이다. 그럼에도 불구하고 대부분의 연구에서 전수조사 대신에 표본조사를 실시한다. 왜냐하면 전수조사를 수행하기에는 경제성, 신속성, 무한모집단 등 다양한 문제가 있기 때문이다. 그렇다면 표본으로부터 얻은 연구결과는 신뢰할 수 있는 것일까? 한마디로 말한다면 정상적으로 수행된 연구에 한해서 "그렇다"이다.

연구자들은 표본을 선택함에 있어서 기도하듯 빌어야 할 것이 있다. 그건 바로 비록 표본을 추출하지만 그 표본이 모집단의 특성을 고스란히 가져야 하기 때문이다. 그러나 실제로는 모집단으로부터 표본을 추출하기 때문에 오차가 발생하는데 이를 표본오차(sampling error)라고 한다. 표본오차는 피할 수 없으며 우연하게 발생하기 때문에 우연오차라고도 한다. 그러나 표본오차도 표본수를 증가시킴으로써 감소시킬 수 있다. 표본오차 이외에도 부적절한 표본선택, 부적절한 설문도구, 응답거부, 입력오류 등의 원인으로 발생하는 비표본오차(non-sampling error)도 있다. 비표본오차는 표본오차처럼 표본수를 증가시켜도 감소되지 않는다.

표본추출은 매우 중요하다. 표본을 어떻게 추출하느냐에 따라 연구결과가 달라지는 것은 물론 연구결과의 신뢰성에도 영향을 주기 때문이다. 그렇다면 어떻게 하면 모집단의 특성을 가진 표본을 추출할 수 있을까? 그래서 표본추출에는 방법이 있다. 표본추출방법은 크게 확률표본추출법과 비확률표본추출법으로 분류된다.

확률표본추출법은 모든 자료가 동일한 확률을 가지고 선택된다는 가정 하에 실시된다. 예를 들면 대통령 선거권을 가지고 투표할 수 있는 사람의 확률은 국내의 최고부자인 이○○ 회장이나 두메산골에서 밭을 매고 계시는 70대의 김○○ 할머니나 동일한 확률을 가진다. 따라서 차기 대통령에 대한 이미지를 조사를 할 수 있다.

이에 반하여 비확률표본추출법은 모든 자료가 동일한 확률을 가지고 선택되지 않으며 연구주제에 맞게 연구자의 필요에 따라 추출될 수 있다는 것이다. 예를 들면 명품상품개발자가 새로운 200만원짜리 명품가방의 시장조사를 한다고 하자. 표본조사에 확률표본추출법을 사용해서 두메산골에서 밭을 매고 계시는 70대의 김○○ 할머니에게 명품가방을 보여주고 200만원에 사시겠냐고 묻는다면 아마도 정신 나갔냐고 할지도 모른다. 그래서 이런 경우에는 200만원에 명품가방을 살만한 잠재고객을 찾아야 할 것이다. 따라서 표본은 비확률표본추출법을 이용하여 상품개발자의 시장조사 경험에 의하여 선택되어야 할 것이다.

(1) 확률표본추출법

확률표본추출법은 모집단의 개체가 표본으로 추출될 확률이 모두 같은 표본추출방법으로 단순무작위 표본추출법, 체계적 표본추출법, 층화표본추출법, 군집표본추출법 등이 있다.

단순무작위 표본추출법(simple random sampling)은 확률표본추출법에서 가장 기본적인 방법으로 모집단에서 표본을 무작위로 추출한다는 가정 하에 이루어진다. 단순무작위 표본추출은 컴퓨터로 생성된 무작위 순서표인 난수표를 이용할 수 있다.

체계적 표본추출법(systematic sampling)은 무작위성이 보장된 표본프레임(표본

틀)을 활용하여 추출하는 방법이다. 표본프레임(sampling frame)이란 표본을 추출하기 위해 사용되는 조사대상자 전체를 망라한 인명부 형태로서 경우에 따라 모집단으로 활용되기도 한다. 예를 들면 동창회명부, 전화번호부, 졸업앨범 등이 이에 속한다. 동창회명부를 표본프레임으로 해서 체계적 표본추출을 사용하는 예를 들어보자. 연구자가 표본추출의 기준을 "끝자리 2페이지마다 3번째 사람"이라고 정한다면 추출되는 표본은 2페이지 3번째, 22페이지 3번째, 32페이지 3번째가 될 것이다.

층화표본추출법(stratified sampling)은 모집단을 특정 기준에 따라 동질적 특성을 가지는 몇 개의 계층으로 구분하고, 구분된 계층으로부터 일정 크기의 표본을 추출하여 추출된 표본들을 전수조사하는 것이다. 예를 들면 생활수준을 월평균 수입에 따라 상, 중, 하로 구분하고 각각의 계층으로부터 일정 크기의 표본을 추출하여 추출된 표본들을 전수조사할 수 있다.

군집표본추출법(cluster sampling)은 모집단을 이질적 특성을 가지는 소집단들로 구분한 후에 구분된 소집단들 중에서 일정크기의 표본(소집단 단위)을 추출하여 전수조사를 하는 것이다. 예를 들면 서울시 시민을 모집단으로 하는 경우에 행정단위를 동 단위로 구분하고 구분된 동들 중에서 일정크기의 표본(동 단위)을 추출하여 전수조사를 한다.

(2) 비확률표본추출법

비확률표본추출법은 모집단 내의 개체가 표본으로 추출될 확률이 균등하지 않은 표본추출방식으로 단점으로는 표본의 오차를 명백히 추정할 수 있는 통계처리는 불가능하다. 비확률표본추출법에는 편의표본추출법, 판단표본추출법, 할당표본추출법, 눈덩이표본추출법 등이 있다.

편의표본추출법(convenience sampling)에는 표본수집의 편의성에 따라 실시되는 표본추출방법으로 비확률표본추출법 중 가장 기본적인 추출방법으로서 무작위성이 입증되지 않은 모든 표본추출방식이 여기에 속한다. 편의표본추출법은 '임의표본추출법'으로 불리기도 한다. 예를 들면 교내 대학생들을 대상으로 패밀리레스토랑의 만족도 조사를 한다고 할 때, 캠퍼스에서 지나가는 학생을 붙잡고 패밀리레스토랑에 가본 경험이 있냐고 묻고, 경험이 있다면 설문조사를 하고, 경험이 없다고 하면 그냥

보내주는 식이다.

많은 연구에서 편의표본추출법이 사용되고 있으나 이런 경우에 일반적으로 표본추출방법의 설명을 생략하고 넘어가는 경우를 많이 볼 수 있다. 왜냐하면 편의표본추출방법은 표본을 어디서, 어떻게 추출하느냐에 따라 연구결과가 많이 달라질 수 있는 표본추출방법이기 때문이다. 그러므로 오히려 명확히 기재하였을 경우에 심사자로부터 편의표본추출법을 사용했기 때문에 연구결과에 신뢰성이 없다는 공격을 받을 수도 있으며 심하면 기각당할 수도 있다. 실전에서 연구자의 판단에 맡기고자 한다.

판단표본추출법(judgement sampling)은 연구자의 사전지식, 이론적 근거에 의하여 표본추출을 하는 방식이다. 즉 연구자의 판단에 의하여 특정 집단을 연구대상으로 하여 표본을 추출하는 방식이다. 앞에서 예를 든 것처럼 명품상품 개발자가 새로운 200만원짜리 명품가방의 시장조사를 한다고 했을 때 표본추출은 연구자의 판단에 따라 200만원에 명품가방을 살만한 잠재고객집단을 대상으로 실행되어야 할 것이다. 즉 판단표본추출법이 사용되어야 한다.

할당표본추출법(quoter sampling)은 특정한 계층에 대하여 일정한 표본크기를 할당하여 표본을 추출하는 방식이다. 할당표본추출법은 층화표본추출법과 유사하나 계층 내에서는 무작위추출이 이루어지지 않는 것이 특징이다. 예를 들어 설명하면 서울시에서 시정만족도 조사를 하는데 성비에 따른 할당표본추출법을 적용하고 표본크기를 1,000명으로 한다고 가정하자. 이때 서울시민의 남녀성비가 47:53이라면 표본은 남성 470명, 여성 530명을 추출하게 된다. 그리고 남녀성비뿐만 아니라 연령대(20대, 30대, 40대, 50대 이상)까지 고려해야 한다면 교차분석표(성별*연령대)를 활용하여 할당할 비율을 구해서 표본을 추출하면 된다. 할당표본추출법은 학문적 연구보다는 용역프로젝트에서 많이 사용된다.

눈덩이표본추출법(snowball sampling)은 연구주제와 대상선정 등 사안이 민감하여 응답이 곤란한 경우(병력, 범죄사실 등), 피관찰자가 누구인지 알 수 없는 경우(특정 병명을 지닌 환자에 대한 조사 등)에 활용되며 주로 피관찰자의 추천, 연고를 통하여 표본을 추출하는 방법이다. 예를 들면 마약중독자의 사회적 적응능력에 대한 조사를 한다고 하자. 이 경우에 무작위 표본추출을 적용해서 길에 지나가는 사람을 잡아서 마약을 복용한 경험이 있느냐고 묻는다면 대답은 고사하고 불쾌해 할 것이 분명하다. 이런 경우에는 관계기관이나 정신과 전문병원의 협조를 얻어 피관찰자를 섭외하여 조심스럽게 설문하고, 피관찰자의 협조를 얻어 다른 수 명의 피관찰자를 추천받아 설문을 수행할 수 있다. 이 같은 방법을 반복하면 적지 않은 수의 표본을 구할 수 있다.

제 3 절 자료수집방법

연구조사를 실시하는 경우에 자료를 수집하는 방법으로 여러 가지가 있는데 면접조사, 우편조사, 전화조사 등이 가장 많이 쓰이고 있다. 자료수집방법의 선택은 연구목적, 조사비용, 조사대상, 조사내용, 조사기간 등을 고려해서 적절한 것을 결정해야 한다. 최근에 ARS조사를 비롯해 인터넷조사(이메일조사, SNS를 이용한 모바일조사 등) 등이 사용되고 있는데 표본추출과정에서 표본의 대표성에 대한 신뢰도가 낮아 신중하게 선택해야 한다.

3.1 우편조사법

우편조사법(mail survey)은 자기기입식 조사방법으로 표본으로 선정된 대상에게 설문지를 우편으로 보내 작성하게 한 후에 동봉된 반송봉투를 이용하여 응답한 설문지를 회수하는 방법이다. 우편조사법은 응답률이 매우 낮아 응답률을 높이기 위해서 설문지의 소개편지(covering letter)에 당부의 글을 적거나, 사전에 전화를 걸어 설문취지를 설명하고 당부해야 한다. 이와 함께 응답을 독려하기 위해 별도로 전화독촉이 요구된다.

우편조사는 타 조사기법과 비교하였을 때 최소의 비용으로 광범위한 표본을 얻을 수 있고 면접조사에서는 쉽게 접근할 수 없는 대상도 포함할 수 있는 장점이 있다. 즉 응답 여부를 떠나 접근하기 어려운 저명인사를 대상으로 우편조사를 실시할 수 있다. 또한 면접원에 의해 생길 수 있는 오류를 제거할 수 있을 뿐만 아니라 다른 조사에 비해 익명성도 보장되기 때문에 솔직한 응답을 기대할 수 있다. 반면에 응답자가 질문내용을 이해하지 못할 때에는 보충적인 설명이 불가능하여 복잡한 질문은 불가능하다. 또한 실제 응답자가 누구인지, 대리작성 여부를 알 수 없으며, 타 조사와 비교했을 때 응답률이 낮다는 단점이 있다.

3.2 전화조사법

전화조사법(telephone survey)은 조사자가 표본으로 선정된 사람을 직접 만나지 않고 전화를 이용하여 응답자로부터 자료를 수집하는 방법이다. 거의 모든 가정에서 전화를 소유하고 있어 대표성에 큰 문제가 없기 때문에 많은 조사기관에서 활용하고 있다.

전화조사는 다른 조사방법과 비교하여 조사기간이 가장 짧다. 즉 빠른 시간 내에 저렴한 비용으로 조사를 실시할 수 있고, 면접원에 대한 편견이 상대적으로 적으며, 전화번호를 이용하여 다른 조사에 비하여 표본대상을 쉽게 찾을 수 있다는 장점이 있다. 그러나 면접시간이 길어지면 응답자들로부터 협조를 얻기가 어렵기 때문에 다양하고 심도 있는 질문을 수행하기에는 부적합하다.

3.3 대인면접조사법

대인면접조사법(face to face interview)은 일반적으로 숙련된 조사자가 표본으로 선정된 사람을 직접 방문하여 직접 대면하여 자료를 수집하는 방법이다. 대인면접조사법의 장점으로는 대인면접법은 다른 조사와 비교하여 상대적으로 응답률이 높다. 일단 면접이 진행되면 중간에 중단하는 비율이 상대적으로 낮다. 또한 응답자가 정확히 이해하지 못한 부분은 자세히 설명해줄 수 있어 정확한 응답을 얻을 수 있다. 그리고 질문지에 포함된 응답내용 이외에 기타 필요한 정보의 수집이 용이하다.

대인면접조사법의 단점으로는 시간과 비용이 많이 든다는 점과 자료수집기간이 전화조사에 비해 많이 소요되므로 긴급한 여론조사의 경우에는 이용하기가 힘들다. 마지막으로 면접원에 의한 과정상의 편견이 가장 크다는 단점이 있다.

다음 장 이후로는 인과관계 연구논문에서 반드시 알아야 할 SPSS 기본분석에 대해 배우기로 한다. 본 교재가 실전논문작성을 위한 것이기 때문에 각각의 분석마다 이론적으로 깊이를 더하기보다는 간략히 개념적 설명을 한 후에 바로 예제를 이용해 SPSS 실습으로 들어간다.

SPSS/AMOS 활용
구조방정식모형 논문통계분석

PART 02

SPSS 통계분석

SPSS/AMOS 활용 구조방정식모형 논문통계분석

CHAPTER 05

SPSS의 이해와 기본운영

제 1 절 SPSS 소개와 기본구성

1.1 SPSS 소개

1967년 미국 시카고 대학에서 처음 개발된 SPSS(Statistical Package for Social Science)는 처음에 "사회과학을 위한 통계패키지"로 개발되었고 PC를 이용하여 수집된 자료를 편리하고 쉽게 처리 분석할 수 있도록 만들어진 통계분석 전용 소프트웨어로서 현재는 의료 등 다양한 분야를 아우르고 있다.

SPSS를 이용하면 연구자들은 단순한 기술통계로부터 복잡한 다변량 통계분석까지 원하는 통계결과를 신속하고 용이하게 얻어낼 수 있다. 데이터 이용은 텍스트 데이터와 엑셀 데이터는 물론 일반 데이터베이스에서 작성된 자료까지도 이용할 수 있다는 장점을 지니고 있다.

1.2 SPSS의 기본구성

SPSS는 기본적으로 데이터 편집기, 출력결과 항해사, 피벗표 편집기, 도표 편집기, 텍스트 출력결과 편집기, 명령문 편집기, 스크립트 편집기 등 일곱 개의 기본 창(window)으로 구성되어 있다. 실전 시험에서는 주로 데이터 편집기창과 출력결과 항해사창을 이용하게 되므로 이에 대한 설명에 중점을 두기로 한다.

표 5-1 데이터 편집기와 출력결과 항해사

창(window)	설명
데이터 편집기	이 창을 통하여 사용자는 분석하려는 데이터를 가로로는 변수단위별로, 그리고 세로로는 데이터 개별 케이스(case) 단위로 관리하고 저장할 수 있다. 이 창을 통해 새로운 데이터를 입력하는 것은 물론 기존 데이터를 연구목적에 따른 통계분석에 맞게 편집하거나 변환시킬 수 있으며 저장하여 관리할 수 있다.
출력결과 항해사	이 창은 통계분석의 결과를 보여준다. 결과물은 편집 및 수정은 물론 저장이 가능하고, 2개 이상의 창을 동시에 여는 것도 가능하다.

1.3 데이터 편집기창

데이터 편집기창은 [그림 5-1]처럼 SPSS를 시작할 때 자동으로 열리는 창을 말한다. 데이터 편집기창은 자료를 입력하거나 불러들인 기존파일을 수정작업할 수 있는 창이다. 이 창의 주요 메뉴와 기능을 설명하면 [표 5-2]와 같다.

그림 5-1 데이터 편집기창

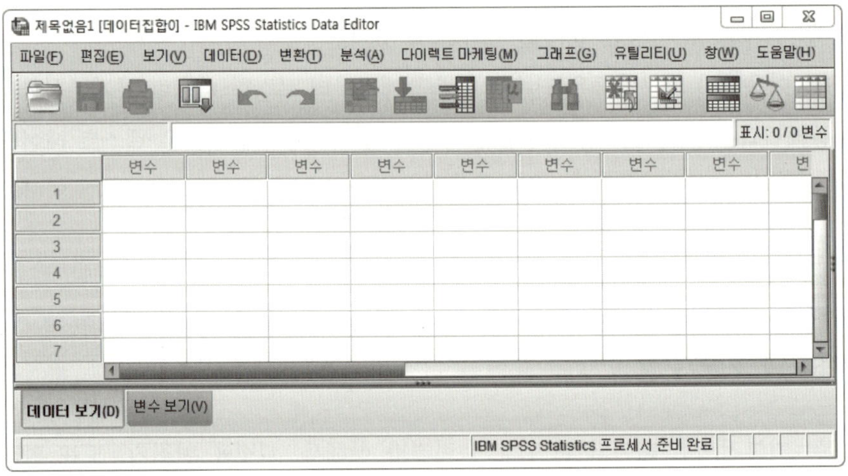

| 표 5-2 | 데이터 편집기창 기능 설명

메뉴	기능 설명
파일(F)	SPSS 파일을 새로 작성하거나 기존 데이터파일을 불러올 수 있다. 또한 text파일, 엑셀파일 등 응용프로그램에서 작성된 파일을 변환하여 불러올 수 있다.
편집(E)	작성된 데이터 또는 명령문을 편리하게 편집할 수 있도록 역할을 수행한다.
보기(V)	상태표시줄, 도구모음, 글꼴, 격자선을 설정하거나 해제하고 변수값 설명이나 데이터 표시에 대한 출력을 제어한다.
데이터(D)	기존의 작성된 데이터를 사용자가 원하는 방식으로 정렬, 병합, 전치, 변환시켜 분석목적에 맞게 데이터파일을 변형시킬 수 있다.
변환(T)	이미 작성된 데이터의 변수들을 연구목적에 맞게 새로운 값과 수식을 가지는 새로운 변수로 변환시킬 수 있다.
분석(A)	분석목적에 맞는 통계분석 방법을 선택하여 자료를 분석할 수 있다.
그래프(G)	막대도표, 원도표, 산점도 같은 그래프를 작성할 수 있다.
유틸리티(U)	파일이나 변수의 정보를 표시하고 변수 세트를 설정한다.
창(W)	SPSS 창 간에 전환하거나 열려 있는 SPSS창을 모두 아이콘 표시할 수 있다.
도움말(H)	도움말 메뉴로 SPSS 인터넷 홈페이지에 연결하거나 SPSS 기능에 대한 온라인 도움말을 볼 수 있다.

제 2 절 SPSS 기본운영

2.1 데이터 편집기창의 구조

먼저 SPSS 프로그램의 기본적인 운영을 위해 SPSS의 구조를 간단하게 살펴보기로 한다. SPSS를 클릭하면 [그림 5-2]의 초기 화면이 나타난다. 형태를 보면 엑셀파일과 비슷한 모양을 하고 있는 것으로 볼 수 있다. 그리고 가로의 '변수' 하나는 설문지의 '문항'에 해당된다고 생각하면 된다. 세로의 '1, 2, 3…'의 각각은 설문지 또는 응답자라고 생각하면 된다. 특히 이 경우에 '1, 2, 3…' 각각을 '사례' 또는 '케이스(case)'라고 한다. 그래서 각각의 행은 case1, case2, case3 등으로 호칭된다.

[그림 5-2]의 창의 하단 좌측에 '데이터보기(D)'와 '변수보기(V)'의 아이콘이 있다. 변수를 입력하기 위해서는 '변수보기(V)'를 클릭하고, 각 변수들에 데이터를 코딩하기 위해서는 '데이터보기(D)'를 클릭한다.

>> 그림 5-2 데이터 편집기창: 데이터보기(D)

2.2 데이터 입력

다음은 일반인들의 가상 신체만족도 데이터이다. SPSS 데이터 편집기창에 직접 입력해보자. 공란은 응답을 거부한 결측치(missing value)이다. 데이터를 입력하는 과정에서 데이터 편집기창에 대해 설명하기로 한다.

| 표 5-3 | 신체만족도 데이터

ID	키 (x1)	몸무게 (x2)	허리둘레 (x3)	발사이즈 (x4)	신체만족* (x5)	인생만족* (x6)	성별** (x7)	연령대*** (x7)
1	180	100	36	270	5	5	1	3
2	172	–	–	255	3	4	2	2
3	164	50	24	235	5	5	2	1
4	178	110	34	260	–	5	2	1
5	185	75	34	272	5	5	1	1
6	–	65	33	255	3	5	1	2
7	167	71	33	255	3	5	1	3
8	190	75	32	275	5	5	1	1
9	152	48	25	230	3	5	2	1
10	166	51	24	235	5	5	2	1

* 만족도(5점 척도): 1: 전혀 아니다 2: 아니다 3: 보통이다 4: 그렇다 5: 매우 그렇다
** 성별: 1: 남 2: 여
*** 연령대: 1: 20대 2: 30대 3: 40대

① 먼저 데이터 편집기창에 변수를 입력하기 위해 [그림 5-3]의 창 하단 좌측의 '변수보기(V)'를 클릭한다. 상단에 이름, 유형, 너비, 소수점이하자리, 설명, 값, 결측값, 열 등이 있다.

>> 그림 5-3 데이터 편집기창: 변수보기(V)

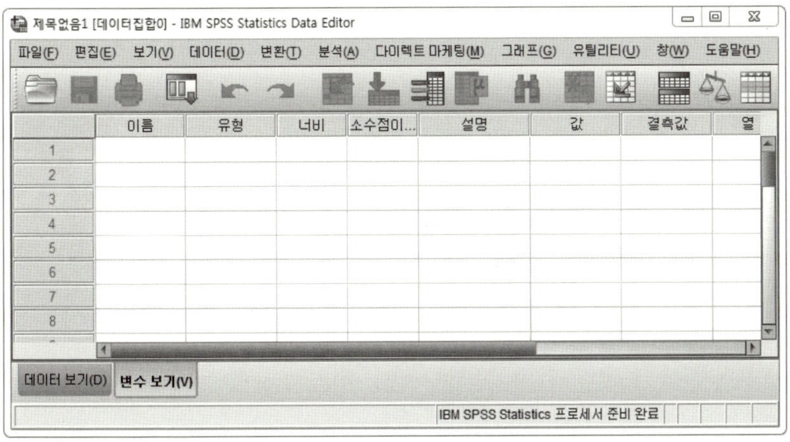

② '이름'에는 변수명 ID와 x1-x8을 적는다.

③ '유형'은 변수에 입력된 data의 속성을 지정한다. '유형'의 빈칸 안을 클릭해보면 [그림 5-4]처럼 점 3개의 상자그림이 나타난다.

>> 그림 5-4 신체만족도 데이터

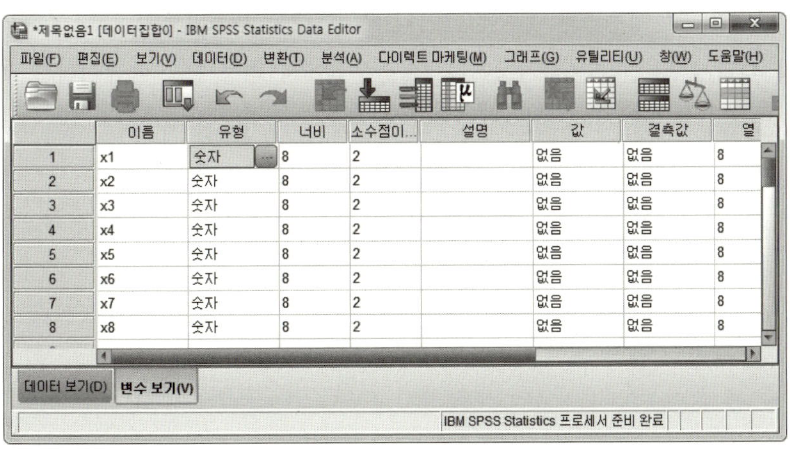

이 세 점을 클릭하면 [그림 5-5]의 창이 나타난다. 일반적으로 변수의 유형은 디폴트 상태에서는 '숫자(N)'로 지정되어 있다. 연구목적과 자료의 용도에 따라 변수의 유형을 지정할 수 있다. '숫자(N)'로 지정되어 있는 경우에는 변수에 입력된 데이터값들은 양적자료의 특성을 갖게 되므로 분석과 같은 연산이 가능한 상태가 된다. 이때 연구자의 임의대로 데이터의 '너비(W)'와 '소수점이하자리수(P)'의 조정이 가능하다.

» 그림 5-5 **변수 유형**

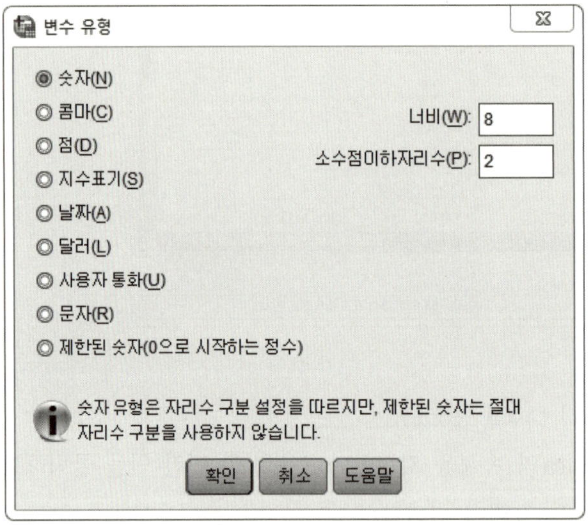

'문자(R)'로 지정된 경우에는 '문자(H)'의 자리수를 늘려 조정하면 문장작성도 가능한 상태가 된다. 이 경우에는 숫자 데이터값이 입력되더라도 프로그램이 이를 문자로 인식하므로 분석과 같은 연산은 불가능하다. 실전분석에서 특정 변수의 데이터가 연산이 되지 않을 경우에 당황하게 되는데 대부분의 경우에 데이터의 '유형'이 '문자(R)'로 지정되어 있는 경우이니 주의하길 바란다.

④ [그림 5-6]의 창에서 '설명'은 각 변수 ID, x1-x8이 어떤 변수인지를 구체적으로 명시하기 위한 것으로 다음과 같이 작성한다.

≫ 그림 5-6 신체만족도 데이터

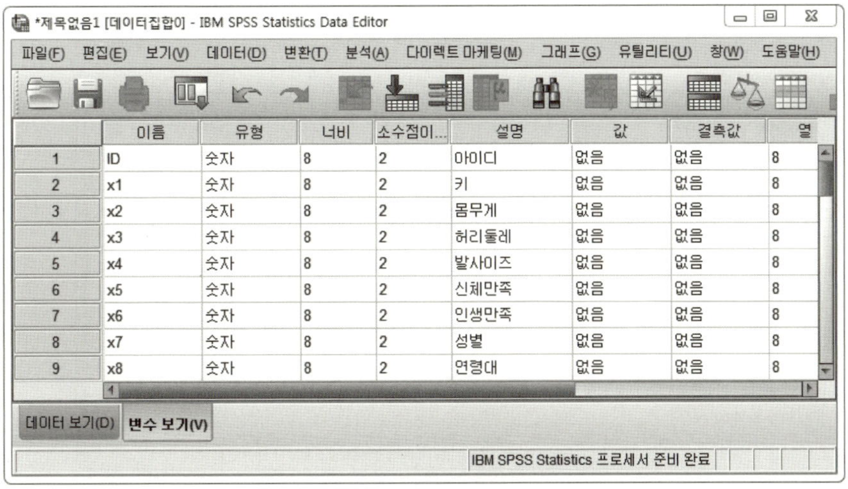

	이름	유형	너비	소수점이...	설명	값	결측값	열
1	ID	숫자	8	2	아이디	없음	없음	8
2	x1	숫자	8	2	키	없음	없음	8
3	x2	숫자	8	2	몸무게	없음	없음	8
4	x3	숫자	8	2	허리둘레	없음	없음	8
5	x4	숫자	8	2	발사이즈	없음	없음	8
6	x5	숫자	8	2	신체만족	없음	없음	8
7	x6	숫자	8	2	인생만족	없음	없음	8
8	x7	숫자	8	2	성별	없음	없음	8
9	x8	숫자	8	2	연령대	없음	없음	8

⑤ '값'에는 해당 변수값의 의미를 구체적으로 명시할 수 있다. 예를 들어 변수 '성별'의 경우에 1은 남자, 2는 여자로 구체적으로 표기하여 혼란을 방지할 수 있다.

[그림 5-7]의 신체만족의 '값'의 빈칸을 클릭하면 세 점이 나타나고 이를 다시 클릭하면 [그림 5-8]의 '변수값 설명' 창이 나타난다. 주어진 5점 척도의 값과 구체적 설명을 [그림 5-8]과 같이 입력한다. 예를 들어 '기준값(A)'에 1을 입력하고 '설명(L)'에 '전혀 아니다'를 입력하고 '추가'를 클릭하면 글자박스에 1='전혀 아니다'가 생성된다. 그리고 '기준값(A)'에 2를 입력하고 '설명(L)'에 '아니다'를 입력하고 '추가'를 클릭하면 글자박스에 2='아니다'가 생성된다. 그리고 '기준값(A)'에 3을 입력하고 '설명(L)'에 '보통'을 입력하고 '추가'를 클릭하면 글자박스에 3='보통이다'가 생성된다. 동일한 방법으로 나머지를 완성한다.

>> 그림 5-7 신체만족도 데이터

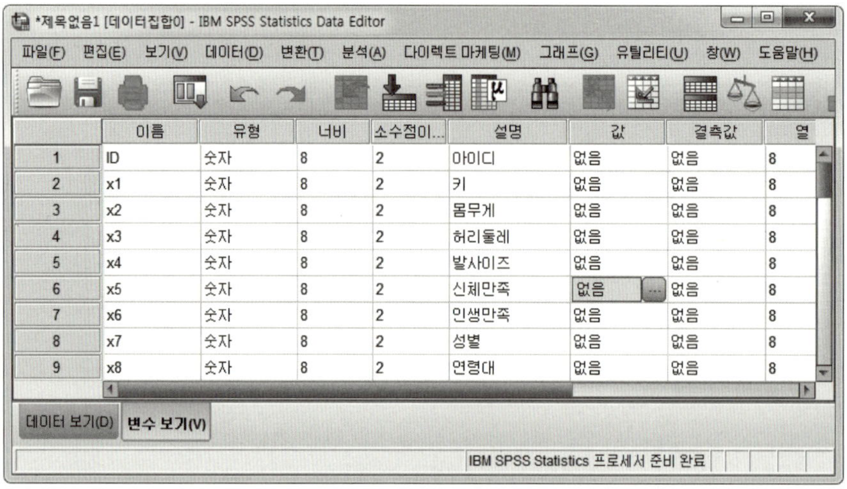

>> 그림 5-8 변수값 설명

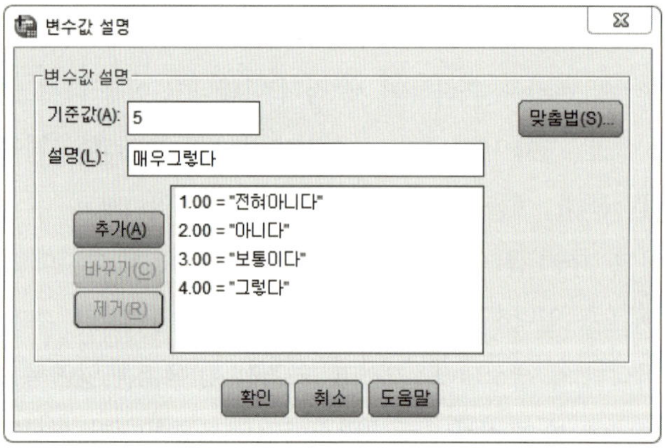

변수 인생만족의 경우는 [그림 5-9]처럼 변수 신체만족의 변수값을 복사하여 인생만족의 변수값 위치에 붙이기를 실행한다. 성별과 연령대의 변수값도 동일한 요령으로 작성해본다.

≫ 그림 5-9 신체만족도 데이터

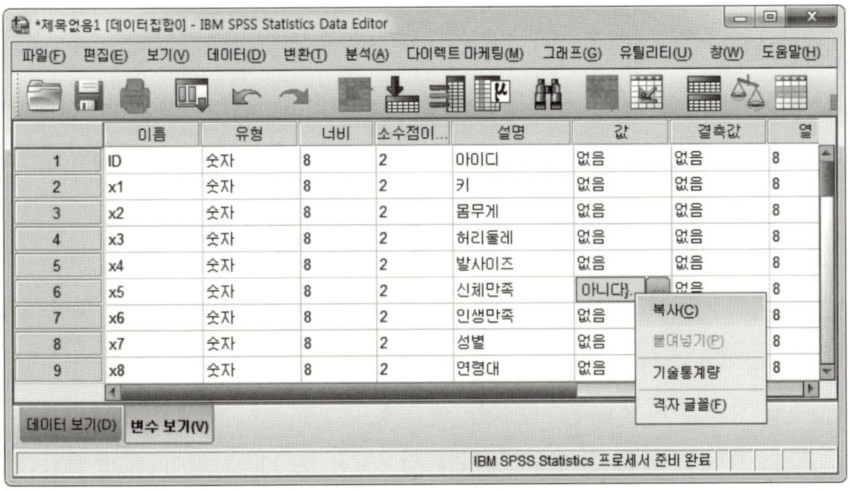

⑥ 창 하단의 '데이터보기(D)'를 클릭하고 [그림 5-10]과 같이 데이터를 입력하고 바탕화면에 '신체만족도'라는 파일명으로 저장한다. 이때 결측값은 공란으로 남겨둔다. 다음에서 결측값 처리에 대해 학습하기로 한다.

≫ 그림 5-10 신체만족도 데이터(시스템 결측값)

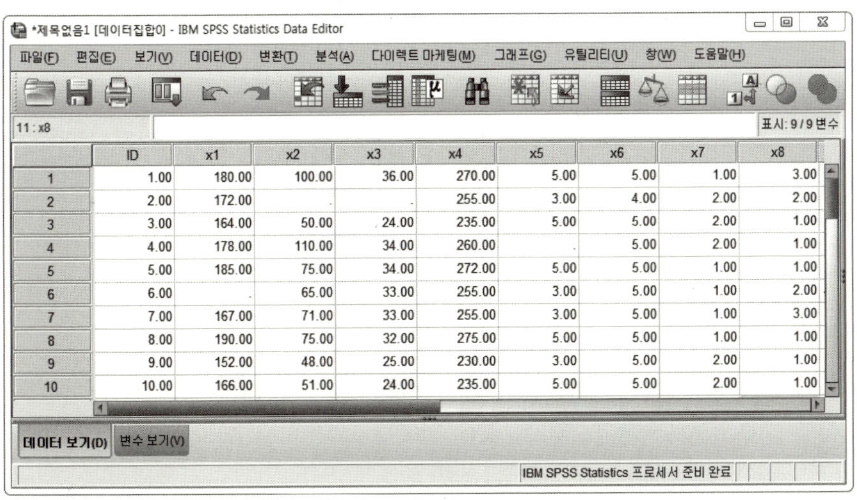

2.3 결측값 처리

응답자가 응답을 거부한 경우에 결측값이 발생하는데 실전분석에서 결측값의 처리와 관리는 중요하다. 결측값을 처리하는 방법에는 '시스템 결측값(system missing value)' 처리와 '사용자 결측값(user missing value)' 처리의 두 가지 방법이 있다.

(1) 시스템 결측값

시스템 결측값(system missing value)은 결측된 자료를 빈칸으로 두는 방법으로 프로그램으로 연산을 실행할 경우에 자동으로 이를 결측값으로 인식하게 된다. 저장된 신체만족도 자료를 가지고 빈도분석을 해보자.

SPSS 프로그램에서 다음 순서대로 클릭하면 [그림 5-11]과 같이 창이 열린다.

분석(A) → 기술통계량(E) → 빈도분석(F)

① '변수(V)'에 결측값이 있는 변수 '키'를 이동하여 입력한다.

» 그림 5-11 **빈도분석**

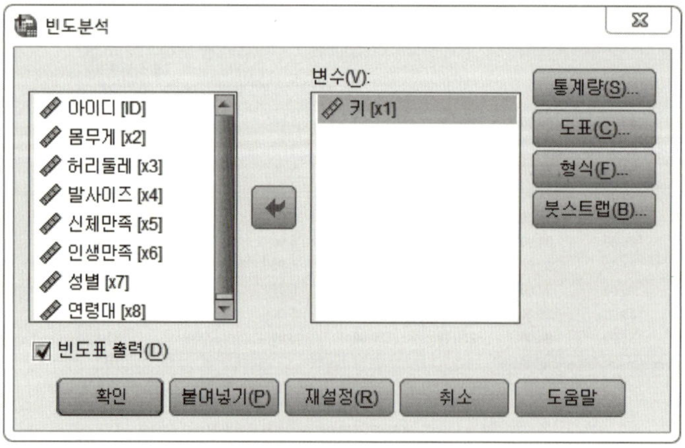

② 다시 '확인'을 클릭하면 [그림 5-12]의 결과가 나타난다. 빈도분석 결과를 보면 데이터 입력 시에 빈칸으로 두었던 결측값이 자동으로 인식되었음을 보여주고 있다.

≫ 그림 5-12 빈도분석

키

		빈도	퍼센트	유효 퍼센트	누적퍼센트
유효	152.00	1	10.0	11.1	11.1
	164.00	1	10.0	11.1	22.2
	166.00	1	10.0	11.1	33.3
	167.00	1	10.0	11.1	44.4
	172.00	1	10.0	11.1	55.6
	178.00	1	10.0	11.1	66.7
	180.00	1	10.0	11.1	77.8
	185.00	1	10.0	11.1	88.9
	190.00	1	10.0	11.1	100.0
	합계	9	90.0	100.0	
결측	시스템 결측값	1	10.0		
합계		10	100.0		

(2) 사용자 결측값

사용자 결측값(user missing value)은 결측자료의 빈칸에 특정 값(9, 99, 999 또는 임의의 값)을 입력하고 이를 결측값으로 표시하는 방법이다. 그리고 특정 값을 입력하고 결측값으로 지정하질 않으면 일반 데이터로 연산 또는 처리되니 주의해야 한다. 사용자 결측값의 지정절차는 다음과 같다.

≫ 그림 5-13 신체만족도 데이터(사용자 결측값)

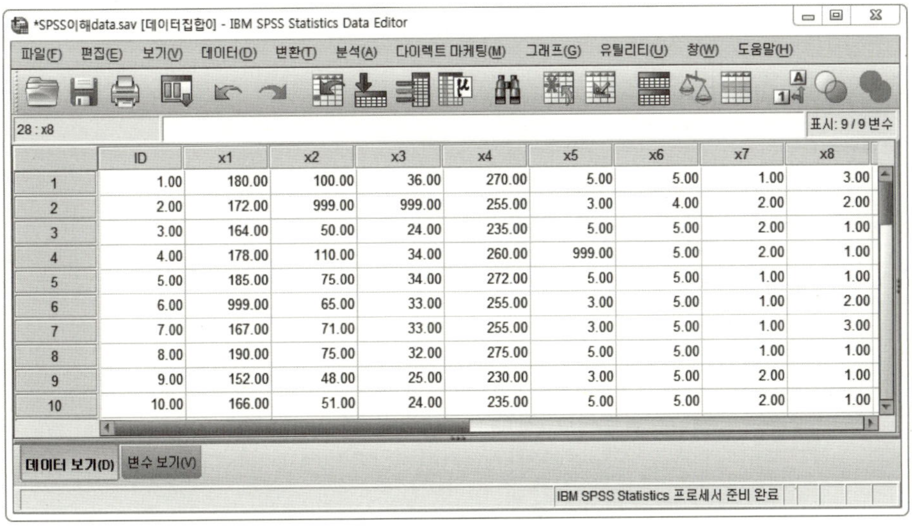

	ID	x1	x2	x3	x4	x5	x6	x7	x8
1	1.00	180.00	100.00	36.00	270.00	5.00	5.00	1.00	3.00
2	2.00	172.00	999.00	999.00	255.00	3.00	4.00	2.00	2.00
3	3.00	164.00	50.00	24.00	235.00	5.00	5.00	2.00	1.00
4	4.00	178.00	110.00	34.00	260.00	999.00	5.00	2.00	1.00
5	5.00	185.00	75.00	34.00	272.00	5.00	5.00	1.00	1.00
6	6.00	999.00	65.00	33.00	255.00	3.00	5.00	1.00	2.00
7	7.00	167.00	71.00	33.00	255.00	3.00	5.00	1.00	3.00
8	8.00	190.00	75.00	32.00	275.00	5.00	5.00	1.00	1.00
9	9.00	152.00	48.00	25.00	230.00	3.00	5.00	2.00	1.00
10	10.00	166.00	51.00	24.00	235.00	5.00	5.00	2.00	1.00

① 데이터 입력창의 결측값에 신체사이즈로는 불가능한 데이터 값인 999를 입력한다.

② '변수보기(V)' 창으로 이동하여 변수 ID의 결측값의 빈칸을 클릭하면 점 세 개가 나타난다.

≫ 그림 5-14 신체만족도 데이터(사용자 결측값)

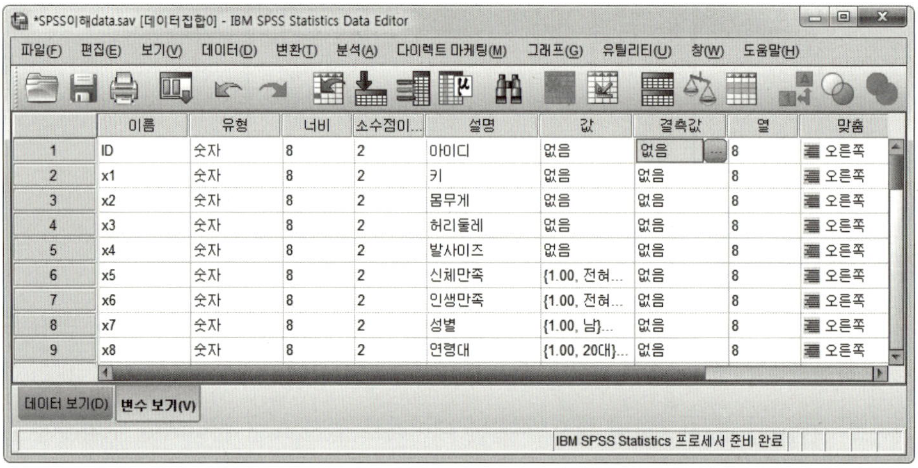

③ 이것을 다시 클릭하면 [그림 5-15]의 창이 나타난다. 여기서 '이산형 결측값(D)'을 지정하고 결측값으로 지정할 '999'를 입력한 후에 '확인'을 클릭한다.

≫ 그림 5-15 이산형 결측값

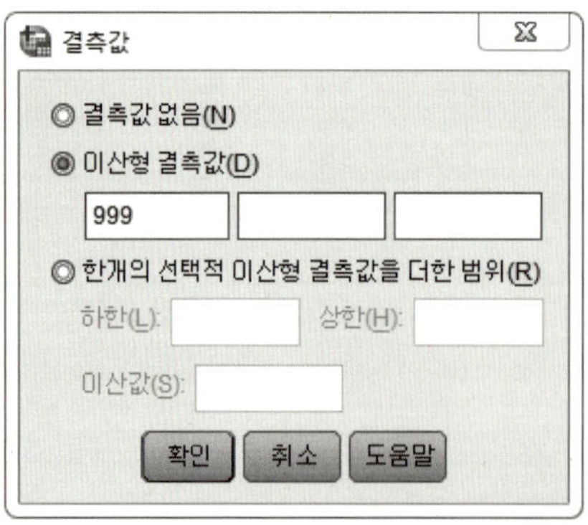

④ ID변수의 결측값에 999가 결측값으로 지정되었다. 그리고 [그림 5-16]처럼 이를 '복사하기'하여 다른 변수들의 결측값에 '붙여넣기'를 하여 [그림 5-17]처럼 효율적으로 결측값 지정을 완성할 수 있다.

그림 5-16 신체만족도 데이터(사용자 결측값)

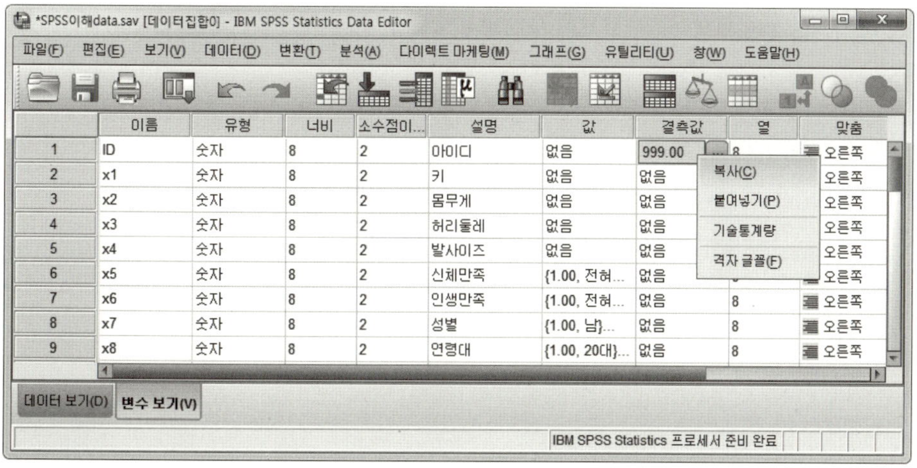

그림 5-17 신체만족도 데이터(사용자 결측값)

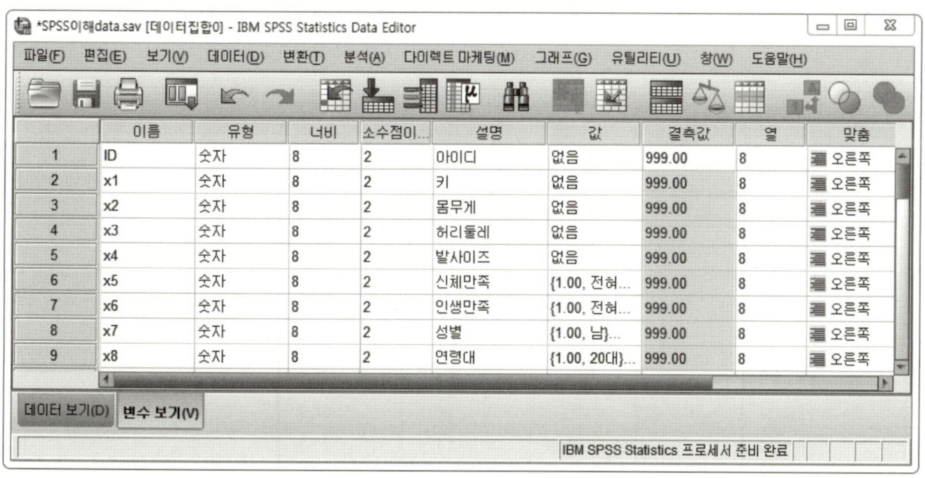

저장된 신체만족도 자료를 가지고 빈도분석을 해보자. SPSS 프로그램에서 다음 순서대로 클릭하면 [그림 5-18]과 같이 창이 열린다.

분석(A) → 기술통계량(E) → 빈도분석(F)

① '변수(V)'에 결측값이 있는 변수 '키'를 이동하여 입력한다.

≫ 그림 5-18 빈도분석

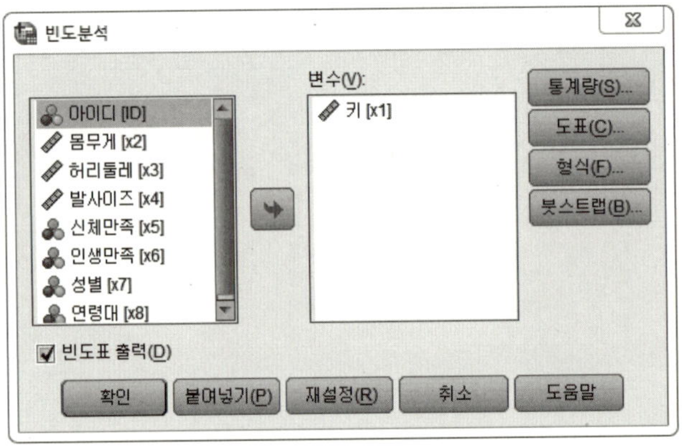

② 다시 '확인'을 클릭하면 [그림 5-19]의 결과가 나타난다. 빈도분석 결과를 보면 데이터 입력 시에 999로 지정되었던 값이 결측값으로 인식되었음을 보여주고 있다.

≫ 그림 5-19 빈도분석

키

		빈도	퍼센트	유효 퍼센트	누적퍼센트
유효	152.00	1	10.0	11.1	11.1
	164.00	1	10.0	11.1	22.2
	166.00	1	10.0	11.1	33.3
	167.00	1	10.0	11.1	44.4
	172.00	1	10.0	11.1	55.6
	178.00	1	10.0	11.1	66.7
	180.00	1	10.0	11.1	77.8
	185.00	1	10.0	11.1	88.9
	190.00	1	10.0	11.1	100.0
	합계	9	90.0	100.0	
결측	999.00	1	10.0		
합계		10	100.0		

(2) 결측값 탐색과 해당 케이스 삭제하기

실전분석에서 있어서 수많은 데이터에서 결측값을 탐색하고 결측값을 포함하고 있는 해당 데이터, 즉 케이스를 삭제해야 할 경우가 있다. 이에 대하여 알아보기로 한다. 저장된 데이터 '신체만족도'의 빈도분석에서 [그림 5-19]처럼 변수 '키(x1)'에서 결측값 999가 있음을 알았다. 데이터창에서 결측값 999를 SPSS 프로그램 기능을 이용하여 찾아보자. 이 기능은 데이터의 개수가 많은 경우에 효율적으로 결측값을 찾아내는 데 도움이 된다. 먼저 [그림 5-20]처럼 데이터창에서 x1을 클릭하여 변수 x1과 해당 데이터 전체를 반전시킨다.

» 그림 5-20 **신체만족도 데이터(결측값 탐색)**

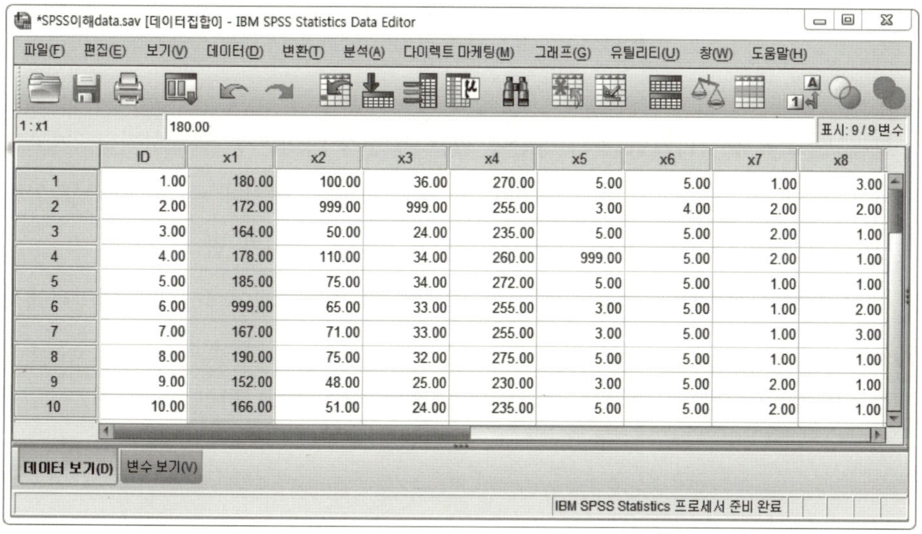

	ID	x1	x2	x3	x4	x5	x6	x7	x8
1	1.00	180.00	100.00	36.00	270.00	5.00	5.00	1.00	3.00
2	2.00	172.00	999.00	999.00	255.00	3.00	4.00	2.00	2.00
3	3.00	164.00	50.00	24.00	235.00	5.00	5.00	2.00	1.00
4	4.00	178.00	110.00	34.00	260.00	999.00	5.00	2.00	1.00
5	5.00	185.00	75.00	34.00	272.00	5.00	5.00	1.00	1.00
6	6.00	999.00	65.00	33.00	255.00	3.00	5.00	1.00	2.00
7	7.00	167.00	71.00	33.00	255.00	3.00	5.00	1.00	3.00
8	8.00	190.00	75.00	32.00	275.00	5.00	5.00	1.00	1.00
9	9.00	152.00	48.00	25.00	230.00	3.00	5.00	2.00	1.00
10	10.00	166.00	51.00	24.00	235.00	5.00	5.00	2.00	1.00

>> 그림 5-21 **신체만족도 데이터(결측값 탐색)**

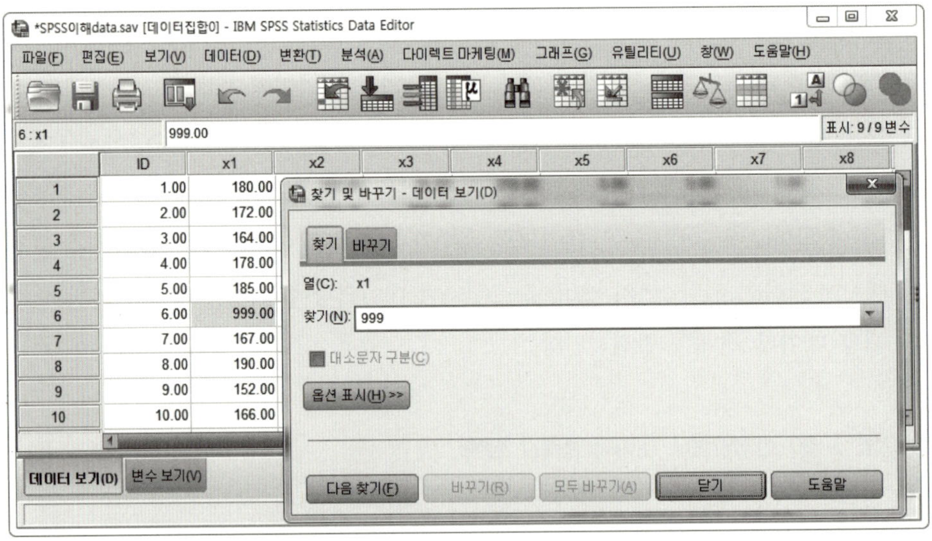

그리고 [그림 5-21]처럼 창의 상단에 있는 '망원경 아이콘'을 클릭하거나, 키보드에서 'Ctrl+F'를 클릭하면 '찾기 및 바꾸기' 창이 열린다. 여기에 결측값 999를 입력하고 '다음 찾기(E)'를 클릭하면 결측값 999가 입력된 위치가 탐색된다.

이 방법은 실전분석에서 결측값을 찾고 그에 해당하는 케이스를 분석데이터에서 영구히 삭제할 때 매우 유용하다.

다음은 SPSS 예제를 통하여 교차분석에 대해 설명하고자 한다.

CHAPTER 06 교차분석

제 1 절 교차분석

1.1 교차분석의 원리

일반적으로 두 변수 간의 연관성 분석에서는 두 개의 양적변수 간의 연관관계를 나타내는 상관분석과 두 개의 질적변수 간의 연관관계를 나타내는 교차분석이 있다. 본 장에서는 두 개의 질적변수(명목변수) 간의 연관관계를 나타내는 교차분석에 대하여 공부하기로 한다. 교차분석(cross-tabulation analysis)은 두 개의 명목변수가 가지는 범주형 데이터에 대한 결합분포, 즉 결합빈도를 나타내는 분할표로 나타낼 수 있다(예를 들면 두 개의 명목변수인 광고시청(시청/미시청)과 제품구매(구매/비구매)의 결합분포를 나타내는 분할표).

두 변수가 각각 m개와 n개의 범주를 가질 경우(예를 들면 광고시청 2개와 제품구매 2개)에 각 셀에 두 변수가 결합된 기대빈도를 구하고 실제 측정된 빈도를 비교함으로써 두 변수가 독립적 관계인지 아니면 종속적인 관계인지를 판단하게 된다. 이 경우에 기대빈도와 실제 측정치 간의 차이를 비교하여 독립성 또는 연관성을 판단하는 방법은 독립성검정(카이제곱(χ^2)검정, chi-square test)이 이용된다.

독립성검정, 즉 카이제곱검정은 두 명목변수가 독립적이라는 가정 하에 이론적인 기대빈도를 산출하여 이것이 실제 관측빈도와 차이가 적게 나면 서로 독립적 관계라고 판정하고, 많이 나면 서로 독립적 관계가 아닌 종속적인 관계라고 판정한다. 이때 차이 여부는 통계량 χ^2(chi-square)을 사용하는 카이제곱(χ^2)검정으로 판정한다.

예를 들어 두 명목변수 '광고시청'과 '제품구매' 간에 관계가 독립적인지 종속적인지를 알고자 하고 한다면 독립성검정의 귀무가설과 연구가설은 다음과 같다.

귀무가설(H_0): 광고시청과 제품구매는 독립적이다.
또는 광고시청 여부에 따라 제품구매는 차이가 없을 것이다.
연구가설(H_1): 광고시청과 제품구매는 종속적이다.
또는 광고시청 여부에 따라 제품구매는 차이가 있을 것이다.

그리고 [표 6-1]과 같은 가상의 교차표(2×2 통계분할표)가 작성되었다고 하자.

표 6-1 광고시청과 제품구매 간의 2×2 통계분할표

광고시청 \ 제품구매	구매	비구매	합계
시청	82	33	115
비시청	15	20	35
합계	97	53	150

이때 독립성검정을 통하여 통계량 χ^2값이 임계치 이상 산출되고 유의확률(p값)이 유의수준(α)보다 작게 나왔다면 광고시청이 제품구매와 연관성이 있다고 할 수 있다. 즉 교차분석결과, χ^2값이 임계치보다 크면 기대빈도와 실제빈도 간의 차이가 크다는 것을 의미하며 이것은 두 변수 간의 연관성이 높다는 것을 의미한다.

1.2 통계량 카이제곱(χ^2) 산출과 가설검정

카이제곱(χ^2)검정은 명목척도를 사용하는 두 명목변수들 간의 연관관계를 알아보기 위해 사용되는 통계분석기법으로서 실제 관찰빈도와 기대빈도 간의 차이를 비교하게 되는데 이때 관찰빈도가 기대빈도에 어느 정도 가까운지를 파악함으로써 귀무가설을 검정하게 된다. 통계량 χ^2값은 다음 공식으로 산출된다.

$$\chi^2 = \sum \frac{(f_0 - f_e)^2}{f_e}$$

여기서, f_0: 실제빈도

f_e: 기대빈도

이때 χ^2통계량, 자유도 및 유의수준을 이용하여 χ^2분포표에서 χ^2임계치를 찾아 비교하여 χ^2통계량이 임계치보다 크면 두 변수가 독립적이라는 귀무가설을 기각하고 두 변수가 종속적이라는 연구가설을 채택하게 된다. 그리고 그 반대이면 귀무가설은 채택되고 연구가설은 자동으로 기각된다.

상기 [표 6-1] 광고시청과 제품구매 간의 2×2 통계분할표에서 통계량 χ^2의 값이 18.12가 나왔다고 가정했을 때 유의수준(α) 0.05에서 카이제곱(χ^2)검정을 하게 되면 다음과 같다. χ^2통계량의 자유도는 (행의 수−1)·(열의 수−1)로 계산되어지는데 이때 자유도는 (2−1)·(2−1)=1이 되며, χ^2분포표에서 유의수준 0.05일 때의 임계치는 3.84로 나타난다. 이때 χ^2통계량이 18.12로 임계치 3.84보다 크므로 두 변수 간, 즉 "광고시청과 제품구매는 독립적이다" 또는 "광고시청 여부에 따라 제품구매는 차이가 없을 것이다"라는 귀무가설을 기각하고, "광고시청과 제품구매는 종속적이다" 또는 "광고시청 여부에 따라 제품구매는 차이가 있을 것이다"라는 연구가설을 채택하게 된다.

제 2 절 교차분석

교차분석을 통하여 두 명목변수 간의 연관관계의 여부를 알 수 있다. 다음은 SPSS 예제를 통하여 교차분석을 설명하고자 한다.

예제 6-1

다음 [표 6-2]의 의류쇼핑몰 자료를 통하여 인구통계학적 변수인 성별과 구입횟수 간에 연관성이 있는지를 알아보고자 한다. 가설을 세우고 유의수준 0.05에서 두 명목변수의 독립성 여부를 검증하시오.

☞ 데이터는 저자 블로그에서 제공, 파일명: 교차분석(의류쇼핑몰)

| 표 6-2 | 의류쇼핑몰 데이터

고객	성별 (1: 남성, 2: 여성)	직업 (1: 학생, 2: 회사원)	방문횟수 (1: 3회 이하, 2: 4~5회, 3: 6회 이상)	구입횟수(범주화) (1: 1~5회, 2: 6~10회 3: 11~15회, 4: 16회 이상)
1	1	2	2	2
2	1	2	2	3
3	2	2	1	4
…	…	…	…	…
…	…	…	…	…
72	1	1	1	2
73	2	1	2	4

| 풀이 |

성별과 구입횟수 간의 귀무가설과 연구가설을 작성하면 다음과 같다.

귀무가설(H_0): 성별과 구입횟수는 독립적이다.

또는 성별에 따라 구입횟수는 차이가 없을 것이다.

연구가설(H_1): 성별과 구입횟수는 종속적이다.

또는 성별에 따라 구입횟수는 차이가 있을 것이다.

SPSS를 열고 데이터를 불러오면 [그림 6-1]과 같이 입력된 '데이터보기(D)' 창이 나타난다.

» 그림 6-1 데이터보기(D) 창

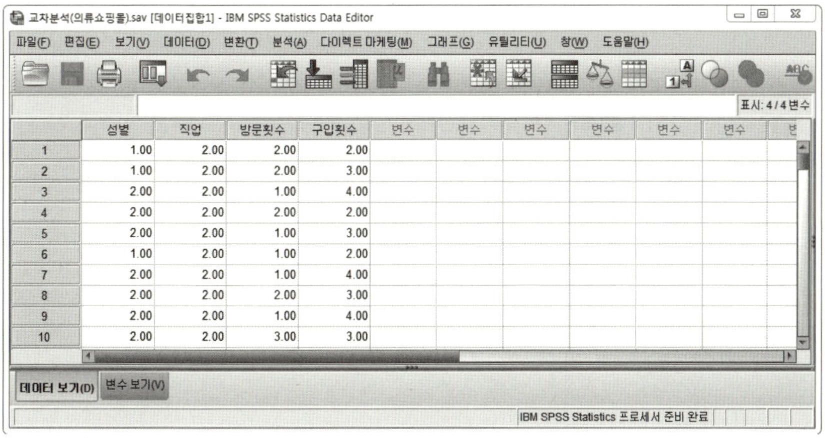

교차분석을 위해 다음과 같은 순서대로 클릭하면 [그림 6-2]의 '변수입력' 창이 나온다.

분석(A) → 기술통계(E) → 교차분석(C)

» 그림 6-2 교차분석 변수입력창

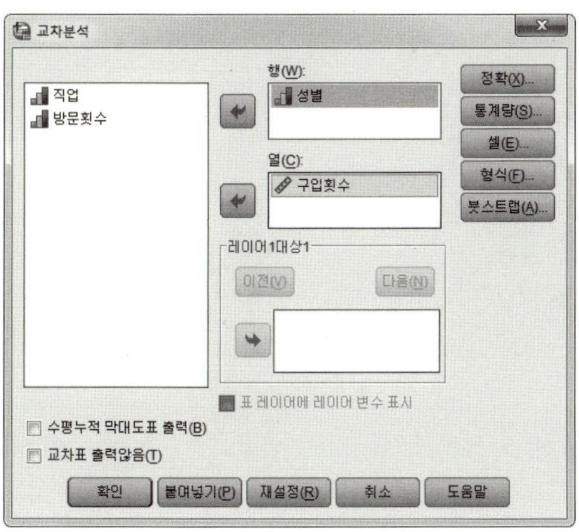

여기서 왼쪽 변수상자의 직업과 방문횟수의 2개 변수들을 지정한 후에 오른쪽 '행'과 '열'란으로 각각 이동시킨다. 그리고 우상단의 '통계량(S)' 단추를 누르면 [그림 6-3]의 '교차분석: 통계량' 창이 열린다. 카이제곱(χ^2) 통계량을 산출하기 위해 '카이제곱(H)'을 선택한 후에 '계속'을 클릭한다.

≫ 그림 6-3 교차분석: 통계량

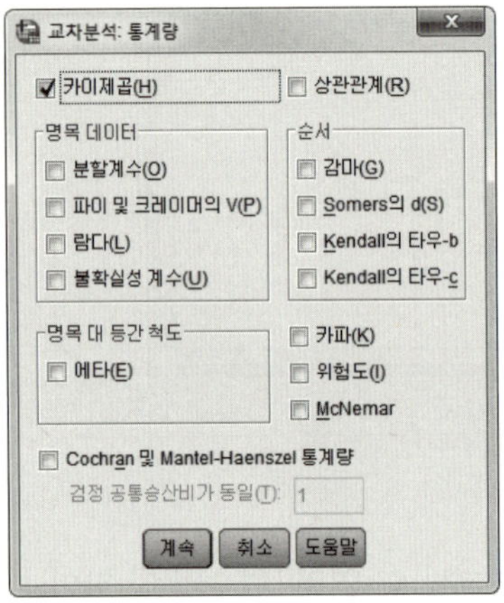

다시 '셀'을 클릭하면 [그림 6-4]의 '셀 출력' 창이 나타나며 관측빈도, 기대빈도, 퍼센트에서 행을 선택한 후에 '계속'을 클릭한다.

≫ 그림 6-4 교차분석(셀 출력)

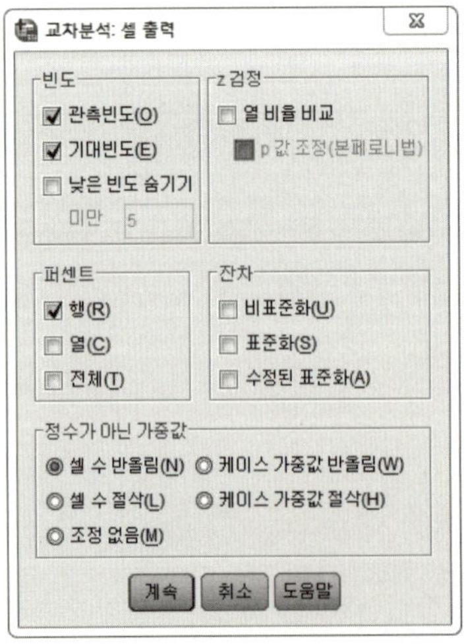

최종적으로 '확인'을 클릭하면, [그림 6-5]의 결과를 얻는다.

》 그림 6-5 교차분석 결과

케이스 처리 요약

	케이스					
	유효		결측		전체	
	N	퍼센트	N	퍼센트	N	퍼센트
성별 * 구입횟수	73	100.0%	0	.0%	73	100.0%

성별 * 구입횟수 교차표

			구입횟수				전체
			1-5회	6-10회	11-15회	16회 이상	
성별	남	빈도	14	10	6	5	35
		기대빈도	9.6	8.6	7.7	9.1	35.0
		성별 중 %	40.0%	28.6%	17.1%	14.3%	100.0%
	여	빈도	6	8	10	14	38
		기대빈도	10.4	9.4	8.3	9.9	38.0
		성별 중 %	15.8%	21.1%	26.3%	36.8%	100.0%
전체		빈도	20	18	16	19	73
		기대빈도	20.0	18.0	16.0	19.0	73.0
		성별 중 %	27.4%	24.7%	21.9%	26.0%	100.0%

카이제곱 검정

	값	자유도	점근 유의확률 (양측검정)
Pearson 카이제곱	8.577[a]	3	.035
우도비	8.840	3	.031
선형 대 선형결합	8.405	1	.004
유효 케이스 수	73		

a. 0 셀 (.0%)은(는) 5보다 작은 기대 빈도를 가지는 셀입니다. 최소 기대빈도는 7.67입니다.

교차분석을 실시한 결과, χ^2통계량이 8.577이고 유의확률(p값)이 0.035로 나타나 유의수준(α) 0.05에서 귀무가설을 기각하고 연구가설을 채택하는 것으로 나타났다. 따라서 성별과 구입횟수는 종속적인 관계인 것으로 나타났다. 즉 성별에 따라 구입횟수는 차이가 있는 것으로 나타났다.

참고로 교차표 해석 시에 유의사항으로 각 셀의 기대도수가 5 미만인 경우가 전체 셀의 20%를 넘는 경우에는 분석결과의 신뢰성이 떨어지게 되므로 해석상에 주의를 요한다.

다음 장에서는 두 집단의 평균비교에 사용되는 독립표본 t검정과 쌍표본 t검정에 대해 알아보기로 한다.

07 평균비교

평균비교분석이 연구논문의 데이터분석에서 주된 분석으로 사용되기도 하지만 인과관계연구에서는 회귀분석, 경로분석, 구조방정식모형 등이 주된 분석으로 사용되고 평균비교분석은 인구통계학적 분석 뒤에서 보조적 분석으로 사용된다. 일반적으로 인과관계연구에서 많이 사용되는 평균비교분석에는 두 개 집단의 평균비교에 사용되는 독립표본 t검정(independence t test) 및 대응표본 t검정(paired t test)이 있으며 세 집단 이상에서 사용되는 분산분석(ANOVA)이 있다. 평균비교에서는 독립표본 t검정과 대응표본 t검정에 대하여 설명하고 분산분석은 별도로 설명하기로 한다.

제 1 절 독립표본 t검정

독립표본 t검정은 서로 다른 두 집단 간의 평균차이를 분석하고자 할 때 사용되는 분석기법이다. 독립표본 t검정은 독립변수와 종속변수가 존재하며 독립변수는 질적변수(명목척도)이며 종속변수는 양적변수(등간척도, 비율척도)가 된다. 예를 들면 문과반과 이과반의 통계학 평균점수에 차이가 있는지 분석하고자 할 때 사용된다. 이에 대한 귀무가설과 연구가설은 다음과 같다.

귀무가설(H_0): 두 집단의 성적은 차이가 없을 것이다.($\mu_1 = \mu_2$)
연구가설(H_1): 두 집단의 성적은 차이가 있을 것이다.($\mu_1 \neq \mu_2$)

t검정의 기본원리는 두 집단의 평균차이를 두 집단의 분산으로 표준화시킨 다음에 통계적으로 검정하는 것이다. t통계량을 구하는 공식은 다음과 같다.

$$t_c = \frac{(\overline{X}_1 - \overline{X}_2) - (\mu_1 - \mu_2)}{\sqrt{(\frac{1}{n_1} + \frac{1}{n_2})S_p^2}}$$

$$S_p^2 = \frac{(n_1 - 1)S_1^2 + (n_2 - 1)S_2^2}{n_1 + n_2 - 2}$$

다음은 SPSS 예제를 통하여 독립된 두 집단의 평균비교를 설명하고자 한다.

예제 7-1

어느 대학에서는 토익강좌를 A반와 B반 학생들을 상대로 각각 열고 있다. 두 반에는 모두 100명의 수강생이 있는데, 두 반의 실력 차이를 알기 위해 표본으로 각각 10명씩의 시험성적을 다음과 같이 임의 추출하였다. 유의수준(α) 0.05에서 점수 차이가 있는지 검정하시오.

☞ 데이터는 저자 블로그에서 제공, 파일명: 두표본T검정(AB반 토익성적)

A반(X1)	85	88	92	85	76	82	85	84	80	95
B반(X2)	70	92	60	83	85	89	70	75	53	80

| 풀이 |

본격적인 데이터 분석에 앞서서 귀무가설과 연구가설을 작성하면 다음과 같다.

귀무가설(H_0): 두 반의 성적은 차이가 없을 것이다.($\mu_1 = \mu_2$)

연구가설(H_1): 두 반의 성적은 차이가 있을 것이다.($\mu_1 \neq \mu_2$)

SPSS를 열고 데이터를 불러오면 [그림 7-1]과 같은 '데이터보기(D)' 창이 나타난다. 분석하기 전에 분석결과창에 변수값의 각 명칭이 나타날 수 있도록 사전에 다음의 작업을 수행한다. 변수 class의 변수값 1과 2의 각 명칭 A반과 B반을 지정하기 위해 창 좌측 하단의 '변수보기(V)'를 클릭하면 [그림 7-2]의 '변수보기(V)' 창이 나타난다.

≫ 그림 7-1 데이터보기(D) 창

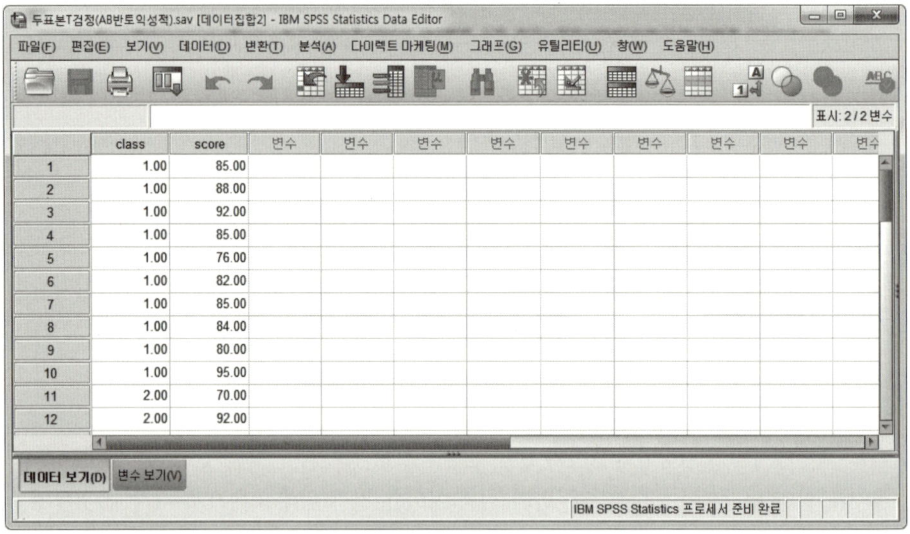

'변수보기(V)' 창에서 변수 class의 '값' 바로 아래에 있는 '없음'을 클릭하면 [그림 7-3]의 '변수값 설명' 창이 나타난다.

≫ 그림 7-2 변수보기창

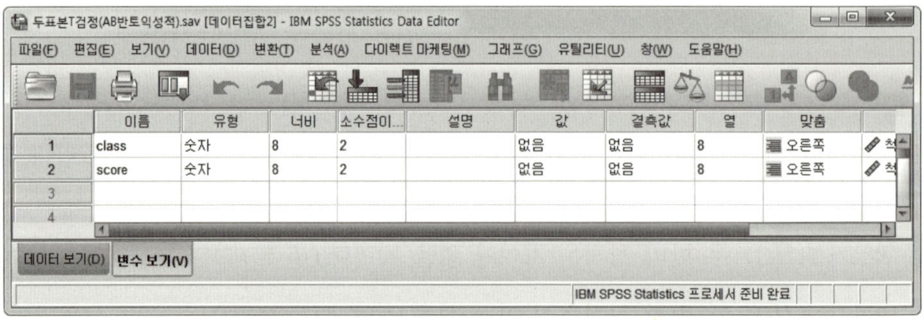

'변수값 설명' 창에서 '기준값(A)'에 1을 입력하고 '설명(L)'에 A반을 입력한 후에 추가버튼을 클릭한다. 동일한 방법으로 '기준값(A)'에 2를 입력하고 '설명(L)'에 B반을 입력한 후에 최종적으로 '확인'을 클릭한다. 사전에 각 변수값에 따른 설명을 부가해 두면 분석결과에도 변수값 1과 2 대신 명칭 A반, B반으로 나타나 가독성이 좋아진다.

» 그림 7-3 **변수값 설명**

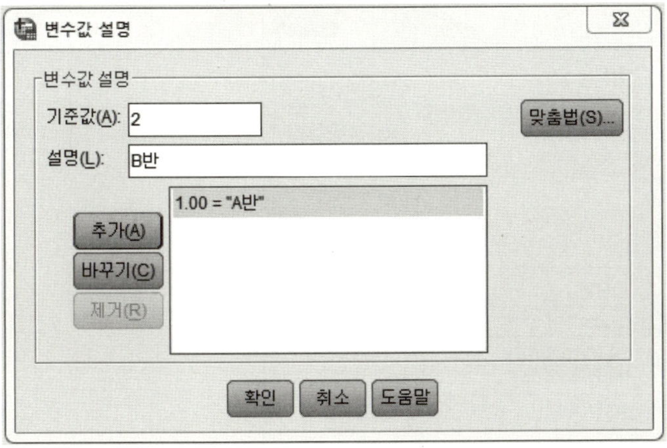

독립표본 t검정의 분석을 위해 다음 순서대로 클릭하면 [그림 7-4]의 '독립표본 t검정 변수 입력창'이 나타난다.

분석(Analyze) → 평균비교(Compare Means) → 독립표본 t검정(Independent-Samples T Test)

'검정변수(Test Variable)'에 '점수(score)'를 이동하고 '집단변수(Grouping Variables)'에 'class'를 이동시킨다. 이때 'class(?,?)'로 표시되며 '집단정의(define groups)'를 클릭하여 'Group1과 2'에 각각 1과 2를 입력하고, '계속(continue)'을 클릭하면 'class(1,2)'로 표시된다. SPSS는 범주를 지정하기 전에 이를 구분하지 못하기 때문에 순서가 바뀌어도 상관없으며 다만 범주 1과 2를 해당 그룹에 지정하는데 의의가 있다.

》 그림 7-4 독립표본 T검정 변수입력창

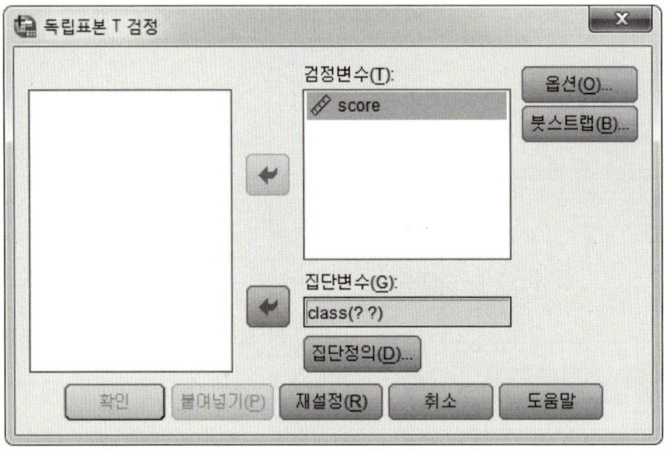

》 그림 7-5 집단정의창

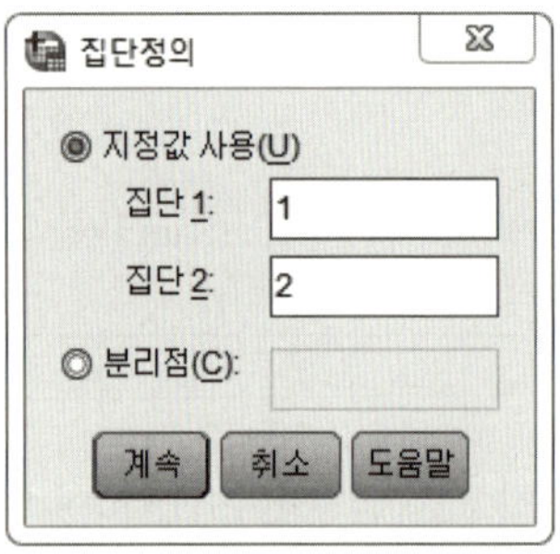

그리고 최종적으로 '확인'을 클릭하면 [그림 7-6]의 분석결과가 나타난다. 여기서 두 집단의 평균분석을 수행하기 전에 먼저 해야 할 것이 있는데 레빈의 등분산검정(Levene's Test)이다. 독립표본 t검정에서는 두 집단 간의 평균차이를 검정하기 이전에 먼저 레빈의 등분산검정(Levene's Test)을 통하여 두 모집단의 분산이 같은지 여부를 검정해야 한다. 레빈의 등분산검정(Levene's Test)의 가설은 다음과 같다.

귀무가설(H_0): 두 집단의 분산은 등분산이다.($\sigma_1^2 = \sigma_2^2$)

연구가설(H_1): 두 집단의 분산은 등분산이 아니다.($\sigma_1^2 \neq \sigma_2^2$)

등분산검정결과, Sig=0.020<0.05이므로 귀무가설을 기각하고 연구가설을 채택하여 두 집단의 분산은 다르다고 결론을 내린다. 따라서 결과표에서 등분산이 가정되지 않은 경우에 t검정의 결과를 보면 여기서 Sig(유의확률)=0.049<0.05이므로 귀무가설을 기각하고 연구가설을 채택한다. 따라서 A반과 B반의 토익성적은 유의수준(α) 0.05에서 다르다고 볼 수 있다.

≫ 그림 7-6 독립표본의 t검정 결과

집단통계량

	class	N	평균	표준편차	평균의 표준오차
score	A반	10	85.2000	5.51362	1.74356
	B반	10	75.7000	12.59674	3.98344

독립표본 검정

		Levene의 등분산 검정		평균의 동일성에 대한 t-검정						
									차이의 95% 신뢰구간	
		F	유의확률	t	자유도	유의확률 (양쪽)	평균차	차이의 표준오차	하한	상한
score	등분산이 가정됨	6.557	.020	2.185	18	.042	9.50000	4.34831	.36455	18.63545
	등분산이 가정되지 않음			2.185	12.326	.049	9.50000	4.34831	.05360	18.94640

제 2 절 대응표본 t검정

독립표본 t검정과 대응표본 t검정은 두 집단의 평균비교에 사용되나 차이점이 있다. 독립표본 t검정은 독립된 두 개 집단의 평균의 비교에 사용되며, 대응표본 t검정은 동일한 집단에 특정 실험처리를 하였을 때 실험처리 이전과 이후의 평균비교에 사용된다. 즉 독립표본 t검정은 연구대상이 독립적인 두 집단이지만 대응표본 t검정은 실제로 연구대상이 동일한 집단이고 실험처리 전후의 상태가 바뀐 것이므로 실험처리 전후라고 할지라도 전후의 두 집단 간에는 높은 상관관계가 존재한다. 그래서 대응표본 t검정(paired t test)을 실시한다.

다음은 SPSS 예제를 통하여 대응표본의 평균비교를 설명하고자 한다.

예제 7-2

A병원은 유행하고 있는 간헐적 다이어트 요법이 효과가 있는지를 알아보기 위해 2달간의 기간을 걸쳐 임상실험을 실시하였다. 간헐적 다이어트요법의 임상실험에 참가한 12명의 요법 전과 후의 체중이 다음과 같다고 하였을 때, 간헐적 다이어트요법은 효과가 있다고 할 수 있는가?

☞ 데이터는 저자 블로그에서 제공, 파일명: 쌍표본T검정(간헐적 다이어트요법)

참가자	1	2	3	4	5	6	7	8	9	10	11	12
요법 전	71	62	54	73	75	64	58	57	80	63	73	67
요법 후	68	62	50	68	76	57	59	53	74	60	70	56

| 풀이 |

본격적인 데이터분석에 앞서서 귀무가설과 연구가설을 작성하면 다음과 같다.

귀무가설(H_0): 요법 전과 후의 체중은 차이가 없을 것이다.($\mu_1 = \mu_2$)

연구가설(H_1): 요법 전과 후의 체중은 차이가 있을 것이다.($\mu_1 \neq \mu_2$)

SPSS를 열고 데이터를 불러오면 [그림 7-7]의 '데이터보기(D)' 창이 나타난다.

» 그림 7-7 대응표본 T검정 자료의 입력창

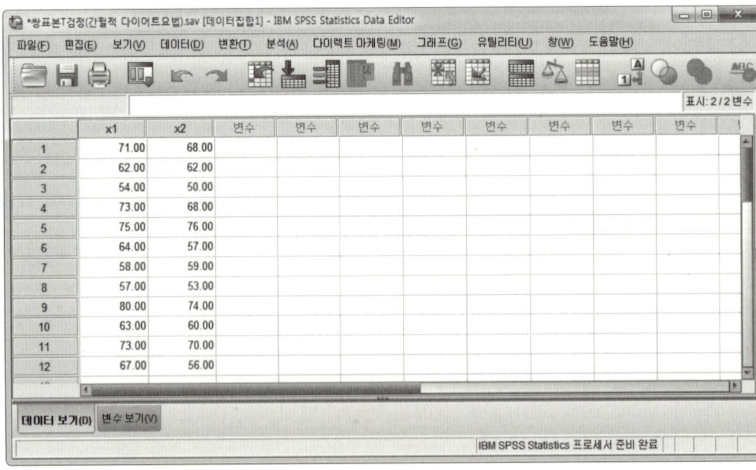

분석을 수행하기 전에 분석결과창에 변수 X1과 X2가 각각 요법 전과 요법 후의 명칭이 구체적으로 나타날 수 있도록 작업을 해야 한다. '데이터보기(D)' 창의 좌측 하단에 있는 '변수보기(V)'를 클릭하여 [그림 7-8]의 '변수보기(V)' 창으로 이동한다. 변수 X1과 X2의 '설명'에 해당되는 셀에 각각 '요법 전'과 '요법 후'를 기입한다.

» 그림 7-8 **변수설명 입력**

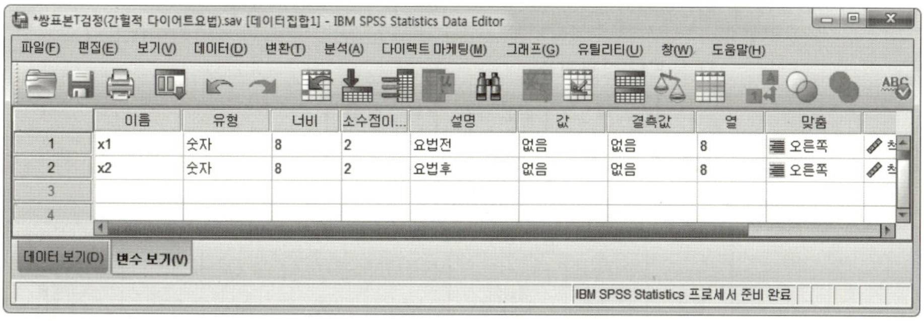

대응표본 t검정의 분석을 위해 다음 순서대로 클릭하면 [그림 7-9]의 창이 나타난다.

분석(Analyze) → 평균비교(Compare Means) → 대응표본 t검정(Paired-Samples T Test)

» 그림 7-9 **대응표본 T검정 변수 입력창**

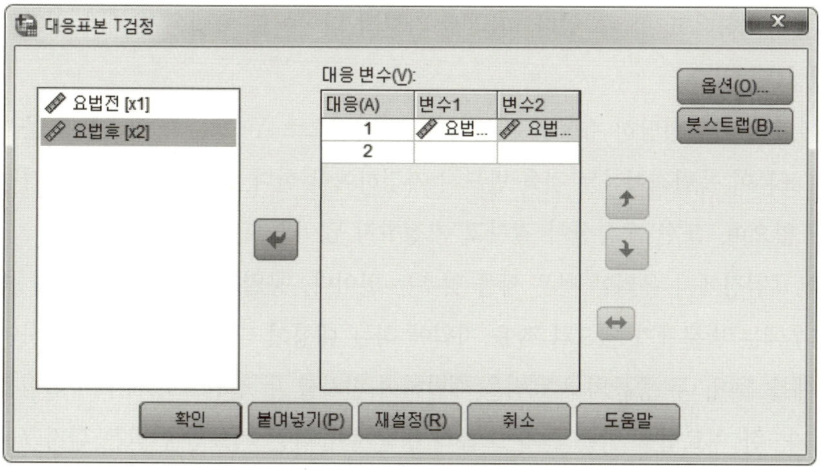

그리고 최종적으로 '확인'을 클릭하면 [그림 7-10]의 결과가 나타난다.

그림 7-10 대응표본 T검정 결과

대응표본 통계량

		평균	N	표준편차	평균의 표준오차
대응 1	요법전	66.4167	12	8.07306	2.33049
	요법후	62.7500	12	8.35709	2.41248

대응표본 상관계수

		N	상관계수	유의확률
대응 1	요법전 & 요법후	12	.913	.000

대응표본 검정

	대응차					t	자유도	유의확률 (양쪽)
				차이의 95% 신뢰구간				
	평균	표준편차	평균의 표준오차	하한	상한			
대응 1 요법전 - 요법후	3.66667	3.44656	.99494	1.47683	5.85651	3.685	11	.004

두 변수의 대응표본 상관계수는 0.913으로 매우 강한 상관관계를 보이고, 식이요법 이전의 평균체중과 이후의 평균체중의 차이가 3.67kg(66.42-62.75)이며 표준편차는 3.45kg, 표준오차는 0.99이다. 이 평균차이의 95% 신뢰구간은 [1.47, 5.85]이며, 이것은 0을 포함하고 있지 않으므로 식이요법의 효과는 있다고 할 수 있다. 그리고 t검정을 하여 보면, Sig=0.004<0.05이므로 유의수준 0.05에서 두 집단 간의 평균차이는 유의하다고 할 수 있다. 따라서 간헐적 다이어트 요법은 효과가 있다고 결론을 내릴 수 있다.

대응표본 T검정은 상당히 유용한 기법이다. 일반적으로 두 표본의 평균차이 문제에서는 두 표본이 독립적이라는 것을 반드시 가정하여야 한다. 여기서는 이것을 가정할 필요도 없으며, 또한 모분산이 같다고 가정하지 않아도 된다.

대응표본 T검정에서 유의할 것은 짝을 맞추는 일이다. 동일한 대상을 계속해서 측정하는 경우에는 별문제가 없으나 짝을 지워야 하는 대상이 다른 경우에는 유의하여야 한다. 예를 들어, 두 종류의 치료법을 개발하여 환자를 두 집단으로 나누어 실험을 한다고 하자. 한 치료법을 받은 환자 그룹의 평균치가 다른 치료법을 받은 환자그룹보다 높아서 전자의 효과가 좋다고 하자. 그러나 전자의 집단이 후자의 집단보다 더 젊거나 건강하다면 두 치료법의 효과는 명확히 판단할 수 없다. 이 경우에는 나이와 건강상태가 같은 두 사람을 한 쌍으로 하여 실험하여야 한다. 이렇게 하여 여러 쌍에 대하여 실험을 계속하면, 치료효과를 제외한 나이나 건강과 같은 외생효과를 제거할 수 있을 것이다.

다음 장에서는 세 집단 이상의 평균비교에 사용되는 분산분석에 대해 알아보기로 한다.

CHAPTER

08 분산분석

제 1 절 일원분산분석

분산분석은 t검정과는 달리 세 집단 이상의 평균차이를 검정하는 경우에 이용하는 분석기법이다. 분산분석에는 독립변수와 종속변수가 존재하는데 독립변수는 질적변수(명목척도)이며 종속변수는 양적변수(등간척도, 비율척도)가 된다.

독립변수가 하나이고 종속변수가 하나일 경우에 일원분산분석(one way ANOVA, one factor ANOVA)이라고 한다. 예를 들어 연구자가 기계의 종류(기계 1, 2, 3)에 따른 생산량의 차이에 관심을 가진다고 하자. 이 경우에 기계는 독립변수가 되고 생산량은 종속변수가 된다. 이때 기계를 요인이라고 하고 기계 1, 2, 3의 각각은 요인수준 또는 처리라고 한다. 또한 여기에 독립변수로 학력(중졸, 고졸, 대졸)을 추가하면 이원분산분석(two way ANOVA, two factor ANOVA)이 된다.

분산분석의 귀무가설과 연구가설은 다음과 같다.

귀무가설(H_0): 세 집단의 평균은 차이가 없을 것이다.($\mu_1 = \mu_2 = \mu_3$)
또는 집단에 따라 평균은 차이가 없을 것이다.
연구가설(H_1): 세 집단의 평균 중 적어도 하나는 다를 것이다.
또는 집단에 따라 평균은 차이가 있을 것이다.

여기에서 귀무가설이 채택되면 분석은 일단락되며, 귀무가설이 기각되고 연구가설이 채택되면 세 집단 중에서 어느 집단 간에 차이가 있는지 검증을 해야 한다. 이를 위해 사후분석(post hoc analysis)이 뒤따른다. 사후분석방법은 많이 있으나 LSD,

Duncan, Tukey, Scheffe가 많이 쓰이며 그 중에서도 Duncan과 Scheffe가 사용 빈도가 더 높다.

다음 SPSS 예제를 통하여 일원분산분석(one way ANOVA)을 설명하고자 한다.

예제 8-1

K전자는 세 가지 종류의 반도체 생산설비를 설치하여 생산성을 비교하기로 하였다. 생산설비의 종류로는 설비 1, 설비 2, 설비 3이며 일일생산량을 조사하였다. 다음의 표는 각 반도체 설비의 일일생산량을 집계한 것이다.

☞데이터는 저자 블로그에서 제공, 파일명: 일원분산분석(반도체설비)

	설비 1	설비 2	설비 3
생산량	145	141	142
	140	140	140
	145	136	141
	146	135	

| 풀이 |

본격적인 데이터분석에 앞서서 귀무가설과 연구가설을 작성하면 다음과 같다.

귀무가설(H_0): 세 가지 설비의 생산량은 차이가 없을 것이다.($\mu_1 = \mu_2 = \mu_3$)
또는 설비에 따라 생산량은 차이가 없을 것이다.

연구가설(H_1): 세 가지 설비 중 적어도 하나는 다를 것이다.
또는 설비에 따라 생산량은 차이가 있을 것이다.

SPSS를 열고 데이터를 불러오면 [그림 8-1]과 같이 입력된 '데이터보기(D)' 창이 나타난다. 분석을 수행하기 전에 분석결과 창에 변수값의 각 명칭이 구체적으로 나타날 수 있도록 사전에 다음의 작업을 수행한다. 설비종류의 변수값 1, 2, 3에 해당하는 각 명칭 설비 1, 설비 2, 설비 3을 지정해주기 위해 '데이터보기(D)' 창의 좌측 하단에 있는 '변수보기(V)'를 클릭하면 [그림 8-2]처럼 '변수보기(V)' 창이 나타난다.

≫ 그림 8-1 **데이터보기(D) 창**

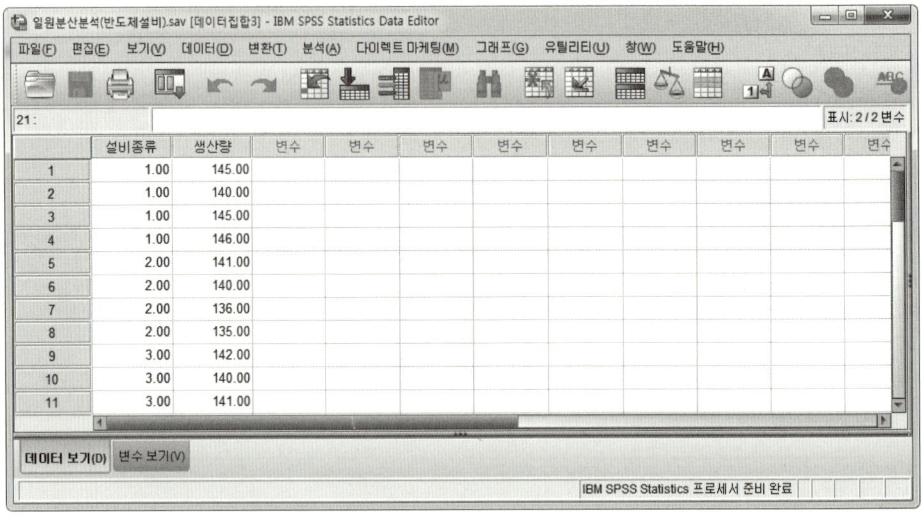

'변수보기(V)' 창에서 변수 설비종류의 '값' 바로 아래 있는 '없음'을 클릭하면 [그림 8-3]과 같이 '변수값 설명' 창이 나타난다.

≫ 그림 8-2 **변수값 입력**

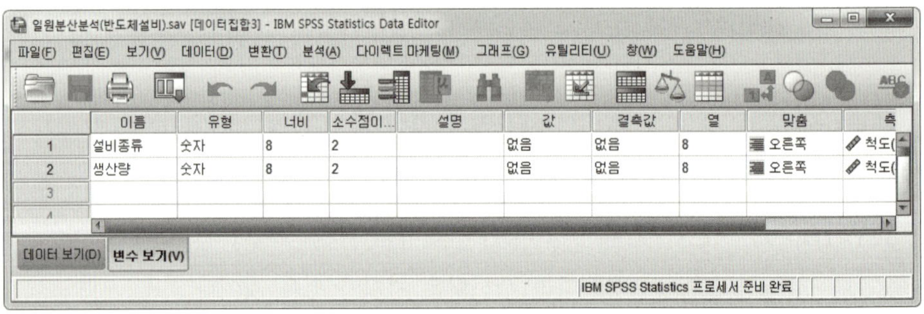

'변수값 설명' 창에서 '기준값(A)'에 1을 입력하고 '설명(L)'에 설비 1을 입력한 후에 추가버튼을 클릭한다. '기준값(A)'에 2를 입력하고 '설명(L)'에 설비 2를 입력한 후에 추가버튼을 클릭한다. 나머지도 동일한 방법으로 수행하고 최종적으로 '확인'을 클릭한다. 이렇게 사전에 각 변수값에 따른 설명을 부가해 두면 분석결과에도 변수값 1, 2, 3 대신에 명칭 설비 1, 2, 3으로 나타나 결과를 보는데 편리하다.

» 그림 8-3 변수값 설명

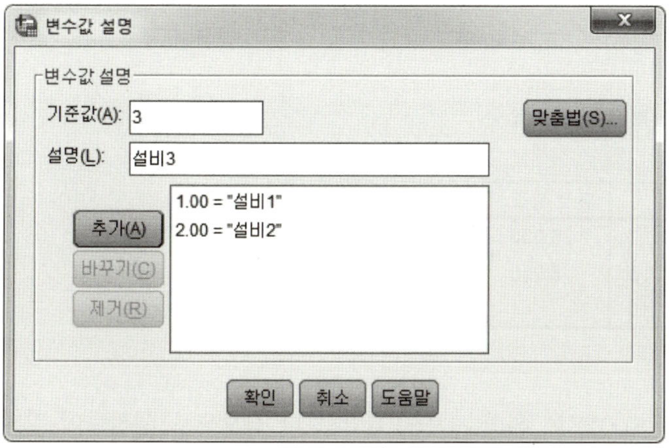

일원분산분석을 위해 다음과 같은 순서대로 클릭하면 [그림 8-4]처럼 '분산분석 변수 입력창'이 나온다.

분석(Analyze) → 평균비교(Compare Means) → 일원배치분산분석(One-Way ANOVA)

여기에서 종속변수(E) 난에 '생산량' 변수를, 요인분석(F) 난에 '설비종류' 변수를 보낸다.

» 그림 8-4 일원분산분석 변수 입력창

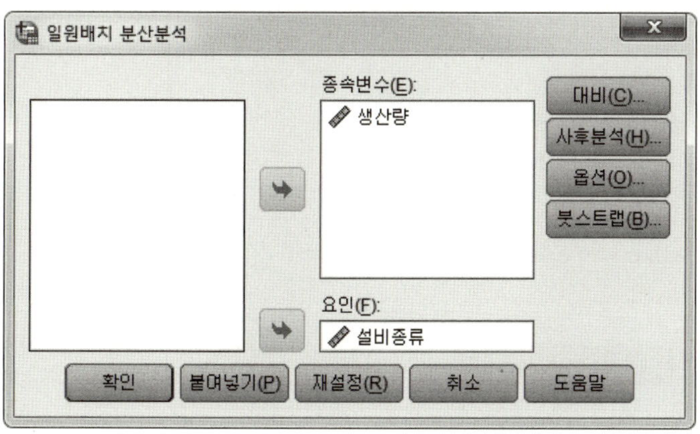

여기서 확인 단추를 누르면 [그림 8-5]와 같은 분산분석표를 얻는다.

≫ 그림 8-5 분산분석표

일원배치 분산분석

생산량

	제곱합	df	평균 제곱	F	유의확률
집단-간	72.000	2	36.000	5.760	.028
집단-내	50.000	8	6.250		
합계	122.000	10			

여기서 유의확률(p값)이 0.028로 유의수준(α) 0.05보다 작으므로 생산량이 같다는 귀무가설을 기각하고 연구가설을 채택한다. 따라서 세 종류 기계의 평균생산량이 다르므로, 다음 단계인 사후분석(Post hoc Analysis)을 실시한다. 이를 위해 '사후분석(H)' 단추를 누르면 [그림 8-6]처럼 '사후분석: 다중비교' 창이 나타난다. 여기서 '등분산을 가정함'에 있는 사후분석 방법 중에서 가장 많이 사용하는 'Scheffe' 방식과 'Duncan' 방식을 선택하고 '계속'을 클릭하면 [그림 8-7]의 사후분석 결과를 얻는다.

≫ 그림 8-6 사후분석: 다중비교

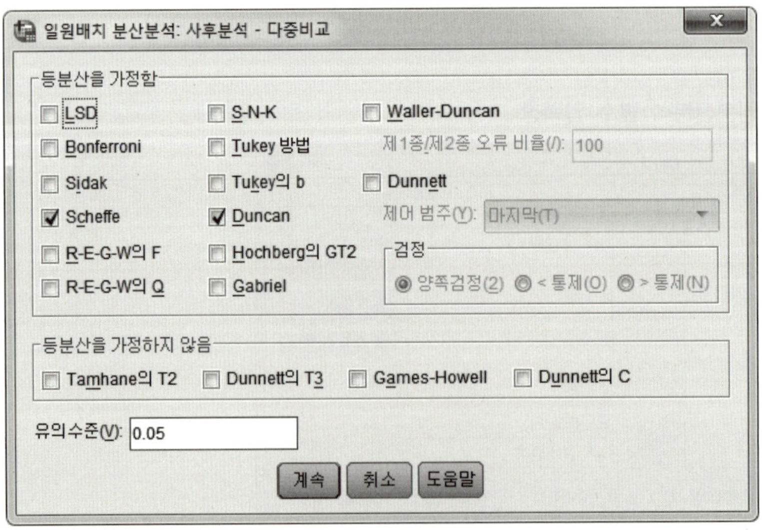

>> 그림 8-7 사후분석 결과

다중 비교

종속 변수: 생산량

	(I) 설비종류	(J) 설비종류	평균차(I-J)	표준오차	유의확률	95% 신뢰구간 하한값	95% 신뢰구간 상한값
Scheffe	설비1	설비2	6.00000*	1.76777	.028	.7209	11.2791
		설비3	3.00000	1.90941	.341	-2.7020	8.7020
	설비2	설비1	-6.00000*	1.76777	.028	-11.2791	-.7209
		설비3	-3.00000	1.90941	.341	-8.7020	2.7020
	설비3	설비1	-3.00000	1.90941	.341	-8.7020	2.7020
		설비2	3.00000	1.90941	.341	-2.7020	8.7020

*. 평균차는 0.05 수준에서 유의합니다.

Scheffe 방식에서 예컨대 설비 1과 설비 2의 평균 생산량을 비교하면, 유의확률(p값) 0.028로 유의수준(α) 0.05에서 유의한 차이가 있다고 하겠다. 계속해서 설비 1과 설비 3의 평균생산량을 비교하면, 유의확률 0.341로 유의수준 0.05에서 유의한 차이가 없다고 하겠다. 계속해서 설비 2와 설비 3의 평균생산량을 비교하면, 유의확률 0.341로 유의수준 0.05에서 유의한 차이가 없다고 하겠다. 이에 대한 결과해석은 각자 하기 바란다.

다음 [그림 8-8]의 Duncan 방식의 결과에서 보면, 두 개의 서로 다른 평균집단군으로 나누어지는데 설비 2와 설비 3이 제1그룹에 속하며, 설비 3과 설비 1이 제2그룹에 속하고 있음을 알게 된다.

>> 그림 8-8 생산량 비교표

생산량

	설비종류	N	유의수준 = 0.05에 대한 부집단 1	유의수준 = 0.05에 대한 부집단 2
Duncan[a,b]	설비2	4	138.0000	
	설비3	3	141.0000	141.0000
	설비1	4		144.0000
	유의확률		.146	.146
Scheffe[a,b]	설비2	4	138.0000	
	설비3	3	141.0000	141.0000
	설비1	4		144.0000
	유의확률		.325	.325

동일 집단군에 있는 집단에 대한 평균이 표시됩니다.

a. 조화평균 표본 크기 3.600을(를) 사용합니다.

b. 집단 크기가 동일하지 않습니다. 집단 크기의 조화평균이 사용됩니다. I 유형 오차 수준은 보장되지 않습니다.

제 2 절 이원분산분석

독립변수가 두 개이고 종속변수가 한 개일 경우에 이원분산분석(two way ANOVA, two factor ANOVA)이라고 한다. 예를 들어 연구자가 설비 종류(설비 1, 2, 3)뿐만 아니라 학력(중졸, 고졸, 대졸)에 따른 생산량의 차이에도 관심을 가지는 경우에 사용된다. 이 경우에 기계와 학력은 독립변수가 되고 생산량을 종속변수가 된다.

이원분산분석에는 반복이 없는 이원분산분석이 있고 반복이 있는 이원분산분석이 있다. 반복이 없는 이원분산분석은 각 셀에 실험 데이터가 1개(예를 들면 설비 1, 숙련도 1의 경우에 생산량 45) 있는 것을 말하며, 반복이 있는 이원분산분석은 각 셀에 실험 데이터가 2개 이상(예를 들면 압력 200, 저온의 경우에 생산량 98, 89, 86) 있는 것을 말한다.

반복이 없는 이원분산분석의 경우에 두 요인(A, B)이 종속변수에 미치는 각각의 주효과(main effect)만을 검정할 수 있으며, 반복이 있는 이원분산분석의 경우에 두 요인이 종속변수에 미치는 주효과(main effect) 이외에도 연구자의 옵션에 따라 두 요인의 결합인 상호작용항(A*B)에 의해 발생하는 상호작용효과를 검정할 수 있다.

다음 SPSS 예제를 통해 반복이 없는 이원분산분석(two way ANOVA)에 대해 알아보자.

예제 8-2

다음은 K전자회사의 설비종류와 작업자수준에 따라 생산량을 기록한 것이다. 이원분산분석을 실시하여 설비종류와 작업자의 숙련도의 주효과를 검정하시오.

☞데이터는 저자 블로그에서 제공, 파일명: 이원분산분석(반도체설비작업자수준)

설비 / 작업자수준	설비 1	설비 2	설비 3
초급	145	140	141
중급	148	142	139
상급	142	138	143

| 풀이 |

본격적인 데이터분석에 앞서서 귀무가설과 연구가설을 작성하면 다음과 같다.

귀무가설(H_0): 설비별 생산량은 차이가 없을 것이다.($\mu_1 = \mu_2 = \mu_3$)
또는 설비에 따라 생산량은 차이가 없을 것이다.
연구가설(H_1): 세 개의 설비 중 적어도 하나는 다를 것이다.
또는 설비에 따라 생산량은 차이가 있을 것이다.
귀무가설(H_0): 작업자 수준별 생산량은 차이가 없을 것이다.($\mu_1 = \mu_2 = \mu_3$)
또는 작업자 수준에 따라 생산량은 차이가 없을 것이다.
연구가설(H_1): 세 작업자 수준 중 적어도 하나는 다를 것이다.
또는 작업자 수준에 따라 생산량은 차이가 있을 것이다.

SPSS를 열고 데이터를 불러오면 [그림 8-9]와 같이 '데이터보기(D)' 창이 나타난다. 분석을 수행하기 전에 분석결과창에 변수값의 각 명칭이 구체적으로 나타날 수 있도록 다음의 작업을 수행한다. 설비종류의 변수값 1, 2, 3에 해당하는 각 명칭 설비 1, 설비 2, 설비 3을 지정해주고, 작업자수준의 변수값 1, 2, 3에 해당하는 각 명칭 초급, 중급, 고급을 지정해주기 위해 '데이터보기(D)' 창의 좌측 하단에 있는 '변수보기(V)'를 클릭하면 [그림 8-10]의 '변수보기(V)' 창이 나타난다.

>> 그림 8-9 데이터보기(D) 창

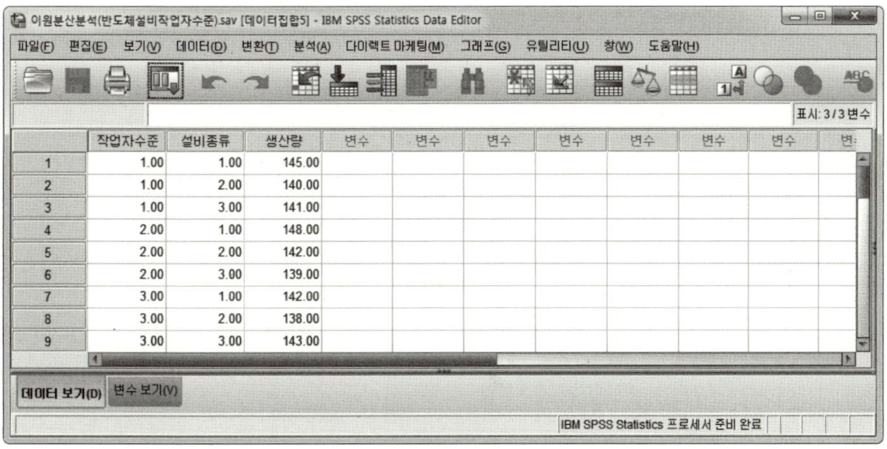

먼저 작업자수준의 경우에 [그림 8-10]의 '변수보기(V)' 창에서 작업자수준의 '값' 바로 아래 있는 '없음'을 클릭하면 셀 안에 점 3개의 상자그림이 나타나고 다시 이것을 클릭하면 [그림 8-11]의 '변수값 설명' 창이 나타난다.

» 그림 8-10 변수값 입력

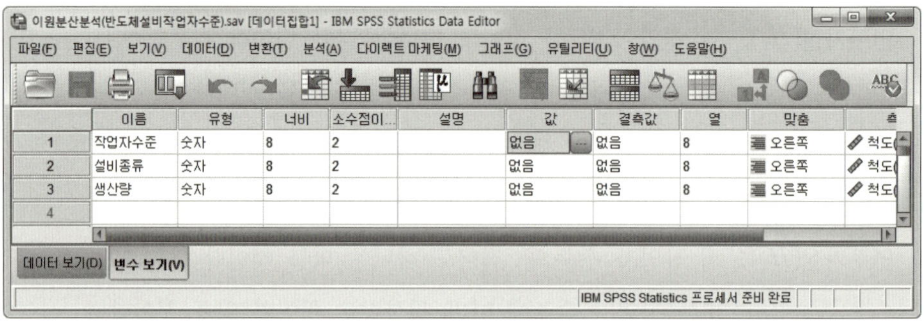

'변수값 설명' 창에서 '기준값(A)'에 1을 입력하고 '설명(L)'에 초급을 입력한 후에 '추가'버튼을 클릭하면 '1.00=초급'이 글 박스에 저장된다. '기준값(A)'에 2를 입력하고 '설명(L)'에 중급을 입력한 후에 '추가'버튼을 클릭하면 '2.00=중급'이 글박스에 저장된다. '기준값(A)'에 3을 입력하고 '설명(L)'에 고급을 입력한 후에 '추가'버튼을 클릭하면 '3.00=고급'이 글박스에 저장된다. 모두 입력이 완성되면 최종적으로 '확인'을 클릭한다. 설비종류의 경우도 동일한 방법으로 수행한다.

» 그림 8-11 변수값 설명

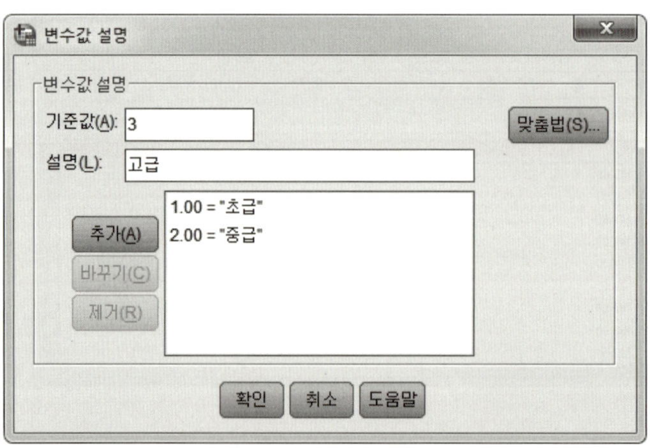

이원분산분석을 위해 다음과 같은 순서대로 클릭하면 [그림 8-12]의 '분산분석 변수 입력창'이 나온다.

분석(Analyze) → 일반선형모형(General Linear Model) → 일변량(Univariate)

입력창이 나타나면, '종속변수(D)' 난에 '생산량' 변수를, '모수요인(F)' 난에 '설비종류'와 '작업자 수준' 변수를 보낸다.

» 그림 8-12 이원분산분석 변수 입력창

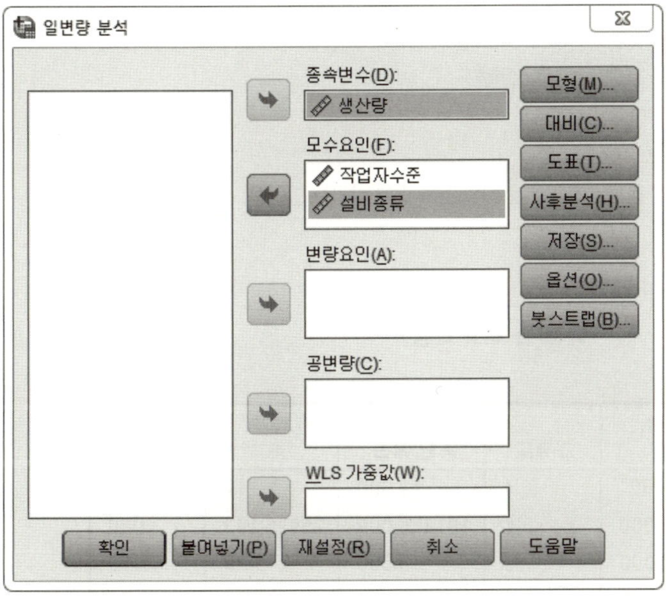

그리고 '모형(M)' 단추를 누르면 [그림 8-13]의 '모형설정' 창이 뜬다. 반복이 없는 이원분산분석이기 때문에 두 요인의 결합인 상호작용항(A*B)에 의해 발생하는 상호작용효과를 검정은 의미가 없다. 따라서 이 창의 '모형설정' 난에서 '사용자 정의'를 선택하고, 그 아래의 '항 설정'의 유형(Y)에서 '주효과'를 선택하고, '작업자 수준'과 '설비종류'를 오른쪽 모형(M) 난으로 보낸다.

>> 그림 8-13 모형설정

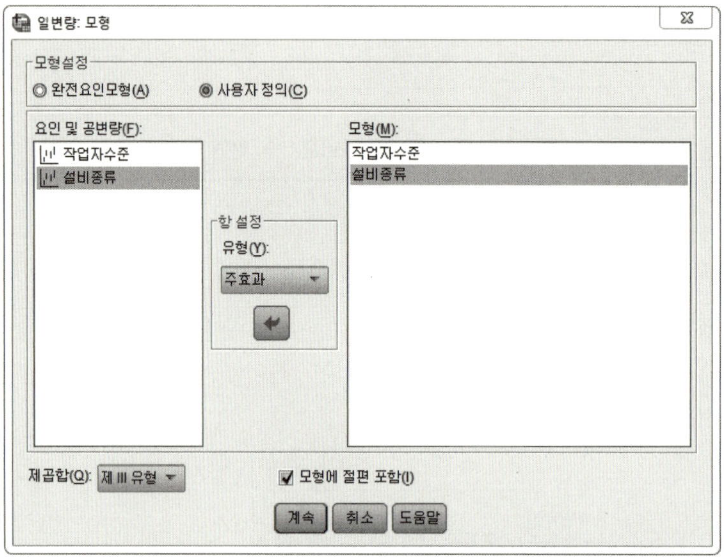

'계속'을 누르고, 계속해서 '확인'을 누르면 [그림 8-14]의 결과를 얻는다.

>> 그림 8-14 이원분산분석 결과

개체-간 효과 검정

종속 변수: 생산량

소스	제 III 유형 제곱합	자유도	평균 제곱	F	유의확률
수정 모형	48.000[a]	4	12.000	1.714	.307
절편	181476.000	1	181476.000	25925.143	.000
작업자수준	6.000	2	3.000	.429	.678
설비종류	42.000	2	21.000	3.000	.160
오차	28.000	4	7.000		
합계	181552.000	9			
수정 합계	76.000	8			

a. R 제곱 = .632 (수정된 R 제곱 = .263)

[그림 8-14]의 이원분산분석 결과표를 보면 유의수준 0.05에서 작업자 수준과 설비종류에 대한 F통계량의 유의도가 모두 0.05보다 크므로, 평균생산량은 모두 같다는 귀무가설을 채택할 수 있다. 즉, 요인 1(설비종류)과 요인 2(작업자 수준) 중 어떤

요인도 생산량 차이가 있지 않음을 재차 확인해 볼 수 있다. 따라서 별도의 사후분석(Post hoc analysis)은 의미가 없어 생략한다. 그리고 하단의 R Square 값은 모형의 설명력을 나타낸다.

다음은 SPSS 예제를 통하여 반복이 있는 이원분산분석(two way ANOVA)을 설명하고자 한다.

예제 8-3

어느 연마재 공장에서 공업용 다이아몬드의 합성에 대해 연구되고 있다고 하자. 가장 중요한 변수로 압력과 온도가 선택되었다. 압력에는 3개의 요인수준, 온도에는 2개의 요인수준이 고려되었다. 각 요인수준의 조합에서는 3회의 실험이 실시되었다. 합성된 생산량은 다음과 같다.

☞ 데이터는 저자 블로그에서 제공, 파일명: 이원분산분석(반복_연마재합성공장)

온도 \ 압력	100	150	250
저온	97	108	104
	90	99	111
	86	112	100
고온	98	115	106
	101	109	99
	102	120	93

| 풀이 |

본격적인 데이터분석에 앞서서 귀무가설과 연구가설을 작성하면 다음과 같다.

귀무가설(H_0): 압력별 생산량의 차이가 없을 것이다.($\mu_1 = \mu_2 = \mu_3$)
또는 압력에 따라 생산량은 차이가 없을 것이다.

연구가설(H_1): 세 압력 중 적어도 하나는 다를 것이다.
또는 압력에 따라 생산량은 차이가 있을 것이다.

귀무가설(H_0): 온도별 생산량은 차이가 없을 것이다.($\mu_1 = \mu_2$)

연구가설(H_1): 온도별 생산량은 차이가 있을 것이다.($\mu_1 \neq \mu_2$)

SPSS를 열고 데이터를 불러오면 다음 [그림 8-15]와 같이 입력된 '데이터보기(D)' 창이 나타난다. 분석을 수행하기 전에 분석결과창에 변수값의 각 명칭이 구체적으로 나타날 수 있도록 사전에 다음의 작업을 수행한다.

온도의 변수값 1, 2에 해당하는 각 명칭 저온, 고온을 지정해주고, 압력의 변수값 1, 2, 3에 해당하는 각 명칭 100, 150, 250을 지정해주기 위해 '데이터보기(D)' 창의 좌측 하단에 있는 '변수보기(V)'를 클릭하면 [그림 8-16]의 '변수보기(V)' 창이 나타난다.

» 그림 8-15 데이터보기(D) 창

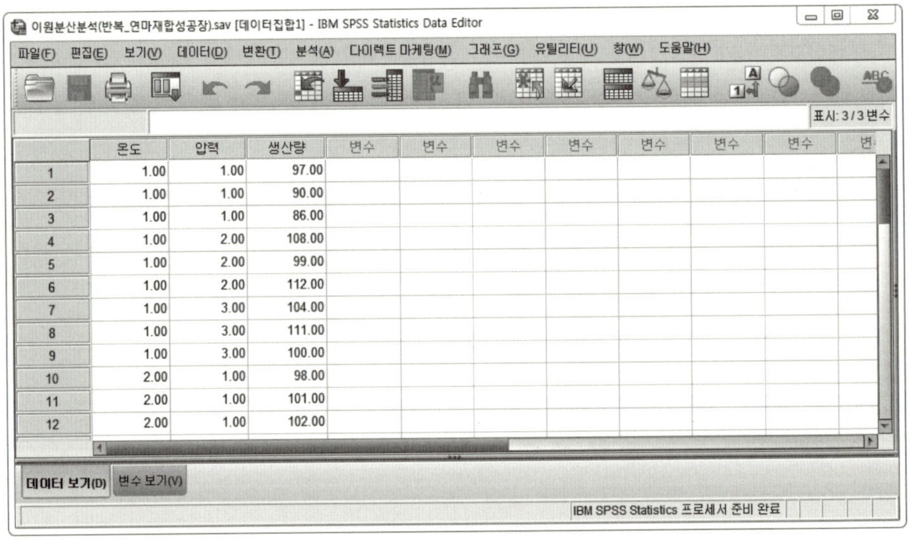

	온도	압력	생산량
1	1.00	1.00	97.00
2	1.00	1.00	90.00
3	1.00	1.00	86.00
4	1.00	2.00	108.00
5	1.00	2.00	99.00
6	1.00	2.00	112.00
7	1.00	3.00	104.00
8	1.00	3.00	111.00
9	1.00	3.00	100.00
10	2.00	1.00	98.00
11	2.00	1.00	101.00
12	2.00	1.00	102.00

먼저 온도의 경우에 '변수보기(V)' 창에서 온도의 '값' 바로 아래 있는 '없음'을 클릭하면 셀 안에 점 3개 상자그림이 나타나고 이것을 다시 클릭하면 [그림 8-17]의 '변수값 설명' 창이 나타난다.

≫ 그림 8-16 변수값 입력

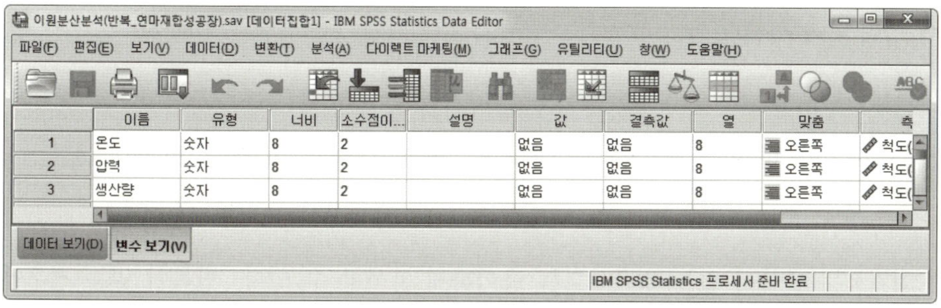

'변수값 설명' 창에서 '기준값(A)'에 1을 입력하고 '설명(L)'에 저온을 입력한 후에 추가버튼을 클릭한다. '기준값(A)'에 2를 입력하고 '설명(L)'에 고온을 입력한 후에 추가버튼을 클릭한 후에 최종적으로 '확인'을 클릭한다. 압력의 경우도 위와 동일한 방법으로 수행한다.

≫ 그림 8-17 변수값 설명

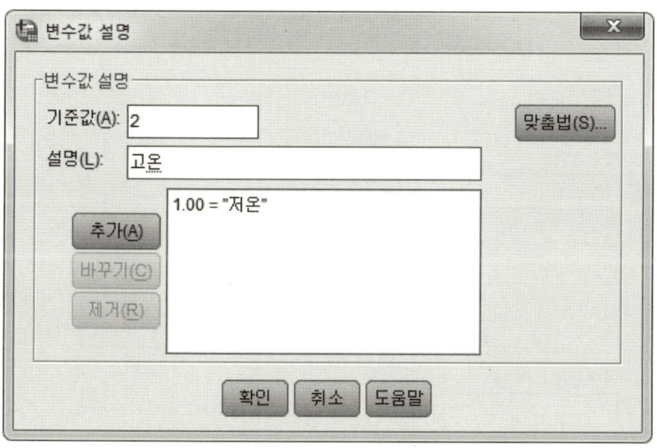

압력의 경우에 '변수보기(V)' 창에서 압력의 '값' 바로 아래 있는 '없음'을 클릭하면 '변수값 설명' 창이 나타난다. '변수값 설명' 창에서 '기준값(A)'에 1을 입력하고 '설명(L)'에 100을 입력한 후에 추가버튼을 클릭한다. '기준값(A)'에 2를 입력하고 '설명(L)'에 150을 입력한 후에 추가버튼을 클릭한다. '기준값(A)'에 3을 입력하고 '설명(L)'에 250을 입력한 후에 추가버튼을 클릭한 후에 최종적으로 '확인'을 클릭한다.

이원분산분석을 위해 다음과 같은 순서대로 클릭하면 [그림 8-18]의 '분산분석 변수 입력창'이 나온다.

분석(Analyze) → 일반선형모형(General Linear Model) → 일변량(Univariate)

여기서는 반복이 없는 경우보다는 용이하게 분석할 수 있다. 반복이 있는 경우에 SPSS는 디폴트로 완전모형(Full model)을 제시하기 때문이다. 완전모형에서는 각 요인의 주효과(온도, 압력)는 물론 상호작용항(각 요인을 상호 곱한 것, 여기서는 온도*압력)의 상호작용효과까지 모두 검증할 수 있다.

[그림 8-18]의 변수 입력창에서 '종속변수(D)' 난에 '생산량' 변수를 입력하고 '모수요인(F)' 난에 '온도'와 '압력' 변수를 입력한다.

>> 그림 8-18 이원분산분석 변수 입력창

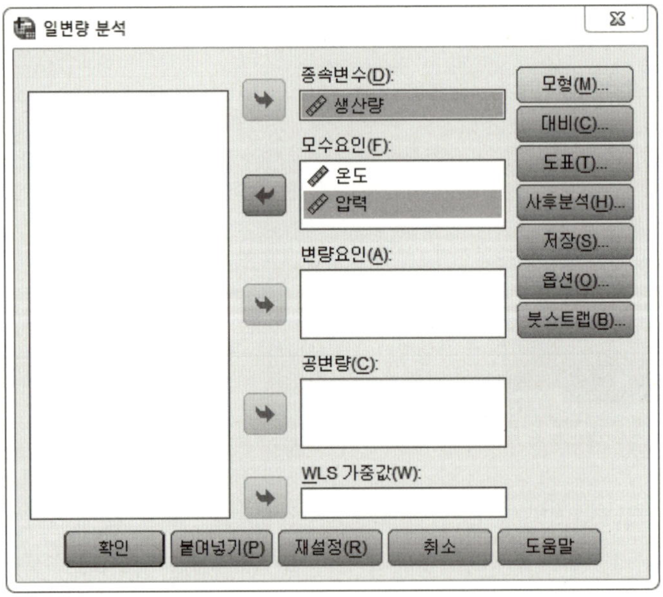

그리고 [그림 8-18]에서 변수입력창의 '모형(M)'을 클릭하면 [그림 8-19]의 '일변량: 모형' 창이 나타난다.

» 그림 8-19 **일변량: 모형**

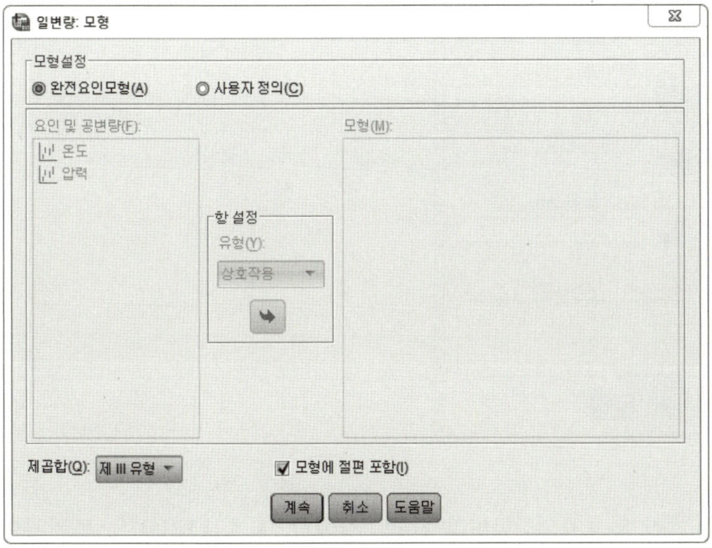

앞에서 말했듯이 반복이 있는 이원분산분석의 경우이기 때문에 두 요인(온도, 압력)이 종속변수에 미치는 주효과(main effect) 이외에도 연구자의 옵션에 따라 두 요인을 곱한 상호작용항(온도*압력)에 의해 발생하는 상호작용효과를 검정할 수 있다. '모형설정'에서 '완전요인모형(A)'을 선택하면 주효과는 물론 상호작용효과까지도 검증할 수 있다. 여기서는 주효과와 상호작용효과를 동시에 검증하고자 하므로 '완전요인모형(A)'을 선택하고 '계속'을 클릭한다.

계속해서 [그림 8-18]의 이원분산분석 변수 입력창에서 '도표'를 클릭하면 [그림 8-20]의 '일변량: 프로파일 도표' 창이 나타난다. 이것은 XY평면상의 수평축(압력:100, 150, 250)에 선구분 도표(온도: 저온, 고온)를 나타내기 위함이다. 이 작업을 통하여 압력*온도(상호작용항)의 상호작용효과가 있는지(확정적이지는 않지만) 예측할 수 있다. XY평면상에서 선구분 도표, 즉 고온과 저온의 구분된 선이 서로 수평이 아니거나 교차하는 경우에는 '압력*온도'의 상호작용효과가 있을 수 있다고 예측할 수 있다. '압력*온도'의 상호작용효과의 의미는 추후 다루기로 한다.

먼저 '온도'는 '선구분 변수(S)' 칸이 입력하고 '압력'은 '수평축 변수(H)'에 입력한 후에 '추가(A)'를 클릭하면 '도표(T)'에 '압력*온도'가 생성된다. 이어서 계속을 클릭하면 '일변량 분석'으로 돌아온다.

>> 그림 8-20 **일변량: 프로파일 도표창**

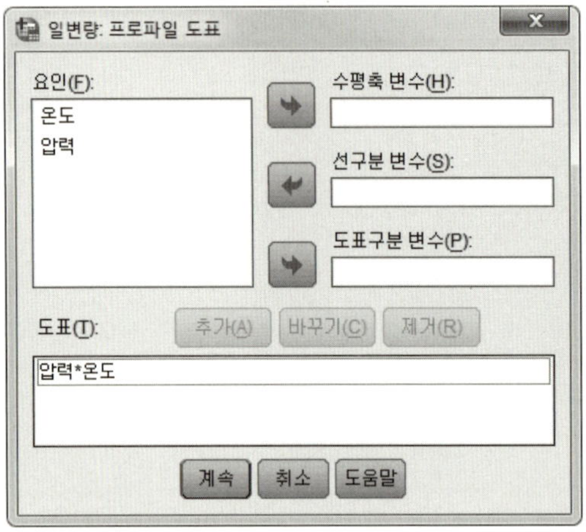

사후분석을 위해 [그림 8-18]의 '일변량 분석' 창에서 '사후분석(H)'을 클릭하면 [그림 8-21]의 '일변량: 관측평균의 사후분석 다중비교' 창이 뜬다. 여기서 '요인(F)'의 온도와 압력을 '사후검정변수(P)'로 이동하여 입력한다. 그리고 사후비교 방식으로 '등분산을 가정함'에서 가장 많이 사용되는 'Scheffe'와 'Duncan'을 선택한 후에 '계속'을 클릭하면 '일변량 분석' 창으로 돌아온다.

>> 그림 8-21 **일변량: 관측평균의 사후분석 다중비교창**

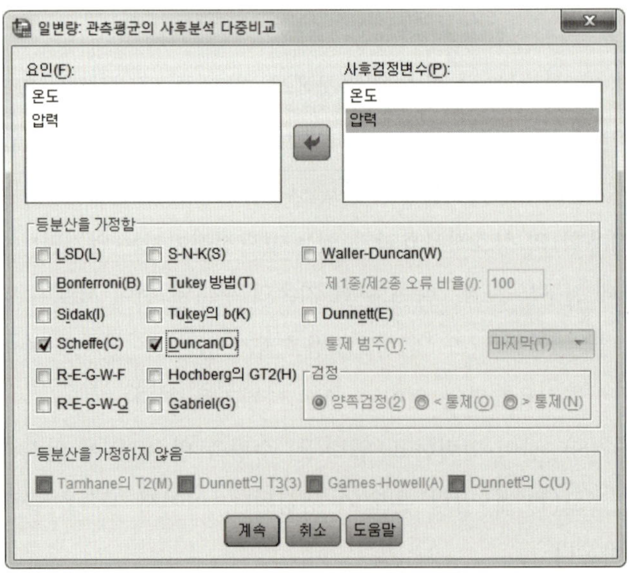

[그림 8-18]의 '일변량 분석' 창에서 '옵션(O)'을 클릭하면 [그림 8-22]의 '일변량: 옵션' 창이 나타나는데 '표시'의 '기술통계량(D)'을 선택하면 결과창에서 자료의 평균, 분산, 표준편차 등의 기술통계값을 볼 수 있다.

» 그림 8-22 **일변량: 옵션창**

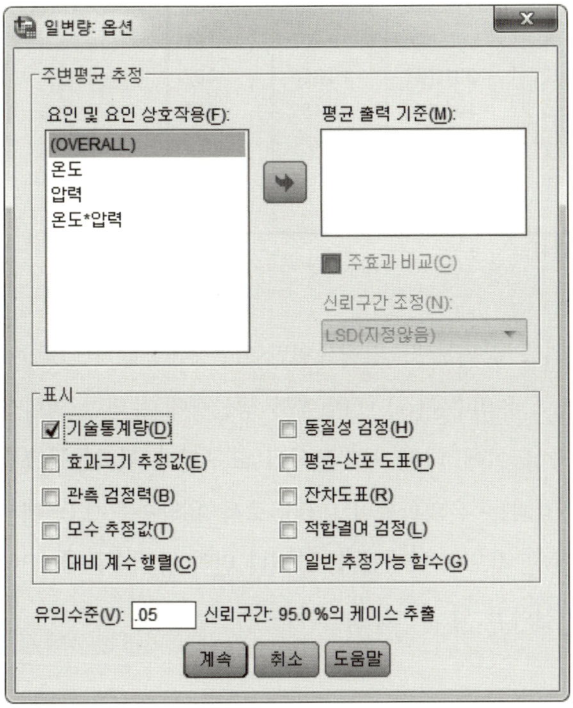

이어서 '계속'을 클릭하고 '변수 입력창'에서 '확인'을 클릭하면 [그림 8-23]의 결과를 얻는다.

≫ 그림 8-23 이원분산분석 결과

개체-간 효과 검정

종속 변수: 생산량

소스	제 III 유형 제곱합	자유도	평균 제곱	F	유의확률
수정 모형	946.444[a]	5	189.289	6.195	.005
절편	190138.889	1	190138.889	6222.727	.000
온도	72.000	1	72.000	2.356	.151
압력	663.444	2	331.722	10.856	.002
온도 * 압력	211.000	2	105.500	3.453	.065
오차	366.667	12	30.556		
합계	191452.000	18			
수정 합계	1313.111	17			

a. R 제곱 = .721 (수정된 R 제곱 = .604)

압력 및 온도 두 요인의 주효과를 살펴보면, 압력요인만이 F통계량값 10.856에 대한 유의확률(p값)이 0.002이므로 유의수준(α) 0.05에서 생산량에 유의한 영향을 미치고 있음을 알 수 있다. 따라서 이에 대한 사후분석이 요구되며 결과는 [그림 8-24]와 같다. 그리고 상호작용효과는 유의확률이 0.065로서 유의수준 0.05에서 통계적으로 유의한 영향을 주지 못한 것으로 나타났다. 그러나 만약 유의수준 0.10에서 해석한다면 유의한 영향을 미친다고 할 수 있다.

≫ 그림 8-24 사후분석

다중 비교

종속 변수: 생산량

	(I) 압력	(J) 압력	평균차(I-J)	표준오차	유의확률	95% 신뢰구간 하한값	95% 신뢰구간 상한값
Scheffe	100	150	-14.8333*	3.19142	.002	-23.7297	-5.9370
		250	-6.5000	3.19142	.168	-15.3963	2.3963
	150	100	14.8333*	3.19142	.002	5.9370	23.7297
		250	8.3333	3.19142	.067	-.5630	17.2297
	250	100	6.5000	3.19142	.168	-2.3963	15.3963
		150	-8.3333	3.19142	.067	-17.2297	.5630

관측평균을 기준으로 합니다.
오류 조건은 평균 제곱(오류) = 30.556입니다.
*. 평균차는 .05 수준에서 유의합니다.

[그림 8-24]의 사후분석 결과, Scheffe 방식에서 예컨대 압력 100과 150의 평균 생산량을 비교하면, 유의확률(p값)이 0.002로 유의수준(α) 0.05에서 유의한 차이가 있다고 하겠다. 계속해서 압력 100과 250의 평균생산량을 비교하면, 유의확률 0.168로 유의수준 0.05에서 유의한 차이가 없다고 하겠다. 계속해서 압력 150과 250의 평균생산량을 비교하면, 유의확률 0.067로 유의수준 0.05에서 유의한 차이가 없다고 하겠다. 이에 대한 결과해석은 각자 시도해보길 바란다.

[그림 8-25]의 동일집단군 분석에서 다음의 Duncan 방식의 결과에서 보면, 두 개의 서로 다른 평균집단군으로 나누어지는데 압력 100과 250이 제1그룹에 속하며, 압력 150은 제2그룹에 속하고 있음을 알게 된다. 그러나 다음의 Scheffe 방식의 결과에서 보면, 두 개의 서로 다른 평균집단군으로 나누어지는 것은 동일하나 압력 100과 250이 제1그룹에 속하며, 압력 250과 150은 제2그룹에 속하고 있어 다른 결과를 보여주고 있다. 즉 Duncan 방식은 압력 100과 250은 생산량에서 차이가 없으며 이들이 압력 150과는 생산량에 차이가 있음을 보여주고 있다. 그러나 Scheffe 방식은 압력100과 150에서 생산량의 차이가 있음을 보여주고 있다. 어느 결과의 선택하느냐는 연구자의 연구목적에 달려 있다.

» 그림 8-25 **동일집단군**

생산량

	압력	N	집단군 1	집단군 2
Duncan[a,b]	100	6	95.6667	
	250	6	102.1667	
	150	6		110.5000
	유의확률		.064	1.000
Scheffe[a,b]	100	6	95.6667	
	250	6	102.1667	102.1667
	150	6		110.5000
	유의확률		.168	.067

동일 집단군에 있는 집단에 대한 평균이 표시됩니다.
관측평균을 기준으로 합니다.
오류 조건은 평균 제곱(오류) = 30.556입니다.

a. 조화평균 표본 크기 6.000을(를) 사용합니다.

b. 유의수준 = .05.

앞에서 반복이 있는 이원분산분석의 경우에만 XY평면상의 수평축(압력: 100, 150, 250)과 선구분 도표(온도: 저온, 고온)를 활용하여 압력*온도(상호작용항)의 상호작용효과가 있는지(확정적이지는 않지만) 예측할 수 있다고 하였다. XY평면상에서 선구분 도표, 즉 고온과 저온의 구분된 선이 서로 수평이 아니거나 교차하는 경우에는 '압력*온도'의 상호작용효과가 있을 수 있다고 예측할 수 있다고 하였는데 분석결과인 [그림 8-26]의 프로파일 도표를 보면 저온과 고온의 그래프가 교차되어 있는 것을 알 수 있다. 따라서 상호작용항 '압력*온도'는 상호작용효과가 있을 수 있다고 예측할 수 있다. 그러나 앞에서 '개체 간 효과검정' 분석결과를 보면 상호작용효과는 유의확률이 0.065로서 아깝게도 유의수준 0.05에서 통계적으로 유의한 영향을 주지 못한 것으로 나타났다. 그러나 만약 유의수준 0.10에서 해석한다면 유의한 영향을 미친다고 할 수 있다.

>> 그림 8-26 프로파일 도표

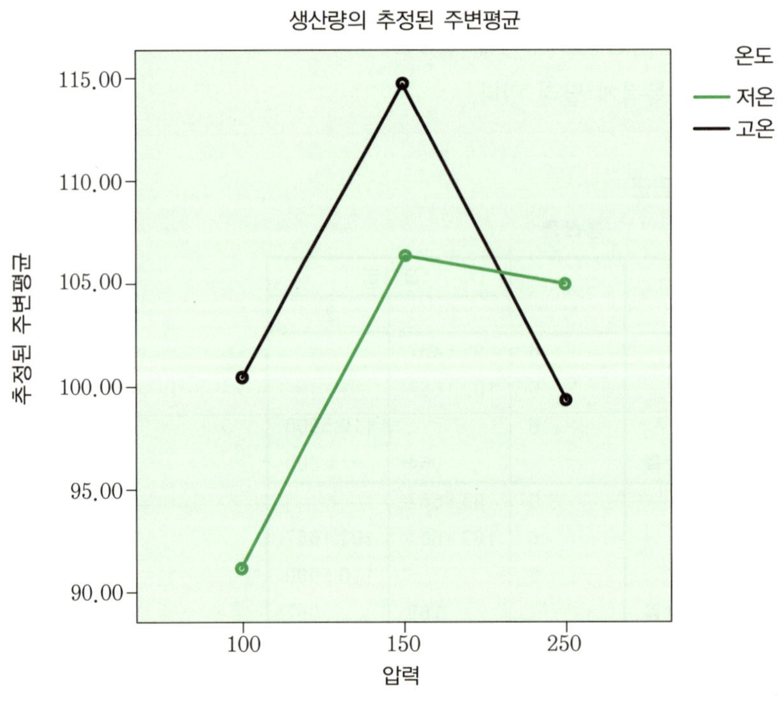

여기서 상호작용효과가 있다는 것은 압력과 온도가 상호 조절적 역할을 하는가의

문제이다. 만약 상호작용효과를 검증하기 위한 가설을 만든다면 다음과 같다.

귀무가설(H_0): 압력과 온도는 서로 상호작용효과가 없을 것이다.
또는 압력과 온도는 상호 조절적 역할을 하지 않을 것이다.

연구가설(H_1): 압력과 온도는 서로 상호작용효과에 있을 것이다.
또는 압력과 온도는 상호 조절적 역할을 할 것이다.

만약 "압력과 온도는 상호 조절적 역할을 할 것이다"라는 연구가설이 채택되었다면 [그림 8-27]처럼 온도 또는 압력을 조절변수로 하는 모형을 연구에 추가로 도입해 볼 수 있을 것이다. 주의할 것은 가능성이 있다는 것이지 반드시 조절효과를 보증하는 것은 아니다.

» 그림 8-27 **온도와 압력의 조절효과**

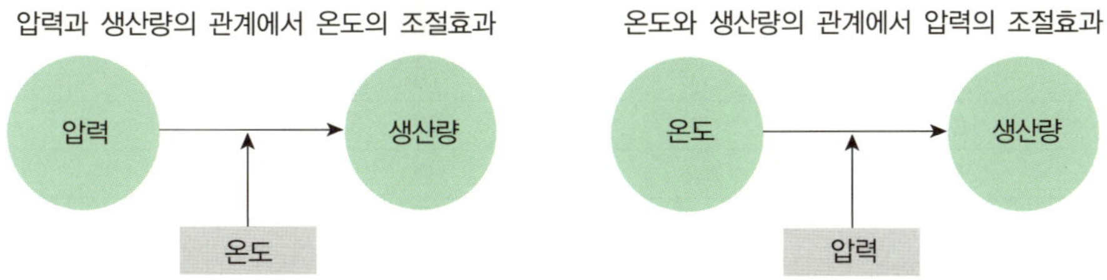

제 3 절 반복측정 분산분석

반복측정 분산분석(repeated measure ANOVA)은 동일한 대상에 대하여 측정이 3회 이상 실행되는 경우에 이용되는 분산분석을 말한다. 이것은 대응표본(match pairs)을 확장한 개념으로 일반적으로 연구논문에서는 동일집단에 대한 실험처리의 전과 후의 효과 및 지속효과의 평균을 검정할 때 사용된다. 예를 들면 연구자가 새로운 학습방법을 학생들에게 실험하기 위해 새로운 학습방법을 실행하기 전과 후, 그리고 학습효과의 지속 정도를 보기 위해 사용될 수 있고, 제약분야에서 신약의 복용 전후효과 및 지속효과를 알아보기 위해 사용될 수 있다. 시간에 따른 반복측정을 함으로써 시계열적 연구의 평균차이 분석에도 적용될 수 있다.

다음은 SPSS 예제를 통하여 반복이 있는 반복측정 분산분석을 설명하고자 한다.

예제 8-4

대학에서 개발한 학습프로그램이 효과가 있는지 여부를 조사하고자 한다. 이 프로그램은 7개월간 실행되는데, 학습효과 점수측정은 학습프로그램 실시 전, 한 달간 학습프로그램 실시 후, 학습의 지속효과 측정을 위해 6개월 후 등 3회를 측정하였다. 측정한 점수자료는 다음과 같다.

☞데이터는 저자 블로그에서 제공, 파일명: 반복측정분산분석(학습프로그램효과)

학생	실시 전	한 달 후	6개월 후
1	66	69	72
2	64	65	66
3	45	60	74
4	65	75	82
5	76	76	75
6	50	67	69
7	51	60	58
8	50	54	58
9	66	74	82
10	62	63	65

| 풀이 |

본격적인 데이터분석에 앞서서 귀무가설과 연구가설을 작성하면 다음과 같다.

귀무가설(H_0): 시기별 측정점수의 차이가 없을 것이다.($\mu_1 = \mu_2 = \mu_3$)
또는 시기에 따라 측정점수는 차이가 없을 것이다.

연구가설(H_1): 적어도 한 시기의 측정점수는 다를 것이다.
또는 시기에 따라 측정점수는 차이가 있을 것이다.

SPSS를 열고 데이터를 불러오면 [그림 8-28]의 '데이터보기(D)' 창이 나타난다.

» 그림 8-28 데이터보기(D) 창

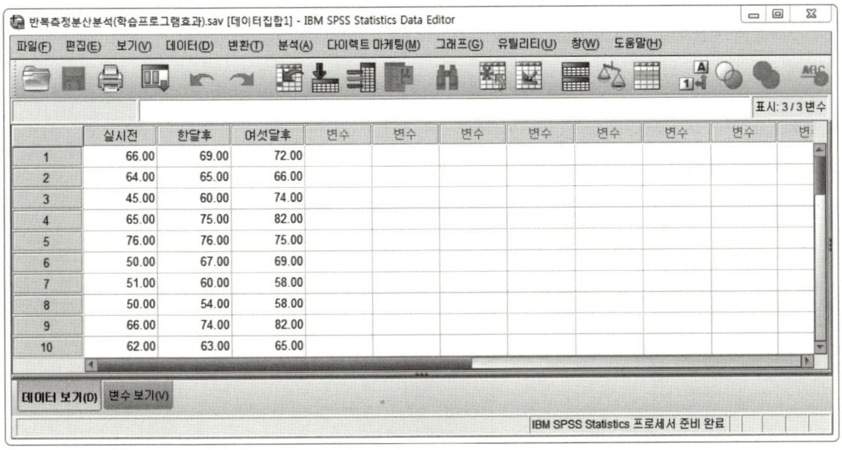

반복측정분산분석을 위해 다음 순서대로 클릭하면 '반복측정 요인 정의' 창이 나온다.

분석(Analyze) → 일반선형모형(General Linear Model) → 반복측정(Repeated Measures)

[그림 8-29]처럼 '반복측정 요인 정의' 창에서 '개체-내 요인이름'에 '요인 1' 대신에 '시기'를 입력하고 '수준의 수(L)'에 3을 입력하고 '추가'를 클릭 '시기(3)'이 입력된다.

» 그림 8-29 반복측정 요인정의 화면

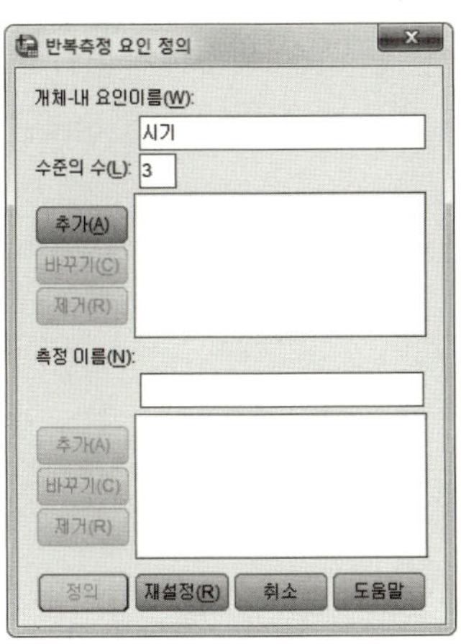

그리고 반전된 '정의'를 클릭하면 [그림 8-30]의 '반복측정' 화면을 얻는다. 여기서 왼쪽의 세 변수를 오른쪽의 '개체-내 변수(W): (시기)' 쪽으로 순차적으로 이동시킨다.

≫ 그림 8-30 반복측정 요인정의 화면

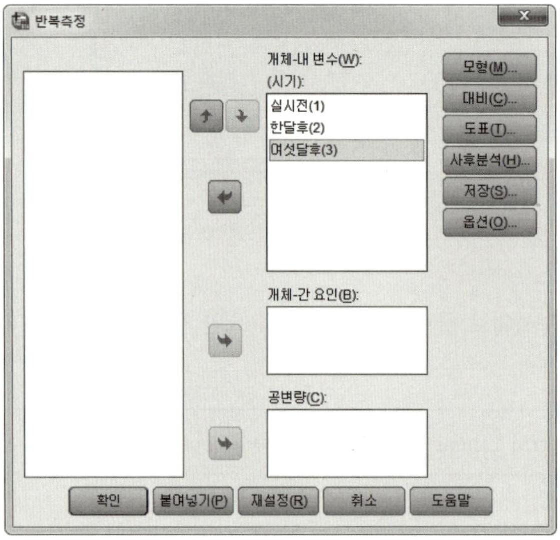

그리고 시기별로 평균차이가 있을 경우에 일종의 사후분석이라고 할 수 있는 '쌍체비교'를 위해서 다음 순서를 진행한다. 첫째, [그림 8-30]의 '반복측정 요인정의 화면'에서 '옵션(O)' 버튼을 누르면 [그림 8-31]의 '반복측정: 옵션' 창이 나온다. 둘째, 여기서 '요인 및 요인상호작용(F)' 난의 '시기'를 오른쪽의 '평균 출력 기준(M)' 난에 옮긴다. 셋째, '주효과 비교(C)'를 선택한다. 넷째, '표시' 난에서 '기술통계량(D)'을 선택한다. '계속'을 클릭하고 [그림 8-30]에서 '확인'을 클릭하면 분석결과를 얻는다.

≫ 그림 8-31 **반복측정: 옵션**

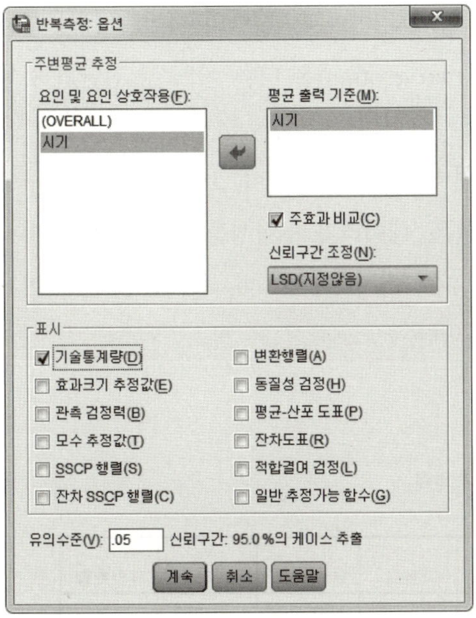

≫ 그림 8-32 **구형성 검정**

Mauchly의 구형성 검정[a]

측도: MEASURE_1

개체-내 효과	Mauchly의 W	근사 카이제곱	자유도	유의확률	엡실런[b] Greenhouse-Geisser	Huynh-Feldt	하한값
시기	.341	8.598	2	.014	.603	.645	.500

정규화된 변형 종속변수의 오차 공분산행렬이 단위행렬에 비례하는 영가설을 검정합니다.

a. Design: 절편
개체-내 계획: 시기

b. 유의성 평균검정의 자유도를 조절할 때 사용할 수 있습니다. 수정된 검정은 개체내 효과검정 표에 나타납니다.

[그림 8-32]는 구형성 검정의 결과이다. 구형성 검정(Mauchly's Test of Sphericity)은 "H_0: 데이터가 구형성을 갖는다" 또는 "변수 간의 상관행렬이 단위행렬이다"라는 것을 검정해준다. 구형성 검정은 다른 분석에서도 볼 수 있는데 분석목적에 따라서 이것은 '비교집단들 간의 분산이 동일한지의 여부'와 '변수 간의 상관행렬이 단위행렬인지 여부'를 판단하는 검정이다.

반복측정 분산분석(repeated measure ANOVA)에서 개체 내 요인 수준의 수가 3 이상인 경우에 구형성 가정(sphericity assumption)이 필요하다. 구형성 가정은 반복측정 디자인의 경우 요구되는 가정으로 일원분산분석의 경우 '분산의 동일성 가정'에 해당한다. 즉 "연구 대상인 집단들 중에서 어느 두 집단의 차이 값들의 분산(variance of the differences for any two groups)은 다른 어느 두 집단의 차이 값들의 분산과 동일하다"는 가정이다.

Mauchly의 구형성 검정에서 W가 1이면 완벽한 구형성이며, 1에 가까울수록 구형성이 강해진다. 구형성 검정에서 귀무가설은 '데이터가 구형성을 갖는다'는 것이다. 구형성 가정을 충족시키지 못하면 1종 오류가 커질 수 있으며, 즉, 집단 간 차이가 없는데 차이가 있다고 잘못 결론내릴 수 있다.

» 그림 8-33 개체 내 효과검정

개체-내 효과 검정

측도: MEASURE_1

소스		제 III 유형 제곱합	자유도	평균 제곱	F	유의확률
시기	구형성 가정	576.800	2	288.400	11.856	.001
	Greenhouse-Geisser	576.800	1.206	478.346	11.856	.004
	Huynh-Feldt	576.800	1.290	446.966	11.856	.003
	하한값	576.800	1.000	576.800	11.856	.007
오차(시기)	구형성 가정	437.867	18	24.326		
	Greenhouse-Geisser	437.867	10.852	40.347		
	Huynh-Feldt	437.867	11.614	37.701		
	하한값	437.867	9.000	48.652		

그래서 보다 보수적으로 검증할 필요가 있는 경우에 [그림 8-33]의 분석결과표에서 보듯이 'Greenhouse-Geisser', 'Huynh-Feldt', 혹은 '하한값'으로 검증하면 된다. 이 중에서 하한값이 가장 보수적이고, Greenhouse-Geisser가 중간 정도, 그리고 Huynh-Feldt가 가장 덜 보수적이다. 실제로 Greenhouse-Geisser가 많이 사용된다.

[그림 8-32]의 구형성 검정결과에서 p값(유의확률)이 0.014이어서 귀무가설은 기각되고 연구가설이 채택되어 '데이터가 구형성을 갖지 않음'을 보여주고 있다. 다시 말해서, 집단들 간의 분산의 차이가 있음을 보여주고 있다. 따라서 본 데이터는 구형성 가정을 충족시키지 못하여 '1종 오류'가 커질 수 있으며, 즉, '집단 간에 평균차이가 없음에도 차이가 있다는 잘못된 결론을 내릴 가능성'이 있다. 이런 상황을 피하기

위해 Greenhouse-Geisser를 사용할 수도 있지만 이보다는 [그림 8-34]의 '다변량 분석 결과'만으로 검정하는 것이 오류를 피할 수 있는 안전한 방법이라고 할 수 있다.

>> 그림 8-34 다변량분석 결과

다변량 검정b

효과		값	F	가설 자유도	오차 자유도	유의확률
시기	Pillai의 트레이스	.601	6.021a	2.000	8.000	.025
	Wilks의 람다	.399	6.021a	2.000	8.000	.025
	Hotelling의 트레이스	1.505	6.021a	2.000	8.000	.025
	Roy의 최대근	1.505	6.021a	2.000	8.000	.025

a. 정확한 통계량

b. Design: 절편
 개체-내 계획: 시기

[그림 8-34]의 다변량분석 결과로부터 p값(유의확률)이 0.025이므로 유의수준 0.05보다 작아 "시점별 측정점수의 차이가 없을 것이다"라는 귀무가설을 기각하고 "적어도 한 시점의 측정점수는 다를 것이다"라는 연구가설을 채택한다.

시기별로 평균차이가 있을 것으로 확인되었기 때문에 후속분석으로 일종의 사후분석인 '쌍체비교'를 해야 한다. [그림 8-36]의 분석결과에서 시기 1(실시 전)과 시기 2(한 달 후), 시기 1(실시 전)과 시기 3(6개월 후), 시기 2(실시 후)와 시기 3(6개월 후)을 비교해보면 각각의 유의확률(p값)이 유의수준(α) 0.05보다 작아 모두 차이가 있는 것으로 나타났다. 즉 시기에 따라 측정점수는 차이가 있으며, 점차 시기가 지나면서 점수가 증가되는 것으로 보아 개발된 학습프로그램이 효과가 있다고 판정할 수 있다.

>> 그림 8-35 시기별 추정값

추정값

측도: MEASURE_1

시기	평균	표준오차	95% 신뢰구간	
			하한값	상한값
1	59.500	3.121	52.440	66.560
2	66.300	2.310	61.075	71.525
3	70.100	2.714	63.961	76.239

» 그림 8-36 대응별 비교

대응별 비교

측도: MEASURE_1

(I) 시기	(J) 시기	평균차(I-J)	표준오차	유의확률[b]	차이에 대한 95% 신뢰구간[b]	
					하한값	상한값
1	2	-6.800*	1.896	.006	-11.089	-2.511
	3	-10.600*	2.956	.006	-17.287	-3.913
2	1	6.800*	1.896	.006	2.511	11.089
	3	-3.800*	1.504	.032	-7.202	-.398
3	1	10.600*	2.956	.006	3.913	17.287
	2	3.800*	1.504	.032	.398	7.202

추정된 주변평균을 기준으로

*. 평균차는 .05 수준에서 유의합니다.

b. 다중비교에 대한 조정: 최소유의차 (조정하지 않은 상태와 동일합니다.)

다음 장에서 두 변수 간의 관계의 정도를 밝히는 상관분석에 대해 알아보기로 한다.

CHAPTER

09 상관분석

제 1 절 상관관계와 상관계수

1.1 상관관계

상관분석은 두 변수 간의 관계를 분석하는 기법이다. 상관분석은 일반적으로 두 변수의 선형관계를 분석하며, 이때 두 변수는 연속 변인인 등간 또는 비율척도로 이루어진 양적변수이어야 의미를 가진다.

상관계수(correlation coefficient)는 피어슨 상관계수(Pearson correlation coefficient)를 간단히 지칭하는 것으로 대부분의 상관관계분석에서 이용되고 있다. 상관계수는 선형(linear)관계에 있는 두 변수 간의 관계의 방향과 정도를 표시하며 두 변수(X, Y)가 정확하게 양(+)의 방향으로 선형관계를 보이면 상관계수는 +1이고 음(−)의 방향인 경우에는 -1의 값을 갖는다. 상관계수가 0이라는 의미는 두 변수 간의 그 어떤 관계도 없다는 것을 의미한다.

상관분석에서의 귀무가설과 연구가설은 다음과 같다.

귀무가설(H_0): 두 변수 간에는 상관관계가 없을 것이다.($\rho_1 = 0$)
연구가설(H_1): 두 변수 간에는 상관관계가 있을 것이다.($\rho_1 \neq 0$)

1.2 상관계수의 기본원리

두 변수 사이의 상관관계를 보여주는 지표로는 두 변수(X, Y) 간의 공분산(covariance)이다. 두 변수 X와 Y 간의 공분산은 X의 증감에 따른 Y의 증감에 대한 척도로서 기호로 COV(X, Y)로 나타낸다. 그러나 공분산은 측정단위가 달라지면 공분산 값이 달라지는 단점이 있어서 공분산값으로만 두 변수 사이의 관계를 확증하기는 어려움이 있다. 따라서 측정단위나 대상에 영향을 받지 않고 일관된 선형관계를 나타내 줄 수 있는 지표를 구하기 위해서 공분산을 표준화하는 것이 필요하다. 공분산을 표준화한 값이 바로 상관계수이다. 즉 상관계수는 두 변수 간의 공분산을 각 변수의 표준편차의 곱으로 나눈 값이다.

$$\text{표본상관계수 } r = \frac{S_{12}}{\sqrt{S_{11}}\sqrt{S_{22}}}$$

여기서, $S_{11} = \frac{1}{n-1}\sum_{i=1}^{n}(X_{1i} - \overline{X}_1)^2$

$$S_{22} = \frac{1}{n-1}\sum_{i=1}^{n}(X_{2i} - \overline{X}_2)^2$$

$$S_{12} = \frac{1}{n-1}\sum_{i=1}^{n}(X_{1i} - \overline{X}_1)(X_{2i} - \overline{X}_2)$$

상관계수는 두 확률변수의 일차적인 연관성을 나타내준다. 만일 두 변수가 양의 상관계수값을 갖는다고 하면 한 변수의 증감이 다른 변수의 증감과 같은 방향으로 나간다는 것을 뜻하게 된다. 즉, 한 변수가 증가하면 다른 변수도 따라서 증가하고, 반대로 감소하면 다른 변수도 감소하는 것이다. 만일 두 변수가 음의 상관계수값을 갖는 경우에는 두 변수 사이의 증감방향은 서로 반대가 된다. 상관계수의 값이 1에 가까울수록 두 변수의 관련성은 양의 방향으로 매우 강하다고 하며 −1에 가까울수록 음의 방향으로 매우 강하다고 말한다. 특히 상관계수가 1일 경우에 두 변수 X와 Y는 동일하다고 한다. 일반적으로 상관계수의 정도를 보면, 두 변수의 관련 정도를 [표 9−1]과 같이 평가할 수 있다.

표 9−1 상관계수의 해석

상관계수	관계해석
1.0 ~ 0.7 (−1.0 ~ −0.7)	매우 강한 관계
0.7 ~ 0.4 (−0.7 ~ −0.4)	상당한 관계
0.4 ~ 0.2 (−0.4 ~ −0.2)	약간의 관계
0.2 ~ 0.0 (−0.2 ~ −0.0)	관계가 없음

우리는 산포도를 이용하여 두 변수의 변동관계를 파악할 수 있다. [그림 9-1]은 산포도와 상관계수와의 관계를 나타낸 것이다.

» 그림 9-1 산포도와 상관계수

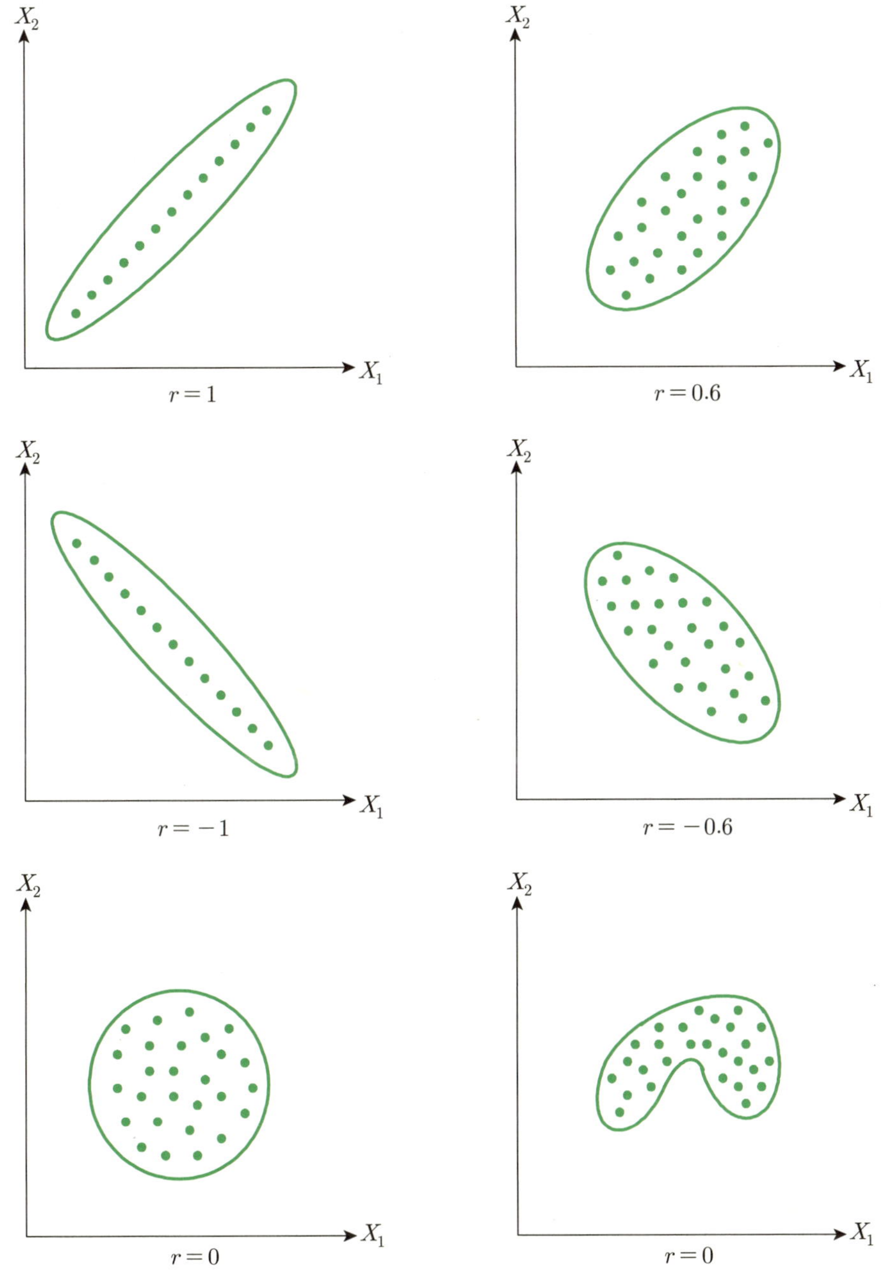

이 그림에서 보면, 두 변수 사이의 조직적인 움직임이 있는 산포도는 정 혹은 역의 상관관계를 보여준다. 그리고 관찰치가 넓게 퍼져 있는 경우는 일직선의 경우보다는 상관관계가 높지 않으며 따라서 계수도 작다. 이와 같이 산포도를 통하여 우리는 두 변수의 상관관계를 알 수 있다.

제 2 절 상관분석

상관분석을 통하여 두 변수 간의 관계의 방향과 정도를 알 수 있다. 다음은 SPSS 예제를 통하여 상관분석을 설명하고자 한다.

예제 9-1

통계학 시간에 상관분석의 자료를 얻기 위해 학생들의 신체사이즈를 조사하였다. 이 조사를 위해 고려된 변수는 키, 몸무게, 발사이즈이며 조사된 자료는 다음과 같이 정리되었다. 다음 데이터를 가지고 상관분석을 실시하라.

☞ 데이터는 저자 블로그에서 제공, 파일명: 상관분석(학생자료)

고객	키	몸무게	발사이즈
1	175	65	275
2	173	62	260
3	170	65	275
4	179	81	285
5	177	73	265
6	175	70	270
7	170	65	270
8	178	68	270
9	176	60	280
10	173	70	270
11	174	60	265
12	171	67	270
13	168	58	260

| 풀이 |

본격적인 데이터분석에 앞서서 귀무가설과 연구가설을 작성하면 다음과 같다.

귀무가설(H_0): 두 변수 간에는 상관관계가 없을 것이다.($\rho_1 = 0$)

연구가설(H_1): 두 변수 간에는 상관관계가 있을 것이다.($\rho_1 \neq 0$)

SPSS를 열고 데이터를 불러오면 다음 [그림 9-2]와 같이 입력된 '데이터보기(D)' 창이 나타난다. 분석을 수행하기 전에 분석결과창에 변수의 명칭이 구체적으로 나타날 수 있도록 사전에 다음의 작업을 수행한다. 변수명칭을 지정해주기 위해 '데이터보기(D)' 창의 좌측 하단에 있는 '변수보기(V)'를 클릭하면 [그림 9-3]의 '변수보기(V)' 창이 나타난다.

» 그림 9-2 데이터보기(D) 창

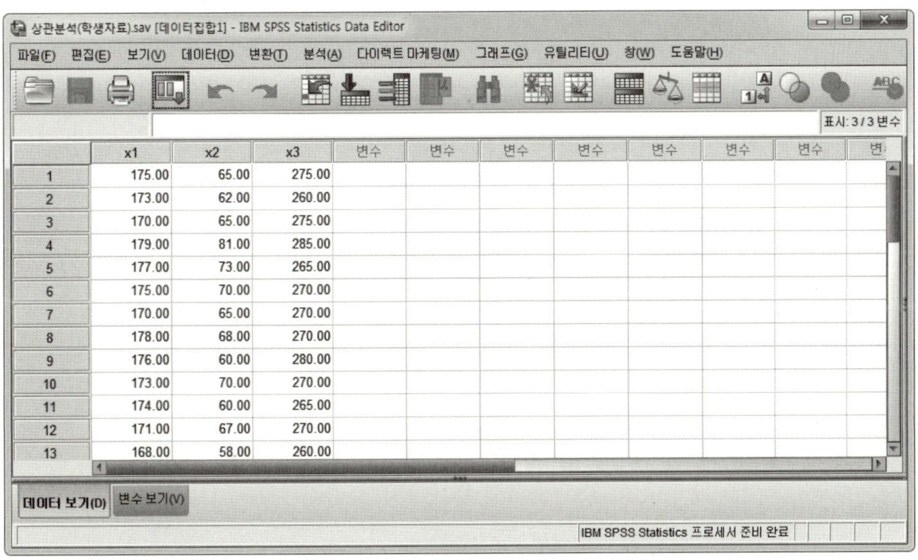

'변수보기(V)' 창에서 변수'이름' x1, x2, x3에 해당하는 '설명'에 키, 몸무게, 발사이즈를 입력한다.

≫ 그림 9-3 변수보기(V) 창

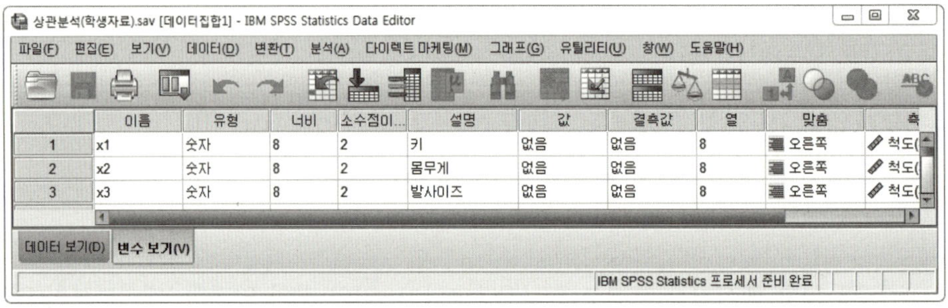

상관분석을 위해 다음과 같은 순서대로 클릭하면 [그림 9-4]처럼 '이변량 상관계수' 변수 입력창이 나타난다.

분석(Analyze) → 상관분석(Correlate) → 이변량 상관계수(Bivariate)

≫ 그림 9-4 이변량 상관계수 변수 입력창

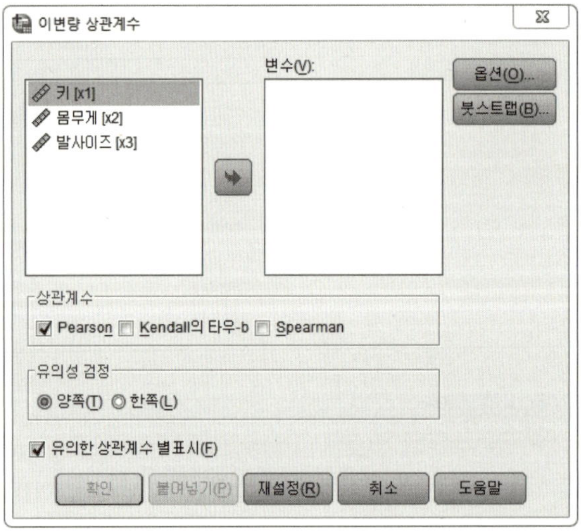

여기서 왼쪽 변수상자의 키, 몸무게, 발사이즈의 3개 변수를 차례로 오른쪽 '변수'란으로 이동한다. 그리고 우 상단의 '옵션(O)' 버튼을 누르면 [그림 9-5]의 '옵션' 창이 나타난다.

» 그림 9-5 **옵션창**

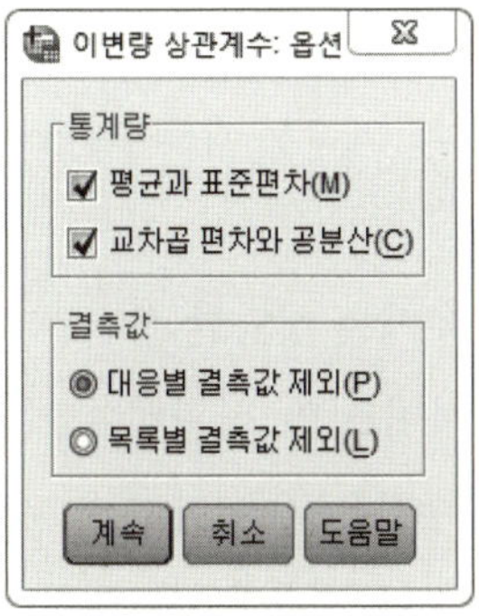

이 창에서 '평균과 표준편차(M)', '교차곱 편차와 공분산(C)' 등을 선택한 후 '계속'을 클릭하여, 최종 창에서 '확인'을 클린하면 [그림 9-6]의 결과를 얻는다.

» 그림 9-6 **상관분석 결과**

상관계수

		키	몸무게	발사이즈
키	Pearson 상관계수	1	.599*	.471
	유의확률 (양쪽)		.031	.105
	제곱합 및 교차곱	134.308	149.385	136.154
	공분산	11.192	12.449	11.346
	N	13	13	13
몸무게	Pearson 상관계수	.599*	1	.498
	유의확률 (양쪽)	.031		.083
	제곱합 및 교차곱	149.385	463.231	267.692
	공분산	12.449	38.603	22.308
	N	13	13	13
발사이즈	Pearson 상관계수	.471	.498	1
	유의확률 (양쪽)	.105	.083	
	제곱합 및 교차곱	136.154	267.692	623.077
	공분산	11.346	22.308	51.923
	N	13	13	13

*. 상관계수는 0.05 수준(양쪽)에서 유의합니다.

두 변수 X, Y의 상관관계의 측정값에는 공분산과 상관계수가 있다. 상관계수값은 공분산값의 표준화된 값이라고 봐도 무방하다. 일반적으로 상관분석에서는 상관계수값을 주로 다룬다.

상관분석의 결과표를 보면 '키-키', '몸무게-몸무게', '발사이즈-발사이즈'의 상관계수는 1이며 대각선의 배열(대칭행렬)을 이룬다. 1의 대각선을 중심으로 우상과 좌하의 결과값은 대칭으로 동일하다. 그리고 상관행렬의 * 표시된 계수는 유의수준(α) 0.05에서 유의함을 나타낸다.

유의한 계수는 '키-몸무게'의 상관계수인 0.599로 키와 몸무게는 상당한 상관관계가 있다고 할 수 있다. 나머지 '키-발사이즈', '몸무게-발사이즈'의 상관계수값들(0.471, 0.498)은 통계적으로 유의하지 않기 때문에 상관계수값은 '0'이라고 할 수 있다. 그리고 연구논문에서 상관행렬표 작성할 때에 공분산행렬과 상관행렬은 대칭행렬이므로, 대각선을 포함하여 우상 또는 좌하의 계수만을 표시하면 된다.

CHAPTER

10 회귀분석

제 1 절 회귀분석의 의미와 목적

회귀분석은 두 변수 간의 사이의 관계의 방향과 정도를 찾아내는 상관분석과는 달리 영향을 미치는 독립변수와 영향을 받는 종속변수가 존재하며 이들 간의 관계를 선형함수관계로 보고 분석방법이다.

분산분석도 독립변수와 종속변수를 가지지만 회귀분석과는 다르다. 분산분석의 경우에 독립변수가 명목척도의 질적변수이고 종속변수가 등간, 비율척도의 양적척도이지만, 회귀분석의 경우에 독립변수와 종속변수 모두 기본적으로 등간 및 비율척도의 양적변수이어야 한다. 그러나 독립변수가 명목척도인 특수한 경우에는 더미변수(dummy variable)를 이용하여 회귀분석이 가능하다. 더미변수의 활용에 대해서는 차후에 살펴보기로 한다.

회귀분석은 다음의 목적을 가진다. 첫째, 두 변수 간 인과관계의 기술목적을 갖는다. 독립변수와 종속변수 간의 상관관계를 추정할 수 있으며, 예를 들어 투자액과 매출액 사이의 관계를 기술하고 설명할 수 있다. 둘째, 두 변수 간에 상관관계가 존재한다면 관계의 유의성, 관계의 방향 및 정도를 추정할 수 있다. 예를 들어 투자액과 매출액 사이의 관계가 유의한지, 관계가 정(+)의 방향인지, 어느 정도의 영향력을 가지는지를 추정할 수 있다. 셋째, 독립변수와 종속변수 간의 선형적 관계를 예측할 수 있다. 기업에서 생산량을 추정함으로써 비용을 예측할 수 있으며, 투자액을 추산함으로써 매출액을 예상할 수 있다.

제 2 절 회귀분석의 원리

2.1 회귀분석의 원리

회귀분석에는 독립변수 한 개, 종속변수 한 개의 단순회귀분석이 있으며 독립변수 여러 개, 종속변수 한 개의 다중회귀분석이 있다. 이들 분석의 공통점은 모두 종속변수가 하나라는 점이며, 따라서 독립변수가 여러 개, 종속변수가 여러 개일 경우에는 회귀분석은 한 번에 수행할 수 없다. 먼저 단순회귀분석을 중심으로 회귀분석과 회귀선의 원리를 간략하게 설명하고자 한다.

원활한 회귀분석을 위해서는 몇 가지 절차가 필요하다. 첫째, 두 변수 간의 관계를 알아보기 위해 산점도를 작성하여 대략적 추세를 살펴본다. 둘째, 회귀모형의 형태를 결정한다. 일반적으로 직선인 선형모형이 사용된다. 셋째, 회귀모형의 계수와 정도를 구한다. 최소제곱법(ordinary least squared method: OLS)을 활용하여 최적의 회귀식을 구한다. 넷째, 회귀모형이 통계적으로 유의한가를 검정한다. 귀무가설은 "회귀모형은 유의하지 않다" 또는 "두 변수 간에 선형관계가 없다"이며 이를 검정하기 위하여 분산분석을 실시한다. 이때의 분산분석은 세 집단의 평균비교검정이 아니라 회귀모형의 유의성을 검정하는 분석이다. 그러나 이에 대한 검정결과는 SPSS에 데이터를 입력하고 회귀분석을 실시하면 자동으로 보여준다.

모집단에 대한 단순회귀의 선형모형은 다음과 같다.

$$Y = \beta_0 + \beta_1 X + \epsilon_i$$

여기서, Y_i: i번째의 반응치

β_0: 절편 모수

β_1: 기울기 모수

X_i: 이미 알려진 독립변수의 i번째 값

ϵ_i: 오차이며 분포는 $N(0, \sigma^2)$

$Cov(\epsilon_i, \epsilon_j)$: 0(단 $i \neq j$)

회귀모형은 다음의 기본가정이 필요하다.

첫째, X는 확률변수가 아닌 확정된 값이다.

둘째, 모든 오차는 정규분포를 이루며, 평균이 0, 분산은 σ^2으로 X값에 관계없이 동일하다. 즉, $\epsilon_i \sim N(0,\ \sigma^2)$

셋째, 서로 다른 관찰치의 오차는 독립적이다.

넷째, $Y \sim N(\beta_0 + \beta_1 X,\ \sigma^2)$

다음 예시 [그림 10-1]은 투자액과 매출액의 관계를 보여주는 산포도이다. 산포도에 위에 두 변수 간의 선형적 관계를 보여주는 회귀직선을 그렸을 때 자료의 관찰치들이 회귀직선에 거의 몰려 있음을 보여주고 있다. 그리고 회귀선은 타원의 장축을 지나가고 있다. 이 회귀선을 이용하면 투자액과 매출액 사이의 관계를 함수적으로 파악할 수 있는 것이다. 그렇다면 이 회귀선은 산포도 위에 어떤 원리로 그어졌을까? 회귀선을 결정하는 회귀선의 절편 b_0과 기울기 b_1는 어떤 원리로 결정되는 것일까?

>> 그림 10-1 **산포도**

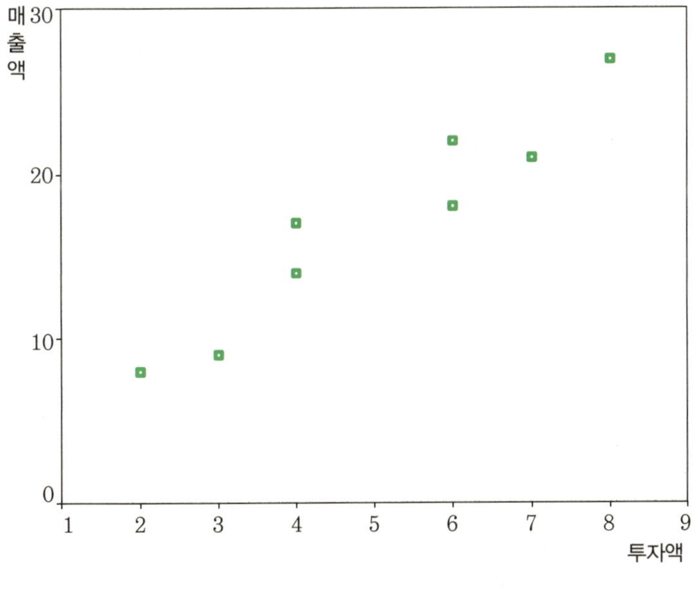

≫ 그림 10-2 산포도와 선형회귀직선

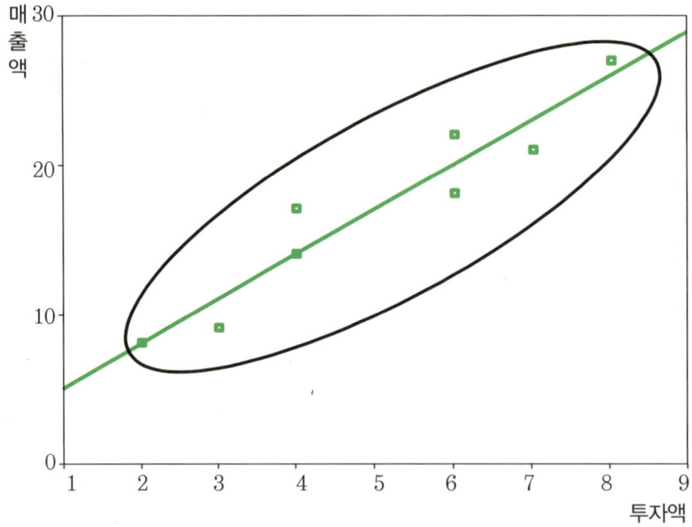

선형회귀모형 $Y = \beta_0 + \beta_1 X + \epsilon_i$에서 β_0는 절편이고 β_1은 기울기이다. 직선의 모양은 이들 절편과 기울기에 따라 달라지며, 이 값들은 모집단을 완전히 파악하지 않으면 알 수 없는 미지의 계수들이다. 두 변수 간의 관계를 알기 위해서 두 계수를 구해야 한다. 주어진 표본관찰치들로부터 구해진 회귀직선을

$$\hat{Y} = b_0 + b_1 X$$

라 하면, b_0와 b_1은 각각 β_0와 β_1의 추정치가 된다. 표본에 대하여 회귀모수 β_0와 β_1의 좋은 추정량을 발견하기 위하여 일반적인 최소제곱법(ordinary least squares method: OLS)을 이용할 수 있다. 최소제곱법이란 잔차(residual) 제곱의 합을 최소화시키는 b_0와 b_1의 값을 구하는 방법을 말한다. 여기서 잔차란 실제 관찰치 Y_i와 예측치 $\hat{Y}_i$ 사이의 차이값을 뜻하므로, 잔차 e_i는

$$e_i = Y_i - \hat{Y}_i$$

이다. 변수들 사이의 관계를 정확하게 기술하거나 예측을 하려면 이 잔차는 당연히

최소가 되어야 할 것이다. 이것을 위해서 잔차제곱의 합을 최소화하면 의도한 목적을 이룰 수 있다. 따라서 $\sum e_i^2$을 최소화시키는 b_0와 b_1의 값을 구하면 된다. 이와 관련한 이론적 내용은 생략하기로 한다.

2.2 회귀선의 정도

앞에서 회귀직선이 잔차의 최소제곱법에 의해서 결정됨을 확인하였다. 그러나 회귀선이 관찰치들을 어느 정도 잘 설명하고 있는지를 알아야 한다. 즉 가장 이상적인 회귀선은 관찰치가 회귀선에 몰려 있어 회귀선이 관찰치를 잘 설명하고 있어야 한다. 그러나 관찰치가 몰려 있지 않아도 회귀선은 그을 수 있으며 그어진 회귀선은 잔차들이 크기 때문에 관찰치들을 잘 설명하지 못할 것이다. 따라서 회귀식의 설명력을 추정하는 방법으로 추정의 표준오차(standard error the estimate)와 결정계수(coefficient determination)가 있으며 실제 연구논문에서는 결정계수가 사용되므로 결정계수에 대해 설명하기로 한다.

결정계수(r^2)는 종속변수의 총변동(sum of squares total: SST) 중에서 회귀식에 의해 설명되는 변동(sum of squares regression: SSR)의 비율을 의미한다. 참고로 총변동(SST)은 회귀식에 의해 설명되는 변동(SSR)과 회귀식에 의해 설명되지 않는 변동(sum of squares error: SSE)으로 구성된다. 결정계수(r^2)는 $0 \le r^2 \le 1$의 범위를 가진다. 이론적으로 r^2는 0.7 이상 되어야 한다고 하나 실제 연구에서는 0.4 정도만 되어도 충분하다고 한다. 그러나 그 이하의 값으로도 연구논문이 작성되는 것을 볼 수 있다. 이에 대한 판단은 연구자와 논문심사자의 몫으로 돌아간다.

결정계수와 관련하여 주의해야 할 점은 결정계수에는 결정계수 외에 수정된 결정계수(adjusted r^2)가 있다. 이에 대해 설명하면 독립변수의 개수가 많은 다중회귀분석의 경우에는 독립변수의 개수가 많을수록 결정계수(r^2)가 커지는 경향이 있어 실제 회귀식이 설명력을 반영하지 못한다. 이 때문에 독립변수의 개수가 많은 다중회귀분석의 경우에 수정된 결정계수(adjusted r^2)를 사용한다. 간략히 말해서 단순회귀분석에서는 결정계수(r^2)를 사용하고 다중회귀분석에는 수정된 결정계수(adjusted r^2)

를 사용하는 것이 원칙이다. 다음은 결정계수의 식을 보여준다.

$$R^2 = \frac{SSR}{SST} = 1 - \frac{SSE}{SST}$$

2.3 회귀선의 적합성

회귀식의 정도는 회귀식의 설명력을 나타내며 설명력이 높을수록 회귀모형은 통계적으로 유의하다고 판단한다. 또한 통계적 검정을 통하여 회귀선의 적합성(goodness of fit)을 조사할 수 있다. 자료에 적합시킨 회귀선이 유의한지를 분산분석을 이용하여 검정할 수 있다. 제곱합과 자유도를 이용한 회귀분석의 분산분석표는 [표 10-1]과 같다.

표 10-1 회귀분석의 분산분석표

원천	제곱합(SS)	자유도(DF)	평균제곱(MS)	F
회귀	$SSR = \Sigma(\hat{Y} - \bar{Y})^2$	k	$MSR = \frac{SSR}{k}$	$\frac{MSR}{MSE}$
잔차	$SSE = \Sigma(Y - \hat{Y})^2$	$n-(k+1)$	$MSE = \frac{SSE}{n-k-1}$	
합계	$SSE = \Sigma(Y - \bar{Y})^2$	$n-1$		

주: k: 독립변수, n: 표본수

평균제곱은 제곱합을 각각의 자유도로 나눈 것인데, MSR/MSE는 자유도 $(k, n-(k+1))$의 F분포를 한다고 알려져 있다. 회귀의 평균제곱 MSR(mean squares of regression)이 잔차의 평균제곱 MSE(mean squares of error)보다 상대적으로 커진다면 X와 Y의 관계를 설명하는 회귀선에 의하여 설명되는 부분이 설명 안 되는 부분보다 커지기 때문에 결정계수는 높아지고 회귀식은 자료의 설명력이 높다고 판정된다. SPSS에서 회귀분석을 실행하면 ANOVA 표를 제공하며 F통계량의 유의도를 통해 검정한다.

회귀선의 검정에 대한 귀무가설과 연구가설은 다음과 같다.

귀무가설(H_0): 회귀선은 유의하지 못하다.($\beta_1 = 0$)

연구가설(H_1): 회귀선은 유의하다.($\beta_1 \neq 0$)

그러나 회귀선이 유의하다 하더라도 이 회귀선을 이용한 예측이 반드시 쓸모가 있다고 볼 수는 없다. 회귀선의 유의성과 관계없이 어떤 계수는 유의하지 못한 것이 있기 때문이다. 일단 회귀선이 유의하다고 판정이 되면 각 계수의 유의성 여부에 대하여 개별적으로 검정해야 한다. 그리고 주의할 사항은 회귀식을 작성할 때 특정 독립변수의 계수가 유의하지 않다고 해서 독립변수와 계수를 삭제해서는 안 된다. 비록 유의하지 않더라도 회귀식의 유의성 검정에서 이미 그 타당성을 인정받았기 때문이다.

2.4 회귀모형의 타당성

연구자가 회귀모형을 작성했다고 해도 이것이 적절한 회귀모형이라고 판단하기는 조심스럽다. 회귀모형은 오차항과 독립변수에 관하여 많은 가정을 가지고 있고, 회귀식이 자료를 설명하는 정도도 측정해야 하기 때문이다. 그러므로 본격적인 회귀분석을 하기 전에 회귀모형의 타당성을 먼저 검토해야 한다. 이것이 선행되지 않았거나 타당성이 떨어진다고 판단되면 회귀분석을 통한 분석결과는 무의미해진다.

첫째, 결정계수(r^2)가 지나치게 작아서 0에 가깝다면 회귀선은 자료에 대한 설명력이 떨어져 폐기된다. 둘째, 분산분석에서 회귀식이 유의하지 않다는 귀무가설이 채택되었다면 회귀식을 폐기하고 다른 모형을 개발해야 한다. 그러나 실전에서 정상적인 데이터로 분석되었다면 이런 경우는 거의 발생하지 않는다. 셋째, 잔차(residual)의 상태를 검토하여 회귀모형의 타당성을 판단한다. SPSS에서는 잔차(residual) 관련 가정의 검증을 위한 분석방법을 제공한다.

2.5 회귀분석의 가정

회귀분석이 가설검정이나 추정에 타당성 있게 사용되기 위해서는 잔차에 대한 가정과 독립변수에 대한 가정이 선행된다. 먼저 잔차에 대한 가정에 대해 설명하고자 한다. 앞에서 공부한 회귀분석의 가정 중 오차항에 관련한 과정이 있다. "둘째, 모든 오차를 정규분포를 이루며, 평균이 0, 분산은 σ^2으로 X값에 관계없이 동일하다. 즉, $\epsilon_i \sim N(0, \sigma^2)$"와 "셋째, 서로 다른 관찰치의 오차는 독립적이다"이다. 회귀모형에서 오차항에 대한 가정은 매우 중요하듯이 회귀식에서도 잔차에 대한 가정은 중요하다. 잔차는 종속변수의 관측치와 회귀모형에 의해 예측된 값과의 차이이다. 최소제곱법에 의하여 회귀식의 계수가 결정되는데 회귀식은 결국 잔차에 의해 결정된다. 따라서 잔차가 랜덤한 분포를 보이지 않고 어떤 특정 성향을 가지고 있다면 회귀식은 왜곡될 가능성이 커진다. 따라서 이를 사전에 방지하기 위해 잔차는 가정되어야 하며 이 가정에서 벗어난 회귀식은 설명력이 떨어지는 것은 물론 타당성이 떨어지기 때문에 인정받기 힘들어진다.

잔차에 대한 가정은 독립성, 정규성, 등분산성이 있다. 첫째, 잔차의 독립성은 종속변수의 오차항 간의 자기 상관관계가 존재하지 않아야 한다는 가정이다. 이에 대한 진단으로는 더빈왓슨(Durbin–Watson)값을 이용한다. 일반적으로 잔차의 독립성의 진단 값인 더빈왓슨(D–W)값이 2에 가까우면 잔차의 독립성 가정은 확립된 것으로 본다. 둘째, 잔차의 정규성은 잔차는 정규분포를 한다는 가정이다. 셋째, 잔차의 등분산성은 종속변수의 오차항의 분산이 모든 독립변수의 값에 대하여 동일한 분산을 한다는 가정이다.

그리고 독립변수에 대한 가정으로 다중공선성(multicollinearity)이 있다. 다중공선성은 독립변수들 간에 높은 상관관계가 존재하는 것을 의미한다. 다중공선성이 있으면 독립변수가 많은 다중회귀분석에서 특정 독립변수가 다른 독립변수들에 대한 높은 상관관계를 가짐으로써 표본개수의 증감에 따라 회귀식의 계수들이 흔들려 회귀식의 정도, 즉 설명력을 떨어뜨리게 된다. 이에 대한 진단으로는 공차한계(tolerance)와 분산확대지수(variance inflation factor: VIF)가 있으며 이들 두 지표는 상호간의 역수관계를 갖는다. 공차한계는 1에 가까울수록 그리고 분산확대지수는 10보다 작을 때 다중공선성으로 인한 문제가 없다고 판단한다.

제 3 절 단순회귀분석

단순회귀분석은 독립변수와 종속변수가 각각 한 개씩인 경우의 회귀분석을 말한다. 다음은 SPSS 예제를 통하여 단순회귀분석을 설명하고자 한다.

예제 10-1

다음 자료는 K빌딩의 사무실 임대면적에 따른 월간 전력사용량이다. 임대면적이 월간 전력사용량에 어떤 영향을 미치는지 회귀분석을 통하여 검정하시오.

☞데이터는 저자 블로그에서 제공, 파일명: 단순회귀분석(사무실전기사용량)

가구	면적(m^3)	월간 전기사용량(kw)
1	27	95
2	52	215
3	39	150
4	32	148
5	25	138
6	45	180
7	38	172
8	55	235
9	35	152
10	42	195

| 풀이 |

본격적인 데이터분석에 앞서서 귀무가설과 연구가설을 작성하면 다음과 같다.

귀무가설(H_0): 사무실 면적은 월간 전기사용량에 영향을 미치지 않을 것이다.

연구가설(H_1): 사무실 면적은 월간 전기사용량에 영향을 미칠 것이다.

SPSS를 열고 데이터를 불러오면 [그림 10-3]과 같이 입력된 '데이터보기(D)' 창이 나타난다. 분석의 수행 전에 분석결과창에 변수의 명칭이 구체적으로 나타날 수 있도록 사전작업을 해야 하지만 불러온 데이터에는 변수명칭이 지정되어 있다.

» 그림 10-3 **데이터보기(D) 창**

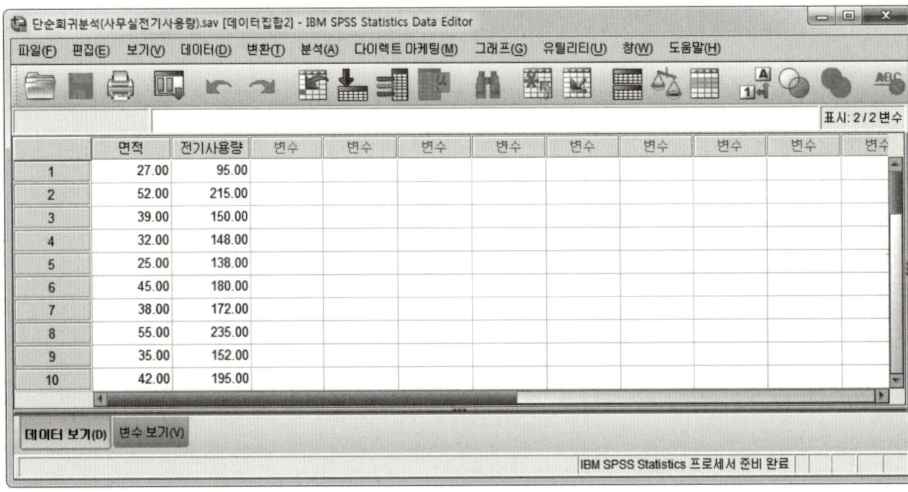

단순회귀분석을 위해 다음 순서대로 클릭하면 [그림 10-4]의 '선형회귀분석' 입력창이 나타난다.

분석(Analyze) → 회귀분석(Regression) → 선형(Linear)

[그림 10-4]의 '선형회귀분석'의 입력창에서 '종속변수(D)' 난에 '전기사용량' 변수를, '독립변수(I)' 난에 '면적' 변수를 이동하여 입력한다. 그리고 '통계량(S)'을 클릭하면 [그림 10-5]의 '선형회귀분석: 통계량' 창이 나타난다.

» 그림 10-4 **변수 입력창: 선형회귀분석**

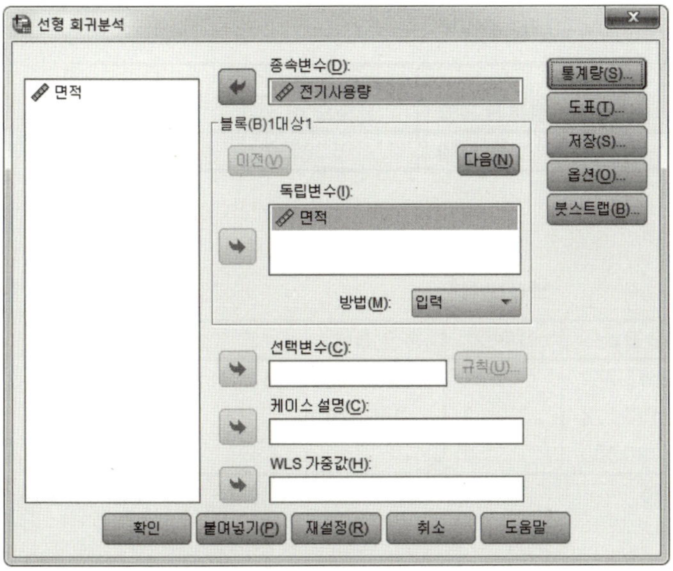

» 그림 10-5 **선형회귀분석: 통계량**

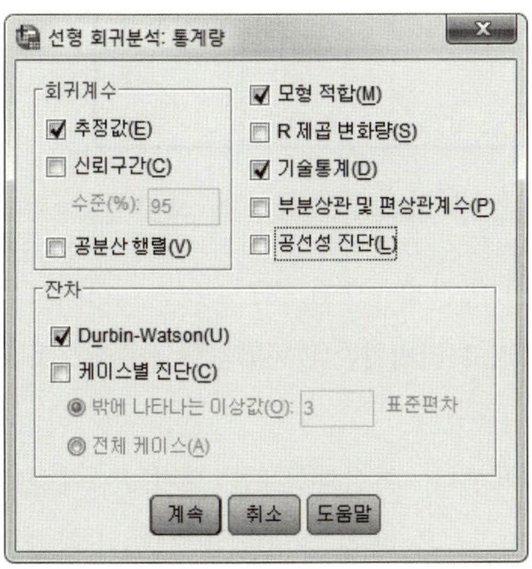

여기서 디폴트로 지정된 '추정값(E)'과 '모형적합(M)' 이외에 '기술통계(D)'와 'Durbin-Watson(U)'을 옵션으로 지정한다. '계속'을 클릭하고 '확인'을 클릭하면 [그림 10-6]의 결과가 나타난다.

≫ 그림 10-6 단순회귀분석 결과

모형 요약[b]

모형	R	R 제곱	수정된 R 제곱	추정값의 표준오차	Durbin-Watson
1	.926[a]	.857	.839	16.28737	1.683

a. 예측값: (상수), 면적

b. 종속변수: 전기사용량

분산분석[a]

모형		제곱합	자유도	평균 제곱	F	유의확률
1	회귀 모형	12673.772	1	12673.772	47.775	.000[b]
	잔차	2122.228	8	265.279		
	합계	14796.000	9			

a. 종속변수: 전기사용량

b. 예측값: (상수), 면적

계수[a]

모형		비표준화 계수		표준화 계수	t	유의확률
		B	표준오차	베타		
1	(상수)	19.658	22.071		.891	.399
	면적	3.804	.550	.926	6.912	.000

a. 종속변수: 전기사용량

분석결과를 살펴보면 먼저 모형의 요약에서 결정계수가 0.857로 0.7 이상이어서 회귀선의 설명력은 좋은 것으로 나타났다. 그리고 더빈왓슨(D-W)값이 1.683으로 2에 가까워 잔차의 독립성은 확립된 것으로 나타났다.

회귀식의 유의성 검정에는 분산분석이 사용된다. 분산분석표를 보면 F통계량이 47.775이고 유의확률(p값)이 0.000이어서 회귀식은 매우 유의한 것으로 나타났다. 즉 귀무가설은 기각되고 '회귀식은 유의하다'는 연구가설이 채택되었다. 그리고 회귀식의 유의함과는 별도로 독립변수의 계수값이 유의한지 살펴보면 독립변수 '면적'의 표준화계수는 0.926으로 유의확률(p값)이 0.000이어서 유의수준(α) 0.01에서 매우 유의한 것으로 나타났다. 본 결과의 회귀식을 작성하면 다음과 같다.

$$\hat{Y} = 19.658 + 3.804X_1$$

여기서, $\hat{Y}$: 전기사용량

X_1: 면적

제 4 절 다중회귀분석

다중회귀분석은 독립변수가 여러 개이고 종속변수가 한 개인 경우의 회귀분석을 말한다. 다중회귀분석을 통하여 독립변수가 종속변수에 미치는 영향력 또는 중요도를 비교할 수 있다. 다음은 SPSS 예제를 통하여 독립변수가 두 개인 중회귀분석을 설명하고자 한다.

예제 10-2

다음 자료는 K빌딩의 사무실 임대면적과 직원수에 따른 월간 전력사용량이다. 임대면적과 직원수가 월간 전력사용량에 어떤 영향을 미치는지 회귀분석을 통하여 검정하시오.

☞데이터는 저자 블로그에서 제공, 파일명: 다중회귀분석(전기사용량)

가구	면적(m^3)	월간 전기사용량(kw)	직원수
1	27	95	4
2	52	215	13
3	39	150	8
4	32	148	6
5	25	138	3
6	45	180	11
7	38	172	8
8	55	235	10
9	35	152	7
10	42	195	11

| 풀이 |

본격적인 데이터분석에 앞서서 귀무가설과 연구가설을 작성하면 다음과 같다.

귀무가설(H_0): 사무실 면적은 월간 전기사용량에 영향을 미치지 않을 것이다.

연구가설(H_1): 사무실 면적은 월간 전기사용량에 영향을 미칠 것이다.

귀무가설(H_0): 직원수는 월간 전기사용량에 영향을 미치지 않을 것이다.

연구가설(H_1): 직원수는 월간 전기사용량에 영향을 미칠 것이다.

SPSS를 열고 데이터를 불러오면 [그림 10-7]과 같이 입력된 '데이터보기(D)' 창이 나타난다.

» 그림 10-7 데이터보기(D) 창

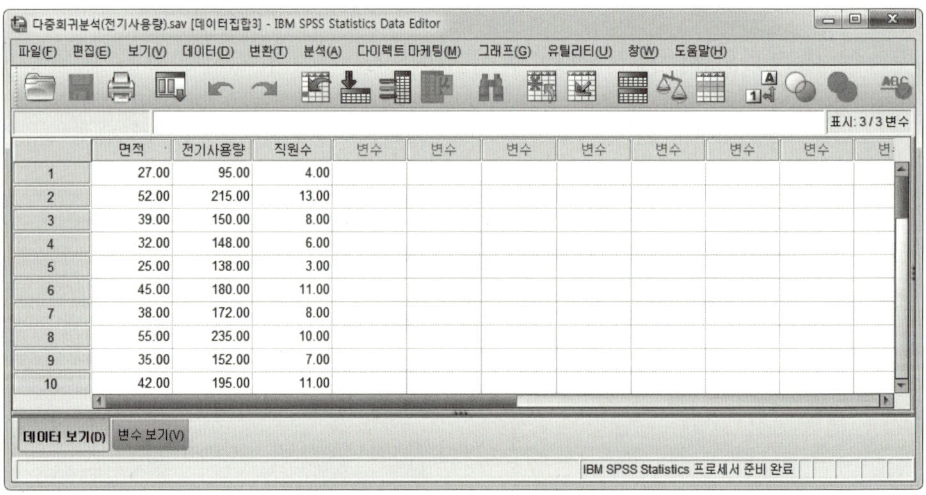

	면적	전기사용량	직원수
1	27.00	95.00	4.00
2	52.00	215.00	13.00
3	39.00	150.00	8.00
4	32.00	148.00	6.00
5	25.00	138.00	3.00
6	45.00	180.00	11.00
7	38.00	172.00	8.00
8	55.00	235.00	10.00
9	35.00	152.00	7.00
10	42.00	195.00	11.00

다중회귀분석을 위해 다음 순서대로 클릭하면 [그림 10-8]의 '선형회귀분석' 입력창이 나타난다.

분석(Analyze) → 회귀분석(Regression) → 선형(Linear)

[그림 10-8]의 '선형회귀분석' 입력창에서 '종속변수(D)' 난에 '전기사용량' 변수를, '독립변수(I)' 난에 '면적'과 '직원수' 변수를 이동하여 입력한다. 그리고 '통계량(S)'을 클릭하면 [그림 10-9]처럼 '선형회귀분석: 통계량' 창이 나타난다.

>> 그림 10-8 **변수 입력창: 선형회귀분석**

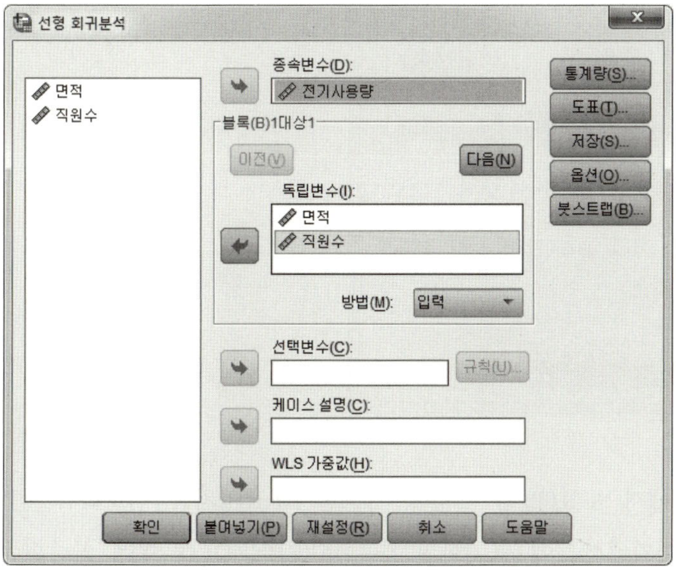

>> 그림 10-9 **선형회귀분석: 통계량**

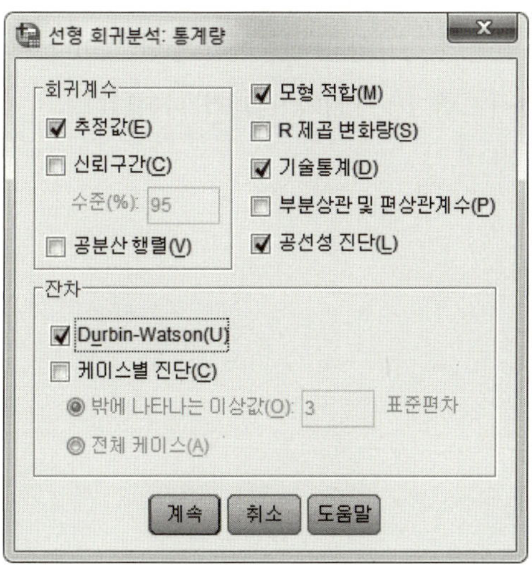

[그림 10-9]에서 디폴트로 지정된 '추정값(E)'과 '모형적합(M)' 이외에 '기술통계(D)', '공선성진단(L)', 'Durbin-Watson(U)'을 지정한다.

》 그림 10-10 **선형회귀분석: 도표**

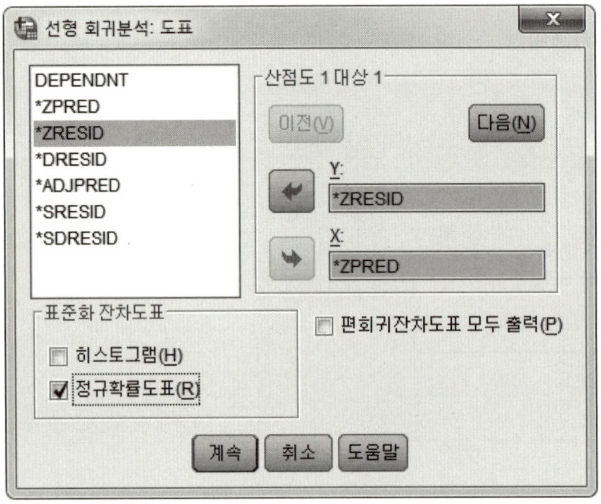

그리고 [그림 10-8]에서 '도표(T)'를 클릭하면 [그림 10-10]처럼 '선형회귀분석: 도표' 창이 나타난다. 여기에서 X에 '표준화된 예측변수(ZPRED)'를, Y에 '표준화된 잔차(ZRESID)'를 입력한다. 이것은 독립변수가 종속변수에 영향을 미칠 때 종속변수의 오차항의 분산의 동일성, 즉 등분산성을 검증하기 위한 것이다. 그리고 '정규확률도표(R)'를 지정한다. 이것은 종속변수의 잔차의 정규성을 검증하기 위한 것이다. 그리고 '계속'을 클릭하고 '확인'을 클릭하면 [그림 10-11]의 결과가 나타난다.

» 그림 10-11 다중회귀분석 결과

모형 요약[b]

모형	R	R 제곱	수정된 R 제곱	추정값의 표준오차	Durbin-Watson
1	.926[a]	.857	.816	17.40554	1.678

a. 예측값: (상수), 직원수, 면적

b. 종속변수: 전기사용량

분산분석[a]

모형		제곱합	자유도	평균 제곱	F	유의확률
1	회귀 모형	12675.329	2	6337.665	20.920	.001[b]
	잔차	2120.671	7	302.953		
	합계	14796.000	9			

a. 종속변수: 전기사용량

b. 예측값: (상수), 직원수, 면적

계수[a]

모형		비표준화 계수		표준화 계수	t	유의확률	공선성 통계량	
		B	표준오차	베타			공차	VIF
1	(상수)	18.564	28.088		.661	.530		
	면적	3.897	1.429	.948	2.727	.029	.169	5.906
	직원수	-.315	4.388	-.025	-.072	.945	.169	5.906

a. 종속변수: 전기사용량

[그림 10-11]의 분석결과를 보면 먼저 모형의 요약에서 수정된 결정계수(Adjusted r^2)가 0.816으로 0.7 이상이어서 회귀선의 설명력은 좋은 것으로 나타났다. 그리고 더빈왓슨(D-W)값이 1.678로 2에 가까워 잔차의 독립성은 확립된 것으로 나타났다.

분산분석표를 보면 F통계량이 20.920이고 유의확률(p값 또는 Sig.값)이 0.001이어서 매우 유의한 것으로 나타났다. 즉 귀무가설은 기각되고 '회귀식은 유의하다'는 연구가설이 채택되었다. 그리고 회귀식의 유의함과는 별도로 독립변수의 계수값이 유의한지 살펴보면 독립변수 '면적'의 표준화계수는 0.948이고 유의확률(p값)이 0.029로 유의수준 0.05에서 유의한 것으로 나타났다. 본 결과의 회귀식을 작성하면 다음과 같다.

$$\hat{Y} = 18.564 + 3.897X_1 - 0.315X_2$$

여기서, $\hat{Y}$: 전기사용량

X_1 : 면적

X_2 : 직원수

그림 10-12 잔차의 정규분포 산포도

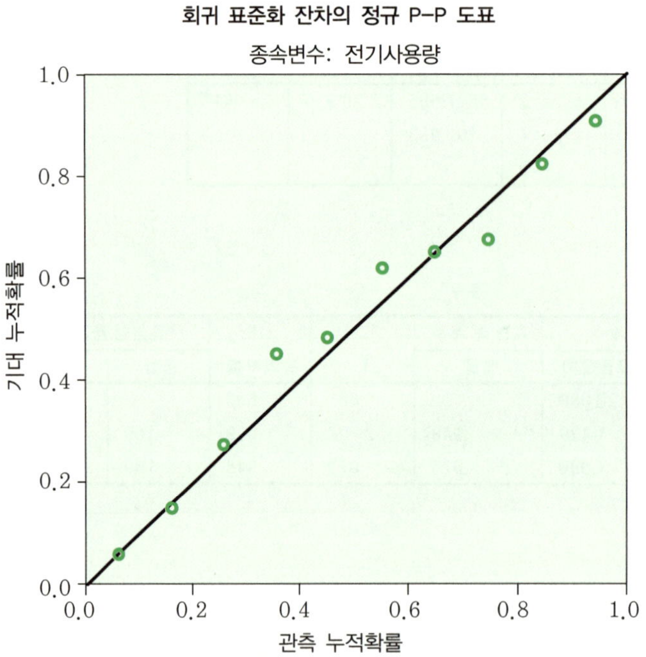

[그림 10-12]는 잔차의 정규성가정을 검정하기 위하여 누적확률분포와 정규분포의 누적확률분포의 산포도를 그린 것이다. 이 경우에 잔차의 분포형태가 대각선 직선의 형태를 이루고 있으면 잔차의 정규분포 가정은 성립된다.

종속변수의 오차항의 분산이 모든 독립변수의 값에 대하여 동일해야 한다는 가정을 검정하기 위해 [그림 10-13]과 같이 '회귀 표준화된 잔차'와 '회귀 표준화 예측값'의 산포도를 그린다. 잔차의 모양이 가로축과 세로축의 0을 중심으로 무작위로, 즉 예측치의 증감과 관계없이 특정한 추세를 보이지 않고 있으므로 이 가정은 위배된다고 볼 수 없다.

≫ 그림 10-13 잔차의 예측산포도

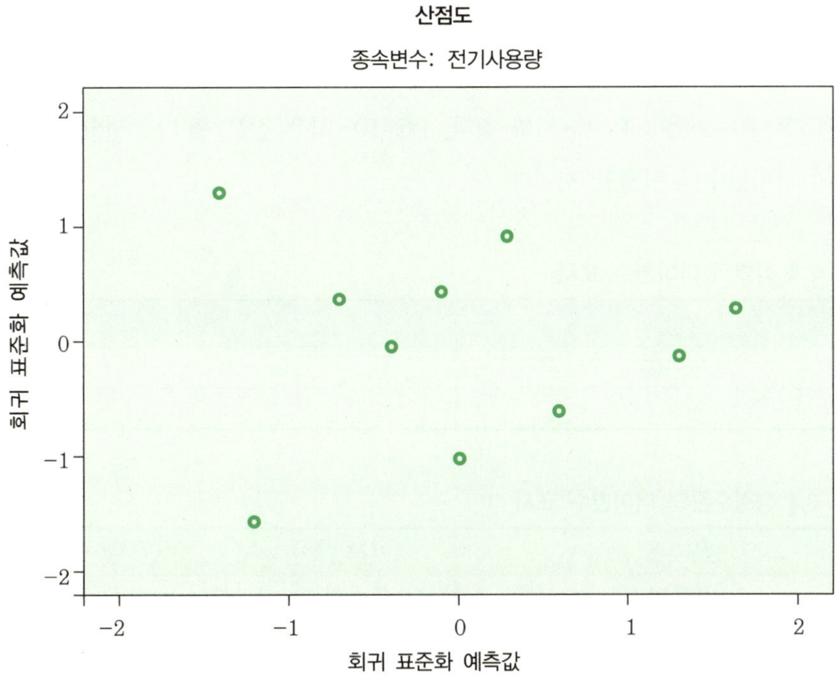

제 5 절 회귀분석에서 더미변수의 활용

회귀분석에서 독립변수가 양적변수 아닌 명목척도의 질적변수인 경우에는 더미변수(dummy variable)를 이용하여 분석이 가능하다. 회귀분석에서 더미변수가 사용되는 목적은 질적변수를 양적변수로 나타내는데 있다. 주로 사용되는 질적변수들은 명목척도로서 인구통계학적 변수(성별, 직업, 상중하로 구분한 생활수준, 범주화된 월수입과 경력 등)와 기타 범주화된 변수이다.

먼저 더미변수의 작성에 대해 간략히 알아보고자 한다. 더미변수의 사용에 있어서 중요한 것은 더미변수의 개수를 정하는 것이다. 더미변수의 개수를 정하는 규칙은 명목척도의 개수에서 1을 빼는 것이다. 예를 들어 명목척도의 변수가 성별(남, 여)일 경우에 더미변수의 개수는 명목척도의 개수 2(남, 여)에서 1을 뺀 1개 이다. 즉 남녀를 지정하는 한 개의 더미변수(DX_1)가 필요하다. 그리고 더미변수값은 0과 1로만 표시되며 일반적으로 더미변수값이 0일 경우가 기준이 된다. 여기서는 남자를 0으로 하여 기준으로 삼았고 여자는 1로 하였다. 더미변수 표기방법으로 더미변수 DX_1이 1일 경우에 '여자'가 되므로 더미변수 'DX_1'은 '여자'로 표기되기도 한다. 더미변수의 작성예시는 [표 10-2]와 [표 10-3]과 같다. [표 10-3]은 같은 원리로 생활수준(상, 중, 하)의 더미변수를 작성한 것이다.

표 10-2 | 성별의 더미변수 표시

성별	DX_1(여자)
남자(기준)	0
여자	1

표 10-3 | 생활수준의 더미변수 표시

생활수준	DX_1(중)	DX_2(하)
상(기준)	0	0
중	1	0
하	0	1

회귀분석에서 더미변수는 다음과 같이 활용된다. 첫째는 인구통계학적인 독립변수를 양적변수인 더미변수로 전환하여 종속변수에 미치는 영향을 검증하는 것이다. 이 경우에도 연구목적에 따라 다시 두 가지 경우로 구분되는데, 첫 번째는 독립변수가 성별이라면 남자와 여자에 따른 종속변수의 값의 크기에 관심이 있는 경우이다. 이 경우는 더미변수의 회귀계수값은 인과관계의 영향력이라기보다는 명목척도(성별)에 따른 남자와 여자의 종속변수의 결과값을 비교하는 데 좀 더 의미가 있다.

$\hat{Y} = b_0 + b_1X_1 + b_2DX_1$

남성 $DX_1 = 0$일 때 남성일 경우의 '종속변수의 결과값' $\hat{Y} = b_0 + b_1X_1$

여성 $DX_1 = 1$일 때 여성일 경우의 '종속변수의 결과값' $\hat{Y} = (b_0 + b_2) + X_1b_1$

나머지 두 번째는 성별을 외생변수로 보고 종속변수에 미치는 영향력을 통제하기 위해 사용되는 경우이다. 이때는 성별인 외생변수를 통제한다는 의미에서 '통제변수'라고 명명한다. 이 경우 위계적 회귀분석이 사용되기도 하며 간단하게 살펴보면 다음과 같다.

> X가 Y에 미치는 인과관계를 검증함에 있어 성별을 외생변수로 보고 통제하고자 한다.
>
> 검증할 회귀식: $\hat{Y} = b_0 + b_1X_1 + b_2DX_1$
> 제1모형: $\hat{Y} = b_0 + b_2DX_1$ (통제변수만 투입)
> 제2모형: $\hat{Y} = b_0 + b_1X_1 + b_2DX_1$ (독립변수를 추가 투입)
>
> 외생변수를 통제변수로서 투입한다는 것은 연구자가 놓칠 수 있는 외생변수를 통제변수로 하여 연구하고자 하는 회귀식에 적용함으로써 외생변수가 종속변수에 미칠 영향을 놓치지 않고 고려했다는 것을 의미한다. 이 경우에도 제1모형보다 제2모형이 우수하다는 것을 '결정계수 변화량값'의 유의성 검증을 통해 증명해야 한다. 차후에 자세히 설명할 기회가 있겠다.

둘째는 더미변수를 이용하면 성별에 따른 남과 여의 회귀식을 하나의 회귀식으로 동시에 표현할 수 있다. 그리고 이 경우에 더미변수를 활용한 상호작용항($X_1 * DX_1$)이 필요하다. 이 같은 방법은 X와 Y의 인과관계에 있어서 변수 '성별'의 조절효과를 검증하는데 활용된다.

만약 독립변수(X)가 종속변수(Y)에 미치는 인과관계에서 성별(남, 여)에 따른 조절효과를 보고자 한다면 성별을 더미변수(DX_1)로 하는 상호작용항($X_1 * DX_1$)이 필요하며 다음과 같은 하나의 회귀식을 만들 수 있다. b_0는 상수항이며, b_1, b_2, b_3는 회귀계수이다. 그리고 회귀식은 다음과 같이 표현할 수 있다.

$$\hat{Y} = b_0 + b_1X_1 + b_2DX_1 + b_3(X_1 * DX_1)$$

남성 $DX_1 = 0$일 때 남성 회귀식 $\hat{Y} = b_0 + b_1X_1$

여성 $DX_1 = 1$일 때 여성 회귀식 $\hat{Y} = (b_0 + b_2) + X_1(b_1 + b_3)$

≫ 그림 10-14 성별을 조절변수로 하는 X, Y의 인과관계 연구모형

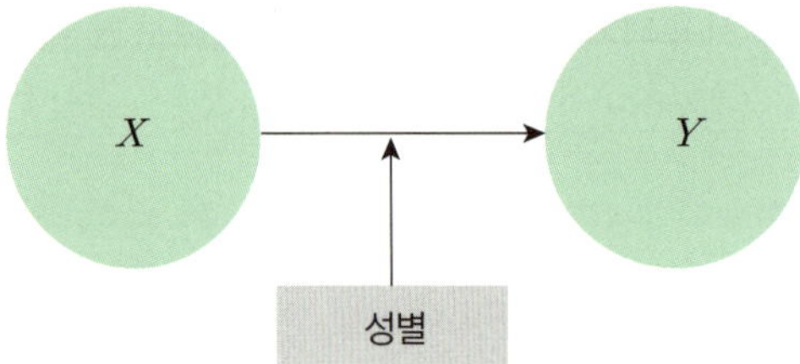

이 경우는 X와 Y 간의 인과관계에서 영향력(회귀계수)이 성별, 즉 남자와 여자일 때 차이가 있는지를 검증하고자 할 때 활용된다. 이 경우에 조절회귀분석이라는 일종의 위계적 회귀분석이 사용된다. 이를 간단하게 살펴보면 다음과 같다.

> X가 Y에 미치는 인과관계를 검증함에 있어 성별을 조절변수로 하는 조절효과를 보고자 한다. 즉, 성별에 따라 인과관계에 영향력 차이가 있는지 검증하는 것이다.
>
> 검증할 회귀식: $\hat{Y}= b_0 + b_1X_1 + b_2DX_1 + b_3(X_1 {*} DX_1)$
>
> 제1모형: $\hat{Y}= b_0 + b_1X_1 + b_2DX_1$ (독립변수와 더미변수 투입)
>
> 제2모형: $\hat{Y}= b_0 + b_1X_1 + b_2DX_1 + b_3(X_1 {*} DX_1)$ (상호작용항 추가 투입)
>
> 검증을 위한 과정은 몇 가지 단계로 구분되는데 1단계로 제1모형보다 제2모형이 우수하다는 것을 '결정계수 변화량값'의 유의성 검정을 통해 증명되어야 한다. 2단계로 상호작용항의 회귀계수 b_3가 유의해야 한다. 3단계로 남녀의 회귀식을 각각 구하여 남녀의 각 회귀계수 X_1의 기울기, 즉 영향력을 비교해야 한다. 차후에 이와 관련하여 자세하게 설명할 기회가 있겠다.
>
> 남성 $DX_1 = 0$일 때 남성 회귀식 $\hat{Y}= b_0 + b_1X_1$
>
> 여성 $DX_1 = 1$일 때 여성 회귀식 $\hat{Y}= (b_0 + b_2) + X_1(b_1 + b_3)$

더미변수의 또 다른 예시를 들어보자. 연구자가 사계절에 따른 기온이 감기환자수에 미치는 영향을 알고 싶다고 하자. 이 경우에 사계절은 '조절변수'가 된다. 이것은 계절마다 기온이 감기환자수에 미치는 인과관계를 알고자 하는 것을 의미한다. 즉 봄, 여름, 가을, 겨울의 계절마다의 회귀식은 물론 기온과 감기환자 간의 회귀계수의 기울기(영향력)를 비교하고 싶다는 의미가 된다. 이 경우에 사계절은 명목척도로서 더미변수로 만들어야 한다. 이에 대해 생각해보자. 더미변수의 개수는 사계절(봄, 여름, 가을, 겨울)에서 1을 뺀 세 개(DX_1, DX_2, DX_3)가 될 것이다. 이 경우에도 각각의 더미변수는 0과 1의 값을 갖는다. 세 개의 더미변수와 더미변수값 0과 1을 이용하여 계절별 회귀식을 표현할 수 있다. 그러기 위해서는 먼저 [표 10-4]와 같이 계절별 더미변수값을 설계해야 한다.

| 표 10-4 | 계절별 더미변수값의 설계

계절	dx1(여름)	dx2(가을)	dx3(겨울)
봄(기준)	0	0	0
여름	1	0	0
가을	0	1	0
겨울	0	0	1

기준은 더미변수값이 모두 0인 경우가 기준이 되며 이 경우의 회귀식이 기준회귀식이 된다. 여기서는 봄의 더미변수값을 모두 0으로 하여 기준으로 삼았다. 기준이 무엇이 되느냐는 연구자의 관심대상과 더미변수값의 지정에 달려 있다.

다음은 기온과 계절을 독립변수로 하고 감기환자의 수를 종속변수로 하는 회귀식이다. 여기서 계절은 조절변수가 된다. 더미변수값의 지정에 따라 각 계절의 회귀식이 표현된다. 그리고 회귀식은 다음과 같이 표현할 수 있다.

$$\hat{Y} = b_0 + b_1X_1 + b_2DX_1 + b_3DX_2 + b_4DX_3 + b_5(X_1 * DX_1) + b_6(X_1 * DX_2) + b_7(X_1 * DX_3)$$

봄 $DX_1 = 0, DX_2 = 0, DX_3 = 0$일 때

$$\hat{Y} = b_0 + b_1X_1$$

여름 $DX_1 = 1, DX_2 = 0, DX_3 = 0$일 때

$$\hat{Y} = b_0 + b_1 X_1 + b_2 + b_5 X_1 = (b_0 + b_2) + (b_1 + b_5) X_1$$

가을 $DX_1 = 0, DX_2 = 1, DX_3 = 0$일 때

$$\hat{Y} = b_0 + b_1 X_1 + b_3 + b_6 X_1 = (b_0 + b_3) + (b_1 + b_6) X_1$$

겨울 $DX_1 = 0, DX_2 = 0, DX_3 = 1$일 때

$$\hat{Y} = b_0 + b_1 X_1 + b_4 + b_7 X_1 = (b_0 + b_4) + (b_1 + b_7) X_1$$

≫ 그림 10-15 계절을 조절변수로 하는 기온과 환자수의 인과관계

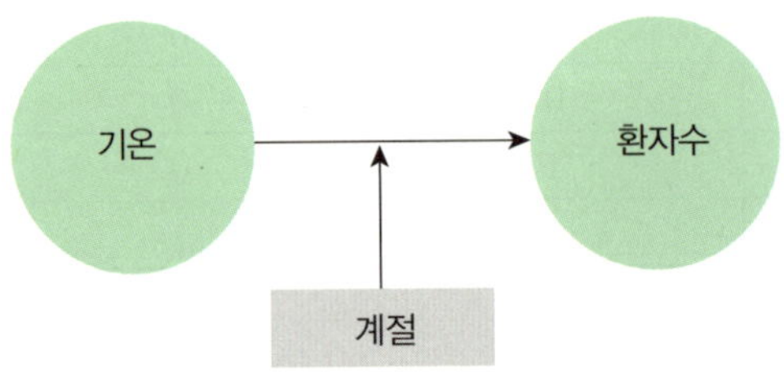

더미변수 활용에 대한 실습은 실전데이터 실습과정에서 다루기로 한다.

다음 장에서 측정변수의 타당성과 신뢰성을 제고시키기 위해 사용되는 요인분석과 신뢰성분석에 대해 알아보기로 한다.

CHAPTER

11 요인분석

아무리 연구자가 타당성과 신뢰성이 확보된 설문도구로 데이터를 수집했다고 할지라도 수집된 데이터 역시 타당성과 신뢰성이 확보되었다고 말하기 어렵다. 왜냐하면 응답자의 불안정 및 불성실, 측정문항의 체계적 오류 등이 발생할 가능성이 있기 때문이다. 타당성과 신뢰성이 검증되지 않은 수집된 그대로의 원데이터(raw data)로 인과분석을 하면 잘못된 결론에 도달할 가능성이 크다. 그래서 측정된 데이터의 타당성과 신뢰성을 높이기 위해 척도를 정화하는 작업이 수행된다. 척도의 정화란 수집된 데이터의 분석을 기초로 하여 타당성과 신뢰성이 떨어지는 문항들을 통계적으로 선별해서 제거해나가는 것이다. 이를 위해 탐색적 요인분석과 신뢰도분석이 사용된다. 특히 구조방정식모형을 사용할 경우에는 반드시 확인요인분석(측정모형분석)이 추가되어야 한다.

제 1 절 요인분석의 의의

1.1 요인분석의 의의와 목적

요인분석은 다변량적 기법으로서 여러 변수들 간의 상관관계를 토대로 정보의 손실을 최소로 하면서 변수의 개수보다 적은 수의 요인으로 자료의 변동을 설명하는 기법이다. 어느 병원에서 환자의 만족도를 측정하기 위해서 50개의 변수(측정문항)를 사용한다고 할 때 상관관계가 높은 변수들을 묶어서 수 개의 요인으로 나타낼 수 있다. 예를 들면 의료진, 행정서비스, 병원시설 및 환경, 부대시설, 병원이미지 등이 있다고 할 때에 의료진 요인에는 의사실력, 의사태도, 간호사 설명, 간호사 친절 등과 같은 변수들이 포함될 것이다.

요인분석의 핵심은 회귀분석처럼 사전에 독립변수와 종속변수가 지정되지 않으며 단지 변수들 간의 상호작용을 분석하여 상관관계가 높은 변수들을 동일 개념(요인)으로 묶는데 그 목적이 있다. 요인분석의 목적은 다음과 같다.

첫째, 요인분석은 많은 양의 측정자료를 축소시켜서 의미 있는 개념적 정보로 요약한다. 그래서 요인분석을 차원감소라고도 한다.

둘째, 의미 없어 보이는 측정변수들을 통계적으로 검증된 요인으로 묶어 요인들 간의 관계를 구조화할 수 있다. 요인분석 자체가 변수들 간의 인과관계를 분석하는 것은 아니다. 그러나 변수 간의 상관관계를 통하여 요인들이 발견되면 인과분석을 통하여 요인들 간의 관계를 구조화할 수 있다.

셋째, 동일한 개념으로 묶여지지 않는 변수들을 제거할 수 있다. 특정 변수가 특정 개념은 물론 다른 개념에도 속하지 못하고 또는 여러 개념에서 동시에 묶여질 때 그 변수는 제거될 수 있다.

넷째, 측정도구의 타당성을 검증하는 데 있다. 즉 최초에 동일 개념으로 측정한 변수들이 실제로 통계적으로 동일한 개념으로 묶여지는지를 확인한다.

탐색적 요인분석은 측정항목들이 목표하는 요인을 잘 구성하고 가지는지 또는 타당성을 가지고 목표하는 요인을 잘 설명하고 있는지를 통계적으로 검증하는 것을 말한다. 그리고 탐색적 요인분석은 확인적 요인분석과 달리 이론적 모형을 토대로 이루어지지 않는다. 즉 탐색적 요인은 이론적 모형을 토대로 하지 않으며 변수들이 요인에 가지는 적재값을 토대로 변수들을 통계적으로 묶어주는 역할을 한다.

1.2 요인분석의 선행조건

요인분석을 위해서는 주어진 자료가 요인분석을 실시하기에 적절한지를 살펴야 한다. 첫째, 측정자료는 등간척도 또는 비율척도로 이루어진 양적자료이어야 한다. 둘째, 요인분석을 수행할 변수들 간에 상관관계가 차별적으로 뚜렷해야 한다. 즉 변수들 간의 상관관계가 일률적으로 낮다면 요인분석은 불가능하다. 셋째, Bartlett 검정(KMO and Bartlett's test of sphericity)을 사용하여 '모상관행렬이 단위행렬'이라는 귀무가설이 기각되어야 한다. 그래야 변수들 간의 상관관계가 통계적으로 유의하다고 볼 수 있으며 요인분석을 적용할 수 있다. 넷째, 고유치의 스크리트 차트(screet chart)에 표시하였을 때 그래프가 크게 꺾이는 지점이 있어야 한다.

연구논문에서 요인분석의 가능성 타진을 위한 선행조건 분석으로 Bartlett 검정(KMO and Bartlett's test of sphericity)을 많이 사용하는 편이다.

1.3 고유치

고유치는 요인이 설명할 수 있는 변수들의 분산크기를 나타낸다. 고유치가 1 이상이라는 것은 하나의 요인이 변수 1개의 분산을 설명해준다는 것을 말하기 때문에 요인을 형성하기 위해서는 고유치가 1 이상이어야 한다. 바꾸어 말하면 고유치가 1보다 적다는 것은 1개 요인이 변수 1개의 분산도 설명해줄 수 없다는 것을 의미한다. 그러나 경우에 따라 연구자가 의도한 요인의 개수가 필요한 경우가 있다. 이 경우에는 SPSS 상에서 요인의 개수를 지정하면 고유치보다 지정된 요인의 개수가 우선시되어 요인분석이 실시된다. 즉 연구자가 필요한 요인의 개수에 따라 고유치가 1을 초과하거나 미달이 될 수 있다.

'설명된 분산의 %'는 요인 1의 설명력으로 총분산 중에서 요인이 설명하는 분산비율을 의미한다. 일반적으로 구성된 요인들은 누적된 '설명된 분산의 %' 값이 총분산의 60% 이상을 설명할 수 있어야 한다. 예를 들어 요인이 5개이면서 누적된 분산의 %가 70.65%를 보이고 있다면, 즉 고유치 1 이상인 5개의 요인이 전체 자료변동의 75%를 설명해주고 있음을 의미하며 바꾸어 말하면 35%의 정보손실이 있음을 의미한다.

1.4 요인적재치

요인적재치(factor loading)는 측정항목인 변수와 요인과의 상관관계를 나타내며 각각의 변수는 요인적재치가 가장 높은 요인에 속하게 된다. 요인적재치는 절대값이 0.4 이상이면 유의한 변수로 간주하나 원활한 데이터분석을 위해서 0.5 이상이어야 중요한 의미를 가지는 변수로 가치가 있다고 판단된다. 왜냐하면 0.5 미만의 변수들은 신뢰성분석, 확인요인분석 등 후속분석에서 추가적으로 제거되는 경우가 많으며, 요인적재치가 낮은 변수들을 가지고 갈 경우에 구조방정식 모형에서 모형의 적합도가 떨어지기 때문이다. 따라서 요인적재치의 기준치를 0.5 이상으로 할 것을 권유한다.

1.5 요인축의 회전방식

요인분석에서 변수들이 여러 요인에 대해 비슷한 요인적재치를 나타낼 경우에 변수들이 어느 요인에 속하는지를 구분하기가 쉽지 않다. 따라서 변수들의 요인적재치가 어느 한 요인에 높게 나타날 수 있도록 요인의 축을 회전시키게 된다. 요인축의 회전에는 일반적으로 직각회전과 사각회전이 많이 쓰인다. 이외에도 쿼터맥스, 이쿼맥스, 프로맥스 등이 있으나 실제 사용빈도는 낮다.

직각회전(varimax)이란 [그림 11-1]처럼 요인들의 회전축 사이의 각도를 직각을 유지하면서 회전시키는 것을 의미한다. 직각회전은 요인들 간의 상관관계가 0이라는 가정 하에 이루어지며 이 경우에 요인들 간의 판별타당성은 좋아진다.

반면에 사각회전(direct oblimin)은 요인들의 축 사이에 각도를 직각이 아닌 사각을 유지하며 회전하는 것으로 회전 시 각도는 옵션으로 선택될 수 있다. 사각회전은 직각회전과는 달리 요인들 간의 어느 정도 상관관계를 인정한다는 가정 하에 이루어진다. 대신에 판별타당성은 직각회전을 하였을 경우보다 다소 떨어질 수 있다. 사각회전 방식은 요인의 축들이 직각을 유지하지 않고 회전을 시키기 때문에 요인 간의 각도를 조정하여 높은 요인적재치는 더 높아지고 낮은 요인적재치는 더 낮아지도록 할 수 있다. 따라서 비교적 깨끗하게 요인별로 변수들이 묶이도록 할 수 있다.

실제로 사회과학분야에서는 요인들 간의 인과관계를 다루므로 요인들 간의 상관관계를 어느 정도 인정한다. 그래서 일부에서는 요인축을 회전할 때 요인 간의 상관관계를 0으로 하는 직각회전(varimax)에 비판적인 시각이 있는 것도 사실이다. 그럼에도 불구하고 다수의 사회과학 연구에서는 요인을 회전시킬 때에 사각회전의 사용은 소수이며 거의 대부분의 경우에서 직각회전이 사용되고 있다. 이러한 이유는 요인 간의 인과관계도 중요하지만 요인 간의 판별타당성에 좀 더 중요성을 두기 때문이다.

즉 요인(성분) 간에 독립성이 있는 경우에 요인들의 다중공선성(multicollinearity)에 의한 문제를 발생시키지 않기 때문이다.

» 그림 11-1 직각회전

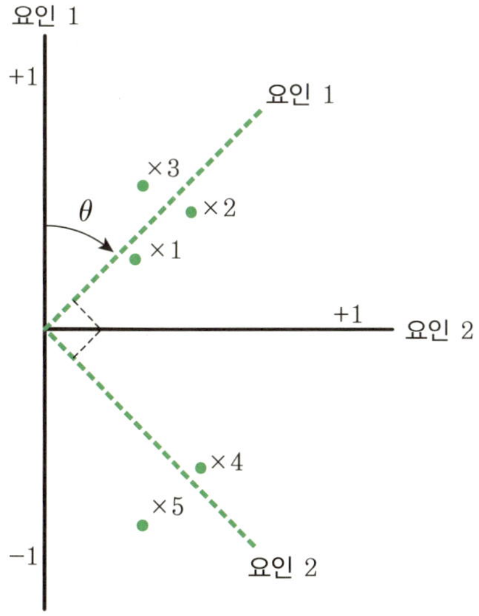

1.6 타당성 제고를 위한 변수의 제거방법

(1) 동일개념의 타당성 확인

기존 연구를 통하여 개발된 측정변수들이 동일한 개념을 반영하는지를 요인분석을 통하여 검증할 수 있다. 동일개념을 측정하는 변수들을 요인분석을 한다. 분석결과가 회전하지 않은 성분행렬이 한 개가 성분으로 나온다면 측정변수가 동일개념을 측정하기에 타당성을 가진다고 할 수 있다. 그러나 만약에 회전한 성분행렬이 두 개 이상의 성분으로 분류된다면 연구자는 타당성이 떨어지는 변수들을 제거하고 한 개의 성분이 될 수 있도록 해야 한다.

(2) 변수들로부터 요인 추출 및 확인

많은 변수를 여러 개의 구성개념(요인)으로 구분해야 하는 요인분석에서는 성분행렬에서 요인별로 변수들을 검토하여 어떤 변수들이 다른 요인에 대해서는 낮은 적재치를 가지면서 해당 요인에 대해서는 높은 적재치를 가지고 있는지를 조사하여 타당성이 떨어지는 변수들은 제거해 나간다.

즉 기존 이론을 근거로 개발된 다양한 개념(요인)들을 측정하는 변수들을 나열하고 변수들이 높은 상관관계를 가지고 개별 개념에 따라 통계적으로 묶이는지를 확인한다. 만약 특정 변수가 서로 다른 요인에 비슷한 수준의 요인적재치를 가진다면 그 특정변수는 타당성이 떨어지는 변수로서 제거되어야 한다.

(3) 기준치 이하 요인적재치의 변수 제거

기준치 이하의 요인적재치를 가지는 변수는 요인의 타당성과 신뢰성 제고 측면에서 제거되어야 한다. 변수의 요인적재치 기준은 0.4 이상이라고 하나 많은 변수들을 다루면서 구조방정식모형(공분산구조분석)을 사용해야 하는 경우에는 0.5 이상은 되어야 적합도지수를 맞추어 갈 수 있다.

(4) 배타적 단일 변수의 제거

요인분석과정에서 특정 한 개의 변수가 연구모형에 계획된 어떠한 요인에 속하지 못하고 연구자가 의도하지 않게 단독으로 요인을 형성하는 경우에 그 변수는 제거된다.

제 2 절 탐색적 요인분석

탐색적 요인분석(exploratory factor analysis)은 측정항목들이 목표하는 요인을 잘 구성하고 가지는지 또는 타당성을 가지고 목표하는 요인을 잘 설명하고 있는지를 통계적으로 검증하는 것으로 확인적 요인분석과 달리 이론적 모형을 토대로 이루어지지 않는다. 다음은 SPSS 예제를 통하여 요인분석을 설명하고자 한다.

예제 11-1

다음 자료는 인터넷쇼핑몰의 선택속성에 대한 측정자료이다. 다음의 요인과 해당요인의 설문항목은 기존연구를 토대로 작성되었다. 작성된 설문문항은 다음과 같다. 타당성이 확보될 수 있는 수준으로 요인분석을 실시하시오.

☞데이터는 저자 블로그에서 제공, 파일명: 요인분석(인터넷쇼핑몰)

쇼핑몰이미지
1. 인터넷쇼핑몰 인지도(img1)
2. 인터넷쇼핑몰 평판(img2)
3. 인터넷쇼핑몰 웹디자인(img3)

제품다양성
1. 쇼핑몰 상품다양(good1)
2. 브랜드 다양(good2)
3. 상품가격 다양(good3)
4. 상품디자인 다양(good4)

검색편리성
1. 상품목록 정리(srch1)
2. 상품검색방법이 다양(srch2)
3. 상품검색 도움기능 유용(srch3)
4. 상품정보 검색속도 빠름(srch4)

정보제공성
1. 정확한 정보 제공(info1)
2. 최신의 정보 제공(info2)
3. 유용한 정보 제공(info3)
4. 개인 상품구매정보 보호(info4)
5. 개인신상정보 보호(info5)

| 풀이 |

데이터분석 프로세스의 순서에 따라 탐색적 요인분석을 실시한다. [그림 11-2]와 같이 데이터(파일명: 요인분석(인터넷쇼핑몰))를 불러들이고 다음의 순서대로 클릭한다.

분석(Analyze) → 차원감소(D) → 요인분석(F)

≫ 그림 11-2 자료 입력창

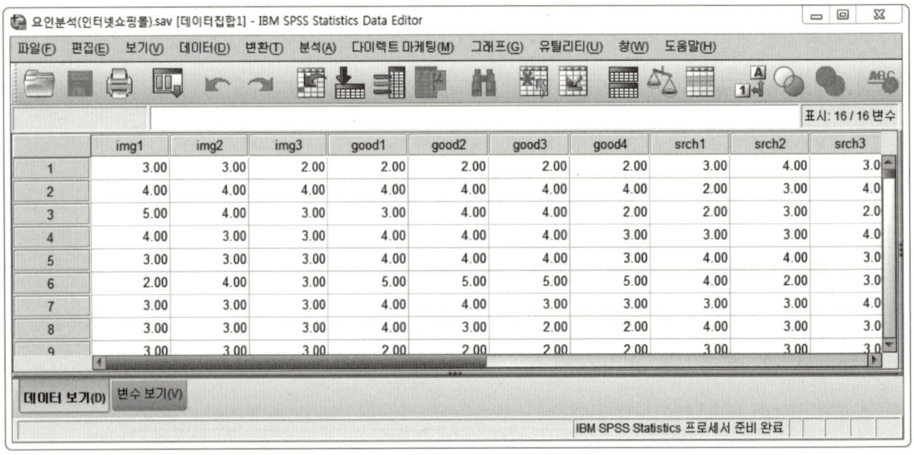

[그림 11-3]의 '요인분석' 창이 나타나면 '변수(V)'에 'img1'에서부터 'info5'까지 지정하여 입력한다. 여기서 요인분석의 대상은 일반적으로 다항목 측정변수들이다. 다항목이란 한 개 요인을 여러 개의 항목으로 측정한 것을 말한다. 다항목의 예를 들면 음식요인의 경우에 '음식 맛, 음식 양, 음식 품질, 음식 모양'의 다수 측정항목을 사용한 것을 말한다.

참고로 단일항목이란 한 개 요인을 한 개 항목으로 측정한 것을 말한다. 단일항목의 예를 들면 고객만족의 경우에 '전반적인 고객만족'의 단일 측정항목을 사용한 것을 말한다. 즉 단일항목으로 한 개의 요인을 구성할 수 있다.

단일항목의 경우는 단일변수 그 자체가 요인이기 때문에 탐색적 요인분석을 할 경우에 변수를 투입하지 않는다. 투입한다고 해도 측정문항에 독특한 차별성이 없는 경우에 탐색적 요인분석을 하는 과정에서 다른 요인의 항목들과 뒤섞일 가능성이 높다. 그렇기 때문에 특별한 경우가 아니라면 단일항목의 변수는 탐색적 요인분석을 실시할 때 다른 변수들과 함께 투입하지 않는다.

» 그림 11-3 **요인분석 변수입력창**

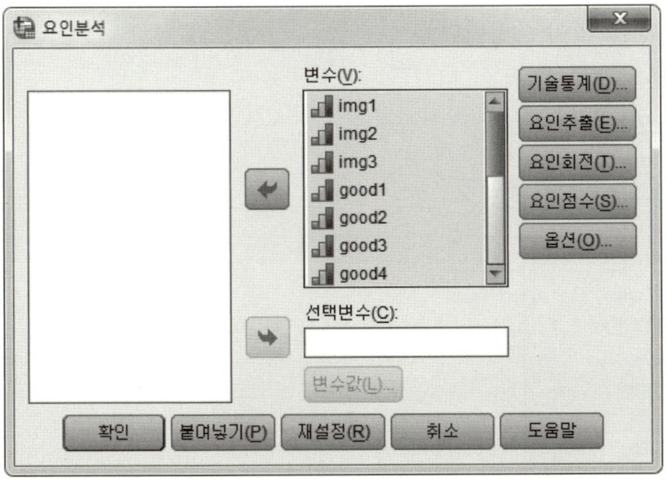

'요인분석' 창에서 '기술통계(D)'를 클릭하면 [그림 11-4]의 '요인분석: 기술통계' 창이 나타난다. 여기서는 변수들 간의 상관관계가 유의하여 요인분석을 적용할 수 있는지를 알아보기 위해 Bartlett 검정을 실시한다. '상관행렬위'에서 'KMO와 Bartlett의 구형성 검정(K)'을 지정한다. 그리고 '계속'을 클릭한다.

» 그림 11-4 **요인분석: 기술통계**

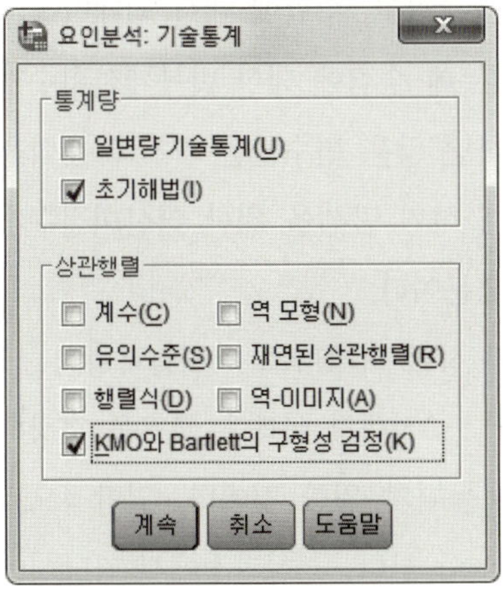

변수들이 여러 요인에 대하여 비슷한 요인부하량을 나타낼 경우에 변수들이 어느 요인에 속하는지를 분류하기가 힘들다. 따라서 변수들의 요인적재치가 어느 한 요인에 높게 나타나도록 요인축을 회전시키게 된다. 회전방식은 직각회전과 사각회전으로 대표되는데 주로 직각회전을 많이 이용한다.

≫ 그림 11-5 요인분석: 요인회전

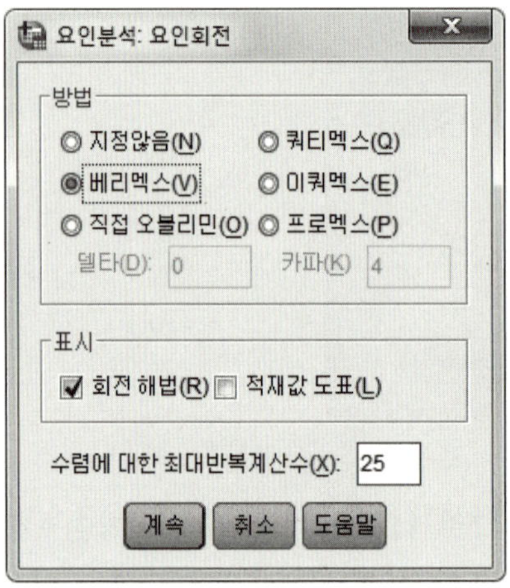

[그림 11-3]의 '요인회전(T)'을 클릭하면 [그림 11-5]의 창이 나타난다. 요인회전 방법에서 '배리맥스(V)'를 지정하고 '계속'을 클릭하면 '요인분석' 창으로 돌아온다. 특수한 목적이 아닌 이상 대부분의 경우에 요인 간의 판별타당성을 높이기 위해 직각회전을 선호하기 때문에 '배리맥스(V)'로 지정한다. 그리고 '수렴에 대한 최대반복계산수(X)'에 25회가 초기(default)값으로 정해져 있는데 수렴에 대한 반복계산횟수가 더 필요할 경우에 횟수를 증가시킬 수 있다. 왜냐하면 많은 변수들을 가지고 분석을 실시할 때 '수렴에 대한 최대반복계산수(X)'를 적게 하면 탐색을 위한 연산회전수가 적어지게 되어 연산이 중도에서 정지될 수 있기 때문이다.

'요인분석' 창에서 옵션을 누르면 [그림 11-6]의 창이 나타나고 계수출력형식 '크기순 정렬(S)'과 '작은 계수표시 안함(U)'을 지정한다. '절대값 아래'는 0.3을 지정하고 계속을 클릭한다. 이는 분석결과표의 가독성을 높이기 위한 것이다. 일반적으로 요인적재치는 0.5 이상(0.4 이상이라고도 함)은 되어야 한다. 분석과정에서 타당성이 떨어지는 변수를 탐지하여 제거하기 위해서 0.5 이하의 요인적재치의 변동상황을 모니터해야 하는데 '절대값 아래'는 0.3을 지정하면 이에 대한 탐지가 유리해지기 때문이다.

» 그림 11-6 **요인분석: 옵션**

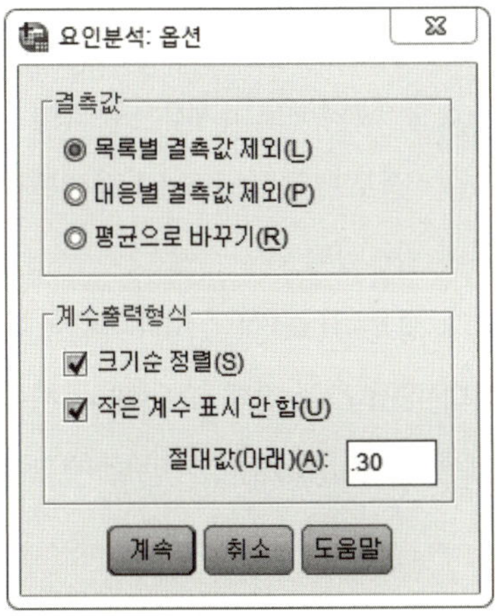

[그림 11-3]의 '요인분석' 창으로 돌아와 '확인'을 클릭하면 분석결과가 나타난다. 요인분석의 절차는 이론적으로 다양하며 복잡하다. 연구자마다의 절차 또한 다양하여 이견이 존재하기도 한다. 따라서 요인분석방법에 대하여 예시를 들면서 설명하는 교재는 거의 보기 힘들다. 그러나 본 책에서는 초보연구자들의 요인분석에 도움을 주고자 휴리스틱스의 긍정적 측면에서 간편 방법을 제시하고자 하니 연구에 참고하길 바란다. 많은 요인분석의 경험을 통하여 본인만의 효율적 분석방법을 발견하길 바란다. 특히 많은 변수를 다루는 경우에 요인분석의 정답은 없으며 연구자의 노하우로 인하여 천차만별이기도 하다. 요인분석은 연구자의 분석능력과 경험에 의하여 최적화된다.

간편 방법으로 타당성이 떨어지는 변수를 제거하는 방법을 설명하기 위해 먼저 회전된 성분행렬을 중심으로 보고자 한다. 기존연구들을 보면 대부분의 요인분석에서 변수를 제거하는 이론적 원리는 동일하더라도 연구자가 사용하는 방법론적으로나 경험상으로 인하여 연구자마다 차이가 난다. 많은 변수를 다루는 요인분석에서는 더욱 많이 차이가 나며 정답이 없을 정도로 논란의 여지도 있음을 미리 알린다. 따라서 요인분석의 결과는 연구논문의 심사에서도 타당성과 관련하여 민감하게 다루어질 수 있는 부분이기도 하며 심사위원의 판단에 따라 용인의 대상이기도 하다. 정리하면 많은 변수를 다루는 경우에 요인분석의 결과는 연구자의 요인분석 방법에 따라 연구자마다 다를 수 있으며 요인분석의 결과는 요인에 대한 측정변수의 타당성 확립을 위한 연구자의 최적화 노력에 달려있다고 하겠다.

요인적재치가 0.3 이하로 억제된 회전된 성분행렬을 보면 [그림 11-7]과 같다. 다음의 회전된 성분행렬을 전체적으로 관찰해보면 info2를 제외하고 4개의 요인(성분 1~4)으로 묶였고 각각의 성분마다 제품다양성(good), 정보제공성(info), 검색편리성(srch), 쇼핑몰이미지(img) 계열로 구분됨을 확인할 수 있다.

info2의 경우는 요인적재치가 성분 2(정보제공성)와 성분 4(쇼핑몰이미지)에서 각각 0.517과 0.648로 0.5 이상의 큰 값을 보이고 있다. info2는 2개 요인에 동시에 속해있는 변수로서 타당성에 문제가 있음을 보여주고 있기에 info2는 타당성 제고를 위해 삭제되는 것이 바람직하다.

>> 그림 11-7 회전된 성분행렬: 최초

회전된 성분행렬[a]

	성분			
	1	2	3	4
good1	.806			
good2	.778			
good3	.744			
good4	.625	.306		
info4		.867		
info5		.806		
info3		.603		.473
info1		.536		.431
srch2			.793	
srch3			.770	
srch4			.597	.380
srch1		.385	.551	
img2	.306			.708
info2		.517		.648
img1	.304			.598
img3	.349		.429	.526

요인추출 방법: 주성분 분석.
회전 방법: Kaiser 정규화가 있는 베리멕스.

a. 6 반복계산에서 요인회전이 수렴되었습니다.

다음 단계로 타당성이 떨어지는 info2를 삭제하고 요인분석을 실시하고 [그림 11-8]의 결과를 얻는다. info3과 info1은 성분 2에서 0.5 이상의 높은 요인적재치를 보이고 있고 성분 4에서 0.3대의 낮은 요인적재치를 보이고 있어 성분 4의 요인적재치는 무시할 수 있다. 따라서 info3과 info1의 타당성에는 문제가 없다고 할 수 있다. srch4와 srch1도 유사한 경우로 타당성을 저해하지 않는다고 할 수 있다. 그러나 img3은 성분 1은 0.3대로 무시하더라도 성분 3과 4에서 비슷한 크기로 요인적재치가 형성되어 있어 두 개의 요인에 속하며 더욱 중요한 것은 요인적재가 0.5 미만이라는 것이다. 따라서 img3은 삭제되는 것이 바람직하다.

>> 그림 11-8 **회전된 성분행렬: 2차**

회전된 성분행렬[a]

	성분			
	1	2	3	4
good3	.781			
good2	.770			
good1	.755			
good4	.672			
info4		.868		
info5		.840		
info3		.620		.307
info1		.574		.342
srch2			.794	
srch3			.752	
srch4			.624	.301
srch1	.308	.384	.552	
img3	.364		.472	.469
img2				.764
img1				.757

요인추출 방법: 주성분 분석.
회전 방법: Kaiser 정규화가 있는 베리멕스.
a. 5 반복계산에서 요인회전이 수렴되었습니다.

다음 단계로 타당성이 떨어지는 img3를 삭제하고 요인분석을 실시하고 [그림 11-9]의 결과를 얻는다. 성분 1, 2, 3, 4로 각각 상품다양성(good), 정보제공성(info), 검색편리성(srch), 쇼핑몰이미지(img)의 4개 요인이 확인되었고, info3, info1, srch1에서 요인적재치가 여러 요인에서 발견되나 0.3대 이하이고 격차가 커서 무시할 수준이므로 변수들의 타당성도 문제가 없는 것으로 판단된다.

≫ 그림 11-9 회전된 성분행렬: 최종

회전된 성분행렬[a]

	성분			
	1	2	3	4
good3	.789			
good2	.774			
good1	.753			
good4	.682	.328		
info4		.867		
info5		.843		
info3		.598		.334
info1		.570		.339
srch2			.829	
srch3			.764	
srch4			.595	
srch1	.301	.349	.581	
img1				.807
img2				.749

요인추출 방법: 주성분 분석.
회전 방법: Kaiser 정규화가 있는 베리멕스.
a. 5 반복계산에서 요인회전이 수렴되었습니다.

» 그림 11-10 **공통성과 회전되지 않은 성분행렬**

공통성

	초기	추출
img1	1.000	.700
img2	1.000	.694
good1	1.000	.672
good2	1.000	.675
good3	1.000	.657
good4	1.000	.643
srch1	1.000	.558
srch2	1.000	.749
srch3	1.000	.660
srch4	1.000	.474
info1	1.000	.571
info3	1.000	.494
info4	1.000	.799
info5	1.000	.739

추출 방법: 주성분 분석.

성분행렬[a]

	성분			
	1	2	3	4
good4	.722	-.160	-.191	-.245
info1	.697	.226	-.108	.153
srch1	.686	.129	.219	-.150
img2	.623	-.213	-.043	.509
good2	.612	-.493	-.135	-.196
good1	.607	-.521	-.126	-.130
srch3	.582	.178	.537	.042
srch4	.577	.093	.355	.079
good3	.569	-.344	-.336	-.318
info5	.566	.553	-.334	-.035
info3	.544	.329	-.172	.245
info4	.497	.686	-.242	-.150
srch2	.549	-.028	.603	-.290
img1	.476	-.333	-.011	.602

요인추출 방법: 주성분 분석.

a. 추출된 4 성분

공통성(communality)은 요인들이 각 변수의 분산을 설명해주는 정도로서 주성분 분석법(principal component analysis)에 의해 추출되며, 변수에 포함된 요인들에 의해서 설명되는 비율이라고 할 수 있다. [그림 11-10]에서 예를 들면 img1의 경우에 4개의 요인에 의해 분산이 설명되는 부분은 70.0%이다. 공통성은 회전되지 않은 성분행렬에서 img1의 요인별 요인적재치 제곱의 합으로 산출된다. 공통성 낮으면 요인에서 변수의 중요도가 낮기 때문에 그 변수는 분석에서 제외시키는 것이 좋다.

공통성: $h^2 = (0.476)^2 + (-0.333)^2 + (-0.011)^2 + (0.602)^2 = 0.700$

» 그림 11-11 설명된 총분산

설명된 총분산

성분	초기 고유값			추출 제곱합 적재값			회전 제곱합 적재값		
	합계	% 분산	% 누적	합계	% 분산	% 누적	합계	% 분산	% 누적
1	4.995	35.679	35.679	4.995	35.679	35.679	2.597	18.547	18.547
2	1.808	12.918	48.597	1.808	12.918	48.597	2.521	18.007	36.554
3	1.222	8.731	57.328	1.222	8.731	57.328	2.262	16.154	52.709
4	1.059	7.565	64.893	1.059	7.565	64.893	1.706	12.184	64.893
5	.813	5.809	70.702						
6	.668	4.769	75.471						
7	.617	4.409	79.881						
8	.555	3.966	83.846						
9	.494	3.531	87.377						
10	.448	3.203	90.580						
11	.419	2.992	93.571						
12	.400	2.858	96.429						
13	.281	2.006	98.436						
14	.219	1.564	100.000						

추출 방법: 주성분 분석.

요인분석의 목적은 변수를 요인으로 줄이는 데 있으므로 [그림 11-11]에 나타난 요인 14개를 모두 사용하는 것은 합리적이지 못하다. 고유치는 각 요인이 설명해주는 분산의 양을 의미한다. 고유치가 1 이상이라는 것은 하나의 요인이 변수 1개의 분산을 설명해준다는 것을 말하기 때문에 요인을 형성하기 위해서는 고유치가 1 이상이어야 한다. 바꾸어 말하면 고유치가 1보다 적다는 것은 1개 요인이 변수 1개의 분산도 설명해줄 수 없다는 것을 의미한다. 모든 요인의 고유값의 합계는 요인분석에 사용된 변수의 수와 같다. 여기서는 변수의 개수는 14개이다.

요인의 고유치는 회전되기 전의 변수별 요인적재치의 제곱의 합으로 구할 수 있다. 예시로 [그림 11-12]의 요인 1의 고유치를 계산하면 다음과 같다.

$$\text{요인 1의 고유치} = (0.722)^2 + (0.697)^2 + (0.686)^2 + \cdots + (0.476)^2 = 4.995$$

» 그림 11-12 **회전되지 않은 성분행렬**

성분행렬[a]

	성분			
	1	2	3	4
good4	.722	-.160	-.191	-.245
info1	.697	.226	-.108	.153
srch1	.686	.129	.219	-.150
img2	.623	-.213	-.043	.509
good2	.612	-.493	-.135	-.196
good1	.607	-.521	-.126	-.130
srch3	.582	.178	.537	.042
srch4	.577	.093	.355	.079
good3	.569	-.344	-.336	-.318
info5	.566	.553	-.334	-.035
info3	.544	.329	-.172	.245
info4	.497	.686	-.242	-.150
srch2	.549	-.028	.603	-.290
img1	.476	-.333	-.011	.602

요인추출 방법: 주성분 분석.
a. 추출된 4 성분

'설명된 분산의 %'는 이것은 요인 1의 설명력으로 총분산 중에서 요인이 설명하는 분산비율을 의미한다. 예를 들어 요인 1의 설명력(분산비)을 계산하면 다음과 같이 35.68%임을 알 수 있다.

요인 1의 설명력(분산비) = 고유치(요인적재치 제곱의 합) ÷ 변수의 개수
= 4.995 ÷ 14
= 0.35679

일반적으로 구성된 요인들은 누적된 '설명된 분산의 %' 값이 총분산의 60% 이상을 설명할 수 있어야 한다. [그림 11-11]에서는 누적된 분산의 %가 64.893%를 보이고 있다. 즉 고유치 1인 4개의 요인 전체 자료변동의 64.89%를 설명해주고 있음을 의미한다.

KMO(Kaiser-Mayer-Olkin)와 Bartlett 검정이 기존연구에서 적지 않게 사용되

기에 이에 대하여 간단하게 알아보기로 한다. KMO(Kaiser-Mayer-Olkin)와 Bartlett 검정은 수집된 자료가 요인분석에 적합한지의 여부를 판단한다. 먼저 KMO 값은 표본적합도를 나타내는 값으로 0.5 이상이면 표본자료는 요인분석에 적합함을 알 수 있다. Bartlett의 구형성 검정은 변수 간의 상관행렬이 단위행렬인지 여부를 판단하는 검정이다. 여기서 단위행렬(identity matrix)은 대각선이 1이고 나머지는 모두 0인 행렬을 말한다. 여기서 유의행렬이 유의수준 0.05보다 작으면 '변수 간 행렬이 단위행렬'이라는 귀무가설이 기각되어 요인분석을 하는데 무리가 없는 것으로 판단한다.

이것을 실행하기 위해 [그림 11-13]처럼 요인분석 변수입력창에서 '기술통계(D)'를 클릭하면 [그림 11-14]의 '요인분석: 기술통계' 창이 뜬다. 여기서 'KMO와 Bartlett의 구형성 검정(K)'을 지정하고 '계속'과 '확인'을 연속 클릭하면 [그림 11-15]의 결과를 얻을 수 있다.

>> 그림 11-13 **요인분석 변수입력창**

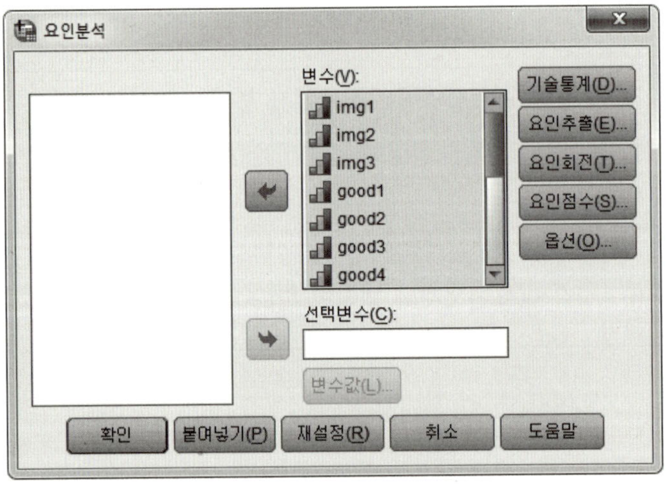

≫ 그림 11-14 요인분석: 기술통계창

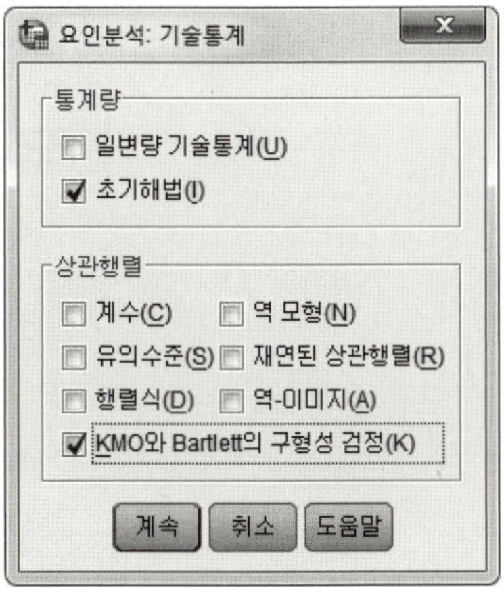

≫ 그림 11-15 KMO와 Bartlett의 구형성 검정 결과

KMO와 Bartlett의 검정

표준형성 적절성의 Kaiser-Meyer-Olkin 측도.		.824
Bartlett의 구형성 검정	근사 카이제곱	1280.862
	자유도	91
	유의확률	.000

[그림 11-15]의 검정결과를 보면 KMO값이 0.824이고 Bartlett의 구형성 검정의 유의확률이 0.000으로 유의수준(α)보다 작아 요인분석을 하는데 무리가 없음을 보여주고 있다.

다음 장에서는 신뢰성분석에 대하여 알아보기로 한다.

CHAPTER

12 신뢰성분석

제 1 절 신뢰성분석의 의의

탐색적 요인분석이 끝난 후에 데이터분석 프로세스의 순서에 따라 신뢰성분석을 실시한다. 탐색적 요인분석은 타당성을 검정하는 것이고 신뢰성분석은 응답의 일관성을 검정하는 것이다. 앞에서 언급한 것처럼 타당성이 보장되면 신뢰성도 보장되지만 신뢰성이 보장되었다고 해서 타당성이 보장되는 것은 아니다. 따라서 가장 합리적이고 효율적인 분석순서는 탐색적 요인분석 후에 신뢰성분석을 하는 것이 바람직하다.

신뢰성(reliability)은 동일한 개념에 대해서 반복적으로 측정했을 때 나타나는 측정값들의 분산을 의미한다. 신뢰성분석은 구성개념, 즉 요인을 구성하는 측정변수들이 응답자의 일관된 응답을 이끌어냈는지를 알아보는 분석방법이다. 따라서 응답의 일관성이 떨어지는 측정변수는 제거되어야 한다.

신뢰성분석의 방법에는 대표적으로 재검사법, 반분법, 문항분석법, 알파계수법이 있다. 재검사법은 동일한 측정도구를 이용하여 동일한 상황에서 동일한 대상에게 일정기간이 지난 후에 반복 측정하여 측정의 동일성을 비교 평가하는 방법이다. 반분법은 전체 측정문항을 임의로 반분하여 독립적인 두 집단에게 설문하여 이들 측정치 간의 상관관계를 분석하여 신뢰도를 측정하는 방법이다. 문항분석법은 구성개념의 총합점수와 각 문항별 측정값의 상관관계를 평가하는 방법이다. 마지막으로 알파계수법은 동일한 측정을 위하여 항목 간의 평균적인 관계에 근거하여 내적인 일관성을 구하는 방법이다. 여기에는 크론바하알파계수가 기준값으로 이용된다.

실제로 많은 연구논문에서 신뢰성 측정을 위해 알파계수법에 의한 크론바하알파(Cronbach's alpha)계수법이 사용되며 알파계수는 하나의 개념에 대해 여러 측정항목으로 구성된 척도를 사용할 경우에 해당문항을 가지고 가능한 모든 반분신뢰도(split-half reliability)를 구하고 이들의 평균값을 산출한 것이다. 연구논문에서 크론바하알파(Cronbach' alpha)값이 0.6 이상이면 요인을 구성하고 있는 측정문항들이 응답의 일관성, 즉 신뢰도가 높다고 판단한다. 크론바하알파값의 산출식은 다음과 같다.

$$\alpha = \frac{N}{N-1}\left(1 - \Sigma\frac{\sigma_i^2}{\sigma_t^2}\right)$$

여기서, N: 문항수

σ_t^2: 총분산

σ_i^2: 각 문항의 분산

예제 12-1

11장 요인분석의 [예제 11-1]에서 산출된 요인분석의 최종결과를 토대로 요인별로 신뢰성분석을 실시하시오.

☞ 데이터는 저자 블로그에서 제공, 파일명: 요인분석(인터넷쇼핑몰)

| 풀이 |

최종 요인분석에서 얻어진 결과를 토대로 먼저 상품다양성(good)의 신뢰도분석을 실시하기로 한다. [그림 12-1]에서 요인 상품다양성(good)에서 요인분석을 통해 최종적으로 타당성이 입증된 변수는 good1, good2, good3, good4의 네 개이다. 이들 네 개의 변수의 신뢰성분석 절차는 다음과 같다.

그림 12-1 회전된 성분행렬: 최종

회전된 성분행렬[a]

	성분			
	1	2	3	4
good3	.789			
good2	.774			
good1	.753			
good4	.682	.328		
info4		.867		
info5		.843		
info3		.598		.334
info1		.570		.339
srch2			.829	
srch3			.764	
srch4			.595	
srch1	.301	.349	.581	
img1				.807
img2				.749

요인추출 방법: 주성분 분석.
회전 방법: Kaiser 정규화가 있는 베리멕스.
a. 5 반복계산에서 요인회전이 수렴되었습니다.

전체 문항이 아닌 요인별 측정항목의 신뢰도분석은 요인별로 진행된다. 먼저 데이터를 불러들이고 다음의 순서대로 클릭한다.

분석(A) → 척도(A) → 신뢰도분석(R)

[그림 12-2]처럼 '신뢰도분석' 창이 열리면 요인별 측정문항을 '항목(I)'으로 이동시킨다. 상품다양성의 측정변수 good1을 포함한 4개의 변수를 이동시킨다.

≫ 그림 12-2 **신뢰도분석**

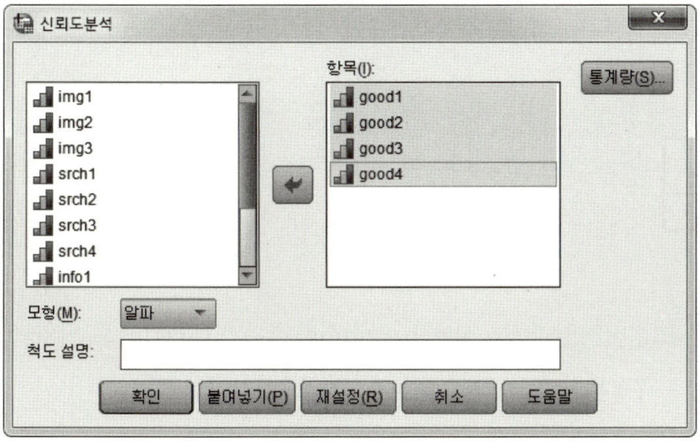

'신뢰도분석' 창의 '통계량(S)'을 클릭하면 [그림 12-3]의 '신뢰도분석: 통계량' 창이 열린다.

≫ 그림 12-3 **신뢰도분석: 통계량**

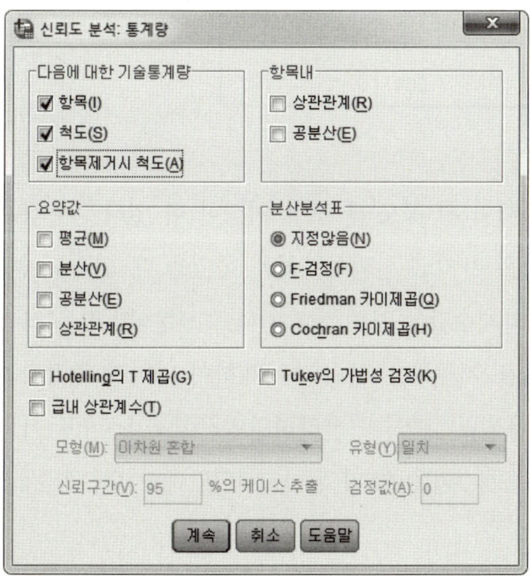

'다음에 대한 기술통계량'에서 '항목', '척도', '항목제거 시 척도'를 모두 지정한다. '계속'을 클릭한 후에 '신뢰도분석' 창에서 '확인'을 클릭하면 [그림 12-4]의 결과를

얻을 수 있다.

>> 그림 12-4 신뢰도 통계량

신뢰도 통계량

Cronbach의 알파	항목 수
.807	4

상품다양성의 경우에 크론바하알파(Cronbach's alpha)계수가 0.807으로 나와 상품다양성을 이루고 있는 측정문항의 신뢰성이 높은 것으로 나타났다.

>> 그림 12-5 항목 총계 통계량

항목 총계 통계량

	항목이 삭제된 경우 척도 평균	항목이 삭제된 경우 척도 분산	수정된 항목-전체 상관관계	항목이 삭제된 경우 Cronbach 알파
good1	10.4637	4.646	.640	.750
good2	10.7581	4.330	.652	.743
good3	10.7460	4.595	.596	.770
good4	10.9758	4.518	.604	.767

'다음에 대한 기술통계량'에서 '항목제거 시 척도'를 모두 지정한 바 있다. 이 경우에 특정 항목을 제거하고 나머지 문항을 가지고 신뢰성분석을 하였을 때 신뢰도계수를 보여주며, 모든 경우의 크론바하알파계수값을 보여주고 있다. 이 분석방법은 크론바하알파값이 0.6을 밑돌 때에 신뢰성을 저해하는 변수를 삭제하여 나머지 측정항목들의 신뢰도계수를 개선하기 위해 사용된다. 만약 크론바하알파값이 0.55라고 하고 특정 변수를 제거했을 때의 예상 신뢰도계수가 0.65가 된다고 하면 해당 변수를 제거해서 신뢰도를 개선시킬 수 있다 된다.

[그림 12-5]는 이에 대한 결과물을 보여주고 있다. 결과표에서 good1의 '항목이 삭제된 경우의 크론바하알파'가 0.750이라는 의미는 good1을 제거하고 나머지 good2, good3, good4를 가지고 신뢰성분석을 했을 경우 크론바하알파값이 0.750이 나온다는 의미이다. 신뢰성분석을 한 결과 유형성을 구성하는 측정항목의 크론바

하알파값이 0.807로 나타났고, 이 이상의 개선의 여지가 없음을 보여주고 있다.

다음은 정보제공성(info)의 신뢰도분석을 실시하기로 한다. 앞의 [그림 12-1]에서 요인 정보제공성(info)에서 요인분석을 통해 최종적으로 타당성이 입증된 변수는 info1, info3, info4, info5의 네 개이다. 이들 변수의 신뢰성분석 절차는 다음과 같다.

[그림 12-6]처럼 '신뢰도분석' 창을 열고 4개의 변수를 '항목(I)'으로 이동시킨다.

≫ 그림 12-6 **신뢰도분석**

'신뢰도분석' 창의 '통계량(S)'을 클릭하면 [그림 12-7]의 '신뢰도분석: 통계량' 창이 열린다.

》 그림 12-7 **신뢰도분석: 통계량**

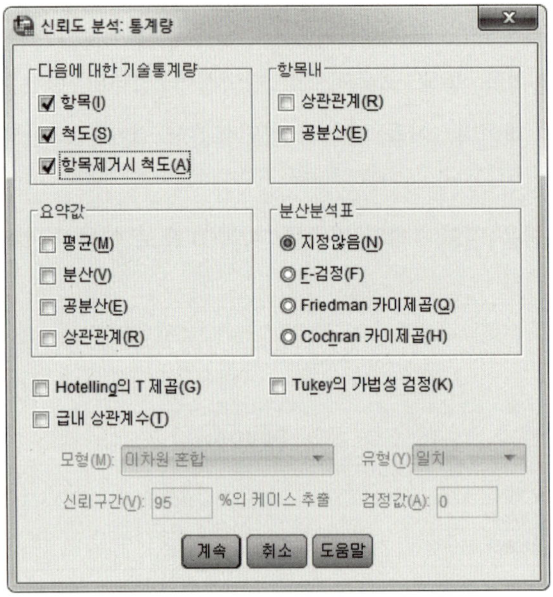

'다음에 대한 기술통계량'에서 '항목', '척도', '항목제거 시 척도'를 모두 지정한다. '계속'을 클릭한 후에 '신뢰도분석' 창에서 '확인'을 클릭하면 [그림 12-8]의 결과를 얻을 수 있다.

》 그림 12-8 **신뢰도 통계량**

신뢰도 통계량

Cronbach의 알파	항목 수
.776	4

상품다양성의 경우에 크론바하알파(Cronbach's alpha)계수가 0.776으로 나와 정보제공성을 이루고 있는 측정문항의 신뢰성이 높은 것으로 나타났다.

» 그림 12-9 항목 총계 통계량

항목 총계 통계량

	항목이 삭제된 경우 척도 평균	항목이 삭제된 경우 척도 분산	수정된 항목-전체 상관관계	항목이 삭제된 경우 Cronbach 알파
info1	9.6492	3.362	.534	.745
info3	9.5242	3.441	.505	.760
info4	9.7419	3.132	.644	.687
info5	9.9274	3.266	.640	.691

[그림 12-9]는 이에 대한 결과물을 보여주고 있다. 결과표에서 info1의 항목을 삭제하고 나머지 항목으로 신뢰성분석을 했을 경우 크론바하알파값이 0.745이다. 이와 동일한 방법으로 info2를 제거했을 때, info4를 제거했을 때, info5를 제거했을 때, 크론바하알파값이 각각 0.760, 0.687, 0.691로 나타났다. 이들 값들은 앞의 0.776보다 낮기 때문에 더 이상의 개선의 여지가 없음을 보여주고 있다.

나머지 검색편리성(serch), 이미지(img)에 대한 신뢰도분석은 각자 해보기로 한다. 앞에서 타당성분석을 통해 높은 타당성이 확보되었기 때문에 신뢰도분석 과정에서 제거되는 변수는 없을 것이다.

제3부에서는 본격적인 실전데이터분석에 앞서서 구조방정식모형과 이를 기반으로 하는 논문통계분석 프로세스에 대해 알아보기로 한다.

SPSS/AMOS 활용
구조방정식모형 논문통계분석

PART 03

AMOS 구조방정식 모형 통계분석

CHAPTER

13 구조방정식모형 기반 논문통계분석 프로세스

제 1 절 경로모형과 구조방정식모형

1.1 경로모형과 경로분석

경로모형은 현상의 원인 및 결과로 여겨지는 원인변수와 결과변수 사이의 관계를 나타내는 모형이며 이를 분석하는 방법을 경로분석이라고 한다. 회귀분석은 여러 개의 독립변수가 하나의 종속변수에 미치는 영향을 조사하지만 경로분석에서는 독립변수들 간의 혹은 독립변수와 종속변수 사이의 관계를 조사할 수 있다. 따라서 경로분석은 회귀분석을 확장한 개념이라고 말할 수 있다. 독립변수와 종속변수 사이의 인과관계는 경로계수로 표현되며 이는 회귀계수와 동일한 개념이다. 경로분석에서 인과효과는 변수들 간의 공분산 또는 상관관계를 이용하여 계산된다. 경로계수에는 회귀계수와 마찬가지로 '비표준화 경로계수'와 '표준화 경로계수'가 있다. 특히 표준화된 경로계수를 통하여 인과관계나 상관관계상에서 상대적인 영향력의 크기를 알 수 있다.

경로분석의 설명을 위해 다음의 예를 살펴보자. 어느 연구자는 병원의 의료진과 병원시설이 환자만족과 환자의 재방문에 미치는 영향을 연구하기 위해 다음 가설을 설정하였으며, 이를 연구모형으로 나타내면 [그림 13-1]과 같다.

가설 1.1: 의료진은 재방문에 정(+)의 영향을 미칠 것이다.
가설 1.2: 병원시설은 재방문에 정(+)의 영향을 미칠 것이다.
가설 2.1: 의료진은 환자만족에 정(+)의 영향을 미칠 것이다..
가설 2.2: 병원시설은 환자만족에 정(+)의 영향을 미칠 것이다.

가설 3: 환자만족은 재방문에 정(+)의 영향을 미칠 것이다.

그림 13-1 병원성과 연구모형

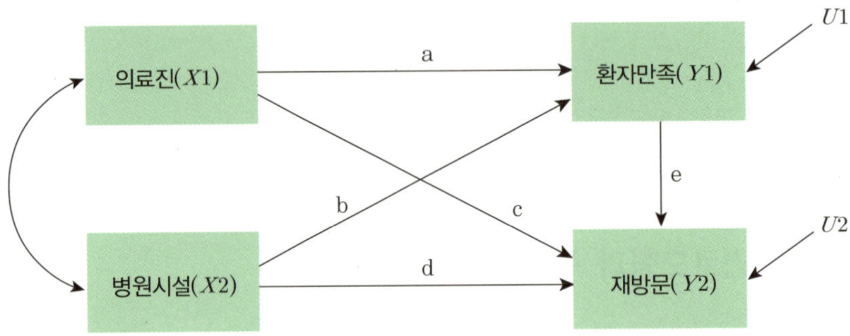

만일 연구자가 재방문에 관심을 가지고 있어, 이에 영향을 미치는 변수로서 의료진(X1), 병원시설(X2), 환자만족(Y1) 등을 고려한다면 다음과 같은 하나의 표준화된 회귀식을 설정할 수 있다.

$$Y2 = cX1 + dX2 + eY1 + U2$$

여기서, $U2$는 독립변수들이 종속변수를 설명할 수 없는 부분을 나타내는 오차항이다.

이 회귀식은 표준화되어 있어 절편을 가지고 있지 않다. 사실 경로분석에서는 표준화된 자료에 근거하여 모형을 설계하므로, 회귀식의 절편은 0이 된다. 그런데 계속해서 환자만족이 의료진과 병원시설에 의하여 영향을 받는지 알고 싶다면 다음 회귀식을 추가할 수 있다.

$$Y1 = aX1 + bX2 + U1$$

여기서, $U1$은 $U2$와 마찬가지로 독립변수들이 종속변수를 설명할 수 없는 부분을 나타내는 오차항이다.

회귀분석은 독립변수들 전체와 하나의 종속변수 사이의 관계를 설명하고 예측하는 데에 유용한 정보를 제공해준다. 회귀분석에서는 독립변수 간에 상관관계가 없다고 가정하며, 회귀계수는 직접효과만을 설명해준다. 이제 두 회귀식을 결합하면 이른바

Two-Stage 회귀분석이 가능해지며, 나아가서 경로분석이 된다. 계량경제학에서는 이를 동시방정식모형(simultaneous equation model)이라고 부른다.

경로분석은 실제로 회귀식들의 묶음이므로 회귀분석의 일반 최소제곱법(ordinary least square: OLS)으로 모수(특징수), 즉 경로계수를 추정할 수 있다. 앞장에서 설명한 바와 같이, OLS법은 결과변수(종속변수)를 원인변수(독립변수)에 회귀시켜서 회귀계수를 구한다.

한편, 경로분석은 모든 관련된 변수들 간의 인과관계를 나타낸다. 따라서 모든 경로를 나타내기 위해서 위의 두 회귀식뿐만 아니라, 의료진($X1$)과 병원시설($X2$) 사이의 상관관계를 고려하면(곡선 쌍두화살표로 나타냄), [그림 13-1]은 경로분석을 위한 경로모형이 된다. 회귀분석에서는 원인변수들이 결과변수에 미치는 직접효과만을 고려하지만, 경로분석에서는 이론적인 가정이 성립되는 변수는 모두 포함될 수 있다. 만일 의료진이 환자만족에 영향을 미친다는 가설을 빼고자 한다면 그 경로를 제거하면 된다, 그리고 의료진이 병원시설에 일방적으로 영향을 미친다고 가정하면, 곡선 대신에 직선화살표로 나타내면 된다.

경로분석에서는 각각의 경로가 이론적인 가설을 내포한다. 경로모형은 이 가설을 총체적으로 결합하여 그림으로 나타낸 것이다. 따라서 수집된 자료가 경로모형으로 나타낸 인과모형에 적합하게 나타내는지 여부를 검정한다. 이 검정결과가 적합하다면 연구는 완성단계로 나아갈 수 있다. 그러나 부적합함이 발견되면 이론을 수정하여 경로모형을 재설계하고 이를 재검정한다.

경로분석은 다음과 같은 가정에서 이루어진다. 첫째, 변수들 간의 구조는 선형적(linear)이며 부가적(additional)이다. 둘째, 잠재변수는 하나의 측정변수로 이루어져 있다. 본서에서는 잠재요인보다 잠재변수라는 용어를 사용한다. 왜냐하면 본서에서 잠재요인은 여러 측정변수로 이루어져 있는 것을 뜻하기 때문이다. 셋째, 측정오차는 없으며 따라서 측정오차 사이의 상관관계도 없다. 측정오차는 부정확한 응답으로 야기되며, 또한 태도나 동기유발처럼 추상적인 개념을 다룰 때에 응답자마다 의도하는 것에 차이가 있을 수 있다. 넷째, 인과관계는 한 방향으로만 진행되며, 하나의 직선 또는 곡선화살표만 있다. 경로는 한 번 이상 같은 변수를 지나갈 수 없다. 다섯째, 변수들은 등간척도나 비율척도로 측정되어야 한다. 이러한 가정 하에서, 우리는 경로분석을 통하여 잠재변수들의 관계를 분석한다.

[그림 13-1]에서 경로모형은 여러 효과를 나타낸다. 일방 직선화살표는 직접효과를 나타내는 데에 사용되며 이를 직접경로라고 부른다. 쌍두 곡선화살표는 서로 영향을 주고받는 상관관계를 나타낸다. 의료진($X1$)은 재방문($Y2$)에 대하여 직접효과를 가지고 있으나, 환자만족($Y1$)을 거쳐서 재방문($Y2$)에 전달되는 간접효과도 가진다. 직접효과를 나타내는 직접경로만이 경로계수를 가지며, 이는 회귀계수와 유사하다. 곡선화살표인 상관관계는 원래 자료분석에서 나오는 상관행렬의 계수를 그대로 이용한다.

일반적으로 경로계수는 크기도 문제지만 주로 0인지 여부, 그리고 양인가 음인가를 밝히는 것이 중요한 과제이다. 직선화살표는 외생변수인 원인변수로부터 출발하며, 화살표가 도착하는 변수는 결과변수가 된다. 원인변수는 예측변수 또는 설명변수라고도 한다. 만일 $X1$과 $Y2$ 사이에 직접경로가 없다고 가정해도 이것은 $Y2$의 설명변수가 될 수 있다. $X1$이 $Y1$을 매개로 연결되고 있기 때문이다. 이 경우에 $Y1$은 $X1$의 결과변수이면서 또한 $Y2$의 설명변수가 된다. 즉 간접효과를 나타낸다.

이와 같이 경로도형의 중간에 있는 변수는 결과변수이면서 원인변수(설명변수)가 된다. 즉, 매개변수의 역할을 한다. 그러나 도형의 맨 앞에 있는 변수는 설명변수로서 다른 어느 변수에 의하여도 설명되지 않으므로, 독립변수 혹은 외생변수라고 부른다. 그 외의 변수들은(중간에 있는 매개변수를 포함해서) 모두 결과변수 혹은 내생변수가 된다. 그런데 이 내생변수는 연구모형에 포함된 설명변수에 의하여 100% 완전하게 설명되기 어렵다. 이렇게 설명되지 않은 부분을 잔차(residual)라고 부른다. 현재의 모형에는 실제로 많은 다른 변수가 누락되어 있는 것으로 보기 때문에 이들을 향하여 오차변수($U1$, $U2$)로 나타내며, 짧은 직선화살표로 나타낸다.

앞에서 설명한 바와 같이 경로분석은 여러 회귀식의 묶음이다. 따라서 회귀분석에서 흔히 이용되는 일반 최소제곱법(OLS)으로 알려져 있지 않은 모수를 구할 수 있다. 이 회귀계수는 경로계수가 된다. 하나의 내생변수는 하나의 회귀식을 가지므로 내생변수의 숫자에 따라 회귀식의 개수가 정해진다.

1.2 구조방정식모형과 공분산구조분석

본격적으로 구조방정식모형을 활용한 데이터분석 프로세스를 논하기 전에 먼저 구조방정식모형에 대하여 간략히 알아보고자 한다. 구조방정식모형은 공분산구조모형 또는 공변량구조모형이라고도 하며, 이를 통하여 이루어지는 분석을 공분산구조분석(covariance structure analysis)이라고 한다. 공분산구조분석은 사회학과 심리학에서 개발된 측정이론과 계량경제학에서 개발된 연립방정식모델이 결합되어 발전된 분석법이다. 구조방정식모형은 요인과 변수들 간의 인과관계를 표현하는 방정식이다. 즉 잠재요인(요인, 구성개념)들 간의 인과관계 검토를 요인에 딸린 변수의 수준에서 사용되는 모형이라고 할 수 있다. 구조방정식모형은 측정방정식과 경로모형으로 구성하여 인과모형을 표현한다. 측정방정식은 잠재요인이 공통의 원인으로서 복수의 측정변수에 영향을 주고 있는 모양을 나타내기 위한 방정식이다. 즉 구조방정식모형은 확인요인분석과 요인들 간의 단순 인과관계를 알아보는 경로분석이 결합된 방법론이라고 할 수 있다. [그림 13-2]는 구조방정식모형의 예시이며 확인요인분석모형과 경로분석모형이 하나의 모형으로 결합된 상태이다.

» 그림 13-2 구조방정식모형의 구조 예시

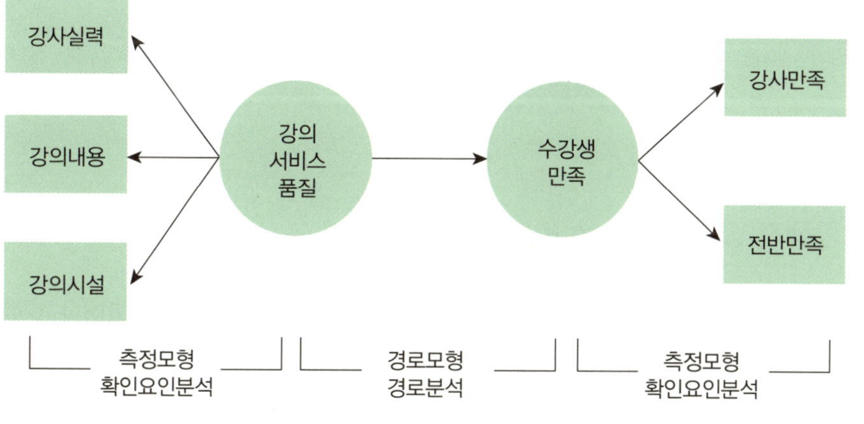

제 2 절 논문통계분석 프로세스

일반적으로 구조방정식모형을 기반으로 SPSS와 AMOS를 활용한 연구논문의 인과관계분석에는 연구자들 간에 암묵적으로 권장되는 분석기법과 프로세스가 존재한다. 그래서 본격적인 SPSS와 AMOS를 활용한 데이터분석과 연구논문 작성에 앞서서 분석프로세스는 물론이고 분석한 결과를 토대로 작성되는 연구논문의 결과표를 보는 안목이 있어야 한다. 즉 왜 이러한 표를 작성하고 표에 적힌 수치가 주는 정보가 무엇을 의미하는지를 알아야 한다. 본장에서는 구조방정식모형을 활용한 연구논문의 데이터 분석프로세스, 분석마다의 분석목적, 결과표 작성 및 판독에 대해 학습하기로 한다. 분석프로세스를 정리하면 [그림 13-3]과 같다.

>> 그림 13-3 인과관계 논문에서의 데이터분석 프로세스

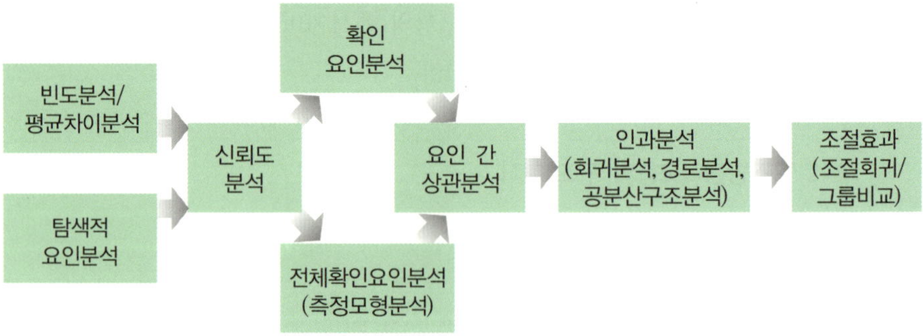

2.1 탐색적 요인분석과 신뢰도분석

아무리 연구자가 타당성과 신뢰성이 확보된 설문도구로 데이터를 수집했다고 할지라도 수집된 데이터 역시 타당성과 신뢰성이 확보되었다고 말하기 어렵다. 왜냐하면 응답자의 불안정 및 불성실, 측정문항의 체계적 오류 등이 발생할 가능성이 있기 때문이다. 타당성과 신뢰성이 검증되지 않은 수집된 그대로의 원데이터(raw data)로 인과분석을 하면 잘못된 결론에 도달할 가능성이 크다. 그래서 측정된 데이터의 타당성과 신뢰성을 높이기 위해 척도를 정화하는 작업이 수행된다. 척도의 정화란 수집된

데이터의 분석을 기초로 하여 타당성과 신뢰성이 떨어지는 문항들을 제거해 나가는 것이다. 이를 위해 탐색적 요인분석과 신뢰도분석이 사용된다. 특히 구조방정식모형을 사용할 경우에는 반드시 확인요인분석(측정모형분석)이 추가되어야 한다. [표 13-1]은 탐색적 요인분석과 신뢰도분석의 예를 보여준다.

표 13-1 탐색적 요인분석 결과와 신뢰도분석 예시

구성개념	최초 항목수	직각회전 후	Factor Loading					Cronbach α
			요인 1	요인 2	요인 3	요인 4	요인 5	
거래신뢰성	5	4	0.828 0.802 0.766 0.648	–	–	–	–	0.8367
제품다양성	5	4	–	0.799 0.764 0.759 0.657	–	–	–	0.8065
정보제공성	5	2	–	–	0.869 0.769	–	–	0.7566
검색편리성	5	3	–	–	–	0.877 0.693 0.515	–	0.6585
쇼핑몰이미지	4	2	–	–	–	–	0.865 0.833	0.7716
고유치			5.563	1.644	1.227	1.162	1.002	
설명된 분산의 %			37.09	10.96	8.18	7.74	6.68	70.65%

출처: 조철호(2006). 전자상거래에서 초기신뢰와 재구매의도에 영향을 미치는 소비자 구매결정요인에 관한 연구: 중소 인터넷쇼핑몰을 중심으로. 중소기업연구, 28(1), 173-202.

탐색적 요인분석은 측정항목들이 목표하는 요인을 잘 구성하고 가지는지 또는 타당성을 가지고 목표하는 요인을 잘 설명하고 있는지를 통계적으로 검증하는 것을 말한다. 그리고 탐색적 요인분석은 확인적 요인분석과 달리 이론적 모형을 토대로 이루어지지 않는다. 즉 탐색적 요인은 이론적 모형을 토대로 하지 않으며 변수들이 요인에 가지는 적재값을 토대로 변수들을 통계적으로 묶어주는 역할을 한다.

[표 13-1]에서 거래신뢰성과 요인 1에 있는 0.828을 포함한 4개의 수치는 요인적재치이다. 요인적재치(factor loading)는 측정항목인 변수와 요인과의 상관관계를

나타내며 각각의 변수는 요인적재치가 가장 높은 요인에 속하게 된다. 요인적재치는 절대값이 0.4 이상이면 유의한 변수로 간주하나 원활한 데이터분석을 위해서 0.5 이상이어야 중요한 의미를 가지는 변수로 가치가 있다고 판단된다. 왜냐하면 0.5 미만의 변수들은 신뢰성분석, 확인요인분석 등 후속분석에서 추가적으로 제거되는 경우가 많으며, 요인적재치가 낮은 변수들을 가지고 갈 경우에 구조방정식모형에서 모형의 적합도가 떨어지기 때문이다. 따라서 요인적재치의 기준치를 0.5 이상으로 할 것을 권유한다.

또한 최초항목수와 직각회전 후에 각각 5와 4가 적혀 있는데 이는 거래신뢰성의 변수의 개수가 탐색적 요인분석을 실시하기 전에는 5개에서 실시 후에는 4개로 줄었다는 것을 의미한다. 즉 변수 한 개는 타당성이 떨어져서 탈락되었음을 의미한다. 탐색적 요인분석에서 탈락시키는 기준과 경험적 방법은 앞서 요인분석에서 다룬 바 있다. 탐색적 요인분석을 하는 과정에서 타당성이 떨어지는 변수들을 제거하는 방법들을 숙지하길 바란다.

요인분석에서 변수들이 여러 요인에 대해 비슷한 요인적재치를 나타낼 경우에 변수들이 어느 요인에 속하는지를 구분하기가 쉽지 않다. 따라서 변수들의 요인적재치가 어느 한 요인에 높게 나타날 수 있도록 요인의 축을 회전시키게 된다. 요인축의 회전에는 일반적으로 직각회전(varimax)과 사각회전(direct oblimin)이 많이 쓰인다. 이외에도 쿼터맥스, 이쿼맥스, 프로맥스 등이 있으나 사용빈도는 매우 낮다.

직각회전(varimax)이란 요인들의 [그림 13-4]처럼 회전축 사이의 각도를 직각을 유지하면서 회전시키는 것을 의미한다. 직각회전은 요인들 간의 상관관계가 0이라는 가정 하에 이루어지며 이 경우에 요인들 간의 판별타당성이 좋아진다.

반면에 사각회전(direct oblimin)은 요인들의 축 사이에 각도를 사각을 유지하며 회전하는 것으로 회전 시 각도는 옵션에 선택될 수 있다. 사각회전은 직각회전과는 달리 요인들 간의 어느 정도 상관관계를 인정한다는 가정 하에 이루어진다. 대신에 판별타당성은 직각회전을 하였을 경우보다 다소 떨어질 수 있다.

실제로 사회과학분야에서는 요인들 간의 인과관계를 다루므로 요인들 간의 상관관계를 어느 정도 인정한다. 그래서 일부에서는 요인축을 회전할 때 요인 간의 상관관계를 0으로 하는 직각회전(varimax)에 비판적인 시각이 있는 것도 사실이다. 그럼에도 불구하고 다수의 사회과학 연구에서는 요인을 회전시킬 때에 사각회전의 사용은 소수이며 거의 대부분의 경우에서 직각회전이 사용되고 있다. 이러한 이유는 요인 간의 인과관계도 중요하지만 요인 간의 판별타당성에 좀 더 중요성을 두기 때문이다. 즉 요인성분 간에 독립성이 있는 경우에 요인들의 다중공선성(multicollinearity)에 의한 문제를 발생시키지 않기 때문이다.

» 그림 13-4 **직각회전**

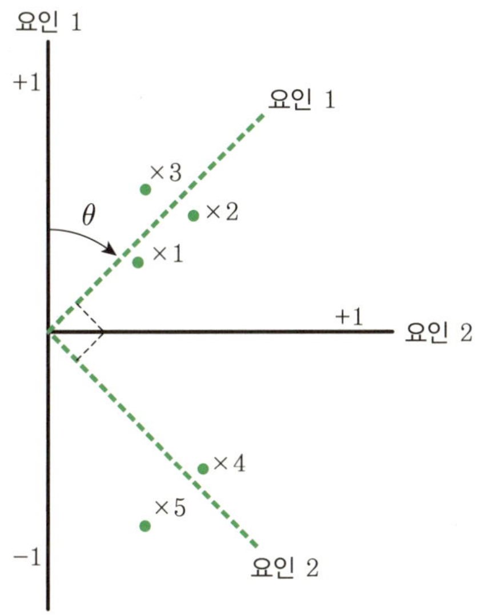

[표 13-1]에서 요인 1 하단에 고유치 5.563이 보인다. 고유치는 요인이 설명할 수 있는 변수들의 분산크기를 나타낸다. 고유치가 1 이상이라는 것은 하나의 요인이 변수 1개의 분산을 설명해준다는 것을 말하기 때문에 요인을 형성하기 위해서는 고유치가 1 이상이어야 한다. 바꾸어 말하면 고유치가 1보다 적다는 것은 1개 요인이 변수 1개의 분산도 설명해줄 수 없다는 것을 의미한다. 그러나 경우에 따라 의도한 요인의 개수가 필요한 경우에 SPSS 상에서 요인의 개수를 지정하면 고유치는 무시된다.

요인 1 하단에 '설명된 분산의 %' 옆에 37.09가 보인다. '설명된 분산의 %'는 이것은 요인 1의 설명력으로 총분산 중에서 요인이 설명하는 분산비율을 의미한다. 일반적으로 구성된 요인들은 누적된 '설명된 분산의 %' 값이 총분산의 60% 이상을 설명할 수 있어야 한다. 그림에서는 누적된 분산의 %가 70.65%를 보이고 있다. 즉 고유치 1인 5개의 요인 전체 자료변동의 75%를 설명해주고 있음을 의미한다.

[표 13-11]에서 거래신뢰성 우측 끝에 크론바하알파(Cronbach' alpha)값 0.8367이 보인다. 신뢰성(reliability)은 동일한 개념에 대해서 반복적으로 측정했을 때 나타나는 측정값들의 분산을 의미한다. 연구논문에서 신뢰성의 측정은 알파계수법이 주로 이용된다. 알파계수는 하나의 개념에 대해 여러 측정항목으로 구성된 척도를 사용할 경우에 해당문항을 가지고 가능한 모든 반분신뢰도(split-half reliability)를 구하고 이들의 평균값을 산출한 것이다. 연구논문에서 크론바하알파(Cronbach' alpha)값이 0.6 이상이면 요인을 구성하고 있는 측정문항들이 응답의 일관성, 즉 신뢰도가 높다고 판단한다.

탐색적 요인분석은 타당성을 검증하는 것이고 신뢰성분석은 신뢰성을 검증하는 것이다. 앞에서 언급한 것처럼 타당성이 보장되면 신뢰성도 보장되지만 신뢰성이 보장되었다고 해서 타당성이 보장되는 것은 아니다. 따라서 가장 합리적이고 효율적인 분석순서는 탐색적 요인분석 후에 신뢰성분석을 하는 것이 바람직하다고 하겠다.

2.2 확인요인분석

표 13-2 확인요인분석 결과

구성 개념	CFA 전	CFA 후	정제된 측정변수	적합도 지수
LMX	8	5	② 시설장은 나의 직무관련 문제와 욕구를 알고 있음, ④ 시설장은 업무수행과 관련하여 나와 생각이 맞음, ⑥ 시설장은 나의 업무상 실수를 방어하여 줌, ⑦ 시설장은 업무상 문제발생 시에 나를 도와줌, ⑧ 시설장은 직무상 고될 때 나를 도와줌	GFI=0.990, AGFI=0.970, RMR=0.010, NFI=0.992 χ^2(df)=10.312(5)
의미성	4	3	① 개인측면에서의 업무활동 의미 정도, ② 개인측면에서의 업무활동 중요 정도, ③ 회사측면에서의 업무활동 의미 정도	just-identified
유능성	4	4	① 업무활동에 필요한 기술, 지식소유, ② 업무수행에 대한 자신감, ③ 업무목표달성에 대한 자신감, ④ 업무수행능력의 비교우위	GFI=0.987, AGFI=0.937, RMR=0.008, NFI=0.986 χ^2(df)=10.543(2)

권한능력	6	4	① 업무처리 결정에 대한 영향력, ③ 직장업무에 대한 영향력, ④ 업무 중 발생사건에 대한 통제력, ⑥ 업무처리의 독자적 기회권한	GFI=0.998, AGFI=0.991, RMR=0.004, NFI=0.999 χ^2(df)=1.333(2)
직무만족	4	3	③ 동료비교 대비 직무에 대한 애정, ④ 직무선택에 대한 후회하지 않는 정도, ⑤ 업무에 대한 전반적인 만족 정도	just-identified
조직몰입	5	4	① 현 직장에 대한 애착, ② 직장문제와 나의 문제를 동일시함, ③ 현 직장에 대한 강한 소속감, ⑤ 개인과 직장의 상호 간 필요성 정도	GFI=0.997, AGFI=0.986, RMR=0.006, NFI=0.996 χ^2(df)=2.120(2)

출처: 조철호(2011), 가치창출을 통한 고객만족전략 연구: 브랜드 미용실의 단골 고객 인지의 조절효과, 서비스경영학회지, 12(3), 27-55.

탐색요인분석과 신뢰성분석에 이어 측정항목들에 대하여 [표 13-2]의 예시처럼 연구 단위별로 확인요인분석을 실시한다. 확인요인분석은 AMOS 프로그램을 통하여 수행된다. 확인요인분석은 이미 탐색적으로 연구되었거나 또는 이론적인 근거에 의하여 측정구조모형이 가설적으로 구축된 것을 확인하기 위하여 실시하는 기법이다. 확인요인분석은 특정 변수가 특정 요인에 이미 지정된 것을 확인하는 과정이며, 탐색적 요인분석은 아무것도 결정되지 않은 상태에서 실행한다는 점이 다르다. 확인요인분석은 특정 가설을 설정하고 자료에서 관찰되는 관계를 어느 정도 설명하고 있는지의 정도를 나타내는 기법으로 분석과정에서 연구자는 사전지식이나 이론적인 결과를 가지고 가설형식으로 모형화하고 일부원소의 값을 제약한다. 확인요인분석은 탐색적 요인분석과 마찬가지로 측정항목들이 목표하는 요인을 잘 구성하고 가지는지 또는 타당성을 가지고 목표하는 요인을 잘 설명하고 있는지를 통계적으로 검증하는 것을 말한다. 그러나 확인요인분석은 탐색적 요인분석과 달리 이론적 모형을 기초로 이루어진다. 즉 측정변수들이 요인들에 대해 타당성을 갖기 위해서는 요인과 변수구성의 이론적 모형을 구축하고 여기에 관찰된 데이터를 대입하여 이론적 모형과 관찰된 데이터의 간의 차이(χ^2)가 최소화되어야 한다. 이에 대한 진단과 기준치 제공에는 적합도지수(goodness of fit index)가 활용된다.

모형을 자료에 적합시킨다는 것은 연구자가 구성한 연구모형이 자료와 어느 정도 잘 맞는지 알아본다는 의미이다. 모형이 자료에 잘 적합하지 않을 경우에 연구자는 연구모형을 버리거나 수정해야 한다. 수정을 해야 하는 경우에는 모형의 구성이 이론적으로 무리가 없는 범위 내에서 모형의 수정지수를 기반으로 수정이 가능하다.

적합도지수들은 지속적으로 개발되고 있다. 약 18개의 적합도지수들이 보고되고 있고 적합도지수는 모형의 전반적인 적합도를 평가할 수 있는 절대적합지수(absolute fit index), 기초모델에 대한 제안모델의 적합도를 비교하는 증분적합지수(incremental fit index), 그리고 모형의 간명도와 관찰된 간명적합지수(parsimonious fit index) 등의 크게 세 가지로 분류된다.

가장 많이 쓰이는 적합도지수는 χ^2 (카이제곱)검정이다. 이 검정은 통계적인 검정이라기보다는 적합성 정도를 나타낸다. χ^2은 AMOS에서 CMIN으로 표기된다. 이 값이 작을수록 모형의 적합성은 모형의 양호함을 나타낸다. p값이 0.05를 넘어서면 다음의 귀무가설을 채택한다.

H_0: 이 모형은 적합하다. (H_0: $\Sigma = \hat{\Sigma}$)
H_1: 이 모형은 적합하지 않다. (H_1: $\Sigma \neq \hat{\Sigma}$)

카이제곱(χ^2)값이 작을수록 모형이 양호하다고 본다. 여기서 주의할 점은 다음과 같다. 첫째, χ^2통계량은 표본의 크기에 반응한다. 대개 표본수가 200개 이상으로 증가하면 χ^2검정은 유의한 확률수준, 즉 'p값$\leq\alpha$'를 나타내는 경향이 있어 모형이 적절하다는 귀무가설이 기각되기 쉽다. 표본수가 100 이하이면 반대의 경향을 보인다. 따라서 표본의 크기가 충분히 크고 연구모형이 이론적 뒷받침이 상당히 있을 때 검정통계량 CMIN(χ^2)과 p값은 모형의 적합도 판단에 심각한 영향을 주지 못한다. 둘째, 일부의 적합도지수가 권장기준을 완전히 충족하지 못한다고 할지라도 나머지 지수들이 권장수준 내에 있다면 연구모형의 적합성은 수용될 수 있다. 셋째, χ^2/df가 1~2일 때 매우 적합한 모형으로 인정되나 통상적으로 3보다 작으면 상당히 좋다고 한다.

그리고 GFI(Goodness of fit Index; ≥0.9), AGFI(Adjusted Goodness of Fit Index; ≥0.9), RMR(Root Mean Square Residual; ≤0.05), NFI(Normal Fit

Index; ≥0.9), CFI(Comparative Fit Index; ≥0.9) 등이 있다. CMIN(χ^2)과 GFI, RMR, AGFI 등은 기초모형의 전반적인 적합도를 나타내는 절대적합지수이며, NFI, NNFI 등은 기초모형에 대한 제안모델의 적합도를 나타내는 증분적합지수이다. 적합도지수 옆의 괄호 속의 수치는 권장치를 나타낸다.

[표 13-2]의 예시에서 LMX(리더-멤버 교환관계 질)를 보면 'CFA 전'과 'CFA 후'의 숫자가 각각 8과 5로 적혀있는데 이것은 확인요인분석 전에 변수가 8개이었으나 확인요인분석 후엔 적합도지수를 기준치 이상으로 높이기 위해 3개를 삭제하고 5개만 남았다는 뜻이다.

2.3 측정모형분석

[표 13-3]의 형태의 측정모형분석(measurement model analysis)은 요인별로 이루어졌던 확인요인분석을 연구모형을 구성하는 전체 요인의 차원에서 행해지는 요인분석이라고 할 수 있다. 즉 측정모형(measurement model)에는 연구모형을 구성하는 모든 구성개념과 그 측정변수를 포함된다. 측정모형은 구성개념타당성에 대하여 전반적이고 확증적인 평가를 가능하게 해주며(Bentler, 1978), 집중타당성과 판별타당성에 대하여 확증적인 평가를 가능하게 해준다(Campbell and Fiske, 1959). 측정모형의 분석에는 최대우도법(maximum likelihood: ML)을 이용한다.

최대우도법은 구조방정식모형, 즉 공분산구조분석에서 많이 이용된다. 최대우도법(maximum likelihood estimates: MLE)은 n개의 모든 변수들이 다변량 정규분포를 따른다고 가정하고 요인적재치를 계산하는 방법이다. n개의 변수들의 분포를 다변량 정규분포로 가정하면 공통요인은 정규분포를 따른다. 이 방법은 분포를 다변량 정규분포로 가정하였기 때문에 적합한 요인의 수를 결정하는 데 통계적인 검정도 가능하다. 최대우도법의 특성은 측정변수가 다변량 정규분포를 따를 때 정확한 미지수의 추정을 가능하게 해주고 적정한 표본을 대상으로 하였을 때 다변량 정규분포의 가정을 일부 벗어난다고 해도 미지수 추정에 큰 문제가 없으며 측정변수가 다변량 정규분포를 따르지 않을 경우에는 미지수에 대한 정확한 추정을 보장하지 못한다는 한계를 지니고 있다. 이에 반해 가중최소제곱법은 분포에 대한 가정이 없이 정확한 추정을 보장해준다.

표 13-3 측정모형분석(전체 확인요인분석) 결과 예시

구성개념	항목	요인적재치	표준요인적재치	t값	p값	C.R.	AVE
거래 신뢰성	지불시스템	1.000	0.725	–	–	0.886	0.661
	사후서비스	0.851	0.697	10.185	0.000		
	상품배송	0.947	0.788	10.812	0.000		
	주문처리프로세스	0.988	0.849	12.074	0.000		
제품 다양성	다양한 디자인	1.000	0.719	–	–	0.849	0.585
	폭넓은 상품가격	0.890	0.651	9.041	0.000		
	다양한 브랜드	1.059	0.750	10.194	0.000		
	다양한 상품	0.951	0.739	10.087	0.000		
정보 제공성	유용한 정보	1.000	0.780	–	–	0.852	0.742
	최신 정보	0.933	0.782	8.582	0.000		
검색 편리성	검색속도	1.000	0.536	–	–	0.752	0.507
	다양한 검색방법	1.294	0.620	6.492	0.000		
	카테고리별 검색	1.321	0.751	6.970	0.000		
쇼핑몰 이미지	검색순위	1.000	0.838	–	–	0.810	0.681
	지명도	0.790	0.756	7.832	0.000		
$\chi^2=217.60$, df=80, p=0.000, RMR=0.042, GFI=0.90, AGFI=0.84, NFI=0.86, IFI=0.91, CFI=0.91							

출처: 조철호(2006). 전자상거래에서 초기신뢰와 재구매의도에 영향을 미치는 소비자 구매결정요인에 관한 연구: 중소 인터넷쇼핑몰을 중심으로. 중소기업연구, 28(1), 173-202.

구성개념의 수렴타당성을 살펴보기 위해 측정항목의 요인적재치(factor loading)를 구한다. 개별적으로 측정된 항목과 연결되어 있는 변수가 서로 공유된 분산(shared variance)이 오차분산보다 크기 위해서는 표준요인적재치(standard factor loading)가 0.7 이상 권장되며 유의수준(α) 0.05에서 통계적으로 유의한 값을 보여야 한다.

확인요인분석 때와 마찬가지로 측정모형분석에서도 적합도지수들을 통하여 모형을 평가한다. 항목구성의 최적상태를 도출하기 위한 적합도를 평가하기 위해서 GFI(≥

0.9), AGFI(≥0.90), χ^2, χ^2에 대한 p값(≥0.05), RMR(≤0.05), NFI(≤0.05) 등을 이용한다(Jöreskog and Sörbom, 1993). 적합도지수에 주의할 것은 CMIN(χ^2)와 CMIN(χ^2)에 대한 p값(≥0.05)의 경우에 연구 데이터의 개수가 많아지면 많아질수록 이론적 모형과 실제 관측치 간의 차이는 벌어지기 마련이므로 무리하게 기준치로 적용할 필요가 없다. 그 데이터의 경계값은 200개 이상으로 알려져 있다.

예시를 보면 적합도지수들 중에서 일부를 제외한 나머지 지수들은 권장수준에 부합하고 있다. 그리고 각 측정항목의 요인적재치에 대한 t값도 통계적으로 모두 유의하게 나타나 모형을 구성하는 각 구성개념의 척도들은 집중타당성을 가지고 있다고 평가할 수 있다.

측정모형분석에서 변수의 표준화계수값과 오차항값을 이용하여 구성개념신뢰도(construct reliability: CR)와 평균분산추출값(averaged variance extracted: AVE)을 계산할 수 있다. 구성개념신뢰도(construct reliability: CR)는 측정모델을 평가하는데 쓰이는 주요한 측정치로 합성신뢰도(composit reliability)라고도 한다. 구성개념신뢰도는 지표의 내적 일관성을 측정하는 수치이다. 신뢰도가 높은 척도는 내적 일관성이 높다는 것을 의미한다. 일반적으로 수용가능한 신뢰도는 0.7을 들고 있으나 절대적 기준은 아니며 이보다 조금 낮더라도 연구가 탐색적 성격을 가지고 있다면 수용가능하다고 할 수 있다. 그러나 구성개념신뢰도는 0.6 이상은 초과해야 한다(Bagozzi and Yi, 1988). 그렇게 되려면 표준요인적재량(standard factor loading)이 보수적인 측면에서 평균적으로 0.7 이상은 되어야 하며 통계적으로 유의한 값을 보여야 한다.

평균분산추출값(averaged variance extracted: AVE)은 신뢰도의 다른 측정치로서 이 측정치는 잠재요인에 대한 자료가 설명할 수 있는 분산의 크기를 나타낸다. 평균분산추출값은 0.5 이상은 되어야 신뢰도가 있는 것으로 본다. 구성개념신뢰도와 평균분산추출값의 공식은 다음과 같다(Fonell and Larcker, 1981).

구성개념신뢰도=(표준부하량의 합)^2/[(표준부하량의 합)^2+측정오차의 합]

평균분산추출값=표준부하량제곱의 합/[표준부하량제곱의 합+측정오차의 합]

구성개념신뢰성과 평균분산추출값은 AMOS분석에서 제시하지 않기 때문에 변수의 표준화계수값과 오차항값을 공식에 적용하여 직접 계산해야 한다. 일반적으로 구성개념신뢰성의 경우 추천기준치는 0.7이며, 평균분산추출값의 추천기준치는 0.5이다. 따라서 예시의 결과표를 보면 연구에 사용된 척도들은 해당 구성개념에 대한 대표성을 갖는다고 할 수 있다(Hair et al., 1995). 특히 평균분산추출값의 제곱근값은 요인 간의 상관행렬분석에서 요인 간의 판별타당성을 검증하는 기준으로 중요하게 사용된다.

경우에 따라 구성개념신뢰성과 평균분산추출값은 기준치를 만족시키지 못하는 경우가 많다. 이유는 척도를 정화하는 과정에서 타당성과 신뢰성이 떨어지는 변수들을 제대로 걸러내지 못했기 때문이다. 실제로 정밀한 척도의 정화작업에는 많은 경험과 감각이 필요하므로 초보자들에겐 쉽지 않은 작업이다. 이 경우에는 구성개념신뢰성과 평균분산추출값을 기재할 수 없기 때문에 요인 간의 상관행렬분석에서 요인 간의 판별타당성을 검증하는 기준으로 평균분산추출값의 제곱근값을 제시하는 것은 불가능해진다.

2.4 요인 간 상관행렬분석

요인들 간의 판별타당성과 기준타당성의 검증을 위해 [표 13-4]처럼 연구모형을 이루는 요인들 간의 상관분석이 실시된다. 요인의 기준값은 측정오차를 줄이고 단일차원으로 구성개념의 대표성을 높이기 위해 총합척도를 이용하여 산출된다(Hair et al., 1995). 요인들의 총합척도 산출값은 SPSS에서 '변수값 계산'을 통해 산출된다. SPSS에서 요인분석을 하는 과정에서 요인값을 자동으로 산출해주지만 그 값은 총합척도 값과 다소 차이가 나며 가설의 채택과 기각 등 분석결과에 영향을 줄 수도 있으니 주의하길 바란다.

요인들 간의 상관분석 목적은, 첫째, 요인 간의 판별타당성(discriminant validity)을 입증하기 위함이다. 즉 인과관계를 검정할 요인들이 서로 상이한 개념이어서 서로 구별됨을 통계적으로 밝히기 위함이다. 요인 간의 판별타당성을 입증하는 방법에는 두 가지가 있는데, 첫 번째 방법은 서로 다른 요인 간의 상관계수 1 이하이어서 동일하지 않은 개념임을 밝혀 판별타당성을 입증하는 방법이며, 두 번째 방법은 요인의 분산추출값의 제곱근값이 다른 요인들의 상관계수값보다 큰 경우에 판별타당성을 입증하는 방법이다. 두 번째 방법은 차후에 공부하기로 한다.

둘째, 요인 간의 기준타당성(criterion-related validity)을 입증하기 위함이다. 연구자가 가설을 설정함에 있어서 대부분의 경우에 "A는 B에 정(+)의 영향을 미치게 될 것이다"처럼 가설과 함께 가설의 방향을 설정하게 되는데 요인 간의 상관분석을 통하여 검증된 가설의 인과관계 방향을 어느 정도 예측할 수 있다. 이처럼 예측이 가능하다면 이들 요인 간의 관계는 향후 인과적 기준이 될 수 있기에 이를 예측타당성(predictive validity) 또는 기준타당성(criterion-related validity)이라고 한다.

| 표 13-4 | 요인들 간의 상관행렬 예시

구성 개념	거래 신뢰성	제품 다양성	정보 제공성	검색 편리성	쇼핑몰 이미지	고객 만족	재이용 의도	Mean	SD
거래신뢰성	1							3.44	0.67
제품다양성	0.464	1						3.58	0.69
정보제공성	0.458	0.292	1					3.44	0.66
검색편리성	0.466	0.471	0.389	1				3.50	0.64
쇼핑몰이미지	0.388	0.359	0.342	0.333	1			3.98	0.83
고객만족	0.601	0.384	0.434	0.466	0.348	1		3.53	0.65
재이용의도	0.623	0.266	0.395	0.392	0.291	0.744	1	3.52	0.71

주: 모든 상관계수는 유의수준 0.01에서 유의함.

측정모형분석에서 변수의 표준화계수값과 오차항값을 이용하여 구성개념신뢰성(construct reliability)과 평균분산추출값(averaged variance extracted)이 잘 계산되었을 경우에 [표 13-5]처럼 평균분산추출값의 제곱근값은 요인 간의 상관행렬분석에서 요인 간의 판별타당성을 검증하는 데 기준이 된다. 각 요인들 간의 판별타당성의 충족 정도를 확인하기 위하여 평균분산추출지수의 제곱근값과 잠재변인의 상관계수값을 비교하게 된다. 즉 평균분산추출지수의 양의 제곱근값이 잠재변인의 상관계수값보다 크다는 결과를 보여야 한다(Fornell & Larcker, 1981).

표 13-5 요인들 간의 상관행렬 예시: 평균분산추출값의 제곱근을 이용한 경우

구성개념	편의성	심미성	가치	상호작용성	정보신뢰성	고객만족	재방문의도	Mean	SD
편의성	1 [0.712]							3.348	0.611
심미성	0.402**	1 [0.763]						3.158	0.629
가치	0.301**	0.433**	1 [0.843]					3.569	0.631
상호작용성	0.223**	0.442**	0.415**	1 [0.749]				3.236	0.781
정보신뢰성	0.228**	0.325**	0.310**	0.423**	1 [0.849]			3.423	0.652
고객만족	0.267**	0.482**	0.658**	0.378**	0.369**	1 [1.000]		3.652	0.647
재방문의도	0.161**	0.453**	0.612**	0.430**	0.434**	0.651**	1 [1.000]	3.771	0.729

주: $^{**}p<0.01$, [ ]는 평균분산추출값의 제곱근

출처: 조철호(2012), 취업정보사이트의 웹서비스품질이 가치, 고객만족, 재방문의도에 미치는 영향: 직업탐색유형의 조절효과, 서비스경영학회, 13(5), 1-29.

요인별의 기준값은 측정오차를 줄이고 단일차원으로 구성개념의 대표성을 높이기 위해 총합척도를 이용하여 산출한다(Hair et al., 1995). 상관관계분석 예시 [표 13-5]를 보면 [ ]안의 모든 평균분산추출지수 제곱근값이 상관계수보다 큼을 보여주고 있어 판별타당성이 최종 확인됨을 보여준다. 또한 요인 간의 관계방향이 가설에서 설정방향과 동일함을 보이고 있어 기준타당성이 동시에 충족된다고 할 수 있다.

2.5 인과관계분석

» 그림 13-5 **연구모형의 인과분석 결과 예시**

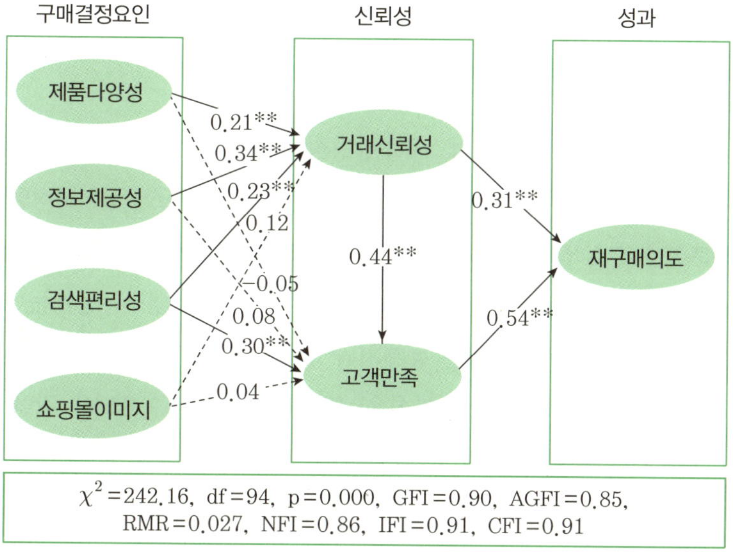

표 13-6 가설검정 결과 예시

가설	경로	경로 명칭	표준화된 경로계수	t값	p값	채택 여부
H1-1	제품다양성(ξ_1) → 거래신뢰성(η_1)	γ_{11}	0.21	2.21	0.027	**채택**
H1-2	정보제공성(ξ_2) → 거래신뢰성(η_1)	γ_{12}	0.34	3.65	0.000	**채택**
H1-3	검색편리성(ξ_3) → 거래신뢰성(η_1)	γ_{13}	0.23	1.99	0.047	**채택**
H1-4	쇼핑몰이미지(ξ_4) → 거래신뢰성(η_1)	γ_{14}	0.12	1.46	0.145	기각
H2-1	제품다양성(ξ_1) → 고객만족(η_2)	γ_{21}	−0.05	−0.53	0.593	기각
H2-2	정보제공성(ξ_2) → 고객만족(η_2)	γ_{22}	0.08	0.88	0.378	기각
H2-3	검색편리성(ξ_3) → 고객만족(η_2)	γ_{23}	0.30	2.69	0.007	**채택**
H2-4	쇼핑몰이미지(ξ_4) → 고객만족(η_2)	γ_{24}	0.04	0.53	0.599	기각
H3	거래신뢰성(η_1) → 고객만족(η_2)	β_{21}	0.44	4.95	0.000	**채택**
H4	거래신뢰성(η_1) → 재구매의도(η_3)	β_{31}	0.31	4.92	0.000	**채택**
H5	고객만족(η_2) → 재구매의도(η_3)	β_{32}	0.54	9.43	0.000	**채택**

출처: 조철호(2006). 전자상거래에서 초기신뢰와 재구매의도에 영향을 미치는 소비자 구매결정요인에 관한 연구: 중소 인터넷쇼핑몰을 중심으로. 중소기업연구, 28(1), 173-202.

변수의 타당성과 신뢰성 확보를 위한 척도의 정화작업을 마친 후에는 본격적인 인과분석이 실시된다. 인과분석은 요인 간의 인과관계를 실증적 검정을 주된 목표로 하는 연구논문에서는 핵심적 분석이 된다. 아마도 앞에서 언급된 탐색적 요인분석, 신뢰도분석, 확인요인분석, 상관행렬분석 등은 인과관계분석을 위해 척도를 정화해나가는 사전분석이라고 해도 과언이 아니다.

인과관계분석에는 회귀분석, 경로분석, 구조방정식모형을 이용한 공분산구조분석 등이 있다. 본서에서는 인과관계와 관련된 모든 분석을 배우되 구조방정식모형을 이용한 공분산구조분석을 중심으로 학습한다. 예시는 구조방정식모형을 이용한 가설검정 결과이다. 통상 가설검정은 귀무가설을 대상으로 이루어지지만 연구논문에는 기본적으로 연구가설이 제시된다. 가설검정은 통계치와 임계치의 비교, 유의확률과 유의수준의 비교로 이루어진다. 따라서 연구가설은 유의확률이 유의수준보다 작을 때 ($p < \alpha = 0.05$) 또는 t통계량이 임계치 1.96보다 클 때 채택된다. 참고로 인과관계분석에는 회귀분석, 경로분석, 구조방정식모형을 이용한 공분산구조분석이 이용되지만 어느 분석기법을 사용하느냐에 따라 검정결과가 달라진다. 즉 기각되었던 것이 채택되기도 하고, 채택되었던 것이 기각되기도 하므로 이에 유의하길 바란다.

채택된 가설을 중심으로 독립변수가 종속변수에 미치는 영향력을 알기 위해 계수를 활용하게 되는데 계수에는 비표준화계수와 표준화계수가 있다. 이때 영향력 크기 또는 중요도는 비표준화계수가 아닌 표준화계수로 파악해야 한다. 일부에서는 비표준화계수와 표준화계수는 값은 달라도 계수 크기의 순위는 변동이 없다고 하지만 실제

표 13-7 총효과의 분해 결과

경로	직접효과	간접효과	총효과
서비스환경(ξ_1) → 고객만족(η_2)	−0.082	−0.005	−0.087
응대기술(ξ_2) → 고객만족(η_2)	0.227**	−0.004	**0.223**
디자이너능력(ξ_3) → 고객만족(η_2)	0.169**	0.047	**0.216**
관계관리(ξ_4) → 고객만족(η_2)	0.242**	0.009	**0.251**
고객신뢰(ξ_5) → 고객만족(η_2)	0.262**	0.033	**0.295**

주: 효과계수는 표준화된 계수이며 **는 α=0.01에서 유의한 경로계수임.
출처: 조철호(2011), 가치창출을 통한 고객만족전략 연구: 브랜드 미용실의 단골 고객 인지의 조절효과, 서비스경영학회지, 12(3), 27-55.

분석을 해보면 비표준화계수와 표준화계수의 크기 순위가 역전되는 경우가 있으므로 표준화계수를 사용하는 것이 바람직하다.

최근에는 연구모형에 매개변수가 많이 사용되고 있다. 따라서 최초 독립변수가 매개변수를 거쳐 최종 종속변수에 미치는 영향력을 파악하려고 하는 경향이 있다. 이 경우에 인과효과를 직접효과와 간접효과로 분해한 총효과 관점에서 인과관계의 결과를 파악하기도 한다. AMOS에서는 [표 13-7]처럼 직접효과, 간접효과, 총효과의 산출과 함께 이에 대한 유의성 검정 기능을 제공한다.

또한 매개효과 연구관점에서 특정 변수가 독립변수와 종속변수 사이에서 매개효과를 가지는지를 검증한다. 즉 특정 변수가 독립변수와 종속변수 간의 관계를 설명해주는 매개변수로서 유의한지를 검정하며 유의하다면 완전매개효과를 가지는지, 부분매개효과를 가지는지를 판단한다. 간략히 이야기하면 완전매개효과란 독립변수가 종속변수에 대한 직접효과는 없고 매개변수에 의한 간접효과만 있는 경우를 말하고, 부분매개효과란 독립변수의 종속변수에 대한 직접효과는 물론이고 매개변수에 의한 간접효과 둘 다 있는 경우를 말한다. 물론 이들 매개효과를 말하기 전에 충족시켜야 할 전제조건이 있으며 차후에 매개효과에서 구체적으로 설명하기로 한다. 참고로 매개효과 검증은 간접효과의 검증을 통해 이루어지기도 한다.

2.6 조절효과분석

많은 연구논문들이 요인들의 인과관계에서 특정 조절변수를 제시하고 이에 대한 조절효과를 검증하기 위해 노력하고 있다. 조절효과 검증에는 척도에 성격에 따라 조절회귀분석이 사용되기도 하고 구조방정식모형을 활용한 다집단비교 구조방정식모형분석(multiple structural equation model analysis: 이하 multi-SEM 분석)이 사용되기도 한다. 즉 조절변수가 양적이면서 연속적인 척도(등간척도, 비율척도)를 가질 경우에는 조절회귀분석이 사용되며, 조절변수가 질적인 척도(명목척도)일 경우에는 multi-SEM 분석이 사용된다. 조절회귀분석이 절대적으로 많이 사용되고 multi-SEM 분석은 사전 충족조건이 까다롭고 연구자가 원하는 결과가 잘 나오지 않기 때문에 고급분석기법임에도 불구하고 많이는 사용되지는 않는다. 어쨌든 연구논문에서 조절회귀분석 또는 multi-SEM 분석의 사용은 논문의 품격을 높여준다. [표 13-8]과 [표 13-9]는 조절효과분석의 예시로서 각각 multi-SEM 분석을 사용한 예시와 조절회귀분석을 사용한 예시이다. 이에 대한 자세한 설명은 차후에 조절효과에서 구체적으로 설명하기로 한다.

표 13-8 다집단비교 구조방정식모형 분석예시: 조직지원인식에 따른 분석 결과

모형	구분	χ^2_2 (df)	$\chi^2_2-\chi^2_1$ (임계치: 3.84)	p값	제한모형 표준화 계수		판정
					조직 지원	비조직 지원	
1	LMX(ξ_1) → 의미성(η_1)	153.517 (16)	0.045	0.833	–	–	지원=비지원
2	LMX(ξ_2) → 유능함(η_1)	161.265 (16)	7.793	0.005	0.242	0.224	**지원 > 비지원**
3	LMX(ξ_3) → 권한능력(η_1)	161.760 (16)	8.288	0.004	0.392	0.417	**지원 < 비지원**
4	의미성(η_1) → 직무만족(η_4)	155.463 (16)	1.991	0.158	–	–	지원=비지원
5	유능함(η_2) → 직무만족(η_4)	158.209 (16)	4.737	0.030	0.417	0.184	**지원 > 비지원**
6	권한능력(η_3) → 직무만족(η_4)	158.554 (16)	5.082	0.024	0.054	−0.127	비유의계수, 판정보류
7	의미성(η_1) → 조직몰입(η_5)	153.892 (16)	0.420	0.517	–	–	지원=비지원
8	유능함(η_1) → 조직몰입(η_5)	154.489 (16)	1.017	0.313	–	–	지원=비지원
9	권한능력(η_3) → 조직몰입(η_5)	158.576 (16)	5.104	0.024	−0.035	−0.035	비유의계수, 판정보류
10	직무만족(η_4) → 조직몰입(η_5)	153.472 (16)	0.001	0.981	–	–	지원=비지원

※ χ^2_1: 153.472(df: 15), χ^2_1: 자유모형, χ^2_2: 제한모형

출처: 조철호(2011), 가치창출을 통한 고객만족전략 연구: 브랜드 미용실의 단골 고객 인지의 조절효과, 서비스경영학회지, 12(3), 27-55.

| 표 13-9 | 조절회귀분석 예시: 가치-고객만족-재이용의도 간의 단골고객 인지의 조절효과

가설	변수	모형 1				모형 2				$\triangle R^2$	F값	p값	판정
		비표준화계수	표준화계수	t값	p값	비표준화계수	표준화계수	t값	p값				
H8	상수항	2.128		10.504	0.000	2.147		5.491	0.000	0.000	0.003	0.954	기각
	가치	0.449	0.381	7.810	0.000	0.444	0.377	4.113	0.000				
	단골인지	0.022	0.034	0.699	0.485	0.012	0.018	0.067	0.947				
	가치*단골인지	-	-	-	-	0.028	0.018	0.058	0.954				
H9	상수항	2.605		10.483	0.000	2.446		5.100	0.000	0.000	0.150	0.698	기각
	가치	0.282	0.204	3.993	0.000	0.325	0.236	2.456	0.014				
	단골인지	0.094	0.122	2.389	0.017	0.179	0.233	0.803	0.422				
	가치*단골인지	-	-	-	-	-0.023	-0.124	-0.388	0.698				
H10	상수항	1.645		7.991	0.000	2.448		5.558	0.000	0.009	4.197	0.041	**채택**
	고객만족	0.527	0.452	9.748	0.000	0.321	0.268	2.812	0.005				
	단골인지	0.082	0.120	2.519	0.009	-0.359	-0.458	-1.619	0.106				
	고객만족*단골인지	-	-	-	-	0.114	0.634	2.052	0.041				

주: 종속변수: H8. 고객만족, H9. 재이용의도, H10. 재이용의도

출처: 조철호(2011), 가치창출을 통한 고객만족전략 연구: 브랜드 미용실의 단골 고객 인지의 조절효과, 서비스경영학회지, 12(3), 27-55.

앞에서 제시된 결과표들은 구조모형방정식을 이용하여 인과관계를 다루는 연구논문에서 예외 없이 사용되는 핵심적인 결과표들로서 하루 빨리 논문을 써야 할 사람이라면 반드시 숙지해 두어야 한다.

다음 장에서는 학술지 게재에 사용되었던 한 세트의 실제 데이터를 가지고 앞에서 배운 분석프로세스 과정을 설명한다. 초보 연구자들이 연구논문의 데이터분석 과정을 알기 위해 한 가지 실전데이터를 가지고 데이터분석 전 과정을 배우고자 한다. 그러나 그렇게 강의를 하는 강좌도 없으려니와 분석 전 과정을 기술한 교재도 없다. 그러나 본 교재에서는 초보 연구자들의 욕구충족을 위해 학술지에 게재되었던 연구결과물을 토대로 데이터분석의 전 과정을 설명하고자 한다.

CHAPTER 14

구조방정식모형을 이용한 실전데이터분석

다음의 [예제 14-1]에서는 연구에 실제 사용되었던 데이터를 분석해 나가는 과정을 공부한다. 비교적 쉬운 데이터이기 때문에 분석은 어렵지 않을 것이다. 구조방정식모형을 활용한 논문통계기법을 순차적으로 실행하면서 분석과정을 익히고 공부해 보자. 풀이과정은 본장의 제1절 이후부터 기술되어 있다.

예제 14-1

다음은 택배서비스의 서비스품질과 만족도에 관한 연구이다. 본 연구의 연구모형은 SERVQUAL 5개 차원, 서비스가치, 고객만족, 재이용의도, 구전의도로 구성되어 있다. 다음의 수집된 데이터, 연구모형, 설문지를 이용하여 구조모형방정식에 기초한 데이터분석 프로세스를 단계별로 실행하고 분석결과를 토대로 결과표를 작성하시오.

▪ 데이터, 연구모형, 설문지 출처:
조철호 · 강병서(2003), "서비스가치를 적용한 국내 택배산업의 고객만족 전략연구", 고객만족경영연구, 6(2), 75-99.
주) 학습용으로 사용하기 위해 1차로 타당성과 신뢰성이 제고되었음
주) 데이터 저작권 보호를 위해 일부 변수를 삭제함

[데이터]

☞데이터는 저자 블로그에서 제공, 파일명: parcel_servqual_value

>> 그림 14-1 연구모형

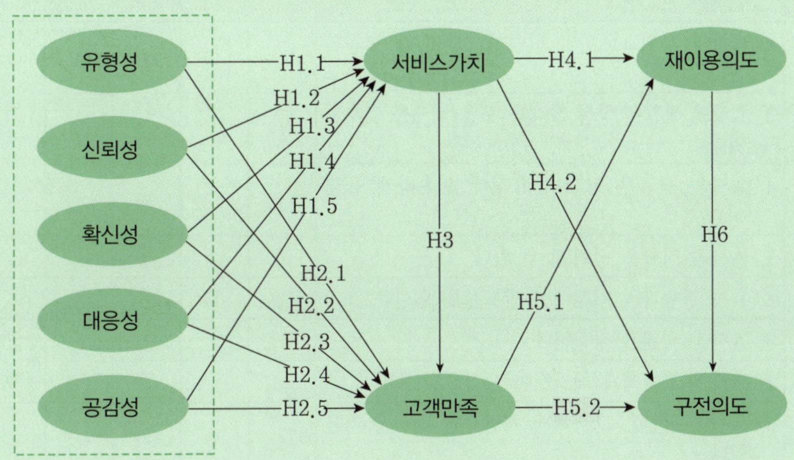

설 문 지

설문에 응해주셔서 감사합니다. 본 연구에서는 택배서비스산업에서의 서비스품질 고객만족에 미치는 인과관계를 실증 분석하여, 서비스를 제공하는 기업에 서비스품질의 전략적인 시사점을 제공하고자 합니다. 본 조사는 순수한 학술연구에만 사용되고, 무기명 통계처리되므로 익명성이 절대 보장됩니다. 바쁘시더라도 성실하게 답변해주시면 감사하겠습니다.

조사자: 조 철 호

2003년 ○○ 월 ○○ 일

※주거래 택배서비스업체를 정하시고 다음 문항을 읽고 귀하의 생각과 일치하는 곳에 √표 하여 주시길 바랍니다.

전혀 그렇지 않다	그렇지 않다	보통이다	그렇다	매우 그렇다
①	②	③	④	⑤

유형성	1. A사는 최신설비를 갖추고 있다.	①	②	③	④	⑤
	2. A사의 물적 시설은 시각적으로 마음에 든다.	①	②	③	④	⑤
	3. A사의 직원은 복장이 단정하다.	①	②	③	④	⑤
	4. A사의 물적 시설의 외관은 제공된 서비스형태와 일치한다.	①	②	③	④	⑤
신뢰성	1. 고객이 문제를 제기할 때, A사는 심정적으로 동조한다.	①	②	③	④	⑤
	2. A사는 신뢰할 수 있다.	①	②	③	④	⑤
	3. A사는 하기로 약속한 시간에 서비스를 제공한다.	①	②	③	④	⑤
	4. A사는 기록을 정확하게 유지한다.	①	②	③	④	⑤

대응성	1. A사는 서비스가 언제 제공되는지 고객에게 알려준다.	①	②	③	④	⑤
	2. A사의 직원으로부터 신속한 서비스를 제공받는다.	①	②	③	④	⑤
	3. A사의 직원은 항상 고객을 도울 태세를 갖추고 있다.	①	②	③	④	⑤
	4. A사의 직원은 고객의 요청에 신속하게 응대한다.	①	②	③	④	⑤
확신성	1. A사의 직원은 신뢰할 수 있다.	①	②	③	④	⑤
	2. A사 직원과의 거래에서 안도감을 느낀다.	①	②	③	④	⑤
	3. A사의 직원은 정중하다.	①	②	③	④	⑤
공감성	1. A사는 고객에게 개별적인 관심을 기울인다.	①	②	③	④	⑤
	2. A사의 직원은 고객에게 개인적인 관심을 기울인다.	①	②	③	④	⑤
	3. A사의 직원은 고객의 요구가 무엇인지 잘 안다.	①	②	③	④	⑤
	4. A사는 고객의 최대 관심이 무엇인지 알고자 한다.	①	②	③	④	⑤
	5. A사는 모든 고객에게 편리한 운영시간을 제공한다.	①	②	③	④	⑤
서비스는 비용(금전, 시간 등)을 고려 시 전반적으로 가치가 있다.		①	②	③	④	⑤
서비스는 전반적으로 만족스럽다.		①	②	③	④	⑤
서비스를 재이용(재방문)할 의사가 있다.		①	②	③	④	⑤
서비스를 지인에게 추천할 의사가 있다.		①	②	③	④	⑤

월 이용횟수	①1회 ②2회 ③3회 ④4회 ⑤5회 ⑥6회 ⑦7회 ⑧8회 ⑨9회 ⑩10회

성 별	①남	②여			
학 력	①고졸 이하	②대학재학	③대졸	④대학원재학 이상	
연 령	①10대	②20대	③30대	④40대	⑤50대 이상
월수입	①100만원 미만	②100~200	③200~300	④300~400	⑤400만원 이상
직 업	①학생	②회사원	③자영업	④주부	⑤기타

♠ 끝까지 설문에 응해주셔서 대단히 감사합니다.

제 1 절 탐색적 요인분석

[표 14-1]은 인과관계 연구에서 반드시 필요한 탐색적 요인분석과 신뢰성분석의 결과표이다. 이 결과표의 작성은 논문통계분석을 위한 첫 관문이기도 하다.

예시논문에 있는 [표 14-1]을 보면 탐색적 요인분석을 수행함에 있어서 요인 간의 상관관계를 인정하는 사각회전(direct oblimin) 방법을 이용하였다. 그러나 앞에서 말한 것처럼 대부분의 논문에서는 사각회전보다는 일반적으로 요인 간의 상관관계를 0으로 가정하는 직각회전(varimax)이 더 많이 사용된다. 당시에 저자가 사각회전을 사용했던 이유는 사각회전을 사용하면 군더더기 없이 깨끗하게 묶여 요인분석이 잘 되는 편이었기 때문이다.

실제로 사각회전에서 타당성이 많이 떨어지는 몇 개의 변수를 삭제하고 요인축 간의 각도를 조정하면서 사용하면 요인 내의 변수들끼리 깨끗하게 묶이는 것을 볼 수 있다. 그 대신에 경우에 따라 요인적재치가 집단적으로 음(–)값을 나타내기도 한다. 이에 대해 논문을 심사하는 과정에서 심사위원들이 왜 사각회전을 사용했는지 그리고 요인적재치의 일부가 왜 음(–)의 값을 갖는지를 묻기도 한다. 실제로 시중에 출간된 관련 교재들을 살펴보면 주로 이론적 내용들로 기술되어 있었기에 이에 대한 명쾌한 해답을 주는 책은 거의 없었다. 그 이후부터는 대부분 직각회전을 사용하였고 사각회전을 사용한 적이 별로 없는 것 같다. 왜냐하면 심사과정에서 매번 심사위원들이 동일한 질문은 한다는 것은 사회과학분야에서는 사각회전이 보편적이지 못하며 사각회전에 대해 논란의 여지가 있다는 것을 의미하기 때문이다. 시중에 나와 있는 기존 교재들을 보더라도 사각회전에 대해 개략적이고 기술적(technical) 측면만 이야기할 뿐 더 이상 깊이 들어가지는 않고 있다. 따라서 본서에서는 요인축의 회전방법으로 논란의 여지가 적고 가장 많이 사용하는 직각회전(varimax) 방법에 집중하기로 한다.

직각회전(varimax)은 요인들의 회전축 사이의 각도를 직각을 유지하면서 회전시키는 것을 의미한다. 직각회전은 요인들 간의 상관관계가 0이라는 가정 하에 이루어지며 이 경우에 요인들 간의 판별타당성이 좋아진다. 실제로 사회과학분야에서는 요인들 간의 인과관계를 다루므로 요인들 간의 상관관계를 어느 정도 인정한다. 그래서 일부에서는 요인 간의 상관관계를 0으로 하는 직각회전(varimax)에 비판적인 시각이 있는 것도 사실이다. 그럼에도 불구하고 요인 간의 인과관계도 중요하지만 요인 간의 판별타당성에 좀 더 중요성을 두기 때문이다. 즉 요인성분 간에 독립성이 있는 경우에 요인들의 다중공선성에 의한 문제점을 발생시키지 않기 때문이다.

표 14-1 탐색적 요인분석과 신뢰성분석 결과표(사각회전)

	공감성	유형성	신뢰성	확신성	대응성
직원의 대고객 관심(emp1) 기업의 대고객 관심(emp2) 기업의 고객요구인지(emp3) 기업의 고객관심인지(emp4) 운영시간의 편리성(emp5)	0.815 0.706 0.847 0.725 0.653				
최신시설 구비정도(tan1) 시설의 시각적 호감(tan2) 직원복장상태(tan3) 시설,서비스 일치도(tan4)		0.902 0.872 0.819 0.838			
대고객 심적 동조감(rel1) 회사에 대한 신뢰감(rel2) 정시 서비스제공(rel3) 기록유지의 정확도(rel4)			0.686 0.807 0.771 0.728		
직원에 대한 신뢰도(ass1) 직원 거래 안도감(ass2) 직원의 정중도(ass3)				0.734 0.788 0.699	
서비스 정보 예고(res1) 신속한 서비스 제공(res2) 고객응대 준비(res3) 요청 대응 신속도(res4)					−0.760 −0.631 −0.762 −0.793
아이겐값	7.077	2.196	1.651	1.236	1.078
설명된 분산의 %	35.386	10.982	8.255	6.178	5.391
크론바하알파(α)	0.8522	0.8902	0.7940	0.7301	0.7892

데이터분석 프로세스의 순서에 따라 탐색적 요인분석을 실시한다. 데이터(파일명: parcel_servqual_value)를 열면 [그림 14-2]처럼 '데이터분석(D)' 창이 나타난다.

» 그림 14-2 **데이터분석(D) 창**

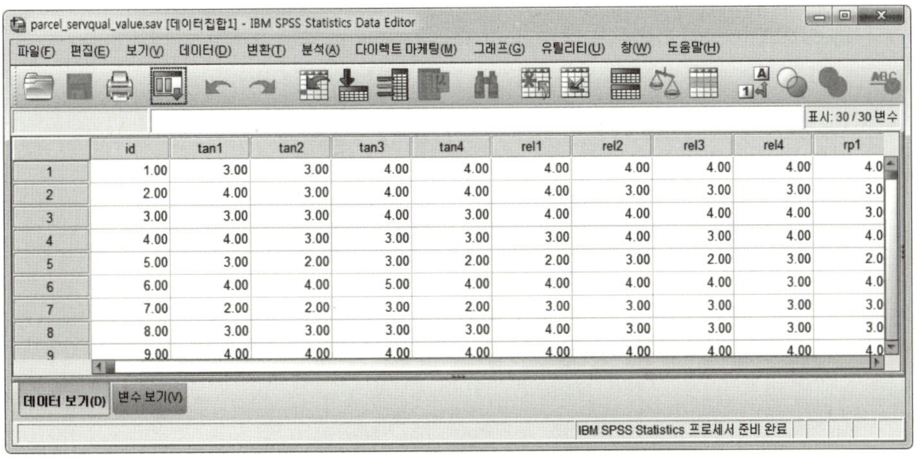

요인분석을 위해 '데이터분석(D)' 창에서 다음 순서대로 클릭하면 [그림 14-3]의 '요인분석' 창이 나타난다.

분석(Analyze) → 차원감소(D) → 요인분석(F)

'요인분석' 창이 나타나면 '변수(V)'에 다항목으로만 측정된 'tan1'에서부터 'emp5'까지 지정하여 입력한다. 여기서 다항목 측정이란 한 개 요인을 여러 개의 항목으로 측정한 것을 말한다. 다항목 측정의 예를 들면 음식요인의 경우에 '음식 맛, 음식 양, 음식 품질, 음식 모양'의 다수 측정항목들을 사용한 것을 말한다.

참고로 단일항목 측정이란 한 개 요인을 한 개의 항목으로 측정한 것을 말한다. 예를 들면 고객만족요인을 측정하는 경우에 '전반적인 고객만족'이라는 단일항목을 사용하는 것이다. 바꾸어 말하면 단일항목으로 한 개의 요인을 구성할 수 있다. 이때 단일항목 측정의 경우는 항목 그 자체가 요인이자 변수가 된다. 그리고 이 경우에는 탐색적 요인분석을 수행하는 과정에서 다른 요인의 항목들과 뒤섞일 가능성이 높다. 따라서 단일항목 측정의 요인의 경우에는 특별한 경우가 아니라면 탐색적 요인분석에 투입하지 않는다.

» 그림 14-3 요인분석 변수입력창

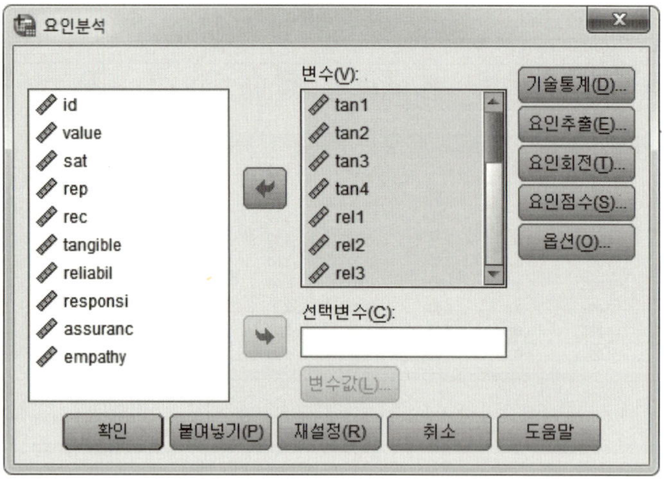

변수들이 여러 요인에 대하여 비슷한 요인부하량을 나타낼 경우에 변수들이 어느 요인에 속하는지를 분류하기가 힘들다. 따라서 변수들의 요인적재치가 어느 한 요인에 높게 나타나도록 요인축을 회전시키게 된다. 회전방식은 직각회전과 사각회전으로 대표되는데 주로 직각회전(varimax)을 많이 이용한다.

'요인회전(T)'을 클릭하면 [그림 14-4]의 창이 나타나며, 요인회전 '방법'에서 '배리맥스(V)'를 지정하고 '계속'을 클릭하면 '요인분석' 창으로 돌아온다. 특수한 목적이 아닌 이상 대부분의 경우에 요인 간의 판별타당성을 높이기 위해 '사각회전'보다는 '직각회전'을 선호하기 때문에 '배리맥스(V)'로 지정한다. 그리고 '수렴에 대한 최대 반복계산수(X)'에 25회가 초기(default)값으로 정해져 있는데 수렴에 대한 반복계산 횟수가 더 필요할 경우에 횟수를 증가시킬 수 있다. 왜냐하면 '수렴에 대한 최대 반복계산수(X)'를 적게 하면 탐색을 위한 연산회전수가 적어지게 되어 연산이 정지되기 때문이다.

» 그림 14-4 **요인분석: 요인회전**

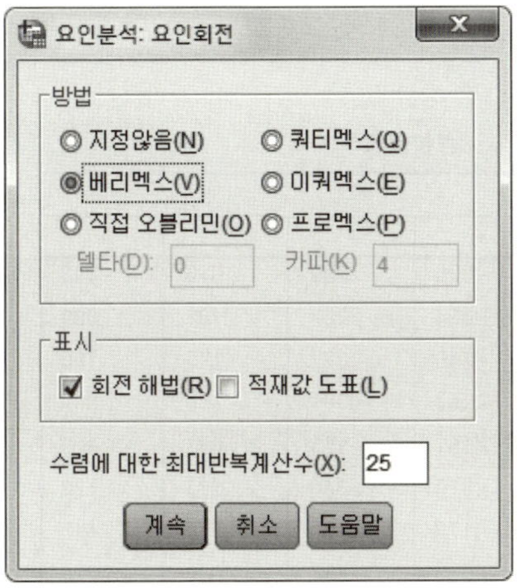

'요인분석' 창에서 옵션을 누르면 [그림 14-5]의 '요인분석: 요인회전' 창이 나타나고 계수출력형식 '크기순 정렬(S)'과 '작은 계수표시 안함(U)'을 지정한다. '절대값 아래'는 0.3을 지정하고 '계속'을 클릭한다. 이는 분석결과표의 가독성을 높이기 위한 것이다. 일반적으로 요인적재치는 0.5 이상(0.4 이상이라고도 함)은 되어야 한다. 분석과정에서 타당성이 떨어지는 변수를 탐지하여 제거하기 위해서 0.5 이하의 요인적재치의 변동 상황을 모니터해야 하는데 '절대값 아래'는 0.3을 지정하면 이에 대한 탐지가 유리해지기 때문이다.

» 그림 14-5 **요인분석: 요인회전**

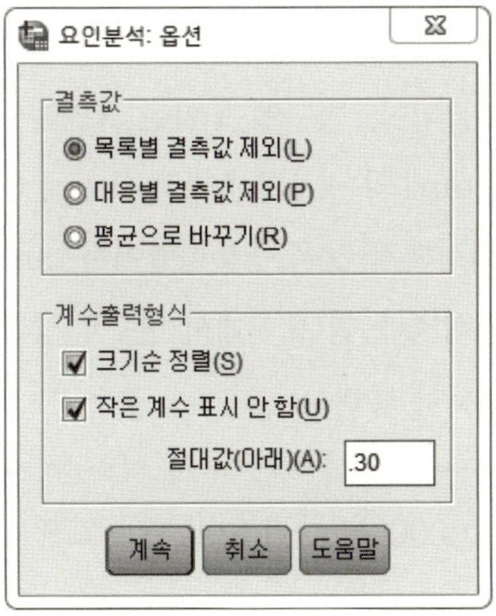

'요인분석' 창으로 돌아와 '확인'을 클릭하면 [그림 14-6]의 결과창이 나타난다.

그림 14-6 공통성과 회전되지 않은 성분행렬

공통성

	초기	추출
tan1	1.000	.779
tan2	1.000	.778
tan3	1.000	.723
tan4	1.000	.741
rel1	1.000	.589
rel2	1.000	.652
rel3	1.000	.670
rel4	1.000	.633
rp1	1.000	.645
rp2	1.000	.621
rp3	1.000	.628
rp4	1.000	.602
ass1	1.000	.651
ass2	1.000	.701
ass3	1.000	.643
emp1	1.000	.677
emp2	1.000	.644
emp3	1.000	.654
emp4	1.000	.638
emp5	1.000	.570

추출 방법: 주성분 분석.

성분행렬[a]

	성분				
	1	2	3	4	5
rp2	.690	-.080	.209	-.013	-.308
emp2	.670	-.334	-.207	-.181	.089
emp5	.665	-.148	-.222	-.175	.160
emp4	.664	-.257	-.301	-.180	.089
rp1	.639	-.151	.156	-.081	-.429
emp1	.628	-.310	-.340	-.234	.128
rp3	.616	-.172	.104	-.113	-.443
rel3	.611	-.027	.467	-.006	.278
rel4	.595	.056	.483	-.044	.202
emp3	.583	-.316	-.296	-.276	.224
rel1	.565	.051	.451	-.160	.197
rp4	.547	-.220	.140	.063	-.481
ass3	.512	-.119	-.374	.460	.122
tan1	.520	.700	-.134	.000	-.011
tan2	.576	.656	-.106	-.059	.003
tan3	.589	.603	-.113	.004	.001
tan4	.587	.591	-.182	-.093	-.073
rel2	.500	-.107	.525	.170	.293
ass2	.543	-.128	-.137	.608	.027
ass1	.549	-.103	-.059	.579	.010

요인추출 방법: 주성분 분석.
a. 추출된 5 성분

공통성(communality)은 요인들이 각 변수의 분산을 설명해주는 정도로서 주성분 분석법(principal component analysis)에 의해 추출되며, 변수에 포함된 요인들에 의해서 설명되는 비율이라고 할 수 있다. 예를 들면 tan1의 경우에 5개의 요인에 의해 분산이 설명되는 부분은 77.9%이다. 공통성은 회전되지 않은 성분행렬에서 tan1의 요인별 요인적재치 제곱의 합으로 산출된다. 공통성 낮으면 요인에서 변수의 중요도가 낮기 때문에 그 변수는 분석에서 제외시키는 것이 좋다.

공통성: $h^2=(0.520)^2+(0.700)^2+(-0.134)^2+(0.000)^2+(-0.011)^2=0.779$

≫ 그림 14-7 설명된 총분산

설명된 총분산

성분	초기 고유값			추출 제곱합 적재값			회전 제곱합 적재값		
	합계	% 분산	% 누적	합계	% 분산	% 누적	합계	% 분산	% 누적
1	7.077	35.386	35.386	7.077	35.386	35.386	3.201	16.007	16.007
2	2.196	10.982	46.368	2.196	10.982	46.368	3.107	15.535	31.542
3	1.651	8.255	54.623	1.651	8.255	54.623	2.566	12.830	44.373
4	1.236	6.178	60.801	1.236	6.178	60.801	2.408	12.041	56.413
5	1.078	5.391	66.192	1.078	5.391	66.192	1.956	9.779	66.192
6	.680	3.401	69.593						
7	.636	3.181	72.774						
8	.611	3.054	75.828						
9	.581	2.905	78.733						
10	.520	2.601	81.334						
11	.503	2.517	83.852						
12	.465	2.326	86.178						
13	.448	2.241	88.419						
14	.411	2.056	90.475						
15	.400	2.001	92.477						
16	.344	1.720	94.197						
17	.324	1.618	95.815						
18	.304	1.520	97.335						
19	.275	1.373	98.707						
20	.259	1.293	100.000						

추출 방법: 주성분 분석.

요인분석의 목적은 변수를 요인으로 줄이는데 있으므로 [그림 14-7]에 나타난 요인 20개를 모두 사용하는 것은 합리적이지 못하다. 고유치는 각 요인이 설명해주는 분산의 양을 의미한다. 고유치가 1 이상이라는 것은 하나의 요인이 변수 1개의 분산을 설명해준다는 것을 말하기 때문에 요인을 형성하기 위해서는 고유치가 1 이상이어야 한다. 바꾸어 말하면 고유치가 1보다 적다는 것은 1개 요인이 변수 1개의 분산도 설명해줄 수 없다는 것을 의미한다. 모든 요인의 고유값의 합계는 요인분석에 사용된 변수의 수와 같다. 여기서는 변수의 개수는 20개이다.

요인의 고유치는 회전되기 전의 변수별 요인적재치의 제곱의 합으로 구할 수 있다. [그림 14-8]의 예로부터 요인 1의 고유치를 계산하면 다음과 같다.

$$\text{요인 1의 고유치} = (0.690)^2 + (0.670)^2 + (0.665)^2 + \cdots + (0.549)^2 = 7.077$$

그림 14-8 회전되지 않은 성분행렬

성분행렬[a]

	성분				
	1	2	3	4	5
rp2	.690	-.080	.209	-.013	-.308
emp2	.670	-.334	-.207	-.181	.089
emp5	.665	-.148	-.222	-.175	.160
emp4	.664	-.257	-.301	-.180	.089
rp1	.639	-.151	.156	-.081	-.429
emp1	.628	-.310	-.340	-.234	.128
rp3	.616	-.172	.104	-.113	-.443
rel3	.611	-.027	.467	-.006	.278
rel4	.595	.056	.483	-.044	.202
emp3	.583	-.316	-.296	-.276	.224
rel1	.565	.051	.451	-.160	.197
rp4	.547	-.220	.140	.063	-.481
ass3	.512	-.119	-.374	.460	.122
tan1	.520	.700	-.134	.000	-.011
tan2	.576	.656	-.106	-.059	.003
tan3	.589	.603	-.113	.004	.001
tan4	.587	.591	-.182	-.093	-.073
rel2	.500	-.107	.525	.170	.293
ass2	.543	-.128	-.137	.608	.027
ass1	.549	-.103	-.059	.579	.010

요인추출 방법: 주성분 분석.

a. 추출된 5 성분

'설명된 분산의 %'는 이것은 요인 1의 설명력으로 총분산 중에서 요인이 설명하는 분산비율을 의미한다. 예를 들어 요인 1의 설명력(분산비)을 계산하면 다음과 같이 35.38%임을 알 수 있다.

요인 1의 설명력(분산비) = 고유치(요인적재치 제곱의 합) ÷ 변수의 개수

= 7.077 ÷ 20

= 0.35385

일반적으로 구성된 요인들은 누적된 '설명된 분산의 %' 값이 총분산의 60% 이상을 설명할 수 있어야 한다. [그림 14-7]에서는 누적된 분산의 %가 66.19%를 보이고 있다. 즉 고유치 1 이상인 5개의 요인이 전체 자료변동의 66.19%를 설명해주고 있음을 의미한다.

>> 그림 14-9 회전된 성분행렬

회전된 성분행렬[a]

	성분				
	1	2	3	4	5
emp3	.784				
emp1	.780				
emp4	.723				
emp2	.712				
emp5	.658				
tan1		.865			
tan2		.851			
tan4		.820			
tan3		.806			
rel2			.759		
rel3			.757		
rel4			.726		
rel1			.686		
rp4				.723	
rp1				.721	
rp3				.717	
rp2			.322	.637	
ass2					.782
ass1					.734
ass3	.351				.702

요인추출 방법: 주성분 분석.
회전 방법: Kaiser 정규화가 있는 베리멕스.

a. 5 반복계산에서 요인회전이 수렴되었습니다.

요인적재치가 0.3 이하로 억제된 회전된 성분행렬을 보면 [그림 14-9]와 같다. 대체로 변수들이 요인별로 분류되어 있고 변수들의 요인적재치도 0.5 이상을 상회하고 있다. rp2와 ass3는 동시에 두 개의 성분(요인)에 걸쳐 있으나 0.637과 0.702가 워낙 높고 요인적재치 0.322와 0.351은 상대적으로 무시할 정도로 작으므로 별 문제가 되지 않는다. 그러나 이들 요인적재치가 0.4 또는 0.5에 가까워져 타당성을 저해할 수준까지 높아진다면 해당 변수들은 제거되어야 한다. 현재로서는 타당성이 떨어져 삭제되어야 할 변수들은 발견되지 않았다. 타당성이 떨어지는 변수의 제거 방법은 앞에서 학습한 요인분석을 참고하길 바란다.

참고로 KMO(Kaiser-Mayer-Olkin)와 Bartlett 검정이 기존연구에서 간간히 사용되기에 이에 대하여 간단하게 알아보기로 한다. KMO(Kaiser-Mayer-Olkin)와 Bartlett 검정은 수집된 자료가 요인분석에 적합한지의 여부를 판단한다. 먼저 KMO 값은 표본적합도를 나타내는 값으로 0.5 이상이면 표본자료는 요인분석에 적합함을 알 수 있다. Bartlett의 구형성 검정은 변수 간의 상관행렬이 단위행렬인지 여부를 판단하는 검정이다. 여기서 단위행렬(identity matrix)은 대각선이 1이고 나머지는 모두 0인 행렬을 말한다. 여기서 유의행렬이 유의수준 0.05보다 작으면 '변수 간 행렬이 단위행렬'이라는 귀무가설이 기각되어 요인분석을 하는데 무리가 없는 것으로 판단한다.

이것을 실행하기 위해 [그림 14-10]처럼 요인분석 변수입력창에서 '기술통계(D)'를 클릭하면 [그림 14-11]처럼 '요인분석: 기술통계' 창이 나타난다. 여기서 'KMO와 Bartlett의 구형성 검정(K)'을 지정하고 '계속'과 '확인'을 연속클릭하면 [그림 14-12]의 분석결과를 얻을 수 있다.

≫ 그림 14-10 요인분석 변수입력창

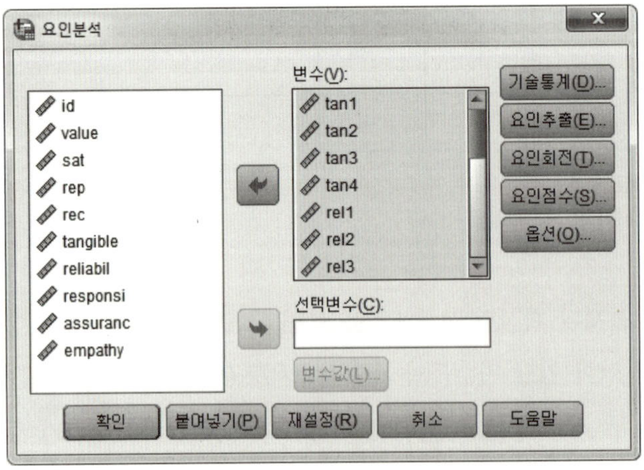

≫ 그림 14-11 요인분석: 기술통계창

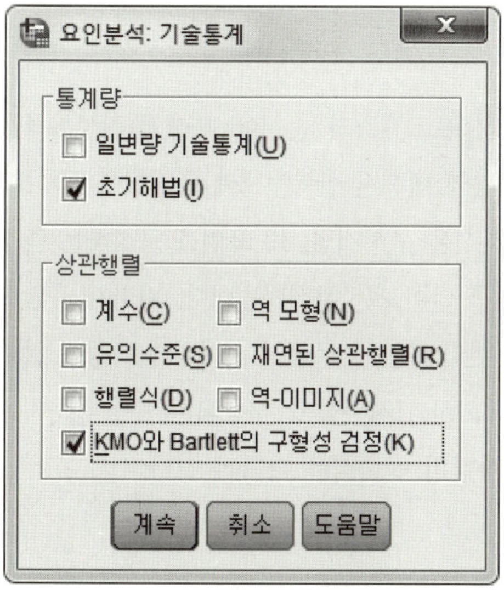

≫ 그림 14-12 KMO와 Bartlett의 구형성 검정 결과

KMO와 Bartlett의 검정

표준형성 적절성의 Kaiser-Meyer-Olkin 측도.		.903
Bartlett의 구형성 검정	근사 카이제곱	2348.391
	자유도	190
	유의확률	.000

[그림 14-12]의 검정결과를 보면 KMO값이 0.903이고 Bartlett의 구형성 검정의 유의확률(p값)이 0.000으로 유의수준(α)보다 작아 요인분석을 하는데 무리가 없음을 보여주고 있다. 다음은 계속해서 신뢰성분석을 진행하기로 한다.

제 2 절 신뢰성분석

탐색적 요인분석이 끝난 후에 데이터분석 프로세스의 순서에 따라 신뢰성분석을 실시한다. 신뢰성(reliability)은 동일한 개념에 대해서 반복적으로 측정했을 때 나타나는 측정값들의 분산을 의미한다. 신뢰성분석은 구성개념, 즉 요인을 구성하는 측정변수가 응답자의 일관된 응답을 이끌어낸지를 알아보는 분석방법이다. 따라서 응답의 일관성이 떨어지는 측정변수는 제거되어야 한다. 연구논문에서 신뢰성의 측정은 알파계수법에 의한 크론바하알파(Cronbach's alpha)계수법이 사용되며 수용기준치는 0.6 이상이어야 한다. 참고로 크론바하알파값의 산출식은 다음과 같다.

$$\alpha = \frac{N}{N-1}\left(1 - \Sigma\frac{\sigma_i^2}{\sigma_t^2}\right)$$

여기서, N: 문항수

σ_t^2: 총분산

σ_i^2: 각 문항의 분산

전체 문항이 아닌 요인별 측정항목의 신뢰도분석은 요인별로 진행된다. 먼저 다음과 같이 데이터를 불러들이고 다음의 순서대로 클릭한다.

분석(Analyze) → 척도(A) → 신뢰도분석(R)

다음 [그림 14-13]의 신뢰도분석 창이 열리면 요인별 측정문항을 '항목(I)'으로 이동시킨다. 유형성의 측정변수 tan1을 포함한 4개의 변수를 이동시킨다. 창의 우측의 '통계량(S)'을 클릭하면 [그림 14-14] '신뢰도분석: 통계량' 창이 열린다.

>> 그림 14-13 **신뢰도분석**

>> 그림 14-14 **신뢰도분석: 통계량**

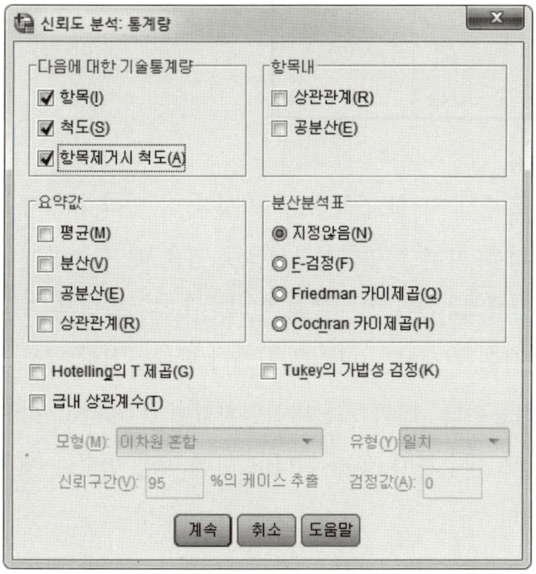

'다음에 대한 기술통계량'에서 '항목', '척도', '항목제거 시 척도'를 모두 지정한다. '계속'과 '신뢰도분석' 창에서 '확인'을 클릭하면 [그림 14-15]의 결과를 얻을 수 있다.

» 그림 14-15 신뢰도 통계량

신뢰도 통계량

Cronbach의 알파	항목 수
.890	4

유형성의 경우에 크론바하알파(Cronbach's alpha)계수가 0.890으로 나와 유형성을 이루고 있는 측정문항의 신뢰성이 높은 것으로 나타났다.

» 그림 14-16 항목 총계 통계량

항목 총계 통계량

	항목이 삭제된 경우 척도 평균	항목이 삭제된 경우 척도 분산	수정된 항목-전체 상관관계	항목이 삭제된 경우 Cronbach 알파
tan1	10.0749	2.483	.776	.852
tan2	10.1386	2.556	.781	.851
tan3	10.1011	2.595	.735	.867
tan4	10.0562	2.557	.743	.864

'다음에 대한 기술통계량'에서 '항목제거 시 척도'를 모두 지정한 바 있다. 이 경우에 특정 항목을 제거하고 나머지 문항을 가지고 신뢰성분석을 하였을 때 신뢰도계수를 보여주며, 모든 경우의 크론바하알파계수값을 보여주고 있다. 이 분석방법은 크론바하알파값이 0.6을 밑돌 때에 신뢰성을 저해하는 변수를 삭제하여 나머지 측정항목들의 신뢰도계수를 개선하기 위해 사용된다. 만약 크론바하알파값이 0.55라고 하고 특정 변수를 제거했을 때의 예상 신뢰도계수가 0.65가 된다고 하면 해당 변수를 제거해서 신뢰도를 개선시킬 수 있다 된다.

[그림 14-16]은 이에 대한 결과물을 보여주고 있다. 결과표에서 tan1의 '항목이 삭제된 경우의 크론바하알파'가 0.852라는 의미는 tan1을 제거하고 나머지 tan2, tan3, tan4를 가지고 신뢰성분석을 했을 경우 크론바하알파값이 0.852가 나온다는 의미이다. 신뢰성분석을 한 결과 유형성을 구성하는 측정항목의 크론바하알파값이 0.890으로 나타났고, 더 이상의 개선의 여지가 없음을 보여주고 있다.

다음은 확인요인분석 전에 AMOS 프로그램과 간단한 운영방법을 공부하고자 한다.

제 3 절 AMOS 프로그램 운영

3.1 AMOS 프로그램 운영

AMOS(Analysis Moment of Structure)는 공분산구조모형(구조방정식모형, 공변량구조모형)을 활용해 요인 간의 인과관계를 검정하는 통계패키지이다. 공분산구조모형은 변수들을 포함하는 잠재요인(구성개념) 간의 인과관계를 분석하는 방법을 말한다. 그리고 AMOS에서는 분석 프로그래밍을 코딩 대신에 도형그림으로 시각화하면서 완수할 수 있다는 장점을 가진다. 따라서 프로그래밍을 위한 특수용어, 행렬을 기억할 필요가 없고, 도형그림으로 프로그래밍의 입력·수정·분석이 가능하다.

3.2 AMOS 창열기와 기본도구

(1) AMOS 창열기

AMOS 프로그램을 실행하면 [그림 14-17]의 초기화면이 나타난다. 화면 왼쪽에 있는 그리기 도구상자(도구상자)에는 연구자가 모형을 그릴 수 있는 그리기 도구들이 있다. 왼쪽의 텍스트 상자들은 모형에 대한 설명, 분석과정, 과거의 파일들을 보여준다.

시작 → 프로그램 → AMOS → AMOS Graphics

» 그림 14-17 Amos 창열기

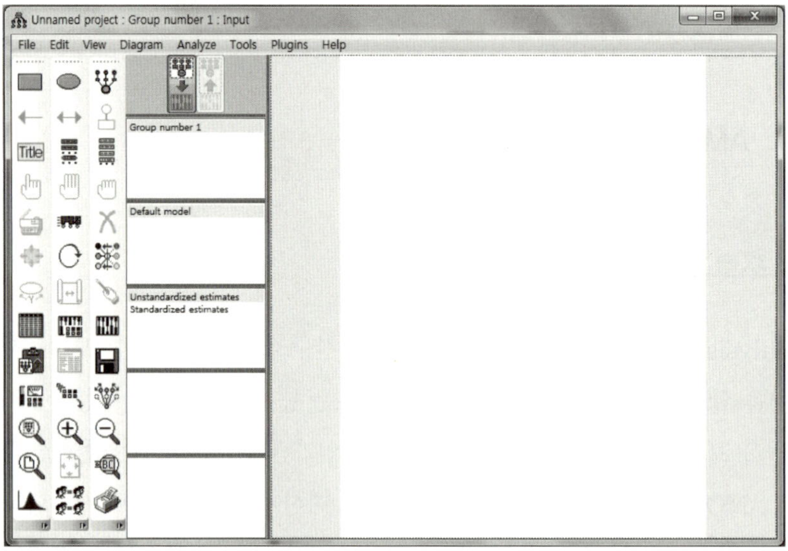

상단메뉴에서 'View/Set → Interface Properties'를 클릭하고 창 상단의 'Page Layout'을 클릭하면 [그림 14-18]의 창에서 화면 사이즈와 방향을 전환할 수 있다.

» 그림 14-18 속성그림

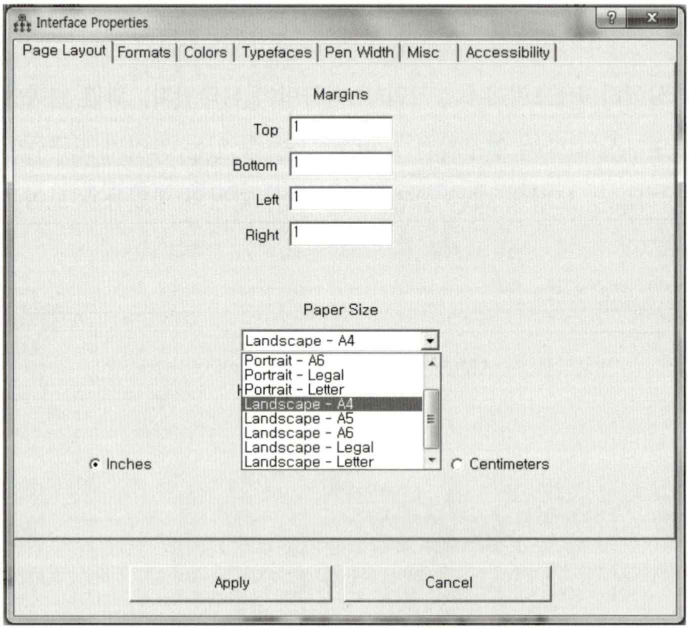

(2) 모형 구축을 위한 AMOS 기본도구 실습

경로도형을 그리기 위해서는 먼저 Amos의 도구상자에 있는 그리기 도구들을 이해하는 것이 중요하다. 이것은 물론 Amos 초기화면의 상단 메뉴를 이용할 수 있으나, 여기서는 주요 아이콘을 이용하여 그리는 방법을 간단히 숙지한다.

| 표 14-2 | 주요 아이콘 설명

그림	설명	그림	설명
	측정변수 그리기		측정모형 그리기
	잠재요인 그리기		도형 복사
	인과관계 경로표시		도형 이동
	상관관계 표시		전체 도형 지정
	오차항 그리기		개별 도형 지정
	도형 삭제		지정 해제
	데이터 불러오기		결과 옵션 선택
	분석결과 보기		분석실행
	다집단 비교		도형 확대경
	도형을 화면에 맞추기		도형회전
	파일저장		전체화면 크게
	도형크기 조정		전체화면 작게
	모형 내 변수보기		데이터세트 변수보기

예제 14-2

AMOS 운영체계의 연습을 위해 본 예제를 풀어보자. 다음 자료는 K빌딩의 사무실 임대면적에 따른 월간 전력사용량이다. 임대면적이 월간 전력사용량에 어떤 영향을 미치는지 AMOS를 활용한 경로분석을 통하여 검정하시오.

☞ 데이터는 저자 블로그에서 제공, 파일명: 단순회귀분석(사무실전기사용량)

가구	면적(m^3)	월간 전기사용량(kw)
1	27	95
2	52	215
3	39	150
4	32	148
5	25	138
6	45	180
7	38	172
8	55	235
9	35	152
10	42	195

| 풀이 |

① Amos 프로그램을 열고 입력자료의 파일을 지정해서 불러와야 한다. 불러올 수 있는 입력자료의 형식은 Excel, Access, SPSS, Text File 등이 있다.

Amos 상단의 메뉴에서 'File → Data File'을 클릭하면 [그림 14-19]의 창이 나타난다. 여기서 'File Name' 아이콘을 클릭하거나 'Group number1 〈working〉'을 클릭하면 [그림 14-20]처럼 '열기' 창이 나타난다. 분석할 파일을 클릭한 후에 'OK'를 누르면 [그림 14-21]처럼 대상 파일이 입력된 상태가 된다.

>> 그림 14-19 Data File

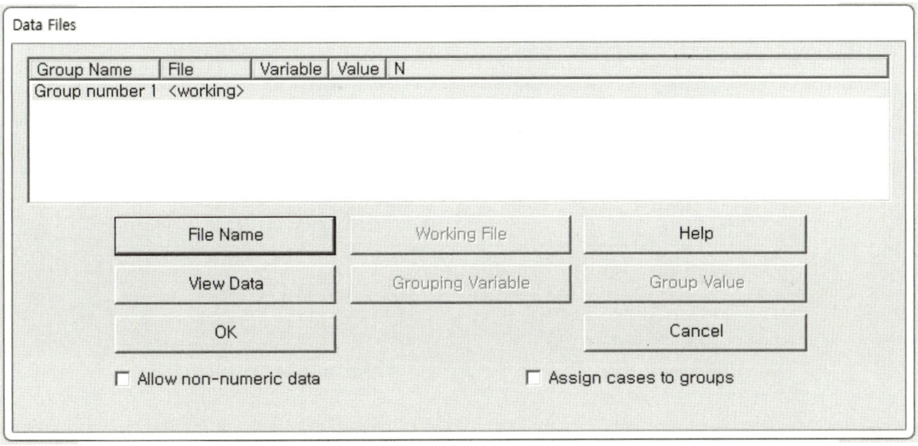

>> 그림 14-20 불러올 데이터창 열기

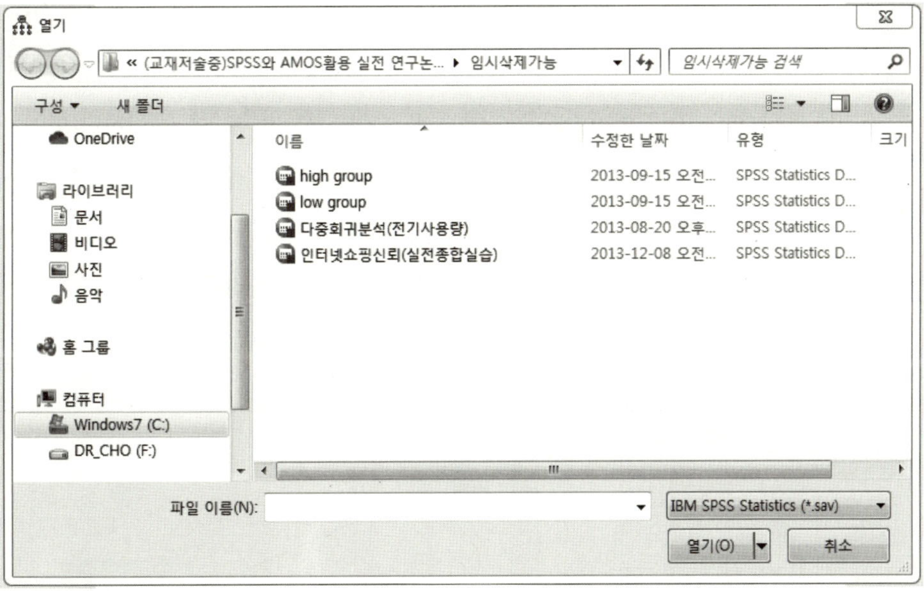

≫ 그림 14-21 데이터의 입력 확인

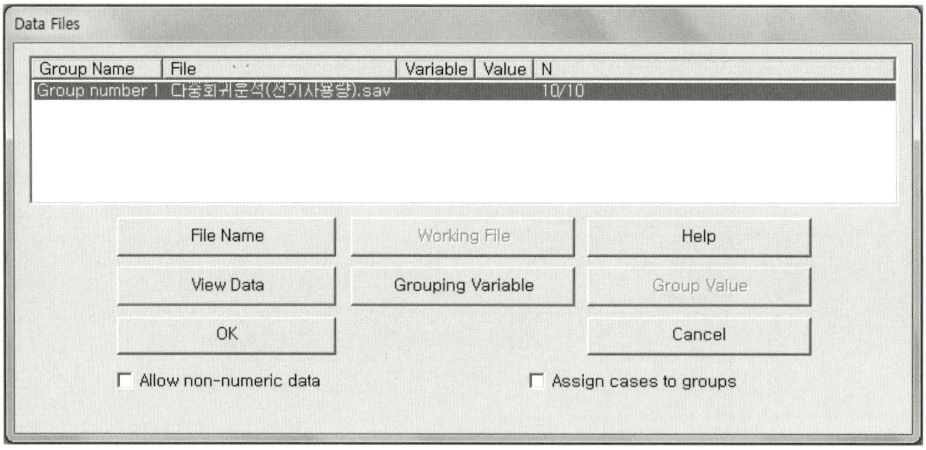

② Amos 초기화면에서 [그림 14-22]처럼 경로모형을 그려야 한다. 도구상자의 그리기 도구들을 이용하여 경로도형을 그린다. 그리고 독립변수로부터 영향을 받는 모든 종속변수에는 반드시 오차항이 있어야 한다. 오차항의 회귀계수(경로계수)는 '1'로 지정해야 한다. 오차항 입력방법을 알아보자. 오차항 그림( )을 클릭하면 아이콘 모양이 모양으로 활성화된다. 그 상태에서 다시 변수의 사각형도형을 클릭하면 오차항 그림이 입력된다. 오차항 입력기능을 취소하려면 도구상자의 을 다시 한 번 클릭하면 아이콘모양이 환원되면서 오차항 입력기능은 사라진다.

≫ 그림 14-22 그림도구 상자

그림	설명
	측정변수 그리기
	잠재요인 그리기
←	인과관계 경로표시
↔	상관관계 표시
	오차항 그리기

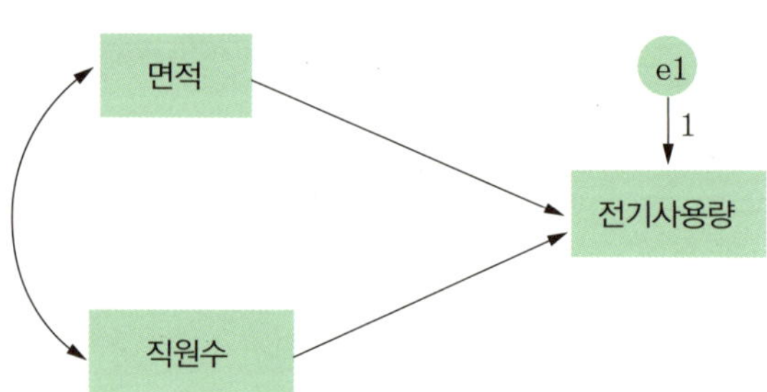

③ 경로그림이 완성되면 변수이름을 입력해야 한다. 사각형 변수에 직접 커서를 대고 마우스 왼쪽을 두 번 누르면 [그림 14-23]처럼 Objective Properties 창이 나타난다. 'Text'를 클릭 후에 'Variable name'에 변수이름 '면적'을 입력한다. 나머지 변수이름 '직원수', '전기사용량' 그리고 오차항이름 'e1'도 동일 방법으로 입력하여 경로도형을 완성한다. 이때 입력된 변수이름은 데이터파일의 변수이름과 일치해야 한다.

» 그림 14-23 Objective Properties 창

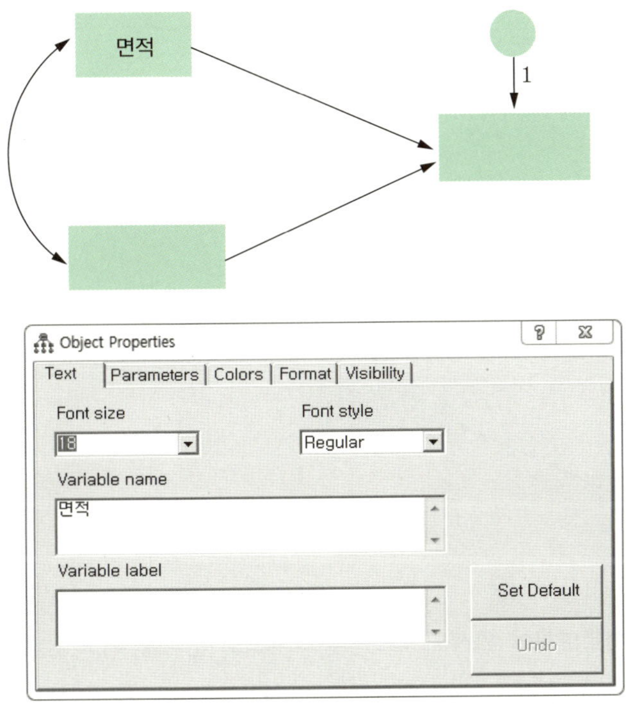

■ 조금 더 쉬운 방법

상단메뉴의 'View → Variables in Dataset'을 클릭하거나 도구상자에서 을 선택하면 [그림 14-24]처럼 데이터파일에 있는 모든 변수이름이 나열된다(참고로 을 클릭하면 경로모형 내의 변수이름이 나열된다). 여기서 경로모형 작성에 필요한 변수를 마우스로 선택한 후에 드래그해서 화면에 갖다 붙이면 된다. 이 방법을 사

용하면 좀 더 쉽고 신속하게 작성할 수 있어 편리하다. 단점이라면 변수모양의 크기와 형태가 글자의 크기와 수에 따라 제각각이다.

>> 그림 14-24 Variables in Dataset

>> 그림 14-25 경로도형

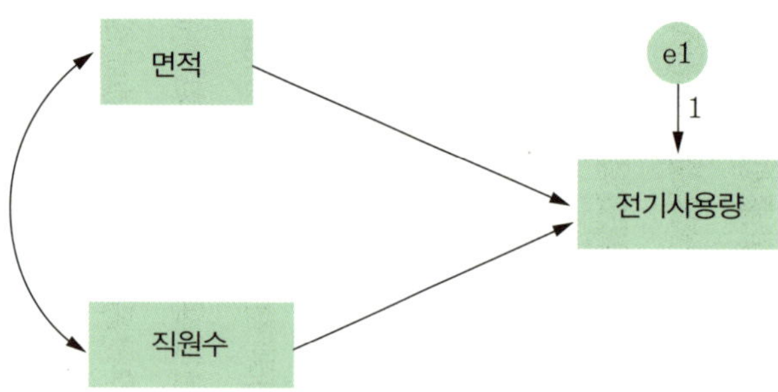

④ [그림 14-25]처럼 경로도형이 완성되었으면 본격적으로 분석을 해보자. 분석을 실행하기 전에 도구상자의 을 클릭하면 [그림 14-26]처럼 창이 나타나며 'Output'을 선택하면 결과창에서 보여줄 분석내용을 옵션으로 추가할 수 있다. 여기서는 화면처럼 기본옵션으로 한다.

» 그림 14-26 **결과창**

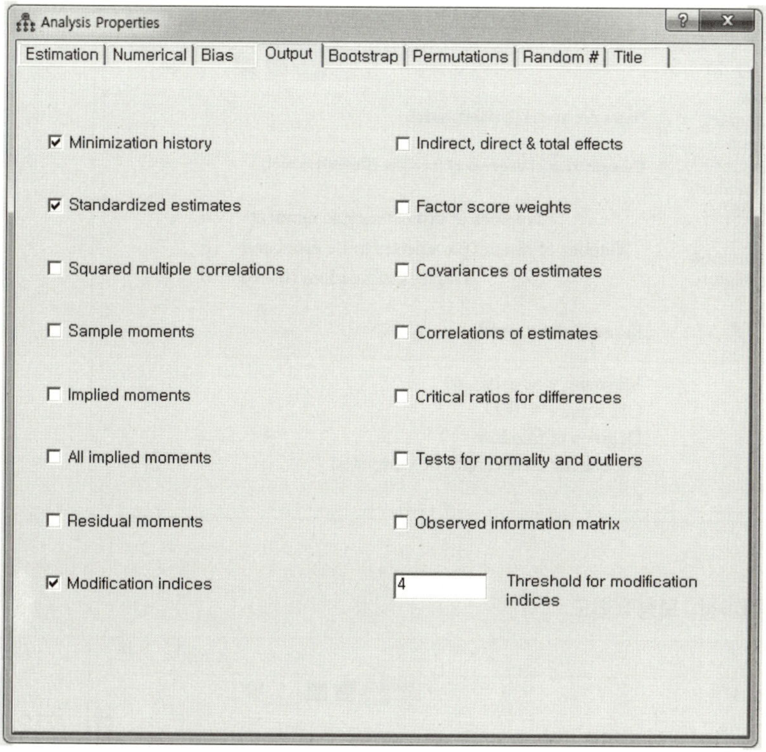

⑤ 분석을 실행해보자. 분석실행( )을 클릭하면 파일로 저장하라는 창이 나온다. 이때 저장할 파일명을 적당히 입력하고 저장한다. 저장과 동시에 분석이 실행되며 실행이 완료되었음을 [그림 14-27]처럼 화면 좌측에서 보여준다.

» 그림 14-27 **실행완료**

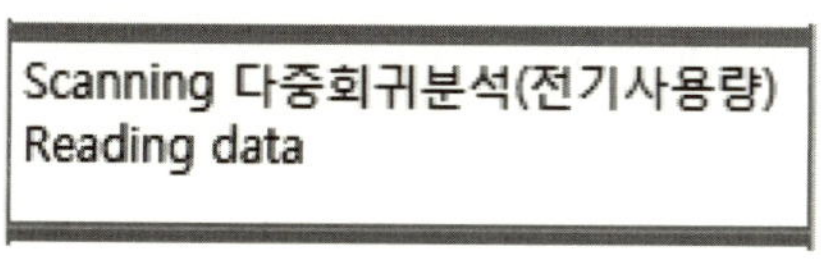

⑥ 분석결과를 확인한다. 분석결과를 확인하기 위해 상단메뉴의 'Viewt → Text Output'을 선택하거나 도구상자에서 을 클릭하면 [그림 14-28]처럼 분석결과를 보여준다.

» 그림 14-28 분석결과

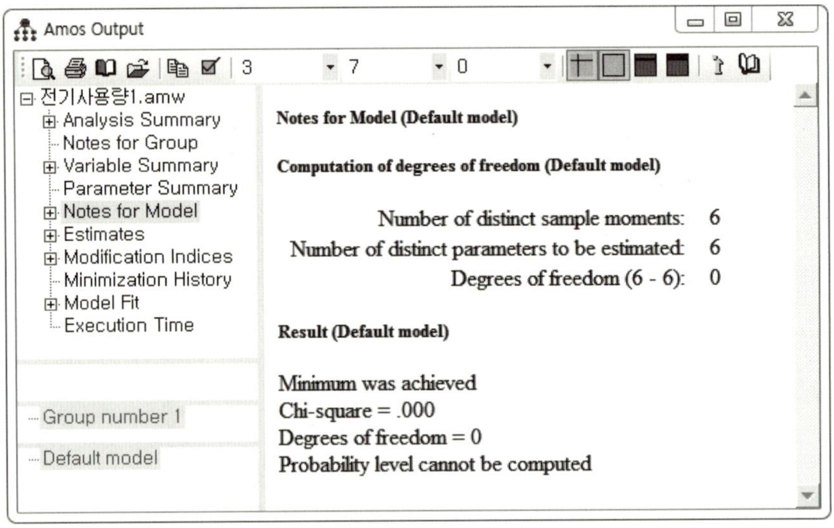

» 그림 14-29 결과창: 모형적합도

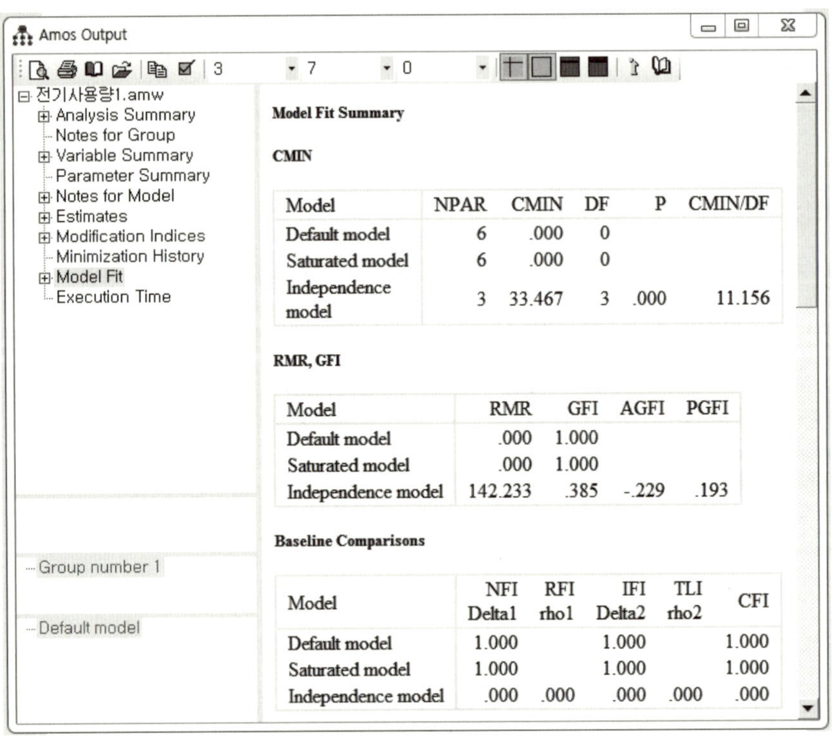

먼저 창의 좌측에서 'Model fit'을 클릭하면 [그림 14-29]처럼 모형의 적합도지수를 보여준다. 확인요인분석은 탐색적 요인분석과 달리 이론적 모형을 기초로 이루어진다. 즉 측정변수들이 요인들에 대해 타당성을 갖기 위해서는 요인과 변수구성의 이론적 모형을 구축하고 여기에 관찰된 데이터를 대입하여 이론적 모형과 관찰된 데이터의 간의 차이(χ^2)가 최소화되어야 한다. 이에 대한 진단과 기준치 제공에는 적합도지수(goodness of fit index)가 활용된다.

초기모형(Default model)은 연구를 위해 연구자가 고안한 모형으로서 'Your model'이다. 포화모형(Saturated model)은 완전적합모형으로 자료에 대해 완전한 적합성을 갖는 모델이다. 포화모형은 모형의 타당성 검정이 불가능한 의미 없는 모형으로 권장되지 않는다. 독립모형(Independence model)은 최악의 적합모형으로 추정모수의 개수를 최소로 하는 모형을 의미한다. 포화모형과 독립모형은 극단적 모형으로서 초기모형과 비교되는 기준모형으로 의미를 갖는다. 따라서 논문에 작성되는 적합도지수는 모두 초기모형(Default model)의 것이어야 한다.

항목구성의 최적상태를 도출하기 위한 적합도를 평가하기 위해서 주요 적합도지수 CMIN은 χ^2(Chi-square)을 의미하며 이론적 모형과 자료 간의 불일치 정도를 나타낸다. 따라서 CMIN(χ^2)은 작을수록 좋다. 실제로 CMIN(χ^2)은 적합도지수는 아니지만 많은 논문에서 적합도지수처럼 사용된다. 포화모형인 경우에 완전일치를 나타내므로 CMIN(χ^2)은 0.000을 나타낸다. CMIN(χ^2)에 대한 p값($\geq$0.05)은 '모형은 적합성하다'를 귀무가설로 하고 있기 때문에 계속적 분석을 위해서는 p값은 0.05보다 커야 한다. 특히 CMIN(χ^2)에 자유도를 고려한 CMIN(χ^2)/df를 많이 사용하고 있는데 이 값은 최소 5 이하인 것이 바람직하며 보수적으로는 3 이하를 권장하고 있다, 이외에 GFI($\geq$0.9), AGFI($\geq$0.9), RMR($\leq$0.05), NFI($\geq$0.9) 등이 주로 이용되고 있다. 본 교재가 실전 데이터분석에 중점을 두고 있으므로 적합도지수의 이론적 내용은 최소화하기로 한다. 확인요인분석에서 적합도지수를 동시에 모두 만족시킬 필요는 없으며, 경우에 따라 일부 적합도지수는 기준치보다 낮은 수준에서 허용되기도 한다.

예시의 경우는 경로모형이 매우 단순하여 미지수가 적은 까닭에 결과창의 적합도지수는 전반적으로 완전적합임을 보여주고 있다. 결과창의 좌측에서 'Estimates'을 클릭하면 [그림 14-30]의 검정결과를 보여준다. 면적과 직원수가 전기소모량에 미치는 영향에 대한 유의성 검정과 함께 독립변수의 종속변수에 대한 영향력의 크기와 방향을 보여주는 경로계수를 보여준다. 결과에서는 면적만이 전기소모량에 유의한 영향을 미치는 것으로 나타났다.

≫ 그림 14-30 결과창: 검정결과

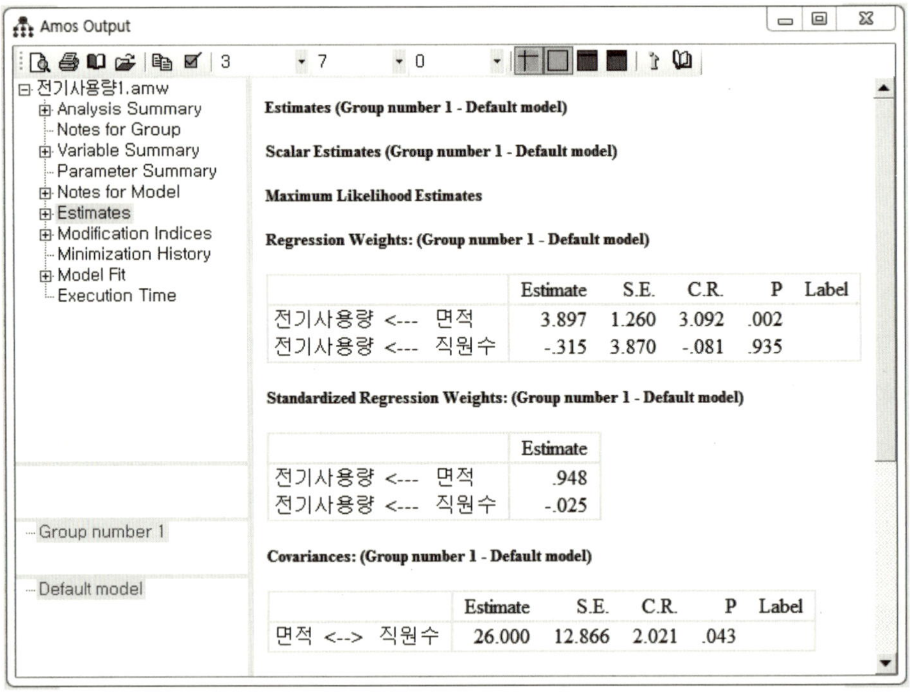

다음은 앞에서 시행했던 신뢰성분석에 이어 분석프로세스에 따라 확인요인분석으로 넘어가기로 한다. 본 예제에서는 데이터가 분석프로세스 교육용으로 변형되었기에 탐색적 요인분석과 신뢰성분석을 통하여 제거된 변수가 없었지만 실제 확인요인분석에서는 전 단계에서 탐색적 요인분석과 신뢰성분석을 통해 걸러진 데이터를 대상으로 분석이 진행된다.

제 4 절 확인요인분석

4.1 확인요인분석

확인요인분석은 이미 탐색적으로 연구되었거나 또는 이론적인 근거에 의하여 측정구조모형이 가설적으로 구축된 것을 확인하기 위하여 실시하는 기법이다. 확인요인분석은 특정 가설을 설정하고 자료에서 관찰되는 관계를 어느 정도 설명하고 있는지의 정도를 나타내는 기법으로 분석과정에서 연구자는 사전지식이나 이론적인 결과를 가지고 가설형식으로 모형화하고 일부원소의 값을 제약한다.

다음은 예시 논문에서 제공되는 확인요인분석의 결과표이며 요인별로 작성되어 있다. 이 결과표는 구조방정식모형을 이용한 인과관계 연구에서 반드시 필요한 표이며 이 결과표의 작성은 논문통계분석의 두 번째 관문이기도 하다. 먼저 요인별 확인요인분석을 유형성의 예시를 들어 설명하고자 한다.

| 표 14-3 | 요인별 확인요인분석 결과표

요인	초기항목	최종항목	GFI	AGFI	RMSR	NFI	χ^2	p
유형성	4	4	1.000	0.999	0.001	1.000	0.091	0.956
신뢰성	4	4	0.999	0.993	0.003	0.998	0.745	0.689
대응성	4	4	0.995	0.977	0.006	0.992	2.493	0.287
확신성	3	3	1	1	0	1	–	–
공감성	5	5	0.984	0.952	0.009	0.979	11.068	0.050

AMOS 프로그램을 실행하고 초기화면의 상단 메뉴에서 'File → Data File'을 선택하여 데이터(파일명: parcel_servqual_value)를 불러와야 한다.

≫ 그림 14-31 자료 불러오기

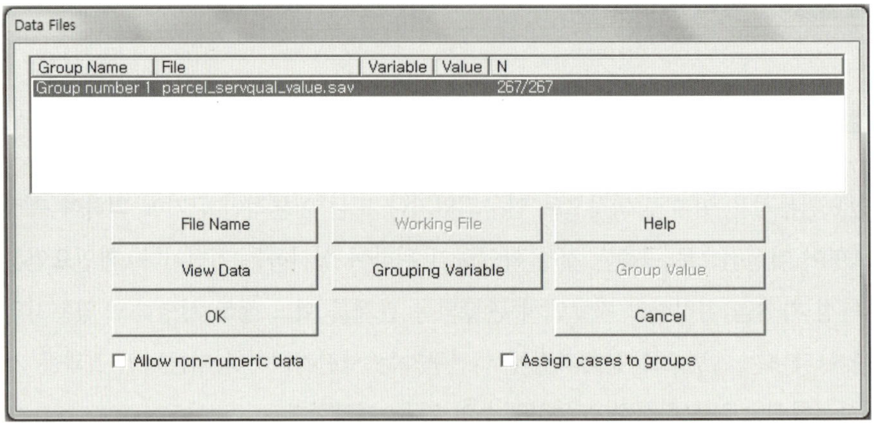

[그림 14-31]처럼 데이터창이 나타나면 'File Name'을 클릭하고, 분석할 파일을 불러온 후에 'OK'를 누르면 대상 파일이 입력된 상태가 된다.

AMOS 화면의 도구상자의 그리기 도구를 이용하여 [그림 14-24]와 같이 확인요인분석을 위한 측정모형을 그린다. 도구상자의 , , , 을 이용하여 정성스럽게 모형을 그릴 수도 있지만 을 활용하면 [그림 14-32]처럼 모형작성 시간을 절약할 수 있다.

≫ 그림 14-32 모형 그리기

확인요인분석을 위한 측정모형	활용도구
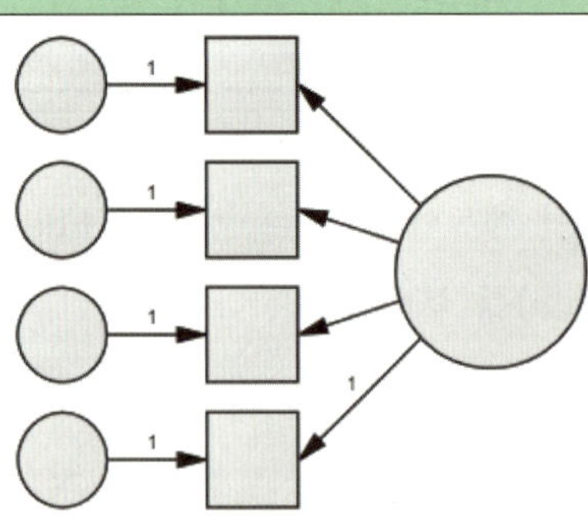	 또는 아래 도구를 이용한 속성 그리기 

≫ 그림 14-33 모형에 변수 입력하기

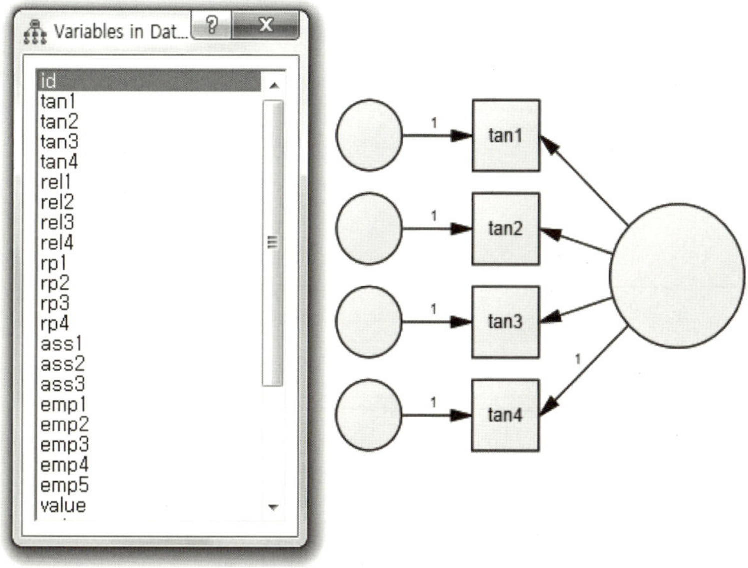

모형이 잘 그려졌으면 변수이름, 오차항이름, 요인이름을 기입해야 한다. 변수명의 경우에 먼저 화면 상단의 메뉴에서 'View → Variables in Dataset'를 차례로 클릭하거나 또는 도구상자의 을 클릭하여 '데이터 내 변수보기' 창을 열고 유형성에 해당하는 변수 'tan1', 'tan2', 'tan3', 'tan4'를 하나씩 클릭 및 드래그하여 변수도형에 갖다 놓으면 [그림 14-33]처럼 자동으로 입력된다.

그리고 오차항과 요인이름의 입력은 먼저 해당 입력할 도형에 마우스를 올려놓고 더블클릭하면 [그림 14-34]처럼 입력창이 난다. 그리고 입력창의 'Text'바를 클릭하면 'Variable name' 박스가 나타나며 여기에 변수이름을 입력한다. 필요하면 글자크기와 스타일은 물론 색상까지 지정할 수 있다. 단 주의사항으로 AMOS 프로그램의 버전에 따라서 글자를 입력할 때 '특수문자(–, #, *, % 등)'는 입력과 사용에 제한이 있을 수 있다. [그림 14-35]처럼 요인이름으로 특수문자를 포함하여 '유형성–f'라고 입력하였는데 혹시 분석과정에서 [그림 14-36]처럼 '유효하지 않은 문자를 포함하여 변수이름이 유효하지 않다'라는 경고문이 뜨면 '–'을 빼고 '유형성f'로만 입력하면 된다.

» 그림 14-34 모형에 오차항이름 입력하기

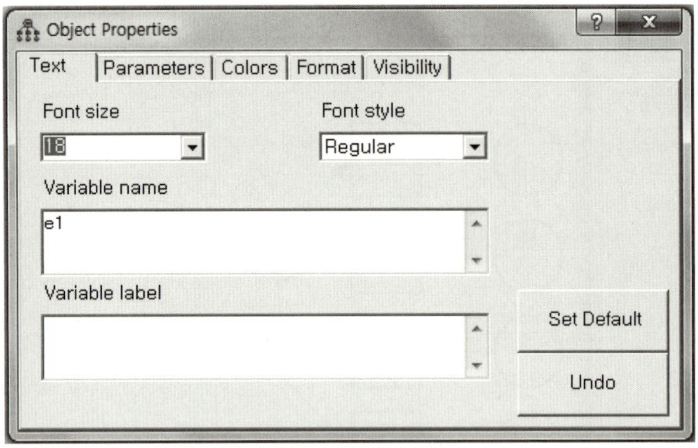

» 그림 14-35 모형에 요인이름 입력하기

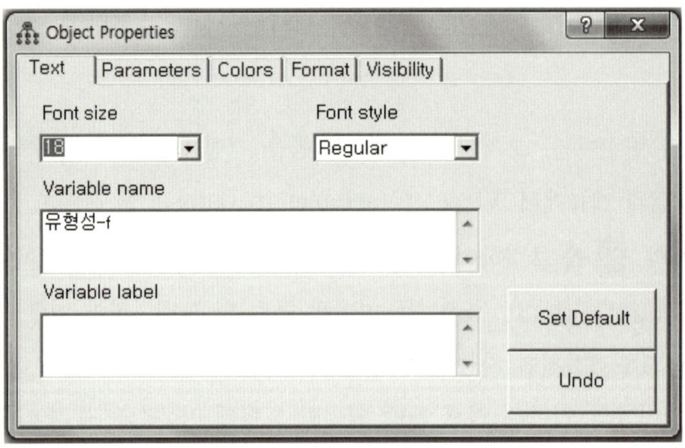

» 그림 14-36 경고문

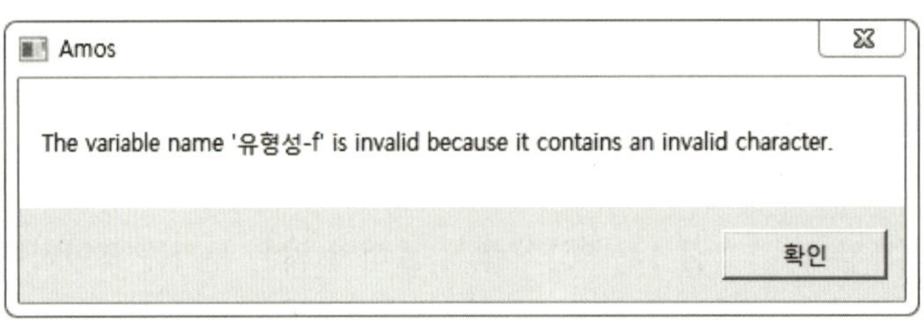

그림 14-37 완성된 모형

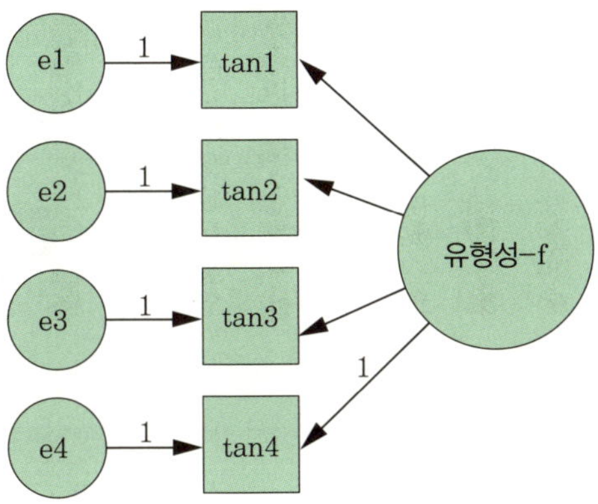

[그림 14-37]처럼 모형을 완성하고 도구상자의 을 클릭하면 [그림 14-38]의 결과 옵션창이 나타난다.

그림 14-38 결과 옵션창(Analysis-Output)

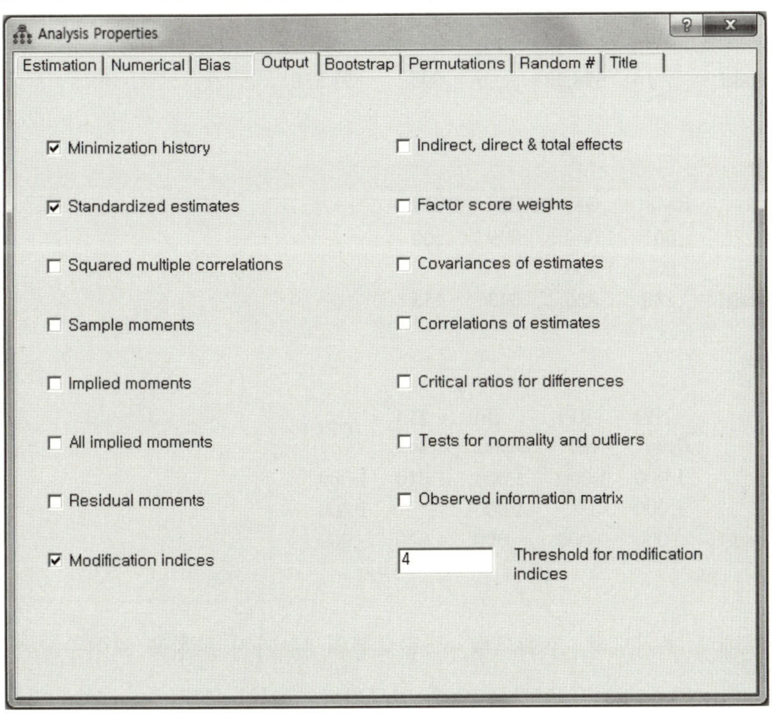

결과 옵션창에서 기본적으로 'Standard estimates'와 'Modifications indices'를 지정한다. 'Standard estimates'는 표준화된 계수값을 보여주며, 'Modifications indices'는 수정지수로서 모형의 적합도지수가 기준치를 미달하는 경우에 적합도를 개선시켜 줄 수 있는 개선가능한 대상들과 그에 해당되는 수치들을 보여준다.

입력한 후에 분석을 실행시키기 위해 을 클릭하여 창을 닫고 도구상자에서 을 클릭한다. 그리고 측정모형을 저장하라는 창이 나오면 저장할 파일명을 적당히 입력하고 저장한다. 저장과 동시에 분석이 실행된다.

분석된 결과를 보기 위하여 'Viewt → Text Output'을 선택하거나 도구상자에서 을 클릭하면 분석결과를 보여준다. 먼저 결과창의 좌측에서 'Model fit'을 클릭하면 [그림 14-39]처럼 모형의 적합도지수를 보여준다.

» 그림 14-39 **결과창: 모형의 적합도**

CMIN

Model	NPAR	CMIN	DF	P	CMIN/DF
Default model	8	.091	2	.956	.045
Saturated model	10	.000	0		
Independence model	4	596.027	6	.000	99.338

RMR, GFI

Model	RMR	GFI	AGFI	PGFI
Default model	.001	1.000	.999	.200
Saturated model	.000	1.000		
Independence model	.188	.426	.043	.256

Baseline Comparisons

Model	NFI Delta1	RFI rho1	IFI Delta2	TLI rho2	CFI
Default model	1.000	1.000	1.003	1.010	1.000
Saturated model	1.000		1.000		1.000
Independence model	.000	.000	.000	.000	.000

모형의 적합도에서 초기모형, 포화모형, 독립모형의 세 가지 모형을 보여주고 있다. 초기모형(Default model)은 연구를 위해 연구자가 고안한 모형이다. 이에 반해 포화모형(Saturated model)은 완전적합모형으로 자료에 대해 완전한 적합성을 갖는

모델로서 모형의 타당성 검정이 불가능한 의미 없는 모형이고, 독립모형(Independence model)은 추정모수의 개수를 최소로 하는 최악의 적합모형을 의미한다. 따라서 포화모형과 독립모형은 극단적 모형으로서 초기모형과 비교되는 기준모형으로 의미를 가질 뿐이며 논문에 작성되는 적합도지수는 모두 초기모형(default model)의 것이어야 한다. 요인별 확인요인분석에서는 적합도지수가 중요한 분석결과로서 요인분석의 타당성 판단의 기준으로 사용된다. [그림 14-40]은 요인과 변수 간의 경로계수값을 보여주는데 이들 경로계수는 측정변수가 요인에 걸려 있는 요인적재치(factor loading)를 의미한다. 요인적재치는 요인과 변수 간의 관계 정도를 보여준다. 요인적재치는 유의수준(α) 0.05에서 유의해야 하며, 표준요인적재치(standard factor loading)는 0.7보다 커야 바람직하다.

≫ 그림 14-40 결과창: 경로계수

Regression Weights: (Group number 1 - Default model)

			Estimate	S.E.	C.R.	P	Label
tan4	<---	유형성-f	1.000				
tan3	<---	유형성-f	.973	.071	13.730	***	
tan2	<---	유형성-f	1.025	.069	14.897	***	
tan1	<---	유형성-f	1.067	.072	14.781	***	

Standardized Regression Weights: (Group number 1 - Default model)

			Estimate
tan4	<---	유형성-f	.799
tan3	<---	유형성-f	.789
tan2	<---	유형성-f	.846
tan1	<---	유형성-f	.840

Variances: (Group number 1 - Default model)

	Estimate	S.E.	C.R.	P	Label
유형성-f	.235	.031	7.536	***	
e4	.133	.015	8.984	***	
e3	.135	.015	9.155	***	
e2	.098	.012	7.849	***	
e1	.111	.014	8.028	***	

다음은 확신성의 예시를 들어 설명하고자 한다. 확신성에는 3개의 변수가 속해 있다. [그림 14-41]과 같이 모형을 그리고 확인요인분석을 실시하면 [그림 14-42]의 결과를 얻는다.

≫ 그림 14-41 모형: 확신성

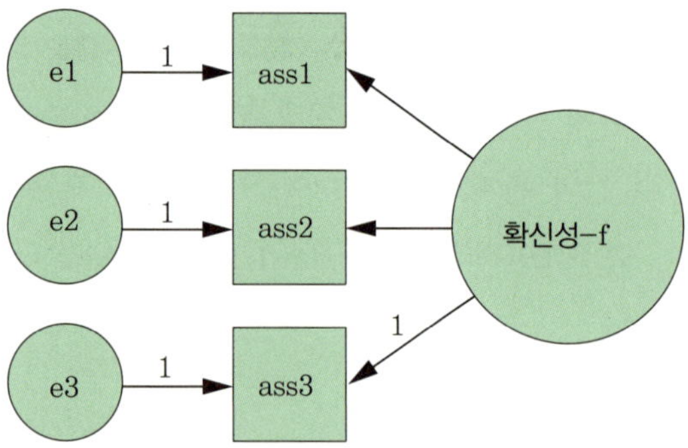

≫ 그림 14-42 결과창: 모형의 적합도

CMIN

Model	NPAR	CMIN	DF	P	CMIN/DF
Default model	6	.000	0		
Saturated model	6	.000	0		
Independence model	3	167.737	3	.000	55.912

RMR, GFI

Model	RMR	GFI	AGFI	PGFI
Default model	.000	1.000		
Saturated model	.000	1.000		
Independence model	.138	.688	.376	.344

Baseline Comparisons

Model	NFI Delta1	RFI rho1	IFI Delta2	TLI rho2	CFI
Default model	1.000		1.000		1.000
Saturated model	1.000		1.000		1.000
Independence model	.000	.000	.000	.000	.000

초기모형(Default model)을 보면 포화모형(Saturated model)처럼 완전적합모형의 결과를 보여주고 있다. 이 경우에는 모형의 타당성 검정이 불가능한 의미 없는 모형이 되어 버린다. 이런 경우는 요인을 구성하는 측정변수가 3개 이하인 경우부터 이런 결과를 보여준다. 따라서 요인별로 확인요인분석을 하게 될 경우에는 가급적이면 탐색적 요인분석과 신뢰성분석을 거치면서 요인별로 요인 내의 변수가 4개 이상은 될 수 있도록 변수의 설계계획을 세워야 한다.

다음은 연구모형에 사용되는 모든 요인들을 대상으로 한꺼번에 결합하여 전체 확인요인분석을 실시하는 측정모형분석에 대해 이야기하고자 한다.

4.2 측정모형분석(전체 확인요인분석)

측정모형분석(measurement model analysis)은 요인별로 이루어졌던 확인요인분석을 연구모형을 구성하는 전체 요인의 차원에서 행해지는 요인분석이라고 할 수 있다. 즉 측정모형(measurement model)에는 연구모형을 구성하는 모든 구성개념과 그 측정변수가 포함된다.

항목구성의 최적상태를 도출하기 위한 적합도를 평가하기 위해서 GFI(Goodness-of-Fit Index; ≥0.9), AGFI(Adjusted Goodness-of-Fit Index; ≥0.90), CMIN(χ^2), CMIN(χ^2)에 대한 p값(≥0.05), RMR(Root Mean square Residual; ≤0.05), NFI(Normed Fit Index) 등을 이용하며 요인별 확인요인분석을 시행했을 때와 동일하다.

| 표 14-4 | 측정모형분석(전체 확인요인분석)

구성개념	항목	요인적재치	표준요인적재치	t값	p값
공감성	emp5	1.000	0.692	-	-
	emp4	1.058	0.758	10.918	0.000
	emp3	1.078	0.699	10.167	0.000
	emp2	1.128	0.766	11.021	0.000
	emp1	1.104	0.747	10.783	0.000

유형성	tan4	1.000	0.802	-	-
	tan3	0.977	0.795	13.988	0.000
	tan2	1.021	0.846	15.065	0.000
	tan1	1.053	0.832	14.770	0.000
신뢰성	rel4	1.000	0.730	-	-
	rel3	1.114	0.754	10.667	0.000
	rel2	0.880	0.645	9.351	0.000
	rel1	0.902	0.672	9.697	0.000
대응성	rp4	1.000	0.611	-	-
	rp3	1.101	0.688	8.692	0.000
	rp2	1.261	0.757	9.243	0.000
	rp1	1.143	0.723	8.985	0.000
확신성	ass3	1.000	0.652	-	-
	ass2	1.069	0.724	8.561	0.000
	ass1	1.025	0.696	8.414	0.000
χ^2=186.020, df=160, p=0.078, RMR=0.016, GFI=0.937, AGFI=0.918, NFI=0.923, IFI=0.988, CFI=0.988					

[표 14-4]는 예시 논문의 데이터를 활용해서 작성한 전체 확인요인분석의 결과표이다. 일명 '측정모형분석'이라고도 한다. 이 결과표는 구조방정식모형을 활용한 인과관계 연구에서 반드시 필요한 결과표이며, 이 표의 작성은 논문통계분석을 위한 세 번째 관문이기도 하다.

측정모형분석(measurement model analysis)은 가설검정에 잠재요인뿐만 아니라 변수차원까지 타당성을 확립하려는 높은 수준의 분석이다. 그리고 연구자가 최종 인과관계분석에서 공분산구조분석을 활용하고자 한다면 필수적으로 실행해서 최적의 적합도지수를 확보해야 하는 분석이기도 하다. 왜냐하면 측정모형분석에서 모형의 적합도지수를 기준 이상으로 확보해두어야 가설검정 단계에서 구조방정식모형의 적합도지수를 담보할 수 있기 때문이다.

측정모형분석이 중요한 또 다른 이유는 앞의 확신성의 경우처럼 연구모형 내의 모든 요인마다 변수가 3개뿐인 경우라면 요인별로 확인요인분석을 해서는 모든 요인에서 의미 없는 완전적합으로 나오기 때문에 타당성과 신뢰성을 증명할 수가 없다. 따라서 타당성과 신뢰성을 증명하기 위해 이런 경우에는 모든 요인을 묶어서 확인요인분석을 하는 전체 확인요인분석, 즉 '측정모형분석'을 해야 한다.

먼저 AMOS 화면에 도구상자의 그리기 도구를 이용하여 [그림 14-43]과 같이 측정모형을 그린다. 측정모형을 그리는데 있어서 연구자가 그리기 도구를 어떻게 활용하고 응용하느냐에 따라 모형을 그리는 방법과 속도는 개인차가 많이 난다. 따라서 많은 연습을 해두어야 한다.

측정모형이 잘 그려졌으면 해당 도형에 변수이름, 오차항이름, 요인이름을 기입해야 한다. 변수명의 경우에 먼저 화면 상단의 메뉴에서 'View'를 클릭하고 'Variables in Dataset'를 클릭하거나 또는 도구상자의  을 클릭하여 '데이터 내 변수보기' 창을 열고 [그림 14-44]처럼 요인별로 해당하는 변수들을 드래그해서 모형에 가져다 입력한다.

그리고 오차항과 요인의 이름의 입력은 [그림 14-44]처럼 해당 입력할 도형에 마우스를 올려놓고 더블클릭하면 그림처럼 입력창이 나타난다. 그리고 입력창의 'Text'를 클릭하면 'Variable name' 박스가 나타나며 여기에 변수이름을 입력한다. 필요하면 글자크기와 스타일은 물론 색상까지 지정할 수 있다. 단 주의사항으로 AMOS 프로그램의 버전에 따라서 글자를 입력할 때 '특수문자(−, #, *, % 등)'는 입력과 사용에 제한이 있을 수 있으니 주의해야 한다. 혹시 분석과정에서 '유효하지 않은 문자를 포함하여 변수이름이 유효하지 않다'라는 취지의 경고문이 뜨면 변수이름에 포함된 특수문자는 빼고 입력하면 된다.

>> 그림 14-43 측정모형 작성을 위한 활용도구

<table>
<tr><th>확인요인분석을 위한 측정모형</th><th>활용도구</th></tr>
<tr><td>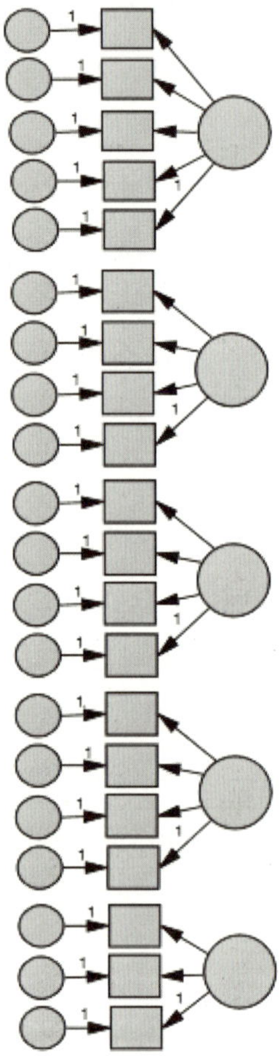</td><td>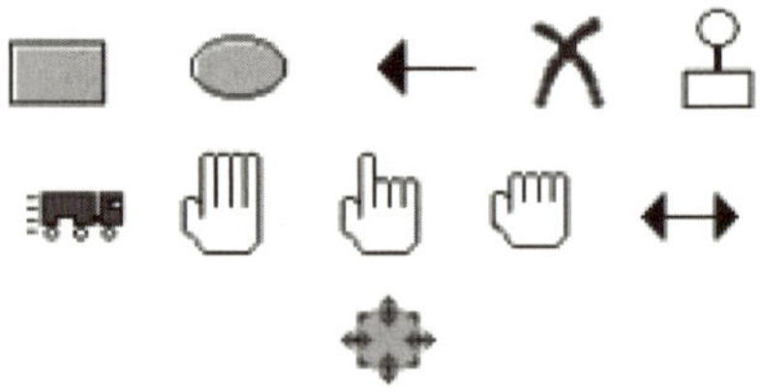
또는 아래 도구를 이용한 속성 그리기
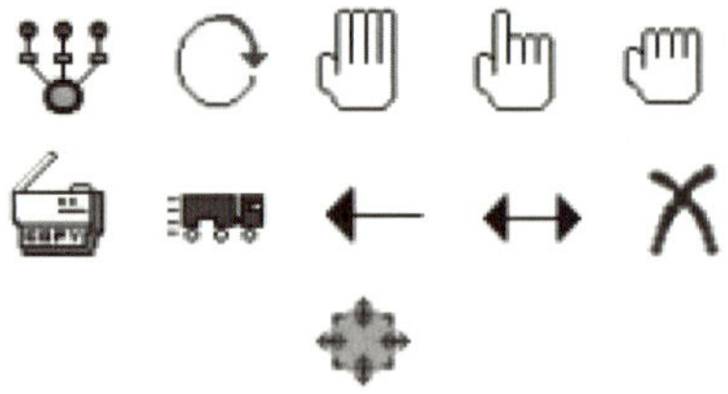</td></tr>
</table>

>> 그림 14-44 **측정모형의 작성**

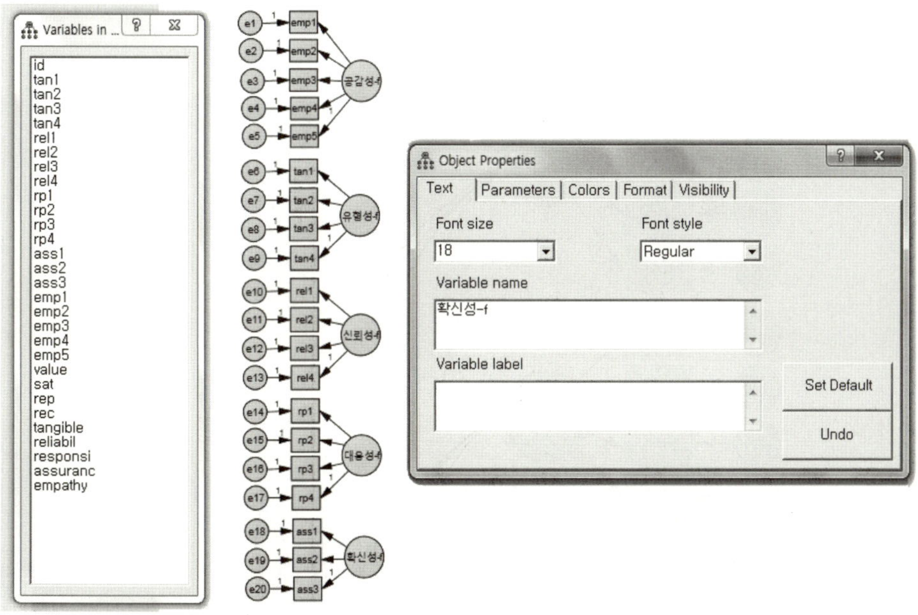

변수이름, 오차항이름, 요인이름의 입력이 완료되었으면 ⟷ 을 이용하여 [그림 14-45]처럼 요인 간의 상관관계를 경우의 수만큼 모두 표시해야 한다. 만약, 하나라도 누락되면 분석은 실행되지 않는다. [그림 14-44]는 최종 완성된 측정모형을 보여준다.

» 그림 14-45 **완성된 측정모형**

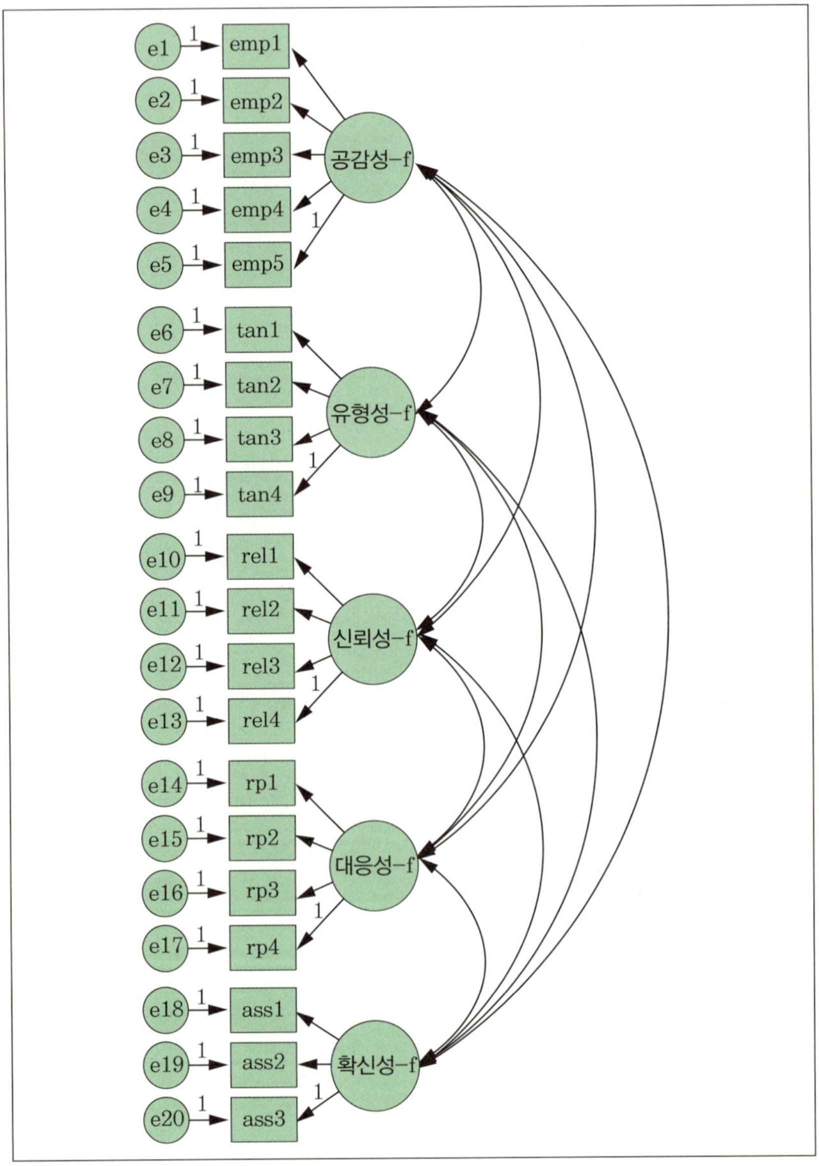

그리고 결과 옵션창 [아이콘] 을 클릭하면 [그림 14-46]의 창이 나타난다. 기본적으로 'Standard estimates'와 'Modifications indices'를 지정한다. 'Standard estimates'는 표준화된 계수값을 보여주며, 'Modifications indices'는 수정지수로

서 모형의 적합도지수가 기준치를 미달하는 경우에 적합도를 개선시켜 줄 수 있는 개선가능한 대상들과 그에 해당되는 수치들을 보여준다.

입력한 후에 분석을 실행시키기 위해 를 클릭하여 창을 닫고 도구상자에서 을 클릭한다. 그러면 측정모형을 저장하라는 창이 나오면 저장할 파일명을 적당히 입력하고 저장한다. 저장과 동시에 분석이 실행된다.

» 그림 14-46 결과 옵션창

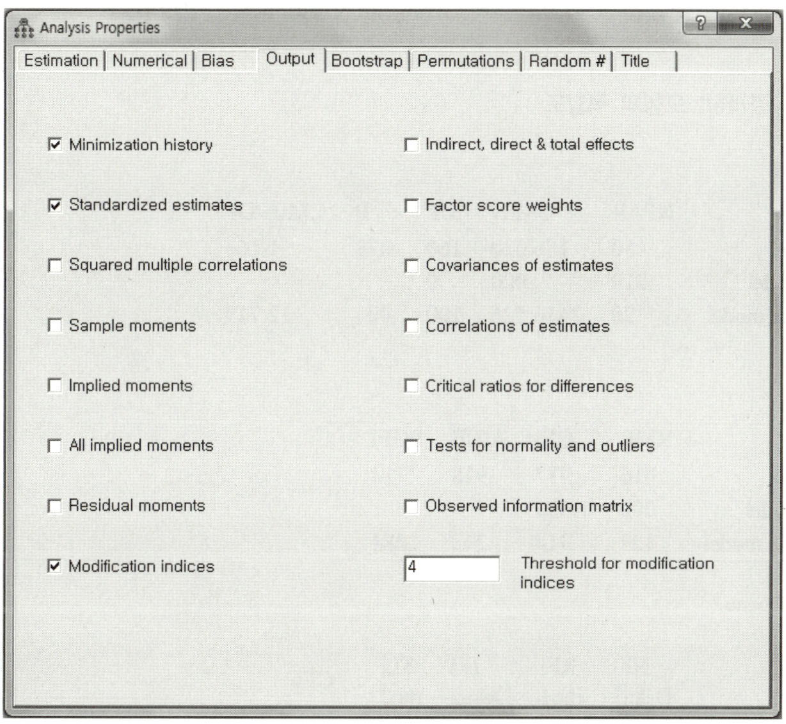

분석된 결과를 보기 위하여 'Viewt → Text Output'을 선택하거나 도구상자에서 을 클릭하면 [그림 14-47]의 분석된 결과를 보여준다. 먼저 결과창의 좌측에서 'Model fit'을 클릭하면 모형의 적합도지수를 보여준다.

확인요인분석에서는 적합도지수가 중요 분석결과로서 요인분석의 타당성을 판단하는 기준으로 사용되며 기준치 이하가 되면 모형을 포기하든지 아니면 이론적인 범위 내에서 모형을 개선시키든지 해야 한다. 연구자 모형인 초기모형(Default model)의 적합도지수들을 보면 CMIN(χ^2)는 작을수록 좋지만 186.020으로 높게 나타났다. 그러나 데이터 개수가 200 이상인 경우에는 큰 의미가 없다고 한다. 모형의 적합도의 유의확률도 0.078로 유의수준 0.05보다 높은 것으로 나타나 '모형은 적합하다'는 귀무가설을 채택할 수 있다. 그리고 χ^2/df는 1.163으로 이상치를 보여주고 있다. 그리고 중요 적합도지수인 GFI, AGFI, CFI, IFI, NFI가 모두 0.9 이상이고 RMR도 0.05보다 작아 대부분의 적합도지수가 기준을 충족하고 있어 전반적으로 자료가 현재의 모형에 매우 적합함을 보이고 있다(Jöreskog & Sörbom, 1993).

» 그림 14-47 결과창: 모형의 적합도

CMIN

Model	NPAR	CMIN	DF	P	CMIN/DF
Default model	50	186.020	160	.078	1.163
Saturated model	210	.000	0		
Independence model	20	2416.526	190	.000	12.719

RMR, GFI

Model	RMR	GFI	AGFI	PGFI
Default model	.016	.937	.918	.714
Saturated model	.000	1.000		
Independence model	.123	.314	.242	.284

Baseline Comparisons

Model	NFI Delta1	RFI rho1	IFI Delta2	TLI rho2	CFI
Default model	.923	.909	.988	.986	.988
Saturated model	1.000		1.000		1.000
Independence model	.000	.000	.000	.000	.000

[그림 14-48]과 [그림 14-49]는 경로계수의 결과를 보여주고 있다. 이들 경로계수에는 비표준화 경로계수와 표준화 경로계수가 있으며 이들 경로계수는 측정변수가 요인에 걸려 있는 요인적재치를 의미한다. 요인적재치는 요인과 변수 간의 관계 정도를 보여준다. 요인적재치(factor loading)은 유의수준(α) 0.05에서 유의해야 하며, 표준요인적재치(standard factor loading)는 0.7보다 커야 바람직하다.

그림 14-48 결과창: 비표준화 경로계수

Regression Weights: (Group number 1 - Default model)

			Estimate	S.E.	C.R.	P	Label
emp5	<---	공감성-f	1.000				
emp4	<---	공감성-f	1.058	.097	10.918	***	
emp3	<---	공감성-f	1.078	.106	10.167	***	
emp2	<---	공감성-f	1.128	.102	11.021	***	
emp1	<---	공감성-f	1.104	.102	10.783	***	
tan3	<---	유형성-f	.977	.070	13.988	***	
tan4	<---	유형성-f	1.000				
tan1	<---	유형성-f	1.053	.071	14.770	***	
tan2	<---	유형성-f	1.021	.068	15.065	***	
rel3	<---	신뢰성-f	1.114	.104	10.667	***	
rel4	<---	신뢰성-f	1.000				
rel1	<---	신뢰성-f	.902	.093	9.697	***	
rel2	<---	신뢰성-f	.880	.094	9.351	***	
rp3	<---	대응성-f	1.101	.127	8.692	***	
rp4	<---	대응성-f	1.000				
rp1	<---	대응성-f	1.143	.127	8.985	***	
rp2	<---	대응성-f	1.261	.136	9.243	***	
ass1	<---	확신성-f	1.025	.122	8.414	***	
ass2	<---	확신성-f	1.069	.125	8.561	***	
ass3	<---	확신성-f	1.000				

그림 14-49 결과창: 표준화 경로계수

Standardized Regression Weights: (Group number 1 - Default model)

			Estimate
emp5	<---	공감성-f	.692
emp4	<---	공감성-f	.758
emp3	<---	공감성-f	.699
emp2	<---	공감성-f	.766
emp1	<---	공감성-f	.747
tan3	<---	유형성-f	.795
tan4	<---	유형성-f	.802
tan1	<---	유형성-f	.832
tan2	<---	유형성-f	.846
rel3	<---	신뢰성-f	.754
rel4	<---	신뢰성-f	.730
rel1	<---	신뢰성-f	.672
rel2	<---	신뢰성-f	.645
rp3	<---	대응성-f	.688
rp4	<---	대응성-f	.611
rp1	<---	대응성-f	.723
rp2	<---	대응성-f	.757
ass1	<---	확신성-f	.696
ass2	<---	확신성-f	.724
ass3	<---	확신성-f	.652

» 그림 14-50 결과창: 요인값과 오차항값

	Estimate	S.E.	C.R.	P	Label
공감성-f	.181	.030	6.087	***	
유형성-f	.236	.031	7.595	***	
신뢰성-f	.204	.032	6.313	***	
대응성-f	.141	.028	5.091	***	
확신성-f	.184	.035	5.208	***	
e4	.150	.016	9.200	***	
e3	.221	.022	9.892	***	
e1	.175	.019	9.353	***	
e9	.131	.015	9.017	***	
e8	.131	.014	9.132	***	
e6	.117	.014	8.376	***	
e7	.098	.012	7.986	***	
e5	.197	.020	9.957	***	
e2	.162	.018	9.073	***	
e13	.178	.021	8.666	***	
e12	.192	.023	8.222	***	
e10	.202	.021	9.488	***	
e11	.221	.023	9.764	***	
e17	.236	.023	10.203	***	
e16	.190	.020	9.511	***	
e14	.168	.019	9.054	***	
e15	.167	.020	8.484	***	
e20	.249	.028	8.964	***	
e19	.191	.025	7.675	***	
e18	.206	.025	8.233	***	

측정모형분석에서 변수의 표준화계수값과 오차항값을 이용하여 구성개념신뢰성(construct reliability: CR)과 평균분산추출값(averaged variance extracted: AVE)을 계산할 수 있다. 구성개념신뢰성과 평균분산추출값의 계산공식은 다음과 같다.

구성개념신뢰도=(표준부하량의 합)^2/[(표준부하량의 합)^2+측정오차의 합]
평균분산추출값=표준부하량제곱의 합/[표준부하량제곱의 합+측정오차의 합]

구성개념신뢰성과 평균분산추출값은 AMOS분석에서 제시하지 않기 때문에 변수의 표준화계수값과 오차항값을 공식에 적용하여 직접 계산해야 한다. 구성개념신뢰성의 경우 추천기준치는 0.7이나 최소 0.6 이상은 되어야 하고(Bagozzi and Yi,

1988), 평균분산추출값의 추천기준치는 0.5이다.

여기서 '공감성'의 구성개념신뢰도(CR)와 평균분산추출값(AVE)을 계산하면 다음과 같다. [그림 14-51]은 공감성에 속한 변수들의 표준부하량과 오차항 및 값의 위치를 보여주고 있다.

≫ 그림 14-51 공감성의 모형, 표준부하량, 오차항

<table>
<tr><th>[그림 14-45]의 모형일부</th><th>[그림 14-49]의 표준부하량 발췌</th><th>[그림 14-50]의 오차항 발췌</th></tr>
<tr><td>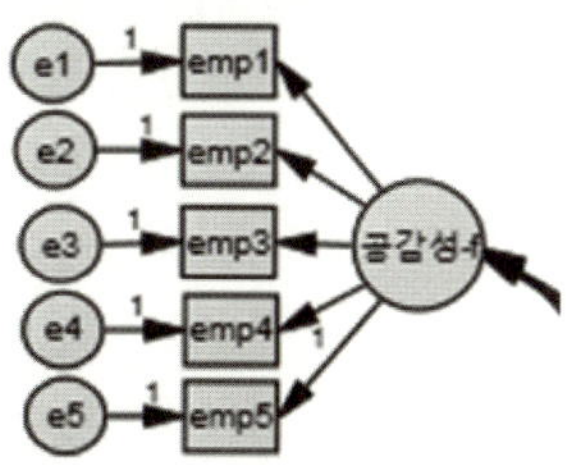
</td><td>emp5 <--- 공감성-f .692
emp4 <--- 공감성-f .758
emp3 <--- 공감성-f .699
emp2 <--- 공감성-f .766
emp1 <--- 공감성-f .747</td><td>e4 .150
e3 .221
e1 .175
e5 .197
e2 .162</td></tr>
</table>

계산결과 구성개념신뢰도(CR)와 평균분산추출값(AVE)은 각각 0.937과 0.748로 나타나 기준치인 0.7과 0.5를 상회하는 것으로 나타났다.

$$CR = \frac{(0.692+0.758+0.699+0.766+0.747)^2}{(0.692+0.758+0.699+0.766+0.747)^2+(0.197+0.150+0.221+0.162+0.175)}$$

$$= 0.937$$

$$AVE = \frac{(0.692^2+0.758^2+0.699^2+0.766^2+0.747^2)}{(0.692^2+0.758^2+0.699^2+0.766^2+0.747^2)+(0.197+0.150+0.221+0.162+0.175)}$$

$$= 0.748$$

예제 14-3

앞의 데이터분석 결과를 토대로 나머지 유형성, 신뢰성, 대응성, 확신성의 요인별 구성개념신뢰도(CR)와 평균분산추출값(AVE)을 구하고 [표 14-5]에 기입해보자. 그리고 각각의 기준치를 만족시키고 있는지 판정해보자.

표 14-5 측정모형분석(전체 확인요인분석)

구성개념	항목	요인적재치	표준요인적재치	t값	p값	CR	AVE
공감성	emp5	1.000	0.692	–	–	0.937	0.748
	emp4	1.058	0.758	10.918	0.000		
	emp3	1.078	0.699	10.167	0.000		
	emp2	1.128	0.766	11.021	0.000		
	emp1	1.104	0.747	10.783	0.000		
유형성	tan4	1.000	0.802	–	–		
	tan3	0.977	0.795	13.988	0.000		
	tan2	1.021	0.846	15.065	0.000		
	tan1	1.053	0.832	14.770	0.000		
신뢰성	rel4	1.000	0.730	–	–		
	rel3	1.114	0.754	10.667	0.000		
	rel2	0.880	0.645	9.351	0.000		
	rel1	0.902	0.672	9.697	0.000		
대응성	rp4	1.000	0.611	–	–		
	rp3	1.101	0.688	8.692	0.000		
	rp2	1.261	0.757	9.243	0.000		
	rp1	1.143	0.723	8.985	0.000		
확신성	ass3	1.000	0.652	–	–		
	ass2	1.069	0.724	8.561	0.000		
	ass1	1.025	0.696	8.414	0.000		

χ^2=186.020, df=160, p=0.078,
RMR=0.016, GFI=0.937, AGFI=0.918, NFI=0.923, IFI=0.988, CFI=0.988

다음은 요인이 대표값을 구하기 위한 총합척도와 요인 간의 상관행렬분석에 대해 알아보기로 한다.

제 5 절 총합척도 산출과 요인 간 상관행렬분석

[표 14-6]은 예시논문에서 제공되는 구성개념들 간의 상관관계행렬 결과표이다. 이 결과표는 인과관계 연구에서 반드시 필요한 표이며, 이 결과표의 작성은 논문통계 분석의 네 번째 관문이기도 하다.

| 표 14-6 | 구성개념들 간의 상관관계행렬

	유형성	신뢰성	대응성	확신성	공감성	서비스 가치	고객 만족	재이용 의도	구전 의도	Mean	SD
유형성	1									3.36	0.523
신뢰성	0.365	1								3.50	0.494
대응성	0.358	0.532	1							3.47	0.477
확신성	0.329	0.351	0.443	1						3.33	0.518
공감성	0.337	0.429	0.561	0.493	1					3.22	0.496
서비스가치	0.410	0.568	0.617	0.553	0.569	1				3.55	0.631
고객만족	0.471	0.662	0.665	0.600	0.627	0.783	1			3.55	0.643
재이용의도	0.167	0.462	0.400	0.402	0.347	0.494	0.545	1		3.49	0.727
구전의도	0.289	0.447	0.481	0.428	0.426	0.558	0.628	0.615	1	3.50	0.696

주: 모든 상관계수는 α=0.01에서 유의함.

확인요인분석에 뒤이어 연구모형을 이루는 요인들 간의 상관분석이 실시된다. 이때 요인의 대표값은 측정오차를 줄이고 단일차원으로 구성개념의 대표성을 높이기 위해 총합척도를 이용하여 산출된다(Hair et al., 1995). 요인들의 총합척도 산출값은 SPSS에서 '변수값 계산'을 통해 산출된다. 요인들 간의 상관분석 목적은 요인 간의 판별타당성(discriminant validity)과 기준타당성(criterion-related validity)을 입증하기 위함이다.

요인 간의 판별타당성을 입증하는 방법에는 두 가지가 있는데, 첫 번째 방법은 서로 다른 요인 간의 상관계수가 1 이하이어서 동일하지 않은 개념임을 밝혀 판별타당성을 입증하는 방법이며, 두 번째 방법은 요인의 분산추출값의 제곱근값이 다른 요인들의 상관계수값보다 큰 경우에 판별타당성을 입증하는 방법이다.

먼저 유형성의 대표값을 구해보자. 총합척도를 이용하여 유형성의 대표값을 구하기 위해 다음 순서대로 클릭하면 [그림 14-52]의 '변수계산' 창이 나타난다.

변환(T) → 변수계산(C)

>> 그림 14-52 변수계산

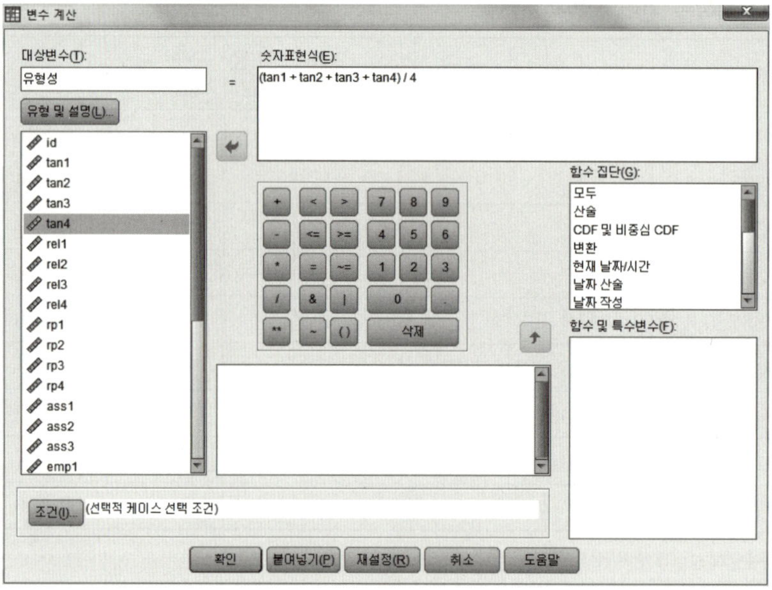

'대상변수(T)'에 '유형성'을 입력하고 '숫자표현식(E)'에 그림과 같이 유형성에 해당하는 변수들과 함께 산술평균을 구하는 계산식을 입력한다. 그리고 '확인'을 클릭하면 [그림 14-53]과 같이 데이터창에 '유형성'이라는 새로운 변수가 생성된다. 그리고 동일한 요령으로 신뢰성, 확신성, 대응성, 공감성의 새로운 변수를 생성시킨다. 참고로 제공되는 데이터에는 다섯 요인의 총합척도값을 미리 계산해두었고 변수명을 각각 'tangibles', 'reliability', 'assurance', responsiveness', 'empathy'로 입력하였다.

» 그림 14-53 자료입력창: 유형성

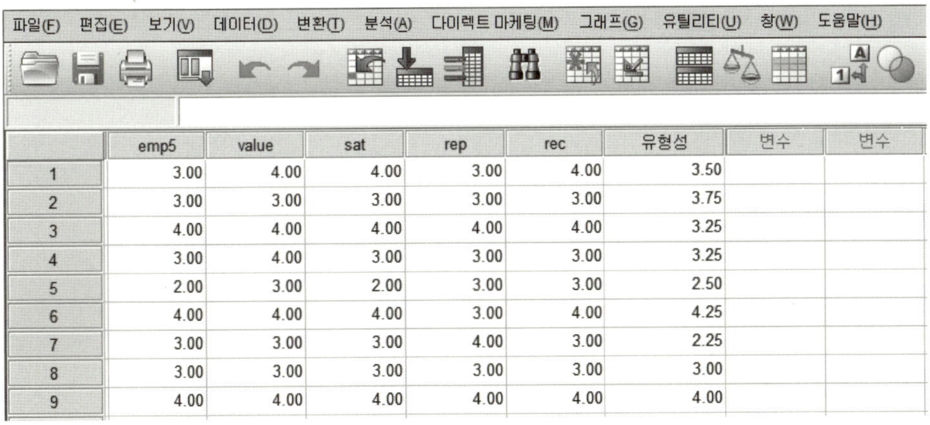

	emp5	value	sat	rep	rec	유형성	변수	변수
1	3.00	4.00	4.00	3.00	4.00	3.50		
2	3.00	3.00	3.00	3.00	3.00	3.75		
3	4.00	4.00	4.00	4.00	4.00	3.25		
4	3.00	4.00	3.00	3.00	3.00	3.25		
5	2.00	3.00	2.00	3.00	3.00	2.50		
6	4.00	4.00	4.00	3.00	4.00	4.25		
7	3.00	3.00	3.00	4.00	3.00	2.25		
8	3.00	3.00	3.00	3.00	3.00	3.00		
9	4.00	4.00	4.00	4.00	4.00	4.00		

이렇게 총합척도를 이용하여 요인의 대표값을 구한 후에 요인들 간의 상관분석을 실시한다. 데이터분석 프로세스의 순서에 따라 다음의 순서대로 클릭하면, [그림 14-54]의 변수입력창이 나타난다.

분석(Analyze) → 상관분석(Correlate) → 이변량 상관계수(Bivariate)

» 그림 14-54 이변량 상관계수

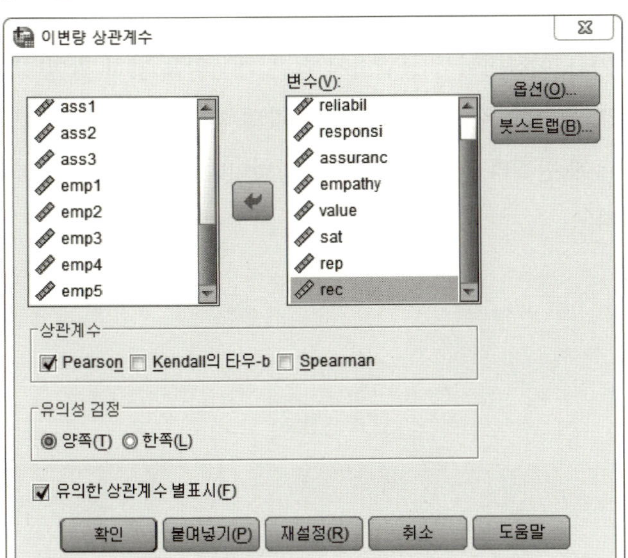

» 그림 14-55 이변량 상관계수: 옵션

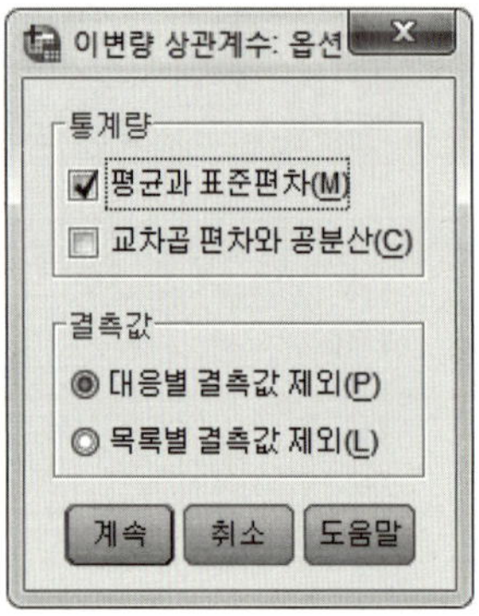

여기서 주의할 점은 요인들 간의 상관분석을 할 때에는 반드시 연구모형을 구성하고 있는 모든 요인들이 포함되어야 한다. 그리고 각 요인값들의 기술통계량을 계산하기 위해 '변수(V)'에 해당 변수(요인)들을 입력한 후에 '옵션'을 클릭한다. [그림 14-55]의 '옵션' 창이 나타나면 '통계량'에서 '평균과 표준편차(M)'를 지정한다. '계속'과 '확인'을 연속해서 클릭하면 [그림 14-56]과 같이 결과가 나타난다.

상관분석의 결과표를 살펴보면 표의 좌상에서 우하의 대각선 방향으로 상관계수는 1을 나타내고 있다. 이것을 경계로 대각선 위와 아래는 동일한 값을 가지므로 한쪽만 판독하면 된다.

요인 간의 판별타당성을 입증하는 방법에는 두 가지가 있는데, 첫 번째 방법은 서로 다른 요인 간의 상관계수가 1 이하이어서 동일하지 않은 개념임을 밝혀 판별타당성을 입증하는 방법이며, 두 번째 방법은 요인의 분산추출값의 제곱근값이 다른 요인들의 상관계수 값보다 큰 경우에 판별타당성을 입증하는 방법이다. 이 대해 분석결과를 토대로 기술해보고자 한다.

» 그림 14-56 기술통계량

기술통계량

	평균	표준편차	N
tangible	3.3642	.52258	267
reliabil	3.4972	.49408	267
assuranc	3.3258	.51780	267
responsi	3.4663	.47719	267
empathy	3.2232	.49591	267
value	3.5506	.63147	267
sat	3.5543	.64296	267
rep	3.4944	.72740	267
rec	3.5019	.69571	267

상관계수

		tangible	reliabil	assuranc	responsi	empathy	value	sat	rep	rec
tangible	Pearson 상관계수	1	.365**	.329**	.358**	.337**	.410**	.471**	.167**	.289**
	유의확률 (양쪽)		.000	.000	.000	.000	.000	.000	.006	.000
	N	267	267	267	267	267	267	267	267	267
reliabil	Pearson 상관계수	.365**	1	.351**	.532**	.429**	.568**	.662**	.462**	.447**
	유의확률 (양쪽)	.000		.000	.000	.000	.000	.000	.000	.000
	N	267	267	267	267	267	267	267	267	267
assuranc	Pearson 상관계수	.329**	.351**	1	.443**	.493**	.553**	.600**	.402**	.428**
	유의확률 (양쪽)	.000	.000		.000	.000	.000	.000	.000	.000
	N	267	267	267	267	267	267	267	267	267
responsi	Pearson 상관계수	.358**	.532**	.443**	1	.561**	.617**	.665**	.400**	.481**
	유의확률 (양쪽)	.000	.000	.000		.000	.000	.000	.000	.000
	N	267	267	267	267	267	267	267	267	267
empathy	Pearson 상관계수	.337**	.429**	.493**	.561**	1	.569**	.627**	.347**	.426**
	유의확률 (양쪽)	.000	.000	.000	.000		.000	.000	.000	.000
	N	267	267	267	267	267	267	267	267	267
value	Pearson 상관계수	.410**	.568**	.553**	.617**	.569**	1	.783**	.494**	.558**
	유의확률 (양쪽)	.000	.000	.000	.000	.000		.000	.000	.000
	N	267	267	267	267	267	267	267	267	267
sat	Pearson 상관계수	.471**	.662**	.600**	.665**	.627**	.783**	1	.545**	.628**
	유의확률 (양쪽)	.000	.000	.000	.000	.000	.000		.000	.000
	N	267	267	267	267	267	267	267	267	267
rep	Pearson 상관계수	.167**	.462**	.402**	.400**	.347**	.494**	.545**	1	.615**
	유의확률 (양쪽)	.006	.000	.000	.000	.000	.000	.000		.000
	N	267	267	267	267	267	267	267	267	267
rec	Pearson 상관계수	.289**	.447**	.428**	.481**	.426**	.558**	.628**	.615**	1
	유의확률 (양쪽)	.000	.000	.000	.000	.000	.000	.000	.000	
	N	267	267	267	267	267	267	267	267	267

**. 상관계수는 0.01 수준(양쪽)에서 유의합니다.

분석결과를 토대로 먼저 첫 번째 방법으로 결과표를 작성해보자. 이 경우는 측정모형분석, 즉 전체 확인요인분석에서 평균분산추출값을 산출하지 못했을 때 사용된다. SPSS에서 산출된 요인 간의 상관관계 결과를 토대로 그래도 작성하며 해석은 구성개념들 간에 상관관계가 너무 커서 1이라고 할 수 있는 관계가 나타나지 않아 판별타당성이 확립됨을 말하면 된다. 작성된 결과표는 [표 14-7]과 같다.

표 14-7 구성개념들 간의 상관관계행렬

	유형성	신뢰성	대응성	확신성	공감성	서비스 가치	고객 만족	재이용 의도	구전 의도	Mean	SD
유형성	1									3.36	0.523
신뢰성	0.365	1								3.50	0.494
대응성	0.358	0.532	1							3.47	0.477
확신성	0.329	0.351	0.443	1						3.33	0.518
공감성	0.337	0.429	0.561	0.493	1					3.22	0.496
서비스가치	0.410	0.568	0.617	0.553	0.569					3.55	0.631
고객만족	0.471	0.662	0.665	0.600	0.627	0.783	1			3.55	0.643
재이용의도	0.167	0.462	0.400	0.402	0.347	0.494	0.545	1		3.49	0.727
구전의도	0.289	0.447	0.481	0.428	0.426	0.558	0.628	0.615	1	3.50	0.696

주: 모든 상관계수는 α=0.01에서 유의함.

분석결과를 토대로 두 번째 방법으로 [표 14-8]의 결과표를 작성해보자. 이 경우는 측정모형분석, 즉 전체 확인요인분석에서 평균분산추출값을 산출했을 때 사용되며 첫 번째 방법보다 업그레이드된 분석이라고 말할 수 있다.

측정모형분석에서 변수의 표준화계수값과 오차항값을 이용하여 구성개념신뢰성(construct reliability: CR)과 평균분산추출값(averaged variance extracted: AVE)이 잘 계산되었을 경우에 평균분산추출값의 제곱근값은 요인 간의 상관행렬분석에서 요인 간의 판별타당성을 검증하는데 기준이 된다. 각 요인들 간의 판별타당성의 충족정도를 확인하기 위하여 평균분산추출지수의 제곱근값과 잠재변인의 상관계수값을 비교하게 된다. 즉 평균분산추출지수의 양의 제곱근값이 잠재변인의 상관계수값보다 크다는 결과를 보여야 한다(Fornell & Larcker, 1981). 서비스가치, 고객만족, 재이용의도, 구전의도의 경우는 단일항목으로 측정되었으므로 1로 표기한다. 여기서 요인 간의 상관관계분석 결과표에서 모든 평균분산추출지수 제곱근값이 상관계수보다 큼을 보여줄 수 있으면 판별타당성이 최종 확인됨을 보여줄 수 있다. 현재의 [표

14-8]에서는 공감성, 서비스가치, 고객만족, 재이용의도, 구전의도만 완성되어 있고 유형성, 신뢰성, 대응성, 공감성은 완성되어 있지 않다. 여기서 다음의 문제를 제시한다.

| 표 14-8 | 구성개념들 간의 상관관계행렬

	유형성	신뢰성	대응성	확신성	공감성	서비스 가치	고객 만족	재이용 의도	구전 의도	Mean	SD
유형성	1 [ ]									3.36	0.523
신뢰성	0.365	1 [ ]								3.50	0.494
대응성	0.358	0.532	1 [ ]							3.47	0.477
확신성	0.329	0.351	0.443	1 [ ]						3.33	0.518
공감성	0.337	0.429	0.561	0.493	1 [0.864]					3.22	0.496
서비스가치	0.410	0.568	0.617	0.553	0.569	1 [1.000]				3.55	0.631
고객만족	0.471	0.662	0.665	0.600	0.627	0.783	1 [1.000]			3.55	0.643
재이용의도	0.167	0.462	0.400	0.402	0.347	0.494	0.545	1 [1.000]		3.49	0.727
구전의도	0.289	0.447	0.481	0.428	0.426	0.558	0.628	0.615	1 [1.000]	3.50	0.696

주: $p<0.01$, [ ]는 평균분산추출지수의 제곱근

예제 14-4

[표 14-8] 구성개념들 간의 상관관계행렬 결과표에서 유형성, 신뢰성, 대응성, 공감성에 해당하는 대각선의 일부가 빈칸으로 남아 있다. [표 14-5]에서 평균분산추출값을 산출하고 이를 제곱근 처리하여 빈칸을 완성하시오.(풀이 생략)

지금까지는 측정오류를 제거하고 타당성 있는 인과관계를 밝히기 위해 측정자료의 타당성과 신뢰성을 검증하는, 즉 척도의 정화(purification of scale) 단계이었다. 다음은 최종단계인 인과관계 분석기법에 대해 배운다.

제 6 절 인과관계분석

인과관계분석에는 회귀분석, 경로분석, 구조방정식모형을 이용한 공분산구조분석 등이 있다. 본서에서는 경로분석과 공분산구조분석을 중심으로 구성되고 있다. 먼저 경로분석을 이용하여 인과관계를 분석한다.

6.1 경로분석

[표 14-9]는 예시논문에서 제공되는 인과관계 결과표이며 경로분석을 토대로 작성된 것이다. 이 결과표는 구조방정식모형을 활용한 인과관계 연구에 반드시 필요한 표이며, 이 결과표의 작성은 논문통계분석을 위한 다섯 번째 관문이기도 하다.

[그림 14-57]은 인과관계를 연구모형에 표기한 것이다. 연구모형 하단에 적합도 지수가 표기되어 있다. 모형의 적합도지수를 살펴보면 결과를 분석결과 적합도지수

» 그림 14-57 연구모형과 경로계수

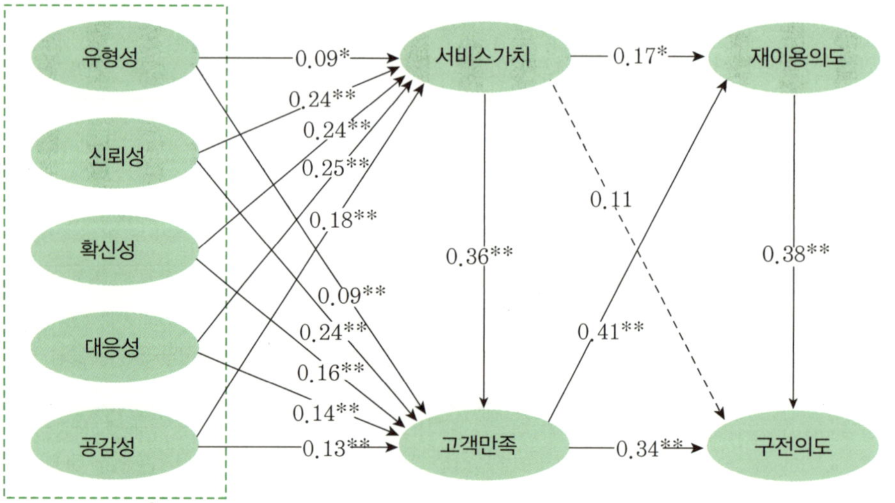

χ^2=18.07, df=10, p=0.054, GFI=0.986, AGFI=0.935, RMSR=0.009, NFI=0.985, CFI=0.993

주: 경로계수는 모두 표준화계수임, ** $p<0.01$, * $p<0.05$

들이 χ^2=18.07, df=10, p=0.054, GFI=0.986(≥0.9), AGFI=0.935(≥0.9), RMR=0.09(≤0.05), NFI=0.985(≥0.9), CFI=0.993(≥0.9)으로 적합도지수들은 대부분 권장수준 내에 있는 것으로 나타나, 전반적으로 자료가 모형에 적합함을 시사하고 있다(Jöreskog and Sörbom, 1993).

처음 연구논문을 작성하는 경우에 연구결과의 작성과 표현을 어찌해야 할지 모르는 경우가 있다. 결론과는 달리 연구결과는 데이터 분석결과를 나열하고 약간의 고찰을 기술하면 된다. 특히 기본적으로 인과관계연구에서 연구결과의 작성은 가설검정 차원에서 이루어지면 두 가지 측면에서 기술해야 한다. 첫째, 가설의 기각 및 채택 여부이며, 둘째는 독립변수가 종속변수에 미치는 영향력의 방향(+/−)과 크기(중요도)이다. 여기에 이론적 배경에서 이야기되었던 기존연구들과 비교하면서 약간의 연구자의 의견을 첨가하는 고찰을 부가하면 무리 없는 결과기술이 될 수 있다.

| 표 14-9 | 경로분석을 통한 가설검정 결과

가설	경로	가설 방향	경로 명칭	표준화된 경로계수	t값	p값	채택 여부
가설1.1	유형성(ξ_1) → 서비스가치(η_1)	+	γ_{11}	0.09	2.06	0.039	**채택**
가설1.2	신뢰성(ξ_2) → 서비스가치(η_1)	+	γ_{12}	0.24	4.85	0.000	**채택**
가설1.3	확신성(ξ_3) → 서비스가치(η_1)	+	γ_{13}	0.24	4.95	0.000	**채택**
가설1.4	대응성(ξ_4) → 서비스가치(η_1)	+	γ_{14}	0.25	4.61	0.000	**채택**
가설1.5	공감성(ξ_5) → 서비스가치(η_1)	+	γ_{15}	0.18	3.32	0.001	**채택**
가설2.1	유형성(ξ_1) → 고객만족(η_2)	+	γ_{21}	0.09	2.60	0.009	**채택**
가설2.2	신뢰성(ξ_2) → 고객만족(η_2)	+	γ_{22}	0.24	6.06	0.000	**채택**
가설2.3	확신성(ξ_3) → 고객만족(η_2)	+	γ_{23}	0.16	4.21	0.000	**채택**
가설2.4	대응성(ξ_4) → 고객만족(η_2)	+	γ_{24}	0.14	3.25	0.001	**채택**
가설2.5	공감성(ξ_5) → 고객만족(η_2)	+	γ_{25}	0.13	3.29	0.001	**채택**
가설3	서비스가치(η_1)→고객만족(η_2)	+	β_{21}	0.36	7.87	0.000	**채택**
가설4.1	서비스가치(η_1) → 재이용의도(η_3)	+	β_{31}	0.17	2.11	0.035	**채택**
가설4.2	서비스가치(η_1) → 구전의도(η_4)	+	β_{41}	0.11	1.53	0.127	기각
가설5.1	고객만족(η_2) → 재이용의도(η_3)	+	β_{32}	0.41	5.01	0.000	**채택**
가설5.2	고객만족(η_2) → 구전의도(η_4)	+	β_{42}	0.34	4.67	0.000	**채택**
가설6	재이용의도(η_3) → 구전의도(η_4)	+	β_{43}	0.38	7.27	0.000	**채택**

분석결과표를 기초하여 다음과 같이 분석결과를 작성할 수 있다. 서비스품질의 5개 차원은 서비스가치와 고객만족에 각각 통계적으로 유의한 영향을 미치고 있는 것으로 나타났다. 그 중에서 영향력의 순서를 보면 서비스품질과 서비스가치 사이에서는 대응성(γ_{14}=0.25, t=4.61), 확신성(γ_{13}=0.24, t=4.95), 신뢰성(γ_{12}=0.24, t=4.85)이 거의 동일하며 제일 영향력이 큰 것으로 나타났고, 공감성(γ_{15}=0.18, t=3.32)은 그 다음 순으로 나타났다. 유형성(γ_{11}=0.09, t=2.06)은 채택되었으나 상대적으로 영향력이 미미한 것으로 나타났다. 서비스품질과 서비스만족 사이에서는 신뢰성(γ_{22}=0.24, t=6.06)이 가장 크며, 확신성(γ_{23}=0.16, t=4.21), 대응성(γ_{24}=0.14, t=3.25), 공감성(γ_{25}=0.13, t=3.29)의 순으로 나타났다. 유형성(γ_{21}=0.09, t=2.60)의 경우에는 전자의 경우와 마찬가지로 영향력은 상대적으로 미미하였다. 서비스가치와 고객만족 간의 관계에서는 서비스가치가 고객만족에 선행하면서 상대적으로 상당히 큰 영향력을 보이고 있었다(β_{21}=0.36, t=7.87). 서비스가치와 충성의도 간의 관계에서는 서비스가치가 재이용의도(β_{31}=0.17, t=2.11)에는 유의한 영향을 미치는 것으로 나타났으나 구전의도에는 직접적으로 유의한 영향을 미치지 못하는 것으로 나타났다. 특히 이 경우에는 서비스가치는 재이용의도나 고객만족을 통해서만 구전의도에 영향을 미칠 수 있다는 결과가 나왔다. 고객만족과 충성의도의 경우에는 고객만족은 재이용의도(β_{32}=0.41, t=5.01)와 구전의도(β_{42}=0.34, t=4.67)에 각각 통계적으로 유의한 영향을 미치고 있는 것으로 나타났으며 상대적으로 영향력이 매우 큰 것으로 나타났다. 또한 충성의도 간에서는 재이용의도가 구전의도에 통계적으로 유의한 영향을 미치는 것으로 나타났다(β_{43}=0.38, t=7.27).

경로분석을 실시하기 위해 도구상자의 그리기 도구를 이용하여 경로모형을 작성한다. 화면 상단도구에서 'View → Variables in Dataset'를 클릭하거나 또는 도구상자의  을 클릭하여 '데이터 내 변수보기' 창을 열고 연구모형에 해당하는 잠재요인(변수)들을 드래그하여 변수를 삽입하고 오차항을 작성한다. 그리고 오차항이름의 입력은 먼저 해당 입력할 도형에 마우스를 올려놓고 더블클릭하면 입력창이 나타난다. 그리고 입력창의 'Text'를 클릭하면 이름을 입력할 수 있는 박스가 나타난다. 필요하면 글자크기와 스타일은 물론 색상까지 지정할 수 있다. 혹시 분석과정에서 '유효하지 않은 문자를 포함하여 변수이름이 유효하지 않다'라는 취지의 경고문이 뜨면 변수이름에 '특수문자(–, #, *, % 등)'가 들어간 경우로서 특수문자를 제거해주면 된다. Amos 버전에 따라 변수이름에 특수문자 사용이 제한되는 경우가 있다.

변수이름, 오차항이름, 요인이름의 입력이 완료되었으면 ↔ 을 이용하여 요인 간의 상관관계를 경우의 수만큼 모두 표시해야 한다. 만약에 하나라도 누락된다면 분석은 실행되지 않는다. [그림 14-58]처럼 경로모형을 완성한다.

» 그림 14-58 **경로모형과 변수입력**

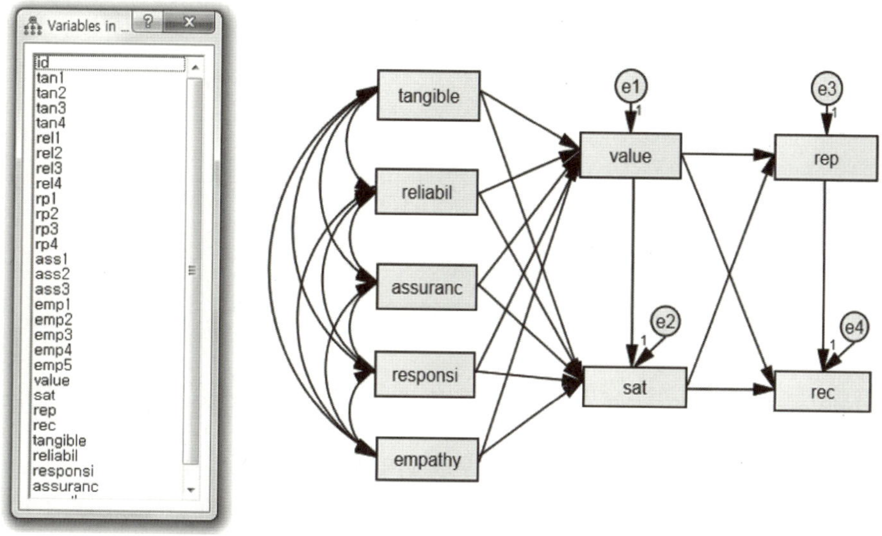

그리고 결과옵션 을 클릭하면 [그림 14-59]와 같은 창이 나타난다. 기본적으로 'Standard estimates'와 'Modifications indices'를 지정한다. 'Standard estimates'는 표준화된 계수값을 보여주며, 'Modifications indices'는 수정지수로서 모형의 적합도지수가 기준치를 미달하는 경우에 적합도를 개선시켜 줄 수 있는 개선가능한 대상들과 그에 해당되는 수치들을 보여준다.

>> 그림 14-59 결과옵션창

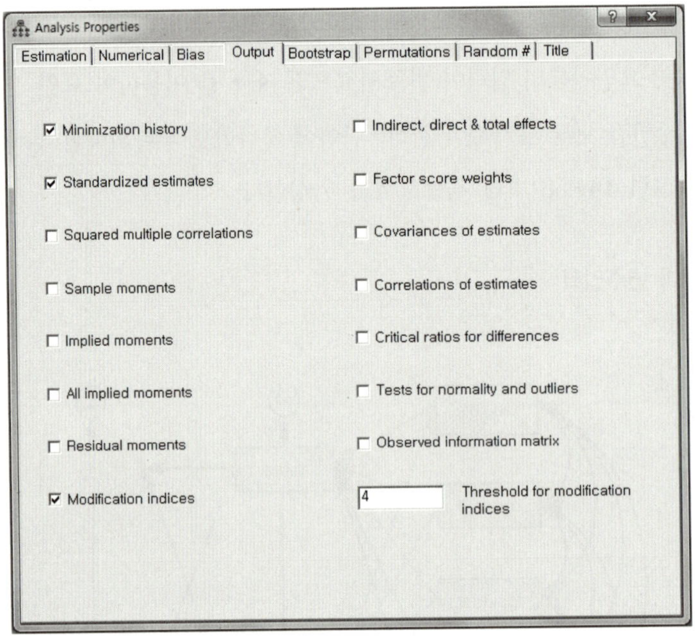

입력한 후에 분석을 실행시키기 위해 창을 닫고 도구상자에서  을 클릭한다. 그러면 측정모형을 저장하라는 창이 나오면 파일명을 적당히 입력하고 저장한다. 저장과 동시에 분석이 실행된다. 그리고 분석된 결과를 보기 위하여 'Viewt → Text Output'을 선택하거나 도구상자에서  을 클릭하면 분석된 결과를 보여준다.

먼저 결과창의 좌측에서 'Model fit'을 클릭하면 모형의 적합도지수를 보여준다.

분석결과에서 먼저 [그림 14-60]의 모형의 적합도를 보기로 한다. 경로분석에서는 적합도지수가 중요 분석결과로서 요인분석의 타당성의 판단의 기준으로 사용되며 기준치 이하가 되면 모형을 포기하든지 이론적인 범위 내에서 모형을 개선시키려고 노력해야 한다. 연구자의 모형인 초기모형(Default model)의 분석결과를 보면 각 요인들의 항목에서 요인별 지수적합도를 저해하는 항목들이 없는 것으로 나타났고, 각 요인들의 적합도는 만족할 만한 수준을 보이고 있다. 모형의 적합도검정의 결과에서 CMIN(χ^2)는 18.070으로 나타났고 모형의 적합도의 유의확률도 0.054로 유의수준 0.05보다 높은 것으로 나타나 '모형은 적합하다'는 귀무가설을 채택하고 있다. 그리고 χ^2/df는 1.807로 이상치를 보여주고 있다. GFI, AGFI, CFI, IFI, NFI가 모두 0.9 이상이고 RMR도 0.05보다 작아 대부분의 지수가 기준을 충족하고 있어 전반적으로 자료가 현재의 모형에 매우 적합함을 보이고 있다(Jöreskog & Sörbom, 1993).

» 그림 14-60 결과창

CMIN

Model	NPAR	CMIN	DF	P	CMIN/DF
Default model	35	18.070	10	.054	1.807
Saturated model	45	.000	0		
Independence model	9	1244.973	36	.000	34.583

RMR, GFI

Model	RMR	GFI	AGFI	PGFI
Default model	.009	.986	.935	.219
Saturated model	.000	1.000		
Independence model	.156	.334	.167	.267

Baseline Comparisons

Model	NFI Delta1	RFI rho1	IFI Delta2	TLI rho2	CFI
Default model	.985	.948	.993	.976	.993
Saturated model	1.000		1.000		1.000
Independence model	.000	.000	.000	.000	.000

다음 [그림 14-61]은 경로계수의 결과를 보여주고 있다. 이들 경로계수는 유의수준(0.05 또는 0.10)에서 가설이 채택되어야 의미를 가진다. 경로계수에는 비표준화 경로계수와 표준화 경로계수가 있으며, 특히 표준화 경로계수는 독립변수가 종속변수에 미치는 영향력 또는 중요도를 의미한다.

» 그림 14-61 결과창

Regression Weights: (Group number 1 - Default model)

			Estimate	S.E.	C.R.	P	Label
value	<---	tangible	.113	.055	2.064	.039	
value	<---	reliabil	.308	.064	4.845	***	
value	<---	responsi	.332	.072	4.611	***	
value	<---	empathy	.222	.067	3.317	***	
value	<---	assuranc	.293	.059	4.947	***	
sat	<---	reliabil	.308	.051	6.062	***	
sat	<---	assuranc	.199	.047	4.207	***	
sat	<---	responsi	.185	.057	3.245	.001	
sat	<---	empathy	.172	.052	3.290	.001	
sat	<---	tangible	.110	.042	2.595	.009	
sat	<---	value	.369	.047	7.865	***	
rep	<---	sat	.464	.093	5.006	***	
rep	<---	value	.199	.094	2.113	.035	
rec	<---	value	.118	.077	1.527	.127	
rec	<---	sat	.366	.078	4.669	***	
rec	<---	rep	.361	.050	7.267	***	

Standardized Regression Weights: (Group number 1 - Default model)

			Estimate
value	<---	tangible	.094
value	<---	reliabil	.241
value	<---	responsi	.251
value	<---	empathy	.175
value	<---	assuranc	.240
sat	<---	reliabil	.237
sat	<---	assuranc	.161
sat	<---	responsi	.138
sat	<---	empathy	.133
sat	<---	tangible	.089
sat	<---	value	.362
rep	<---	sat	.410
rep	<---	value	.173
rec	<---	value	.107
rec	<---	sat	.339
rec	<---	rep	.377

6.2 공분산구조분석

앞의 결과는 경로분석에 의한 가설검정 결과표이었고 다음의 가설검정 결과표는 예시 논문의 데이터를 토대로 공분산구조분석을 실시하였고 그 결과로 작성된 가설검정의 결과표이다. 이 결과표의 작성은 논문을 처음 쓰고자 하는 여러분이 주어진 실전데이터를 가지고 분석을 통해 작성해야 할 표이며, 논문통계분석의 여섯 번째 관문이기도 하다. 앞에서 작성된 경로분석의 검정결과와 공분산구조분석의 결과표를 비교해보면 상당히 다름을 알 수 있다. 경로분석에서는 하나의 가설만 기각되었는데 공분산구조분석에서는 여섯 개의 가설이 기각되었다. 그럼 어떤 것이 정확한 분석일까? 초보 연구자 입장에서는 상당히 혼란스러울 것으로 생각한다.

표 14-10 공분산구조분석을 통한 가설검정 결과

가설	경로	가설 방향	경로 명칭	표준화된 경로계수	t값	p값	채택 여부
가설1.1	유형성(ξ_1) → 서비스가치(η_1)	+	γ_{11}	0.056	1.076	0.282	기각
가설1.2	신뢰성(ξ_2) → 서비스가치(η_1)	+	γ_{12}	0.239	3.171	0.002	**채택**
가설1.3	확신성(ξ_3) → 서비스가치(η_1)	+	γ_{13}	0.286	3.739	0.000	**채택**
가설1.4	대응성(ξ_4) → 서비스가치(η_1)	+	γ_{14}	0.265	2.774	0.000	**채택**
가설1.5	공감성(ξ_5) → 서비스가치(η_1)	+	γ_{15}	0.112	1.450	0.147	기각
가설2.1	유형성(ξ_1) → 고객만족(η_2)	+	γ_{21}	0.067	1.701	0.089	기각
가설2.2	신뢰성(ξ_2) → 고객만족(η_2)	+	γ_{22}	0.305	4.980	0.000	**채택**
가설2.3	확신성(ξ_3) → 고객만족(η_2)	+	γ_{23}	0.234	3.743	0.000	**채택**
가설2.4	대응성(ξ_4) → 고객만족(η_2)	+	γ_{24}	0.118	1.619	0.105	기각
가설2.5	공감성(ξ_5) → 고객만족(η_2)	+	γ_{25}	0.109	1.874	0.061	기각
가설3	서비스가치(η_1) → 고객만족(η_2)	+	β_{21}	0.260	4.748	0.000	**채택**
가설4.1	서비스가치(η_1) → 재이용의도(η_3)	+	β_{31}	0.173	2.113	0.035	**채택**
가설4.2	서비스가치(η_1) → 구전의도(η_4)	+	β_{41}	0.107	1.527	0.127	기각
가설5.1	고객만족(η_2) → 재이용의도(η_3)	+	β_{32}	0.410	5.006	0.000	**채택**
가설5.2	고객만족(η_2) → 구전의도(η_4)	+	β_{42}	0.339	4.669	0.000	**채택**
가설6	재이용의도(η_3) → 구전의도(η_4)	+	β_{43}	0.377	7.267	0.000	**채택**

실제로 강의를 진행하다보면 이러한 결과에 대해서 수강자로부터 다음과 같은 질문을 받는다. 첫째는 '어느 분석방법을 사용해야 하는가'이고, '어느 분석방법이 정확한 분석인가'이다.

첫째 질문에 대한 대답은 연구자가 필요로 하는 분석방법을 사용하면 된다. 지도교수나 심사자가 특별히 분석방법을 주문하지 않았다면 그건 전적으로 연구자에게 달린 문제이다. 연구자가 가령 12개의 연구가설을 설정하였는데 경로분석을 실시하였더니 5개의 가설이 채택되었고, 공분산구조분석을 실시하였더니 단지 2개의 가설만 채택되었다고 하자. 이 경우에 여러분은 어느 분석방법을 사용하겠냐고 되묻고 싶다. 아마도 경로분석이라고 대답하는 사람의 비율이 더 많을 것이다.

연구의 가치측면에서 보았을 때 공분산구조분석을 실시하였다고 하더라도 연구자가 10개의 가설이나 수립했는데 단지 2개만이 채택되었다면 지도교수나 심사자는 처음부터 논문의 설계단계부터 문제가 있었다고 지적할 것이다. 즉 이론적용의 실패와 잘못된 연구가설, 분석과정의 오류 등을 원인으로 지적할 가능성이 크다.

두 번째 질문에 대한 대답은 정상적인 분석 프로세스로 진행되었다면 두 분석 모두 정확하다고 하겠다. 다만 전자는 요인차원에서 이루어진 분석이고 후자는 요인은 물론이고 변수차원까지 들어간 분석이다. 물론 공분산구조분석이 분석의 심도는 깊지만 공분산구조분석이 경로분석보다 정확하다고 말하기에는 무리가 있다. 왜냐하면 공분산구조분석도 적합도지수를 맞추기 위해 무리하게 변수들을 삭제해 나가면 의도치 않게 많은 중요한 정보들이 소실될 수 있기 때문이다.

이러한 것을 논하기 이전에 기존연구에서 인과관계연구를 하는데 회귀분석은 물론이고 경로분석, 공분산구조분석 모두 다 활용되고 있다는 점이다. 분석방법에 대한 욕심보다는 수집된 자료의 수준과 연구자가 기대하는 결과를 토대로 하여 분석방법을 선택해야 한다.

지금부터 앞의 공분산구조분석에 의한 결과표가 어떤 과정을 통하여 얻어졌는지 알아보기로 한다. 먼저 공분산구조분석을 실시하기 위해 그림상자의 도구를 이용하여 구조방정식모형을 작성한다. 화면 상단의 툴바에서 'View'를 클릭하고 'Variables in Dataset'를 클릭하거나 또는 도구상자의  을 클릭하여 '데이터 내 변수보기' 창을 열고 연구모형에 해당하는 변수들을 드래그하여 변수를 삽입하고 오차항과 요인이름을 작성한다. 그리고 오차항과 요인이름의 입력은 먼저 해당 입력할 도형에 마우스를 올려놓고 더블클릭하면 입력창이 나타난다. 그리고 입력창의 'Text'를 클릭하면 'Variable name' 박스가 나타나며 여기에 변수이름을 입력한다. 필요하면 글자크기와 스타일은 물론 색상까지 지정할 수 있다. 단 주의사항으로 AMOS 프로그램의 버전에 따라서 글자를 입력할 때 '특수문자(-, #, *, % 등)'는 입력과 사용에 제한이 있을 수 있으니 이 경우에는 특수문자를 빼고 입력해야 한다.

변수이름, 오차항이름, 요인이름의 입력이 완료되었으면 ↔ 을 이용하여 요인 간의 상관관계를 경우의 수만큼 모두 표시해야 한다. 만약에 하나라도 누락된다면 분석은 실행되지 않는다. [그림 14-62]처럼 구조방정식모형을 완성한다.

» 그림 14-62 구조방정식모형

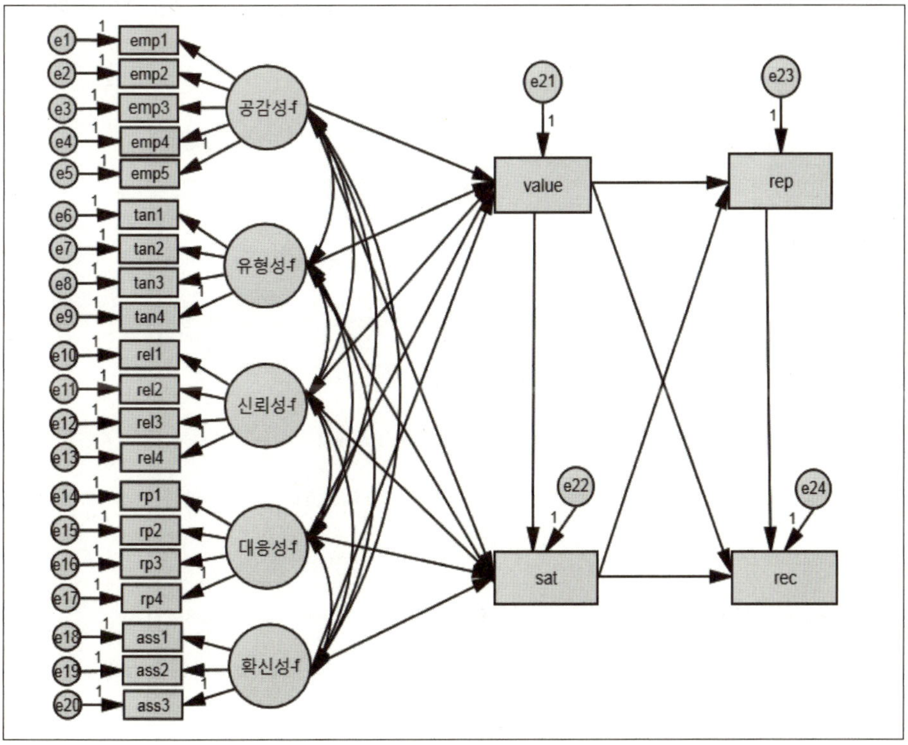

그리고 도구상자에서 결과옵션 을 클릭하면 [그림 14-63]과 같은 창이 나타난다. 기본적으로 'Standard estimates'와 'Modifications indices'를 지정한다. 'Standard estimates'는 표준화된 계수값을 보여주며, 'Modifications indices'는 수정지수로서 모형의 적합도지수가 기준치를 미달하는 경우에 적합도를 개선시켜 줄 수 있는 개선가능한 대상들과 그에 해당되는 수치들을 보여준다.

입력한 후에 분석을 실행시키기 위해 창을 닫고 도구상자에서 을 클릭한다. 그러면 측정모형을 저장하라는 창이 나오면 파일명을 적당히 입력하고 저장한다. 저장과 동시에 분석이 실행된다.

분석된 결과를 보기 위하여 'Viewt → Text Output'을 선택하거나 도구상자에서 을 클릭하면 분석된 결과를 보여준다.

먼저 결과창의 좌측에서 'Model fit'을 클릭하면 모형의 적합도지수를 보여준다.

» 그림 14-63 결과 옵션창

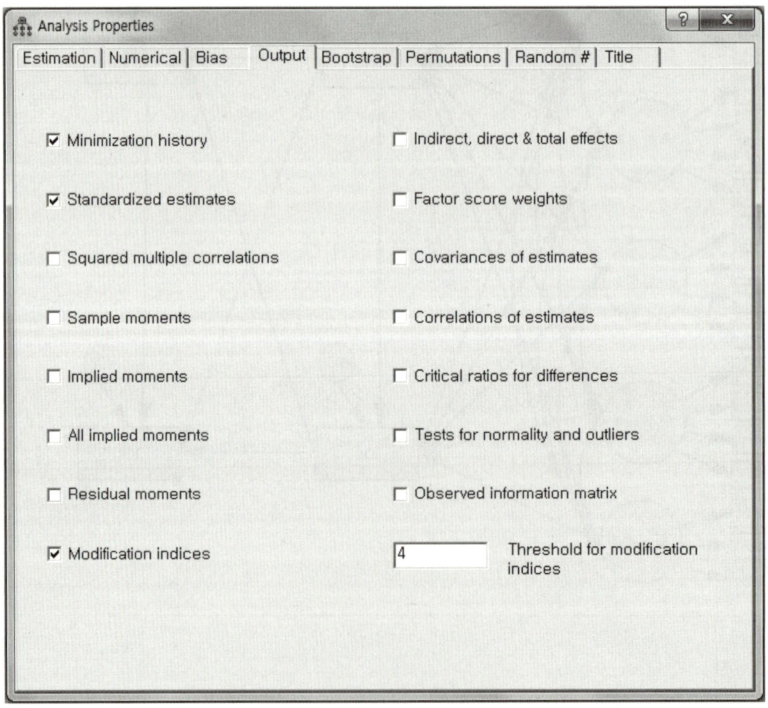

분석결과에서 먼저 [그림 14-64]의 모형의 적합도를 보기로 한다. 공분산구조분석에서는 적합도지수가 중요 분석결과로서 요인분석의 타당성의 판단의 기준으로 사용되며 기준치 이하가 되면 모형을 포기하든지 이론적인 범위 내에서 모형을 개선시키려고 노력해야 한다. 연구자의 모형인 초기모형(Default model)의 분석결과를 보면 각 요인들의 항목에서 요인별 지수적합도를 저해하는 항목들이 없는 것으로 나타났고, 각 요인들의 적합도는 만족할 만한 수준을 보이고 있다. 모형의 적합도검정의 결과에서 CMIN(χ^2)는 246.238로 나타났고 모형의 적합도의 유의확률도 0.220으로 유의수준 0.05보다 높은 것으로 나타나 '모형은 적합하다'는 귀무가설을 채택하고 있다. 그리고 χ^2/df는 1.071로 이상치를 보여주고 있다. GFI, AGFI, CFI, IFI, NFI가 모두 0.9 이상이고 RMR도 0.05보다 작아 대부분의 지수가 기준을 충족하고 있어 전반적으로 자료가 현재의 모형에 매우 적합함을 보이고 있다(Jöreskog & Sörbom, 1993).

≫ 그림 14-64 모형의 적합도

CMIN

Model	NPAR	CMIN	DF	P	CMIN/DF
Default model	70	246.238	230	.220	1.071
Saturated model	300	.000	0		
Independence model	24	3355.895	276	.000	12.159

RMR, GFI

Model	RMR	GFI	AGFI	PGFI
Default model	.016	.930	.909	.713
Saturated model	.000	1.000		
Independence model	.139	.246	.181	.227

Baseline Comparisons

Model	NFI Delta1	RFI rho1	IFI Delta2	TLI rho2	CFI
Default model	.927	.912	.995	.994	.995
Saturated model	1.000		1.000		1.000
Independence model	.000	.000	.000	.000	.000

>> 그림 14-65 경로계수 결과

Regression Weights: (Group number 1 - Default model)

			Estimate	S.E.	C.R.	P	Label
value	<---	공감성-f	.164	.113	1.450	.147	
value	<---	유형성-f	.073	.068	1.076	.282	
value	<---	신뢰성-f	.331	.104	3.171	.002	
value	<---	대응성-f	.438	.158	2.774	.006	
value	<---	확신성-f	.427	.114	3.739	***	
sat	<---	확신성-f	.355	.095	3.743	***	
sat	<---	대응성-f	.199	.123	1.619	.105	
sat	<---	신뢰성-f	.430	.086	4.980	***	
sat	<---	유형성-f	.089	.052	1.701	.089	
sat	<---	공감성-f	.163	.087	1.874	.061	
sat	<---	value	.265	.056	4.748	***	
rep	<---	value	.199	.094	2.113	.035	
rep	<---	sat	.464	.093	5.006	***	
rec	<---	sat	.366	.078	4.669	***	
rec	<---	value	.118	.077	1.527	.127	
rec	<---	rep	.361	.050	7.267	***	

Standardized Regression Weights: (Group number 1 - Default model)

			Estimate
value	<---	공감성-f	.112
value	<---	유형성-f	.056
value	<---	신뢰성-f	.239
value	<---	대응성-f	.265
value	<---	확신성-f	.286
sat	<---	확신성-f	.234
sat	<---	대응성-f	.118
sat	<---	신뢰성-f	.305
sat	<---	유형성-f	.067
sat	<---	공감성-f	.109
sat	<---	value	.260
rep	<---	value	.173
rep	<---	sat	.410
rec	<---	sat	.339
rec	<---	value	.107
rec	<---	rep	.377

[그림 14-65]는 경로계수의 결과를 보여주고 있다. 이들 경로계수에는 비표준화 경로계수와 표준화 경로계수가 있으며 특히 표준화 경로계수는 독립변수가 종속변수에 미치는 상대적인 영향력 또는 중요도를 의미한다.

6.3 직접효과, 간접효과, 총효과

최근 연구를 보면 연구모형에 매개변수가 많이 사용되면서 독립변수와 종속변수 간의 인과관계에서 매개변수의 매개효과검정은 물론 인과효과를 직접효과와 간접효과를 분해한 총효과 관점에서 인과관계의 유의성을 파악하기도 한다.

표 14-11 총효과의 분해결과 예시

경로	직접효과	간접효과	총효과
서비스환경(ξ_1) → 고객만족(η_2)	−0.082	−0.005	−0.087
응대기술(ξ_2) → 고객만족(η_2)	0.227**	−0.004	**0.223**
디자이너능력(ξ_3) → 고객만족(η_2)	0.169**	0.047	**0.216**
관계관리(ξ_4) → 고객만족(η_2)	0.242**	0.009	**0.251**
고객신뢰(ξ_5) → 고객만족(η_2)	0.262**	0.033	**0.295**

주: 효과계수는 표준화된 계수이며 **는 α=0.01에서 유의한 경로계수임.
출처: 조철호(2011), 가치창출을 통한 고객만족전략 연구: 브랜드 미용실의 단골 고객 인지의 조절효과, 서비스경영학회지, 12(3), 27-55.

AMOS에서는 직접효과, 간접효과, 총효과의 산출과 함께 유의성 검정 기능을 제공하며 제한적이기는 하지만 간접효과를 활용한 매개효과검정도 가능하다. [표 14-11]의 예시처럼 총효과의 분해의 결과표를 작성할 수 있으며, [그림 14-66]은

그림 14-66 총효과, 직접효과, 간접효과

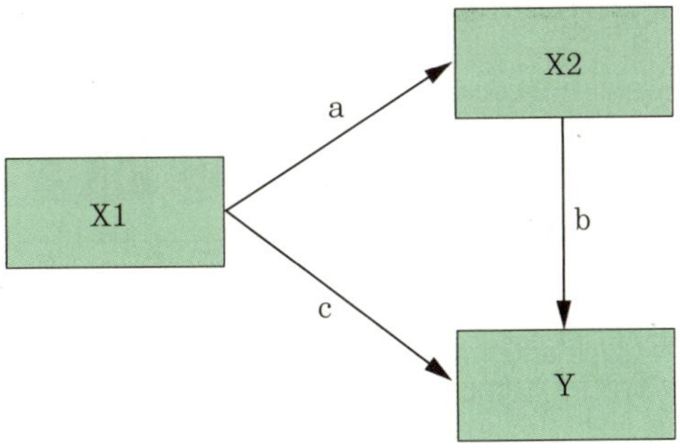

총효과=직접효과+간접효과
=c+a*b
X1: 독립변수 X2: 매개변수 Y: 종속변수

총효과, 직접효과, 간접효과를 도식화하여 보여주고 있다.

또한 매개효과 연구관점에서 특정 변수가 독립변수와 종속변수 사이에서 매개효과를 가지는지를 검정한다. 즉 특정 변수가 독립변수와 종속변수 간의 관계를 설명해주는 매개변수로서 유의한지를 검정하며 유의하다면 완전매개효과를 가지는지, 부분매개효과를 가지는지를 판단한다. 완전매개효과란 독립변수가 종속변수에 대한 직접효과는 없고 매개변수에 의한 간접효과만 있는 경우를 말하고, 부분매개효과란 독립변수의 종속변수에 대한 직접효과는 물론이고 매개변수에 의한 간접효과 둘 다 있는 경우를 말한다. 이들 매개효과의 검증은 차후에 매개효과에서 설명하기로 한다. AMOS에서는 총효과, 직접효과, 간접효과와 함께 유의성 여부를 알려주지만 두 개 이상의 매개변수가 있는 다중매개모형일 경우에 개별적인 매개효과의 검증에 한계가 있다. 이 경우에는 소벨검정(Sobel test) 등을 활용해야 한다. 다음 장에서 소벨검정(Sobel test)에 대해 다루기로 한다.

직접효과, 간접효과, 총효과를 알기 위해 결과옵션창에서 몇 가지 조건을 지정해주어야 한다. 그리고 결과옵션 을 클릭하면 [그림 14-67]과 같은 결과옵션창이 나타난다. 상단의 Estimate를 클릭하면 기본적으로 'Standard estimates'와 'Modifications indices'를 지정한다. 'Standard estimates'는 표준화된 계수값을 보여주며, 'Modifications indices'는 수정지수로서 모형의 적합도지수가 기준치를 미달하는 경우에 적합도를 개선시켜 줄 수 있는 개선가능한 대상들과 그에 해당되는 수치들을 보여준다. 이에 추가하여 'indirect, direct & total effects'를 지정한다.

그리고 [그림 14-68]처럼 상단의 'Bootstrap'을 클릭하고 'Perform bootstrap', 'Percentile confidence intervals', 'Bias-corrected confidence intervals'를 지정한다. 입력한 후에 분석을 실행시키기 위해 창을 닫고 도구상자에서 을 클릭한다. 측정모형을 저장하라는 창이 나오면 파일명을 적당히 입력하고 저장한다. 저장과 동시에 분석이 실행된다.

분석된 결과를 보기 위하여 'Viewt → Text Output'을 선택하거나 도구상자에서 을 클릭하면 분석된 결과를 보여준다.

>> 그림 14-67 결과옵션창(Output)

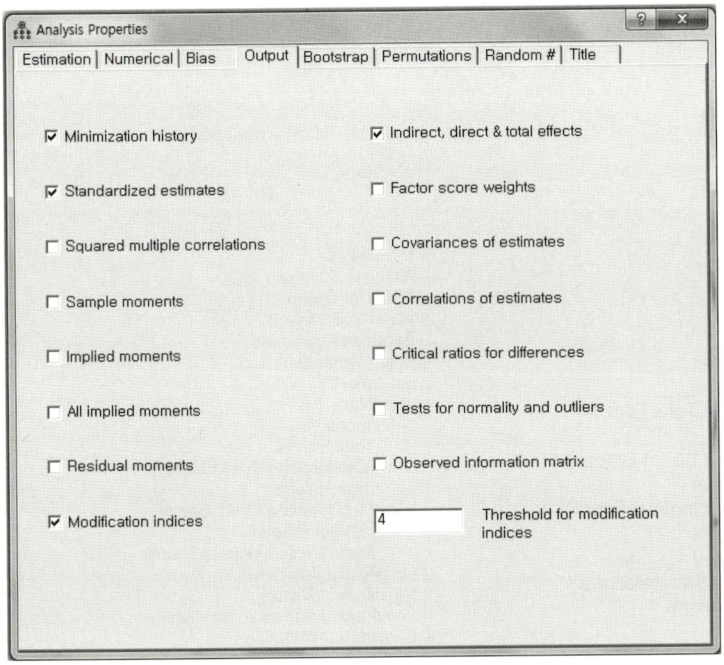

>> 그림 14-68 결과옵션창(Bootstrap)

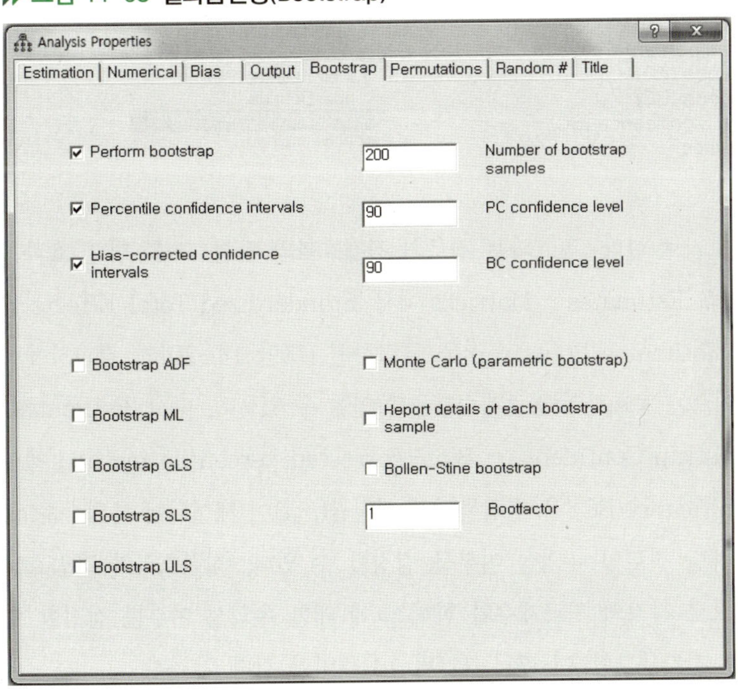

[그림 14-69]는 분석결과로서 직접효과, 간접효과, 총효과의 경로계수와 그에 해당하는 유의성을 보여주고 있다.

그림 14-69 결과창

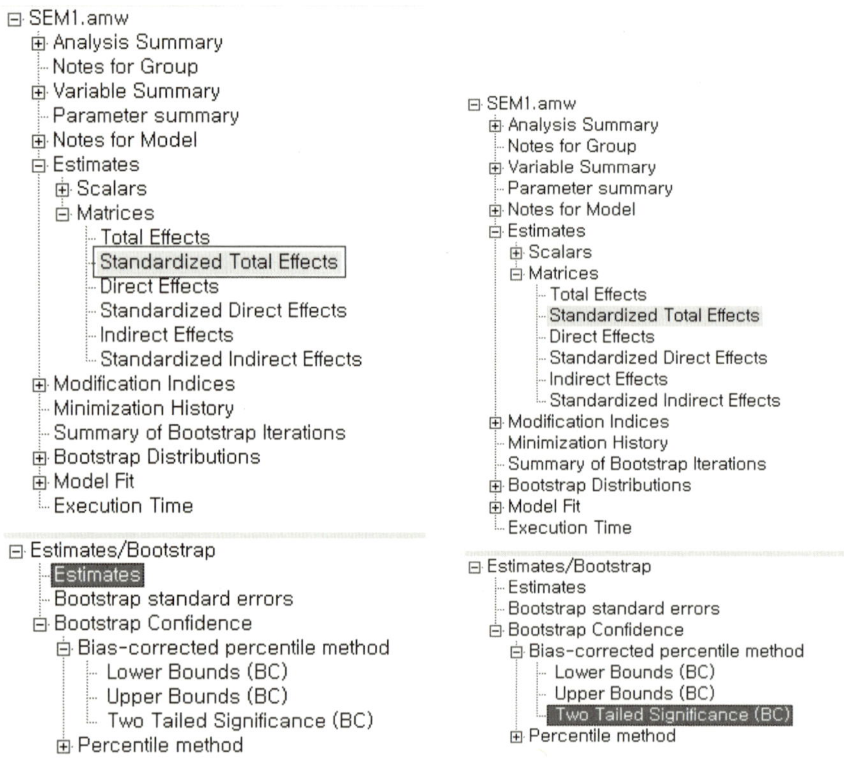

먼저 총효과를 보기로 한다. 총효과는 경로의 직접효과와 간접효과를 합한 효과를 말한다. 화면의 좌측 'Estimates - Matrices'에서 'Standardized Total Effects'을 클릭하고 하단의 'Estimates/Bootstrap'을 클릭하면 [그림 14-70]의 결과창에서 요인에서 요인에 이르는 총효과의 경로계수값을 확인할 수 있으며, 다시 'Estimates/Bootstrap - Bootstrap Confidence - Bias-corrected percentile method'에서 'Two Tailed Significance(BC)'을 클릭하면 유의확률(p값)이 제시되어 유의수준(α)과 비교함으로써 해당 경로의 유의성 여부를 검정할 수 있다. 직접효과와 간접효과 역시 동일한 방법으로 각각의 경로계수와 함께 그에 대한 유의성 여부를 검정할 수 있으며 검정결과는 각각 [그림 14-71], [그림 14-72]와 같다.

예를 들면 확신성이 만족에 미치는 총효과는 0.308(p-value=0.007)이며, 이때의 총효과는 직접효과(0.234, p-value=0.008)와 간접효과(0.074, p-value=0.006)의 합으로 나타난다.

그림 14-70 결과창(총효과)

Standardized Total Effects (Group number 1 - Default model)

	대응성-f	신뢰성-f	유형성-f	확신성-f	공감성-f	value	sat	rep
value	.265	.239	.056	.286	.112	.000	.000	.000
sat	.187	.367	.082	.308	.138	.260	.000	.000
rep	.123	.192	.043	.176	.076	.280	.410	.000
rec	.138	.222	.050	.201	.087	.301	.493	.377

Standardized Total Effects - Two Tailed Significance (BC) (Group number 1 - Default model)

	대응성-f	신뢰성-f	유형성-f	확신성-f	공감성-f	value	sat	rep
value	.009	.026	.357	.013	.194	...	...	...
sat	.094	.014	.083	.007	.015	.005	...	...
rep	.019	.003	.069	.005	.033	.007	.005	...
rec	.031	.009	.116	.007	.029	.004	.010	.009

그림 14-71 결과창(직접효과)

Standardized Direct Effects (Group number 1 - Default model)

	대응성-f	신뢰성-f	유형성-f	확신성-f	공감성-f	value	sat	rep
value	.265	.239	.056	.286	.112	.000	.000	.000
sat	.118	.305	.067	.234	.109	.260	.000	.000
rep	.000	.000	.000	.000	.000	.173	.410	.000
rec	.000	.000	.000	.000	.000	.107	.339	.377

Standardized Direct Effects - Two Tailed Significance (BC) (Group number 1 - Default model)

	대응성-f	신뢰성-f	유형성-f	확신성-f	공감성-f	value	sat	rep
value	.009	.026	.357	.013	.194	...	...	...
sat	.221	.016	.129	.008	.064	.005	...	...
rep	...	...	...	...	...	.033	.005	...
rec	...	...	...	...	...	.102	.013	.009

독립변수와 종속변수 간의 관계에서 매개변수를 거쳐서 전달되는 영향력을 간접효과라고 하며 이 간접효과는 매개변수의 매개효과 검증에 활용되기도 한다. AMOS에서 매개변수가 하나인 단순매개모형인 경우에는 Bootstraping을 활용한 간접효과 검증을 통해서 매개효과의 검증이 가능하다. 그러나 독립변수와 종속변수 사이에 두 개 이상의 매개변수가 있는 다중매개모형인 경우에 매개변수 각각의 간접효과에 대한 값을 보고하지 않고 모든 매개변수들을 통합적으로 고려한 간접효과만을 보고한다. 즉 독립변수에서 종속변수 사이에 매개된 모든 매개변수들로 발휘하는 모든 간접효과의 합과 그에 대한 유의성만을 보여준다. 따라서 개별 매개변수 차원의 매개효과의 유의성은 알려주지는 못한다. 이것이 AMOS의 Bootstrapping의 한계이다.

≫ 그림 14-72 결과창(간접효과)

Standardized Indirect Effects (Group number 1 - Default model)

	대응성-f	신뢰성-f	유형성-f	확신성-f	공감성-f	value	sat	rep
value	.000	.000	.000	.000	.000	.000	.000	.000
sat	.069	.062	.015	.074	.029	.000	.000	.000
rep	.123	.192	.043	.176	.076	.107	.000	.000
rec	.138	.222	.050	.201	.087	.194	.155	.000

Standardized Indirect Effects - Two Tailed Significance (BC) (Group number 1 - Default model)

	대응성-f	신뢰성-f	유형성-f	확신성-f	공감성-f	value	sat	rep
value	...	...	...	...	...	...	...	...
sat	.006	.007	.296	.006	.121	...	...	...
rep	.019	.003	.069	.005	.033	.005	...	...
rec	.031	.009	.116	.007	.029	.006	.004	...

이로써 구조방정식모형을 이용한 실전데이터분석 프로세스가 마무리되었다. 다음 장에서는 매개효과와 조절효과에 대해서 구체적으로 알아보기로 한다. 이에 앞서 실전분석능력을 제고시키기 위해 다음의 실전실습과제를 제시한다. 이에 대한 해설은 별도의 장(제5부의 제18장)을 할애하여 자세하고 다루고 있으니 반드시 공부해두길 바란다.

핵심 실전실습과제 | 중소 인터넷쇼핑몰의 신뢰와 재구매의도

다음 과제는 고급분석과정을 다루는 본 교재의 핵심 실전실습과제로서 저자가 논문게재에 사용하였던 실제 데이터를 종합적으로 분석해볼 수 있는 기회를 제공한다. 일단 배운 것을 기초로 생각해보고 연구해서 과제문제를 해결해보자. 그리고 제18장에서 과제문제 해결을 위한 도움을 받을 수 있다.

[실전실습과제] 다음은 중소 인터넷쇼핑몰의 구매결정요인, 신뢰, 재구매의도 간의 인과적 관계를 다룬 연구이다. 제시된 데이터, 연구모형, 설문지를 이용하여 구조모형방정식에 기초한 데이터분석 프로세스를 단계별로 실행하고 분석결과를 토대로 앞에서 제시되었던 분석결과표들을 하나씩 작성해보시오.

- 데이터, 연구모형, 설문지 출처:
  조철호(2006), "전자상거래에서 초기신뢰와 재구매의도에 영향을 미치는 소비자구매결정에 관한 연구: 인터넷쇼핑몰을 중심으로", 중소기업연구, 28(1), 173-202.

☞ 데이터는 저자 블로그(http://blog.naver.com/ebizdoctor)에서 제공
파일명: 인터넷쇼핑신뢰(실전종합실습)
☞ 데이터는 저작권 보호를 위해 일부 변수(인구통계 관련)를 삭제함
☞ 관련 논문은 교재 부록으로 탑재됨
☞ 분석과정 및 결과는 저자 블로그를 참조

■ 연구모형

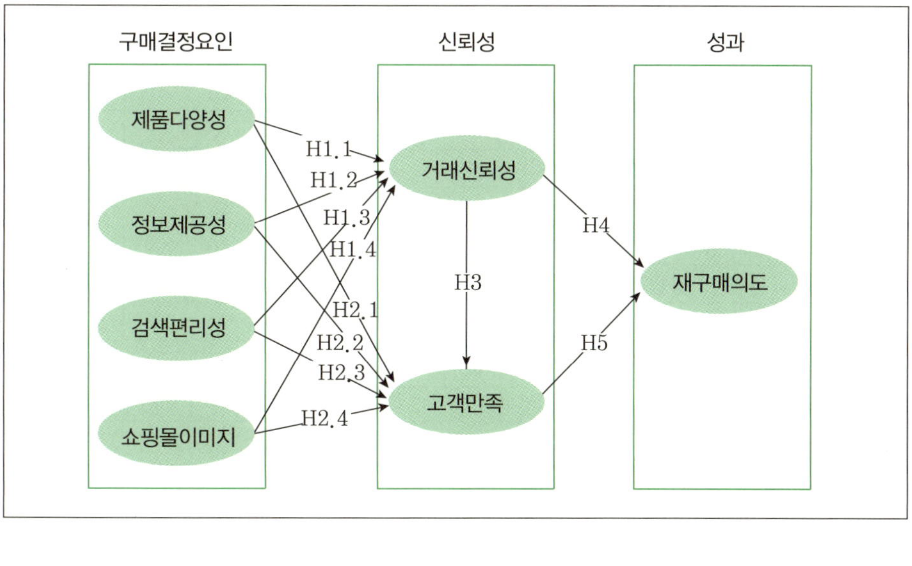

설 문 지

안녕하십니까? 본 설문에 응해주셔서 감사합니다. 본 설문은 인터넷쇼핑몰을 사용하시는 소비자 구매동기를 조사하기 위한 것으로 순수한 학술연구에만 사용되고, 무기명 통계처리되기 때문에 익명성이 보장됩니다. 바쁘시더라도 성실하게 답변해주시면 감사하겠습니다.

2005년 5월

연 구 자: 조 철 호

Tel. (02) 000-0000 HP. 000-0000-0000

※주거래업체를 정하시고 다음 문항을 읽고 귀하의 생각과 일치하는 곳에 √표 하여 주시기 바랍니다.

전혀 그렇지 않다	그렇지 않다	보통이다	그렇다	매우 그렇다
①	②	③	④	⑤

구분	문항					
쇼핑몰이미지	1. 거래하는 인터넷쇼핑몰은 잘 알려져 있다.	①	②	③	④	⑤
	2. 거래하는 인터넷쇼핑몰은 평판이 좋다.	①	②	③	④	⑤
	3. 인터넷쇼핑몰의 웹디자인이 마음에 든다.	①	②	③	④	⑤
	4. 검색엔진에서 거래 인터넷쇼핑몰을 찾기 쉽다.	①	②	③	④	⑤
제품다양성	1. 쇼핑몰에서 취급하는 상품이 다양하다.	①	②	③	④	⑤
	2. 쇼핑몰에서 취급하는 브랜드가 다양하다.	①	②	③	④	⑤
	3. 쇼핑몰에서 취급하는 상품가격이 다양하다.	①	②	③	④	⑤
	4. 쇼핑몰에서 취급하는 상품디자인이 다양하다.	①	②	③	④	⑤
	5. 쇼핑몰에서 원하는 상품을 구매할 수 있다.	①	②	③	④	⑤
검색편리성	1. 쇼핑몰은 상품목록이 잘 정리되어 있다.	①	②	③	④	⑤
	2. 쇼핑몰의 상품검색방법이 다양하다.	①	②	③	④	⑤
	3. 쇼핑몰의 검색도움기능이 유용하다.	①	②	③	④	⑤
	4. 쇼핑몰의 정보검색속도가 빠르다.	①	②	③	④	⑤
	5. 쇼핑몰에서 원하는 상품을 쉽게 찾을 수 있다.	①	②	③	④	⑤
거래신뢰성	1. 쇼핑몰의 주문처리과정이 믿을 만하다.	①	②	③	④	⑤
	2. 쇼핑몰의 상품배달이 믿을 만하다.	①	②	③	④	⑤
	3. 쇼핑몰의 상품A/S가 믿을 만하다.	①	②	③	④	⑤
	4. 쇼핑몰의 상품반품 및 환불이 믿을 만하다.	①	②	③	④	⑤
	5. 쇼핑몰의 지불시스템이 믿을 만하다.	①	②	③	④	⑤
정보제공성	1. 쇼핑몰은 정확한 정보를 제공한다.	①	②	③	④	⑤
	2. 쇼핑몰은 최신의 정보를 제공한다.	①	②	③	④	⑤
	3. 쇼핑몰은 유용한 정보를 제공한다.	①	②	③	④	⑤
	4. 쇼핑몰은 나의 상품구매정보를 잘 보호한다.	①	②	③	④	⑤
	5. 쇼핑몰은 개인신상정보를 잘 보호한다.	①	②	③	④	⑤

나는 쇼핑몰과의 거래에 대해 전반적으로 만족한다.	①	②	③	④	⑤
나는 이 쇼핑몰의 상품을 계속 구매할 것이다.	①	②	③	④	⑤

주간 쇼핑몰 방문횟수	① 3회 이하	② 4~5회	③ 6~7회	④ 8회 이상

※ 다음은 일반적인 사항에 대한 질문입니다.

1. 귀하의 성별은? ① 남 ② 여
2. 귀하의 나이는? ① 20대 이하 ② 30대 ③ 40대 이상
3. 귀하의 학력은? ①고졸 이하 ② 대재 ③ 대졸 이상
4. 귀하의 직업은?
   ① 학생 ② 회사원 ③ 자영업 ④ 주부 ⑤ 기타( )
5. 귀하가 지난 1년 동안에 인터넷쇼핑몰을 통해 상품을 구입한 횟수는? ( )

♣ 끝까지 응답해주셔서 고맙습니다.

SPSS/AMOS 활용
구조방정식모형 논문통계분석

PART 04

매개효과와 조절효과분석

CHAPTER

15 매개효과

제 1 절 매개효과

매개변수(intervening variable)는 독립변수와 종속변수 간의 인과관계를 설명해 주는 역할을 한다. 자장면 가게를 예로 들어보자. 불특정 다수에게 자장면의 맛에 만족하느냐고 물으면 일반적으로 자장면에 대한 기대감과 시식 경험의 차이가 크지 않아 정도의 차이는 있지만 대체로 만족한다고 한다. 그런데 자장면의 값이 십만원이었다고 하자. 과연 그 고객은 만족감을 유지할 수 있었을까? 아무리 요리에 가까운 자장면이었다고 할지라도 십만원의 가격은 불만이었을 것이다. 분명 자장면과 만족 간에는 연결고리가 될 만한 새로운 변수를 생각해볼 수 있다. 그렇다면 연구자는 자장면맛과 만족이라는 변수 사이에 '가치'라는 매개변수로 삽입하여 자장면 맛과 만족간의 관계를 알아보려고 할 것이고 이에 대한 매개효과를 검증할 수 있다.

최근의 많은 논문들을 보면 매개효과와 간접효과를 혼용하여 사용하는 것을 볼 수 있다. 매개효과(intervening effect)와 간접효과(indirect effect)는 외적으로 유사하지만 차이가 있다. 엄밀히 말하면 매개효과와 간접효과는 근본적인 개념적 차이가 있다. 매개효과검증이란 독립변수와 종속변수 간의 인과관계에서 특정 매개변수가 이들 간의 관계를 설명하는 데 있어서 필요성 또는 중요성의 여부를 실증적으로 검증하는 것이다. 즉 독립변수와 종속변수 간에 매개변수가 없을 때와 매개변수가 있을 때를 비교하여 매개변수의 필요성 또는 중요성을 발견하는 것이다. 독립변수와 종속변수 사이에 매개변수를 추가로 투입함으로써 독립변수가 종속변수에 미치는 기존의 직접효과가 약화되거나 더 이상 유의하지 않다면 투입된 매개변수의 필요성과 중요성이 발견되는 것이다.

간접효과는 앞에서 말한 매개효과가 아니더라도 독립변수와 종속변수 간의 직접효과의 여부와 관계없이 독립변수가 매개변수를 거쳐 종속변수에 미치는 영향까지 포함해서 말한다. 굳이 직접효과를 연결하지 않더라도 통계프로그램(AMOS)에서는 간접효과의 계수와 유의성을 보여준다. 이 경우에 직접효과를 다루지 않았기 때문에 간접효과라고 말할 수 있지만 매개효과라고 말하기에는 무리가 있다. 따라서 매개효과와 간접효과는 개념상 구분해서 이해할 것을 권한다.

만약 연구자가 자장면 맛과 만족 간의 인과관계에서 가치의 매개효과에 중점을 두고 이를 검증하고자 한다면 다음의 연구가설을 세울 수 있다. 이 가설의 의미는 가치를 매개변수로 투입함으로써 자장면의 맛과 만족 간의 인과관계에서 자장면 맛이 만족에 미치는 영향력에 모종의 변화가 있을 것으로 기대하는 것이다. 즉 가치가 자장면 맛과 가치에서 두 변수 간의 관계를 설명하면서 의미 있는 역할을 한다는 것이다.

가설 1: 가치는 자장면 맛과 만족 간에 매개효과가 있을 것이다.

[그림 15-1]은 매개변수 X2에 의한 총효과 분해를 보여주고 있다. 직접효과는 c이며, 간접효과는 a와 b의 곱인 a*b이다. 총효과는 직접효과와 간접효과의 합으로 분해될 수 있다. 그러나 이러한 도식적 관계식에 앞서 매개변수 X2의 매개효과가 유의한지를 검증해야 한다. 그리고 유의하다면 완전매개효과를 가지는지 부분매개효과를 가지는지를 판단해야 한다. 매개효과에 대해서는 차후에 배우기로 한다.

그림 15-1 매개변수 X2에 의한 총효과 분해

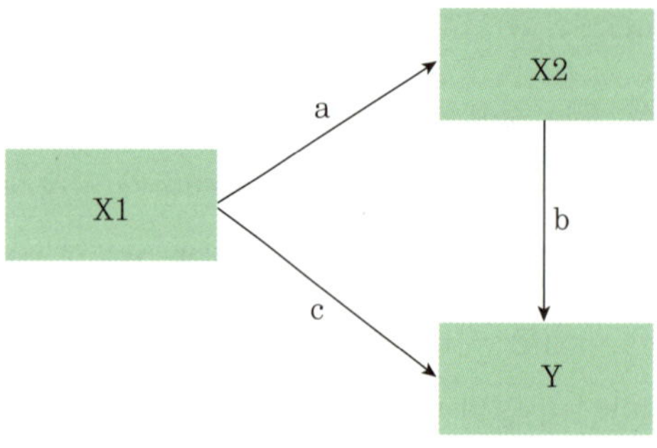

총효과 = 직접효과 + 간접효과
= c + a*b
X1: 독립변수, X2: 매개변수, Y: 종속변수

제 2 절 매개효과검증

2.1 매개회귀분석

SPSS를 이용한 매개회귀분석을 통하여 매개효과를 검증할 수 있다. Baron과 Kenny(1986)가 제안한 매개회귀분석(mediating regression)에 따르면 [그림 15-2]처럼 1단계에서 매개변수에 대해 독립변수를 투입하는 회귀분석을 실시하여 독립변수가 매개변수에 통계적으로 유의해야 한다. 2단계에서는 종속변수에 대해 독립변수를 투입하는 회귀분석을 실시하여 독립변수가 종속변수에 통계적으로 유의해야 한다. 3단계에서는 종속변수에 대해 독립변수와 매개변수를 투입한 회귀분석을 실시하여 매개변수가 종속변수에 유의한 영향을 미쳐야 한다. 여기서 독립변수의 회귀계수가 유의성을 상실하면 매개변수는 완전매개효과를 가지게 된다. 만약에 유의성을 가지면서 2단계에서의 독립변수의 회귀계수보다 작으면 매개변수는 부분매개효과를 가진다. 부분매개효과의 유의성은 3단계에서 설명력 증가의 분산이 유의성을 가질 때 나타난다.

이와 같은 매개효과를 가질 때에 2단계 독립변수의 표준화 회귀계수는 총효과가 되며, 3단계에서의 독립변수의 표준화 회귀계수는 직접효과이고, 총효과에서 직접효과를 차감한 수치는 매개변수에 의해 전달되는 간접효과가 된다.

실제 SPSS에서는 1단계는 단순회귀분석을 사용하게 되고 2단계와 3단계에서는 위계적 회귀분석을 사용하게 된다. 다음의 매개효과검증의 실습을 통하여 이들 과정을 이해해야 한다.

» 그림 15-2 매개회귀분석

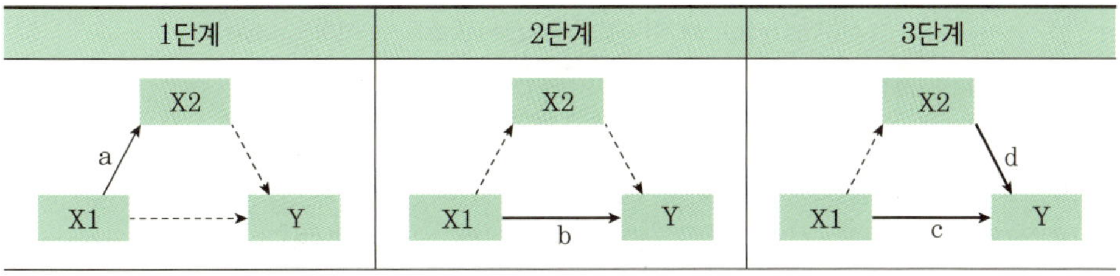

b: 총효과 c: 직접효과 b-c: 간접효과

예제 15-1

앞의 택배서비스의 서비스품질과 만족도의 데이터를 활용하여 독립변수는 유형성, 매개변수는 서비스가치, 종속변수는 고객만족으로 하는 모형을 토대로 하여 매개변수인 가치의 매개효과를 검증하시오.

☞데이터는 저자 블로그에서 제공, 파일명: parcel_servqual_value

» 그림 15-3 **연구모형**

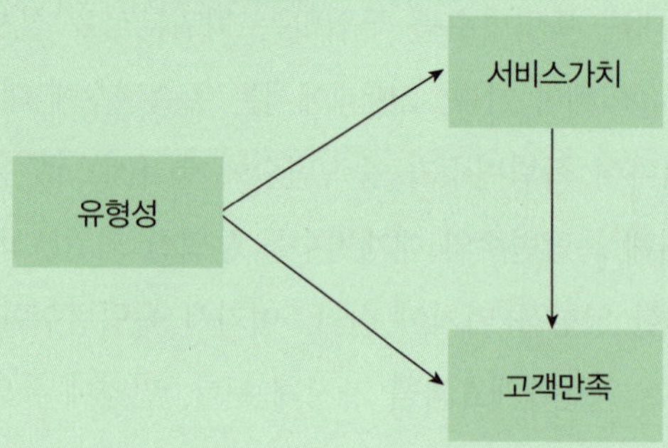

| 풀이 |

본격적인 데이터분석에 앞서서 귀무가설과 연구가설을 작성하면 다음과 같다.

귀무가설(H_0): 서비스가치는 유형성과 고객만족 사이에서 매개효과가 없을 것이다.

연구가설(H_1): 서비스가치는 유형성과 고객만족 사이에서 매개효과가 있을 것이다.

자료입력 후에 다음 순서를 이용하면 [그림 15-4]의 '선도표 회귀분석'이라는 입력창이 나온다.

분석(Analyze) → 회귀분석(Regression) → 선형(Linear)

1단계에서 단순회귀분석으로 독립변수가 매개변수의 미치는 영향을 보기 위해 '종속변수(D)'에 매개변수 서비스가치 'value'를 투입하고 '독립변수(D)'에 유형성 'tangible'

을 투입한다. '통계량'을 클릭하여 [그림 15-5]의 창이 나타나면 '공선성진단(L)'과 'Durbin-Watson(D)'을 지정한다. '계속'과 '확인'을 클릭하면 [그림 15-6]의 결과를 보여준다. 분석결과 독립변수인 유형성이 매개변수에 유의한 영향을 미치는 것으로 나타났다(β=0.410, t=7.310).

>> 그림 15-4 선도표회귀분석

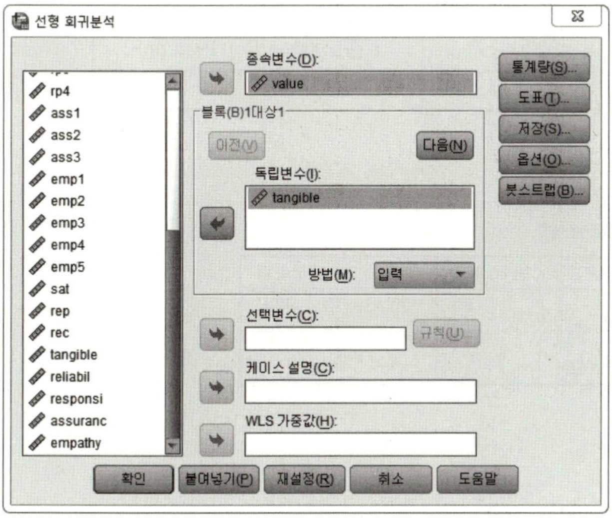

>> 그림 15-5 선형회귀분석: 통계량

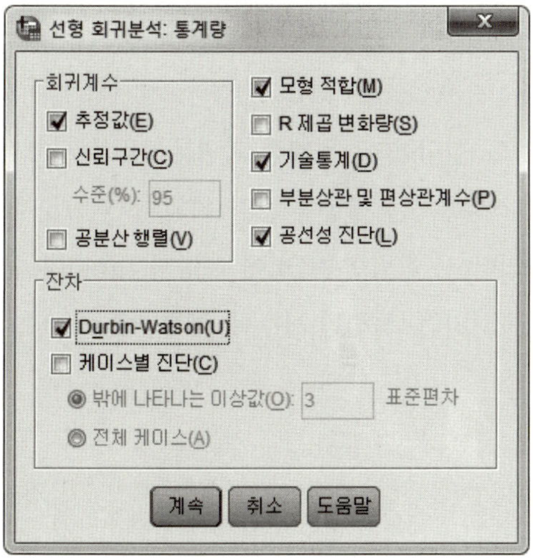

다음은 분석결과를 보여준다. 분산분석을 통하여 회귀식은 유의한 것으로 나타났으며($p<0.05$) 유형성은 서비스가치에 유의한 영향을 미치는 것으로 나타났다($\beta=0.410$, $t=0.730$, $p=0.000$).

그림 15-6 분석결과

모형 요약[b]

모형	R	R 제곱	수정된 R 제곱	추정값의 표준오차	Durbin-Watson
1	.410[a]	.168	.165	.57714	1.935

a. 예측값: (상수), tangible

b. 종속변수: value

분산분석[a]

모형		제곱합	자유도	평균 제곱	F	유의확률
1	회귀 모형	17.799	1	17.799	53.438	.000[b]
	잔차	88.268	265	.333		
	합계	106.067	266			

a. 종속변수: value

b. 예측값: (상수), tangible

계수[a]

모형		비표준화 계수		표준화 계수	t	유의확률	공선성 통계량	
		B	표준오차	베타			공차	VIF
1	(상수)	1.885	.231		8.178	.000		
	tangible	.495	.068	.410	7.310	.000	1.000	1.000

a. 종속변수: value

2단계와 3단계에서는 '위계적 회귀분석'을 실시한다. 위계적 회귀분석을 실시하기 위해 먼저 2단계에서 독립변수가 종속변수의 미치는 영향을 보기 위해 [그림 15-7]처럼 '종속변수(D)'에 고객만족 sat를 투입하고 '독립변수(D)'에 유형성 tangible을 투입한다. '다음(N)'을 클릭하고 [그림 15-8]처럼 '독립변수(I)'에 매개변수 value를 추가로 투입한다.

》 그림 15-7 선형회귀분석(모형 1)

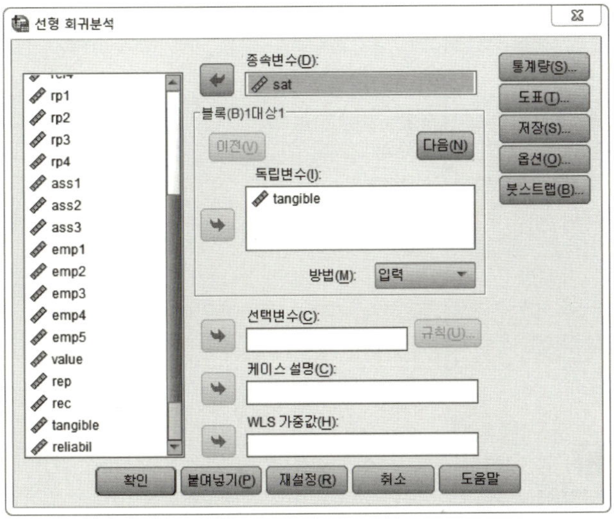

》 그림 15-8 선형회귀분석(모형 2)

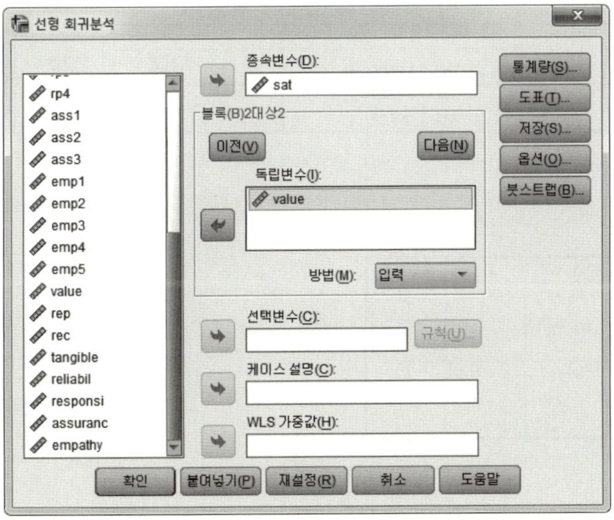

'통계량'을 클릭하여 [그림 15-9] 창이 나타나면 'R제곱변화량(S)', '공선성진단(L)', 'Durbin-Watson(D)'을 지정한다. 특히 'R제곱변화량(S)'은 2단계에서 3단계로 넘어가면서 설명력 증가의 분산이 유의성을 가져 부분매개효과의 유의성을 판단하기 위해 사용된다. '계속'과 '확인'을 클릭하면 [그림 15-10]의 결과를 보여준다.

그림 15-9 선형회귀분석: 통계량

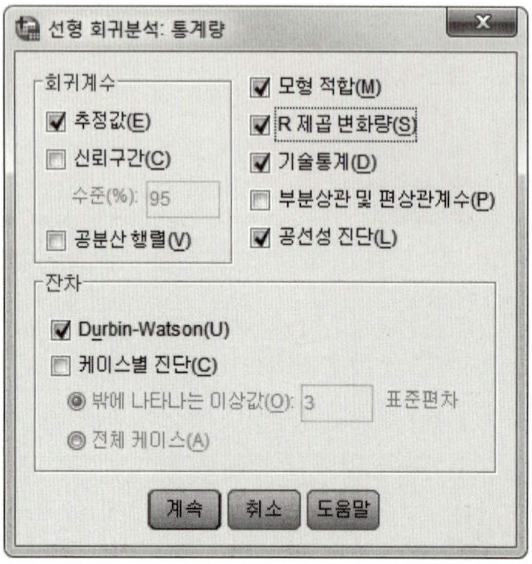

그림 15-10 분석결과

모형 요약[c]

모형	R	R 제곱	수정된 R 제곱	추정값의 표준오차	통계량 변화량					Durbin-Watson
					R 제곱 변화량	F 변화량	df1	df2	유의확률 F 변화량	
1	.471[a]	.222	.219	.56825	.222	75.540	1	265	.000	
2	.800[b]	.640	.637	.38744	.418	306.054	1	264	.000	2.101

a. 예측값: (상수), tangible

b. 예측값: (상수), tangible, value

c. 종속변수: sat

분산분석[a]

모형		제곱합	자유도	평균 제곱	F	유의확률
1	회귀 모형	24.392	1	24.392	75.540	.000[b]
	잔차	85.570	265	.323		
	합계	109.963	266			
2	회귀 모형	70.334	2	35.167	234.275	.000[c]
	잔차	39.629	264	.150		
	합계	109.963	266			

a. 종속변수: sat

b. 예측값: (상수), tangible

c. 예측값: (상수), tangible, value

계수[a]

모형		비표준화 계수		표준화 계수	t	유의확률	공선성 통계량	
		B	표준오차	베타			공차	VIF
1	(상수)	1.605	.227		7.070	.000		
	tangible	.579	.067	.471	8.691	.000	1.000	1.000
2	(상수)	.245	.173		1.413	.159		
	tangible	.222	.050	.181	4.462	.000	.832	1.202
	value	.721	.041	.709	17.494	.000	.832	1.202

a. 종속변수: sat

[그림 15-10]의 분석결과를 보면 2단계(모형 1)에서 3단계(모형 2)로 넘어오면서 R제곱의 변화량이 0.418이고 그에 대한 F통계량이 306.054, 유의확률 0.000으로 매우 유의하며 이는 3단계 회귀식의 설명력이 증가한 것을 보여주는 것으로 매우 유용한 회귀식임을 판단할 수 있다.

그리고 2단계(모형 1)와 3단계(모형 2)의 회귀계수는 모두 유의한 것으로 나타났다. 단 3단계(모형 2)에서 유형성 tangible의 회귀계수는 매개변수 value가 추가되면서 감소하는 것으로 나타났다. 이를 토대로 연구논문에서 작성될 결과표를 작성하고 이에 대해 해석하면 다음과 같다.

표 15-1 결과표 작성

종속변수 / 투입변수	value	sat	
	β	β	
	1단계	2단계(모형 1)	3단계(모형 2)
tangible	0.410**	0.471**	0.181**
value			0.709**
ΔR^2(F변화량)			0.418** (F=306.054)
R^2	0.168	0.222	0.640
F	53.438**	75.540	234.275

*$p<0.05$, **$p<0.01$, 3단계 다중공선성 진단(VIF: 1.202<10)

그림 15-11 매개회귀분석을 활용한 인과모형

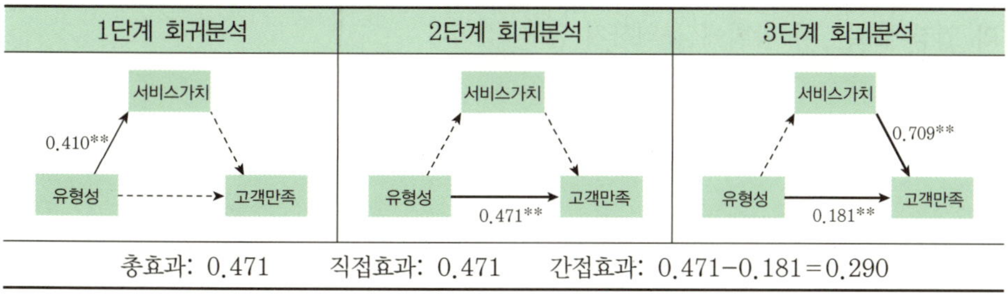

유형성과 고객만족에 대한 서비스가치의 매개효과를 분석한 결과는 [표 15-1]과 [그림 15-11]과 같다. 1단계 회귀분석에서 독립변수인 유형성은 매개변수인 서비스

가치에 통계적으로 유의한 영향력을 미치고 있었으며, 2단계 회귀분석에서는 독립변수인 유형성이 고객만족에 통계적으로 유의한 영향력을 미치고 있었다. 3단계 회귀분석에서는 유형성과 서비스가치가 고객만족에 통계적으로 유의한 영향을 미치고 있었다. 그러나 유형성의 영향력은 2단계의 경우보다 다소 작게 나타났다. 따라서 서비스가치는 부분매개효과를 보여주고 있었다.

유형성이 고객만족에 미치는 총효과는 0.471이며, 그 중 직접효과는 0.181이고, 서비스가치를 매개로 한 간접효과는 0.290이었다. [그림 15-11]에서 총효과 0.471은 직접효과 0.181과 간접효과 0.290의 합이 되며, 간접효과 0.290은 총효과 0.471에서 직접효과 0.181을 차감하거나 또는 계수값 0.410과 0.709의 곱으로 산출된다.

2.2 경로모형에서 부트스트래핑을 활용한 매개효과검증

AMOS에서 경로모형을 작성하고 부트스트래핑(bootstrapping)을 사용하여 총효과, 직접효과, 간접효과를 검증할 수 있으며 간접효과를 통하여 매개효과를 추측할 수 있다. 그러나 실제 이 경우에 분석의 세밀성이 떨어져 부분매개효과의 존재를 판정하기에는 무리가 있으며 간접효과의 검증을 통해서 일부 매개효과만을 추측할 수 있다. 많은 논문에서 간접효과와 매개효과 간에 개념상 차이가 있지만 간접효과를 매개효과와 혼용하여 사용하고 있다. 차후에 설명한 소벨검정(Sobel test) 기법도 이 방법에 속한다. 아마도 3단계 매개회귀분석의 활용을 주장한 Baron과 Kenny(1986)의 입장에서는 이 방법에 동의하지 않을 것이다.

≫ 그림 15-12 AMOS 경로분석

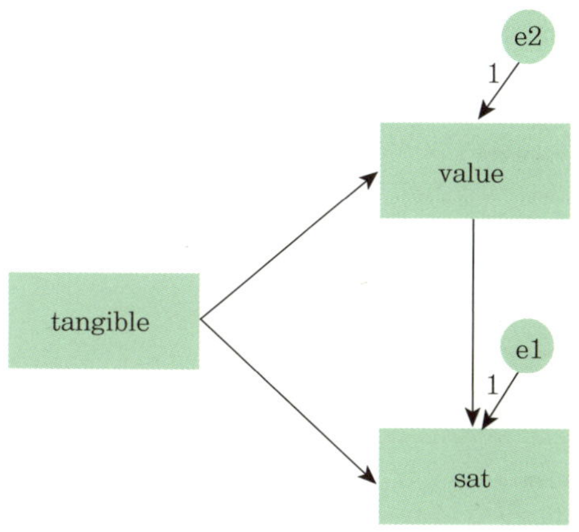

앞의 예제를 가지고 AMOS를 활용하여 [그림 15-12]처럼 단계별이 아닌 통합적 경로모형을 작성하여 분석한다. 이 경우에 매개효과의 검증이라기보다는 간접효과를 구하는데 의의가 있다. 즉 매개효과가 있을 것이라고 추측은 할 수 있으나 부분매개효과의 여부는 단정지을 수 없다.

AMOS를 활용하여 다음 모형을 그리고 결과 옵션창( )을 클릭하면 [그림 15-13]과 같은 결과 옵션창이 나타난다. 상단의 Estimate를 클릭하면 기본적으로 'Standard estimates'와 'Modifications indices'를 지정한다. 'Standard estimates'는 표준화된 계수값을 보여주며, 'Modifications indices'는 수정지수로서 모형의 적합도지수가 기준치를 미달하는 경우에 적합도를 개선시켜 줄 수 있는 개선가능한 대상들과 그에 해당되는 수치들을 보여준다. 이에 추가하여 'indirect, direct & total effects'를 지정한다.

그리고 상단의 'Bootstrap'을 클릭하고 'Perform bootstrap', 'Percentile confidence intervals', 'Bias-corrected confidence intervals'를 지정한다. 입력한 후에 분석을 실행시키기 위해 창을 닫고 도구상자에서 을 클릭한다. 그러면 측정모형을 저장하라는 창이 나오면 파일명을 적당히 입력하고 저장한다. 저장과 동시에 분석이 실행된다.

>> 그림 15-13 결과 옵션창

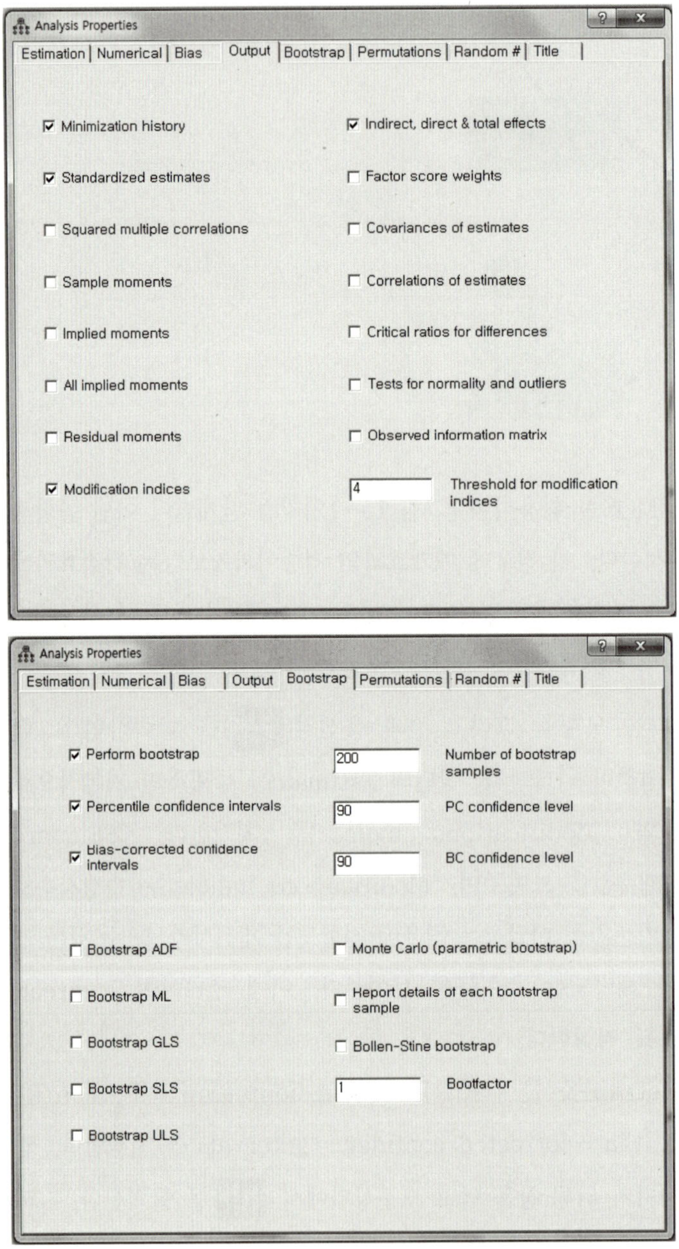

[그림 15-14]는 통합적 모형의 분석결과를 정리한 것이며, 매개회귀분석을 실행한 결과와 동일하게 나타났다. 경로계수는 표준화된 계수이다.

≫ 그림 15-14 **경로분석을 활용한 통합적 인과모형(간접효과 검증)**

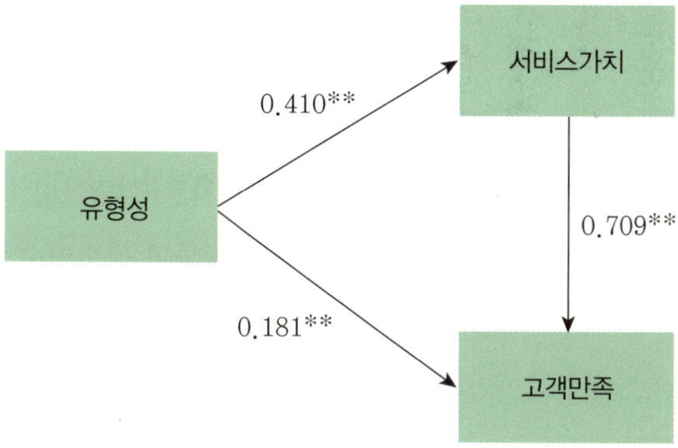

인과모형에는 [그림 15-15]와 같이 직접효과 없이 간접효과만 존재하는 경우도 있다. 이 경우에 매개효과검증의 단계적 기본가정을 충족시키지 못하므로 매개효과 검증은 의미가 없으며 단지 간접효과만 존재한다. 경로계수는 표준화된 계수이다.

≫ 그림 15-15 **경로분석을 활용한 통합적 인과모형(간접효과만 있는 경우)**

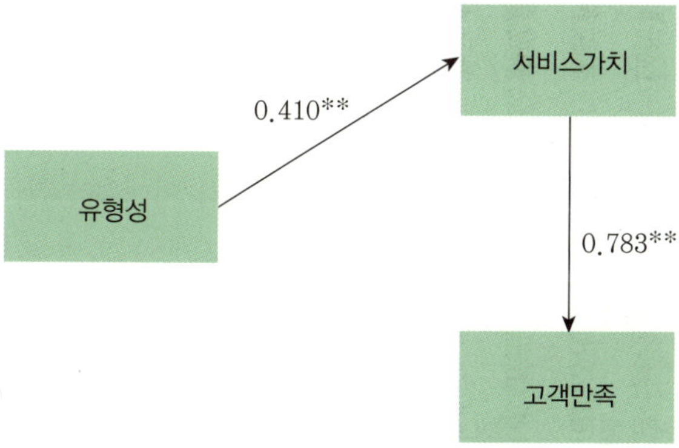

AMOS의 부트스트랩에서 매개변수가 한 개인 단순매개모형인 경우에는 상관없으나 매개변수가 두 개 이상인 다중매개모형의 경우에는 개별 간접효과의 각각에 대한 값을 보고하지 않고, 이들의 총합인 전체 간접효과만을 제시하고 있다. 이는 AMOS의 부트스트래핑의 한계라고 할 수 있다.

2.3 경로모형에서 Baron과 Kenny(1986)를 활용한 매개효과검증

경로모형에서도 Baron과 Kenny(1986)가 제안한 3단계 매개회귀분석과 같은 방법으로 매개효과를 검증할 수 있다. 이 경우에는 매개효과는 부분매개효과와 완전매개효과로 구분할 수 있다. 매개효과를 검증하기 위해서 다음의 절차를 실행한다.

1단계에서 매개변수에 대해 독립변수를 투입하는 경로분석을 실시하여 독립변수가 매개변수에 통계적으로 유의해야 한다.

2단계에서는 종속변수에 대해 독립변수를 투입하는 경로분석을 실시하여 독립변수가 독립변수에 통계적으로 유의해야 한다.

3단계에서는 종속변수에 대해 독립변수와 매개변수를 투입한 경로분석을 실시하여 매개변수가 종속변수에 유의한 영향을 미쳐야 한다. 여기서 독립변수의 경로계수가 유의성을 상실하면 매개변수는 '완전매개효과'를 가지게 된다. 만약에 유의성을 가지면서 2단계에서의 독립변수의 경로계수보다 작으면 매개변수는 '부분매개효과'를 가진다.

이와 같은 매개효과를 가질 때에 앞의 [그림 15-2]에 설명했던 것처럼 2단계 독립변수의 표준화 경로계수는 총효과가 되며, 3단계에서의 독립변수의 표준화 경로계수는 직접효과이고, 총효과에서 직접효과를 차감한 수치는 매개변수에 의해 전달되는 간접효과가 된다. 다음의 매개효과검증의 실습을 통하여 이들 과정을 이해해야 한다. 분석결과는 [표 15-1]처럼 매개회귀분석과 동일하게 나타났으며 서비스가치의 부분매개효과를 발견할 수 있다. 경로계수는 표준화된 계수이다.

» 그림 15-16 경로분석을 활용한 단계별 인과모형(매개효과검증)

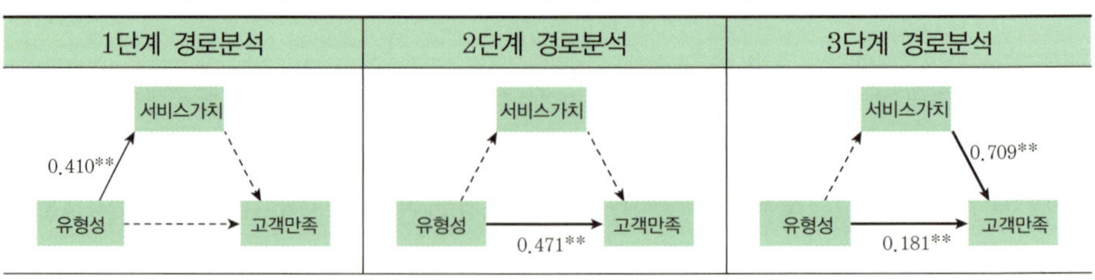

총효과: 0.471 직접효과: 0.471 간접효과: 0.471−0.181=0.290

경로분석 또는 구조방정식모형분석에서 회귀분석처럼 Baron과 Kenny(1986)가 제안한 3단계 매개효과검증 방법을 사용할 수 있었지만 1단계, 2단계, 3단계의 경로분석에서 적합도지수들(χ^2, p값, GFI, AGFI, RMR, NFI, IFI, CFI 등)이 어느 정도는 기준에 충족되어야 한다. 그러나 실제로는 이 기준을 맞추기란 쉽지 않을 것이다.

다음 [그림 15-13]과 [그림 15-14]는 예시논문으로부터 'SNS 정보서비스품질과 프로슈머 활동 간의 인과관계'에서 '가치'의 매개효과를 검증한 결과를 보여주고 있다. 여기서는 구조방정식모형분석을 사용하고 있는 상황에서 Baron과 Kenny(1986)가 제안한 3단계 매개효과검증 방법을 사용하고 있다.

≫ 그림 15-17 SNS 정보서비스품질과 프로슈머 활동 간의 인과관계 연구모형

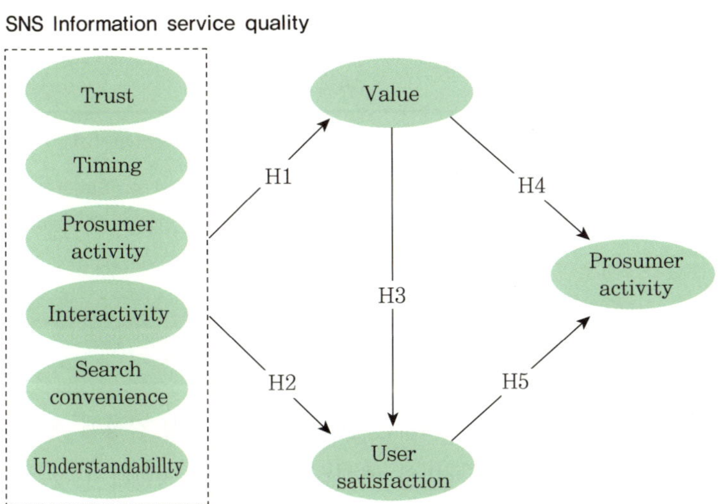

제시된 예시 [그림 15-18]에서 보듯이 Step1, Step2, Step3의 각 단계별 분석에서 적합도지수들(χ^2, p값, GFI, AGFI, RMR, NFI, IFI, CFI 등)이 제시되고 있음을 알 수 있다. 그리고 이 적합도지수들이 기준을 충족해야 이 방법을 사용할 수 있다. 만약 기준에 충족되지 않으면 부트스트래핑을 이용한 간접효과분석이나 매개회귀분석 등 다른 방법을 강구해보아야 할 것이다.

» 그림 15-18 '가치'의 매개효과검증

Table 7 Results of the mediational effect of value (Hypothesis 6)

Variables	Value	Prosumer activity	
	Step 1	Step 2	Step 3
Trust	0.153**	0.258***	0.224***
Timing	0.125	–0.143	–0.171**
Accuracy	0.055	0.265***	0.252***
Interactivity	0.351***	0.408***	0.334***
Search Convenience	0.205**	0.079	0.035
Understandability	0.028	0.029	0.023
Value (mediator)			0.214***
chi-square	443.154	452.012	539.721
p-value	0.000	0.000	0.000
RMR	0.037	0.040	0.040
GFI	0.918	0.916	0.906
AGFI	0.894	0.890	0.882
NFI	0.912	0.911	0.900
IFI	0.956	0.954	0.951
CFI	0.956	0.954	0.951

Note: ** indicates that $p < 0.05$ and *** indicates that $p < 0.01$. Standardized coefficients are reported

출처: Cho, Chul-Ho et al.(2017), "Social Multimedia Network Service Quality, User Satisfaction, and Prosumer Activity," Multimedia Tools and Application, 17213-17229.

2.3 소벨검정(Sobel test)을 활용한 매개효과검증

소벨검정(Sobel test) 역시 매개효과라기보다는 간접효과의 유의성 검정에 가깝다. 따라서 부분매개효과의 유의성 판단 등 세밀한 매개효과검증에는 적합하지 못하다. 소벨검정(Sobel test)은 소표본보다는 큰 표본일 때보다 정확한 추정값을 보고한다(Sobel, 1982; Baron & Kenny, 1986). 특히 Sobel test는 원데이터(raw data)에 접근할 수 없는 때 주로 사용된다. 따라서 원데이터(raw data)를 가지고 있다면 굳이 소벨검정(Sobel test)을 사용할 이유가 없으며 부트스트래핑(Bootstrapping)이 보다 나은 결과를 제시한다(Preacher & Hayes, 2004). 그리고 표본이 충분히 큰 경우에는 Sobel, Aroian, Goodman test의 결과는 거의 유사한 값을 제시한다.

$$Z = \frac{\alpha\beta}{\sqrt{\alpha^2\sigma_\beta^2 + \beta^2\sigma_\alpha^2}}$$

여기서, Z: 검정통계량

α: 독립변수에서 매개변수에 이르는 비표준화계수

β: 매개변수에서 종속변수에 이르는 비표준화계수

σ_α: α의 표준오차

σ_β: β의 표준오차

인터넷 포털사이트에서 'Sobel test'를 입력하여 검색하면 웹기반의 프로그램을 이용하여 소벨검정 통계량(Sobel test statistic)을 쉽게 산출할 수 있는 사이트를 발견할 수 있다. 단순히 비표준화계수와 해당 표준오차값을 입력하여 통계량과 유의도를 제시하는 정도이다. 따라서 소벨검정을 이용하기 위해서는 입력할 비표준화계수값과 표준오차값이 있어야 한다. 이를 위해서 앞의 AMOS를 실행한 [그림 15-19]의 결과값에서 해당 비표준화계수값(Estimate)과 표준오차값(S.E)을 찾아 소벨검정 프로그램에 입력한 후에 실행시키면 [그림 15-20]과 [표 15-2]의 결과처럼 Z통계량 6.726과 유의도 0.000을 얻을 수 있다. 간접효과는 비표준화계수값 0.357 그리고 표준화계수값 0.290으로 나타났으며 계수값의 곱으로 계산된 것이다. 그리고 다중매개모형의 분석인 경우에는 소벨검정(Sobel test) 공식을 확장하여 직접 계산해야 하는데 본 교재에서는 이에 대한 설명을 생략하기로 한다.

≫ 그림 15-19 경로분석

Regression Weights: (Group number 1 - Default model)

			Estimate	S.E.	C.R.	P	Label
value	<---	tangible	.495	.068	7.324	***	
sat	<---	tangible	.222	.050	4.479	***	
sat	<---	value	.721	.041	17.561	***	

Standardized Regression Weights: (Group number 1 - Default model)

			Estimate
value	<---	tangible	.410
sat	<---	tangible	.181
sat	<---	value	.709

≫ 그림 15-20 소벨검정 자료입력창 예시

(http://danielsoper.com/statcalc3/calc.aspx?id=31)

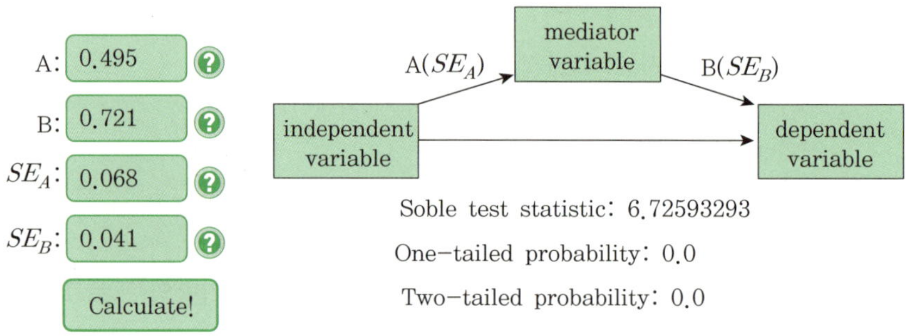

표 15-2 소벨검정(Sobel test)을 활용한 매개효과 유의성 검정

Indirect path	Indirect effect (Non-standardized coefficient)	Indirect effect (standardized coefficient)	z statistic	p-value
tangible→value→sat	0.357 (0.495*0.721)	0.290 (0.410*0.709)	6.726	.000

다음 장에서는 연구논문에서 많이 사용되고 있는 조절효과에 대해서 알아보기로 한다.

CHAPTER 16 조절효과(1): 조절회귀분석

제 1 절 변수의 조절효과 측정

인과관계를 다루는 논문에서 독립변수와 종속변수 간의 제3의 변수의 조절효과를 검증하고자 하는 연구들을 많이 볼 수 있다. 이때 이 제3의 변수를 조절변수(moderating variable)라고 한다. 연구논문에서 많이 사용되는 조절효과의 분석방법은 조절회귀분석과 다집단비교 구조방정식모형분석의 두 가지 방법이 있다. 첫 번째, 조절회귀분석은 조절변수가 양적변수(등간척도, 비율척도)일 경우에 사용되는 분석이며, 두 번째, 다집단비교 구조방정식모형(multi-group SEM)분석은 조절변수가 질적변수(명목척도)일 경우에 사용되는 분석이다. 이들 두 가지 분석방법은 조절효과를 본다는 측면에서는 동일하지만 분석 목적과 방법에서 근본적인 차이가 있다.

먼저 사례를 통해 보면, 첫째, 어떤 연구자가 조직 내의 권한위임(empowerment)의 하부요인들과 조직몰입 간의 인과관계에서 부하직원이 느끼는 조직지원인식의 정도에 따라 이들 변수들 간의 관계가 어떻게 변하는지 관심을 가지며 연구가설을 세우려 한다. 둘째, 또한 이 연구자는 권한위임의 하부 요인과 조직몰입 간의 인과관계가 조직으로부터 지원을 받고 있다는 인식을 높게 하는 집단과 낮게 하는 집단 간에 차이가 있을 것이라고 예상하고 연구가설을 세우려 한다. 그렇다면 독자들은 첫 번째 경우와 두 번째 경우의 분석의 목적과 방법은 어떤 차이가 있는지 생각해볼 일이다.

첫 번째 상황은 조직 내의 권한위임의 하부요인과 조직몰 입간의 인과관계에서 조절변수인 조직지원인식의 정도가 연속선상에서 변함에 따라 두 요인 간의 관계에 영향을 미치는지를 알아보는 것이다. 바꾸어 말하면 두 변수 간의 인과관계에서 조직지원인식이라는 변수가 조절적 효과가 있는지 알아보는 것이다. 이때의 독립변수는 일반적으로 등간이나 비율척도의 값이 사용되며, 분석방법은 독립변수와 조절변수의 상호 곱으로 이루어진 상호작용항을 사용하는 조절회귀분석을 사용하게 된다. 이때의 가설은 다음과 같이 정해질 수 있다.

가설: 조직지원인식은 권한위임과 조직몰입 간의 관계를 조절할 것이다.
또는 조직지원인식에 따라 권한위임과 조직몰입 간의 관계는 달라질 것이다.

두 번째 상황은 권한위임 하부요인과 조직몰입 간의 인과관계가 조직지원인식을 높게 하는 집단과 낮게 지원하는 집단 간에 차이가 있는지 보는 것이다. 즉 그룹 간의 각각의 인과관계마다 그룹별로 차이가 있는지, 어느 그룹이 더 강한지를 통계적으로 검증하며 비교하는 것이다. 이때의 조절변수는 집단(조직지원인식이 높은 집단/낮은 집단)이며 독립변수는 일반적으로 명목척도값이 사용되며, 분석방법은 구조방정식모형을 이용한 다집단비교 구조방정식모형(multi-group structural equation model: multi-group SEM)이 이용된다. 이때의 가설은 다음과 같이 정해질 수 있다.

가설: 집단의 조직지원인식이 높고 낮음에 따라 권한위임과 조직몰입 간의 관계는 조절될 것이다. 또는 집단의 조직지원인식이 높고 낮음에 따라 권한위임과 조직몰입 간의 관계는 차이가 있을 것이다.

정리하면 조절적 상황이 전자의 경우는 구성원의 조직지원인식의 변화 정도이며, 후자의 경우는 집단 구성원의 조직지원인식이 높고 낮음의 정도이다.

다음은 조절회귀분석 방법과 다집단비교 구조방정식모형(multi-group SEM)분석 방법을 차례로 알아보기로 한다.

제 2 절 조절회귀분석

2.1 조절회귀분석의 의의

어떤 연구자가 조직 내의 권한위임의 하부요인과 조직몰입 간의 인과관계에서 부하직원이 느끼는 조직지원인식의 정도에 따라 이들 변수들 간의 관계가 어떻게 변하는지 관심을 가지고 있다. 즉 조직지원인식이 이들 변수들 간에 어떤 조절적 역할을 하는지 알아보려고 한다. 이 경우에 조직지원인식의 조절효과를 검증하기 위하여 조절회귀분석을 이용한다.

조절회귀분석은 특정 요인 또는 변수가 인과관계 상에서 조절적 역할을 하는지를 알아보는 것이며, 독립변수가 조절변수와 상호작용을 하여 회귀식의 설명력도 향상시키고, 종속변수에 유의한 영향을 미치는지를 검정하는 것으로 일반적으로 위계적 회귀분석 방법을 사용한다. 이 분석은 상황적 관계를 나타내는 상호작용항을 직접 검증할 수 있기 때문에 상황적 관계에 대한 가설검정에 매우 적합한 분석이다. 즉 모형 1에 독립변수와 조절변수를 투입하고, 모형 2에 독립변수와 조절변수의 상호작용항을 추가적으로 투입하여 회귀식의 설명력의 증가와 종속변수에 유의한 관계가 있으면 조절효과가 있다고 판단한다.

또한 상호작용효과의 통계적 유의성검정을 위해 회귀식의 설명력의 증가분, 즉 R^2의 변화량($\triangle R^2$)에 대한 F검정이 사용되는데 F통계량값이 임계치보다 크면 상호작용효과, 즉 조절효과가 있다고 판단한다. R^2의 변화량($\triangle R^2$)에 대한 F통계량을 구하는 식은 다음과 같다(SPSS에서 R^2의 변화량에 대한 F통계량의 유의성을 보여주므로 별도의 값은 계산하지 않아도 된다).

$$F = \frac{(R_2^2 - R_1^2)/(k_2 - k_1)}{(1 - R_2^2)/(N - k_2 - 1)}$$

여기서, R_2^2: 상호작용항이 있는 회귀식의 결정계수

R_1^2: 상호작용항이 없는 최초 회귀식의 결정계수

k_1: 상호작용항이 없는 최초 회귀식의 독립변수의 수

k_2: 상호작용항이 있는 회귀식의 독립변수의 수
$(k_2 - k_1)$: 분자의 자유도
$(N - k_2 - 1)$: 분모의 자유도

분석결과에서 모형 1과 모형 2의 $\triangle R^2$(R^2 증감)의 유의성(p값)과 새로운 변수인 상호작용항의 유의성(p값)을 검증하여 종합적으로 조절효과를 판정할 수 있다.

제 3 절 SPSS분석: 조절회귀분석

예제 16-1

사회복지조직에서 근무하는 종사자들의 권한위임에 따른 조직몰입의 정도를 알아보기 위해서 다음의 연구모형을 구축하였다. 특히 본 연구에서는 권한위임과 조직몰입 간의 관계에서 종사자들이 느끼는 조직지원인식이 어떤 조절적 역할을 하는지 알고자 한다. 이에 조직지원인식의 조절효과를 검증하시오. 변수명은 다음과 같으며, 성별과 경력을 제외한 나머지 변수값은 자료를 요인값으로 변환하여 정리하였다.

ID	성별 (남 1/여 2)	경력 (근무연수)	의미성	유능함	영향력	직무 만족	조직 몰입	조직지원 인식

☞ 데이터는 저자 블로그에서 제공, 파일명: wellbeing organization

본 문제에서 제시되는 연구모형은 [그림 16-1]과 같다.

그림 16-1 연구모형

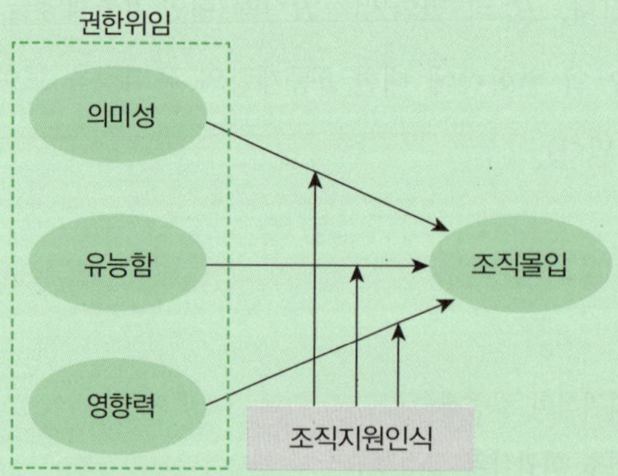

| 풀이 |

먼저 연구모형으로부터 다음과 같은 가설이 제시된다.

가설 1: 조직지원인식은 권한위임과 조직몰입 간의 관계를 조절할 것이다.

- 가설 1.1: 조직지원인식은 의미성과 조직몰입 간의 관계를 조절할 것이다.
- 가설 1.2: 조직지원인식은 유능함과 조직몰입 간의 관계를 조절할 것이다.
- 가설 1.3: 조직지원인식은 영향력과 조직몰입 간의 관계를 조절할 것이다.

첫 번째 권한위임(empowerment)의 하부요인인 의미성(x_1)과 조직몰입($\hat{Y}$) 간의 인과관계에서 조직지원인식의 조절효과를 검증하기 위해 다음의 위계적 회귀모형을 세운다. 특히 모형 2에서 의미성(x_1)과 조직지원인식(x_2)을 곱한 상호작용항(x_1x_2)이 필요하므로 먼저 상호작용항을 만들어주어야 한다. 다음은 모형 1과 2의 회귀식이다. SPSS에서 모형 2의 상호작용항을 만들기 위해 다음의 순서대로 실행한다.

모형 1의 회귀식: $\hat{Y} = b_0 + b_1x_1 + b_2x_2$

모형 2의 회귀식: $\hat{Y} = b_0 + b_1x_1 + b_2x_2 + b_3x_1x_2$

먼저 SPSS를 열고 다음과 같이 데이터(파일명: wellbeing organization)를 불러들이고 다음의 순서대로 클릭하면 [그림 16-2]의 데이터보기(D) 창이 나타난다.

>> 그림 16-2 데이터보기(D) 창

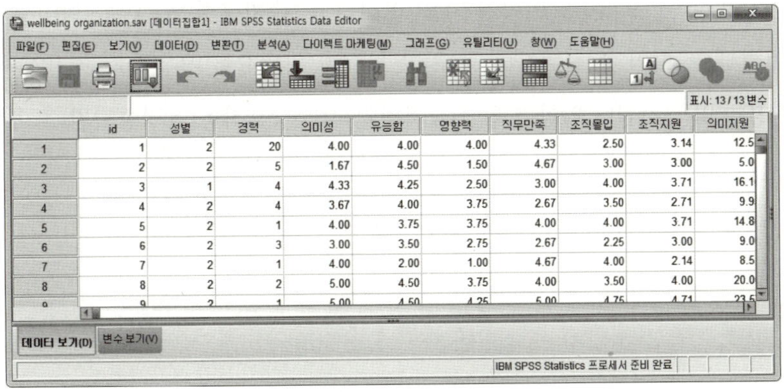

의미성(x_1)과 조직지원인식(x_2)을 곱한 상호작용항($x_1 x_2$)을 만들기 위해 다음과 같은 순서대로 클릭하면 [그림 16-3]의 '변수계산' 창이 나타난다.

변환(T) → 변수계산(C)

» 그림 16-3 **변수계산**

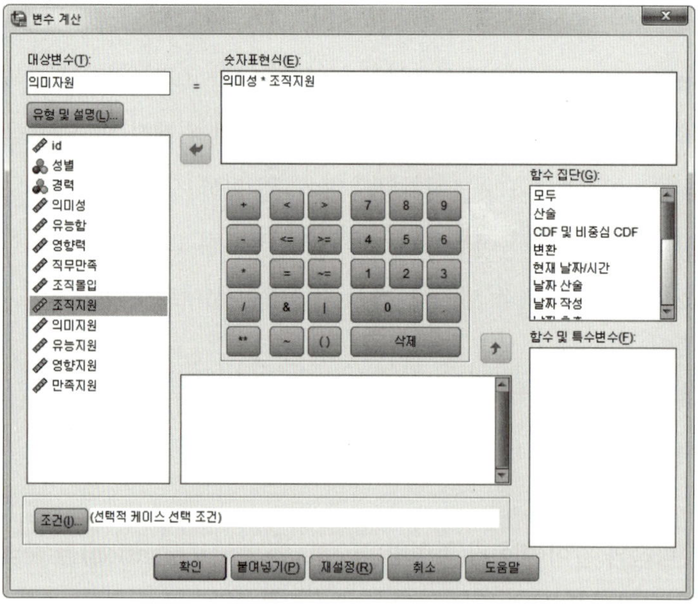

의미성과 조직지원인식의 상호작용항을 만들기 위해 '변수계산' 창에서 '대상변수(T)'에 임의의 상호작용항의 이름(의미지원)을 입력하고 '숫자표현식(E)'에 '의미성*조직지원'을 입력하고 '확인'을 클릭한다. 그리고 동일한 방법으로 유능함과 조직지원인식의 상호작용항(유능지원), 영향력과 조직지원인식의 상호작용항(영향지원)을 만들어준다.

다음은 회귀분석에서 모형 1과 2를 작성하기 위해 다음의 순서대로 실행한다.

분석(A) → 회귀분석(R) → 선형(L)

모형 1을 작성하기 위해 [그림 16-4]와 같이 '독립변수(I)'에 '의미성'과 '조직지원'을 입력하고 '종속변수(D)'에 '조직몰입'을 입력한다. 모형 2를 작성하기 위해 '다음(N)'을 클릭하고 '독립변수(I)'에 만들어 놓은 상호작용항 '의미지원'을 추가로 입력한다.

>> 그림 16-4 위계적 회귀분석 1

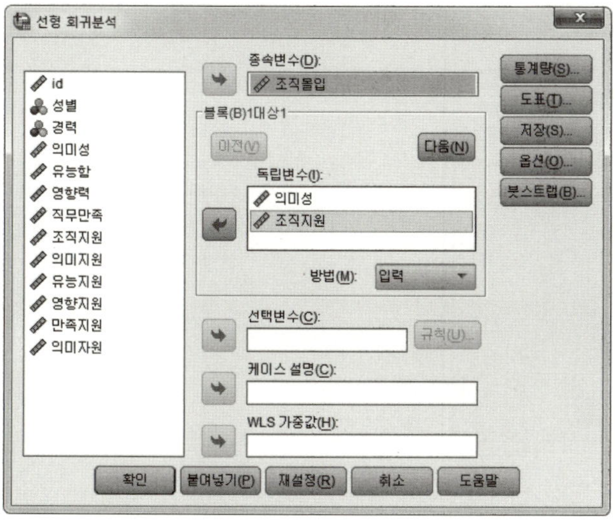

>> 그림 16-5 위계적 회귀분석 2

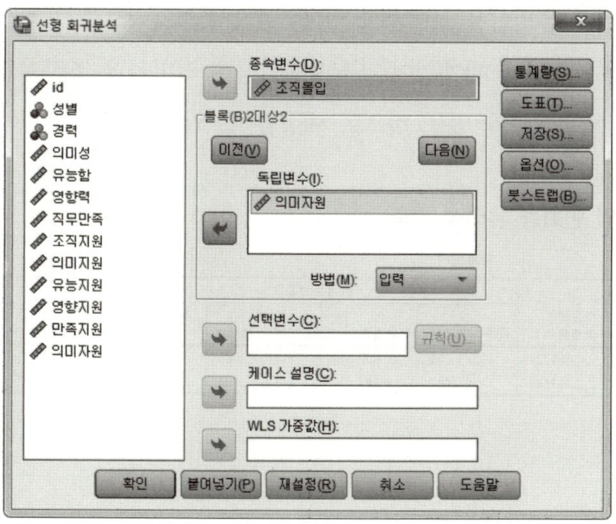

[그림 16-5]에서 $\triangle R^2$(R^2 증감)의 유의성(p값)을 검정하기 위해 좌측의 '통계량(S)'을 클릭한 후에 [그림 16-6]에서 'R제곱 변화량(S)'을 체크한 후에 '계속'과 '확인'을 클릭한다.

》그림 16-6 통계량: R제곱 변화량

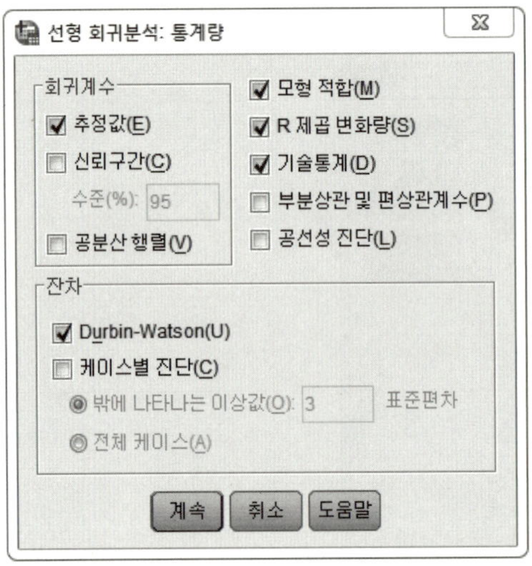

분석된 결과표를 보면 [그림 16-7]과 같다. 모형요약의 모형 2를 보면 R제곱의 변화량은 0.017, F변화량은 9.247로 나타났으며, F변화량의 유의확률은 0.003으로 나타나 유의수준 0.01에서 매우 유의함을 보여주고 있다. 여기서 일차적으로 상호작용항의 영향력의 정(+), 부(-) 방향에 관계없이 조직지원인식은 의미성과 조직지원인식 간의 관계에서 모종의 조절효과가 있을 것으로 예상할 수 있다.

》그림 16-7 모형 2의 R제곱의 변화량 유의성 검증

모형 요약[c]

					통계량 변화량					
모형	R	R 제곱	수정된 R 제곱	추정값의 표준오차	R 제곱 변화량	F 변화량	df1	df2	유의확률 F 변화량	Durbin-Watson
1	.519[a]	.269	.265	.64224	.269	70.900	2	385	.000	
2	.535[b]	.286	.281	.63547	.017	9.247	1	384	.003	1.875

a. 예측값: (상수), 조직지원, 의미성

b. 예측값: (상수), 조직지원, 의미성, 의미자원

c. 종속변수: 조직몰입

그 다음에 조절효과의 최종판단을 내리기 위해 상호작용항의 유의성과 영향력의 방향이 타당한지를 검증한다. [그림 16-8]의 분석결과를 보면 상호작용항인 '의미지원'은 t값 3.041, 유의확률 0.003으로 유의수준 0.001에서 매우 유의한 것으로 나타났으며, 표준화계수는 1.130으로 나타났다. 따라서 조직지원인식은 권한위임(Empowerment)의 하부요인인 의미성과 조직몰입 간에 유의한 조절효과가 있다고 할 수 있다. 그리고 의미성과 조직몰입 간의 조직지원인식의 조절효과를 [표 16-1]과 같이 나타낼 수 있다.

» 그림 16-8 모형 2의 상호작용항의 유의성 검증

계수[a]

모형		비표준화 계수		표준화 계수	t	유의확률
		B	표준오차	베타		
1	(상수)	.728	.224		3.248	.001
	의미성	.279	.061	.234	4.570	.000
	조직지원	.423	.061	.355	6.927	.000
2	(상수)	3.462	.926		3.738	.000
	의미성	-.434	.242	-.364	-1.792	.074
	조직지원	-.392	.275	-.329	-1.427	.154
	의미지원	.209	.069	1.130	3.041	.003

a. 종속변수: 조직몰입

▌표 16-1 ▌조절회귀분석을 통한 조절효과 검증 결과표

가설	변수	모형 1				모형 2				$\triangle R^2$	F값	p값	판정
		비표준화 계수	표준화 계수	t값	p값	비표준화 계수	표준화 계수	t값	p값				
H1.1	상수항	0.728	-	3.248	0.001	3.462	-	3.738	0.000	0.017	9.247	0.003	채택
	의미성	0.279	0.234	4.570	0.000	-0.434	-0.364	-1.729	0.074				
	조직지원	0.423	0.355	6.927	0.000	-0.392	-0.329	-1.427	0.154				
	의미성*조직지원	-	-	-	-	0.209	1.130	3.041	0.003				

주: 종속변수: 조직몰입

분석결과로부터 현재까지 의미성과 조직몰입 간의 조직지원인식의 조절효과가 있다는 것을 알았다. 그렇다면 구체적으로 조직지원의 변화에 따라 의미성과 조직몰입 간의 인과관계(영향력)가 어떻게 달라지는지를 추가분석을 통해 밝혀야 할 것이다. 추가분석은 비유하자면 마치 분산분석의 사후분석과 유사한 개념이라고 할 수 있다.

추가분석방법은 다음의 순으로 이루어진다. 1단계로, 먼저 조직지원인식의 평균을 구한다. 2단계로, 평균을 기준으로 조직지원인식이 높은 그룹에서 회귀식을 구한다. 3단계로, 평균을 기준으로 조직지원인식이 낮은 그룹에서 회귀식을 구한다. 4단계로, XY평면에 두 집단의 회귀식을 함께 도식화하고 기울기를 비교하고 결과를 해석한다. 단계별로 하나씩 풀어보고자 한다.

① 1단계로, 먼저 조직지원인식의 평균을 구한다.

'조직지원인식의 평균값'을 추출하기 위해서 '분석(A) → 기술통계량(E) → 기술통계(D)'의 순서대로 클릭하면 [그림 16-9]처럼 '기술통계' 창이 나타난다.

≫ 그림 16-9 기술통계

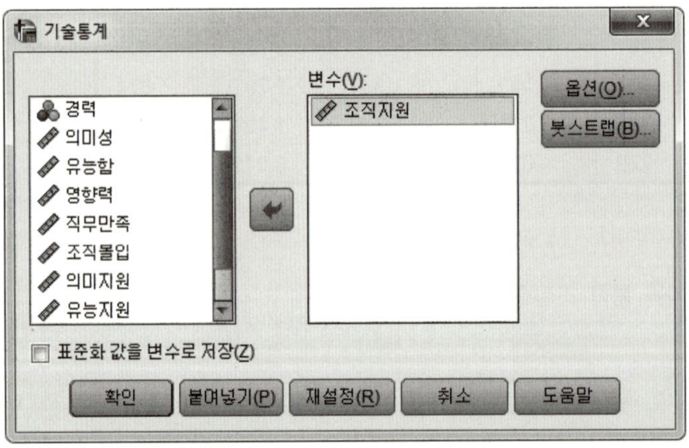

그리고 변수 '조직지원'을 '변수(V)'로 이동하여 입력한 후에 '확인'을 클릭하면 [그림 16-10]의 결과가 나타난다. 분석결과 평균은 3.48로 나타났으며 이를 집단구분의 기준값으로 하여 '높은 집단'과 '낮은 집단'으로 구분한다.

» 그림 16-10 기술통계량

기술통계량

	N	최소값	최대값	평균	표준편차
조직지원	388	1.00	5.00	3.4867	.62947
유효수 (목록별)	388				

② 2단계로, 평균을 기준으로 조직지원인식이 높은 그룹에서 회귀식을 구한다.

먼저 '높은 조직지원인식 집단'을 추출하기 위해서 '데이터(D) → 케이스 선택(S)'을 순서대로 클릭하면 '케이스 선택' 창이 나타난다.

[그림 16-11]의 '케이스 선택' 창의 '선택'에서 '조건을 만족하는 케이스(C)'를 선택하고 '조건'을 클릭하면 다음 [그림 16-12]와 같은 '케이스 선택: 조건' 창이 뜬다. 앞에서 산출된 조직지원인식의 평균값인 3.48을 집단구분의 기준값으로 하였기에 입력창 [그림 16-12]처럼 '조직지원>=3.48'을 입력하고 '계속'을 클릭한다.

» 그림 16-11 케이스 선택

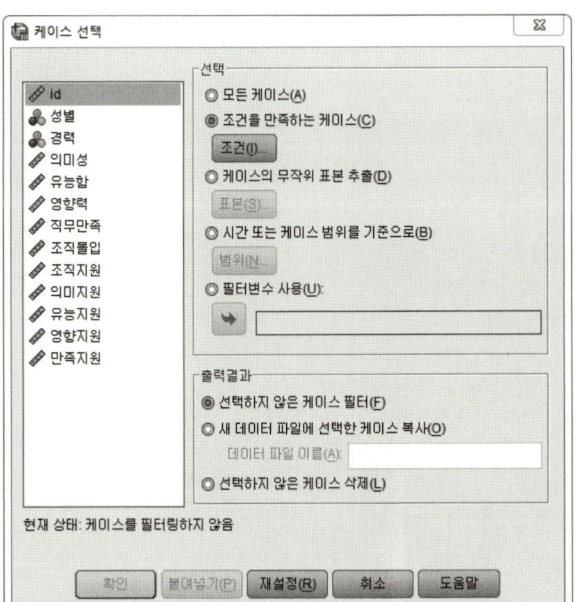

≫ 그림 16–12 케이스 선택: 조건

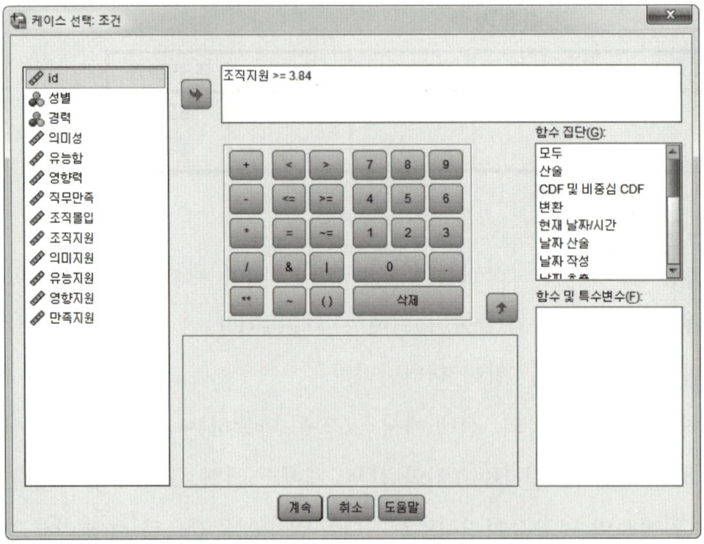

[그림 16−13]의 '케이스 선택' 창의 출력결과에서 '선택하지 않은 케이스 필터(F)'를 선택하고 '확인'을 클릭한다.

≫ 그림 16–13 케이스 선택

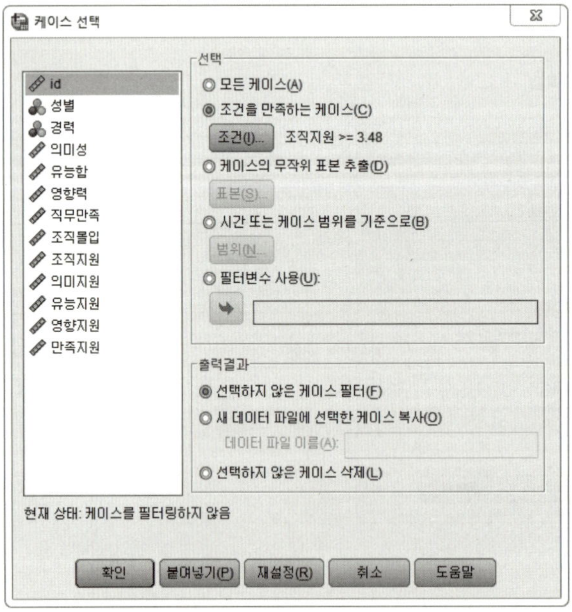

데이터를 확인해보면 [그림 16-14]처럼 조직지원인식이 낮은 데이터는 비활성화되고 조직지원인식이 높은 데이터만 활성화되어 있다.

>> 그림 16-14 조직지원인식이 높은 데이터(필터링된 데이터)

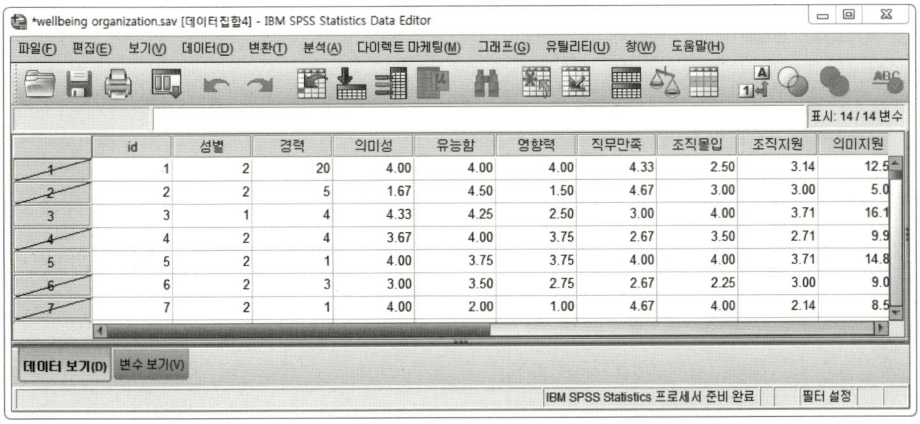

회귀분석을 수행하기 위해서 상단의 툴바에서 '분석(A) → 회귀분석(R) → 선형(L)'을 클릭하면 [그림 16-15]의 '선형회귀분석' 창이 나타난다. '종속변수(D)' 조직몰입을 입력하고 '독립변수(I)'에 의미성을 입력한다.

>> 그림 16-15 선형회귀분석

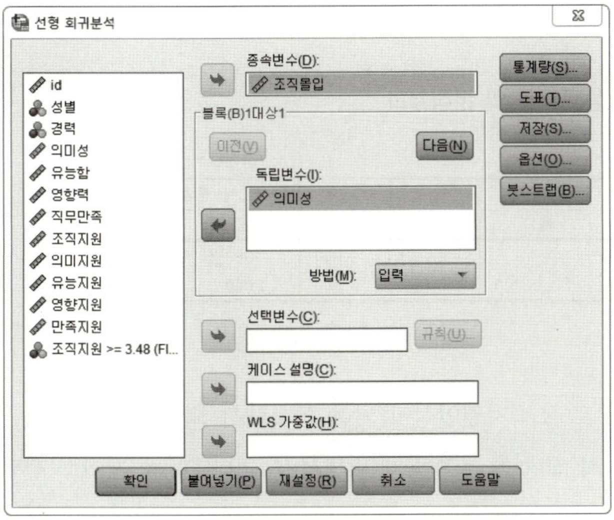

입력창의 '통계량(S)'을 클릭하고 [그림 16-16]의 창이 나타나면 기본옵션과 함께 필요한 옵션을 추가로 선택한다. 그리고 '계속'을 클릭한다.

≫ 그림 16-16 선형회귀분석: 통계량

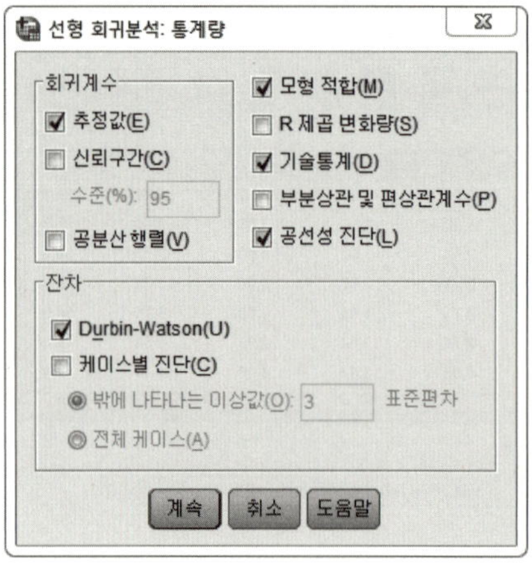

[그림 16-15]의 선형회귀분석 창에서 '확인'을 클릭하면 [그림 16-17]의 분석결과가 나타난다. 분석결과를 통하여 다음의 조직지원인식이 높은 집단의 회귀식을 작성하였다.

$$\hat{Y} = 1.454 + 0.522X_1$$

≫ 그림 16-17 조직지원인식이 높은 집단의 분석결과

계수[a]

모형		비표준화 계수		표준화 계수	t	유의확률	공선성 통계량	
		B	표준오차	베타			공차	VIF
1	(상수)	1.454	.363		4.007	.000		
	의미성	.522	.086	.403	6.108	.000	1.000	1.000

a. 종속변수: 조직몰입

③ 3단계로, 평균을 기준으로 조직지원인식이 낮은 그룹에서 회귀식을 구한다.

이번에는 '낮은 조직지원인식 집단'을 추출하기 위해서 '데이터(D) → 케이스 선택(S)'을 순서대로 클릭하면 '케이스 선택' 창이 나타난다.

[그림 16-18]의 ‘케이스 선택’ 창의 ‘선택’에서 ‘조건을 만족하는 케이스(C)’를 선택하고 ‘조건’을 클릭하면 [그림 16-19]의 ‘케이스 선택: 조건’ 창이 뜬다. 이번에는 입력창 [그림 16-18]에 ‘조직지원<3.48’을 수정 입력하고 ‘계속’을 클릭한다.

≫ 그림 16-18 케이스 선택

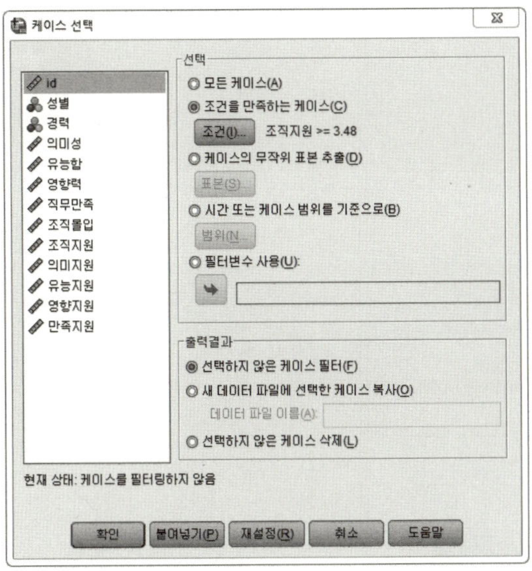

≫ 그림 16-19 케이스 선택: 조건

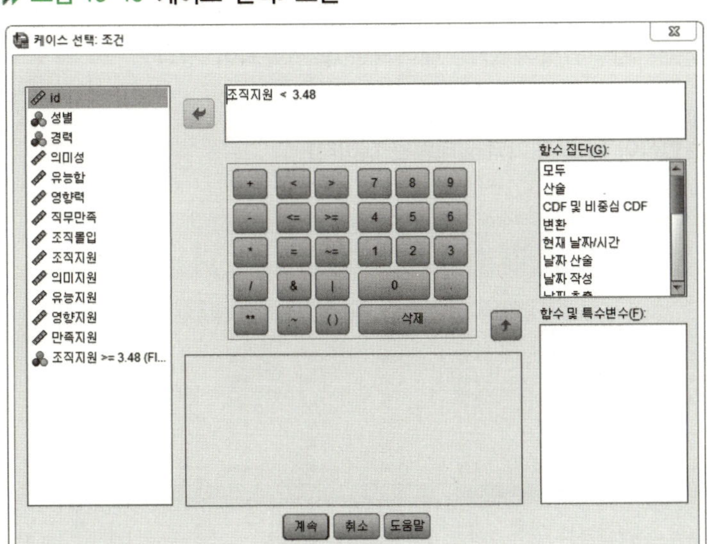

[그림 16-20]의 '케이스 선택' 창의 출력결과에서 '선택하지 않은 케이스 필터(F)'를 선택하고 '확인'을 클릭한다.

그림 16-20 케이스 선택

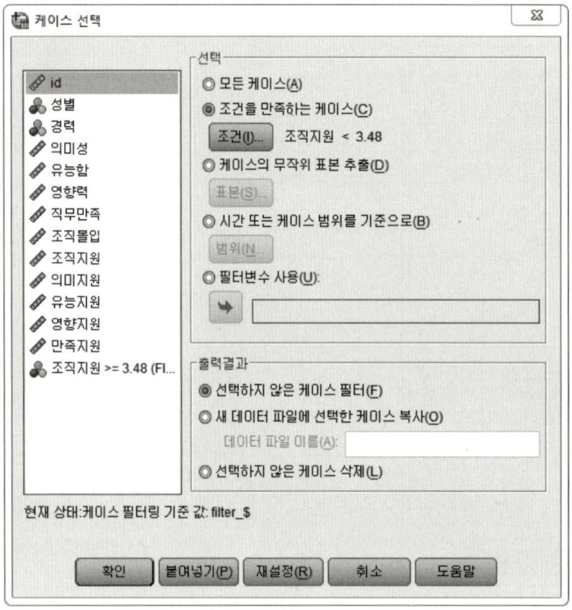

데이터를 확인해보면 이전과는 반대로 [그림 16-21]처럼 조직지원인식이 높은 데이터는 비활성화되고 조직지원인식이 낮은 데이터만 활성화되어 있다.

그림 16-21 조직지원인식이 낮은 데이터(필터링된 데이터)

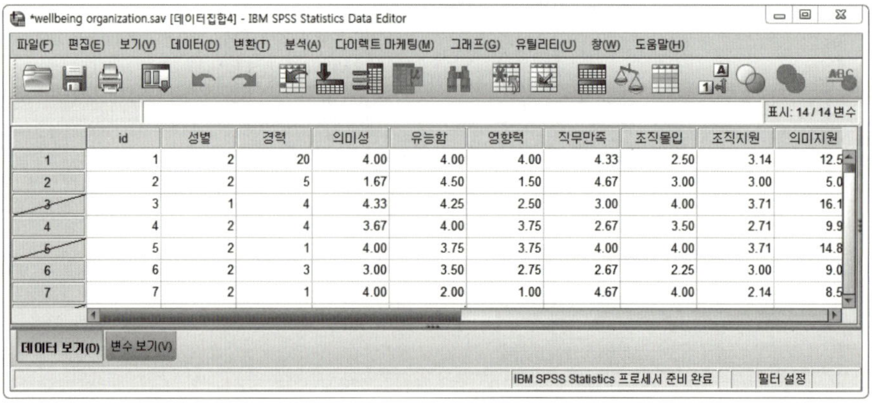

회귀분석을 수행하기 위해서 상단의 툴바에서 '분석(A) → 회귀분석(R) → 선형(L)'을 클릭하면 [그림 16-22]의 선형회귀분석창이 나타난다. 이전과 동일하게 입력되어 있다.

» 그림 16-22 선형회귀분석

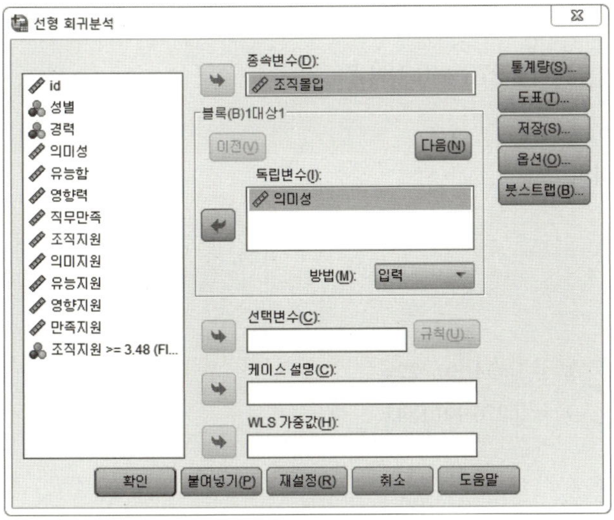

[그림 16-22]의 선형회귀분석 창에서 '확인'을 클릭하면 [그림 16-23]의 분석결과가 나타난다. 분석결과를 통하여 다음의 조직지원인식이 낮은 집단의 회귀식을 작성하였다.

$$\hat{Y} = 2.276 + 0.184X_1$$

» 그림 16-23 조직지원인식이 낮은 집단의 분석결과

계수[a]

모형		비표준화 계수		표준화 계수	t	유의확률	공선성 통계량	
		B	표준오차	베타			공차	VIF
1	(상수)	2.276	.283		8.053	.000		
	의미성	.184	.076	.172	2.424	.016	1.000	1.000

a. 종속변수: 조직몰입

④ 4단계로, XY평면에 두 집단의 회귀식을 함께 도식화하고 기울기를 비교하고 결과를 해석한다.

조직지원인식이 높은 집단과 낮은 집단의 회귀식을 다음과 같이 작성하고, [그림 16-24]처럼 XY평면에 그리고 도식화하였다.

조직지원인식이 높은 집단 $\hat{Y} = 1.454 + 0.522X_1$

조직지원인식이 낮은 집단 $\hat{Y} = 2.276 + 0.184X_1$

» 그림 16-24 **두 집단의 회귀식의 비교**

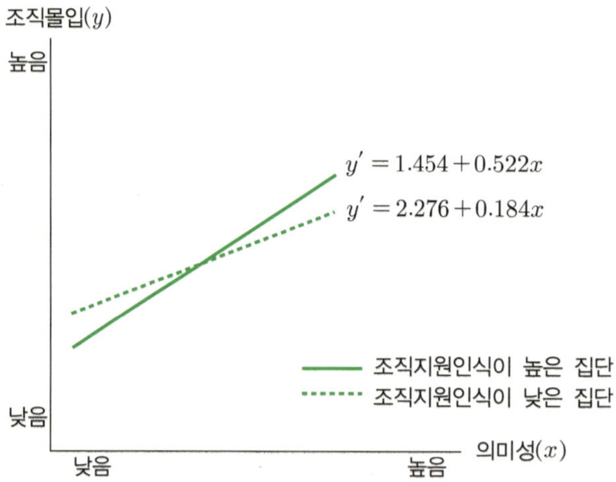

분석결과를 통하여 '의미성이 조직몰입에 미치는 영향력은 조직지원인식이 높은 집단에서 더 큰 것으로 나타났다'라고 해석할 수 있다.

이와 동일한 방법으로 나머지 유능함과 조직지원인식의 상호작용항(유능지원), 영향력과 조직지원인식의 상호작용항(영향지원)을 활용하여 유능함과 조직몰입, 영향력과 조직몰입 간의 인과관계에서 조직지원인식의 조절효과를 통계적으로 검증할 수 있다. 그리고 분석결과를 표와 그림으로 표현하고 해석할 수 있다.

다음 장에서는 다집단비교 구조방정식모형 분석의 적용과 기법에 대해 알아보기로 한다.

17 조절효과(2): 다집단비교 구조방정식모형분석

제 1 절 다집단비교 구조방정식모형

1.1 다집단비교 구조방정식모형분석의 의의

조직지원인식이 높은 집단과 낮은 집단 간의 권한위임과 조직몰입 간의 인과관계의 상대적 영향력의 차이를 검증하기 위해 '다집단비교 구조방정식모형(multi-group SEM)분석'을 이용한다. 이를 위해서 둥지카이모델(nested chi model)을 이용하여 개별집단의 경로계수를 비교한다.

다집단비교 구조방정식모형분석의 목적은 비교집단에 따라 가설의 경로계수(회귀계수)가 차이가 있는지를 가리는 것이다. 이를 검증하기 위해 먼저 비교집단의 특정 경로를 동일한 값을 갖도록 제약하였고, 그 다음에 이 경로를 자유롭게 평가한다. 자유도에 관해서 제약모형과 비제약모형 간의 카이스퀘어(χ^2)의 유의하지 않은 차이는 두 개 집단에서 동일한 경로계수를 가진다고 추측할 수 있다. 반대로 유의한 차이는 적어도 특정 경로의 계수가 두 개 집단에서 통계적으로 유의한 차이를 보이고 있음을 암시하는 것이다. 그래서 두 개 집단 간의 차이를 발견하기 위해 대응 비교를 실시한다. 읽다보면 이해가 쉽지 않을 것이다. 어려운 개념이므로 피상적인 이해에 만족하고 분석기법의 활용에 조금 더 집중하길 바란다.

1.2 다집단비교 구조방정식모형분석의 절차

먼저 1단계로 조직지원인식 수준이 높은 집단과 낮은 집단을 분리한 후에 AMOS

를 활용하여 각각 독립적인 인과관계분석(경로분석)을 실시한다. 2단계로는 두 집단 간의 경로를 비교하는 다집단비교 구조방정식모형분석을 실시한다. 특히 2단계에서는 조직지원인식이 높은 집단과 낮은 집단 간의 인과관계 상의 영향력 차이를 정확히 파악하기 위해 둥지카이제곱검정(nested chi-square analysis)을 이용한 다집단비교 구조방정식모형(multi-group SEM)분석을 실시한다. 둥지모형은 기본적으로 동일한 구조를 갖는 큰 모형과 작은 모형이 있는 경우에 작은 모형은 큰 모형의 둥지(nest) 안에 있게 된다. 다시 말하면 집단비교를 시행할 때 자유도가 줄어든 추가모형, 즉 제약모형은 기초모형 안에 둥지를 틀고 있게 된다. 여기서 둥지적합도 검정에서 두 경로계수의 차이를 검정할 수 있다(Bagozzi, 1994).

다집단비교 구조방정식모형분석은 2개 집단비교인 경우(2개 이상의 집단비교도 가능함)에 비제약모형과 제약모형의 비교로서 이루어진다. 이때 제약모형은 특정 경로에서 2개의 집단의 경로계수가 동일하다고 제한되어지기 때문에 비제약모형에 비해 자유도가 하나 적어지게 된다. 따라서 2개 집단의 자유도의 차이는 1이 되고 이때 카이제곱의 임계치는 3.84가 된다. 따라서 카이제곱통계량이 3.84보다 작게 되면 차이가 없고, 3.84보다 크면 차이가 있다고 결론을 내린다(Bagozzi, 1994). 그러나 본 분석에서는 카이제곱의 임계치보다는 AMOS를 활용하여 유의확률(p값)과 유의수준(α)을 비교하여 판정한다.

제 2 절 SPSS 및 AMOS 분석: 다집단비교 구조방정식모형(multi-group SEM) 분석

예제 17-1

앞의 [예제 16-1]의 데이터를 사용하여 조직지원인식이 높은 집단과 낮은 집단 간에 권한위임과 조직몰입 간의 관계의 영향력의 차이를 검증하라. 본 문제에서 제시되는 연구모형은 [그림 17-1]과 같다.

☞ 데이터는 저자 블로그에서 제공, 파일명: wellbeing organization

» 그림 17-1 연구모형의 비교

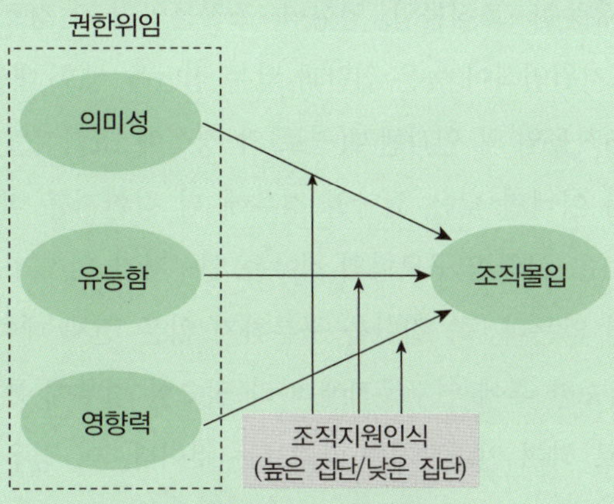

[예제 17-1]의 연구모형

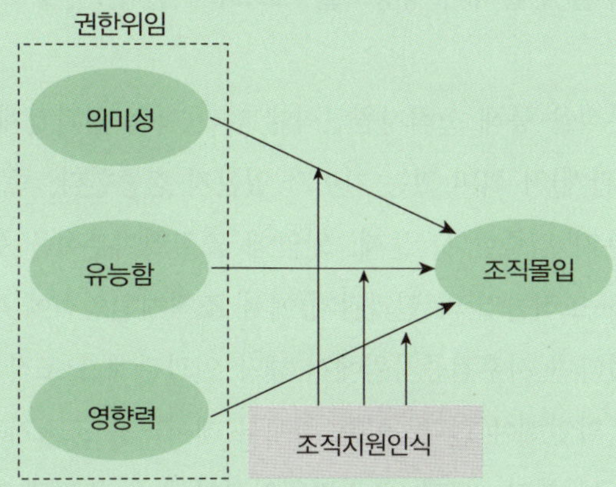

[예제 16-1]의 연구모형

본 [예제 17-1]의 연구모형은 이전의 [예제 16-1]의 연구모형과는 약간의 차이가 있으며 이것을 설명하면 다음과 같다.

[예제 17-1]의 연구모형의 경우는 연구의 기본전제가 집단의 구분(조직지원인식이 높은 집단과 낮은 집단)이 연구모형의 모든 인과관계 비교에 의미가 있다고 보는 것이다. 즉 구분된 집단에 따라 모든 인과관계가 차이가 있다는 전제에서 출발한다. 이 경우에 '다집단비교 구조방정식모형(multi-group SEM)분석'을 사용하게 되며 진행 프로세스를 정리하면 다음과 같다.

첫째, 전체 데이터를 조직지원인식이 높은 집단과 낮은 집단으로 분리한다. 둘째, 의미성-조직몰입, 유능함-조직몰입, 영향력-조직몰입의 각 경로별 인과관계에서 영향력의 크기를 조직지원인식이 높은 집단과 낮은 집단을 상호 대응하여 비교한다. 예를 들어 '의미성-조직몰입'의 인과관계(경로)의 경우에 조직지원인식이 높은 집단이 영향력이 더 강한지 아니면 낮은 집단일 경우에 더 강한지를 비교한다.

이에 반해 [예제 16-1]의 연구모형의 경우는 연구자가 의미가 있다고 생각하는 집단으로 먼저 나누지 않는다. 즉 집단을 구분하지 않은 전체 데이터에서 연구모형의 인과관계를 먼저 검증한 후에 연구목적에 따라 필요할 경우에 특정 경로에서 조직지원인식을 조절변수로 하여 인과관계를 따져보는 것이다. 이 경우에는 '조절회귀분석'을 사용하게 되며 조절효과가 발견되면 비로소 집단을 구분하고 집단별(높은 집단과 낮은 집단) 회귀계수를 산출하여 영향력을 비교하게 된다. 진행 프로세스를 정리하면 다음과 같다.

첫째, 조절회귀분석을 통해 조직지원인식에 따라 특정 인과관계(예를 들어 '의미성-조직몰입'의 인과관계)가 의미 있는 차이가 있는지 검증한다. 즉 조직지원인식에 따른 조절효과가 있는지 검증한다. 둘째, 만약에 조절회귀분석을 통해 특정 인과관계(예를 들어 '의미성-조직몰입'의 인과관계)에서 조직지원인식에 따른 조절효과가 있다는 것이 발견되었다면 사후검증차원에서 해당 인과관계가 조직지원인식에 따라 차이가 발생하는지를 확인해야 한다. 이를 위해서 데이터를 조직지원인식이 높은 집단과 낮은 집단으로 구분한다. 셋째, 조직지원인식이 높은 집단과 낮은 집단의 각각의 회귀식을 구한 후에 회귀계수 크기(기울기)를 비교하여 종합적으로 판단하여 결론을 내린다.

본론으로 돌아가서 [예제 17-1]의 풀이를 하면 다음과 같다. 앞에서 이야기한 것처럼 '다집단비교 구조방정식모형(Multi-group SEM)분석'을 사용한다. 연구모형으로부터 다음의 가설이 제시된다.

가설 1: 조직지원인식의 높고 낮음에 따라 권한위임과 조직몰입 간의 관계는 차이가 있을 것이다.

가설 1.1: 조직지원인식의 높고 낮음에 따라 의미성과 조직몰입 간의 관계는 차이가 있을 것이다.

가설 1.2: 조직지원인식의 높고 낮음에 따라 유능함과 조직몰입 간의 관계는 차이가 있을 것이다.

가설 1.3: 조직지원인식의 높고 낮음에 따라 영향력과 조직몰입 간의 관계는 차이가 있을 것이다.

조직지원인식이 높은 집단과 낮은 집단 간의 권한위임과 조직몰입 간의 인과관계의 차이를 검증하기 위해서는 먼저 데이터를 조직지원인식이 높은 집단(high group)과 낮은 집단(low group)으로 구분해야 한다.

참고로 집단 구분의 기준은 타당성을 입증할 수 있는 범위 내에서 제시되어야 하며 일반적으로 평균값이 가장 합리적이다. 따라서 본 분석에서 조직지원인식은 양적척도(등간척도)로 구성되어 있기에 이를 질적척도(명목척도)인 집단으로 범주화하기 위해서 조직지원인식의 평균값을 구한 후에 이를 기준으로 하여 조직지원인식이 높은 집단과 낮은 집단으로 구분하고 각 데이터를 분리하여 저장할 것이다.

본 자료에서 조직지원인식의 평균값을 구하기 위해 SPSS를 열고 데이터(wellbeing organization)를 불러들이면 [그림 17-2]의 '데이터보기(D)' 창이 나타난다. 데이터 내에 변수이름이 이미 포함되어 있기 때문에 별도의 변수이름 입력 작업은 필요하지 않은 상황이다.

» 그림 17-2 **데이터보기(D) 창**

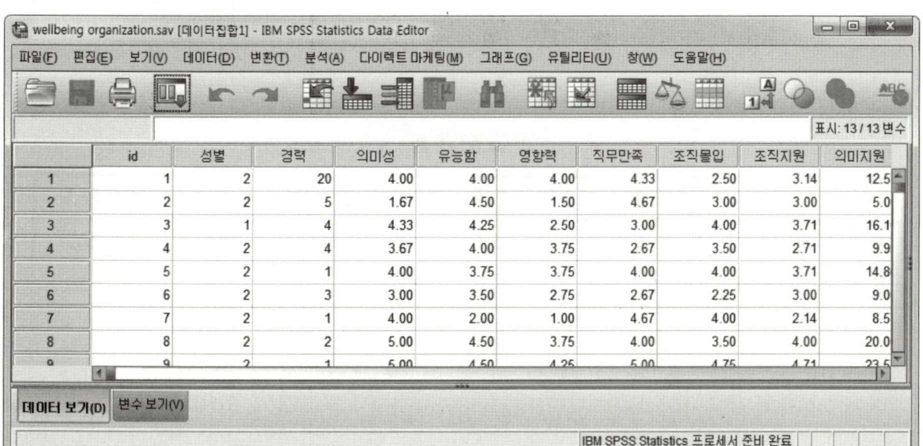

그리고 '조직지원인식의 평균값'을 추출하기 위해서 다음과 같은 순서대로 클릭하면 [그림 17-3]처럼 '기술통계' 창이 나타난다.

분석(A) → 기술통계량(E) → 기술통계(D)

그림 17-3 기술통계

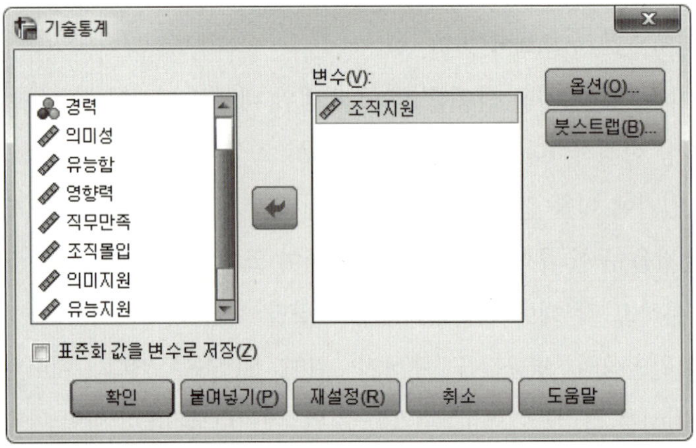

그리고 변수 '조직지원'을 '변수(V)'로 이동하여 입력한 후에 '확인'을 클릭하면 [그림 17-4]의 결과가 나타난다. 분석결과, 평균은 3.48로 나타났다. 평균값 3.48을 기준으로 하여 'high group'과 'low group'으로 구분한 후에 저장할 것이다.

그림 17-4 기술통계량

기술통계량

	N	최소값	최대값	평균	표준편차
조직지원	388	1.00	5.00	3.4867	.62947
유효수 (목록별)	388				

먼저 '조직지원인식이 높은 집단(high group)'을 추출하기 위해서 다음과 같은 순서대로 클릭하면 '케이스 선택' 창이 나타난다.

데이터(D) → 케이스 선택(S)

[그림 17-5]의 '케이스 선택' 창의 '선택'에서 '조건을 만족하는 케이스(C)'를 선택하고 '조건'을 클릭하면 [그림 17-6]과 같은 '케이스 선택: 조건' 창이 뜬다. 앞에서 산출된 조직지원인식의 평균값인 3.48을 집단구분의 기준값으로 하였기에 입력창에 '조직지원>=3.48'을 입력하고 '계속'을 클릭한다.

» 그림 17-5 케이스 선택

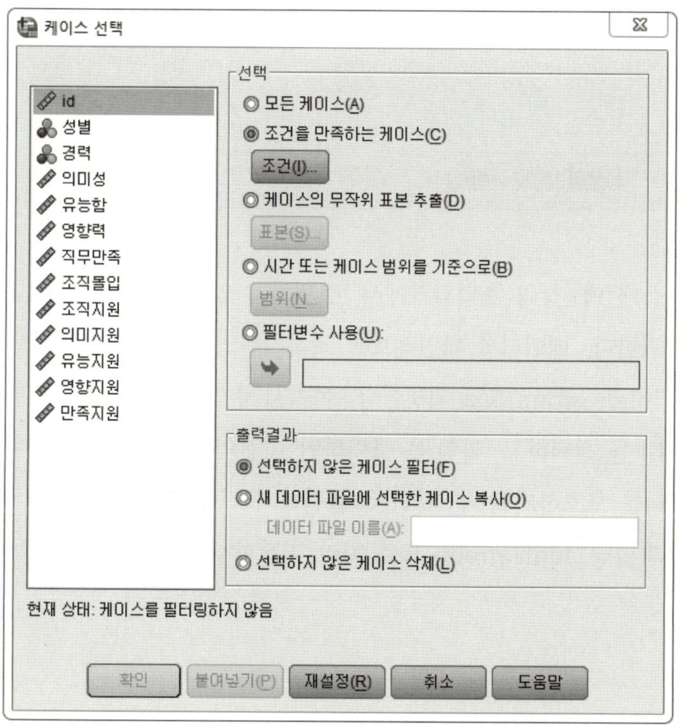

≫ 그림 17-6 케이스 선택: 조건

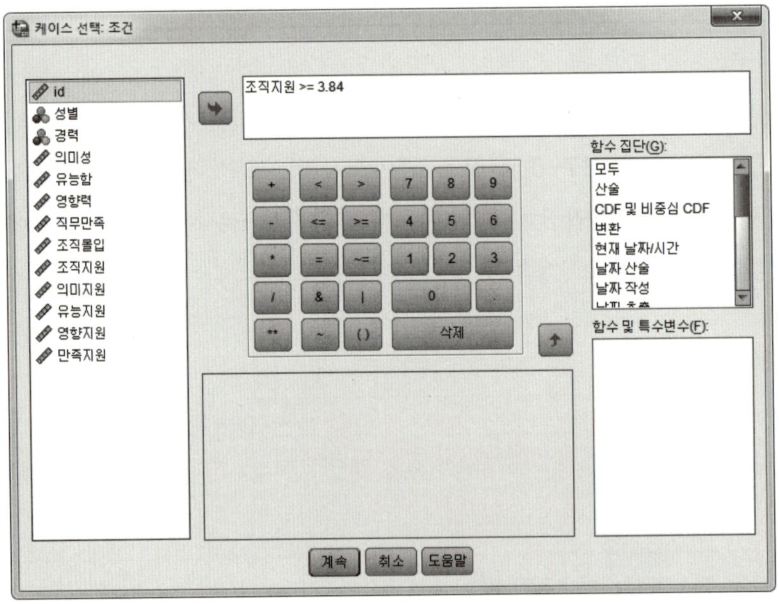

[그림 17-7]의 '케이스 선택' 창의 출력결과에서 '선택하지 않은 케이스 삭제(L)'를 선택하고 '확인'을 클릭한다. 데이터를 확인해보면 조직지원인식이 높은 데이터만 남게 된다. 이를 파일명 'high group'으로 저장한다. 여기서 주의할 것은 일단 '선택하지 않은 케이스 삭제(L)'를 선택하고 '확인'을 클릭하면 이전의 원데이터로 복원할 수 없다. 따라서 원데이터를 보호하기 위해 '확인'을 클릭하기 전에 '파일(F)'의 '다른 이름으로 저장(A)'에서 파일명 'high group'으로 미리 저장할 것을 권한다.

» 그림 17-7 **케이스 선택**

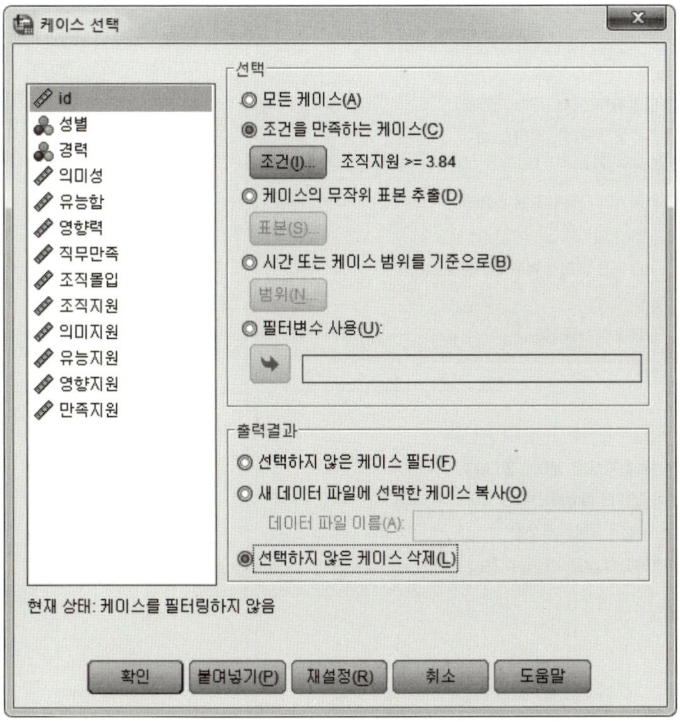

'조직지원인식이 낮은 집단(low group)'을 추출하기 위해 이전과 동일한 방법으로 다음의 작업을 수행한다. 원데이터(wellbeing organization)를 불러오고 다음의 순서대로 클릭하면 [그림 17-8]처럼 '케이스 선택' 창이 나타난다.

데이터(D) → 케이스 선택(S)

>> 그림 17-8 **케이스 선택**

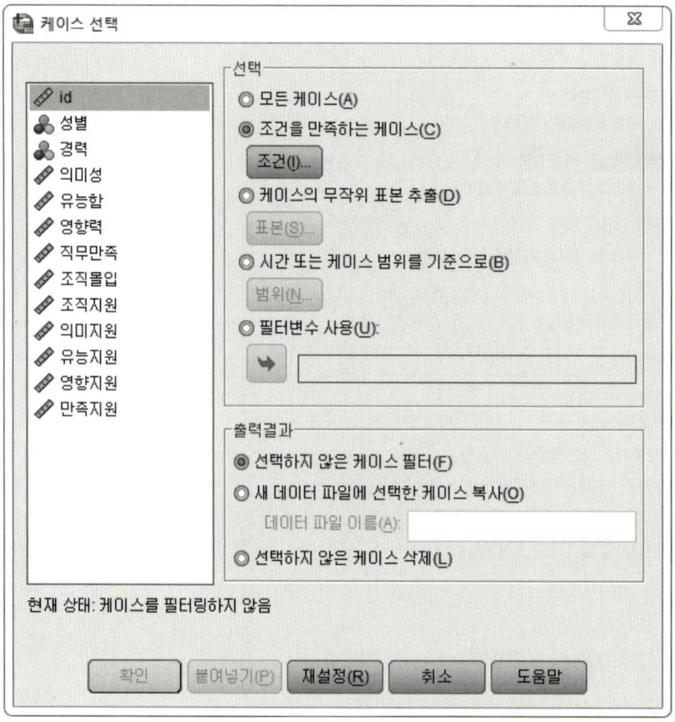

'케이스 선택' 창의 '선택'에서 '조건을 만족하는 케이스(C)'를 선택하고 '조건'을 클릭하면 [그림 17-9]처럼 '케이스 선택: 조건' 창이 뜬다. 입력창에 '조직지원<3.48'을 입력하고 '계속'을 클릭한다.

>> 그림 17-9 **케이스 선택: 조건**

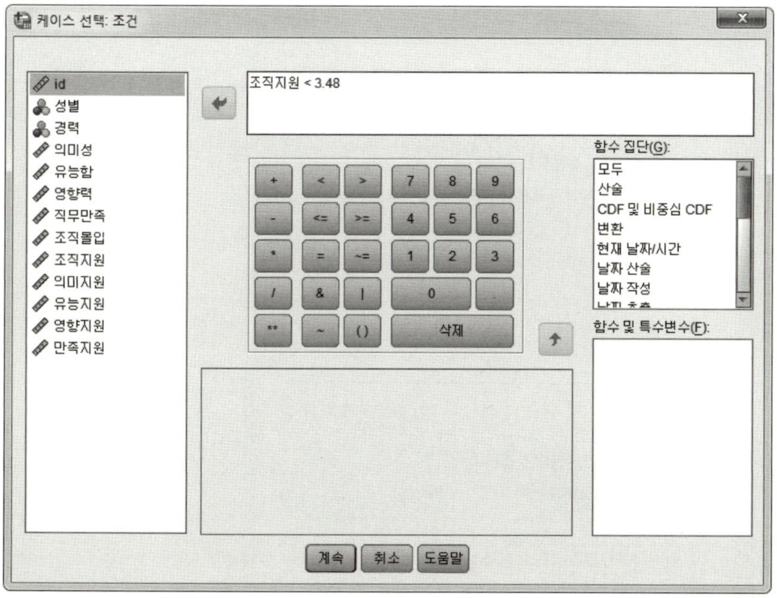

[그림 17-10]의 '케이스 선택' 창의 출력결과에서 '선택하지 않은 케이스 삭제(L)'를 선택하고 '확인'을 클릭한다. 데이터를 확인해보면 조직지원인식이 낮은 데이터만 남아있게 된다. 이를 파일명 'low group'으로 저장한다. 일단 '선택하지 않은 케이스 삭제(L)'를 선택하고 '확인'을 클릭하면 이전의 원데이터로 복원할 수 없기 때문에 원데이터를 보호하기 위해 '확인'을 클릭하기 전에 미리 '파일(F)'의 '다른 이름으로 저장(A)'에서 파일명 'low group'으로 미리 저장할 것을 권한다.

≫ 그림 17-10 케이스 선택

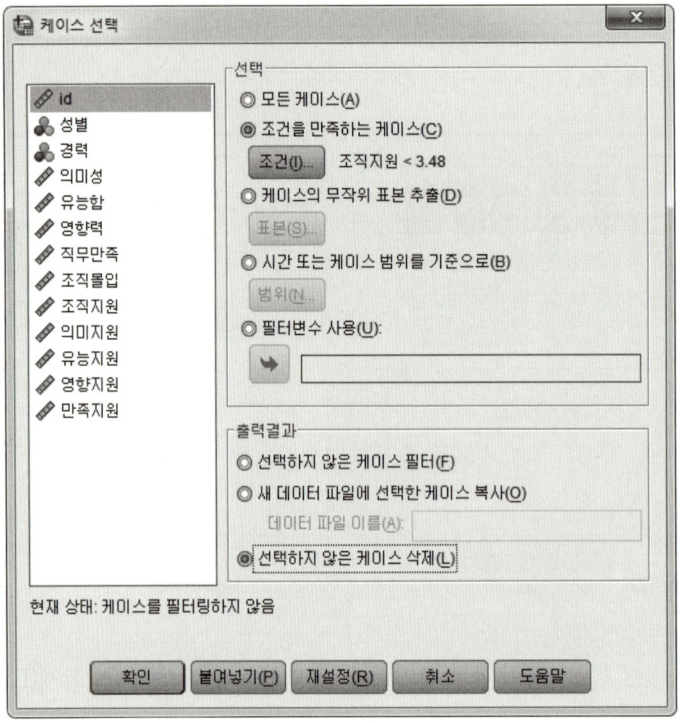

다집단비교 구조방정식모형(multi-group SEM)분석을 실시하기 위해 먼저 AMOS를 실행한다. AMOS를 실행하고 데이터를 불러들이기 전에 각 집단의 데이터를 불러오기 위한 사전 작업을 해야 한다. 먼저 화면 좌측의 'Group number 1'을 더블클릭하면 [그림 17-11]과 같이 창이 나타난다. 여기서 'Group number 1'을 삭제하고 대신에 'high group'을 입력한다. 그리고 'New'를 클릭하면 'Group number 2'가 나타난다. 이를 삭제하고 'low group'을 입력하고 'Close'를 클릭한다. 그러면 [그림 17-12]처럼 화면 좌측에 'high group'과 'low group'이 표시된다.

>> 그림 17-11 Group Name 입력

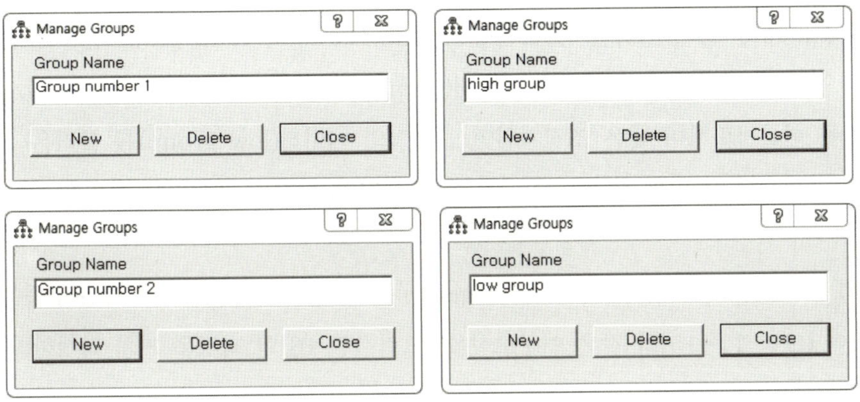

>> 그림 17-12 Group Name 표시

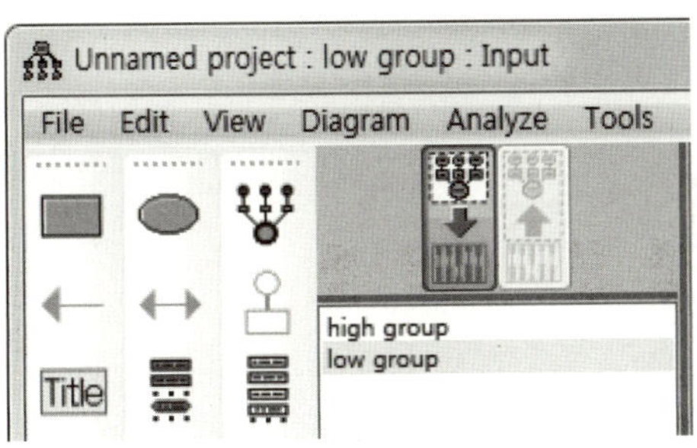

>> 그림 17-13 Data File

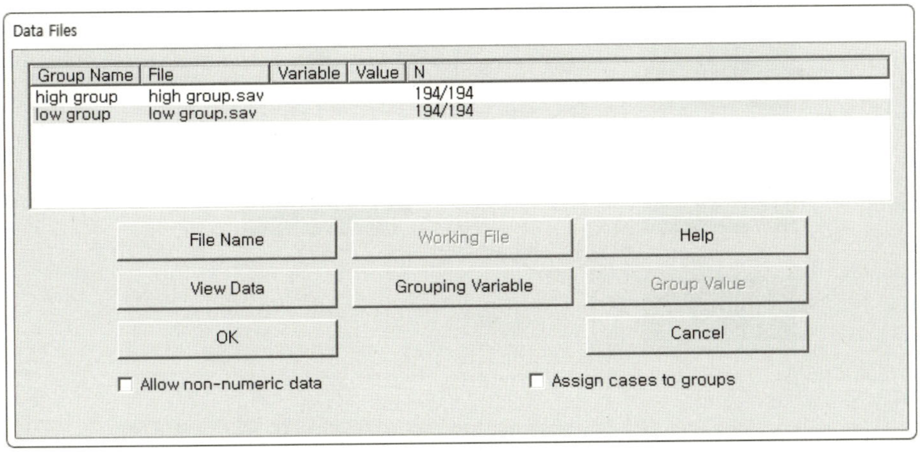

화면 상단의 메뉴에서 'File → Data File'을 순차적으로 클릭하면 [그림 17-13]처럼 'Data File' 창이 나타난다. 여기서 'Group Name'의 'high group'을 더블클릭하여 높은 조직지원인식 집단의 데이터(high group)를 불러온다. 그리고 'low group'을 더블클릭하여 낮은 조직지원인식 집단의 데이터(low group)를 불러온다. 그리고 'Data File' 창에서 'File Name'을 클릭하여 각각의 데이터를 불러올 수도 있다.

[그림 17-14]처럼 화면 좌측의 'high group'을 클릭하고 화면에 좌측의 도구들을 이용하여 [그림 17-15]와 같은 연구모형을 [그림 17-16]의 과정을 거처 작성한다. 이 그림은 '조직지원인식이 높은 집단'에 해당하는 연구모형이 된다.

» 그림 17-14 Group Name

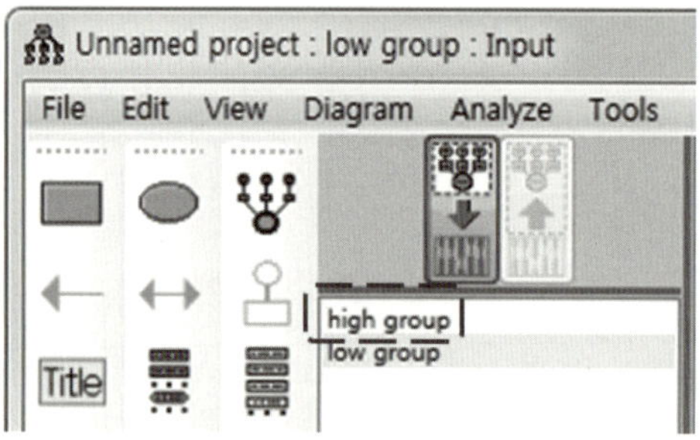

» 그림 17-15 높은 조직지원인식 집단(high group)의 연구모형

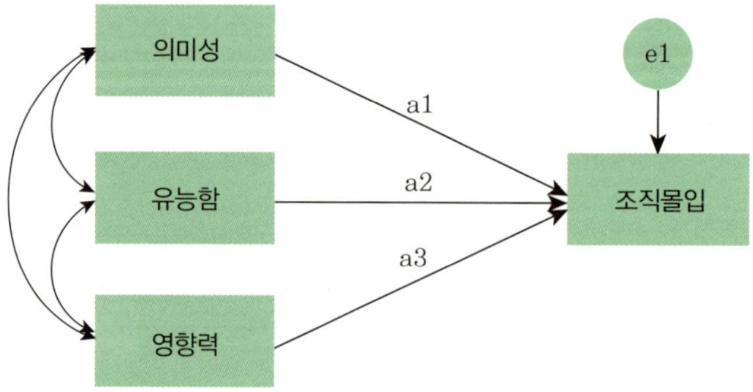

» 그림 17-16 **연구모형 작성과 Object Properties**

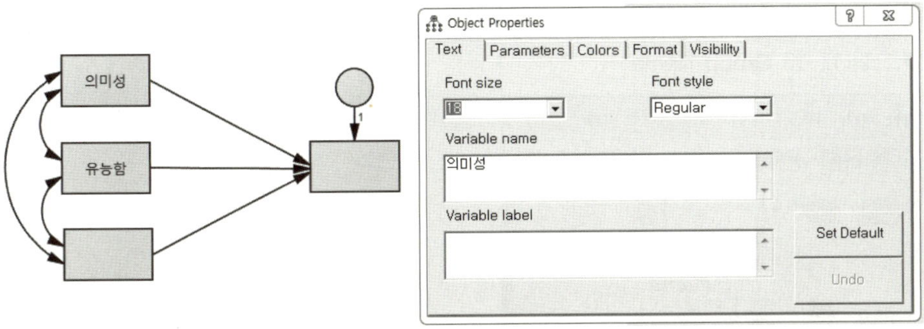

그리고 화면에 있는 도구들을 이용하여 [그림 17-17]과 같이 high group의 연구모형을 그리고 a1, a2, a3의 경로를 입력하여 지정해주어야 한다. 먼저 '의미성-조직몰입' 간의 경로인 'a1'을 입력하여 지정하기 위해서 연구모형의 '의미성-조직몰입' 간의 경로직선 위를 클릭한다. 그러면 'Object Properties' 창이 나타나고 창의 'Regression weight'(경로계수 또는 회귀계수)에 'a1'을 입력한다. 이때 주의할 점은 'Object Properties' 창에 있는 'All groups'를 체크하면 안 된다. 이것을 체크하게 되면 차후에 low group의 연구모형을 그리고 '의미성-조직몰입' 간의 경로에 'b1'을 입력하여 지정할 때 'b1'으로 입력되지 않고 자동으로 'a1'으로 입력된다. 동일한 방법으로 나머지 a2, a3의 경로를 입력하여 지정해준다.

» 그림 17-17 **연구모형 작성과 Object Properties**

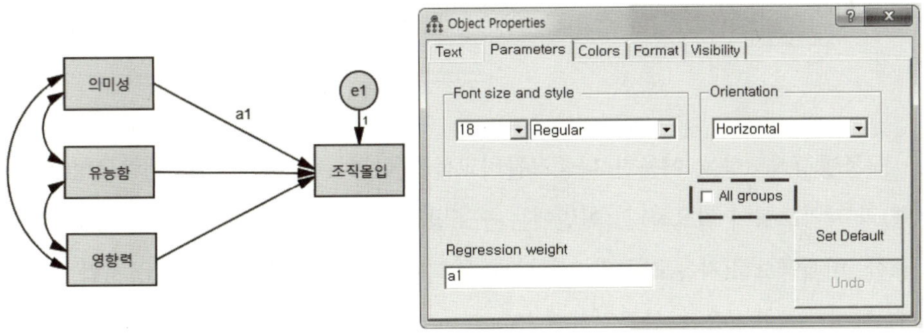

이번에는 'low group'의 연구모형을 작성하고 경로에 'b1, b2, b3'를 입력해 지정해주어야 한다. 동일한 방법으로 [그림 17-18]처럼 화면 좌측의 'low group'을 클

릭하면 동일한 연구모형이 나타난다.

» 그림 17-18 Group Name

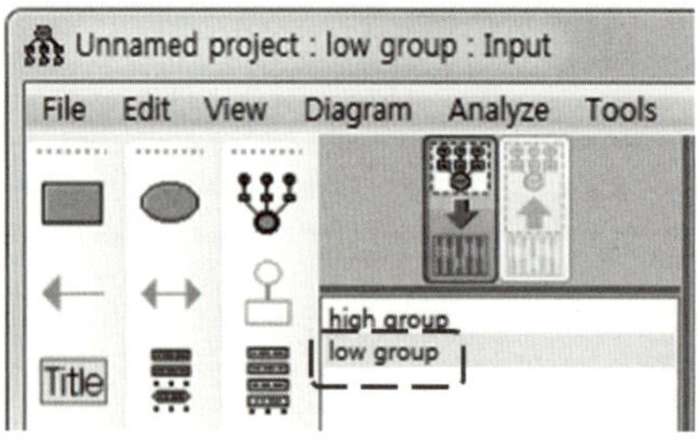

연구모형의 경로계수 'a1, a2, a3' 대신에 [그림 17-19]처럼 'b1, b2, b3'로 수정하여 입력한다. 그러면 'low group'에 해당하는 연구모형이 된다. 그리고 정상적으로 입력되었는지를 확인하기 위해 화면 좌측에서 'low group'과 'high group'을 번갈아 클릭하면 연구모형의 계수가 a와 b로 번갈아 나타나는 것을 확인할 수 있다.

» 그림 17-19 **연구모형 작성과** Object Properties

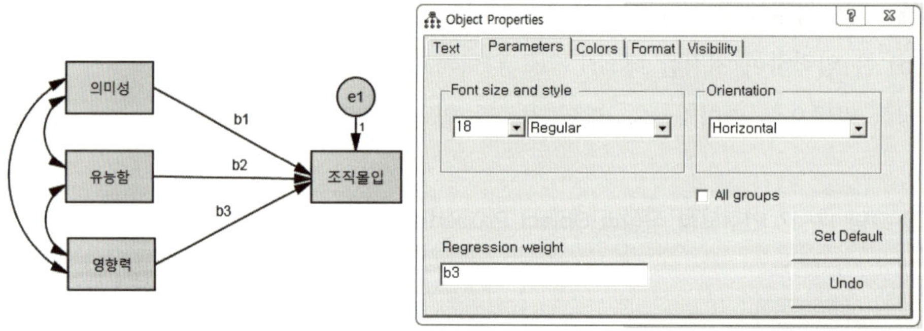

구조방정식모형을 이용한 다중그룹비교를 해야 하는 경우에는 비제약모형(자유모형)과 제약모형이 필요하다. 이번에는 구조방정식모형을 이용한 다중그룹비교에서 필요한 비제약모형(자유모형)과 제약모형을 만들어보자. [그림 17-20]처럼 좌측의 'Default model'을 더블클릭하면 'Manage Models' 창이 나타난다.

>> 그림 17-20 Manage Models

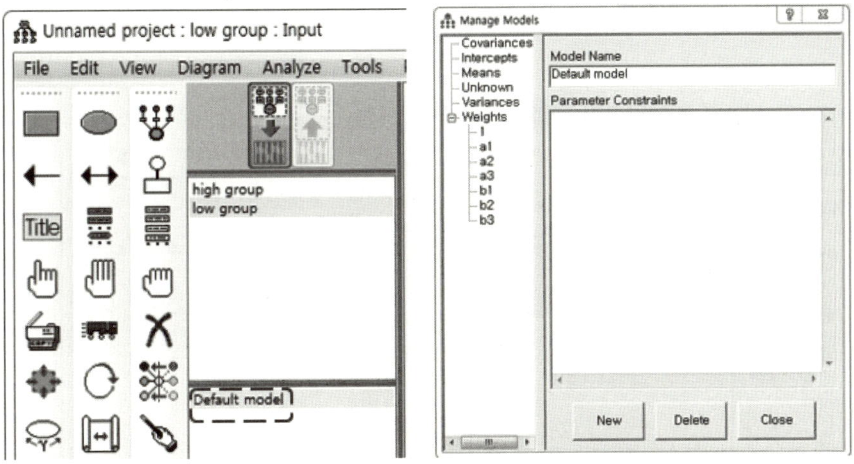

'Model Name'에 'Default model'을 지우고 대신에 비제약모형을 의미하는 'Unconstrained'을 입력하면 [그림 17-21]처럼 화면 좌측에 'Unconstrained'가 나타난다. 비제약모형(Unconstrained model)은 그 어느 경로도 인위적으로 '같다(=)'라고 제약하지 않은 자유모형이다.

>> 그림 17-21 생성된 비제약모델

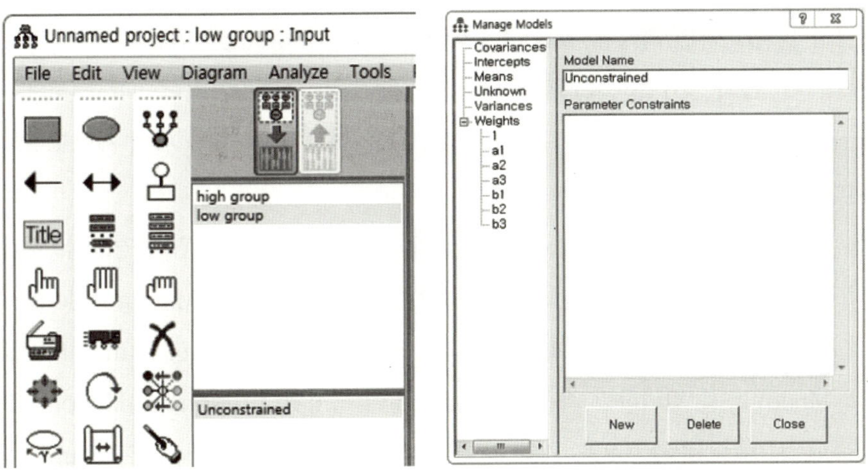

이제는 'high group'과 'low group'의 각각의 경로를 '같다(=)'라고 제약하는 제약모형(Constrained model)을 만들어야 한다. 1개의 경로가 '같다(=)'로 제약될 때

마다 1개의 제약모형이 필요하다. 즉 3개의 경로가 '같다(=)'라고 제약되면 3개의 제약모형이 필요하다. 본 연구에서는 3개의 제약모형이 필요하며 1개씩 만들어본다.

» 그림 17-22 생성된 비제약모형 1개와 1개의 제약모형

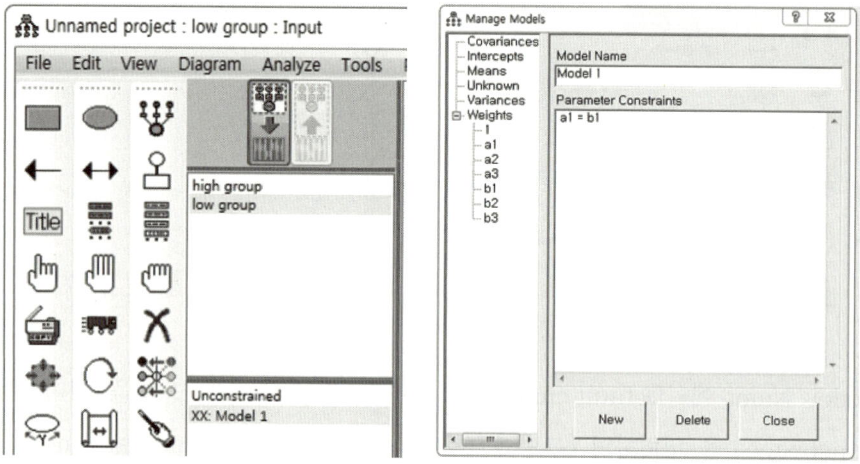

먼저 'high group'과 'low group'의 '의미성-조직몰입' 간의 경로를 '같다(=)'라고 제약하는 첫 번째 제약모형 'Mode1 1'을 만들어보자. 'Manage Models' 창에서 다시 'New'를 클릭한 후에 'Model Name'에 기존의 'Model Number 2'를 지우고 'Mode1 1'을 입력하면 좌측에 'Model 1'이 생성된다. 'Manage Models' 창의 좌측에 보이는 a1와 b1를 차례로 클릭하면 [그림 17-22]처럼 'Parameter Constraints' 창에 'a1=b1'이 자동으로 입력된다. 이렇게 해서 첫 번째 제약모형이 완성된다.

다음 단계로 'high group'과 'low group'의 '유능함-조직몰입' 간의 경로를 '같다(=)'라고 제약하는 두 번째 제약모형 'Mode1 2'을 만들어보자. 'Manage Models' 창에서 다시 'New'를 클릭한 후에 'Model Name'에 기존의 'Model Number 3'를 지우고 'Mode1 2'를 입력하면 좌측에 'Model 2'이 생성된다. 'Manage Models' 창의 좌측에 보이는 a2와 b2를 차례로 클릭하면 [그림 17-23]처럼 'Parameter Constraints' 창에 'a2=b2'이 자동으로 입력된다. 이렇게 해서 두 번째 제약모형이 완성된다.

>> 그림 17-23 생성된 비제약모형 1개와 2개의 제약모형

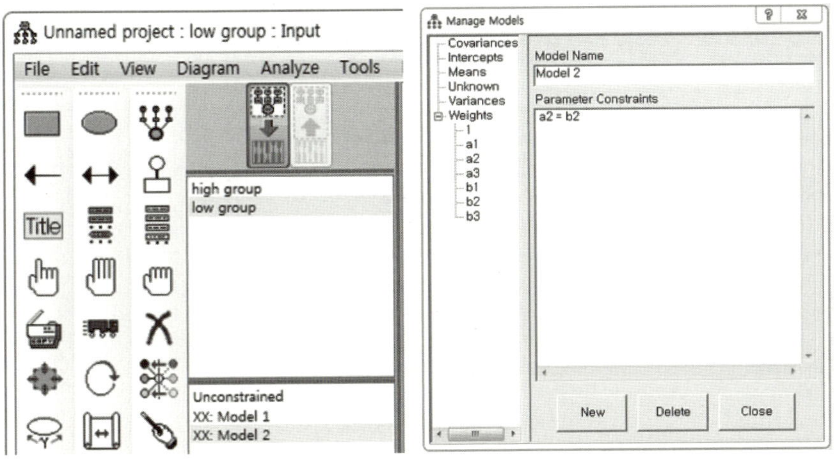

다음 단계로 'high group'과 'low group'의 '영향력-조직몰입' 간의 경로를 '같다(=)'라고 제약하는 세 번째 제약모형 'Mode1 3'을 만들어보자. 'Manage Models' 창에서 다시 'New'를 클릭한 후에 'Model Name'에 기존의 'Model Number 4'를 지우고 'Mode1 3'를 입력하면 좌측에 'Model 3'이 생성된다. 'Manage Models' 창의 좌측에 보이는 a3와 b3를 차례로 클릭하면 [그림 17-24]처럼 'Parameter Constraints' 창에 'a3=b3'이 자동으로 입력된다. 이렇게 해서 세 번째 제약모형이 완성된다.

>> 그림 17-24 생성된 비제약모형 1개와 3개의 제약모형

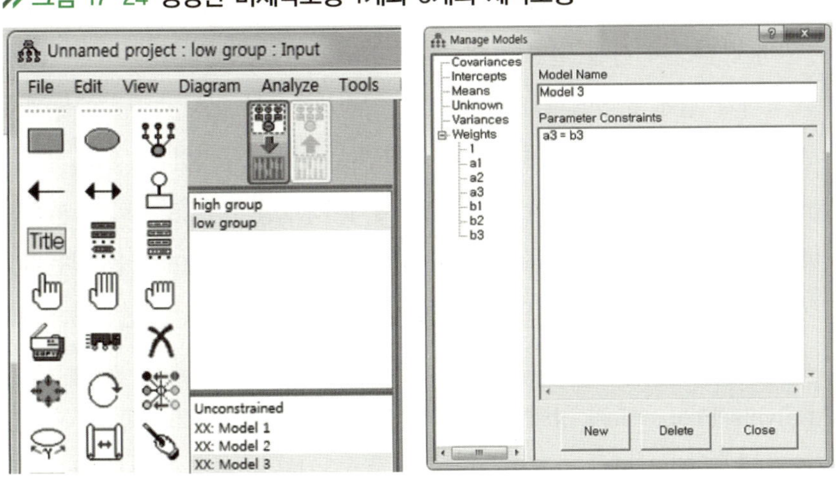

≫ 그림 17-25 Analysis Properties

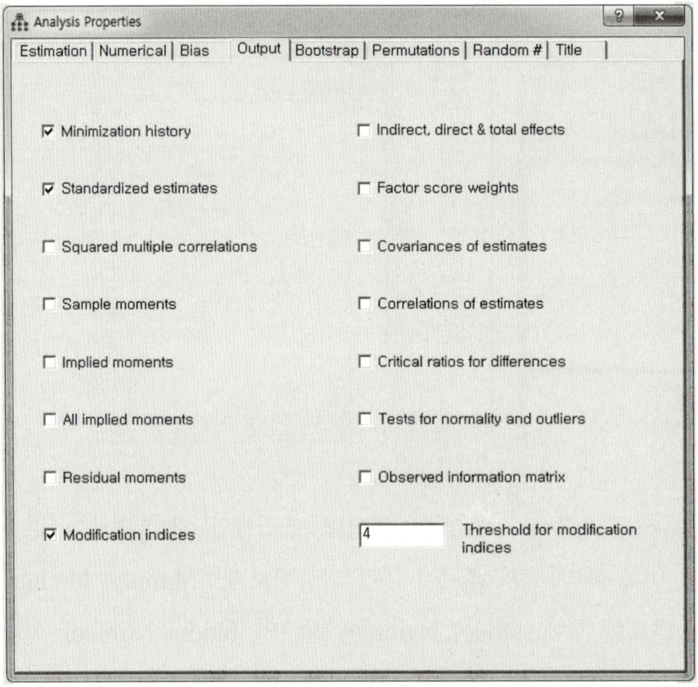

참고로 상단 메뉴(Tool bar)에서 'Analyze → Multiple-group Analysis'를 클릭하거나 화면 왼쪽의 도구그림 중 을 클릭하면 위와 같은 과정을 자동으로 생성해 주는 기능이 있다. 그러나 연구목적에 따라 불필요한 부분을 제거하거나 수정을 거쳐야 하므로 사용이 능숙하지 않을 경우에 복잡하거나 혼란스러울 수 있다. 따라서 이 방법은 권하지 않으며 관련 설명도 생략하였다.

분석을 시작하기 전에 분석에 필요한 옵션을 지정해주어야 한다. 상단 메뉴에서 'View → Analysis Properties'을 클릭하거나 화면 왼쪽의 도구그림 중 을 클릭하면 'Analysis Properties' 창이 나타난다. 여기서 [그림 17-25]처럼 기본적인 옵션을 선택한 후에 창의 상단 오른쪽 모서리의 표시를 클릭하여 창을 닫는다.

분석을 시작하기 전에 분석에 필요한 옵션을 지정해주어야 한다. 상단 메뉴에서 'View → Analysis Properties'을 클릭하거나 화면 왼쪽의 도구그림 중 을 클릭하면 'Analysis Properties' 창이 나타난다. 여기서 [그림 17-25]처럼 기본적인 옵션을 선택한 후에 창의 상단 오른쪽 모서리의 표시를 클릭하여 창을 닫는다.

» 그림 17-26 결과창: Model Comparison

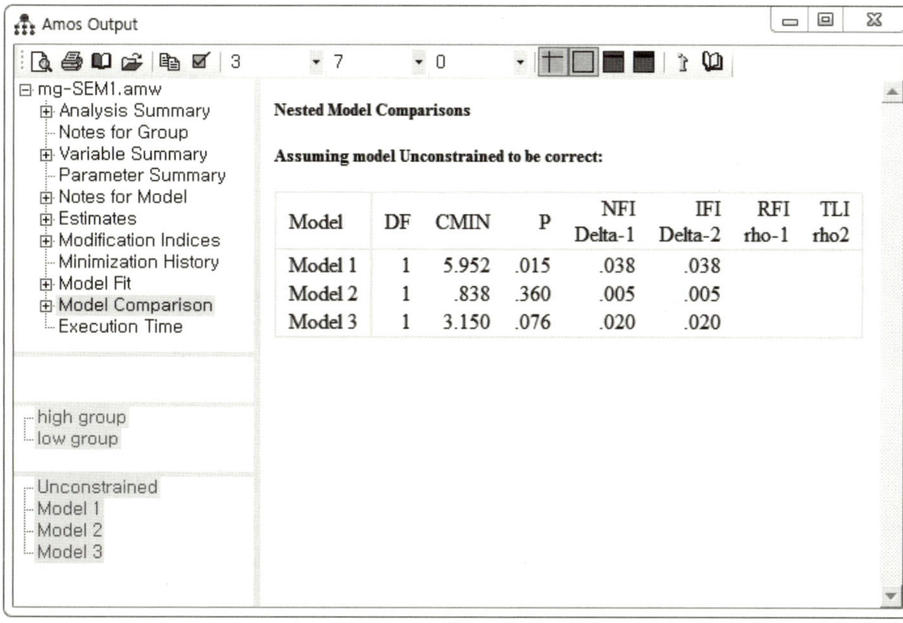

Nested Model Comparisons

Assuming model Unconstrained to be correct:

Model	DF	CMIN	P	NFI Delta-1	IFI Delta-2	RFI rho-1	TLI rho2
Model 1	1	5.952	.015	.038	.038		
Model 2	1	.838	.360	.005	.005		
Model 3	1	3.150	.076	.020	.020		

본격적인 분석을 위해 상단 메뉴에서 'Analyze → Calculate Estimates'를 클릭하거나 도구그림 중에서 을 클릭하고 분석파일을 저장하면 연산이 완료된다. 분석결과는 'View → Text Output'를 클릭하거나 도구그림에서 을 클릭하면 [그림 17-26]과 같은 분석결과를 볼 수 있다.

≫ 그림 17-27 **결과창: 높은 조직지원(high group)**

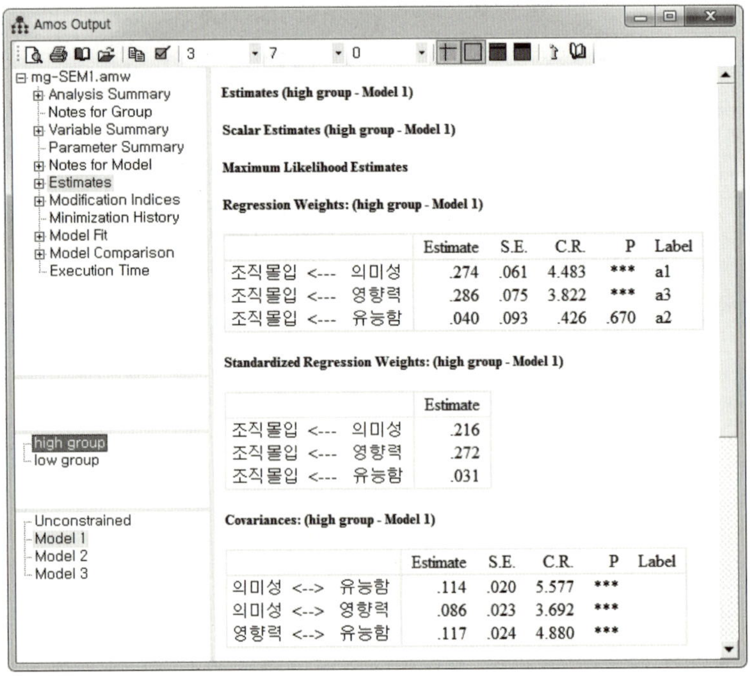

결과창 좌측의 'Model Comparison'을 클릭하면 [그림 17-26]과 같은 결과를 볼 수 있다. 먼저 경로계수 간의 영향력 차이분석에서 유의성을 보면 'Model 1'의 경우만 CMIN(Chi-square)이 5.952, 유의확률(p값)이 0.015로서 유의수준(α) 0.05에서 '의미성-조직몰입'의 경로상의 영향력 크기가 두 개 집단 'high group'과 'low group' 간의 상대적인 차이가 있음을 보여주고 있다.

다음으로 high group과 low group 두 집단의 해당 경로의 상대적 영향력의 크기를 알아보기 위해 [그림 17-27]의 결과창 좌측의 'Estimates → Model 1 → high group'을 순차적으로 클릭하면 high group의 '의미성-조직몰입'의 표준화 경로계수값이 0.216임을 알 수 있다.

그리고 다시 [그림 17-28]의 결과창 좌측의 'low group'을 클릭하면 표준화 경로계수값이 0.250으로 나타나 low group이 더 높다는 것을 확인할 수 있다.

>> 그림 17-28 결과창: 낮은 조직지원(low group)

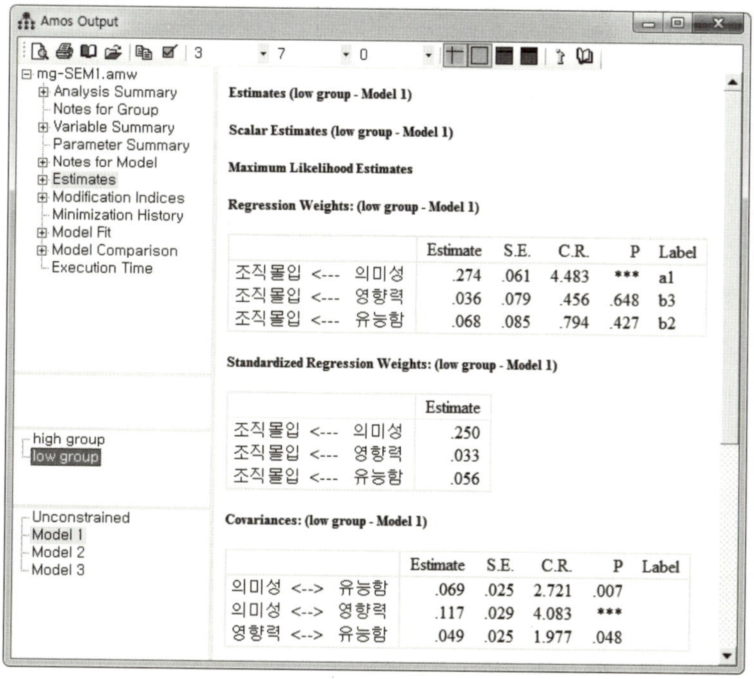

다음은 multi-SEM 분석결과를 토대로 하여 [표 17-1]과 같이 분석결과표를 작성할 수 있다. 분석결과를 정리해보면 high group과 low group 두 집단은 '의미성-조직몰입'의 경로에서만 영향력의 차이를 보이고 있으며, 낮은 조직지원인식 집단(low group)의 경우가 높은 조직지원인식 집단(high group)의 경우보다 의미성이

| 표 17-1 | 조직지원인식 고저에 따른 다집단비교 구조방정식모형분석 결과

모형	구분	χ_2^2 (df)	$\chi_2^2-\chi_1^2$ (임계치: 3.84)	p값	제한모형 표준화계수		판정
					high group	low group	
1	의미성→조직몰입	5.952(1)	5.952	0.015	0.216	0.250	**high G<low G**
2	유능함→조직몰입	0.838(1)	0.838	0.360	-	-	high G=low G
6	영향력→조직몰입	3.150(1)	3.150	0.076	-	-	high G=low G

※ χ_1^2: 0.000 (df: 0), χ_1^2: 자유모형, χ_2^2: 제한모형

조직몰입에 미치는 영향력이 상대적으로 강하다고 잠정 결론을 내릴 수 있다. 그리고 분석결과에 따른 고찰과 적절한 해석이 요구된다.

일반적으로 연구논문에서 특정 변수를 조절변수로 선택함에 있어서는 그 특정 변수를 조절변수로 사용해야 하는 이유와 타당성이 명확해야 하며, 이를 정당화할 수 있는 이론적·실무적 내용이 뒷받침되어야 한다. 그리고 특정 변수가 조절변수로서 가능성이 있는지를 알아보기 위해서는 특정 변수를 독립변수로 하는 분산분석이나 회귀분석을 시도해볼 수 있다.

다음 장은 실전실습과제로서 연구과정에서 수집된 실제 데이터를 가지고 구조방정식모형분석으로 데이터분석의 전 과정을 종합적으로 경험해봄으로써 연구논문 데이터분석을 빠르게 이해할 수 있는 기회를 제공한다.

PART 05

구조방정식모형 논문통계 완성

SPSS/AMOS 활용 구조방정식모형 논문통계분석

18 핵심 실전실습과제 풀이

본장에서는 핵심 실전실습과제로서 저자가 논문게재에 사용하였던 실제 데이터를 가지고 구조방정식모형을 활용하여 종합적으로 분석해볼 수 있는 기회를 제공한다.

[실전실습과제] 다음은 중소 인터넷쇼핑몰의 구매결정요인, 신뢰, 재구매의도 간의 인과적 관계연구이다. 제시된 데이터, 연구모형, 설문지를 이용하여 구조방정식모형에 기초한 데이터분석 프로세스를 단계별로 실행하고 분석결과를 토대로 분석결과표를 작성하여 보시오.

- 데이터, 연구모형, 설문지 출처:
  조철호(2006), "전자상거래에서 초기신뢰와 재구매의도에 영향을 미치는 소비자구매결정에 관한 연구: 인터넷쇼핑몰을 중심으로", 중소기업연구, 28(1), 173-202.

☞ 데이터는 저자 블로그(http://blog.naver.com/ebizdoctor)에서 제공
   파일명: 인터넷쇼핑신뢰(실전종합실습)
☞ 데이터는 저작권 보호를 위해 일부 변수(인구통계 관련)를 삭제함
☞ 관련 논문은 교재 부록으로 탑재됨
☞ 차후 추가분석은 저자 블로그를 참조

그림 18-1 연구모형

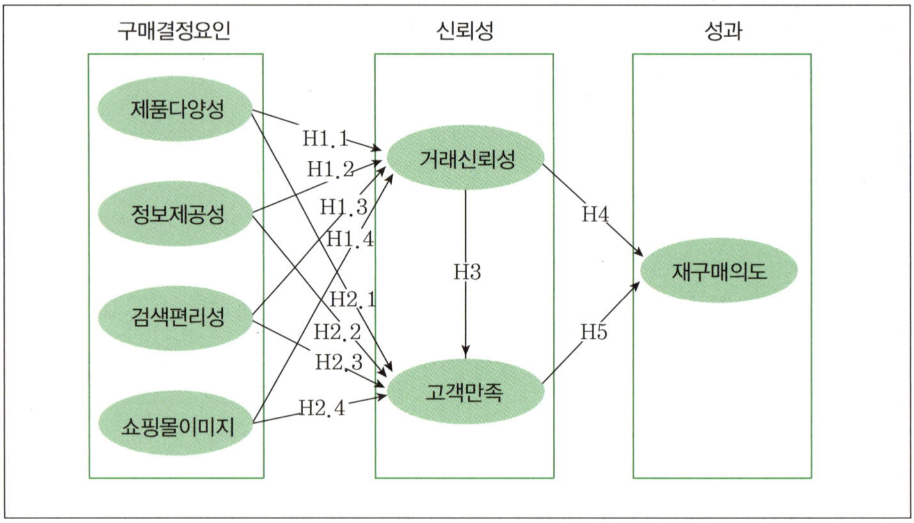

설 문 지

안녕하십니까? 본 설문에 응해주셔서 감사합니다. 본 설문은 인터넷쇼핑몰을 사용하시는 소비자 구매동기를 조사하기 위한 것으로 순수한 학술연구에만 사용되고, 무기명 통계처리되기 때문에 익명성이 보장됩니다. 바쁘시더라도 성실하게 답변해주시면 감사하겠습니다.

2005년 5월

연 구 자: 조 철 호

Tel. (02) 000-0000 HP. 000-0000-0000

※주거래업체를 정하시고 다음 문항을 읽고 귀하의 생각과 일치하는 곳에 √표 하여 주시기 바랍니다.

전혀 그렇지 않다	그렇지 않다	보통이다	그렇다	매우 그렇다
①	②	③	④	⑤

쇼핑몰이미지	1. 거래하는 인터넷쇼핑몰은 잘 알려져 있다.	①	②	③	④	⑤
	2. 거래하는 인터넷쇼핑몰은 평판이 좋다.	①	②	③	④	⑤
	3. 인터넷쇼핑몰의 웹디자인이 마음에 든다.	①	②	③	④	⑤
	4. 검색엔진에서 거래 인터넷쇼핑몰을 찾기 쉽다.	①	②	③	④	⑤
제품다양성	1. 쇼핑몰에서 취급하는 상품이 다양하다.	①	②	③	④	⑤
	2. 쇼핑몰에서 취급하는 브랜드가 다양하다.	①	②	③	④	⑤
	3. 쇼핑몰에서 취급하는 상품가격이 다양하다.	①	②	③	④	⑤
	4. 쇼핑몰에서 취급하는 상품디자인이 다양하다.	①	②	③	④	⑤
	5. 쇼핑몰에서 원하는 상품을 구매할 수 있다.	①	②	③	④	⑤

검색편리성	1. 쇼핑몰은 상품목록이 잘 정리되어 있다.	①	②	③	④	⑤
	2. 쇼핑몰의 상품검색방법이 다양하다.	①	②	③	④	⑤
	3. 쇼핑몰의 검색도움기능이 유용하다.	①	②	③	④	⑤
	4. 쇼핑몰의 정보검색속도가 빠르다.	①	②	③	④	⑤
	5. 쇼핑몰에서 원하는 상품을 쉽게 찾을 수 있다.	①	②	③	④	⑤
거래신뢰성	1. 쇼핑몰의 주문처리과정이 믿을 만하다.	①	②	③	④	⑤
	2. 쇼핑몰의 상품배달이 믿을 만하다.	①	②	③	④	⑤
	3. 쇼핑몰의 상품A/S가 믿을 만하다.	①	②	③	④	⑤
	4. 쇼핑몰의 상품반품 및 환불이 믿을 만하다.	①	②	③	④	⑤
	5. 쇼핑몰의 지불시스템이 믿을 만하다.	①	②	③	④	⑤
정보제공성	1. 쇼핑몰은 정확한 정보를 제공한다.	①	②	③	④	⑤
	2. 쇼핑몰은 최신의 정보를 제공한다.	①	②	③	④	⑤
	3. 쇼핑몰은 유용한 정보를 제공한다.	①	②	③	④	⑤
	4. 쇼핑몰은 나의 상품구매정보를 잘 보호한다.	①	②	③	④	⑤
	5. 쇼핑몰은 개인신상정보를 잘 보호한다.	①	②	③	④	⑤

나는 쇼핑몰과의 거래에 대해 전반적으로 만족한다.	①	②	③	④	⑤
나는 이 쇼핑몰의 상품을 계속 구매할 것이다.	①	②	③	④	⑤

주간 쇼핑몰 방문횟수	① 3회 이하	② 4~5회	③ 6~7회	④ 8회 이상

※ 다음은 일반적인 사항에 대한 질문입니다.

1. 귀하의 성별은? ① 남 ② 여
2. 귀하의 나이는? ① 20대 이하 ② 30대 ③ 40대 이상
3. 귀하의 학력은? ①고졸 이하 ② 대재 ③ 대졸 이상
4. 귀하의 직업은?
   ① 학생 ② 회사원 ③ 자영업 ④ 주부 ⑤ 기타(　　　　)
5. 귀하가 지난 1년 동안에 인터넷쇼핑몰을 통해 상품을 구입한 횟수는? (　)

♣ 끝까지 응답해주셔서 고맙습니다.

제 1 절 탐색적 요인분석

일반적인 인과논문의 분석기법과 프로세스를 정리하면 다음과 같다. 물론 연구자의 필요에 따라 분석기법은 추가되거나 생략되어질 수 있다.

탐색적 요인분석 → 신뢰도분석 → 확인요인분석 → 요인간 상관분석 → 인과분석 → 조절효과

» 그림 18-2 분석프로세스

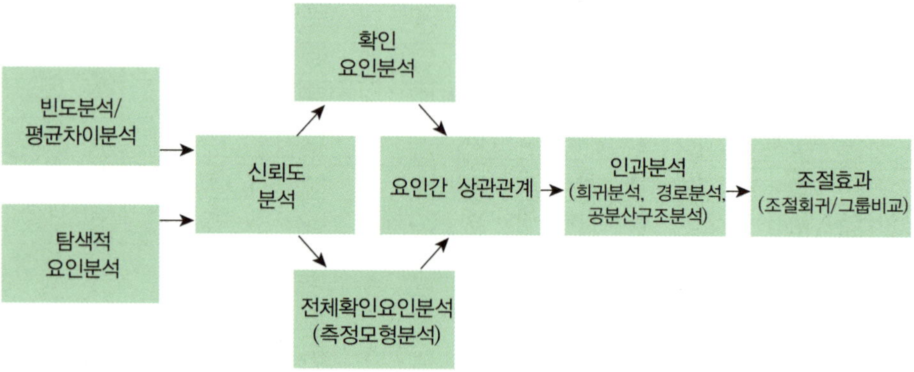

먼저 데이터를 불러오고 다음을 순차적으로 클릭하여 탐색적 요인분석을 실시한다.

분석(Analysis) → 차원감소(D) → 요인분석(F)

» 그림 18-3 자료입력창

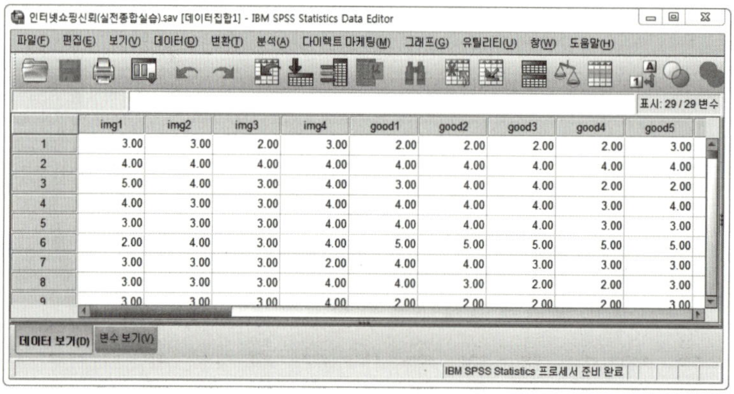

	img1	img2	img3	img4	good1	good2	good3	good4	good5
1	3.00	3.00	2.00	3.00	2.00	2.00	2.00	2.00	3.00
2	4.00	4.00	4.00	4.00	4.00	4.00	4.00	4.00	4.00
3	5.00	4.00	3.00	4.00	3.00	4.00	4.00	2.00	2.00
4	4.00	3.00	3.00	4.00	4.00	4.00	4.00	3.00	4.00
5	3.00	3.00	3.00	4.00	4.00	4.00	4.00	3.00	3.00
6	2.00	4.00	3.00	4.00	5.00	5.00	5.00	5.00	5.00
7	3.00	3.00	3.00	2.00	4.00	4.00	3.00	3.00	3.00
8	3.00	3.00	3.00	4.00	4.00	3.00	2.00	2.00	3.00
9	3.00	3.00	3.00	4.00	2.00	2.00	2.00	2.00	3.00

‘요인분석’ 창이 나타나면 ‘변수(V)’에 다항목으로만 측정된 ‘img1’에서부터 ‘info5’까지 지정하여 입력한다. 다항목이란 한 요인을 여러 항목으로 측정한 것을 말한다.

» 그림 18-4 요인분석 변수입력창

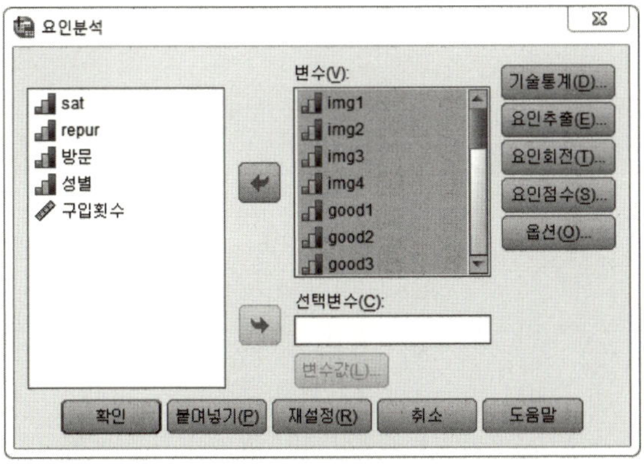

변수들이 여러 요인에 대하여 비슷한 요인부하량을 나타낼 경우에 변수들이 어느 요인에 속하는지를 분류하기가 힘들다. 따라서 변수들의 요인적재치가 특정 요인에 높게 나타나도록 요인축을 회전시키게 된다. 이때 회전방식은 직각회전(varimax)을 사용한다. ‘요인회전(T)’을 클릭하면 [그림 18-5]의 창이 나타나며, 요인회전 방법에서 ‘배리맥스(V)’를 지정하고 ‘계속’을 클릭하면 ‘요인분석’ 창으로 돌아온다.

» 그림 18-5 요인분석: 요인회전

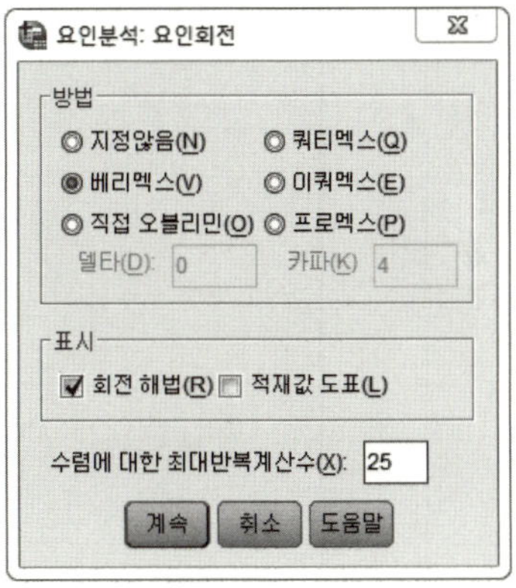

'요인분석' 창에서 옵션을 누르면 [그림 18-6]의 창이 나타나고 계수출력형식 '크기순 정렬(S)'과 '작은 계수표시 안함(U)'을 지정한다. '절대값 아래'는 0.3을 지정하고 '계속'을 클릭한다. 이는 결과표의 가독성을 높이기 위한 것이다. '요인분석' 창으로 돌아와 '확인'을 클릭하면 [그림 18-7]의 결과창이 나타난다.

>> 그림 18-6 요인분석: 옵션

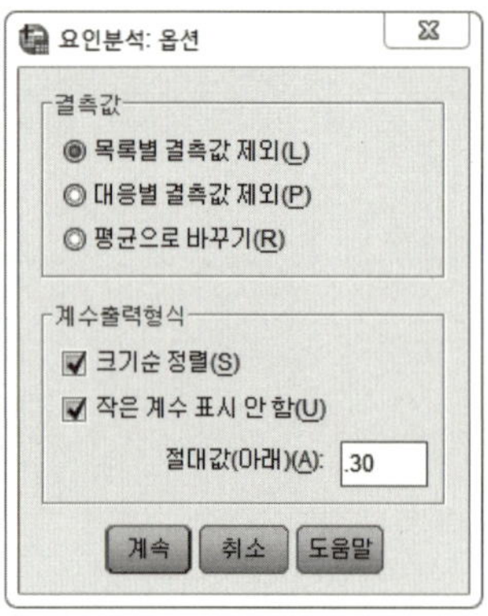

>> 그림 18-7 설명된 총분산

설명된 총분산

성분	초기 고유값			추출 제곱합 적재값			회전 제곱합 적재값		
	합계	% 분산	% 누적	합계	% 분산	% 누적	합계	% 분산	% 누적
1	8.707	36.279	36.279	8.707	36.279	36.279	3.780	15.750	15.750
2	2.247	9.362	45.642	2.247	9.362	45.642	3.119	12.994	28.744
3	1.561	6.505	52.147	1.561	6.505	52.147	2.974	12.393	41.137
4	1.320	5.501	57.648	1.320	5.501	57.648	2.420	10.085	51.222
5	1.259	5.246	62.894	1.259	5.246	62.894	1.981	8.252	59.474
6	1.069	4.453	67.347	1.069	4.453	67.347	1.889	7.873	67.347
7	.888	3.702	71.048						
8	.797	3.322	74.370						
9	.694	2.891	77.261						
10	.659	2.748	80.009						
11	.576	2.401	82.411						
12	.521	2.169	84.580						
13	.492	2.048	86.628						
14	.464	1.935	88.562						
15	.424	1.765	90.328						
16	.347	1.444	91.772						
17	.321	1.336	93.107						
18	.299	1.247	94.355						
19	.292	1.216	95.571						
20	.260	1.084	96.654						
21	.245	1.023	97.677						
22	.215	.897	98.574						
23	.175	.731	99.305						
24	.167	.695	100.000						

추출 방법: 주성분 분석.

요인분석의 목적은 측정변수들을 동일개념의 요인으로 묶는데 있다. 고유치는 각 요인이 설명해주는 분산의 양을 의미하는데 고유치가 1 이상이라는 것은 하나의 요인이 변수 1개의 분산을 설명해준다는 것을 말하기 때문에 요인을 형성하기 위해서는 고유치가 1 이상이어야 한다. 바꾸어 말하면 고유치가 1보다 적다는 것은 1개 요인이 변수 1개의 분산도 설명해줄 수 없다는 것을 의미한다.

'설명된 분산의 %'는 요인 1의 설명력으로 총분산 중에서 요인이 설명하는 분산비율을 의미한다. 일반적으로 구성된 요인들은 누적된 '설명된 분산의 %' 값이 총분산의 60% 이상을 설명할 수 있어야 한다. 그림에서는 누적된 분산의 %가 67.34%를 보이고 있다. 즉 고유치 1인 6개의 요인이 전체 자료변동의 67.34%를 설명해주고 있음을 의미한다. 그러나 현재는 측정변수들이 연구자가 의도한 5개의 요인으로 묶이지 않았기 때문에 요인의 타당성을 저해하는 변수들이 제거되어야 한다. 그러므로 누적된 '설명된 분산의 %' 값은 요인의 타당성을 저해하는 변수들이 최종적으로 제거된 후에 제시되어야 한다.

요인적재치가 0.3 이하로 억제된 회전된 성분행렬을 보면 [그림 18-8]과 같다. 대체로 변수들이 요인별로 분류된 것처럼 보이지만 연구자의 의도와는 달리 6개의 요인으로 분류되었고 그 속에서 타당성이 떨어지는 변수들이 발견되고 있다. 그러므로 타당성이 떨어지는 변수들을 찾아 하나씩 제거하면서 최초에 의도한대로 5개의 요인이 되도록 만들어가야 한다.

탐색적 요인분석과정에서 타당성이 떨어진다고 판단되는 변수들이 발견되면 [그림 18-4]의 '요인분석 변수입력' 단계에서 요인분석 결과가 개선되는 상황을 보면서 하나씩 제거해야 한다. 하나씩 제거하는 이유는 변수 하나가 제거될 때마다 그리고 제거되는 순서에 따라서도 변수들의 요인적재치가 변화되기 때문이다. 경우에 따라서는 제거되었던 변수도 다시 투입해야 하는 경우도 있다.

설명한 바와 같이 요인분석의 절차는 이론적으로 다양하고 복잡하며 연구자마다 방법과 절차상 이견과 노하우도 존재한다. 특히 많은 요인과 변수를 다루는 경우에는 요인분석의 정답은 의미가 없으며 단지 연구자의 분석역량과 경험에 의하여 최적화될 뿐이다. 본 교재에서는 저자의 노하우에 의한 휴리스틱스를 활용하여 변수제거 방법을 설명하고 있다.

먼저 [그림 18-8]의 회전된 성분행렬을 중심으로 보자. 현재 비록 6개의 요인으로 구분되고 있으나 요인적재치가 0.3 이하로 억제된 회전된 성분행렬을 보면 srch5를 제외하고 대체적으로 5개 요인으로 묶였고 제품다양성(good), 정보제공성(info), 검색편리성(srch), 쇼핑몰이미지(img), 거래신뢰성(dtrust)의 요인으로 구분될 수 있는 가능성이 보인다.

>> 그림 18-8 회전된 성분행렬

회전된 성분행렬[a]

	성분					
	1	2	3	4	5	6
dtrust3	.781					
dtrust1	.731	.368				
dtrust2	.727					
dtrust4	.710					
dtrust5	.637					.507
info1	.499	.466				
info2		.723				.447
info3		.670				
info4	.417	.619				
info5	.480	.573				
srch5		.515	.321	.465		
good3			.772			
good1			.739			
good2			.725			
good4		.318	.641			.332
good5		.520	.522			
srch2				.786		
srch3	.318			.715		
srch1		.338		.596		
srch4		.301		.498		.429
img1					.837	
img4					.823	
img3			.320			.765
img2	.314				.409	.474

요인추출 방법: 주성분 분석.
회전 방법: Kaiser 정규화가 있는 베리멕스.

a. 16 반복계산에서 요인회전이 수렴되었습니다.

타당성 제고를 위해 서로 다른 성분에 유사한 적재치를 가지는 변수처럼 타당성을 저해하는 변수들은 하나씩 제거해 나간다. 문제가 되는 변수들을 살펴보면 dtrust5

는 성분 1과 6에 높은 요인적재치를 가지고, info1은 성분 1과 2에 0.5 미만의 비슷한 크기의 요인적재치를 가지며, good5는 성분 2와 3에 높은 요인적재치를 가지고 있다. info5는 성분 1과 2에 비슷한 수준의 높은 요인적재치를 가지고, srch5는 성분 2와 4에 비슷한 수준의 요인적재치를 가지고 있다. 이들 변수들을 탐색적으로 하나씩 제거하면서 요인적재치들의 변화와 개선되는 과정을 관찰한다.

[그림 18-8]에서 dtrust5, info1, good5, info5, srch5의 변수들을 [그림 18-4]의 '요인분석 변수입력' 단계에서 요인분석결과에서 개선되는 상황을 모니터링하면서 하나씩 제거해 나간다. 변수의 제거 순서에 따라서도 전체 요인적재치들이 변하기 때문에 제거했던 변수도 다시 투입시켜보기도 하면서 탐색적으로 최적화시킬 수 있어야 한다. [그림 18-9]는 정답은 아니지만 일차적으로 개선시킨 결과이다.

>> 그림 18-9 회전된 성분행렬(dtrust5, info1, good5, info5, srch5 제거)

회전된 성분행렬[a]

	성분				
	1	2	3	4	5
dtrust3	.795				
dtrust2	.753				
dtrust1	.725				.306
dtrust4	.710				
good3		.780			
good2		.762			
good1		.740			
good4		.683			.338
srch2			.768		
srch3	.332		.744		
srch4			.629		
srch1	.348		.524		
img3		.435	.504	.350	
img1				.806	
img4				.776	
img2		.308		.594	
info2					.833
info3					.738
info4	.508				.515

요인추출 방법: 주성분 분석.
회전 방법: Kaiser 정규화가 있는 베리멕스.
a. 6 반복계산에서 요인회전이 수렴되었습니다.

일단 요인이 6개에서 5개로 줄었고 각 요인에 해당되는 변수들끼리 모였으나 아직까지는 완전한 상태가 아니다. 타당성을 저해하는 변수들을 살펴보면 info4는 성분 1과 5에 0.5 이상의 높은 적재치를 가지고 있다. img3는 성분 2와 3에 높은 요인적재치를 가지고 있다. 이들 변수들을 탐색적으로 하나씩 제거하면서 회전된 성분행렬의 요인적재치들이 어떻게 변하는지 관찰한다. 타당성이 떨어지는 변수들이 발견되면 앞서 얘기한 것처럼 [그림 18-4]의 '요인분석 변수입력' 단계에서 모니터링하면서 하나씩 제거해 나간다. 그리고 [그림 18-10]은 추가로 두 변수 info4과 img3을 제거하고 요인분석을 수행한 결과이다.

» 그림 18-10 **회전된 성분행렬(info4, img3 추가 제거)**

회전된 성분행렬[a]

	성분				
	1	2	3	4	5
dtrust3	.827				
dtrust2	.804				
dtrust1	.721				
dtrust4	.705				
good3		.791			
good2		.765			
good1		.745			
good4		.676			.326
srch2			.830		
srch3	.309		.745		
srch1			.582		
srch4			.580		.301
img1				.869	
img4				.810	
img2		.304		.535	
info2					.868
info3					.744

요인추출 방법: 주성분 분석.
회전 방법: Kaiser 정규화가 있는 베리멕스.
a. 6 반복계산에서 요인회전이 수렴되었습니다.

두 변수 info4과 img3을 제거하고 요인분석을 실시한 결과, 성분 1, 2, 3, 4, 5가 각각 거래신뢰성(dtrust), 제품다양성(good), 검색편리성(srch), 쇼핑몰이미지(img), 정보제공성(info)으로 5개 요인으로 분류됨을 확인하였다. 또한 더 이상 타당성을 저해하는 변수가 발견되지 않아 최종결과라고 할 수 있다.

변수 good4, srch3, srch4, img2의 경우는 외관상 2개의 요인에 걸쳐 요인적재치(factor loading)를 가지고 있으나 그 값이 0.3대 초반으로 낮아서 무시할 정도로 작기 때문에 5개 요인을 구성하는데 있어서 타당성을 저해한다고 볼 수 없다.

참고로 KMO(Kaiser–Mayer–Olkin)와 Bartlett 검정이 기존 연구에서 간간히 사용되기에 이에 대하여 간단하게 알아보기로 한다. 자세한 내용은 앞의 '11장 요인분석'과 관련부분에 기술되어 있다. KMO(Kaiser–Mayer–Olkin)와 Bartlett 검정은 수집된 자료가 요인분석에 적합한지의 여부를 판단한다. 먼저 KMO값은 표본적합도를 나타내는 값으로 0.5 이상이면 표본자료는 요인분석에 적합함을 알 수 있다. Bartlett의 구형성 검정은 변수 간의 상관행렬이 단위행렬인지 여부를 판단하는 검정이다. 여기서 단위행렬(identity matrix)은 대각선이 1이고 나머지는 모두 0인 행렬을 말한다. 여기서 유의확률이 유의수준 0.05보다 작으면 '변수 간 행렬이 단위행렬'이라는 귀무가설이 기각되어 요인분석을 하는데 무리가 없는 것으로 판단한다.

이것을 실행하기 위해 요인분석 변수입력창에서 '기술통계(D)'를 클릭하면 [그림 18–11]의 '요인분석: 기술통계' 창이 나타난다. 여기서 'KMO와 Bartlett의 구형성 검정(K)'을 지정하고 '계속'과 '확인'을 연속클릭하면 [그림 18–12]의 결과를 얻을 수 있다.

>> 그림 18–11 요인분석: 기술통계창

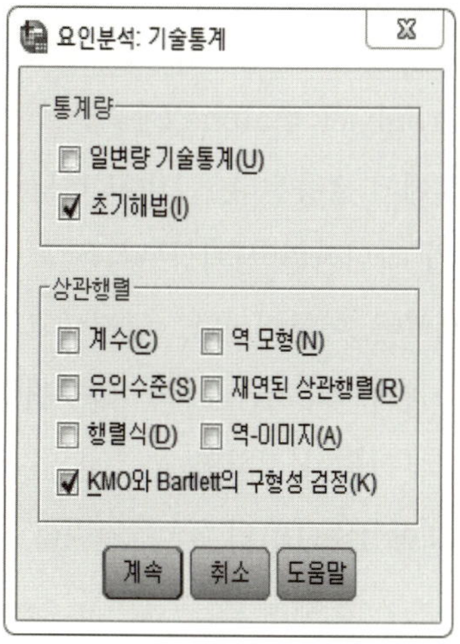

» 그림 18-12 KMO와 Bartlett의 구형성 검정 결과

KMO와 Bartlett의 검정

표준형성 적절성의 Kaiser-Meyer-Olkin 측도.		.849
Bartlett의 구형성 검정	근사 카이제곱	1785.151
	자유도	136
	유의확률	.000

검정결과를 보면 KMO값이 0.849이고 Bartlett의 구형성 검정의 유의확률(p값)이 0.000으로 유의수준(α)보다 작아 요인분석을 하는데 무리가 없음을 보여주고 있다. 다음은 계속해서 신뢰성분석을 진행하기로 한다.

제 2 절 신뢰성분석

신뢰성분석은 신뢰도분석이라고도 하며 구성개념, 즉 요인을 구성하는 측정변수가 응답자의 일관된 응답을 이끌어낸지를 알아보는 분석방법이다. 일반적으로 탐색적 요인분석이 끝난 후에 신뢰성분석을 실시한다. 그 이유는 타당성이 높으면 신뢰성이 당연히 높기 때문이다. 따라서 탐색적 요인분석을 한 후에 신뢰성분석을 하는 것이 효율적이다.

응답의 일관성을 떨어뜨리는 측정변수는 신뢰성분석을 통해 제거된다. 일반적으로 신뢰성의 측정에는 알파계수법에 의한 크론바하알파(Cronbach's alpha)계수법이 사용되며 기준치는 0.8 이상이지만 일반적으로 0.6 이상에서 수용된다. 그리고 타당성분석 다음에 신뢰성분석이 이루어지므로 특별한 경우가 아니라면 신뢰성분석은 요인별로 이루어진다. 본 분석에서도 요인별로 신뢰성분석이 이루어진다. 먼저 [그림 18-10]의 탐색적 요인분석을 통해 최종 남겨진 거래신뢰(dtrust)의 하부변수 dtrust1, dtrust2, dtrust3, dtrust4에 대해 신뢰도분석을 실시하였다.

신뢰도분석을 위해 다음을 순차적으로 클릭하면 [그림 18-13]의 창이 열린다.

분석(Analyze) → 척도(A) → 신뢰도분석(R)

신뢰도분석의 창이 열리면 요인별 측정문항을 '항목(I)'으로 이동시킨다. 거래신뢰의 측정변수 dtrust1을 포함한 4개의 변수를 이동시킨다. 좌측의 '통계량'을 클릭하면 [그림 18-14]의 '신뢰도분석: 통계량' 창이 열린다.

» 그림 18-13 신뢰도분석

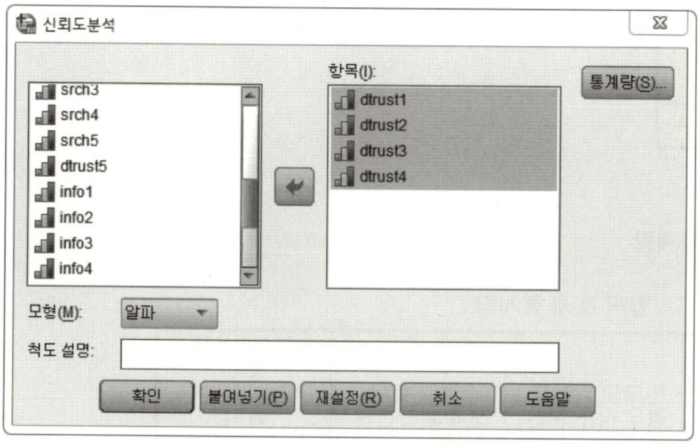

» 그림 18-14 신뢰도분석: 통계량

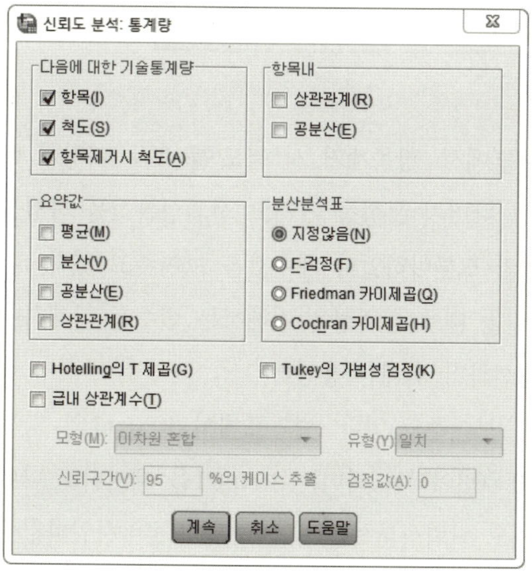

[그림 18-14]의 '신뢰도분석: 통계량'에서 '항목', '척도', '항목제거 시 척도'를 모두 지정한다. '계속'을 클릭 후에 '신뢰도분석' 창에서 '확인'을 클릭하면 [그림 18-15]의 결과를 얻을 수 있다. 거래신뢰(dtrust)의 경우에 크론바하알파(Cronbach's alpha) 계수가 0.848로 나와 거래신뢰성을 이루고 있는 측정문항의 신뢰성이 높은 것으로 나타났다.

≫ 그림 18-15 신뢰도 통계량

신뢰도 통계량

Cronbach의 알파	항목 수
.848	4

≫ 그림 18-16 항목 총계 통계량

항목 총계 통계량

	항목이 삭제된 경우 척도 평균	항목이 삭제된 경우 척도 분산	수정된 항목-전체 상관관계	항목이 삭제된 경우 Cronbach 알파
dtrust1	9.75	4.348	.699	.803
dtrust2	9.83	4.160	.674	.813
dtrust3	10.28	4.194	.709	.798
dtrust4	10.21	4.148	.667	.817

[그림 18-14]의 '신뢰도분석: 통계량'에서 '항목제거 시 척도'를 모두 지정한 바 있다. 이 경우에 특정 항목을 제거하고 나머지 문항을 가지고 신뢰성분석을 하였을 때 신뢰도계수를 보여주며, 모든 경우의 크론바하알파 계수값을 보여주고 있다. 이 분석방법은 크론바하알파값이 0.6을 밑돌 때에 신뢰성을 저해하는 변수를 삭제하여 나머지 측정항목들의 신뢰도계수를 개선하기 위해 사용된다.

[그림 18-16]은 이에 대한 결과물을 보여주고 있다. 결과표에서 dtrust1의 '항목이 삭제된 경우의 cronbach 알파'가 0.803이라는 의미는 dtrust1을 제거하고 나머지 dtrust2, dtrust3, dtrust4를 가지고 신뢰성분석을 했을 경우 크론바하알파값이

0.803으로 나온다는 의미이다.

신뢰성분석을 한 결과 거래신뢰(dtrust)를 구성하는 측정항목의 크론바하알파값이 0.848로 나타났고, 이 이상의 개선의 여지가 없음을 보여주고 있다. 나머지 제품다양성(good), 검색편리성(srch), 쇼핑몰이미지(img), 정보제공성(info)의 요인도 요인별로 신뢰성분석을 실시한다. 실시해보면 제품다양성(good), 검색편리성(srch), 쇼핑몰이미지(img), 정보제공성(info)의 크론바하알파가 0.807, 0.747, 0.738, 0.757로 나타난다. 이들 크론바하알파값은 전부 0.6 이상으로 나타났으며 특별히 개선의 여지가 없음을 보여주고 있다. 이렇게 개선의 여지가 없는 이유는 탐색적 요인분석을 통하여 이미 타당성이 제고되어서 신뢰성이 동반 상승하였기 때문이다.

다음은 분석프로세스에 따라 확인요인분석으로 넘어가기로 한다. 확인요인분석에서는 AMOS 프로그램이 활용된다.

제 3 절 확인요인분석

3.1 확인요인분석

확인요인분석은 이미 탐색적으로 연구되었거나 또는 이론적인 근거에 의하여 측정구조모형이 가설적으로 구축된 것을 확인하기 위하여 실시하는 기법이다. 확인요인분석은 특정 가설을 설정하고 자료에서 관찰되는 관계를 어느 정도 설명하고 있는지의 정도를 나타내는 기법으로 분석과정에서 연구자는 사전지식이나 이론적인 결과를 가지고 가설형식으로 모형화하고 일부원소의 값을 제약한다.

확인요인분석방법에는 두 가지가 있는데, 첫 번째는 '요인별 확인요인분석방법'이며, 둘째는 여러 개의 요인별 확인요인분석모형을 하나의 공분산관계로 묶어 분석하는 '전체 확인요인분석(일명 측정모형분석)'이 있다. 먼저 요인별 확인요인분석을 거래신뢰(dtrust)의 예시를 들어 설명하고자 한다.

Amos 프로그램은 다음과 같이 실행한다. 초기화면이 나타나면 데이터(파일명: 인터넷쇼핑신뢰(실전종합실습))를 불러들이기 위해 Amos 상단의 메뉴에서 'File →

Data File'을 선택한다.

》 그림 18-17 자료 불러오기

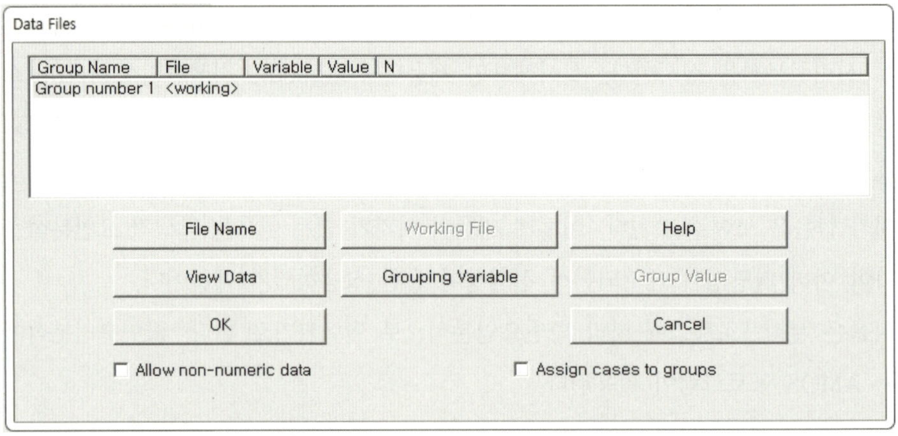

》 그림 18-18 자료 불러오기(입력상태)

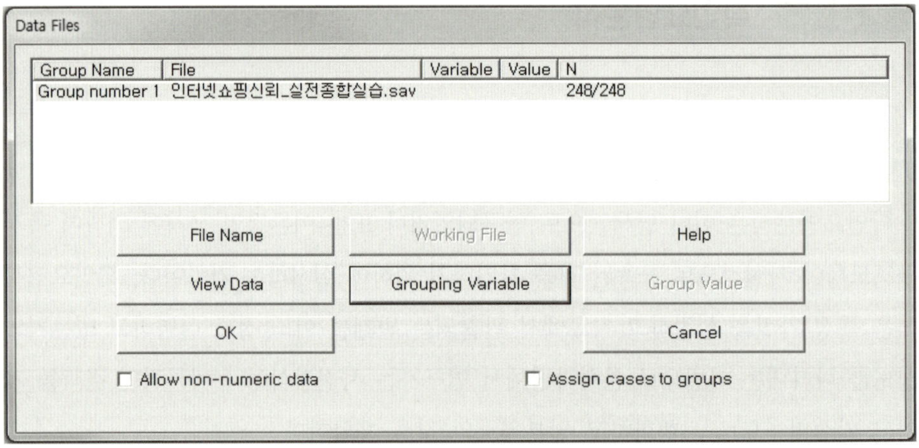

[그림 18-17]과 같이 데이터 창이 나타나고 'File Name' 단추를 누르고, 분석할 파일을 불러온 후에 'OK'를 누르면 [그림 18-18]처럼 대상 파일이 입력된 상태가 된다. [그림 18-17]에서 'Group Number1'을 더블클릭해서 데이터를 불러올 수도 있다. 그리고 그림도구를 이용하여 [그림 18-19]와 같이 확인요인분석을 위한 측정모형을 그리고 변수이름, 오차항이름, 요인이름을 입력한다.

그림 18-19 모형에 변수 및 요인이름 입력하기

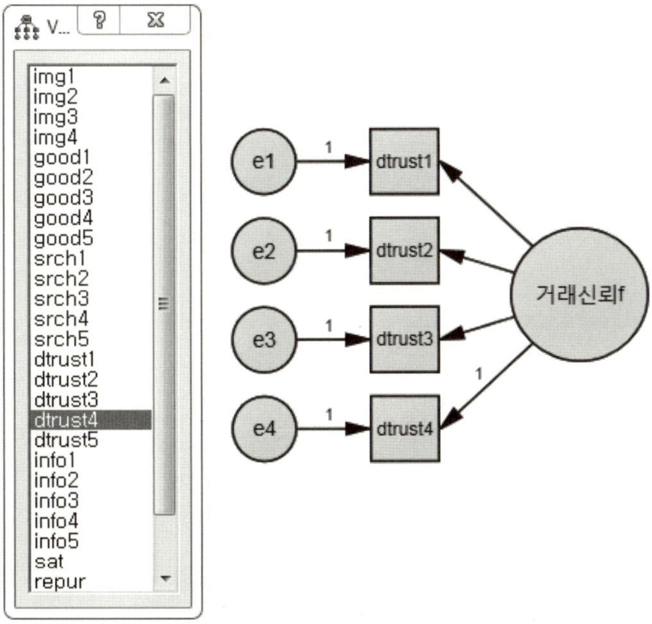

변수명의 경우에 먼저 화면 상단의 툴바에서 'View'를 클릭하고 'Variables in Dataset'를 클릭하여 '변수보기' 창을 열고 거래신뢰에 해당하는 변수를 하나씩 드래그하여 모형의 변수에 해당되는 도형에 입력한다. 그리고 오차항과 요인의 이름의 입력은 먼저 해당 입력할 도형에 마우스를 올려놓고 더블클릭하면 [그림 18-20]처럼 입력창이 난다. 그리고 입력창의 'Text'를 클릭하면 'Variable name' 박스가 나타나며 여기에 변수이름을 입력한다. 필요하면 글자크기와 스타일은 물론 색상까지 지정할 수 있다. 단 주의사항으로 AMOS 프로그램의 버전에 따라서 글자를 입력할 때 '특수문자(−, #, *, % 등)'는 입력과 사용에 제한이 있을 수 있다.

>> 그림 18-20 **모형에 오차항이름 입력하기**

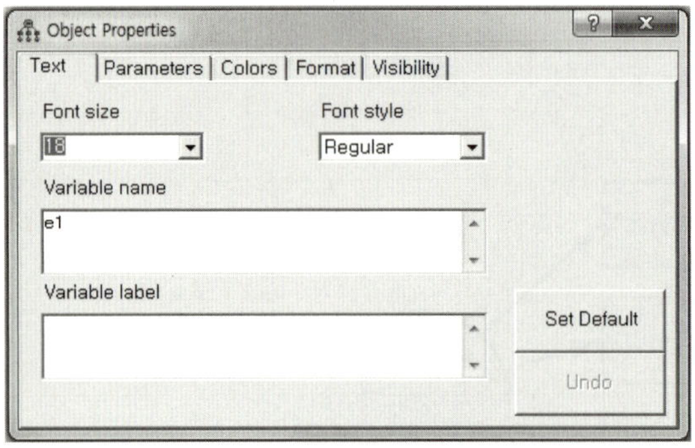

그리고 툴바의 '결과 옵션창' 을 클릭하면 [그림 18-21]과 같은 창이 나타난다.

>> 그림 18-21 **결과 옵션창**

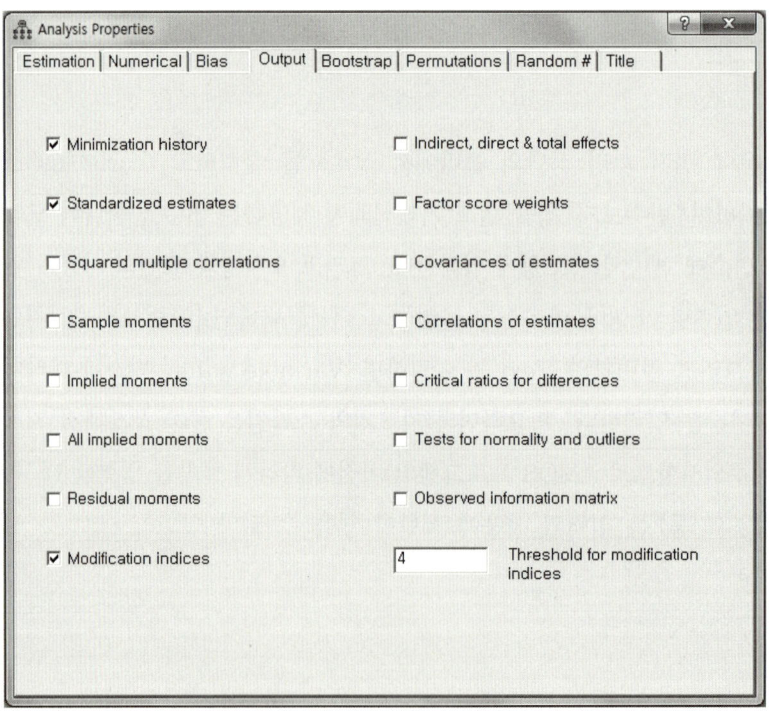

기본적으로 'Standard estimates'와 'Modifications indices'를 지정한다. 'Standard estimates'는 표준화된 계수값을 보여주며, 'Modifications indices'는

수정지수로서 모형의 적합도지수가 기준치를 미달하는 경우에 적합도를 개선시켜 줄 수 있는 개선가능한 대상변수들과 그에 해당되는 수정지수(MI)를 보여준다.

입력한 후에 분석을 실행시키기 위해 창을 닫고 도구상자에서 을 클릭한다. 그러면 측정모형을 저장하라는 창이 나오면 파일명을 적당히 입력하고 저장한다. 저장과 동시에 분석이 실행되어 [그림 18-22]의 결과가 나타난다.

분석된 결과를 보기 위하여 'Viewt → Text Output'을 선택하거나 도구상자에서 을 클릭하면 [그림 18-22]의 분석결과를 보여준다. 먼저 결과창의 좌측에서 'Model fit'을 클릭하면 모형의 적합도지수를 보여준다. 항목구성의 최적상태를 도출하기 위한 적합도 평가를 위해 GFI(Goodness-of-Fit Index; ≥0.9), AGFI (Adjusted Goodness-of-Fit Index; ≥0.90), CMIN(χ^2), CMIN(χ^2)에 대한 p값(≥0.05), RMR(Root Mean square Residual; ≤0.05), NFI(Normed Fit Index) 등을 이용한다.

» 그림 18-22 결과창: 모형의 적합도

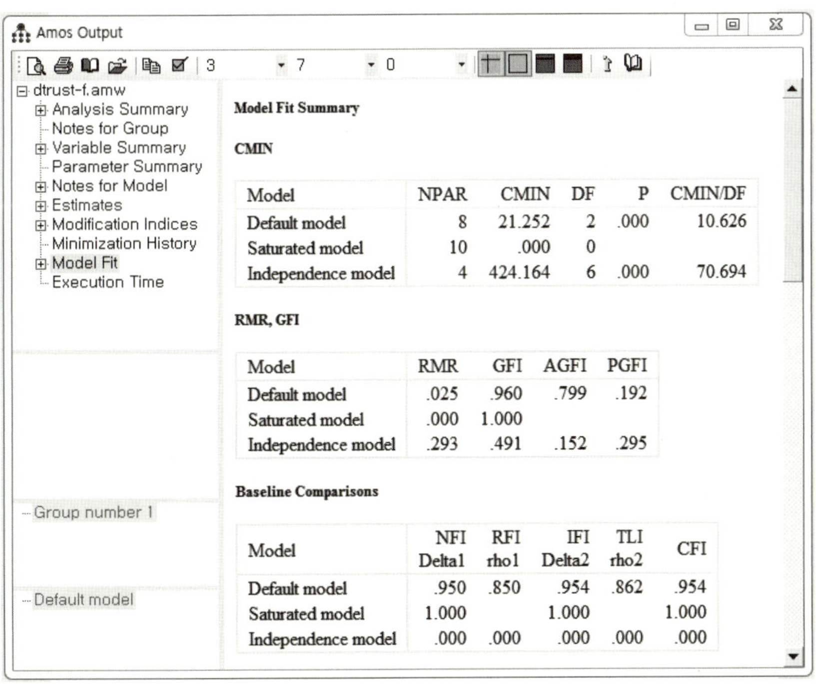

Model Fit Summary

CMIN

Model	NPAR	CMIN	DF	P	CMIN/DF
Default model	8	21.252	2	.000	10.626
Saturated model	10	.000	0		
Independence model	4	424.164	6	.000	70.694

RMR, GFI

Model	RMR	GFI	AGFI	PGFI
Default model	.025	.960	.799	.192
Saturated model	.000	1.000		
Independence model	.293	.491	.152	.295

Baseline Comparisons

Model	NFI Delta1	RFI rho1	IFI Delta2	TLI rho2	CFI
Default model	.950	.850	.954	.862	.954
Saturated model	1.000		1.000		1.000
Independence model	.000	.000	.000	.000	.000

[그림 18-22]의 모형의 적합도에서 초기모형, 포화모형, 독립모형의 세 가지 모형을 보여주고 있다. 초기모형(Default model)은 연구를 위해 연구자가 고안한 모형이다. 이에 반해 포화모형(Saturated model)은 완전적합모형으로 자료에 대해 완전한 적합성을 갖는 모델로서 모형의 타당성 검증이 불가능한 의미 없는 모형이다. 그리고 독립모형(Independence model)은 추정모수의 개수를 최소로 하는 최악의 적합모형을 의미한다.

세 가지 모형 중에서 포화모형과 독립모형은 극단적 모형으로서 초기모형과 비교되는 기준모형으로서만 의미를 가진다. 따라서 연구논문에 작성되는 적합도지수는 모두 초기모형(Default model)의 것만 구성되어야 한다. 그리고 확인요인분석에서 초기모형의 적합도지수는 모형을 구성하는 요인과 하부 변수들의 타당성을 판단하는 기준으로 매우 중요하다. [그림 18-23]에서 'Estimates'를 클릭하면 경로계수와 유의성을 보여준다.

» 그림 18-23 결과창: 경로계수

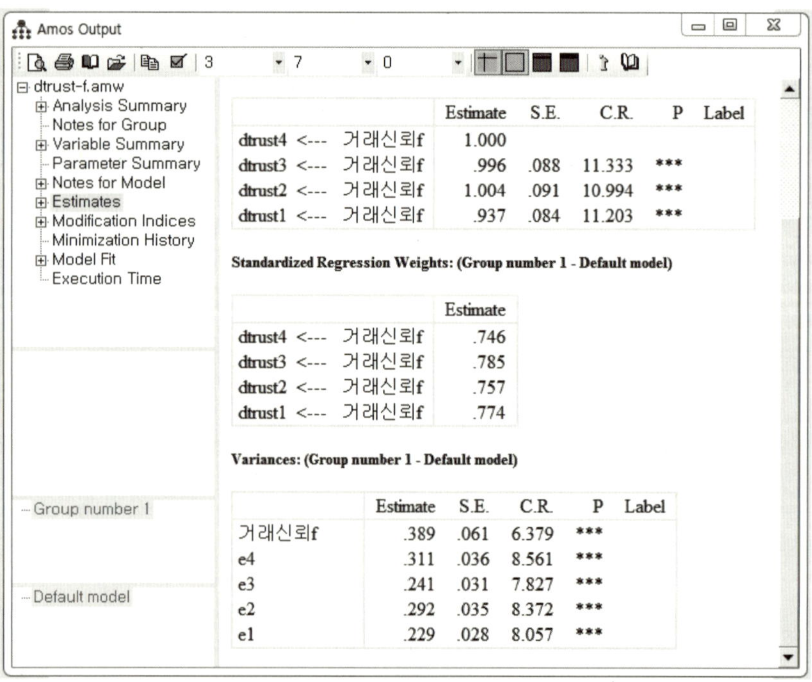

			Estimate	S.E.	C.R.	P	Label
dtrust4	<---	거래신뢰f	1.000				
dtrust3	<---	거래신뢰f	.996	.088	11.333	***	
dtrust2	<---	거래신뢰f	1.004	.091	10.994	***	
dtrust1	<---	거래신뢰f	.937	.084	11.203	***	

Standardized Regression Weights: (Group number 1 - Default model)

			Estimate
dtrust4	<---	거래신뢰f	.746
dtrust3	<---	거래신뢰f	.785
dtrust2	<---	거래신뢰f	.757
dtrust1	<---	거래신뢰f	.774

Variances: (Group number 1 - Default model)

	Estimate	S.E.	C.R.	P	Label
거래신뢰f	.389	.061	6.379	***	
e4	.311	.036	8.561	***	
e3	.241	.031	7.827	***	
e2	.292	.035	8.372	***	
e1	.229	.028	8.057	***	

다음은 연구모형에 사용되는 모든 요인들을 대상으로 한꺼번에 결합하여 전체 확인요인분석을 실시하는 측정모형분석에 대해 이야기하고자 한다.

3.2 측정모형분석(전체 확인요인분석)

측정모형분석(measurement model analysis)은 요인별로 이루어졌던 확인요인분석을 연구모형을 구성하는 전체 요인의 차원에서 행해지는 요인분석이라고 할 수 있다. 즉 측정모형(measurement model)은 연구모형을 구성하는 모든 구성개념과 그 측정변수를 포함한다. 따라서 측정모형분석을 전체 확인요인분석으로 부르기도 한다.

항목구성의 최적상태를 도출하기 위한 적합도를 평가하기 위해서 GFI(≥0.9), AGFI(≥0.90), CMIN(χ^2), CMIN(χ^2)에 대한 p값(≥0.05), RMR(≤0.05), NFI(Normed Fit Index) 등을 이용한다.

측정모형분석은 가설검정에 잠재요인뿐만 아니라 변수차원까지 타당성을 확립하려는 높은 수준의 분석이다. 그리고 연구자가 최종 인과관계분석에서 공분산구조분석을 활용하고자 한다면 필수적으로 실행해서 최적의 적합도지수를 확보해야 하는 분석이기도 하다. 왜냐하면 측정모형분석에서 모형의 적합도지수를 기준 이상으로 확보해두어야 가설검정 단계에서 수정모형 없이 구조방정식모형의 적합도지수를 담보할 수 있기 때문이다.

그림도구를 이용하여 [그림 18-24]와 같이 확인요인분석을 위한 측정모형을 그리고 해당 도형에 변수이름, 오차항이름, 요인이름을 기입한다. 변수명의 경우에 먼저 화면 상단의 툴바에서 'View'를 클릭하고 'Variables in Dataset'를 클릭하거나 또는 도구창의  을 클릭하여 '변수보기' 창을 열고 요인에 해당하는 변수들을 모형에 드래그하여 입력한다. 그리고 오차항과 요인의 이름의 입력은 먼저 해당 입력할 도형에 마우스를 올려놓고 더블클릭하면 [그림 18-20]처럼 입력창이 난다.

≫ 그림 18-24 측정모형의 작성

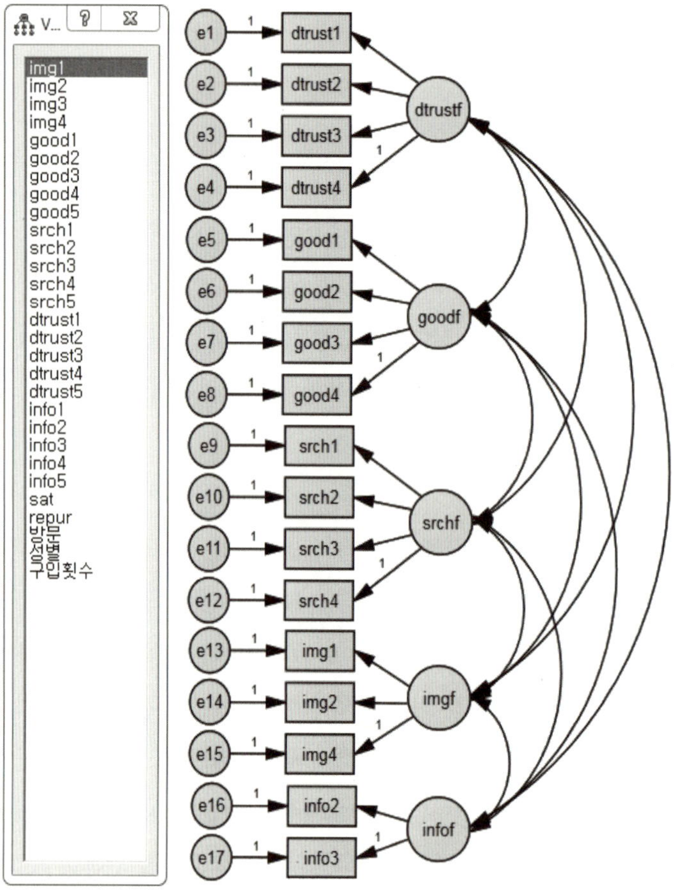

그리고 입력창의 'Text'를 클릭하면 'Variable name' 박스가 나타나며 여기에 변수이름을 입력한다. 필요하면 글자크기와 스타일은 물론 색상까지 지정할 수 있다. 단 주의사항으로 AMOS 프로그램의 버전에 따라서 글자를 입력할 때 '특수문자(-, #, *, % 등)'는 입력과 사용에 제한이 있을 수 있다.

변수이름, 오차항이름, 요인이름의 입력이 완료되었으면 '양방향화살표' ↔ 를 이용하여 요인 간의 상관관계를 경우의 수만큼 모두 표시해야 한다. 만약에 하나라도 누락된다면 분석은 실행되지 않는다. [그림 18-24]는 최종 완성된 측정모형을 보여준다.

>> 그림 18-25 결과 옵션창

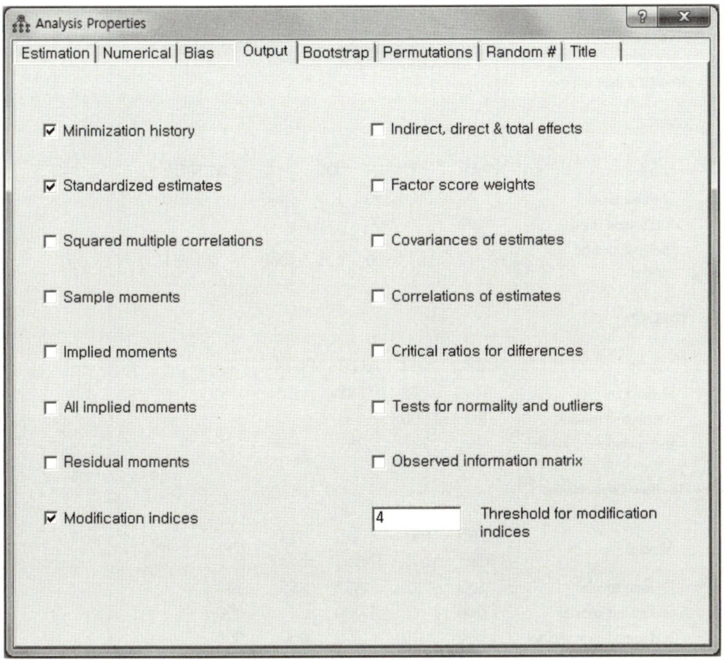

그리고 '결과 옵션창(Analysis property)' 을 클릭하면 [그림 18-25]와 같은 창이 나타난다. 기본적으로 'Standard estimates'와 'Modifications indices'를 지정한다. 'Standard estimates'는 표준화된 계수값을 보여주며, 'Modifications indices'는 수정지수로서 모형의 적합도지수가 기준치를 미달하는 경우에 적합도를 개선시켜 줄 수 있는 개선가능한 대상들과 그에 해당되는 수치들을 보여준다.

입력 후에 분석 실행을 위해 창을 닫고 도구상자에서 'Calculate estimate' 을 클릭한다. 측정모형을 저장하라는 창이 나오면 파일명을 적당히 입력하고 저장한다. 이때 저장과 분석이 동시 실행된다. 분석결과를 보기 위하여 'Viewt → Text Output'을 선택하거나 도구상자에서 'View Text' 을 클릭하면 [그림 18-26]의 분석결과를 보여준다. 먼저 결과창의 좌측에서 'Model fit'을 클릭하여 모형의 적합도지수를 확인한다.

» 그림 18-26 결과창: 모형의 적합도

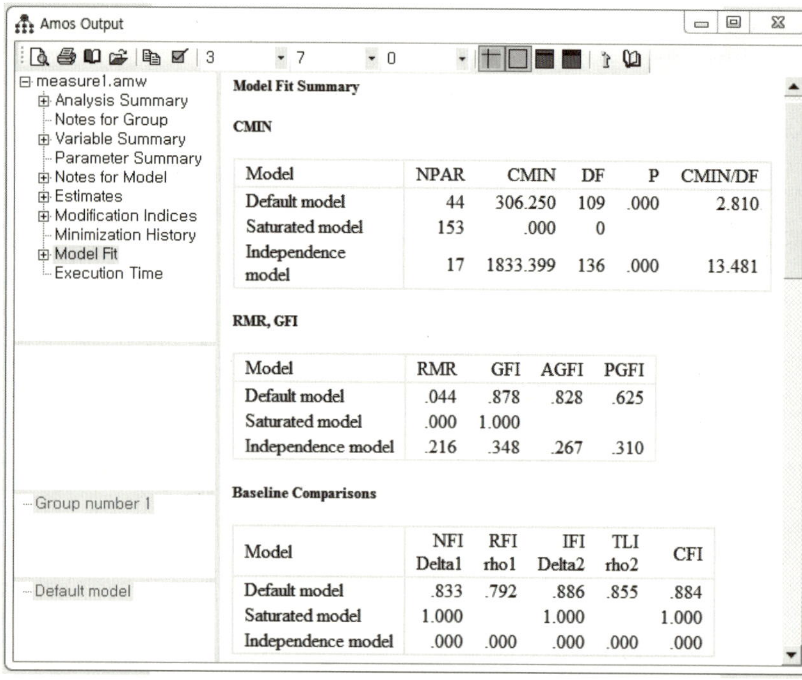

Model Fit Summary

CMIN

Model	NPAR	CMIN	DF	P	CMIN/DF
Default model	44	306.250	109	.000	2.810
Saturated model	153	.000	0		
Independence model	17	1833.399	136	.000	13.481

RMR, GFI

Model	RMR	GFI	AGFI	PGFI
Default model	.044	.878	.828	.625
Saturated model	.000	1.000		
Independence model	.216	.348	.267	.310

Baseline Comparisons

Model	NFI Delta1	RFI rho1	IFI Delta2	TLI rho2	CFI
Default model	.833	.792	.886	.855	.884
Saturated model	1.000		1.000		1.000
Independence model	.000	.000	.000	.000	.000

확인요인분석에서는 적합도지수가 중요 분석결과로서 요인의 타당성 판단의 기준으로 사용되며 기준치 이하가 되면 모형을 포기하든지 이론적인 범위 내에서 모형을 개선시키려고 노력해야 한다.

연구자의 모형인 초기모형(Default model)의 분석결과를 보면 적합도를 저해하는 항목들이 없는 것으로 나타나 만족할 만한 수준을 보이고 있다. 모형의 적합도검정의 결과에서 CMIN(χ^2)는 306.250으로 높은 편이나 데이터 개수 200 이상인 경우에는 큰 의미가 없다. 모형의 적합도의 유의확률도 0.000으로 유의수준 0.05보다 낮은 것으로 나타나 '모형은 적합하다'는 귀무가설을 기각하고 있다. 그리고 χ^2/df (CMIN/DF)는 2.810으로 이상치(2 이내)는 아니지만 3 이내이므로 수용할 수 있는 수준임을 보여주고 있다. GFI, AGFI, CFI, IFI, NFI가 모두 0.9 미만으로 대부분의 지수가 기준을 충족시키지 못하고 있으며 RMR만 0.05보다 작아 기준을 충족시키고 있다. 따라서 전반적으로 자료가 현재 모형에 적합하지 않음을 보이고 있다(Jöreskog & Sörbom, 1993). 따라서 현재 모형으로 후속분석을 진행할 수 없다.

현재 상태에서는 적합도지수가 대부분 기준치 이하이므로 모형을 포기하든지 이론적 범위 내에서 모형을 개선시켜야 한다. 따라서 수정지수를 이용하여 타당성이 떨어지는 변수를 제거함으로써 이론적인 범위 내에서 모형을 개선시키는 작업을 수행한다.

타당성이 떨어지는 변수를 찾아 제거하기 위해 결과창(Amos output)에서 수정지수 'Modification Indices'를 클릭하면 [그림 18-27]의 표를 볼 수 있다.

>> 그림 18-27 공분산관계에 따른 수정지수 1

			M.I.	Par Change
e5	<-->	infof	9.484	-.069
e5	<-->	imgf	5.483	.062
e16	<-->	e5	20.791	-.096
e13	<-->	infof	4.437	-.050
e13	<-->	e5	8.959	.074
e13	<-->	e16	4.835	-.049
e14	<-->	imgf	10.675	-.086
e14	<-->	goodf	5.735	.053
e14	<-->	e16	6.994	.057
e15	<-->	goodf	5.131	-.061
e15	<-->	e13	6.375	.072
e15	<-->	e14	8.778	-.085
e10	<-->	srchf	5.923	.048
e10	<-->	dtrustf	7.690	-.069
e10	<-->	e9	4.956	.062
e11	<-->	goodf	4.919	-.050
e11	<-->	e9	6.719	-.061
e12	<-->	e16	14.145	.089
e12	<-->	e17	4.824	-.056
e12	<-->	e9	7.050	-.069
e12	<-->	e11	5.270	.062
e6	<-->	e5	5.434	.057
e7	<-->	e16	5.007	.054
e8	<-->	infof	10.444	.082
e8	<-->	e5	8.127	-.073
e8	<-->	e16	13.534	.087
e8	<-->	e9	8.171	.075
e8	<-->	e7	5.986	.074
e1	<-->	infof	4.936	.042
e1	<-->	e17	5.446	.045
e1	<-->	e14	6.271	.051
e2	<-->	e15	5.906	.070
e2	<-->	e10	12.881	-.103
e2	<-->	e1	6.914	.051
e3	<-->	infof	7.238	-.056
e3	<-->	e1	6.435	-.046
e4	<-->	e2	6.630	-.059
e4	<-->	e3	9.764	.066

변수들 간의 공분산관계(양쪽화살표)를 연결하면 χ^2값을 줄일 수 있는 수치인 수정지수(MI)값을 보여주고 있다. 그러나 대부분의 경우 변수 상호 간 공분산관계를 연결할 수 있는 이론적 배경이 없기 때문에 다른 변수들과 공분산관계를 가질 때 수정지수(MI)값을 최대한 개선할 수 있는 변수와 오차항을 탐색적으로 찾아 적합도지수가 충족될 때까지 순차적으로 제거해나가야 한다. 아마도 설명만으로는 이해가 어려울 것이므로 실습을 통해 설명하기로 한다. 먼저 χ^2값을 줄이기 위해 MI의 누적합계를 최대가 되는 오차항과 그에 해당하는 변수를 탐색적으로 모두 찾아야 한다. 결국 모든 경우의 수를 생각해야 한다. 단계별로 나누어 설명하고자 한다.

1단계로 [그림 18-27]의 표를 살펴보면 MI를 최대한 줄일 수 있는 오차항을 찾아 제거한다. 이때 오차항을 제거한다는 의미는 해당되는 변수도 함께 제거한다는 의미이다. MI를 최대한 줄일 수 있는 오차항을 탐색적으로 찾아보자. 대충보기에 e5를 제거하면 많은 MI 개선이 있을 것으로 예상된다.

[표 18-1]은 [그림 18-27]에서 e5가 다른 변수와 공분산관계에 있는 경우를 추출한 것이며 이들의 MI를 합계해보면 58.278로 다른 오차항을 지우게 되는 경우보다 개선될 수 있는 MI값의 총합이 가장 크다. 이 의미는 적합도지수 중에서 χ^2(chi-square)값이 MI만큼 개선되어 감소된다는 것을 의미한다. 즉 모형과 데이터의 간의 차이가 줄어들어서 그만큼 정확한 분석결과를 기대할 수 있고 신뢰할 수 있다는 것이다.

다시 말해서 오차항 'e5'와 그에 해당하는 변수 'good1'을 제거하면 MI의 누적합계 58.278만큼 적합도지수 χ^2값이 감소되고 동시에 다른 적합도지수들도 개선되어 궁극적으로 모형의 개선을 이룰 수 있다는 것이다. 따라서 오차항 'e5'와 그에 해당하는 변수 'good1'을 제거하고 'Calculate estimate'를 클릭한다. 그러면 [그림 18-28]의 결과창에서 개선된 적합도지수를 볼 수 있다.

▌표 18-1 ▌e5와 해당변수 good1이 제거되면 개선될 수 있는 MI값

경로	MI
e5 ↔ infof	9.484
e5 ↔ infof	5.483
e5 ↔ e16	20.791
e5 ↔ e13	8.959
e6 ↔ e5	5.434
e8 ↔ e5	8.127
합계	58.278

≫ 그림 18-28 결과창: 모형의 적합도

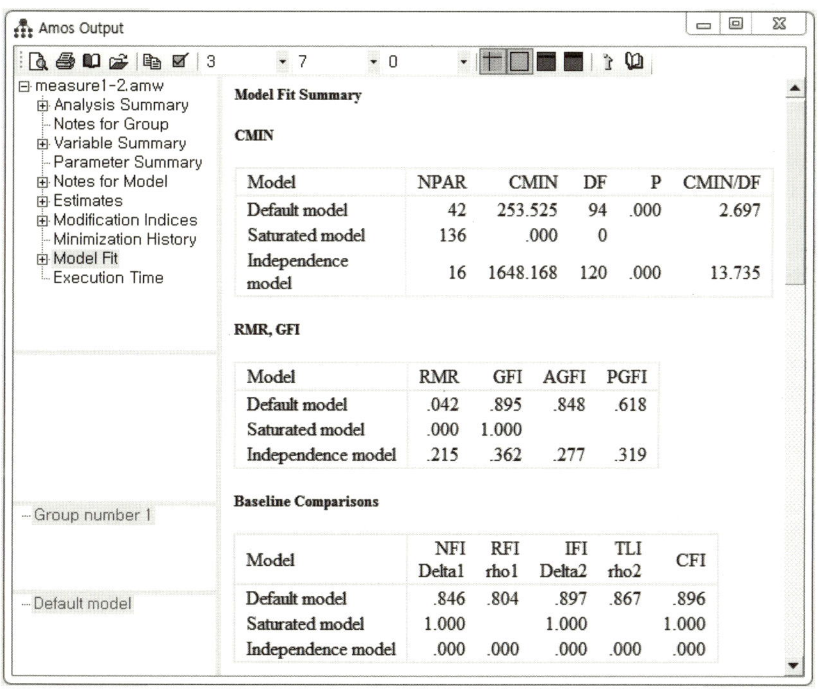

Model Fit Summary

CMIN

Model	NPAR	CMIN	DF	P	CMIN/DF
Default model	42	253.525	94	.000	2.697
Saturated model	136	.000	0		
Independence model	16	1648.168	120	.000	13.735

RMR, GFI

Model	RMR	GFI	AGFI	PGFI
Default model	.042	.895	.848	.618
Saturated model	.000	1.000		
Independence model	.215	.362	.277	.319

Baseline Comparisons

Model	NFI Delta1	RFI rho1	IFI Delta2	TLI rho2	CFI
Default model	.846	.804	.897	.867	.896
Saturated model	1.000		1.000		1.000
Independence model	.000	.000	.000	.000	.000

[그림 18-28]의 결과를 보면 χ^2값(CMIN)이 감소하여 개선되었고 GFI, AGFI, CFI, IFI, NFI도 개선되었으나 모두 여전히 적합도지수 기준값인 0.9 미만으로 대부분 지수가 기준을 충족시키지 못하고 있으며 단지 RMR만 0.05보다 작아 기준을 충족시키고 있다. 따라서 여전히 자료가 현재의 모형에 적합하지 않음을 보이고 있어

추가적인 개선이 필요한 상태이다.

좀 더 개선시키기 위해 2단계로 [그림 18-29]를 살펴보면 탐색적으로 찾아보았을 때 오차항 'e2'와 그에 해당하는 변수 'dtrust2'을 제거하면 [표 18-2]에서 보듯이 MI의 누적합계가 40.434만큼 개선되어 χ^2값이 감소되고 나머지 적합도지수가 될 수 있음을 보여주고 있다. 따라서 오차항 'e2'와 변수 'dtrust2'을 제거하고 'Calculate estimate'를 클릭한다.

» 그림 18-29 공분산관계에 따른 수정지수 2

Covariances: (Group number 1 - Default model)

	M.I.	Par Change
e13 <--> infof	4.643	-.050
e13 <--> e16	5.476	-.052
e14 <--> imgf	9.649	-.086
e14 <--> goodf	6.165	.067
e14 <--> e16	5.687	.051
e15 <--> goodf	4.084	-.065
e15 <--> e13	5.078	.064
e15 <--> e14	9.080	-.087
e10 <--> srchf	6.498	.050
e10 <--> dtrustf	7.245	-.067
e10 <--> e9	5.042	.063
e11 <--> goodf	6.590	-.069
e11 <--> e9	6.508	-.060
e12 <--> e16	13.119	.085
e12 <--> e17	4.374	-.053
e12 <--> e9	7.918	-.073
e12 <--> e11	5.311	.062
e6 <--> infof	5.516	-.062
e6 <--> imgf	4.704	.072
e6 <--> e16	6.527	-.064
e8 <--> e16	5.282	.051
e8 <--> e9	7.354	.068
e1 <--> infof	4.674	.041
e1 <--> e17	5.883	.046
e1 <--> e14	6.271	.051
e2 <--> srchf	4.183	-.035
e2 <--> e13	4.237	-.051
e2 <--> e15	5.744	.069
e2 <--> e10	13.157	-.104
e2 <--> e1	6.450	.049
e3 <--> infof	6.689	-.053
e3 <--> e1	6.436	-.046
e4 <--> e2	6.663	-.059
e4 <--> e3	10.201	.068

| 표 18-2 | e2와 해당변수 dtrust2가 제거되면 개선될 수 있는 MI값

경로	MI
e2 ↔ srchf	4.183
e2 ↔ e13	4.237
e2 ↔ e15	5.744
e2 ↔ e10	13.157
e2 ↔ e1	6.450
e4 ↔ e2	6.663
합계	40.434

» 그림 18-30 결과창: 모형의 적합도

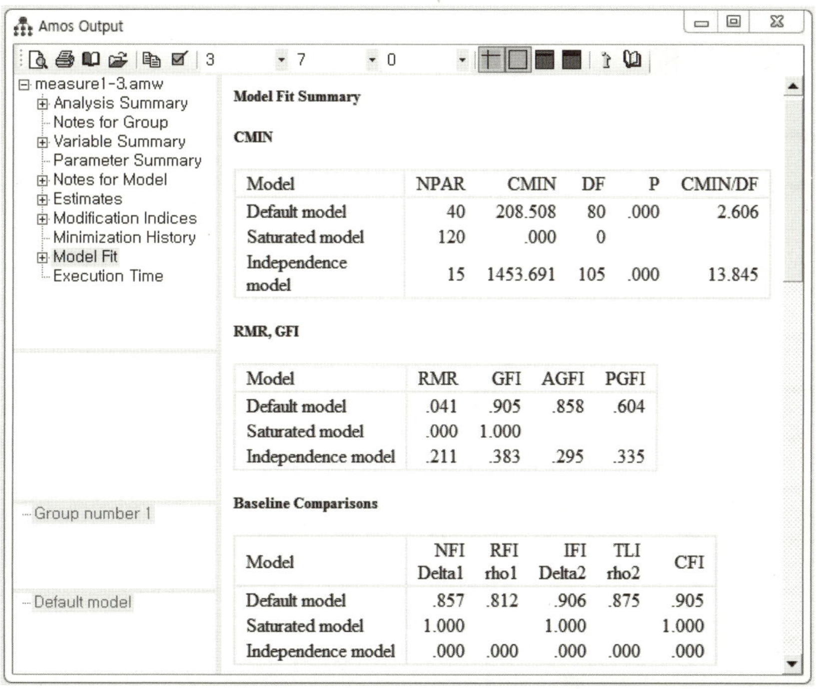

Model Fit Summary

CMIN

Model	NPAR	CMIN	DF	P	CMIN/DF
Default model	40	208.508	80	.000	2.606
Saturated model	120	.000	0		
Independence model	15	1453.691	105	.000	13.845

RMR, GFI

Model	RMR	GFI	AGFI	PGFI
Default model	.041	.905	.858	.604
Saturated model	.000	1.000		
Independence model	.211	.383	.295	.335

Baseline Comparisons

Model	NFI Delta1	RFI rho1	IFI Delta2	TLI rho2	CFI
Default model	.857	.812	.906	.875	.905
Saturated model	1.000		1.000		1.000
Independence model	.000	.000	.000	.000	.000

[그림 18-30]의 결과를 보면 χ^2값(CMIN)과 GFI, AGFI, CFI, IFI, NFI도 개선되었다. 일부 적합도지수가 여전히 기준치를 이하이나 주요 적합도지수 GFI, IFI, CFI(≥0.9), RMR(≤0.05)이 기준치 이상이어서 전반적으로 자료가 현재의 모형에 적합함을 보이고 있다. 따라서 더 이상의 MI의 개선은 불필요하며 모형은 최종적으

로 [그림 18-31]과 같이 완성되었다. 다음 분석단계로 진행할 수 있는 여건이 형성되었다.

[그림 18-32]는 최종모형에 따른 경로계수의 결과를 보여주고 있다. 경로계수에는 비표준화계수와 표준화계수가 있다. 그리고 이들 경로계수는 측정변수가 요인에 걸려있는 요인적재치를 의미한다. 측정모형분석에서 요인적재치(factor loading)는 유의수준(α) 0.05에서 유의해야 하며, 특히 표준요인적재치(standard factor loading)는 0.7보다 커야 바람직하다.

>> 그림 18-31 **최종적으로 good 1과 dtrust가 제거된 모형**

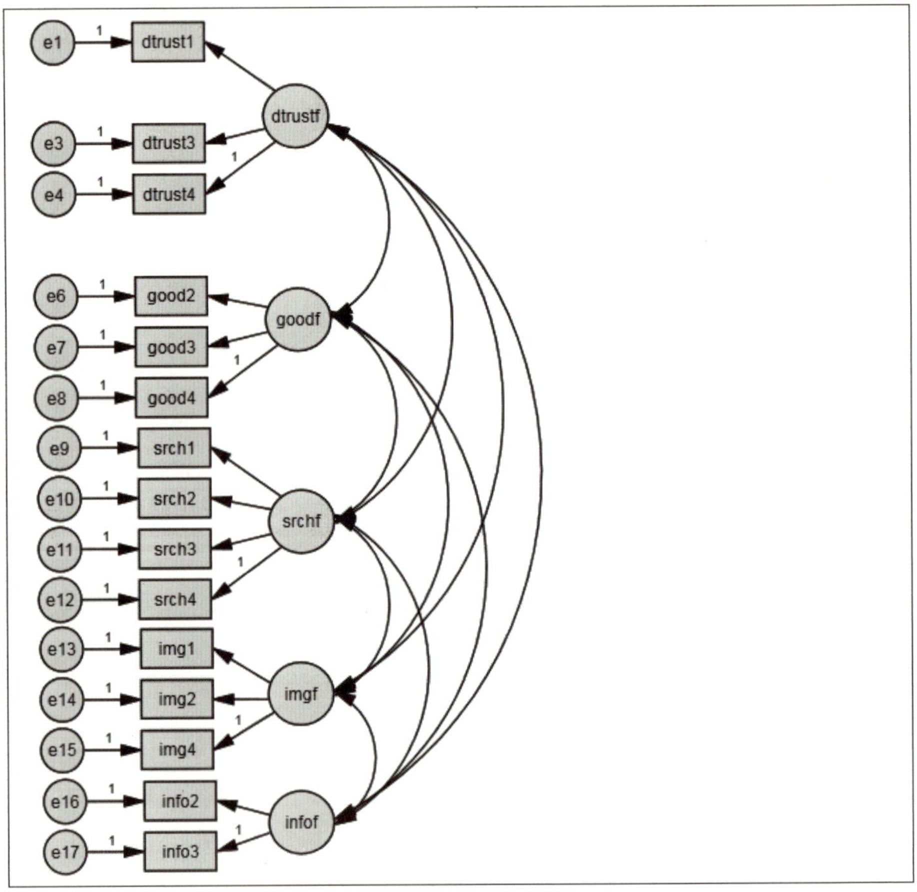

>> 그림 18-32 결과창: 비표준화 경로계수

Regression Weights: (Group number 1 - Default model)

			Estimate	S.E.	C.R.	P	Label
dtrust4	<---	dtrustf	1.000				
dtrust3	<---	dtrustf	.891	.078	11.488	***	
dtrust1	<---	dtrustf	.850	.074	11.490	***	
good4	<---	goodf	1.000				
good3	<---	goodf	.774	.088	8.788	***	
good2	<---	goodf	.819	.091	8.962	***	
srch4	<---	srchf	1.000				
srch3	<---	srchf	1.045	.140	7.454	***	
srch2	<---	srchf	1.227	.165	7.433	***	
srch1	<---	srchf	1.119	.144	7.785	***	
img4	<---	imgf	1.000				
img2	<---	imgf	.633	.074	8.521	***	
img1	<---	imgf	.906	.093	9.748	***	
info3	<---	infof	1.000				
info2	<---	infof	.933	.108	8.637	***	

>> 그림 18-33 결과창: 표준화 경로계수

Standardized Regression Weights: (Group number 1 - Default model)

			Estimate
dtrust4	<---	dtrustf	.802
dtrust3	<---	dtrustf	.754
dtrust1	<---	dtrustf	.754
good4	<---	goodf	.814
good3	<---	goodf	.641
good2	<---	goodf	.657
srch4	<---	srchf	.590
srch3	<---	srchf	.650
srch2	<---	srchf	.647
srch1	<---	srchf	.700
img4	<---	imgf	.756
img2	<---	imgf	.623
img1	<---	imgf	.782
info3	<---	infof	.781
info2	<---	infof	.781

» 그림 18-34 결과창: 요인값과 오차항값

Variances: (Group number 1 - Default model)

	Estimate	S.E.	C.R.	P	Label
dtrustf	.450	.064	6.989	***	
goodf	.512	.077	6.607	***	
srchf	.223	.049	4.549	***	
imgf	.544	.089	6.085	***	
infof	.355	.060	5.938	***	
e4	.250	.034	7.242	***	
e3	.270	.033	8.281	***	
e1	.246	.030	8.280	***	
e8	.260	.048	5.467	***	
e7	.439	.049	9.050	***	
e6	.452	.051	8.844	***	
e12	.419	.044	9.578	***	
e11	.333	.037	8.991	***	
e10	.467	.052	9.025	***	
e9	.291	.035	8.309	***	
e15	.409	.058	7.068	***	
e14	.342	.037	9.285	***	
e13	.283	.044	6.393	***	
e17	.228	.041	5.578	***	
e16	.197	.035	5.555	***	

측정모형분석에서 [그림 18-33]의 변수의 표준화계수값과 [그림 18-34]의 오차항값을 이용하여 구성개념신뢰도(construct reliability: CR)와 평균분산추출값(averaged variance extracted: AVE)을 계산할 수 있다. 구성개념신뢰도와 평균분산추출값의 계산공식은 다음과 같다.

구성개념신뢰도=(표준부하량의 합)^2/[(표준부하량의 합)^2+측정오차의 합]

평균분산추출값=표준부하량제곱의 합/[표준부하량제곱의 합+측정오차의 합]

구성개념신뢰도와 평균분산추출값은 AMOS 프로그램에서 제시해주지 않기 때문에 변수의 표준화계수값과 오차항값을 공식에 적용하여 직접 계산해야 한다. 구성개념신뢰도의 경우 추천기준치는 0.7이나 최소 0.6 이상은 되어야 하고 평균분산추출값의 추천기준치는 0.5 이상이어야 한다(Bagozzi and Yi, 1988).

여기서 '거래신뢰성(dtrust-f)'의 구성개념신뢰도(CR)와 평균분산추출값(AVE)을 계산하면 다음과 같다. [그림 18-35]는 거래신뢰성에 속한 변수들의 표준부하량과 오차항 및 값의 위치를 보여주고 있다.

>> 그림 18-35 거래신뢰성의 모형, 표준부하량, 오차항

[그림 18-31]의 모형일부	[그림 18-33]의 표준부하량 발췌	[그림 18-34]의 오차항 발췌
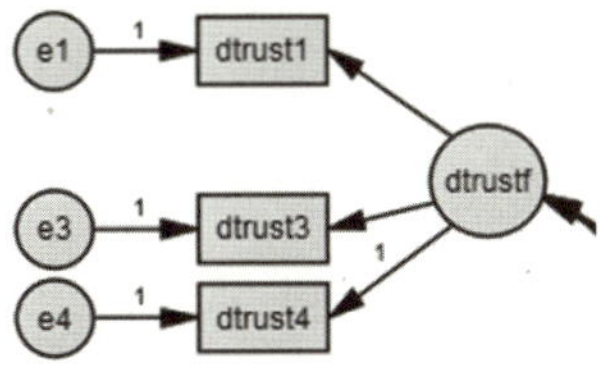	dtrust4 <--- dtrustf .802 dtrust3 <--- dtrustf .754 dtrust1 <--- dtrustf .754	e4 .250 e3 .270 e1 .246

계산결과, 거래신뢰성의 구성개념신뢰도와 평균분산추출값은 각각 0.874와 0.699로 나타나 기준치인 0.7과 0.5를 상회하는 것으로 나타났다.

$$CR = \frac{(0.802+0.754+0.754)^2}{(0.802+0.754+0.754)^2+(0.250+0.270+0.246)} = 0.874$$

$$AVE = \frac{(0.802^2+0.754^2+0.754^2)}{(0.802^2+0.754^2+0.754^2)+(0.250+0.270+0.246)} = 0.699$$

다음으로 '제품다양성(good-f)'의 구성개념신뢰도(CR)와 평균분산추출값(AVE)을 계산하면 다음과 같다. [그림 18-36]을 제품다양성에 속한 변수들의 표준부하량과 오차항 및 값의 위치를 보여주고 있다.

>> 그림 18-36 제품다양성의 모형, 표준부하량, 오차항

[그림 18-31]의 모형일부	[그림 18-33]의 표준부하량 발췌	[그림 18-34]의 오차항 발췌
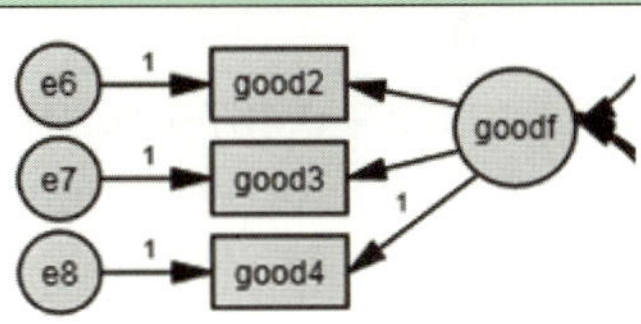	good4 <--- goodf .814 good3 <--- goodf .641 good2 <--- goodf .657	e8 .260 e7 .439 e6 .452

계산결과, 제품다양성의 구성개념신뢰도와 평균분산추출값은 각각 0.795와 0.567로 나타나 기준치인 0.7과 0.5를 상회하는 것으로 나타났다.

$$CR = \frac{(0.814+0.641+0.657)^2}{(0.814+0.641+0.657)^2+(0.260+0.439+0.452)} = 0.795$$

$$AVE = \frac{(0.814^2+0.641^2+0.657^2)}{(0.814^2+0.641^2+0.657^2)+(0.260+0.439+0.452)} = 0.567$$

다음으로 '검색편리성(srch-f)'의 구성개념신뢰도(CR)와 평균분산추출값(AVE)을 계산하면 다음과 같다. [그림 18-37]는 검색편리성에 속한 변수들의 표준부하량과 오차항 및 값의 위치를 보여주고 있다.

» 그림 18-37 검색편리성의 모형, 표준부하량, 오차항

[그림 18-31]의 모형일부	[그림 18-33]의 표준부하량 발췌	[그림 18-34]의 오차항 발췌
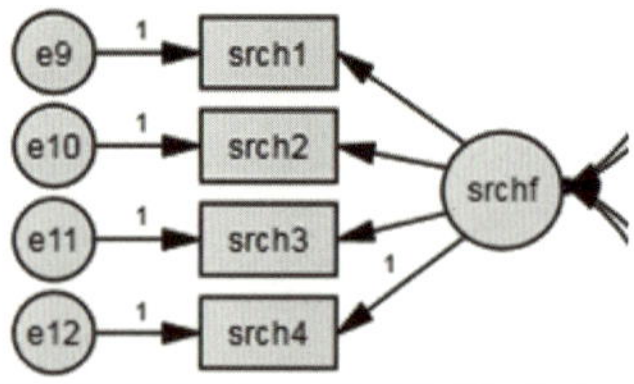	srch4 <--- srchf .590 srch3 <--- srchf .650 srch2 <--- srchf .647 srch1 <--- srchf .700	e12 .419 e11 .333 e10 .467 e9 .291

계산결과, 검색편리성의 구성개념신뢰도와 평균분산추출값은 각각 0.816과 0.526으로 나타나 기준치인 0.7과 0.5를 상회하는 것으로 나타났다.

$$CR = \frac{(0.590+0.650+0.647+0.700)^2}{(0.590+0.650+0.647+700)^2+(0.419+0.333+0.467+0.291)}$$
$$= 0.816$$

$$AVE = \frac{(0.590^2+0.650^2+0.647^2+0.700^2)}{(0.590^2+0.650^2+0.647^2+700^2)+(0.419+0.333+0.467+0.291)}$$
$$= 0.526$$

예제 18-1

앞의 데이터분석 결과를 토대로 나머지 쇼핑몰이미지(img-f), 정보제공성(info-f)의 요인별 구성개념신뢰도(CR)와 평균분산추출값(AVE)을 구하고 [표 18-3]에 기입해보자. 그리고 각각의 기준치를 만족시키고 있는지 판정해보자.

| 표 18-3 | 측정모형분석(전체 확인요인분석)

구성개념	항목	요인 적재치	표준요인 적재치	t(C.R.)값	p값	구성개념 신뢰도 (CR)	분산추출 (AVE)
거래 신뢰성	dtrust1	0.850	0.754	11.490	0.000	0.874	0.699
	dtrust3	0.891	0.754	11.488	0.000		
	dtrust4	1.000	0.802	-	-		
제품 다양성	good2	0.819	0.657	8.962	0.000	0.795	0.567
	good3	0.890	0.641	8.788	0.000		
	good4	1.000	0.814	-	-		
검색 편리성	srch1	1.119	0.700	7.785	0.000	0.816	0.526
	srch2	1.227	0.647	7.433	0.000		
	srch3	1.045	0.650	7.454	0.000		
	srch4	1.000	0.590	-	-		
쇼핑몰 이미지	img1	0.906	0.782	9.748	0.000		
	img2	0.633	0.623	8.521	0.000		
	img4	1.000	0.756	-	-		
정보 제공성	info2	0.933	0.781	8.637	0.000		
	info3	1.000	0.781	-	-		

χ^2=208.508, df=80, p=0.000, RMR=0.041,
GFI=0.905, AGFI=0.858, NFI=0.857, IFI=0.906, CFI=0.905

다음은 요인이 대표값을 구하기 위한 총합척도와 요인 간의 상관행렬분석에 대해 알아보기로 한다.

제 4 절 총합척도 산출과 요인 간 상관행렬분석

확인요인분석에 이어 연구모형을 이루는 요인들 간의 상관분석을 실시한다. 이때 요인을 대표하는 값(대표값)은 일반적으로 요인을 이루는 하부변수들의 값을 합하여 변수의 개수로 나눈 산술평균값으로 구할 수 있다. 이러한 산출방법을 총합척도(summated scale)라고 한다. 요인의 대표값은 측정오차를 줄이고 단일차원으로 구성개념의 대표성을 높이기 위해 총합척도를 이용하여 산출된다(Hair et al., 1995). 요인들의 총합척도 값은 SPSS에서 '변수값 계산'을 통해 산출된다. 그리고 요인들 간의 상관분석의 목적은 요인들 간의 판별타당성(discriminant validity)과 기준타당성(criterion-related validity)을 검증하는데 있다.

요인들 간의 판별타당성의 대표적인 입증방법 두 가지를 소개하면, 첫 번째는 서로 다른 요인 간의 상관계수가 1 이하이어서 동일하지 않은 개념임을 밝혀 판별타당성을 입증하는 방법이며, 두 번째는 요인의 평균분산추출값(AVE)의 제곱근값이 다른 요인들의 상관계수값보다 큰 경우에 판별타당성이 입증되는 방법이다.

대표값 산출을 위해 다음 순서대로 클릭하면 [그림 18-38]의 변수계산창이 나타난다.

변환(T) → 변수계산(C)

>> 그림 18-38 변수계산

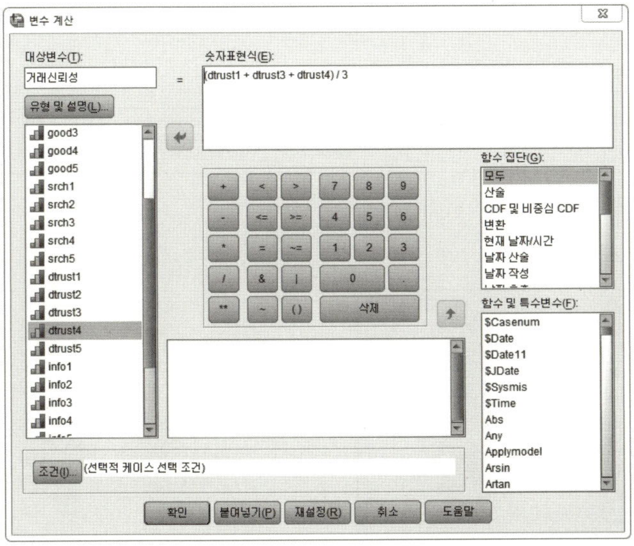

'대상변수(T)'에 '거래신뢰성'을 입력하고 '숫자표현식(E)'에 그림과 같이 탐색적 요인분석과 확인요인분석을 거쳐 최종적으로 필터링된 변수들(dtrust1, dtrust3, dtrust4)을 산술평균하는 계산식을 변수계산창의 숫자판을 이용하여 입력한다. 키보드로 직접 입력할 수도 있다. 그리고 '확인'을 클릭하면 [그림 18-39]처럼 데이터창에 '거래신뢰성'이라는 새로운 변수가 생성된다. 그리고 동일한 요령으로 제품다양성, 검색편리성, 쇼핑몰이미지, 정보제공성의 새로운 변수를 생성시킨다.

>> 그림 18-39 자료입력창

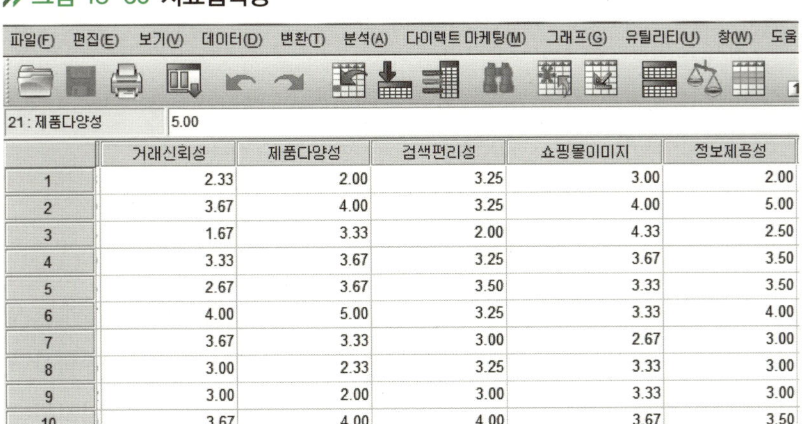

	거래신뢰성	제품다양성	검색편리성	쇼핑몰이미지	정보제공성
1	2.33	2.00	3.25	3.00	2.00
2	3.67	4.00	3.25	4.00	5.00
3	1.67	3.33	2.00	4.33	2.50
4	3.33	3.67	3.25	3.67	3.50
5	2.67	3.67	3.50	3.33	3.50
6	4.00	5.00	3.25	3.33	4.00
7	3.67	3.33	3.00	2.67	3.00
8	3.00	2.33	3.25	3.33	3.00
9	3.00	2.00	3.00	3.33	3.00
10	3.67	4.00	4.00	3.67	3.50

요인의 대표값을 구한 후에 다음을 클릭하면 [그림 18-40]의 변수입력창이 나타난다.

분석(Analyze) → 상관분석(Correlate) → 이변량 상관계수(Bivariate)

» 그림 18-40 **이변량 상관계수**

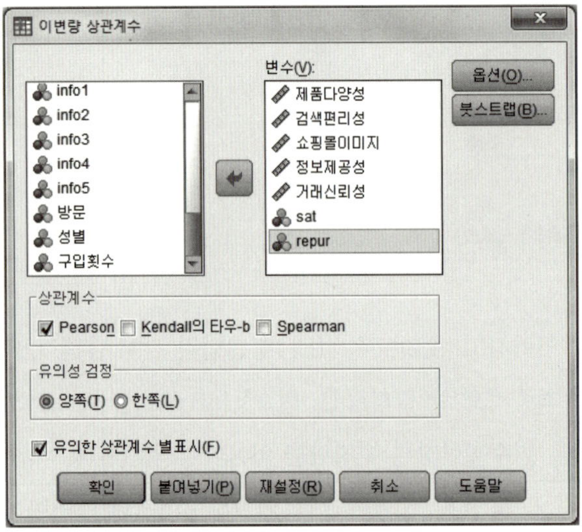

» 그림 18-41 **이변량 상관계수: 옵션**

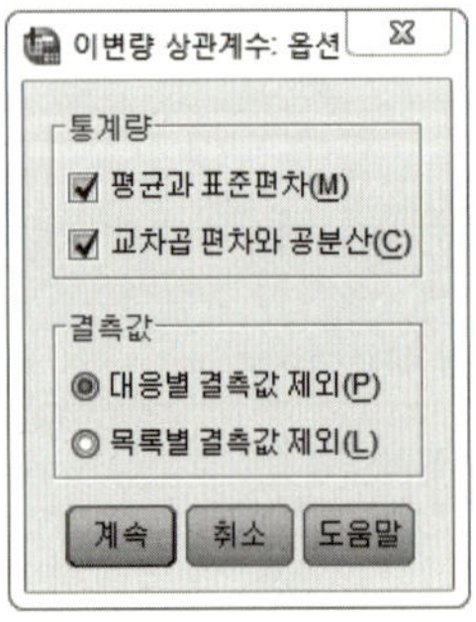

'변수(V)'에 해당 변수(요인)들을 입력한다. 요인들 간의 상관분석을 할 때에는 연구모형을 구성하고 있는 모든 요인들이 포함되어야 한다. 그리고 '옵션'을 클릭한다. [그림 18-41]의 옵션창이 나타나면 통계량에서 '평균과 표준편차(M)'를 지정한다.

'계속'을 누르고 '확인'을 누르면 [그림 18-42]와 [그림 18-43]과 같이 결과가 나타난다.

기술통계량표는 요인들 각각의 평균과 표준편차들을 보여주고 있다. 상관계수표는 요인들 간의 상관계수들을 보여주고 있다. 결과의 상관계수표에서 보는 바와 같이 대각선 방향의 모든 상관계수는 1이다. 동일한 요인 간에는 상관계수가 1이기 때문이다. 이것을 경계로 대각선의 상과 하는 대칭으로 동일한 값을 가지므로 한 쪽만 판독하면 된다.

» 그림 18-42 기술통계량

기술통계량

	평균	표준편차	N
제품다양성	3.4879	.71852	248
검색편리성	3.4516	.60587	248
쇼핑몰이미지	3.8938	.70785	248
정보제공성	3.4395	.66306	248
거래신뢰성	3.2755	.67988	248
sat	3.53	.654	248
repur	3.52	.714	248

» 그림 18-43 상관계수

상관계수

		제품다양성	검색편리성	쇼핑몰이미지	정보제공성	거래신뢰성	sat	repur
제품다양성	Pearson 상관계수	1	.447**	.405**	.324**	.427**	.398**	.267**
	유의확률 (양쪽)		.000	.000	.000	.000	.000	.000
	N	248	248	248	248	248	248	248
검색편리성	Pearson 상관계수	.447**	1	.392**	.390**	.515**	.497**	.428**
	유의확률 (양쪽)	.000		.000	.000	.000	.000	.000
	N	248	248	248	248	248	248	248
쇼핑몰이미지	Pearson 상관계수	.405**	.392**	1	.396**	.441**	.446**	.376**
	유의확률 (양쪽)	.000	.000		.000	.000	.000	.000
	N	248	248	248	248	248	248	248
정보제공성	Pearson 상관계수	.324**	.390**	.396**	1	.480**	.434**	.395**
	유의확률 (양쪽)	.000	.000	.000		.000	.000	.000
	N	248	248	248	248	248	248	248
거래신뢰성	Pearson 상관계수	.427**	.515**	.441**	.480**	1	.585**	.607**
	유의확률 (양쪽)	.000	.000	.000	.000		.000	.000
	N	248	248	248	248	248	248	248
sat	Pearson 상관계수	.398**	.497**	.446**	.434**	.585**	1	.744**
	유의확률 (양쪽)	.000	.000	.000	.000	.000		.000
	N	248	248	248	248	248	248	248
repur	Pearson 상관계수	.267**	.428**	.376**	.395**	.607**	.744**	1
	유의확률 (양쪽)	.000	.000	.000	.000	.000	.000	
	N	248	248	248	248	248	248	248

**. 상관계수는 0.01 수준(양쪽)에서 유의합니다.

앞에서 요인 간의 판별타당성을 입증하는 방법에는 두 가지가 있음을 언급하였다. 분석결과를 토대로 먼저 첫 번째 방법으로 결과표를 작성해보자. 이 경우는 측정모형 분석, 즉 전체 확인요인분석에서 평균분산추출값을 기준치 이상 산출하지 못했을 때 사용된다. SPSS에서 산출된 요인 간의 상관관계 결과를 토대로 그래도 작성하며 해석은 구성개념들 간에 상관관계가 너무 커서 1이라고 할 수 있는 관계가 나타나지 않아 판별타당성이 확립됨을 말하면 된다. 작성된 결과표는 [표 18-4]와 같다.

표 18-4 구성개념들 간의 상관관계행렬

구성개념	제품 다양성	검색 편리성	쇼핑몰 이미지	정보 제공성	거래 신뢰성	고객 만족	재이용 의도	Mean	SD
제품다양성	1							3.49	0.72
검색편리성	0.447	1						3.45	0.61
쇼핑몰이미지	0.405	0.392	1					3.89	0.71
정보제공성	0.324	0.390	0.396	1				3.44	0.66
거래신뢰성	0.427	0.515	0.441	0.480	1			3.28	0.68
고객만족	0.398	0.497	0.446	0.434	0.585	1		3.53	0.65
재이용의도	0.267	0.428	0.376	0.395	0.607	0.744	1	3.52	0.71

주) 모든 상관계수는 α=0.01에서 유의함.

분석결과를 토대로 두 번째 방법으로 [표 18-5]를 작성해보자. 이 경우는 측정모형분석, 즉 전체 확인요인분석에서 평균분산추출값을 기준치 이상 산출했을 때 사용되며 첫 번째 방법보다 업그레이드된 분석방법이라고 할 수 있다.

측정모형분석에서 변수의 표준화계수값과 오차항값을 이용하여 구성개념신뢰도(construct reliability)와 평균분산추출값(averaged variance extracted)이 잘 계산되었을 경우에 평균분산추출값의 제곱근값은 요인 간의 상관행렬분석에서 요인 간의 판별타당성을 검증하는데 기준이 된다. 각 요인들 간의 판별타당성의 충족 정도를 확인하기 위하여 평균분산추출지수의 제곱근값과 잠재변인의 상관계수값을 비교하게 된다. 즉 평균분산추출지수의 양의 제곱근값이 잠재변인의 상관계수값보다 크다는 결과를 보여야 한다(Fornell & Larcker, 1981). 거래신뢰성의 경우에 평균분산추출값이 0.661이므로 이에 대한 제곱근값은 0.813이 된다. 고객만족, 재이용의도의 경우

표 18-5 구성개념들 간의 상관관계행렬

구성개념	제품 다양성	검색 편리성	쇼핑몰 이미지	정보 제공성	거래 신뢰성	고객 만족	재이용 의도	Mean	SD
제품다양성	1 [0.752]							3.49	0.72
검색편리성	0.447	1 [0.725]						3.45	0.61
쇼핑몰이미지	0.405	0.392	1 [ ]					3.89	0.71
정보제공성	0.324	0.390	0.396	1 [ ]				3.44	0.66
거래신뢰성	0.427	0.515	0.441	0.480	1 [0.836]			3.28	0.68
고객만족	0.398	0.497	0.446	0.434	0.585	1 [1.000]		3.53	0.65
재이용의도	0.267	0.428	0.376	0.395	0.607	0.744	1 [1.000]	3.52	0.71

** $p<0.01$, [ ]는 평균분산추출지수(AVE)의 제곱근

는 단일항목으로 측정되었으므로 1로 표기된다. 여기서 요인 간의 상관관계분석 결과표에서 모든 평균분산추출지수 제곱근값이 상관계수보다 큼을 보여줄 수 있으면 판별타당성이 최종 확인됨을 보여줄 수 있다. 현재의 [표 18-5]에서는 제품다양성, 거래신뢰성, 검색편리성, 고객만족, 재이용의도만 완성되어 있고 나머지 쇼핑몰이미지, 정보제공성은 완성되어 있지 않다. 여기서 다음 문제를 제시한다.

예제 18-4

상기 구성개념들 간의 상관행렬 결과표에서 대각선의 일부가 공란으로 남아있다. 이전에 제시된 분석결과를 토대로 평균분산추출값(AVE)들을 산출하고 이를 제곱근 처리하여 공란을 완성하시오(AVE 산출공식을 활용하여 계산한다).

지금까지는 측정오류를 제거하고 타당성 있는 인과관계를 밝히기 위해 측정자료의 타당성과 신뢰성을 검증하는, 즉, 척도의 정화(purification of scale)단계이었다. 다음은 최종단계인 인과관계분석을 실시한다.

제 5 절 인과관계분석

5.1 공분산구조분석

본 실전문제에서는 구조방정식모형을 활용한 공분산구조분석을 실시하여 가설의 인과관계를 검정하였고 검정결과는 [표 18-6]과 같다.

표 18-6 공분산구조분석을 통한 가설검정 결과

가설	경로	가설 방향	경로 명칭	표준화된 경로계수	t값	p값	채택 여부
가설 1.1	유형성(ξ_1) → 서비스가치(η_1)		γ11	0.056	1.076	0.282	기각
가설 1.2	신뢰성(ξ_2) → 서비스가치(η_1)	+	γ12	0.239	3.171	0.002	**채택**
가설 1.3	확신성(ξ_3) → 서비스가치(η_1)	+	γ13	0.286	3.739	0.000	**채택**
가설 1.4	대응성(ξ_4) → 서비스가치(η_1)	+	γ14	0.265	2.774	0.000	**채택**
가설 1.5	공감성(ξ_5) → 서비스가치(η_1)	+	γ15	0.112	1.450	0.147	기각
가설 2.1	유형성(ξ_1) → 고객만족(η_2)	+	γ21	0.067	1.701	0.089	기각
가설 2.2	신뢰성(ξ_2) → 고객만족(η_2)	+	γ22	0.305	4.980	0.000	**채택**
가설 2.3	확신성(ξ_3) → 고객만족(η_2)	+	γ23	0.234	3.743	0.000	**채택**
가설 2.4	대응성(ξ_4) → 고객만족(η_2)	+	γ24	0.118	1.619	0.105	기각
가설 2.5	공감성(ξ_5) → 고객만족(η_2)	+	γ25	0.109	1.874	0.061	기각
가설 3	서비스가치(η_1) → 고객만족(η_2)	+	β21	0.260	4.748	0.000	**채택**
가설 4.1	서비스가치(η_1) → 재이용의도(η_3)	+	β31	0.173	2.113	0.035	**채택**
가설 4.2	서비스가치(η_1) → 구전의도(η_4)	+	β41	0.107	1.527	0.127	기각
가설 5.1	고객만족(η_2) → 재이용의도(η_3)	+	β32	0.410	5.006	0.000	**채택**
가설 5.2	고객만족(η_2) → 구전의도(η_4)	+	β42	0.339	4.669	0.000	**채택**
가설 6	재이용의도(η_3) → 구전의도(η_4)	+	β43	0.377	7.267	0.000	**채택**

먼저 공분산구조분석을 실시하기 위해 그림상자의 도구를 이용하여 구조방정식모형을 작성한다. 화면 상단의 툴바에서 'View'를 클릭하고 'Variables in Dataset'를 클릭하거나 또는 도구창의 을 클릭하여 '데이터 내 변수보기' 창을 열고 연구모형에 해당하는 변수들을 드래그하여 변수를 삽입하고 오차항과 요인이름을 작성한다.

그리고 오차항과 요인이름의 입력은 먼저 해당 입력할 도형에 마우스를 올려놓고 더블클릭하면 입력창이 나타난다. 그리고 입력창의 'Text'를 클릭하면 이름을 입력할 수 있는 박스가 나타난다. 필요하면 글자크기와 스타일은 물론 색상까지 지정할 수 있다.

변수이름, 오차항이름, 요인이름의 입력이 완료되었으면 ↔ 을 이용하여 요인 간의 상관관계를 경우의 수만큼 모두 표시해야 한다. 만약에 하나라도 누락된다면 분석은 실행되지 않는다. [그림 18-44]처럼 구조방정식모형을 완성한다.

» 그림 18-44 구조방정식모형

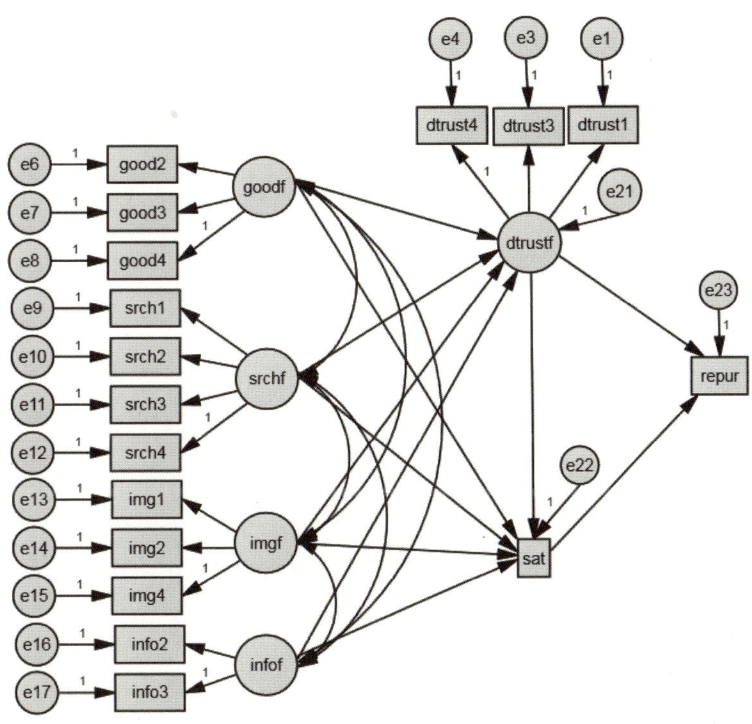

그리고 결과 옵션창 을 클릭하면 [그림 18-45]와 같은 결과 옵션창이 나타난다. 기본적으로 'Standard estimates'와 'Modifications indices'를 지정한다. 'Standard estimates'는 표준화된 계수값을 보여주며, 'Modifications indices'는 수정지수로서 모형의 적합도지수가 기준치를 미달하는 경우에 적합도를 개선시켜 줄 수 있는 개선가능한 대상들과 그에 해당되는 수치들을 보여준다.

최근에는 연구모형에 매개변수가 많이 사용되고 있다. 따라서 최초 독립변수가 매개변수를 거쳐 최종 종속변수에 미치는 영향력을 파악하려고 하는 경향이 있다. 이 경우에 인과효과를 직접효와 간접효과로 분해한 총효과 관점에서 인과관계의 결과를 파악하기도 한다. AMOS에서는 직접효과, 간접효과, 총효과의 산출과 함께 유의성검정 기능을 제공한다. 그러나 다중매개모형일 경우에 개별적인 매개효과의 검증에 한계가 있다. 직접효과, 간접효과, 총효과를 알기 위해 결과 옵션창에서 몇 가지 조건을 지정해주어야 한다. 앞에서 결과 옵션창 을 클릭하면 [그림 18-45]처럼 결과 옵션창에 몇 가지 기본적인 옵션을 지정하였다. 이에 추가하여 'indirect, direct & total effects'를 지정한다. 그리고 상단의 'Bootstrap'을 클릭하고 [그림 18-46]처럼 'Perform bootstrap', 'Percentile confidence intervals', 'Bias-corrected confidence intervals'를 지정한다.

»그림 18-45 결과 옵션창

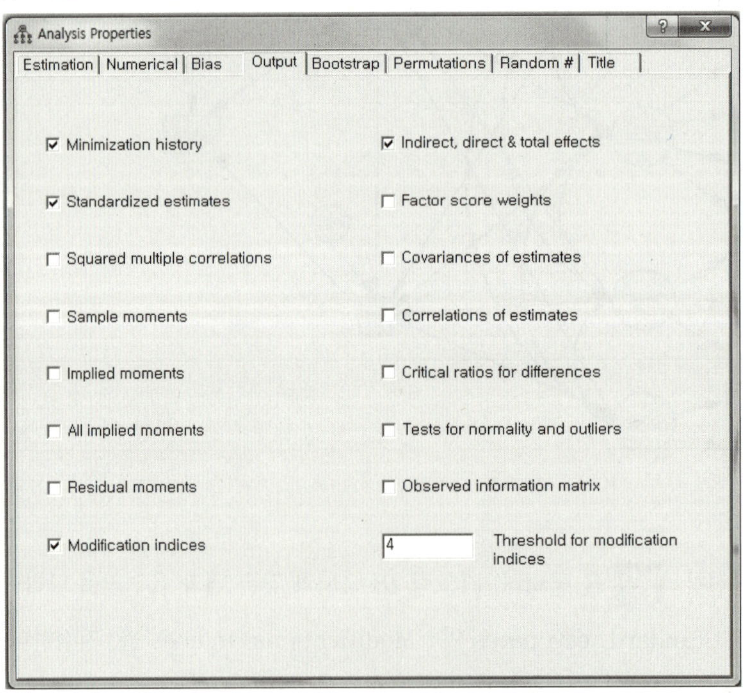

>> 그림 18-46 **결과 옵션창**

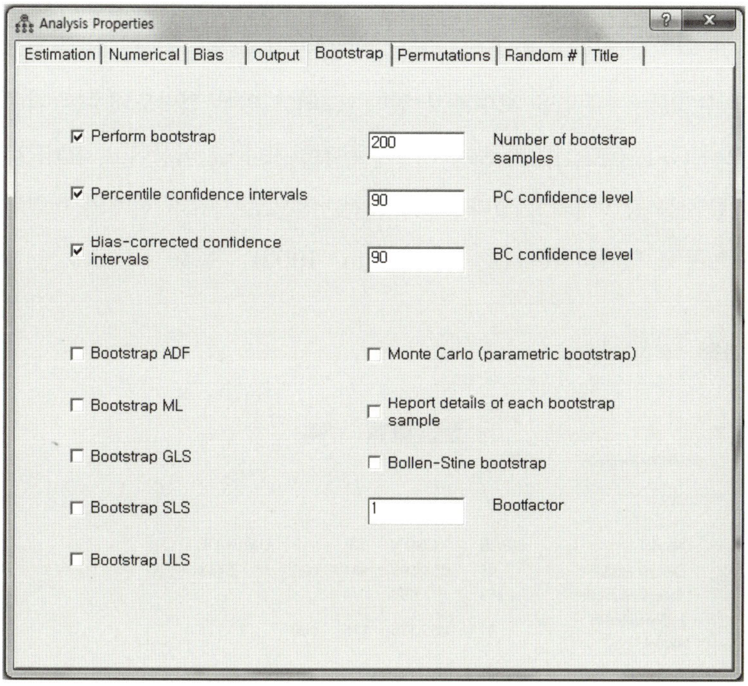

입력한 후에 분석을 실행시키기 위해 창을 닫고 도구상자에서  을 클릭한다. 측정모형을 저장하라는 창이 나오면 파일명을 적당히 입력하고 저장한다. 저장과 동시에 분석이 실행된다. 분석된 결과를 보기 위하여 'Viewt → Text Output'을 선택하거나 도구상자에서  을 클릭하면 [그림 18-47]의 결과창이 나타난다.

공분산구조분석에서 적합도지수는 중요 분석결과로서 요인의 타당성 판단의 기준으로 사용되며 기준치 이하가 되면 모형을 포기하거나 이론적인 범위 내에서 모형을 개선시켜야 한다. 따라서 모형의 적합도를 먼저 확인한다.

결과창의 좌측에서 'Model fit'을 클릭하면 모형의 적합도지수를 보여준다. 연구자 모형인 초기모형(Default model)의 분석결과를 보면 대체로 요인별 지수적합도를 저해하는 항목들이 없는 것으로 나타나 만족할 만한 수준을 보이고 있다.

세부적으로 보면 모형의 적합도검정 결과에서 CMIN(χ^2)는 254.598로 나타났고 모형의 적합도의 유의확률은 0.000으로 유의수준 0.05보다 낮은 것으로 나타나 '모형은 적합하다'라는 귀무가설은 기각되었다. 그러나 CMIN(χ^2)는 데이터의 개수 200 이상인 경우에는 큰 의미가 없다고 한다. 그리고 χ^2/df는 2.448로 3보다 작은 것으로 나타나 수용할 수 있는 수준임을 보여주고 있다. 그리고 일부 적합도지수는 기준에 못 미치고 있으나 GFI, CFI, IFI가 모두 0.9에 근접하거나 그 이상이고, RMR도 0.05보다 작아 기준치를 충족시키고 있다. 따라서 전반적으로 자료가 현재의 모형에 매우 적합함을 보여주고 있다(Jöreskog & Sörbom, 1993).

그림 18-47 결과창

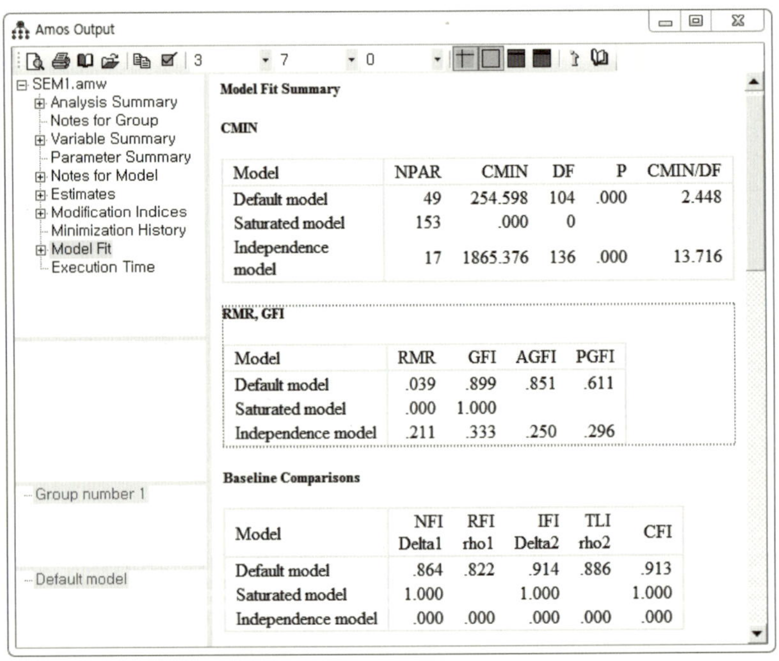

Model Fit Summary

CMIN

Model	NPAR	CMIN	DF	P	CMIN/DF
Default model	49	254.598	104	.000	2.448
Saturated model	153	.000	0		
Independence model	17	1865.376	136	.000	13.716

RMR, GFI

Model	RMR	GFI	AGFI	PGFI
Default model	.039	.899	.851	.611
Saturated model	.000	1.000		
Independence model	.211	.333	.250	.296

Baseline Comparisons

Model	NFI Delta1	RFI rho1	IFI Delta2	TLI rho2	CFI
Default model	.864	.822	.914	.886	.913
Saturated model	1.000		1.000		1.000
Independence model	.000	.000	.000	.000	.000

[그림 18-48]과 [그림 18-49]는 가설검정을 위한 인과관계 분석결과를 보여주고 있다. 이들 경로계수에는 비표준화계수와 표준화계수가 있으며 특히 표준화계수는 독립변수가 종속변수에 미치는 상대적 영향력 또는 중요도를 의미한다.

>> 그림 18-48 비표준화된 경로계수와 유의성 검정

Regression Weights: (Group number 1 - Default model)

			Estimate	S.E.	C.R.	P	Label
dtrustf	<---	goodf	.075	.089	.844	.399	
dtrustf	<---	imgf	.134	.078	1.714	.087	
dtrustf	<---	infof	.330	.099	3.327	***	
dtrustf	<---	srchf	.558	.157	3.556	***	
sat	<---	goodf	.021	.077	.275	.783	
sat	<---	srchf	.322	.145	2.216	.027	
sat	<---	imgf	.116	.069	1.681	.093	
sat	<---	infof	.084	.090	.934	.350	
sat	<---	dtrustf	.361	.098	3.680	***	
dtrust4	<---	dtrustf	1.000				
dtrust3	<---	dtrustf	.895	.077	11.559	***	
dtrust1	<---	dtrustf	.889	.074	12.045	***	
good4	<---	goodf	1.000				
good3	<---	goodf	.780	.088	8.821	***	
good2	<---	goodf	.821	.092	8.960	***	
srch4	<---	srchf	1.000				
srch3	<---	srchf	1.063	.142	7.466	***	
srch2	<---	srchf	1.222	.166	7.340	***	
srch1	<---	srchf	1.149	.147	7.835	***	
img4	<---	imgf	1.000				
img2	<---	imgf	.667	.077	8.680	***	
img1	<---	imgf	.918	.095	9.696	***	
info3	<---	infof	1.000				
info2	<---	infof	.931	.105	8.848	***	
repur	<---	dtrustf	.339	.070	4.868	***	
repur	<---	sat	.589	.063	9.353	***	

» 그림 18-49 표준화된 경로계수

Standardized Regression Weights: (Group number 1 - Default model)

			Estimate
dtrustf	<---	goodf	.081
dtrustf	<---	imgf	.147
dtrustf	<---	infof	.298
dtrustf	<---	srchf	.394
sat	<---	goodf	.023
sat	<---	srchf	.230
sat	<---	imgf	.128
sat	<---	infof	.077
sat	<---	dtrustf	.365
dtrust4	<---	dtrustf	.789
dtrust3	<---	dtrustf	.746
dtrust1	<---	dtrustf	.777
good4	<---	goodf	.812
good3	<---	goodf	.644
good2	<---	goodf	.657
srch4	<---	srchf	.582
srch3	<---	srchf	.653
srch2	<---	srchf	.636
srch1	<---	srchf	.710
img4	<---	imgf	.740
img2	<---	imgf	.644
img1	<---	imgf	.777
info3	<---	infof	.781
info2	<---	infof	.781
repur	<---	dtrustf	.314
repur	<---	sat	.540

[표 18-7]의 가설검정 결과는 예시논문의 데이터를 토대로 공분산구조분석을 실시하였고 그 결과로 작성된 가설검정 결과표이다. 가설검정 결과, 설정된 11개의 가설 중에 5개의 가설이 채택되었음을 알 수 있다. 예시논문의 결과와 약간의 차이가 있음을 보여주고 있다. 이는 타당성과 신뢰성을 높이는 척도의 정화과정에서 어떤 변수가 제거되고 수용되느냐에 따라 연구결과가 달라질 수 있음을 보여주고 있다. 이는 연구자의 연구역량에 따라 연구결과가 달라질 수 있음을 보여준다.

| 표 18-7 | 공분산구조분석을 통한 가설검정 결과

가설	경로	가설 방향	경로 명칭	표준화된 경로계수	t(C.R.)값	p값	채택 여부
가설 1.1	상품다양성(ξ_1) → 거래신뢰성(η_1)	+	γ11	0.081	0.844	0.399	기각
가설 1.2	정보제공성(ξ_2) → 거래신뢰성(η_1)	+	γ12	0.298	3.327	0.000	**채택**
가설 1.3	검색편리성(ξ_3) → 거래신뢰성(η_1)	+	γ13	0.394	3.556	0.000	**채택**
가설 1.4	쇼핑몰이미지(ξ_4) → 거래신뢰성(η_1)	+	γ14	0.147	1.714	0.087	기각
가설 2.1	상품다양성(ξ_1) → 고객만족(η_2)	+	γ21	0.023	0.275	0.783	기각
가설 2.2	정보제공성(ξ_2) → 고객만족(η_2)	+	γ22	0.077	0.934	0.350	기각
가설 2.3	검색편리성(ξ_3) → 고객만족(η_2)	+	γ23	0.230	2.216	0.027	**채택**
가설 2.4	쇼핑몰이미지(ξ_4) → 고객만족(η_2)	+	γ24	0.128	1.681	0.093	기각
가설 3	거래신뢰성(η_1) → 고객만족(η_2)	+	β21	0.365	3.680	0.000	**채택**
가설 4	거래신뢰성(η_1) → 재이용의도(η_3)	+	β31	0.314	4.868	0.035	**채택**
가설 5	고객만족(η_2) → 재이용의도(η_3)	+	β32	0.540	9.353	0.000	**채택**

AMOS는 직접효과, 간접효과, 총효과의 산출과 함께 유의성 검정 기능을 제공한다. 이를 통하여 총효과의 분해의 결과표를 작성할 수 있다. [그림 18-50] 이하의 그림들은 분석결과로서 직접효과, 간접효과, 총효과의 경로계수와 그에 해당하는 유의성을 보여주고 있다. 먼저 총효과를 보기로 한다.

총효과는 경로의 직접효과와 간접효과를 합한 효과를 말한다. 먼저 [그림 18-50]의 좌측의 'Estimates - Matrices'에서 'Standardized Total Effects'을 클릭하고 하단의 'Estimates/Bootstrap'을 클릭하면 [그림 18-51]의 결과창에서 특정 요인에서 특정 요인에 이르는 총효과의 경로계수값을 확인할 수 있으며, 다시 [그림 18-50]의 우측 하단의 'Estimates/Bootstrap-Bootstrap Confidence-Bias-corrected percentile method'에서 'Two Tailed Significance(BC)'을 클릭하면 [그림 18-52]처럼 유의확률(p값)이 제시되어 유의수준(α)과 비교함으로써 해당 경로의 유의성 여부를 검정할 수 있다. 결과표에서 총효과는 0.374이며 유의확률(p값)은 0.005로 유의수준(α) 0.05에서 유의함을 보여주고 있다. 직접효과와 간접효과 역시 동일한 방법으로 각각의 경로계수와 함께 그에 대한 유의성 여부를 검정할 수 있다. 계속해서 직접효과를 검정해보자.

》 그림 18-50 결과창

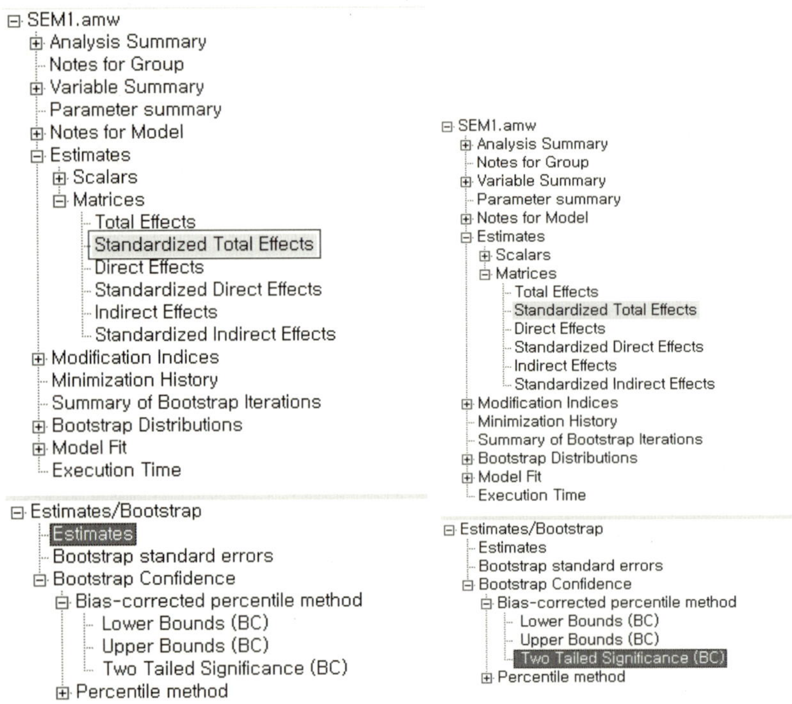

》 그림 18-51 결과창: 표준화된 총효과

Standardized Total Effects (Group number 1 - Default model)

	infof	imgf	srchf	goodf	dtrustf	sat
dtrustf	.298	.147	.394	.081	.000	.000
sat	.186	.182	.374	.053	.365	.000
repur	.194	.144	.326	.054	.512	.540
info2	.781	.000	.000	.000	.000	.000
info3	.781	.000	.000	.000	.000	.000
img1	.000	.777	.000	.000	.000	.000
img2	.000	.644	.000	.000	.000	.000
img4	.000	.740	.000	.000	.000	.000
srch1	.000	.000	.710	.000	.000	.000
srch2	.000	.000	.636	.000	.000	.000
srch3	.000	.000	.653	.000	.000	.000
srch4	.000	.000	.582	.000	.000	.000
good2	.000	.000	.000	.657	.000	.000
good3	.000	.000	.000	.644	.000	.000
good4	.000	.000	.000	.812	.000	.000
dtrust1	.232	.114	.306	.063	.777	.000
dtrust3	.222	.109	.294	.060	.746	.000
dtrust4	.235	.116	.311	.064	.789	.000

≫ 그림 18-52 표준화된 총효과의 유의확률(*p*값)

Standardized Total Effects - Two Tailed Significance (BC) (Group number 1 - Default model)

	infof	imgf	srchf	goodf	dtrustf	sat
dtrustf	.002	.177	.019	.466	...	...
sat	.062	.062	.005	.599	.005	...
repur	.012	.072	.010	.543	.003	.016
info2	.013	...	...	...	...	...
info3	.005	...	...	...	...	...
img1	...	.012	...	...	...	...
img2	...	.023	...	...	...	...
img4	...	.011	...	...	...	...
srch1	...	...	.011	...	...	...
srch2	...	...	.008	...	...	...
srch3	...	...	.015	...	...	...
srch4	...	...	.012	...	...	...
good2	...	...	...	.015	...	...
good3	...	...	...	.009	...	...
good4	...	...	...	.006	...	...
dtrust1	.003	.177	.018	.466	.013	...
dtrust3	.003	.161	.018	.466	.014	...
dtrust4	.003	.169	.019	.466	.041	...

다음은 직접효과에 대해 알아보자. 직접효과는 검색편리성이 만족에 직접적으로 미치는 효과이다. [그림 18-50]의 좌측의 'Estimates - Matrices'에서 'Standardized Direct Effects'을 클릭하고 하단의 'Estimates/Bootstrap'을 클릭하면 [그림 18-53]의 결과창에서 특정 요인에서 특정 요인에 이르는 직접효과의 경로계수값을 확인할 수 있다. 그리고 다시 [그림 18-50]의 우측 하단의 'Estimates/Bootstrap -Bootstrap Confidence-Bias-corrected percentile method'에서 'Two Tailed Significance(BC)'을 클릭하면 [그림 18-54]처럼 유의확률(p값)이 제시되어 유의수준(α)과 비교함으로써 해당 경로의 유의성 여부를 검정할 수 있다.

결과표에서 직접효과는 0.230이며 유의확률(p값)은 0.028로 유의수준(α) 0.05에서 유의함을 보여주고 있다. 계속해서 간접효과를 검정해보자.

>> 그림 18-53 결과창: 표준화된 직접효과

Standardized Direct Effects (Group number 1 - Default model)

	infof	imgf	srchf	goodf	dtrustf	sat
dtrustf	.298	.147	.394	.081	.000	.000
sat	.077	.128	.230	.023	.365	.000
repur	.000	.000	.000	.000	.314	.540
info2	.781	.000	.000	.000	.000	.000
info3	.781	.000	.000	.000	.000	.000
img1	.000	.777	.000	.000	.000	.000
img2	.000	.644	.000	.000	.000	.000
img4	.000	.740	.000	.000	.000	.000
srch1	.000	.000	.710	.000	.000	.000
srch2	.000	.000	.636	.000	.000	.000
srch3	.000	.000	.653	.000	.000	.000
srch4	.000	.000	.582	.000	.000	.000
good2	.000	.000	.000	.657	.000	.000
good3	.000	.000	.000	.644	.000	.000
good4	.000	.000	.000	.812	.000	.000
dtrust1	.000	.000	.000	.000	.777	.000
dtrust3	.000	.000	.000	.000	.746	.000
dtrust4	.000	.000	.000	.000	.789	.000

>> 그림 18-54 표준화된 직접효과의 유의확률(p값)

Standardized Direct Effects - Two Tailed Significance (BC) (Group number 1 - Default model)

	infof	imgf	srchf	goodf	dtrustf	sat
dtrustf	.002	.177	.019	.466	...	...
sat	.771	.204	.028	.874	.005	...
repur	...	...	...	...	.013	.016
info2	.013	...	...	...	...	...
info3	.005	...	...	...	...	...
img1	...	.012	...	...	...	...
img2	...	.023	...	...	...	...
img4	...	.011	...	...	...	...
srch1	...	...	.011	...	...	...
srch2	...	...	.008	...	...	...
srch3	...	...	.015	...	...	...
srch4	...	...	.012	...	...	...
good2	...	...	...	.015	...	...
good3	...	...	...	.009	...	...
good4	...	...	...	.006	...	...
dtrust1	...	...	...	...	.013	...
dtrust3	...	...	...	...	.014	...
dtrust4	...	...	...	...	.041	...

다음은 간접효과에 대해 알아보자. 직접효과는 검색편리성이 거래신뢰를 경유하여 만족에 미치는 효과이다. 먼저 [그림 18-50]의 좌측의 'Estimates - Matrices'에서 'Standardized Indirect Effects'을 클릭하고 하단의 'Estimates/Bootstrap'을 클릭하면 [그림 18-55]의 결과창에서 특정 요인에서 특정 요인에 이르는 간접효과의 경로계수값을 확인할 수 있으며, 다시 [그림 18-50]의 우측 하단의 'Estimates/Bootstrap - Bootstrap Confidence - Bias-corrected percentile method'에서 'Two Tailed Significance(BC)'을 클릭하면 [그림 18-56]처럼 유의확률(p값)이 제시되어 유의수준(α)과 비교함으로써 해당 경로의 유의성 여부를 검정할 수 있다.

결과표에서 간접효과는 0.144이며 유의확률(p값)은 0.005로 유의수준(α) 0.05에서 유의함을 보여주고 있다.

≫ 그림 18-55 결과창: 표준화된 간접효과

Standardized Indirect Effects (Group number 1 - Default model)

	infof	imgf	srchf	goodf	dtrustf	sat
dtrustf	.000	.000	.000	.000	.000	.000
sat	.109	.054	.144	.030	.000	.000
repur	.194	.144	.326	.054	.197	.000
info2	.000	.000	.000	.000	.000	.000
info3	.000	.000	.000	.000	.000	.000
img1	.000	.000	.000	.000	.000	.000
img2	.000	.000	.000	.000	.000	.000
img4	.000	.000	.000	.000	.000	.000
srch1	.000	.000	.000	.000	.000	.000
srch2	.000	.000	.000	.000	.000	.000
srch3	.000	.000	.000	.000	.000	.000
srch4	.000	.000	.000	.000	.000	.000
good2	.000	.000	.000	.000	.000	.000
good3	.000	.000	.000	.000	.000	.000
good4	.000	.000	.000	.000	.000	.000
dtrust1	.232	.114	.306	.063	.000	.000
dtrust3	.222	.109	.294	.060	.000	.000
dtrust4	.235	.116	.311	.064	.000	.000

효과검정을 정리해보면 검색편리성이 고객만족에 미치는 총효과는 0.374(p값=0.005)이며 직접효과 0.230(p값=0.028)과 간접효과 0.144(p값=0.011)의 합으로 구성된다. 이것으로부터 [표 18-8]의 총효과 분해의 결과표를 작성할 수 있다. 그리

» 그림 18-56 표준화된 간접효과의 유의확률(p값)

Standardized Indirect Effects - Two Tailed Significance (BC) (Group number 1 - Default model)

	infof	imgf	srchf	goodf	dtrustf	sat
dtrustf	...	...	...	...	...	...
sat	.002	.088	.011	.320	...	...
repur	.012	.072	.010	.543	.005	...
info2	...	...	...	...	...	...
info3	...	...	...	...	...	...
img1	...	...	...	...	...	...
img2	...	...	...	...	...	...
img4	...	...	...	...	...	...
srch1	...	...	...	...	...	...
srch2	...	...	...	...	...	...
srch3	...	...	...	...	...	...
srch4	...	...	...	...	...	...
good2	...	...	...	...	...	...
good3	...	...	...	...	...	...
good4	...	...	...	...	...	...
dtrust1	.003	.177	.018	.466	...	...
dtrust3	.003	.161	.018	.466	...	...
dtrust4	.003	.169	.019	.466	...	...

고 참고로 '정보제공성–고객만족', '검색편리성–고객만족' 간의 인과관계에서 거래신뢰성를 경유하는 간접효과는 유의한 것으로 나타났는데 기존의 연구논문들을 살펴보면 이러한 간접효과의 유의성 검정을 매개효과(거래신뢰성의 매개효과)의 검증방법으로 사용하기도 한다.

표 18-8 총효과 분해결과 예시

경로	직접효과	간접효과 (거래신뢰성 경유)	총효과
상품다양성(ξ_1) → 고객만족(η_2)	0.081	0.030	0.053
정보제공성(ξ_2) → 고객만족(η_2)	0.077	0.109**	0.186
검색편리성(ξ_3) → 고객만족(η_2)	0.230**	0.144**	0.374**
쇼핑몰이미지(ξ_4) → 고객만족(η_2)	0.128	0.054	0.182

주: 효과계수는 표준화된 계수이며 **는 α=0.05에서 유의한 경로계수임.

이로써 구조방정식모형을 이용한 핵심 실전실습과제의 풀이가 마무리되었다.

부록

부록 1. 예시논문

부록 2. 통계표

[부록 1] 예시논문

1 택배서비스품질이 서비스가치와 고객만족 및 충성의도에 미치는 영향

조철호 · 강병서(2003), "서비스가치를 적용한 국내 택배산업의 고객만족 전략연구," 고객만족경영연구, 6(2), 75-99.

조철호* · 강병서**

국문초록

택배산업은 고객의 수송물류 서비스에 대한 새로운 욕구를 충족시켜 줌으로써 물류의 개선에도 크게 기여할 수 있는 수송체계이다. 온 · 오프라인 상의 쇼핑몰의 출현과 급송에 대한 욕구 등 시장의 수요증가에 따라 양적으로 급격히 신장하고 있다.

본 연구에서는 우리나라 택배산업의 서비스품질이 서비스가치를 매개로 하여 전반적인 만족도에 미치는 영향을 연구하였다. 이에 기존의 서비스품질 측정도구인 SERVQUAL의 측정항목을 택배산업에 맞게 적용하여 사용하였고, 방법론적으로는 성과를 중심으로 측정함으로써 서비스가치와의 병용 가능성과 유의성을 살펴보았다. 그 결과 5개의 서비스품질 차원 중에서 대응성, 신뢰성, 확신성이 서비스가치와 고객만족에 상대적으로 영향력이 큰 것으로 나타났다. 또한 서비스가치는 고객만족에 매우 큰 영향력을 미치고 있었고, 고객만족은 재이용의도와 구전의도에 각각 유의한 영향을 미치고 있었다. 그러나 서비스가치와 충성의도와의 관계에 있어서 서비스가치는 재이용의도에는 유의한 영향을 미치는 것으로 나타났으나 구전의도에 대한 영향은 유의하지 않은 것으로 나타났다. 즉 서비스가치는 고객만족이나 재이용의도를 매개하여 구전의도에 영향을 미치는 것으로 나타났다. 그리고 재이용의도는 구전의도에 직접적

* 대구한의대학교 의료경영학과 교수 chcho@dhu.ac.kr
** 경희대학교 경영대학 교수 bskang@khu.ac.kr

인 영향을 미치는 것으로 나타났다.

본 연구의 결론은 이론적 측면에서 SERVQUAL의 설문도구가 우리나라 택배산업에도 그대로 적용됨과 동시에 국내 택배산업에서 서비스가치의 매개를 처음 시도함으로써 SERVQUAL의 설문도구와 병용 가능성을 실증적으로 증명하였다. 실무적 측면에서는 택배서비스 기업이 경쟁우위를 지키기 위해서는 서비스가치의 구현을 통한 지속적인 고객만족을 달성해야 하며 이를 위해 신뢰성, 대응성, 확신성에 중점을 둔 고품질 서비스 전략의 필요성을 시사하고 있다.

Ⅰ. 서론

택배서비스란 운송업자가 보통 포장단위당 30kg 이하의 소량소형 화물의 수송을 의뢰받아 화물의 접수(집하)로부터 포장, 수송, 배달에 이르기까지 일체의 수송서비스를 운송인의 일괄 책임 하에 문전까지 운송하는 것을 말한다.

과거 수년 전부터 국내시장의 택배산업의 규모는 폭발적으로 증가하여 왔다. 그러나 현재 외환위기 당시에도 연간 최고 50% 이상의 높은 성장을 하던 택배업계는 최근 경기불황에 따른 내수 부진으로 성장세가 크게 둔화되었다. 대한통운의 택배부문은 2003년부터 성장세가 크게 낮아졌고, 현대택배도 2003년 대비 매출증가율이 2001년 28.5%, 2002년 27.4%에서 2003년 8.6%, 올 상반기는 7.8%로 떨어졌다(구자룡, 2004). 이러한 양적인 증대와 경기침체에 따른 내수부족으로 인해 생존에 따른 경쟁적 양상이 더욱 심화되고 있다. 현재 한진택배, 현대물류, 대한 통운이 국내 택배시장의 30%를 점유하고 있다. 이들은 해외 유명업체와 전략적인 제휴를 통해 시장점유율을 확대해 가고 있으며, 일본 업체들의 진출 모색, 그리고 오토바이 택배업체의 증가로 인하여 시장의 경쟁 강도는 매우 치열할 것으로 보인다.

택배시장이 급속하게 성장했던 이유는, 첫째, 정보통신 기술의 발달에 따른 통신사업자/인터넷 사업 등을 포함한 전자상거래 시장의 활성화, 둘째, 여가선용 및 여성의 사회진출 증가로 인한 소비자들의 시간 가치 중시, 생활의 질 향상에 따른 높은 편의성 효익 추구 경향, 셋째, 기업들이 물류비용절감 노력으로 인하여 물류업무 관련부분을 아웃소싱으로 해결하려는 경향의 증가를 들 수 있다(김재욱 외, 2002).

경쟁환경 변화는 기존 택배업체들의 생산성 향상과 서비스품질 개선 노력과 신규업체들의 진출과 관련업체의 증가 확대를 들 수 있다. 한진택배, 현대물류, 대한통운은 해외업체와의 제휴로 사업운영 효율성을 높이고 있으며 시설의 현대화에 많은 투자를 하고 있다. 또한 고객의 접근용이성을 향상시키기 위해 주유소와 편의점들과의 전략적인 제휴도 시도하고 있다. 이외에도 서비스 개발, 광고와 홍보를 통하여 기업의 이미지 제고, 가격의 정책에 유연성 확대를 통하여 고객유인에 노력을 기울이고 있다. 또한 오토바이 택배서비스는 현재 2,000여 개가 있으며 도심지역에서의 기동성을 앞세워 경쟁에 임하고 있다(양용모, 1999).

현재 대부분의 택배서비스 기업들은 양적인 팽창에만 주력하고 있으며, 경쟁적 환경변화에 효율적으로 대처하지 못하고 있다. 이러한 상황에서 택배서비스의 품질은 경쟁우위를 확보할 수 있는 강력한 수단으로 부각되고 있다. 서비스품질의 향상은 저렴한 비용으로 극대화된 효과를 얻을 수 있다. 서비스품질과 함께 서비스 구매에 대한 고객만족은 택배산업뿐만 아니라 서비스 산업의 관련자들에게 직면한 가장 중요한 문제이다. 그 이유는 서비스 구매에 대한 평가에 따라 이루어지는 재구매의도, 구전의도 같은 고객충성행위가 기업의 수익에 커다란 영향을 미치기 때문이며 이를 설명하는 유용한 변수로서 고객만족이 제시되고 있다(Bearden and J. E. Teel, 1983). 즉 기업은 고객 요구를 정확히 파악하여 이를 서비스품질 개선에 최대한 적용하여 고객이 만족하도록 최선을 다해야 한다. 이에 따라 관련된 변수인 서비스품질, 서비스가치, 고객만족에 매개되는 서비스가치에 대해서는 크게 주목하지 않을 수 없다. 그러나 현재 택배산업에 있어서 이에 대한 학문적 연구도 충분치 못하며. 현 상태로는 경쟁 또는 불황타개를 위한 서비스품질 전략의 토대를 마련하기가 어렵다.

그러므로 본 연구의 목적은, 첫째, SERVQUAL의 설문 도구가 택배서비스 품질측정에도 유용한지를 밝히고, 둘째, 인과적 연구모형을 통하여 서비스품질, 서비스가치, 고객만족 충성의도 사이의 인과관계를 밝히고자 하며, 셋째, 연구 결과를 토대로 하여 궁극적으로 고객충성의도 향상을 위한 택배 기업에 서비스 품질전략에 대한 시사점을 제시하고자 한다.

연구 방법은 택배서비스 전략에 맞는 가설을 설정하여 연구모형을 구성한 후에 기존연구들의 항목 특히 SERVQUAL의 설문도구를 이용하여 택배 서비스품질을 측정에 적합하게 수정하여 설문조사하였다. 그리고 수집된 자료들을 SPSS 통계패캐지를 이용하여 요인분석과 신뢰도분석을 시행하였으며, AMOS을 이용하여 가설 설정에 따른 모형의 전반적인 인과관계를 검정하였다.

Ⅱ. 이론적 배경

2.1 택배서비스에 대한 정의 및 파급효과

택배서비스란 운송업자가 보통 포장단위당 30kg 이하의 또는 1.5m(가로+세로+높이의 합이 160cm 이내, 단 최장변이 100cm 이내) 이내의 소형소량화물의 수송을 의뢰받아 화물의 접수(집하)로부터 포장, 수송, 배달에 이르기까지 일체의 수송서비스를 운송인의 일괄 책임 하에 문전까지 운송하는 것을 말한다.

택배업의 출현은 특히 수송물류 전반에 걸쳐 많은 영향을 미치고 있다. 첫째로 택배업은 수송물류에 있어서 공동 수배송을 가능하게 하고, 유통단계를 축소시키어 많은 물류비를 절감시키고 있다. 또한 이전의 유통단계는 생산자와 소비자를 직거래하도록 하여 유통단계를 단축시킴으로써 많은 물류비 절감효과를 가져오고 있다.

둘째, 택배서비스를 활용하면 어떤 다른 수송수단보다도 폭 넓은 지역에 까지 24시간 내에 신속하게 수배송하는 것이 가능하므로, 조화 있게 구축된 택배 시스템을 활용하는 것에 의해 기업들이 아주 용이하게 JIT체제를 구현하고 있으며 이와 더불어 기업들의 창고를 한 곳으로 집중시키고, 이 통합된 중앙 집중식 창고로부터 택배를 이용하여 전국으로 직송하는 체제로 운영하여, 많은 재고 감축 효과를 있는 기업들이 늘어나고 있다.

셋째, 택배업은 공공물류의 개선에도 기여하고 있는데, 개별 기업들이 자차에 의한 수배송으로 인하여 교통혼잡 문제를 해소하는 데에도 기여하고 있으며, 이러한 결과는 특히 택배업이 도시 내에 집배송에 있어서 물류 공동화를 실현하여 도시 내의 교통혼잡, 환경오염, 교통사고 예방에 크게 기여하고 있다(이상근, 2001).

2.2 서비스품질의 개념과 측정

서비스는 산출물이 물적인 제품이나 구조물이 아니며 일반적으로 생산되는 시점에서 소멸되고 구매자에게 무형적인 형태의 가치를 제공하는 모든 경제적인 활동을 포함한다(Quinn et al, 1982). 서비스는 무형적인 특징을 가지고 있는 유형적인 특징인 제품과는 상이하여 무형성(intangibility), 동시성(inseparability), 이질성(variability), 소멸성(perishability)의 특징을 가지고 있다(이유재, 1995).

서비스품질에 대한 개념적 모델을 제시한 Parasuraman, Zeithaml, and Berry (1985: 이하 PZB)의 연구 이후, 이와 관련하여 서비스품질의 측정에 관한 연구가 주목을 받아 왔다. PZB(1985)는 서비스품질을 '특정 서비스의 우수성에 관한 개인의 전반적인 판단 혹은 태도'로서 정의하였는데, 일반적으로 이 개념적 정의가 많이 인용된다.

PZB(1985, 1988)의 서비스품질 측정도구인 SERVQUAL의 개념적 토대는 Oliver(1980)의 기대-성과 불일치 모델(expectation-performance disconfirmation model)로서 Oliver가 만족을 개념화하기 위해 제시한 기대와 성과의 불일치(성과-기대) 개념이 SERVQUAL의 기초가 되었다. 이때의 기대수준은 '소비자가 특정 행동을 수행할 때 원하는 성과수준'을 가리키는 것이다(이학식 1997).

1985년 PZB에 의해 처음 개발된 서비스품질 척도는 97개 항목/10개 차원으로 구성되었고, 1988년의 실증연구를 통하여 22개항의 유형성(Tangibles), 신뢰성(Reliability), 반응성(Responsiveness), 확신성(Assurance), 공감성(Empathy)의 5개 차원으로 재정리하였다. 그 후에도 SERVQUAL을 계속적인 수정을 거쳐 수정 SERVQUAL(PZB, 1991)을 제시하였다. 이것은 설문상의 문항들이 보다 완화된 표현(should에서 will)이 사용되었고, 부정적인 표현이 긍정적인 표현으로 수정되었다. 또한 기대수준의 의미는 특정 서비스산업의 우수 기업이 실현가능한 수준으로 변경되었다.

이후의 여러 연구들에서 PZB의 SERVQUAL을 지지하는 결과들을 보였다(Bitner

1990: Bolton and Drew 1991a, b PZB 1991). 한편 Carman(1990)은 SERVQUAL의 효용 제고를 위해 타이어 매장, 대학 취업보도실, 치과병원, 병원응급실에서 보다 광범위하게 받아들여질 수 있는지를 연구하였고, 그 결과 SERVQUAL을 구성하는 항목들은 잘 정제되어 있지만 이 모든 서비스 산업에 대한 적용은 무리가 있으며 서비스산업마다 그에 적합한 측정도구의 필요성을 제기하였다.

1988년 이후 여러 연구자들에 의해서 PZB의 SERVQUAL은 많이 이용되었으나, Cronin과 Talyor(1992), Teas(1993)등은 이를 비판하고 새로운 모델인 SERVPERF을 제시하였다. 이는 서비스품질을 '성과–기대' 대신에 '성과'만으로 측정하는 방법론이다. 서비스품질이 태도로 개념화될 수 있으며, 성과를 기준으로 한 측정은 장기적인 서비스품질에 대한 태도를 훨씬 더 잘 알 수 있게 해준다고 주장하였다.

서비스품질 측정에 있어서 고객의 기대와 성과 간의 차이를 고려하는 경우에는 신뢰성과 타당성에 문제가 있고(Cronin and Talyor 1992), 측정이 잘못되거나 노력이 많이 들어가며, 대부분의 성과 변수들이 양적이 아닌 질적인 것이기 때문에(Oliver, 1993) 소비자들은 개념적으로 기대와 성과를 비교하여 그 차이를 산술적으로 계산할 수 있지만 실제로는 그렇게 할 수 없다는 것이다(Carman 1990).

Cronin and Talyor(1992)는 SERVQUAL을 구성하는 22개 항목/5개 차원의 성과부분 만으로 구성된 자신들의 SERVPERF 척도와 PZB의 SERVQUAL척도를 비교하기 위하여 4개 산업(은행. 해충퇴치, 세탁소, 패스트푸드)을 대상으로 연구하였다. 연구결과, SERVQUAL은 연구대상이 된 4가지 산업 중에서 2가지 산업(은행, 패스트푸드)에서만 적합한 것으로 나타났으나, SERVPERF는 4가지 산업 모두에 적합한 것으로 나타났다.

Cronin and Talyor 외에도 여러 연구자들이 SERVQUAL의 문제점을 제기하였다(eg., Babakus and Boller 1992; Babakus and Mangold 1992; Boulding et al. 1993; Carman 1990; Oliver 1993). 특히 PZB 중 한 사람인 Zeithaml이 참여한 Boulding et al.(1993, p.24)의 연구결과 SERVQUAL 척도보다는 지각된 성과만을 직접 측정하는 척도가 전반적인 서비스품질이나 불만해소 점수와 보다 높은 상관관계를 보이는 것으로 나타났으며, Cronin and Talyor(1992)의 연구에서도 이

발견이 지지되었다(Lee, Lee, Yoo 1990).

이후에도 SERVQUAL척도에 대한 신뢰도와 타당도의 평가가 이루어졌는데 이에 대한 일관된 결과를 나타내지 못하고(이학식, 1997; Karl et al., 1996) 특히 소매업체의 환경이 급변하는 현재의 상황에서 소매업체에는 적합한 서비스품질 척도가 아니라는 의문점이 제기되고 있다(Dabholkar et al., 1996). 그래서 품질의 구성 차원은 Parasuraman 등이 제안한 다섯 가지 차원이 아닌 서비스의 유형에 따라 재분류될 수 있으며, 또한 서비스품질의 측정항목에 사용되는 문구는 해당 서비스의 상황에 맞게 조정되어야 한다는 것이 제시되었다(Carman, 1990: 김재욱 외,2002).

택배서비스품질의 선행 연구에 있어서 김재욱 외 2인(2002)은 택배서비스품질의 측정에 관한 연구에서 기존의 SERVQUAL이나 SERVPERF의 설문을 인용하지 않고, 타당성을 유지하면서 별도의 택배서비품질의 측정을 위한 항목들을 개발하여 택배서비스품질의 6개 결정요인을 추출하였다. 그 중에서 서비스만족도에 미치는 영향을 파악하였는데, 신속성, 경제성, 정확성, 편리성의 4개 요인이 서비스만족도에 영향을 미치는 것으로 나타났다고 발표한 바가 있다.

본 연구에서는 기존의 서비스품질 측정도구인 SERVQUAL의 측정항목을 택배산업에 맞게 적용하여 사용하였고 방법론으로는 성과를 중심으로 측정하였다.

2.3 서비스가치

가치에 대한 정확한 정의를 내리기 위한 지속적인 노력들이 광범위한 분야에서도 시도되어 왔다(Cronin et al., 1997; Dodds and Monroe 1985; Drew and Bolton 1987; Heskett et al. 1990; Holbrook and Corfman 1985; Mandler 1982; Perry 1926; Sewall 1901; Zeithaml 1988).

Zeithaml (1988)은 특히 마케팅 연구 분야에서 사용되어지는 가치에 대한 연구에서 이를 4가지 측면에서 설명하였다(p.13). 첫째, 가치는 가격이라는 측면이다. 즉 가치는 단순히 가격과 동일한 개념으로 볼 수 있다. 둘째, 가치는 제공에 대한 대가라는 측면이다. 셋째, 가치는 지각된 제품품질과 가격사이의 상쇄효과(trade-off)이다. 여기서 가치의 두 번째와 세 번째 측면은 교환에 따른 가치의 핵심적 역할을 말하고 있으며 이는 비용과 편익사이의 상쇄효과를 설명한다. 넷째, 가치란 모든 관련 평가 기준을 고려한 상태에서 주관적인 가치대상에 대한 전반적인 평가라는 측면이다. 여기서의 가치의 주관적 측면을 고려한 것으로 가치가 단순한 제품의 획득에 의해서가 아니라 완전 쇼핑경험에 의하여 제공되는 것으로 보는 관점이다.

또한 Haksever et al.(2000)은 가치를 고객의 욕구를 만족시키거나 고객에게 편익을 제공하는 제품이나 서비스의 능력이라고 정의하였다. 그리고 이들은 Zeithaml의 고객가치 모델을 토대로 시간을 추가하여 서비스가치모델을 제시하였다. 여기서 서비스가치는 인지된 서비스 품질, 시간, 금전적, 비금전적 비용, 본질적 속성, 외부적 속성에 의해 영향을 받는다고 하였다.

Holbrook and Corfman(1985)은 가치를 하나의 상호적이고 상대주의적 선호 경험으로, 어떤 대상과의 상호작용은 개인이 경험하는 것이며, 여기서 대상은 사물이 될 수도 있고 사건이 될 수도 있다고 언급하였다(p.40).

Cronin et al.(1997)은 서비스가치를 개념화하고 측정하기 위한 가장 좋은 방법을 밝히려는 시도를 하였다. 이 연구에서 이들은 서비스가치를 정의해 온 선행연구들을 정리하고 실제 상황에서 소비자들은 복잡하고 치밀한 계산에 의해서가 아니라 보다 간단하고 친숙한 과정을 통해서 서비스가치를 지각한다고 주장하며, 서비스가치를 서비스품질과 그 서비스를 얻기 위해 치룬 희생 간의 상쇄효과 또는 거래효과(trade-off)로써 개념화한 연구들(Drew and Bolton 1987; Heskett et al., 1990; Zeithaml 1988; Lee and Ulgado, 1997)을 지지하였다.

Heskett et al.(1997)은 서비스가치와 유사한 개념으로 고객가치를 주장하였다. 여기서 그는 고객이 항상 서비스품질에 기초하여 판단하는 것은 아니며, 고객이 구매하는 것은 서비스 자체가 아니라 서비스를 받은 후의 결과물이라고 하였다. 즉, 고객은 자신의 목적을 달성하기 위해 구매를 하게 되고, 그것이 전달되는 프로세스품질과 달성된 결과물이 고객가치의 대부분을 구성한다는 것이다(Heskett et al., 1997). 서비스 결과물은 서비스 제공의 결과로 남은 것으로 이것은 유형적인 사물뿐만 아니라 무형적인 효용도 포함한다. 무형적인 효용은 서비스제공 후에 고객의 심적, 물리적 상태의 변화와 관련이 있다. 결국 서비스 결과물에 부여되는 가치는 서비스의 크기나 고객이 느끼는 결과물에 대한 중요성에 따라 달라진다. 여기에 비용측면이 함께 고려되면 가치의 의미는 더 명확해진다.

$$\text{고객가치} = \frac{\text{결과물} + \text{프로세스품질}}{\text{가격} + \text{서비스 획득비용}}$$

위의 고객가치방정식은 고객의 관점에서 고객에게 전달된 재화와 서비스의 가치가 고객에게 부여한 서비스 가격과 서비스를 획득하는데 고객이 지불하는 기타 비용의 모든 관계를 감안하여, 고객을 위해 창출된 결과물과 결과물을 전달하기 위한 프로세스의 품질이 대등하게 중요하다는 것을 제시한다(Heskett et al., 1997). 이처럼 가치를 고객의 관점에서 정의하게 되면, 이 고객가치는 고객만족과 직접적인 관련을 가지게 된다. 또한 고객가치방정식은 서비스가치로서의 고객가치가 고객만족의 선행변수가 될 수 있다는 가능성을 제시하고 있다. 그러므로 택배서비스에서 서비스가치는 전반적인 비용대비 전반적인 배달의 편익의 상쇄효과에 대한 주관적인 평가라고 정의할 수 있다.

이상과 같이 가치는 매우 다양하고 광범위하게 정의되고 사용되는데 경제학에서의 효용개념에 기초하여 종합해 보면, 서비스가치는 서비스 프로세스에서 느끼는 총 소모된 유무형의 비용 대비 총 획득된 유무형의 대가적 편익의 상쇄효과에 대한 주관적 평가라고 정의할 수 있다.

2.4 서비스품질, 서비스가치, 고객만족, 충성의도 간의 관계

Heskett(1997) 등은 고객가치방정식에서 고객이 인지하는 가치는 고객이 서비스를 구매하는 목적인 서비스 결과물과 서비스가 전달되는 프로세스 품질에 의해 영향을 받는다고 하였다. 즉, 그들의 고객가치방정식은 프로세스품질과 가치와의 관계를 파악하기 위하여 특정 음료수를 이용하는 소비자들이 인지하는 제품에 대한 질은 가치에 영향을 미치고 가치는 서비스성과에 영향을 미치는 것으로 나타났다. 그리고 Dodds et al.(1991) 서비스품질이 직접적으로 혹은 가치를 매개변수로 하여 간접적으로 구매의도에 영향을 미치는 것을 발견하였다. Ostrom and Iacobucci(1995) 역시 서로 다른 조건하에서 서비스품질이 인지된 서비스가치에 강한 영향을 준다는 것을 발견하였다. 의료산업의 연구로 Gooding(1995)은 260명의 의료소비자들을 대상으로 의료서비스품질과 가치와의 관계를 분석한 결과 연구에서 의료소비자들은 서비스 질을 통하여 서비스가치를 평가한다고 설명하였다. Lee and Ulgado(1997)도 소비자들이 서비스가치에 대한 판단을 하는데 있어서 서비스품질이 주는 긍정적인 효용과 그 서비스를 획득하기 위해 희생한 비용의 부정적 효용간의 trade-off를 이용한다고 주장하였다. 이들은 서비스가치는 기대와 서비스성과에 대한 지각 간의 차이, 즉 서비스품질과 비용과 시간소용에 의해서 추정될 수 있다고 보았다.

호텔을 연구대상으로 한 이학식(1999)은 서비스품질과 만족도, 서비스성과의 관계에 서비스가치를 추가하여 분석한 실증적 연구에서 서비스가치가 서비스품질과 만족도와의 관계에서 매개적 역할을 하고 있음을 제시하였고, 많은 연구들에서 서비스가치가 서비스품질과 고객충성의도간의 관계에서 매개적 역할을 한다는 것이 단정 또는 검증되어지고 있다(Chang and Wildt, 1994; Javalgi and Moberg, 1997; Sweeny, Souter, and Johnson, 1999).

이러한 연구들을 종합해보면 소비자들은 단순한 서비스품질뿐만 아니라 그에 수반되는 비용 등의 부정적인 요소들도 함께 고려하여 서비스가치를 판단하며 이를 바탕으로 고객만족과 아울러 충성의도를 보이는 인과적 메커니즘을 보이는 것으로 추측할 수 있다.

본 연구는 기존에 제시된 SERVQUAL의 설문항목이 성과중심의 방법론에서 모형이 택배서비스의 서비스품질 측정에도 적용이 되는지를 규명해 보았으며, 아울러 서비스품질과 고객만족, 고객충성의도 간에 서비스가치를 매개시켜 서비스가치에 대한 기존연구가 택배산업에서도 유의하게 적용되는지의 여부와 사후수용모델(PAM)을 도태로 택배서비스품질의 전반적인 인과관계를 조사였다.

Ⅲ. 연구가설 및 연구모형

본 연구는 기존에 제시된 SERVQUAL의 설문항목이 택배서비스의 서비스품질 측정에도 적용이 되는지를 규명해 보았다. 즉 다른 산업에 타당하게 적용되었던 것처럼 택배산업에도 적용되는지를 알아보고자 하며, 범위 내에서 서비스가치를 고객만족 및 재이용의도에 유의하게 영향을 주는 서비스품질 요인들을 살펴봄으로써 궁극적으로 택배 서비스 개선 방향을 제시하는데 그 목적이 있다. 이러한 연구목적과 이론적 고찰을 기초로 하여 본 연구에서는 택배서비스에서 5개 차원의 서비스품질요인이 서비스가치와 고객만족에 미치는 영향과 서비스가치가 고객만족과 충성의도에 미치는 영향, 고객만족이 다시 충성의도인 재이용의도와 구전의도에 미치는 영향을 알아보고자 한다. 또한 충성의도 내에서 재이용의도가 구전의도에 미치는 영향을 알아보고자 한다. 이에 부가하여 SERVQUAL의 설문항목이 서비스가치를 매개하였을 때 영향력이 유의하게 미쳐 병용됨에 무리가 없음을 실증적으로 살피고자 한다.

택배산업의 서비스품질은 홈쇼핑과 급송물류의 폭발적인 증가로 그 중요성을 더해가고 있다. 최근에는 국내외적으로 택배산업의 서비스품질 측정에 많은 연구가 이루어지고 있다. 기존의 연구들을 보면 일반적으로 해당 산업에 적합시킨 서비스품질의 요인과 고객만족, 충성의도에 대한 인과관계를 연구하고 있다. 요즘에는 각 산업의 연구에 있어서 서비스 품질과 고객만족 사이에 또 하나에 인과관계의 매개체인 서비스가치에 대한 연구가 활발하게 이루어지고 있다. 그러나 택배산업에서는 서비스가치를 매개로 한 연구가 거의 없는 실정이어서 본 연구는 택배산업에 있어서 서비스가치를 매개로 한 서비스품질과 고객만족, 고객충성의도 간의 전반적 인과관계를 사후모델(PAM)을 통하여 알아보기로 한다.

Heskett et al.(1997)의 고객가치방정식에 의하면, 고객이 인지하는 가치는 고객이 서비스를 구매하는 목적인 서비스 결과물과 서비스가 전달되는 프로세스 품질과 고객이 이러한 것들을 얻기 위하여 희생되는 가격 및 서비스 획득비용에 의해 결정된다. 여기서 서비스 결과물은 서비스 제공의 결과 남게 되는 유형적 사물뿐만 아니라 무형적 효용, 심적 변화 등을 포함한다. 또한 Kerin et al.(1992)의 연구에서도 가격, 제품품질, 쇼핑경험은 인지된 가치에 유의한 영향을 준다고 주장하였다. 이것은 서비스 과정적 또는 결과적 품질이 서비스가치에 영향을 준다는 것을 보여준다. 그리고 많은 연구에서 서비스 접점에서 서비스품질이 서비스가치에 영향 미친다는 것을 보여주고 있다(Sweeney et al., 1999; Cronin, Brady, Hightower, and Shemwell, 1997; Ostrom and Iacobucci, 1995; Fornell, 1992; Bolton and

Drew, 1991b; Dodds et al., 1991; Zeithaml et al., 1988).

택배서비스에서 고객이 느끼는 가치는 전반적인 비용과 전반적인 편익의 상쇄효과라는 관점에서 볼 때, 이는 서비스품질가치로 볼 수 있으며 결과적으로 신속하고 안전한 배송가치로 나타난다. 택배서비스는 기본적으로 이용자들이 서로간의 수하물을 주고받기 위해 사용되는 것이고, 이러한 면에서는 이용자들도 서비스를 이용하는 목적이 신속하고 안전한 배송가치임이 뚜렷해진다. 즉 택배서비스에서 편리하고 고객화된 시스템 서비스로 수화물 분실이나 손실로부터 안전하고, 정확한 시간과 장소에 안전하게 배송될 때, 궁극적으로 택배서비스에 대한 가치를 높이 인지하게 된다.

종합적으로 보면, 기존 관련 연구과 택배서비스의 프로세스 특성을 기초로 할 때 택배서비스에서의 프로세스 품질의 차원은 SERVQUAL의 유형성, 신뢰성, 확신성, 대응성, 공감성으로 추정될 수 있으며, 택배서비스의 프로세스 품질은 서비스가치에 영향을 주게 될 것이다. 택배서비스에서 서비스가치는 전반적인 비용대비 배달편익이라고 말할 수 있다. 따라서 본 연구에서는 택배서비스의 프로세스 품질과 서비스가치 사이에 다음과 같은 가설을 정한다.

가설 1: 5개 차원의 서비스품질 요인은 서비스가치에 정(+)의 영향을 미칠 것이다.

PZB는(1988. 1994)는 지각된 서비스품질이 높을수록 고객만족이 증가한다고 보았으며, 서비스품질이 구매의도를 결정하는 것으로 보았다. 또한 Woodside et al.(1989)는 서비스품질 지각이 고객만족과 행동의도에 영향을 미친다는 사실을 처음으로 제시하였다. Cronin And Taylor(1992) 그리고 Anderson et al.(1994)도 서비스품질이 고객만족의 선행변수임임을 실증적으로 보고하였다. 이것은 택배산업에서도 그대로 적용될 것이며 이를 토대로 하여 다음과 같은 가설을 설정하였다.

가설 2: 5개 차원의 서비스품질 요인은 고객만족에 정(+)의 영향을 미칠 것이다.

고객가치방정식에 의하면 서비스가치를 결정하는 주요 요인은 서비스 프로세스품질과 서비스 결과물이다(Heskett et al., 1997). 그리고 고객이 구매하는 것은 서비스 자체가 아니라 서비스를 받은 후의 결과물이다. 즉 고객은 자신의 목적을 달성하기 위해서 구매를 하게 되고, 그것이 전달되는 프로세스의 품질과 달성된 결과물이 고객이 인지하는 가치의 대부분을 구성한다. 서비스 결과물은 서비스제공의 결과로 남는 것으로 이는 유형적인 사물뿐만 아니라 무형적 효용도 포함한다. 무형적인 효용은 서비스제공 후 고객의 심적, 물리적 상태의 변화와 관련이 있다. 결국 서비스 결과물에 부여되는 가치는 서비스의 크기나 고객이 느끼는 결과물에 대한 중요성에 따라 달라진다. 또한 여기에 비용측면이 부가되면 그 의미는 명확해 진다.

고객가치방정식은 고객에게 전달되는 재화와 서비스의 가치가 고객에게 부여한 서비스 가격과 서비스를 획득하는 데 고객이 지급하는 기타 비용의 모든 관계를 감안하여 고객을 위해 창출된 결과물과 결과물을 전달하기 위한 프로세스 품질이 동등하게 중요하다는 것을 제시한다(Heskett et al., 1997). 이러한 관점은 재화와 서비스를 구매하고 사용하기 위해 의사결정에 영향을 미치는 고객의 관점이다. 이처럼 가치를 고객의 관점에서 정의하게 되면, 이 고객가치는 고객만족과 직접적인 관련을 가지게 된다.

서비스 프로세스 품질과 고객만족 간의 관계에 대해서는 많은 연구가 이루어져 있지만, 서비스 결과물이나 서비스가치와 고객만족에 대한 연구는 미미하였다. 서비스 품질과 고객만족의 인과관계에 대한 연구는 1980년대부터 많은 연구가 진행되었다. 현재 이루어지고 있는 많은 연구들은 서비스 품질인식이 고객만족에 선행함을 가정하고 있다(Reidenbach et al., 1990; Woodside et al., 1989). 또한 크로닌과 테일러(Cronin & Taylor, 1992)도 서비스품질이 고객만족에 선행함을 주장하였다. 이들은 서비스품질이 만족의 패러다임보다는 태도의 패러다임에서 도출되어야 한다고 제안하였으며, 실증분석결과 서비스품질이 만족에 선행하는 것을 나타났다.

그리고 서비스 결과물은 서비스 프로세스를 통해 고객에게 전달되는 유형적, 무형적인 것을 모두 포함하므로 서비스 결과물과 고객만족의 관계도 서비스 프로세스와 고객만족의 관계와 그리 다르지 않을 것이다. 여기에 비용 측면을 부가한다면 더욱 명확해 질 것이다. 다시 말해, 각 거래에서 발생하는 편익과 비용의 개념에 입각해서 볼 때, 편익에 해당하는 서비스품질 뿐만 아니라 비용을 함께 고려한(편익/비용) 서비스가치도 만족/불만족에 대한 선행변수로 적용하게 될 것이다(이학식 외, 1999).

결국, 서비스품질가치는 서비스 프로세스품질과 서비스 결과물로 구성되고 이들은 고객만족에 긍정적인 영향을 미친다. 택배서비스에서 서비스품질가치는 궁극적으로 전반적인 비용 대비 전반적인 배달의 편익으로 나타난다. 따라서 양질의 서비스를 받은 결과 배달의 편익에 대한 성과가 높게 나타난다면, 고객은 제공받은 서비스가치를 높게 인지하게 될 것이고, 이러한 서비스 경험에 대하여 만족하게 될 것이다. 따라서 본 연구에서는 택배서비스에서의 서비스품질가치와 고객만족 간에 다음과 같은 가설을 설정한다.

가설 3: 서비스가치는 고객만족에 정(+)의 영향을 미칠 것이다.

서비스가치에 대한 고객의 평가는 미래의 재이용의도와 다른 행위의도에 영향을 준다. Bolton & Drew(1991b)에 따르면 고객만족은 재이용의도에 대하여 충분조건이 아닌 필수조건이다. 최근에는 연구자들과 경영자들이 고객 충성의도에 대한 중요한 선행으로서 서비스가치의 역할에 중점을 두기 시작하였다(Patterson and Spreng, 1997). Ostrom & Iacobucci(1995)는 또한 보다 훌륭한 서비스가치는 재이용에 대한 기호를 증가시킨다고 주장하였다. 그러나 이외에도 충성의도에 대한 서비스가치의 영향력에 대해 몇몇 연구가 단정 또는 검증되어지고 있어 현재까지는 확정적이지 못하다(Chang and Wildt, 1994; Javalgi and Moberg, 1997; Sweeny, Souter, and Johnson, 1999). 그러므로 여기서는 택배산업에서 서비스가치는 고객의 행위의도에 직접적으로 영향을 준다고 가정한다.

가설 4.1: 서비스가치는 재이용의도에 정(+)의 영향을 미칠 것이다.
가설 4.2: 서비스가치는 구전의도에 정(+)의 영향을 미칠 것이다.

여러 연구들에 의하면 제품과 서비스에 대한 소비자의 만족/불만족 경험은 구매후의 태도와 재구매의도에 영향을 미친다는 것을 말해주고 있다(Oliver, 1980; Olson and Dover, 1976; Fishbein and Ajzen, 1975; Howard and Sheth, 1969, Fonell, 1992). 즉, 만족한 고객은 구매 후 제품 및 서비스에 대한 충성의도가 높아질 수 있고, 긍정적인 구전효과를 기대할 수 있다. 이를 토대로 택배산업에서 다음과 같은 가설을 설정하였다.

가설 5.1: 고객만족은 재이용의도에 정(+)의 영향을 미칠 것이다.

가설 5.2: 고객만족은 구전의도에 정(+)의 영향을 미칠 것이다.

기존의 많은 다른 산업(병원, 호텔, 레스토랑)과, 웹관련의 서비스품질 연구에서도 재이용의도가 구전의도에 직접적인 영향을 미치는 것으로 나타나고 있다(김계수, 2002; 조철호, 2004). 고객만족과 성과와의 관계에서 언급했듯이 만족한 고객은 구매 후 제품 및 서비스에 대한 충성도가 높아질 수 있고 긍정적인 구전효과를 기대할 수 있다. 이는 재이용의도가 구전의도에 영향을 미친다는 Oliver(1989)의 주장과도 일치한다. 그러므로 택배서비스에서도 이러한 관계가 적용될 것으로 예상하며 다음과 같은 가설을 설정한다.

가설 6: 재이용의도는 구전의도에 정(+)의 영향을 미칠 것이다.

연구가설에 따라 [그림 1]과 같은 연구모형이 제시되었다.

이 모형의 적합성을 검정하기 위한 연구방법을 다음에서 설명하기로 한다.

» 그림 1 **연구모형**

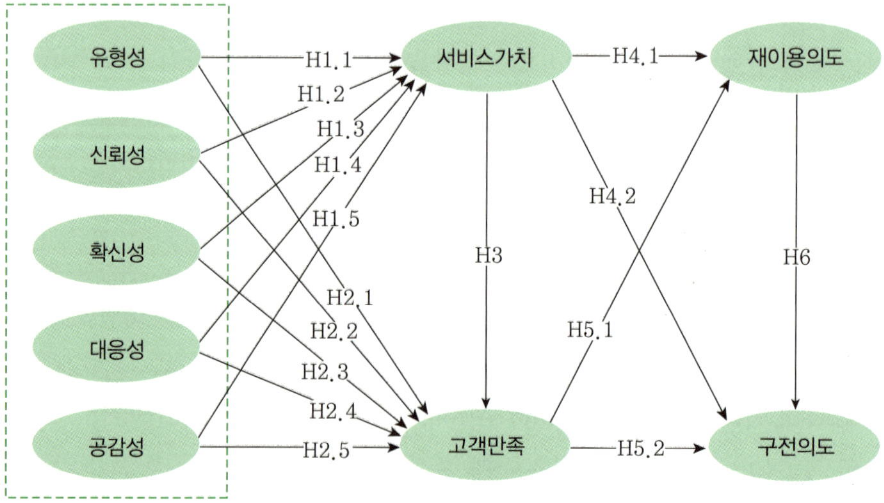

Ⅳ. 연구방법

4.1 측정도구

본 연구가 기존의 SERVQUAL의 설문항목의 타당성을 택배서비스 품질 측정에도 그대로 적용되는지 여부를 연구하는 관계로 연구에 사용된 요인들의 측정도구는 이미 여러 산업에서 검증된 PZB(1985, 1988)와 Cronin과 Talyor(1992)의 서비스품질 측정도구인 SERVQUAL의 설문항목을 택배서비스에 맞게 수정하였고, 방법론은 성과를 중심으로 사용하였다.

4.2 자료수집

본 연구에서는 실증적 연구를 위해 6개월 이내 택배서비스를 받아 본 적이 있는 고객들을 대상으로 하는 설문조사 방법을 사용하였다. 설문 기간은 2003년 10월 1일부터 10월 10일까지 자료의 수집이 이루어졌다. 조사대상은 귀중품의 택배 이용이 빈번한 서울의 강남과 강북의 귀금속 상가와 기업체의 직원들을 대상으로 하였다.

설문배포는 총 300부를 하였으며 자료의 수집방법은 결측치를 줄이기 위해 가급적 직접 설문을 하였다. 최종 회수된 설문지는 285부이었으며, 이 중에서 측정에 장애가 되는 19부를 제외한 276부를 분석에 이용하였다.

Ⅴ. 분석결과

가설 1을 검정하고 측정항목의 타당성을 증명하기 위해서 측정항목에 대하여 탐색적인 요인분석을 실시하였다. 요인분석에는 요인 사이에 독립성을 가정하지 않는 사각회전(oblimin)에 의한 요인분석을 실시하였다(강병서, 2002). 평가기준으로서 요인 적재값 0.3 이상으로 하였다(Hair et al., 1995).

요인분석결과는 [표 1]과 같으며 단일차원성을 저해하는 항목은 발견되지 않았고 기존의 연구처럼 유형성, 신뢰성, 반응성, 확신성, 공감성의 5개 요인으로 요약되었다. 그리고 각 요인별 일관성 여부를 판단하여 위해 신뢰성검정을 하였으며 여기서는 Chronbach α를 계산하였다. 일반적으로 알파값이 0.7~0.9(Van de Ven, Ferry, 1979)여야 신뢰성이 보장되며, 결과의 최저 신뢰도가 0.7301로써 Nunnally (1978)가 제시하는 최저 허용치인 0.6 이상에도 부합된다. 결과는 [표 1]과 같다. 5개 요인들은 관찰된 분산의 66.19% 이상을 설명하고 있다. 본 연구에서는 기존연구인 SERVQUAL의 설문항목을 이용한 서비스품질의 측정이 택배서비스에서도 그대로 적용됨을 탐색요인분석을 통해 알 수 있다.

개념타당성(Construct validity)은 측정도구가 실제로 무엇을 측정하였는가, 또는 조사자가 측정하고자하는 추상적인 개념이 실제로 측정도구에 의해서 적절하게 측정

| 표 1 | 요인분석결과(사각회전)

	공감성	유형성	신뢰성	확신성	대응성
직원의 대고객 관심(emp1)	0.815				
기업의 대고객 관심(emp2)	0.706				
기업의 고객요구인지(emp3)	0.847				
기업의 고객관심인지(emp4)	0.725				
운영시간의 편리성(emp5)	0.653				
최신시설 구비정도(tan1)		0.902			
시설의 시각적 호감(tan2)		0.872			
직원복장상태(tan3)		0.819			
시설・서비스 일치도(tan4)		0.838			
대고객 심적 동조감(rel1)			0.686		
회사에 대한 신뢰감(rel2)			0.807		
정시 서비스제공(rel3)			0.771		
기록유지의 정확도(rel4)			0.728		
직원에 대한 신뢰도(ass1)				0.734	
직원 거래 안도감(ass2)				0.788	
직원의 정중도(ass3)				0.699	
서비스 정보 예고(res1)					−0.760
신속한 서비스제공(res2)					−0.631
고객응대 준비(res3)					−0.762
요청대응 신속도(res4)					−0.793
아이겐값	7.077	2.196	1.651	1.236	1.078
설명된 분산의 %	35.386	10.982	8.255	6.178	5.391
크론바하알파(α)	0.8522	0.8902	0.7940	0.7301	0.7892

되었는가의 문제로서, 이론적 연구를 하는데 있어서 가장 중요한 타당성이다. 개념타당성은 요인분석을 통해 검정된다. 각 요인에 대한 아이겐 값이 허용치인 1.0을 상회하여야 하고(Hair et al.,1995), 탐색적 요인분석에서 각 설문의 요인에 대한 아이겐 값들은 모두 유의수준을 상회하고 있다.

또한 측정 모형에는 연구모형을 구성하는 모든 구성개념과 그 측정변수를 포함한다. 측정모형은 구성개념타당성에 대하여 전반적이고 확증적 평가를 가능하게 해주며(Bentler, 1978), 집중타당성과 판별타당성에 대하여 확증적인 평가를 가능하게 한다(Cambell and Fiske. 1959). 본 연구에서는 측정모형의 분석의 대표적 방법인 확인요인분석(CFA)을 통하여 재차 요인의 개념타당성을 확보하기로 한다. 측정모형 분석에는 최대우도법(ML)을 이용하였으며, 적합도 지수들을 통하여 모형을 평가한다. [표 2]는 각 구성개념 간의 확인요인분석을 나타낸 것이다.

| 표 2 | 각 요인별 확인요인분석 결과

요인	초기 항목	최종 항목	GFI	AGFI	RMSR	NFI	χ^2	p
유형성	4	4	1.000	0.999	0.001	1.000	0.091	0.956
신뢰성	4	4	0.999	0.993	0.003	0.998	0.745	0.689
대응성	4	4	0.995	0.977	0.006	0.992	2.493	0.287
확신성	3	3	1	1	0	1	–	–
공감성	5	5	0.984	0.952	0.009	0.979	11.068	0.050

앞에서 신뢰성분석을 미친 후 측정항목들에 대하여 연구 단위별로 측정모형(measurement model)을 도출하기 위해서 확인요인분석(CFA)을 실시하였다. 확인요인분석은 특정 가설을 설정하고, 이 자료에서 관찰되는 관계를 어느 정도 잘 설명하고 있는지의 정도를 나타내는 기법으로 분석과정에서 연구자는 사전지식이나 이론적인 결과를 가지고 가설 형식으로 모형화하고 행렬의 일부원소의 값을 제약한다. 각 단계별로 항목의 구성의 최적상태를 도출하기 위한 적합도를 평가하기 위하여 GFI($\geq$0.9), AGFI($\geq$0.9), χ^2, χ^2에 대한 p값($\geq$0.05) 등을 이용하였다. 확인요인분석 결과, GFI, AGFI, RMSR, NFI, χ^2, p값이 기준에 만족되어 각 요인들의 적합도는

만족할 만한 수준을 확보한 것을 알 수 있다.

연구모형의 각 구성개념들 간의 상관관계를 통해 판별타당성을 확인하였다([표 3] 참조). 본 연구서 평균치는 총합척도(Summated scale)를 사용하였으며, 이를 사용하는 목적은 측정오차를 줄이고 단일 차원으로 구성개념의 대표성을 높이려는데 있다(Hair et al.,1995). α=0.01에서 유의하였으며, 설정된 방향과도 일치하였다. 구성개념들 간에 상관관계가 너무 커서 1이라고 할 수 있는 관계가 나타나지 않아 판별타당성도 충족된다(강병서, 2002). 결과를 종합한 결과, 본 연구모형을 구성하는 구성개념들은 타당성과 신뢰성이 높다고 할 수 있다.

표 3 구성개념들 간의 상관관계행렬

	유형성	신뢰성	대응성	확신성	공감성	서비스 가치	고객 만족	재이용 의도	구전 의도	Mean	SD
유형성	1									3.36	0.523
신뢰성	0.365	1								3.50	0.494
대응성	0.358	0.532	1							3.47	0.477
확신성	0.329	0.351	0.443	1						3.33	0.518
공감성	0.337	0.429	0.561	0.493	1					3.22	0.496
서비스가치	0.410	0.568	0.617	0.553	0.569	1				3.55	0.631
고객만족	0.471	0.662	0.665	0.600	0.627	0.783	1			3.55	0.643
재이용의도	0.167	0.462	0.400	0.402	0.347	0.494	0.545	1		3.49	0.727
구전의도	0.289	0.447	0.481	0.428	0.426	0.558	0.628	0.615	1	3.50	0.696

주: 모든 상관계수는 α=0.01에서 유의함.

Ⅵ. 분석결과(인과분석)

6.1 인과분석

구성개념들 간의 인과관계의 형성 여부를 검정하기 위해서 경로모형을 사용하였다. 본 연구에서는 Amos 4.0 패캐지를 사용하였다. Amos를 이용한 구조모형의 분석결과, 전체적인 모형의 적합도를 판단하기 위해 GFI(Goodness-of-Fit Index: ≥

0.90이 바람직함), AGFI(Adjusted Goodness-of-Fit Index: ≥0.90이 바람직함), χ^2(작을수록 바람직함), χ^2에 대한 p값(≥0.05가 바람직함) 등을 이용하였다. 분석결과 적합도지수들이 χ^2=18.07, df=10, p=0.054, GFI=0.986, AGFI=0.935, RMR=0.09, NFI=0.985, CFI=0.993으로 적합도지수들은 대부분 권장수준 내에 있는 것으로 나타나, 전반적으로 자료가 모형에 적합함을 시사하고 있다(Jöreskog and Sörbom, 1993). χ^2은 표본의 수에 따라 변화하는 모습을 보이고(Jöreskog and Sörbom, 1993), 표본수가 큰 경우에 커지는 경향이 있어(강병서, 2002), 적합도 판정에 심각한 영향을 주지 못한다. 일반적으로 χ^2/df의 값이 3보다 작으면 상당히 좋다고 한다. 여기서는 χ^2/df의 값이 1.216을 보이고 있어 매우 이상적이라고 할 수 있다(Schniederjans et al., 2002). 경로계수를 포함한 연구모형은 [그림 2]에 나타나 있다. 또한 이것을 표로 나타내면 [표 4]와 같다.

》그림 2 연구모형과 경로계수

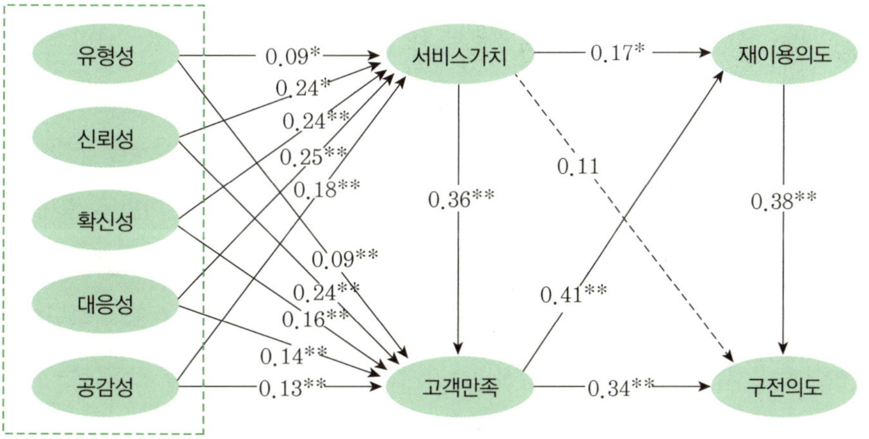

χ^2=18.07, df=10, p=0.054, GFI=0.986, AGFI=0.935, RMSR=0.009, NFI=0.985, CFI=0.993

주 1) 경로계수는 모두 표준화계수임.
2) **는 α=0.01에서 유의한 경로계수임.
*는 α=0.05에서 유의한 경로계수임.

서비스품질의 5개 차원은 서비스가치와 고객만족에 각각 통계적으로 유의한 영향을 미치고 있는 것으로 나타났다. 그 중에서 영향력의 순서를 보면 서비스품질과 서비스가치 사이에서는 대응성(γ_{14}=0.25, t=4.61), 확신성(γ_{13}=0.24, t=4.95), 신뢰성(γ_{12}=0.24, t=4.85)이 거의 동일하며 제일 영향력이 큰 것으로 나타났고, 공감성(γ_{15}=0.18, t=3.32)은 그 다음 순으로 나타났다. 유형성(γ_{11}=0.09, t=2.06)은 채택되었으나 상대적으로 영향력이 미미한 것으로 나타났다. 서비스품질과 서비스만족 사이에서는 신뢰성(γ_{22}=0.24, t=6.06)이 가장 크며, 확신성(γ_{23}=0.16, t=4.21), 대응성(γ_{24}=0.14, t=3.25), 공감성(γ_{25}=0.13, t=3.29)의 순으로 나타났다. 유형성(γ_{21}=0.09, t=2.60)의 경우에는 전자의 경우와 마찬가지로 영향력은 상대적으로 미미하였다. 서비스가치와 고객만족 간의 관계에서는 서비스가치가 고객만족에 선행하면서 상대적으로 상당히 큰 영향력을 보이고 있었다(β_{21}=0.36, t=7.87). 서비스가치와 충성의도 간의 관계에서는 서비스가치가 재이용의도(β_{31}=0.17, t=2.11)에는 유의한 영향을 미치는 것으로 나타났으나 구전의도에는 직접적으로 유의한 영향을 미치지 못하는 것으로 나타났다. 특히 이 경우에는 서비스가치는 재이용의도나 고객만족을 통해서만 구전의도에 영향을 미칠 수 있다는 결과가 나왔다. 고객만족과 충성의도의 경우에는 고객만족은 재이용의도(β_{32}=0.41, t=5.01)와 구전의도(β_{42}=0.34, t=4.67)에 각각 통계적으로 유의한 영향을 미치고 있는 것으로 나타났으며 상대적으로 영향력이 매우 큰 것으로 나타났다. 또한 충성의도 간에서는 재이용의도가 구전의도에 통계적으로 유의한 영향을 미치는 것으로 나타났다(β_{43}=0.38, t=7.27). 위의 결과들은 서비스가치가 구전의도에 영향을 미친다는 가설을 제외하고는 전술한 대부분 기존 연구자들의 연구를 지지하고 있다.

표 4 경로분석을 통한 가설검정 결과

가설	경로	가설 방향	경로 명칭	표준화된 경로계수	t값	p값	채택 여부
가설 1.1	유형성(ξ_1) → 서비스가치(η_1)	+	γ_{11}	0.09	2.06	0.039	**채택**
가설 1.2	신뢰성(ξ_2)→ 서비스가치(η_1)	+	γ_{12}	0.24	4.85	0.000	**채택**
가설 1.3	확신성(ξ_3) → 서비스가치(η_1)	+	γ_{13}	0.24	4.95	0.000	**채택**
가설 1.4	대응성(ξ_4) → 서비스가치(η_1)	+	γ_{14}	0.25	4.61	0.000	**채택**
가설 1.5	공감성(ξ_5) → 서비스가치(η_1)	+	γ_{15}	0.18	3.32	0.001	**채택**
가설 2.1	유형성(ξ_1) → 고객만족(η_2)	+	γ_{21}	0.09	2.60	0.009	**채택**
가설 2.2	신뢰성(ξ_2) → 고객만족(η_2)	+	γ_{22}	0.24	6.06	0.000	**채택**
가설 2.3	확신성(ξ_3) → 고객만족(η_2)	+	γ_{23}	0.16	4.21	0.000	**채택**
가설 2.4	대응성(ξ_4) → 고객만족(η_2)	+	γ_{24}	0.14	3.25	0.001	**채택**
가설 2.5	공감성(ξ_5) → 고객만족(η_2)	+	γ_{25}	0.13	3.29	0.001	**채택**
가설 3	서비스가치(η_1) → 고객만족(η_2)	+	β_{21}	0.36	7.87	0.000	**채택**
가설 4.1	서비스가치(η_1) → 재이용의도(η_3)	+	β_{31}	0.17	2.11	0.035	**채택**
가설 4.2	서비스가치(η_1) → 구전의도(η_4)	+	β_{41}	0.11	1.53	0.127	기각
가설 5.1	고객만족(η_2) → 재이용의도(η_3)	+	β_{32}	0.41	5.01	0.000	**채택**
가설 5.2	고객만족(η_2) → 구전의도(η_4)	+	β_{42}	0.34	4.67	0.000	**채택**
가설 6	재이용의도(η_3) → 구전의도(η_4)	+	β_{43}	0.38	7.27	0.000	**채택**

Ⅶ. 결론

7.1. 연구결과의 요약

택배산업은 고객의 수송물류 서비스에 대한 새로운 욕구를 충족시켜 주어 수송물류의 개선에도 크게 기여할 수 있는 수송체계이다. 택배산업은 전국에 걸친 광범위한 서비스지역, 당일 혹은 익일 배달의 신속한 서비스 제공 및 정시성이 강조된 서비스를 제공하여야 하는 수송체계이다. 전자상거래의 활성화와 소비자들의 편리성 추구와 같은 환경적인 변화에 의해 택배산업은 급격하게 신장하였으며, 현재의 경기침체에 따른 내수부진으로의 성장둔화에도 불구하고 향후에도 성장은 계속될 것으로 전망되고 있다.

본 연구에서는 이와 같이 최근에 급격하게 신장하고 있는 우리나라 택배산업의 서비스품질이 서비스가치와 전반적 만족도에 미치는 영향을 분석 조사하였으며, 이에 기존의 서비스품질 측정도구인 SERVQUAL의 설문항목의 적용가능성 여부와 서비스가치와의 병용가능성을 알아보고자 하였다.

분석결과, 요인분석결과 각각 항목들은 서비스품질의 5개 차원으로 구성됨을 확인할 수 있었다. 이들 요인들이 택배서비스의 서비스가치와 만족도에 미치는 영향을 살펴본 결과, 서비스품질의 5개 차원은 각각 서비스가치와 고객만족에 통계적으로 유의한 영향을 미치고 있는 것으로 나타났다. 서비스품질과 서비스가치의 경우에 영향력 순서를 나열하면 대응성, 신뢰성, 확신성이 거의 동일하며 제일 영향력이 큰 것으로 나타났고, 공감성 순으로 나타났다. 유형성도 채택되었으나 영향력은 매우 미미한 것으로 나타났다. 또한 서비스품질과 고객만족의 경우는 신뢰성이 가장 영향력이 크며 확신성, 대응성, 공감성 순으로 나타났다. 유형성도 채택되었지만 서비스가치의 경우와 마찬가지로 그 영향력은 미미한 한 것으로 나타났다.

서비스가치와 고객만족 간의 관계에서는 서비스가치가 고객만족에 선행하면서 상대적으로 상당히 큰 영향력을 보이고 있었다. 서비스가치와 충성의도 간의 관계에서는 서비스가치가 재이용의도에는 유의한 영향을 미치는 것으로 나타났으나 구전의도에는 직접적으로 유의한 영향을 미치지 못하는 것으로 나타났다. 특히 이 경우에는 충성의도에 대한 서비스가치의 영향력에 대해 몇몇 연구가 단정 또는 검증되어지고 있어 현재까지는 확정적이지 못하다(Chang and Wildt, 1994; Javalgi and Moberg, 1997; Sweeny, Souter, and Johnson, 1999)고 전술한 것처럼 아직까지는 검증되어져야 할 과제임을 보여주고 있다. 본 연구에서는 서비스가치는 재이용의도나 고객만족을 통해서만 구전의도에 영향을 미칠 수 있다는 결과가 나왔다.

고객만족과 충성의도의 경우에는 고객만족은 재이용의도와 구전의도에 각각 통계적으로 유의한 영향을 미치고 있는 것으로 나타났으며 상대적으로 영향력이 매우 큰 것으로 나타났다. 또한 충성의도 간에서는 재이용의도가 구전의도에 통계적으로 유의한 영향을 미치는 것으로 나타났다.

택배서비스의 특성상 소비자들이 택배서비스에서 가장 기본적이면서 중요하게 여기는 차원은 물품 배달의 신뢰성, 대응성, 확신성임이 밝혀졌다. 공감성은 영향력은 적은 편이나 고객만족에 유의하게 영향을 나타내고 있는데, 이는 요즘 기업들의 관심의 대상이 되고 있는 경쟁적인 고객관계관리와 무관해 보이지 않으며, 이에 소비자들이 민감해진 것으로 생각된다. 유형성은 채택되었으나 5개의 차원 중에서 경계적 위치에 있으며 소비자들의 전반적인 만족에 크게 영향력을 주지 못하는 것으로 나타났다. 즉 이것은 과거 소비자들의 선택에 있어서 우위요건이었으나 현재에 와서는 최소요건으로 전환되었음을 의미한다.

이상의 연구 결과들은 이론적·실무적으로 여러 가지 시사점을 제시해 준다. 이론적 측면에서 볼 때, 본 연구를 통하여 택배서비스 품질측정에 SERVQUAL의 설문도구가 우리나라 택배시장에도 소폭의 수정을 거쳐 그대로 적용됨과 동시에 서비스가치와 함께 병용 가능함을 실증적으로 보여주고 있다. 이러한 결과는 SERVQUAL의 측정항목이 택배산업의 서비스품질 측정에서는 적용될 수 있으며 결정적인 서비스품질 측정도구로 다루어지기에는 문제가 없음을 밝히는 토대를 마련하였다는 것과 국내 택배산업에서 서비스가치의 매개를 처음 시도함으로써 SERVQUAL의 설문문항과의 병용 가능성을 실증적으로 증명하였다.

또한 연구논문의 결과는 우리나라 택배산업의 관리자들에게 중요한 실무적 시사점을 제시해준다. 우선 경쟁이 치열해져 가고 있는 택배시장에서 지속적인 경쟁우위를 유지하기 위해서는 택배서비스 이용고객의 서비스가치향상과 고객만족을 위한 효과적인 서비스품질의 향상에 많은 투자와 노력이 이루어져야 한다. 특히 신뢰성, 대응성, 확신성을 더욱 향상시키는 서비스 품질전략을 지속적으로 수행해야 할 것이다. 또한 택배서비스 품질의 결정요인의 향상이 서비스가치와 고객만족을 통하여 궁극적으로는 재이용의도와 구전의도에 영향을 미치기 때문이다. 이에 부가하여 재이용의도가 높을수록 구전의도가 매우 큰 것으로 나타난다.

결론적으로 택배산업에 있어서 가치 있는 서비스 제공을 통한 고객만족과 택배기업이 지속적인 경쟁우위를 지키기 위해서는 가치전달이 서비스품질, 서비스가치, 고객만족을 거쳐 충성의도(재이용의도, 구전의도)로 귀결되기 때문에 신뢰성, 대응성, 확신성에 중점을 둔 고품질의 서비스를 제공해야 된다. 신뢰성 측면에서는 택배기업으로서 서비스 활동이 실수 없이 보장될 수 있는 내부적, 외부적 시스템의 개발과 선진화를 위해 최선을 다해야 할 것이며, 확신성과 대응성 측면에서는 고객에게 보다 큰 신뢰를 줄 수 있도록 택배서비스 요원에 대한 교육과 선발이 매우 중요시 된다. 즉 물품이 고객이 원하는 시간에 정확하게 손상 없이 안전하게 배달되어야 한다. 또한 고객에 대한 응대가 친절해야 되며, 나아가서는 고객관계관리에 입각한 마케팅노력이 있어야만 한다.

7.2. 연구의 한계 및 미래 연구 방향

연구에서 드러난 한계는 다음과 같다. 첫째, 본 연구에서는 서울시를 포함하여 수도권에 거주하는 사람들만을 고려하였기 때문에 차후 연구에서는 지역 범위를 전국적으로 확대한 표본을 구성하여 분석이 이루어져야 할 것이다. 둘째, 택배서비스 이용자를 주요 업체인 현대. 한진 택배, 대한 통운, DHL, Fedex와 우체국만으로 국한시켰다. 그러나 이들 이외에도 제일제당의 CJ GLS나 유명업체 등 다양한 업체들도 포함시켜 분석이 이루어져야 할 것이다. 셋째, 본 연구에서는 택배서비스품질의 측정을 SERVQUAL의 설문도구로 측정되어 택배산업의 고유 품질측정에 필요할 것으로 예상되는 항목들이 추가되지 못했다는데 있다. 차후에 이에 대한 연구가 필요하다. 넷째, 충성의도에 대한 서비스가치의 영향력에 대해 몇몇 연구가 단정 또는 검증되어지고 있지만 현재까지는 확정적이지 못하다(Chang and Wildt, 1994; Javalgi and Moberg, 1997; Sweeny, Souter, and Johnson, 1999). 그러므로 이는 앞으로도 검증되어져야 과제임을 보여주고 있다. 마지막으로 서비스 산업의 국가경쟁력을 향상시키는 차원에서 서비스품질, 서비스가치, 고객만족에 관한 연구가 의료, 공공부문, 은행, 통신, 호텔 등을 포함하는 주요 서비스산업에서 포괄적이고 통합적인 연구가 이루어져야 하겠다.

참고문헌

강병서(2002), 인과분석을 위한 연구방법론, 무역경영사

김재욱, 이성근, 최지호(2000), "택배 서비스 품질의 측정에 관한 연구," 경영학연구, 제31권 제2호, pp.283-294.

구자룡(2004), 물류 두 표정, 동아일보, 8월 13일자

양용모(1999), "우리나라 택배산업의 경쟁우위 확보 방안에 관한 연구," 고려대학교 석사학위논문.

이상근(2001), "우리나라 택배업체의 경쟁력 강화 방안에 관한 연구", 한국물류학회지, 제11권 제1호, pp.95-115.

이유재(1997), "서비스 품질에 관한 종합적 고찰: 개념 및 측정을 중심으로," 경영논집, 제31권 제3,4호, 서울대학교 경영연구소, pp.249-283.

이유재(1995), 서비스마케팅, 학현사

이학식(1997), "지각된 서비스 품질의 결정과정: 판단이론적 시각," 경영학 연구, 한국경영학회, 26(1), pp.139-154.

이학식, 김영(1999), "서비스품질과 서비스가치," 한국마케팅 저널, 제1권 제2호, pp.77-99.

조철호(2004), "서비스품질이 P2P 파일공유의 고객만족에 미치는 영향", 경희대학교 박사학위논문

Anderson, E., C. Fornell, and D. R. Lehmann(1994), "Customer satisfaction, market share, and profitability: findings from Sweden," *Journal of Marketing*, Vol. 58, pp.53-66.

Binter, Mary Jo(1990), "Evaluating Service Encounters: The effects of Physical Surroundings and Employee Responses," *Journal of Marketing*, 54(2), pp.69-82.

Babakus, Emin and Gregory W. Boller(1992), "An Empirical Assessment of the SERVQUAL Scale," *Journal of Business Research*, 24, pp.253-68.

Bolton, R. N. and H. J. Drew(1991), "A Multistage Model of Customers Assessments of Service Quality and Value," *Journal of Consumer Research*, 17 (March), pp.375-384.

____________________________(1991b), "Multistage Model of Customers' Assessment of Service Quality and Value," *Journal of Customer Research*, March, pp.375-384.

Boulding, William, Richard Staelin, Ajay Kalra, and Valerie Zeithaml (1993), "A Dynamic Process Model of Service Quality: From Expectations to Behavioral Intentions," *Journal of Marketing Research*, 30 (February), pp.7-27.

Bearden, W. O. and Teel, J. E.(1983), "Marketing's Promise for Hospitals," *Bisiness Horizons*, Vol.25, Iss.12, pp.71-76.

Bentler, P. M.(1978), "The Interdependence of Theory, Methodology and Empirical

Data: Causal Modeling as an Approach to Construct Validation." In James C. Anderson and David W. Gerbing, *Psychological Bulletin* (1988), Vol.03(3), pp.411-423.

Carman, James M.(1990), "Consumer Perception of Service Quality : An Assessment of the SERVQUAL Dimensions," *Journal of Retailing*, 66(1), (Spring), pp.33-55.

Chang, T. Z. and A. R. Wildt(1994), "Price, Product Intention, and Purchase Intention: An Empirical Study," *Journal of the Academy of Marketing Science*, 22 (1), pp.16-27.

Cronin, J. Joseph, Jr. and Taylor A. S.(1992), "Measuring Service Quality: A Reexamination and Extension," *Journal of Marketing*, 56 (July), pp.55-68.

Cronin J. Joseph, Jr. and Steven A. Taylor(1992), "Measuring Service Quality: A Reexamination and Extension,"*Journal of Marketing*, 56 (July), pp.55-68.

Cronin, J. Joseph , Jr., Michael K. Brady, Richard R. Brand, Roscoe Hightower Jr., and Donald J. Shemwell(1997), "A Cross-sectional Test of the Test of the Effect and Conceptualization of Service Value," *The Journal of Service Marketing*, 11(6), pp.375-391.

Campbell, D. T. and Fiske, D. W.(1959), "Convergent and discriminant validation by the multitrait-multimethod matrix," *Psychological Bulletin*, vol. 56, pp.81-105.

Dabhokar, Pratibha A., Dayle I. Thorpe, and Joseph O. Rentz(1996), "A Measure of Service Quality for Retail Stores: Scale Development and Validation," *Journal of the Academy of Marketing Science*, 24, 1.

Dodds, W. B., K. B. Monroe and D. Grewal(1991), "Effects of price, brand and store information on buyers' product evaluations," *Journal of Marketing Research*, Vol. 28, August, pp.307-319.

Drew, J. H. and R. N. Bolton(1987), "Service Value and Its Measurement: Local Telephone Service," in Suprenant, C.(Ed.), *Add Value to Your Service*: 6th annual Services Marketing Proceedings, American Marketing Association, Chicago, IL.

Fornell, C.(1992), "A National Customer Satisfaction Barometer: The Swedish Experience," *Journal of Marketing*, 56(1), pp.6-21.

Fishbein, M. and I. Ajzan(1975), *Belief, Attitude, Intention and Behavior, Reading, Massachusetts*, Addison-Wesley.

Gooding, S. K.(1995), "An Assessment of the Relationship between Service Quality and Customer Satisfaction in the Formation of Consumers Purchase Intention," *Journal of Retailing*, Vol.70, No.2, pp.163-178.

Hakserver, C., Render, B., Russel, R. S., Murdick, R. G.(2000), *Service Management and Operation*, 2ed, p.88, Pretince Hall.

Hair, J. F., Anderson, R. E., Tatham, R. L., and Black, W. C.(1995), *Multivariate*

Data Analysis with Reading, Prentice Hall.

Heskett James L., H. E. Sasser Jr. and C. W. L. Hart(1990), *Service Breakthrough: Changing the Rule of the Game*, The Free Press, New York.

Heskett James L., W. Earl Sasser Jr. and Leonard A. Schlesinger(1997), *The Service Profit Chain*, The Free Press.

Holbrook, Morris B. and Kim P. Corfman(1985), "Quality and Value in the Customer Experiences: Phaedrus Rider Again," in *Perceived Quality*, J. Jacoby and J. Olson, ed., Lexington, MA: Lexington Books, pp.31-57.

Howard, J. A and J. N. Sheth(1969), *The Theory of Buyer Behavior*, John Wiley & Sons, Inc, New York.

Javalgi, R. G. and C. R. Morbeg(1997), "Service Loyalty: Implications for Service Providers," *The Journal of Service Marketing*, 11 (2/3), pp.165-179.

Jöreskog, Karl G. and Dag Sörbom (1993), *Lisrel 8 User's Reference Guide*, Scientific Software International.

Karl, P. A., J. McCleary, and J. E. Swan(1996), "SERVQUAL Revisited: A Critical Review of Service Quality," *Journal of Services Marketing*, 10(6), pp.62-81.

Kerin, R. A., A. Jain, A., and D. J. Howard(1992), "Store Shopping Experience and Customer Price-Quality-Value Perceptions," *Journal of Retailing*, 68(4), pp.376-397.

Lee, Hasik, Yongki Lee, and Dongkeun Yoo(1999), "The Determinants of Perceived Quality and Its Relationship with Satisfaction," *The Journal of Services Marketing*, forthcoming.

Lee, Moonkyu and Francis M. Ulgado(1997), "Customer Evaluation o Fast-food Services: a Cross-national Comparison," *The Journal of Service Marketing*, 11(1), pp.39-52.

Mandler, George(1982), "The Structure of Value: Accounting for Taste," in Margaret Sydnor Clark and Susan T. Fiske, ed., *Affect and Cognition*, Lawrence Erlbaum Associate, Hillsdale, NJ., pp.3-36.

Nunnally, J. C.(1978), *Psychometric Theory*, McGraw-Hill, New York.

Oliver, Richard L.(1993), "A Conceptional Model of Service Quality and Service Satisfaction: Compatible Goals, Different Concept," in *Advance in Services Marketing and Management: Research and Practice*, 2, Tersa A. Swartz, David E. Bowen, and Stephen W. Brown, eds. Greenwich, CT: JAI Press.

Oliver, R. L.(1980), "A Cognitive Model of the Antecedents and Consequences of Satisfaction Decisions," *Journal of Marketing Research*, November, pp.460-469.

Oliver, Richard L.(1977), "Effect of Expectation and Disconfirmation on Postexposure Product Evaluation: An Alternative Interpretation," *Journal of Applied Psychology*, 62(4), pp.480-486.

Oliver, Richard L.(1993), "A Conceptional Model of Service Quality and Service Satisfaction: Compatible Goals, Different Concept," in *Advance in Services Marketing and Management: Research and Practice*, 2, Tersa A. Swartz, David E. Bowen, and Stephen W. Brown, eds. Greenwich, CT: JAI Press

Oliver (1989), "Processing of the Satisfaction Response in Consumption: A Suggested Framework and Research Proposition," *Journal of Consumer Satisfaction, Dissatisfaction and Complaining Behavior*, Vol.2, pp.1-16.

Olson, Jerry C. and Phillip A. Dover(1979), "Disconfirmation of Consumer Expectations Through Product Trial," *Journal of Applied Psychology*, 64(2), 179-189.

Ostrom and Iacobucci(1995), "Customer Trade-Offs and the Evaluation of Service," *Journal of Marketing*, 59(1), pp.17-28.

Perry, Ralph B.(1926), *General Theory of Value: Its Meaning and Basic Principles Construed in Term of Interest*, Cambridge, MA: Cambridge University Press.

Parasuraman A, Valarie A. Zeithaml, and Leonard L. Berry(1985), "A Conceptual Model of Service Quality and Its Implications for Future Research," *Journal of Marketing*, Vol.49, Fall, pp.41-50.

Patterson, P. G., and R. A. Spreng(1997), "Modeling the Relationship between Perceived Value, Satisfaction and Repurchase Intention in a Business-to-Business, Services Context: An Empirical Examination," *International Journal of Service Industry Management*, 8(5), pp.414-434.

______________________________(1988), "SERVQUAL: A Multiple-Item Scale for Measuring Consumer Perceptions of Service Quality," *Journal of Retailing*, Spring, pp.12-40.

______________________________(1991), "Refinement and Reassessment of the SERVQUAL Scale," *Journal of Retailing*, 67, 4, pp.420-450.

________, _______ and ______(1994), "Reassessment of Expectations as a Comparison Standard in Measuring Service Quality: Implications for Further Research," *Journal of Marketing*, January, pp.111-124.

Riedenbach, R. Eric and Beverly Sandifer-Smallwood(1990), "Exploring Perceptions of Hospital Operations by a Modified SERVQUAL Approach," *Journal of Health Care Marketing*, 10(December), pp.47-55.

Schniederjans, M. J, Lee, S. G., Rho, B. H., "Applying SERVQUAL for Media Choice: An Empirical Study of Post-Acceptance Model," *Decision Sciences Institute 2002 Annual Meeting Proceedings*, pp.1064-1069.

Swall, Hannah R.(1901), *The Theory of Value Before Adam Smith*, New York: Macmillan.

Sweeney, J. C., G. N. Soutar, and L. W. Johnson(1999), "The Role of Perceived Risk in the Quality–Value Relationship: A Study in A Retail Environment," *Journal of Retailing*, 75(1), pp.77–105.

Teas, R. Kenneth(1993), "Expectations, Performance Evaluation, and Customers' Perceptions of Quality," *Journal of Marketing*, October, pp.18–34.

Woodside, Arch G., Lisa L. Frey, and Robert Timothy Daly(1989), "Linking Service Quality, Customer Satisfaction, and Behavioral Inention," *Journal of Health Care Marketing*, 9(December), pp.5–17.

Zeithaml, Valarie A., Leonard L. Berry, and A. Parasuraman(1996), "The Behavioral Consequences of Service Quality," *Journal of Marketing*, 60(April), pp.31–46.

Zeithaml, Valarei A.(1988), "Consumer Perception of Price, Quality and Value: A Means End Model and Synthesis of Evidence," *Journal of Marketing*, Vol.52, pp.2–22.

[부록 1] 예시논문

2 전자상거래에서 신뢰와 재구매의도에 영향을 미치는 소비자 구매결정요인에 관한 연구: 중·소 인터넷쇼핑몰을 중심으로

조철호(2006), “전자상거래에서 초기신뢰와 재구매의도에 영향을 미치는 소비자구매결정요인에 관한 연구: 중·소 인터넷쇼핑몰을 중심으로”, 중소기업연구, 28(1), 173-202.

조철호*

Ⅰ. 서론

최근 인터넷 환경의 급속한 발달과 인터넷이 제공하는 다양한 이점으로 인해 인터넷쇼핑몰의 사용 인구는 날로 증가추세에 있다. 인터넷쇼핑몰은 웹상에 연결되어 있는 서버에 상품정보를 올려놓으면 접속한 구매자가 대금결제를 통하여 구매한 상품을 적시적소에 배송해 주는 온라인 상점을 말한다(조남재 외, 1998). 인터넷쇼핑몰은 전통적인 상거래에서 정보의 비대칭성으로 인한 시장의 비효율성을 제거시키고, 과거 물리적 시스템의 시간적·공간적인 제약의 해소와 함께 거래비용을 낮춤으로써 공급자와 소비자 모두에게 이익을 창출해 주는 혁신적인 상거래형태로 부각되고 있고 있다. 인터넷환경에서 시간과 공간의 제약을 극복할 수 있는 편리성, 유통단계의 축소 및 인터넷쇼핑몰 업체 간의 경쟁으로 인한 저렴한 가격, 소비자가 매장을 직접 방문할 필요성이 적은 표준화된 상품의 확대, 공동구매 등 새로운 소비패턴의 확산과 초기에 문제가 되었던 개인정보보호문제, 신용카드사용의 불안감. 인터넷쇼핑몰의 상품

* 대구한의대학교 의료경영학과 교수 chcho@dhu.ac.kr

과 서비스에 대한 불확실성 등이 어느 정도 해소되면서 한국에서도 인터넷쇼핑몰은 지속적인 성장추세를 보이고 있다. 2005년도 현재 한국 인터넷쇼핑몰 총 규모는 8천 9백억 원에 달하며, 인터넷쇼핑몰 운영업체수도 총 4,000여 개로 파악되었다(한국통계청, 2005).

현재의 시장불황과 경쟁적 상황 하에서 국내의 인터넷쇼핑몰 중 일부 유명 쇼핑몰을 제외하고는 대부분의 중소 쇼핑몰은 점차적인 시장포화에 따른 성장둔화와 경쟁, 그리고 신뢰성문제로 수익성에 한계를 보이지 못하고 있다. 그 주된 원인은 인터넷쇼핑몰 서비스에 대한 고객의 구매평가요인과 B2C 간의 거래신뢰성 부재라고 할 수 있다. 또한 최근 들어 인터넷쇼핑몰의 고객과의 거래의 실패로 인해 거래 신뢰성이 중요한 이슈로 대두되어 있다. 따라서 쇼핑몰사이트에 대한 거래의 신뢰성에 초점이 맞춰지고 있다. 인터넷은 확산 속도가 빠르고 그 확산 범위도 매우 넓기 때문에 고객들에게 한 번 신용을 잃은 인터넷기업은 어려운 상황에 처하게 된다. 그러므로 인터넷기업의 신뢰성은 매우 중요하다.

일반적으로 인터넷 사용자들이 인터넷쇼핑몰 구매를 꺼리는 중요한 이유로는 인터넷상에서 신용카드정보 유출에 대한 불안감(97%)을 꼽고 있다(Ernst and Young, 1999). 또한 한국 매경 인터넷리서치센터(1999)에서 조사한 결과에 따르면 제품 및 서비스에 대한 불신(44.2%), 서비스업체에 대한 불신(14.2%)이 인터넷쇼핑몰 구매를 꺼리는 요인으로 나타났다.

신뢰성은 인터넷쇼핑몰 고객에게 매우 중요한 가치를 지니며 인터넷쇼핑몰의 핵심 경쟁전략은 보다 높은 신뢰성의 확보라고 할 수 있다. 그러나 소비자들의 인터넷쇼핑몰 구매결정요인과 신뢰성, 고객만족 및 재구매의도 등의 인터넷쇼핑에서 소비자행동에 대한 포괄적인 연구는 매우 부족한 실정이다. 따라서 다음의 연구목적에서 제시하는 바와 같이 소비자 인터넷쇼핑몰 구매결정요인, 신뢰성, 고객만족 및 재구매의도 등에 관한 체계적인 연구는 매우 의미가 크다 하겠다.

본 연구의 구체적인 연구목적은, 첫째, 선행연구의 고찰을 통해 기업 대 소비자 간의 관계에 있어서 신뢰에 관한 기존연구의 흐름을 파악하고, 소비자의 인터넷쇼핑몰에서의 구매결정요인을 추출한다. 둘째, 인터넷쇼핑몰 상황에 맞추어 신뢰성을 거래신뢰성으로 분류하여 연구모델을 설정하고, 신뢰성의 선행변수 즉, 인터넷쇼핑몰에 대한 소비자의 구매결정요인이 거래신뢰성을 매개하여 고객만족에 미치는 영향을 규명한다. 셋째, 전통적인 상거래에서 입증되었던 고객만족, 재구매의도 간의 관계를 인터넷쇼핑몰의 상거래에 접목시켜 실증분석을 통해 밝히고자 한다.

Ⅱ. 문헌 연구

2.1 인터넷쇼핑몰

(1) 인터넷쇼핑몰의 개념 및 특성

전자상거래란 인터넷과 웹을 경유하는 전자 정보의 전송을 이용한 제품과 서비스를 팔고 사는 프로세스라고 정의 할 수 있으며(Grandon and Pearson, 2004), 이의 연장선상에서 인터넷쇼핑몰은 웹상에 연결되어 있는 서버에 상품정보를 올려놓으면 접속한 구매자가 대금결제를 통하여 구매한 상품을 적시적소에 배송해 주는 온라인 상점으로 정의할 수 있다(조남재 외, 1998)

인터넷쇼핑몰의 가장 큰 특징은, 첫째, 시간적·공간적 제약을 극복, 둘째, 표적집단에의 접근 용이성과 차별화된 서비스제공, 셋째, 고객과 기업 간의 쌍방향 커뮤니케이션이 있다. 그 밖에도 유통단계의 축소를 통한 저렴한 비용과 고객의 요구의 신속한 대응을 들 수 있다.

인터넷쇼핑몰의 장점은, 첫째, 유통비용의 축소와 판매기능의 고객으로의 이전, 둘째. 고객의 특성과 반응 파악을 통한 효율적인 마케팅, 셋째, 지역적 제약 없는 새로운 시장으로의 진입의 용이성, 넷째, 소비자의 제품정보에 대한 접근용이성, 비교쇼핑, 구매 전 테스트 등을 통한 효과적인 쇼핑을 들 수 있으며, 마지막으로 공동구매 등을 통해 구매비용을 절감을 들 수 있다.

인터넷쇼핑몰의 단점으로는, 첫째, 불완전한 배송과정에서의 문제점, 둘째, 불완전한 지불과정상의 문제, 셋째, 개인정보의 유출과 프라이버시의 침해, 넷째, 비인간적인 대응에 거부감, 다섯째, 저관여 제품 중심의 구색을 들 수 있다(김재일, 2001).

(2) 인터넷쇼핑 평가요인의 선행연구 고찰

Jarvenpaa and Todd(1997)의 연구에서 응답자의 30% 이상이 인터넷쇼핑몰에서 제한된 상품구색에 실망했다고 응답한 것과 같이 상품구색은 인터넷쇼핑몰 선택의 중요한 요인으로 나타났다. 또한 Lohse and Spiler(1998)는 상품구색이 방문자수에 미치는 영향을 분석한 결과, 상품수가 많을수록 방문자 구매의도 유발에 유의적인 효과가 있다고 주장한다. 인터넷쇼핑몰에서 상품구색이 다양할수록 소비자의 정보탐색비용을 절감해주고 원스톱(One-stop) 쇼핑을 가능하게 해준다는 의미에서 상품구색은 소비자들이 인터넷쇼핑몰에 대한 평가의 중요한 요인으로 볼 수 있다. O'keefe and Mceachern(1998)은 인터넷쇼핑몰에서 고객의 제품구매를 효과적으로 지원하기 위한 방법으로 고객의사결정지원시스템(Customer Decision Support System)을 제안하였다. 즉, 제품 등의 정보에 대한 충분한 콘텐츠, 편리하고 시각적인 검색시스템이 제공될 때에만 고객의 구매결정이 증가된다고 주장하였다.

지금까지 정리한 기존연구를 살펴보면, 인터넷쇼핑몰에서 제공한 제품다양성, 정보제공성, 검색편리성, 쇼핑몰이미지 등 4가지 요소는 소비자들이 구매결정요인을 인터넷쇼핑몰을 평가 시 중요한 요소로 작용하고 있는 것을 알 수 있으며, 본 연구에서는 이러한 4가지 요소를 인터넷쇼핑몰에서 소비자의 구매결정요인으로 사용하고자 한다. 또한 인터넷쇼핑몰을 이용한 상거래에서는 인터넷이라는 가상의 공간에서 상품을 판매하고 구매하는 행위가 일어난다. 이런 특성 때문에 신뢰성이 더욱 중요하다고 할 수 있다.

2.2 신뢰성

(1) 신뢰성의 정의 및 중요성

소비자들은 구매와 관련된 다양한 구매의사결정 중에 가장 중요한 요인은 지각된 위험이다(Hawes and Lumpkin, 1986). 지각된 위험은 "제품 구매의 불확실성과 구매 후 잘못된 결과에 대한 소비자의 지각"이라고 할 수 있으며, 인터넷쇼핑몰과 같은 온라인상에서는 재무적 위험, 성과 위험, 심리적 위험, 사회적 위험 등으로 분류할 수 있다(Dowling and Staelin, 1998). 따라서 신뢰(trust)의 개념은 오랫동안 거래, 산업내의 구매자–판매자 관계, 유통채널, 전략적 제휴에 있어서의 파트너협력과 같은 다양한 환경에서 조사되어 왔다(Christy and Matthew, 2000). Luhmann(1979)은 신뢰와 확신(Confidence)이 유사하게 사용되는 경향이 있는데 이에 대해 명확한 구분을 위험의 개념과 대비적인 설명을 통해 제시했다. 신뢰란 기본적으로 위험에 관한 것이고 어떤 상황에서 얻는 이득보다는 손상을 입을 가능성이 높은 곳에 자신을 노출시키는 선택적 문제라고 했다. 다음 [표 1]에서는 신뢰에 관한 정의를 정리하였다.

표 1 신뢰의 정의

연구자	신뢰에 대한 정의
Moorman et al.(1967)	확신을 가지고 있는 교환 파트너에 의존하려는 경향
Luhmann(1979)	기본적으로 위험에 관한 것이고 어떤 상황에서 얻는 이득보다는 손상을 입을 가능성이 높은 곳에 자신을 노출시키는 선택적 문제
Lewis and Weigert(1985)	위험에 직면한 상황에서 단순히 예측 가능한 것이 아니기 때문에 미래에 대한 확신
Baier(1986)	상대방이 자신에게 해로운 일을 할 수 있다는 가능성이 용인된 것으로 깨지기 쉬운 것이라고 하면서 상대방이 신뢰를 깨뜨리면서 자신의 이득을 취하지 않을 것이라는 기대
Morgan and Hunt(1994)	거래 파트너에 대한 신뢰성과 성실성을 가지고 있는 것

이처럼 신뢰(trust)는 다양한 분야에서 연구자에 따라 다양하게 정의되고 있는데 위험, 불확실성, 상호간의 의존성이 존재하는 어디에서든 신뢰는 중요하며, 본 연구에서 신뢰성은 인터넷쇼핑몰에서 고객 욕구의 정확한 파악, 제품과 서비스 정보의 차별화 그리고 고객약속의 성실한 이행에 대한 확신이라고 정의한다.

예측할 수 없는 다른 개인과 상호 작용하는 것은 개인행동에 대한 이해의 필요성과 기타 복잡성을 제공한다. 그럼에도 불구하고 지속적인 상호작용을 위해 복잡성을 감소하는 대안들을 활용하게 된다. 그 중 신뢰는 가장 효과적인 방법 중 하나이며 다른 개인과의 상호 작용에서 매우 중요한 핵심이다(Luhmanm, 1979). 또한 상대방에 의한 의존도와 부정적인 행위로 인한 피해가 클수록 신뢰의 중요성은 더 증가한다. 비즈니스 관계에서 신뢰는 거래비용을 줄이고, 상대방의 기회주의적인 행동의 가능성 때문에 모든 계약관계에서 중요하다. 신뢰는 비즈니스 과정에서 관계의 유효성을 결정하는 중요한 요소이며 행동의 주요한 동기이다.

인터넷쇼핑몰에서 신뢰성이 중요한 이유는 그것이 고객만족과 더불어 재구매로 이어지기 때문이다. 인터넷쇼핑몰 상거래 초기에는 소비자들이 위험을 감수하면서 제품을 구매하며, 최근 인터넷쇼핑몰 사용이 증가함에 따라 점차적으로 신뢰성에 관심을 기울이고 있다는 점을 나타내고 있으며, 신뢰성은 고객만족에 긍정적인 영향을 미치고 있다(강재정, 2000).

(2) 신뢰성에 관한 기존 연구

정인근(2000)은 전자상거래 활성화의 장애 요인들을 조사한 결과 신뢰가 전자상거래에 있어 해결되어야 할 주요 문제임을 시사하였다. 이와 관련된 조사항목은 보안과 암호화, 기업문화, 신뢰, 응용시스템 간의 불협화음, 지불 및 수금 기능으로 나타났다. 또한 Cheskin Research(1999)는 온라인쇼핑몰 연구에서 브랜드 정체성, 정보검색 용이성, 약속 이행, 쇼핑몰디자인, 기술력, 안전보장회사 서비스정책 등 여섯 가지 요소가 방문자에게 웹사이트 근본특성인 신뢰감을 전달한다고 주장하였다.

Jarvenpaa et al.(2000)은 인터넷쇼핑몰에서의 신뢰를 "판매자에게 대한 소비자의 의존의도와 소비자가 판매자에게 위험을 감수한 상황에서 행동을 취하는 것"이라고 정의하면서, 신뢰를 이성적인 선택의 과정으로 인식하며, 신뢰의 인지적 부분을 강조하고 있다. 여기서 인지적 관점은 감정적이고 사회적인 면을 제외한 좁은 의미의 신뢰를 의미하는 것이다. Raymond(1999)는 전자상거래에서 신뢰성의 선행요인들에 대한 탐색적 연구를 통해 정보의 품질, 웹 인터페이스 디자인, 기업의 평판이 신뢰성에 영향을 주고 있음을 밝혔다. 정보의 품질에는 정확성 적시성 유용성 등의 요소, 웹 인터페이스 디자인에는 검색의 용이성, 빠른 속도, 신뢰성, 기업의 평판은 사이트 브랜드명성과 인증 표시 등이 포함되었다.

기존연구를 종합해보면, 인터넷쇼핑몰을 통한 상거래에서는 판매자에 대한 파악과 제품 확인이 어렵기 때문에 더욱 신뢰성의 구축이 확고하게 이루어져야 함을 시사하고 있으며 특히 신뢰성 형성에 있어서 쇼핑몰 이미지, 편리한 정보검색, 다양한 상품, 정보제공성 등의 요인이 주요한 영향을 미친다는 것을 알 수 있다.

2.3 신뢰, 고객만족 그리고 재구매의도 간의 관계

(1) 고객만족

고객만족을 소비경험의 결과로 지각하는가 아니면 소비경험의 평가과정으로 보는가에 따라 다르게 정의된다. 소비경험의 결과측면에서, Westbrook and Reilly(1983)는 "구입한 특정 제품이나 서비스와 관련하여 소매점 혹은 구매행위, 소비자 행동과 같은 좀 더 넓은 의미의 행동이나 시장 전체에 대한 경험에 대한 반응"이라고 정의하고 있고, Oliver(1980)는 "불일치된 기대로 인한 감정이 고객의 구매경험 전 감정과 결합할 때 발생하는 종합적인 심리상태" 등으로 정의하고 있다. 소비경험의 평가과정 측면에서, Engel and Blackwell(1982)은 고객만족을 "선택된 대안에 대한 과거의 신념이 그 대안과 일치하게 되는 평가"로 정의하였으며, "사전 기대와 소비 이후 지각된 제품의 실제 성과간의 지각된 불일치에 대한 고객의 반응으로 정의되기도 한다(Tse and Wilton, 1988).

이러한 두 가지 정의 가운데, 프로세스 지향적 관점에 의한 정의들이 결과 지향적 관점에 의한 정의들에 비하여 더 유용한 것으로 받아들여지고 있다. 이것은 프로세스 지향적 관점에서의 고객만족에 대한 정의는 소비경험 전체를 포괄하며, 각 단계에서 개별적으로 존재하는 고객만족요인을 검토할 수 있게 해주기 때문이다. 본 연구에서의 고객만족은 인터넷쇼핑몰에서 소비자의 정보탐색 또는 쇼핑에 전반적인 만족으로 정의하고자 한다.

(2) 신뢰, 고객만족 그리고 재구매의도간의 관계

최근 고객만족에 관한 연구는 신뢰성과 소비자만족의 결과변수인 재구매의도, 타인추천, 상표전환행동 등에 미치는 고객만족의 영향을 이해하는데 초점을 두고 있다. Lynch et al.(2001)은 신뢰, 사이트 디자인, 인터넷쇼핑몰 쇼핑경험이 행동의도에 미치는 영향에 관한 연구에서 신뢰수준은 소비자의 재구매의도에 영향을 미친다고 실증적 연구를 통하여 주장하였다. 또한 고객만족이 구매 후 태도 및 재구매의도 또는 상표전환에 미치는 영향에 관한 기존 연구들에서 고객만족과 재구매의도 사이에는 긍정적인 관계가 있음이 밝혀지고 있다(Fornell, 1992; Oliver, 1980; Bearden and Teel, 1983).

Ⅲ. 실증연구모형 및 연구방법

문헌연구를 통하여 소비자들이 인터넷쇼핑몰에 대한 소비자의 구매결정요인을 추출하였다. 특히 신뢰에 관한 정의 및 문헌연구에 대한 고찰을 통하여 신뢰성이 인터넷쇼핑몰 상거래에서 차지하는 중요성을 부각시켰다. 또한, 선행문헌연구를 통하여 소비자들이 인터넷쇼핑몰에 대한 구매결정요인(제품다양성, 정보제공성, 검색편리성, 쇼핑몰 이미지)이 거래 신뢰성의 선행변수임을 밝히고, 신뢰성과 고객만족 그리고 고객만족과 재구매의도 간의 인과관계를 명시하였다. 따라서 이 부분에서는 본 연구의 연구가설과 연구모형을 제시하고 연구방법을 설명하고자 한다.

3.1 연구가설과 연구모형

(1) 소비자 구매결정요인과 거래신뢰성

소비자는 또한 상품구색이 잘된 인터넷쇼핑몰을 선호하며 아울러 그러한 쇼핑몰에서 자신의 욕구에 따라 다양한 선택을 하게 되며 결과적으로 소비자의 신뢰도 또한 높아질 수 있다. Spiller and Loshe(1998)는 44개 인터넷쇼핑몰 속성변수에 대한 요인분석을 통하여 가장 큰 아이겐값(Eigen Value)을 가지는 요인은 쇼핑몰의 크기인 것으로 도출되었다. 여기서 구성변수로는 제품의 수, 제품분류의 수준, 쇼핑몰업체에 관한 정보의 수량 등이 포함되었다. 또한 Javenpaa et al.(2000)은 지각된 명성(Perceived Reputation)과 크기(Perceived Size)가 소비자의 신뢰에 유의한 영향을 미친다고 주장하였다. 또한 윤성준(2000)은 소비자가 인터넷쇼핑몰에 대한 신뢰를 결정하는 가장 중요한 요인은 인터넷쇼핑몰 업체의 인지도와 명성이라고 주장하며, 소비자들은 제품의 정보검색과정에서 인터넷쇼핑몰에 대한 신뢰 여부를 인지하게 된다고 하였다.

Cheskin Research(1999)는 인터넷쇼핑몰의 이미지가 소비자의 인터넷쇼핑몰 거래를 선택하는데 있어 매우 중요한 요소로 된다고 하였다. 신뢰성의 형성을 위해서는 소비자가 어떠한 형식에 의존해야 하고 시간의 흐름에 따라 형식에 대한 의존도는 경험에 대한 의존으로 바뀌게 된다고 했다. 즉 신뢰성을 시간과 특정 사이트의 형식적 특성함수라고 주장했으며, 신뢰성 형성에는 6가지 요소가 필요하며 그 중 효과적인 정보검색이 가장 우선되어야 할 전제조건이라고 주장했다(윤성준, 2000).

서비스품질을 구성하는 차원도 서비스 유형에 따라 재분류되고 측정항목 문구는 해당 서비스에 맞게 조정(Carman, 1990)되어야 하는 것과 마찬가지로 관련 기존 연구와 인터넷쇼핑몰 특성을 기초로 할 때 인터넷쇼핑몰의 고유한 구매결정요인은 제품다양성, 정보제공성, 검색편리성, 그리고 쇼핑몰이미지로 요약될 수 있다(조철호와 강병서, 2005). 본 연구에서는 거래신뢰성이 소비자 구매결정요인과 사용자만족 사이에서 미치는 매개적 역할관계를 알아보기 위해 기존의 관련 연구를 토대로 구매결정요인과 거래신뢰성 간의 관계에 대한 가설을 도출하였다.

H1-1: 제품다양성은 거래신뢰성에 긍정적인 영향을 미칠 것이다.
H1-2: 정보제공성은 거래신뢰성에 긍정적인 영향을 미칠 것이다.
H1-3: 검색편리성은 거래신뢰성에 긍정적인 영향을 미칠 것이다.
H1-4: 쇼핑몰 이미지는 거래신뢰성에 긍정적인 영향을 미칠 것이다.

(2) 소비자 구매결정요인과 고객만족

Woodside et al.(1989)는 서비스품질 지각이 고객만족과 행동의도에 영향을 미친다는 사실을 처음으로 제시하였다. Cronin And Taylor(1992) 그리고 Anderson et al.(1994)도 서비스품질이 고객만족의 선행변수임임을 실증적으로 보고하였다. 따라서 인터넷쇼핑몰의 서비스품질로서 구매결정요인도 동일한 원리로 적용될 것이며 이를 토대로 하여 다음과 같은 가설을 설정하였다.

H2-1: 제품다양성은 고객만족에 긍정적인 영향을 미칠 것이다.
H2-2: 정보제공성은 고객만족에 긍정적인 영향을 미칠 것이다.
H2-3: 검색편리성은 고객만족에 긍정적인 영향을 미칠 것이다.
H2-4: 쇼핑몰 이미지는 고객만족에 긍정적인 영향을 미칠 것이다.

(3) 거래신뢰성과 고객만족

강재정(2000)의 연구에서는 고객만족에 긍정적인 영향을 미치는 요인은 인터넷쇼핑몰의 안전보장과 신뢰성이라고 주장했다. 또한 Zang et al.(2000)은 인터넷쇼핑몰에서 신뢰성은 고객만족 및 고객의 구매의도에 영향을 미치며, 아울러 신뢰성 요인을 시스템 신뢰성, 사후처리 신뢰성, 정보보안성, 거래안전성의 4가지로 분류하였다.

이상의 연구결과에 바탕으로 거래신뢰성과 고객만족 간의 관계에 대한 가설을 도출하였다.

H3: 거래신뢰성은 고객만족에 긍정적인 영향을 미칠 것이다.

(4) 거래신뢰성과 재구매의도

Taylor and Hunter(2003)는 신뢰가 충성도에 영향을 미친다고 가정하고 연구한 결과를 보면 두 변수 간의 상관관계는 높은 것으로 나타났다. 또한 Morgan and Hunt(1994)에 의하면 브랜드 신뢰는 브랜드 충성도에 영향을 미친다고 하였고 궁극적으로 신뢰구축의 직접적인 결과는 재구매 또는 재이용이라고 할 수 있다. 이에 따라 다음의 가설을 설정한다.

H4: 거래신뢰성은 재구매의도에 긍정적인 영향을 미칠 것이다.

(5) 고객만족과 재구매의도

안운석과 엄준영(2001)은 전자상거래 서비스품질이 고객만족과 재구매의도에 관한 연구에서 고객만족은 재구매의도에 긍정적인 영향을 미친다고 주장하였다. Fornell (1992)의 연구에서도 고객만족과 재구매의도 사이에는 긍정적인 관계가 있음이 밝힌 바 있다.

본 연구에서는 이를 인터넷쇼핑몰에 적용하여 확인하고자 한다.

H3-1: 고객만족은 재구매의도에 긍정적인 영향을 미칠 것이다.

이상의 선행연구 및 연구가설에 바탕으로 다음 [그림 1]과 같은 연구모형을 도출하였다.

그림 1 연구모형

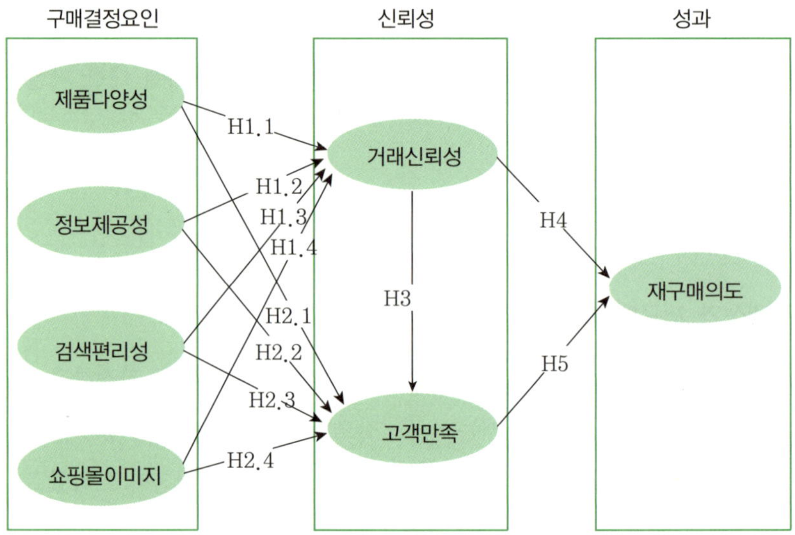

3.2 연구방법

(1) 설문개발과 표본설계

소비자 구매결정요인 측정을 위한 설문문항은 기존 문헌들을 고찰하여 인터넷쇼핑몰에 관련한 평가요인 또는 성공요인에 따른 측정항목을 기초로 하였고, 여기에 사전조사과정에서 추가로 밝혀진 인터넷쇼핑몰의 중요한 항목들을 부가하여 총 30여개의 내용타당성이 확보된 항목을 추출하였다. 내적타당성을 평가하기 위해서 인터넷쇼핑몰 관련 종사자들을 방문하여 인터뷰를 실시하여 신뢰성이 떨어지는 문항은 본 조사에서 제거되었다.

예비조사의 최종 단계로 설문항목의 유용성을 점검하기 위해 인터넷쇼핑몰 주사용계층인 대학생, 대학원생, 직장인 70명을 대상으로 1회에 거쳐 조사 검증하였다. 수집한 설문을 통해 판별타당성과 집중타당성을 분석하기 위해서 탐색적 요인분석을 실시하였는데, 직각회전(varimax)을 사용하여 요인분석과 상관분석을 실시하였다. 특히 요인 적재량이 0.5 이하 항목은 최종설문에서 제외되었다. 그리고 측정도구의 내적 일관성 판단을 위해 Cronbach Alpha를 사용하였다. 이와 같은 사전조사와 예비조사과정을 거쳐 본 조사를 위한 설문지는 최종적으로 수정 보완되었다. 예비조사와 본조사의 통계처리에는 SPSS 11.5와 AMOS 4.0을 사용하였다.

설문대상은 예비조사결과를 토대로 인터넷쇼핑몰을 이용한 경험이 있는 10대에서 30대 사이의 남녀 학생, 직장인, 자영업자들로 정하였다. 설문의 정확성을 기하기 위해 교육된 설문요원에 의한 직접 설문조사가 이루어졌으며 지역적으로 서울과 수도권에서 이루어졌다. 설문지는 2005년 5월 21일부터 30일까지 총 280부가 설문 조사되어 그 중 성실하게 응답하지 않은 설문지를 제외하고 최종적으로 248(89.7%)부를 분석에 이용하였다.

(2) 변수의 조작적 정의와 측정

① 구매결정요인

본 연구에서 소비자들의 구매결정요인으로서 평가요인은 기존문헌연구(윤성준, 2000; Dayal, 1999; Spiller and Loshe 1998; Javenpaa and Tactinsky, 2000; Cheskin Research; 1999)를 통하여 제품다양성, 정보제공성, 검색편리성 그리고 쇼핑몰이미지 등의 4가지 요인을 추출하였으며, 각 요인에 대한 정의는 [표 2]와 같다.

| 표 2 | 변수의 조작적 정의

구성차원	명목적 정의	조작적 정의	기존연구 및 응용
제품 다양성	인터넷쇼핑몰에서 제공하는 상품, 브랜드 및 가격의 다양성	① 취급상품 다 양여부 ② 취급브랜드 다양 여부 ③ 상품가격 다양 여부 ④ 상품디자인 다양 여부 ⑤ 원하는 상품 구매할 수 있는지 여부	Pepper and Rogers(1998) Cheskin Research(1999) 곽수일과 정인근(1998) 윤성준(2000)
정보 제공성	인터넷쇼핑몰에서 소비자가 찾고자 하는 제품 및 서비스에 관한 정보제공과 개인정보 관리에 대한 믿음의 정도	① 정확한 정보 제공 ② 최신의 정보 제공 ③ 유용한 정보 제공 ④ 상품구매정보 보호 ⑤ 개인신상정보 보호	Christy and Matthew(2000) Doney and cannon(1997) Lynch et al.(2001)

검색 편리성	인터넷쇼핑몰에서 소비자가 찾고자 하는 제품 및 서비스를 빠르고 쉽게 찾을 수 있는 정도	① 상품목록 정리 여부 ② 상품검색방법 다양성 여부 ③ 검색도움기능 유용 여부 ④ 정보 검색속도 ⑤ 원하는 상품 쉽게 찾는 정도	Pepper and Rogers(1998) Cheskin Research(1999) Fong et al.(1998) 윤성준(2000)
쇼핑몰 이미지	소비자가 다양한 매체를 통하여 소비자가 지각하는 인터넷쇼핑몰의 평판	① 명성 ② 평판 ③ 디자인 ④ 검색엔진에서 쉽게 찾는 정도	Pepper and Rogers(1998) Cheskin Research(1999) Fong et al.(1998) 곽수일과 정인근(1998) 윤성준(2000)

② 신뢰성

본 연구에서는 신뢰성은 고객이 인터넷쇼핑몰 자체에 대한 신뢰를 의미하는 것으로 "인터넷쇼핑몰이 성실한 거래관계를 수행하리라는 전반적인 믿음"으로 정의하였고, 이에 관한 측정은 여러 연구자들이 사용한 측정방법을 참조하였다. 기존 연구자들(Christy and Matthew, 2000; Doney and cannon, 1997; Lynch et al., 2001; Pepper and Rogers, 1998; 곽수일과 정인근, 1998)의 연구에서 거래의 신뢰성은 ① 주문처리, ② 상품배달, ③ 상품A/S, ④ 상품반품 및 환불, ⑤ 지불시스템 등에 관한 믿음 정도를 측정하였고, 5점 척도를 사용하여 평가요인을 측정하였다.

③ 재구매의도

재구매의도는 고객이 차후에 인터넷쇼핑몰 서비스가 필요한 경우에 이전의 경험했던 인터넷쇼핑몰을 다시 이용하거나 현재 이용 중인 인터넷쇼핑몰을 계속 이용할 의향을 말한다. 따라서 본 연구에서는 단일항목으로 인터넷쇼핑몰 상품을 계속 구매여부로 측정하기로 하였고 5점 척도를 사용하였다.

Ⅳ. 실증연구 결과분석 및 해석

4.1 자료수집

본 연구의 설문지는 인터넷쇼핑몰에서 상품구매 경험이 있는 사람을 대상으로 하였고, 응답자들의 일반적인 특성들은 다음의 표와 같다. [표 3]에서 보면 응답자의 연령이 20대 이하가 가장 많다. 이것은 현재 인터넷이용자가 20대 이하와 30대가 가장 많다는 조사결과와 일치한다(www.krnic.net). 그리고 학력은 대개 대졸 이상으로 집중되었다.

| 표 3 | 응답자의 인구통계적 특성

변수	특성	빈도	백분율(%)	변수	특성	빈도	백분율(%)
성별	남자	132	53.2	나이	20대 이하	199	80.2
	여자	116	46.8		30대	27	10.9
					40대 이상	22	8.9
	합계	248	100		합계	248	100
학력	고졸 이하	6	2.4	직업	학생	156	62.9
	대재	192	77.4		회사원	92	37.1
	대졸 이상	50	20.2				
	합계	248	100		합계	248	100

4.2 단일차원성과 신뢰성분석

본 연구모형에 포함된 변수들의 단일차원성을 조사하기 위해 탐색요인분석(EFA)을 실시하여 측정된 변수가 구성개념을 얼마나 정확하게 측정하고 있는가를 살펴보았다. 그리고 연구모형에 포함된 요인들을 구성하는 항목들의 내적일관성은 크론바하알파(Cronbach alpha)값을 이용하여 확인하였다. 그리고 확인요인분석(CFA)을 통해 척도변수를 한 번 더 정제하였다.

(1) 탐색요인분석(Exploratory Factor Analysis)

탐색요인분석은 직각회전방법(Varimax)을 사용하였으며, 요인추출방법은 주성분분석으로 진행되었다. 그리고 본 연구에서 사용될 측정항목들에 대하여 신뢰성검정을 실시하였다. 최종분석 결과는 다음 [표 4]에 정리되었다. 신뢰성분석 결과, 각 설문문항들의 신뢰도가 0.7 이상인 것은 내적 일관성이 있다는 것을 나타내므로, 본 연구모형을 구성하고 있는 요인들은 모두 신뢰성이 높다고 할 수 있다. 본 연구에서의 설문문항이 새로 개발된 점을 감안하면, 설문문항들 간의 내적 일관성이 확보되었다고 할 수 있다.

표 4 탐색요인분석 결과와 신뢰성분석

구성개념	최초 항목수	사각 회전 후	Factor Loading					Cronbach α
			요인 1	요인 2	요인 3	요인 4	요인 5	
거래 신뢰성	5	4	0.828 0.802 0.766 0.648	-	-	-	-	0.8367
제품 다양성	5	4	-	0.799 0.764 0.759 0.657	-	-	-	0.8065
정보 제공성	5	2	-	-	0.869 0.769	-	-	0.7566
검색 편리성	5	3	-	-	-	0.877 0.693 0.515	-	0.6585
쇼핑몰 이미지	4	2	-	-	-	-	0.865 0.833	0.7716
고유치			5.563	1.644	1.227	1.162	1.002	
설명된 분산의 %			37.09	10.96	8.18	7.74	6.68	70.65%

(2) 측정모형분석(measurement model)

측정모형(measurement model)에는 연구모형을 구성하는 모든 구성개념과 그 측정변수가 포함된다. 따라서 측정모형은 구성개념타당성에 대하여 전반적이고 확증적인 평가를 가능하게 해주며(Bentler, 1978), 집중타당성과 판별타당성에 대하여 확증적인 평가를 가능하게 해준다(Campbell and Fiske, 1959). 측정모형의 분석에는 최대우도법(maximum likelihood; ML)을 이용하였으며, 적합도지수들을 통하여 모형을 평가한다. 측정모형을 분석한 결과는 다음의 [표 5]에 나타나 있다.

| 표 5 | 측정모형분석 결과

구성개념	항목	요인 적재치	표준요인 적재치	t값	p값	구성개념 신뢰도	분산 추출
거래 신뢰성	지불시스템	1.000	0.725	–	–	0.886	0.661
	사후서비스	0.851	0.697	10.185	0.000		
	상품배송	0.947	0.088	10.812	0.000		
	주문처리프로세스	0.988	0.849	12.074	0.000		
제품 다양성	다양한 디자인	1.000	0.719	–	–	0.849	0.585
	폭넓은 상품가격	0.890	0.651	9.041	0.000		
	다양한 브랜드	1.059	0.750	10.194	0.000		
	다양한 상품	0.951	0.739	10.087	0.000		
정보 제공성	유용한 정보	1.000	0.780	–	–	0.852	0.742
	최신 정보	0.933	0.782	8.582	0.000		
검색 편리성	검색속도	1.000	0.536	–	–	0.752	0.507
	다양한 검색방법	1.294	0.620	6.492	0.000		
	카테고리별 검색	1.321	0.751	6.970	0.000		
쇼핑몰 이미지	검색순위	1.000	0.838	–	–	0.810	0.681
	지명도	0.790	0.756	7.832	0.000		
$\chi^2=217.60$, df=80, p=0.000, RMR=0.042, GFI=0.90, AGFI=0.84, NFI=0.86, IFI=0.91, CFI=0.91							

각 단계별로 항목구성의 최적상태를 도출하기 위한 적합도를 평가하기 위해서 GFI (Goodness-of-Fit Index; ≥0.9), AGFI(Adjusted Goodness-of-Fit Index; ≥0.90), χ^2, χ^2에 대한 p값(≥0.05), RMR(Root Mean square Residual; ≤ 0.05), NFI(Normed Fit Index) 등을 이용하였다. 여기서 χ^2과 GFI, RMR 등은 모형의 전반적 적합도를 나타내는 절대적합지수이며, AGFI와 NFI 등은 기초모델에 대한 제안모델의 적합도를 나타내는 증분적합지수이다(Jöreskog and Sörbom, 1993; 강병서와 조철호, 2005). 적합도지수들 중에서 일부를 제외한 나머지 지수들은 권장수준에 부합한다고 할 수 있다. 그리고 각 측정항목의 요인적재치에 대한 t값도 통계적으로 모두 유의하게 나타나 본 모형을 구성하는 각 구성개념의 척도들은 집중타당성을 가지고 있다고 평가할 수 있다. 또한, 구성개념신뢰성(construct reliability)과 분산추출값(variance extracted)을 계산한 결과도 포함되어 있다. 구성개념신뢰

성의 경우 추천기준치인 0.7보다 높게 나타났으며, 분산추출값도 대부분 추천기준치인 0.5보다 높거나 근접하고 있어 본 연구에 사용된 척도들은 해당 구성개념에 대한 대표성을 갖는다고 할 수 있다(Hair et al., 1995).

또한 각 요인들 간의 판별타당성의 충족 정도를 확인하기 위하여 각 요인들 간의 상관관계를 분석하였다. 상관관계분석 결과, [표 6]과 같이 각 요인 간의 관계가 가설에서 설정한 바와 같은 방향으로 나타나 있고 서로 간의 상관계수가 1인 관계가 나타나지 않아 판별타당성이 충족된다고 할 수 있다(강병서와 조철호, 2002).

표 6 요인들 간의 상관행렬

구성개념	거래신뢰성	제품다양성	정보제공성	검색편리성	쇼핑몰이미지	고객만족	재이용의도	Mean	SD
거래신뢰성	1							3.44	0.67
제품다양성	0.464	1						3.58	0.69
정보제공성	0.458	0.292	1					3.44	0.66
검색편리성	0.466	0.471	0.389	1				3.50	0.64
쇼핑몰이미지	0.388	0.359	0.342	0.333	1			3.98	0.83
고객만족	0.601	0.384	0.434	0.466	0.348	1		3.53	0.65
재이용의도	0.623	0.266	0.395	0.392	0.291	0.744	1	3.52	0.71

주: 모든 상관계수는 유의수준 0.01에서 유의함.

4.3 연구가설 검정 및 토의

연구모형을 검정한 결과는 χ^2=242.16, df=94, p=0.000, GFI=0.90, AGFI=0.85, RMR=0.027, NFI=0.86, IFI=0.91, CFI=0.91([그림 2] 참조)로 전체 모형이 도출되었다. 일부 적합도지수가 기준에 미흡하나 GFI, IFI, CFI가 0.9 이상이며, RMR도 0.05 이하로 나타나 연구 개념들의 인과관계를 설명하기에 무리가 없다고 판단된다(Hair et al., 1995).

소비자 구매결정요인, 거래신뢰성, 고객만족, 재구매의도 간의 관계를 나타낸 가설들을 검정하였다. 검정결과, 네 개의 가설을 제외한 나머지 가설들이 채택되었다. 그리고 관계의 방향도 가설에서 설정한 방향과 일치하였다. 가설검정에 대한 자세한 내용은 [표 7]에 요약되어 있다.

그림 2 연구모형의 인과분석 결과

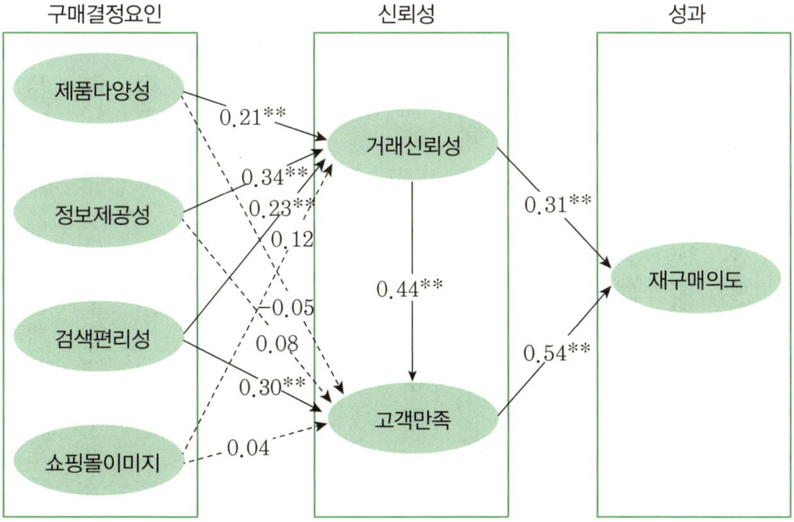

x^2=242.16, df=94, p=0.000, GFI=0.90, AGFI=0.85, RMR=0.027, NFI=0.86, IFI=0.91, CFI=0.91

표 7 가설검정 결과 요약

가설	경로	경로명칭	표준화 경로계수	t값	p값	채택 여부
H1-1	제품다양성(ξ_1) → 거래신뢰성(η_1)	γ_{11}	0.21	2.21	0.027	**채택**
H1-2	정보제공성(ξ_2) → 거래신뢰성(η_1)	γ_{12}	0.34	3.65	0.000	**채택**
H1-3	검색편리성(ξ_3) → 거래신뢰성(η_1)	γ_{13}	0.23	1.99	0.047	**채택**
H1-4	쇼핑몰 이미지(ξ_4) → 거래신뢰성(η_1)	γ_{14}	0.12	1.46	0.145	기각
H2-1	제품다양성(ξ_1) → 고객만족(η_2)	γ_{21}	−0.05	−0.53	0.593	기각
H2-2	정보제공성(ξ_2) → 고객만족(η_2)	γ_{22}	0.08	0.88	0.378	기각
H2-3	검색편리성(ξ_3) → 고객만족(η_2)	γ_{23}	0.30	2.69	0.007	**채택**
H2-4	쇼핑몰이미지(ξ_4) → 고객만족(η_2)	γ_{24}	0.04	0.53	0.599	기각
H3	거래신뢰성(η_1) → 고객만족(η_2)	β_{21}	0.44	4.95	0.000	**채택**
H4	거래신뢰성(η_1) → 재구매의도(η_3)	β_{31}	0.31	4.92	0.000	**채택**
H5	고객만족(η_2) → 재구매의도(η_3)	β_{32}	0.54	9.43	0.000	**채택**

본 논문에서 구매결정요인은 제품다양성, 정보제공성, 검색편리성 그리고 쇼핑몰이미지로 구성되었고, 신뢰성은 거래신뢰성으로 한정되었다. 구매결정요인과 거래신뢰성 간의 관계를 검정해 본 결과, 쇼핑몰이미지를 제외한 나머지 요인들이 거래신뢰성에 긍정적인 영향을 미치는 것으로 나타났다. 구체적으로, 거래신뢰성에 긍정적인 영향을 미치는 것으로 정보제공성(γ_{12}=0.34, t=3.65), 검색편리성(γ_{13}=0.23, t=1.99), 제품다양성(γ_{11}=0.21, t=2.21)의 순으로 중요성이 확인되었다.

구매결정요인과 고객만족 간의 관계를 검정해 본 결과, 검색편리성(γ_{23}=0.30, t=2.69)을 제외한 나머지 요인들이 고객만족에 상대적으로 유의한 영향을 미치지 못하는 것으로 나타났다. 신뢰성이 매개되어 있고 변수까지 포함한 연구모형내의 모든 인과관계를 종합적으로 판별하는 구조방정식 모형에서 검색편리성을 제외한 대부분의 구매결정요인이 고객만족에 상대적 영향력이 유의하지 않다는 것은 시사하는 바가 매우 크다.

신뢰성을 대표하는 거래신뢰성은 고객만족에 직접적인 영향을 미치는 것으로 나타났다(β_{21}=0.44, t=4.95). 이러한 결과는 강재정(2000)의 연구에서 주장한 고객만족에 긍정적인 영향을 미치는 요인은 인터넷쇼핑몰의 안전보장과 신뢰도라는 것과 동일하다. 신뢰성의 구성요인 중에 거래신뢰성은 재구매의도에 직접적인 영향을 미치는 것으로 나타났다(β_{31}=0.26, t=4.92). 고객만족과 재구매의도 간의 가설을 검정한 결과, 고객만족은 재구매의도에 모두 긍정적인 영향을 미치는 것으로 나타났다(β_{32}=0.54, t=9.43).

V. 결론

인터넷쇼핑몰과 같은 전자상거래에 있어서 신뢰성은 고객만족이나 재구매의도에 직결되기 때문에 중요한 요인으로 다루어지고 있다. 인터넷쇼핑몰의 이론적 관점에서 본 연구의 결과, 첫째, 소비자 구매결정요인들이 거래신뢰성을 매개하여 고객만족과 재구매의도에 긍정적인 영향을 미치는 것을 확인할 수 있었다. 특히 쇼핑몰 이미지를 제외한 제품다양성, 정보제공성, 검색편리성은 거래신뢰성에 유의한 영향을 미치고 있었다. 그러나 고객만족과의 관계에서 검색편리성을 제외한 이들 구매결정요인들이 고객만족에 미치는 영향이 유의하지 않은 것으로 나타났다. 이는 이전연구의 구매결정요인과 고객만족에 관한 연구와 차별된 결론을 보이고 있다. 이러한 결과는 신뢰성을 포함한 전체 연구모형의 인과관계를 상대적인 중요도를 파악할 수 있는 구조모형 방정식을 사용한 당연한 결과일 것이다. 즉 신뢰성이 빠진 상태에서는 구매결정요인이 고객만족에 유의한 영향을 미치지만 신뢰성을 포함된 경우는 구매결정요인이 직접 고객만족에 영향을 미치기보다는 거래신뢰성을 매개하여 고객만족에 영향을 미치는 것으로 조사되었다. 이는 구매결정요인과 고객만족 사이의 관계를 신뢰성이 매개하여 설명해 주는 매우 중요한 요인임을 나타낸다(윤성준, 2000). 둘째, 신뢰성이 재구매의도에 영향을 미치는 것으로 나타나 기존의 연구를 확인할 수 있었다(Taylor and Hunter, 2003; Morgan and Hunt, 1994). 셋째, 고객 만족이 재구매의도에 긍정적인 영향을 미친다는 전통상거래에서의 연구결과를 인터넷쇼핑몰 상거래에서도 확인할 수 있었다.

인터넷쇼핑몰의 실무적 관점에서 본 연구의 결과는, 첫째, 인터넷쇼핑몰에서의 소비자행동은 제품정보탐색으로부터 시작되기에 제품다양성, 정보제공성과 검색편리성은 거래신뢰성에 모두 중요한 영향을 미친다. 그러므로 쇼핑몰업체들이 다양한 브랜드, 가격, 디자인의 제품정보를 제안하여 고객에게 제품력을 통한 신뢰를 받을 수 있도록 해야 한다. 그리고 카테고리별, 키워드별, 가격별 등 상품검색방법을 다양화하고 검색속도의 향상에 기울이면, 전반적인 거래신뢰성 형성이 제고될 수 있을 것이다. 둘째, 거래신뢰성이 고객만족과 재구매의도에 유의한 영향을 미치는 것으로 나타나 거래신뢰성은 고객만족과 재구매의도에 긴밀한 관계를 가지고 있으며, 인터넷쇼핑몰 업체들은 개인정보보호는 물론이고 거래신뢰성을 향상시킬 수 있는 기능을 향상시켜야 한다. 즉 주문처리 과정에서 오류를 줄이고, 적시적소에 상품배달이 이루어져야 한다. 그리고 공급회사와 연대하여 상품의 철저한 A/S, 반품 및 환불이 유연하게 이루어질 수 있도록 노력하여 고객의 제품과 인터넷쇼핑몰에 대한 인지부조화를 줄이는 방향으로 노력해야 한다. 또한 지불시스템도 거래신뢰성을 높일 수 있는 중요 변수로 작용되므로 지불방법의 다양화에 고객정보보호에 힘써야 한다. 셋째, 인터넷쇼핑몰

업체들은 고객만족도를 높임으로써 고객의 재구매의도를 높일 수 있다. 고객과의 거래상 신뢰관계의 관리는 고객만족도를 높이는데 기여함으로 궁극적으로 재구매의도를 유발할 수 있으며, 장기적으로 고객관계가치의 향상을 가져와 기업에 안정적인 수익을 가져올 수 있다. 전술한 바와 같이 거래신뢰성을 높일 수 있는 활동에 중점을 두어야할 것이다.

본 연구는 몇 가지 한계점을 가진다. 첫째, 쇼핑몰마다 서비스기능이 조금씩 차이가 있어 본 연구결과를 세밀한 부분까지 일률적으로 적용에는 약간 무리가 있을 수 있다. 둘째, 본 연구에서 수행된 분석이 시계열적 인과관계 파악을 위한 종단적 실험이 아니라는 한계를 들 수 있다. 셋째, 인터넷 매체의 특성과 쇼핑몰의 유형을 고려치 못하였다. 향후 이들에 대한 연구가 필요하다.

참고문헌

강병서, 조철호(2005), SPSS와 AMOS활용 연구조사방법론, 무역경영사

강재정(2000), "인터넷쇼핑몰 이용만족에 영향을 미치는 요인,"「한국경영정보학회, 2000년 추계 국제학술대회」, pp.533-546.

김재일(2001), 인터넷 마케팅, 박영사

곽수일, 정인근(1999), "전자쇼핑몰의 성공요인에 관한 연구", 경영정보총론, Vol.8.

안윤석, 엄준영(2001), "전자상거래서비스의 이용현황과 분석", *The Journal of Namseoul Univ.*, Vol. 7.

조남재, 송영길(1998), 추진기업의 특성차이에 따른 사이버 쇼핑몰 운영전략 분석연구, 한국외국어대 경영정보대학원

조철호, 강병서(2005), "서비스 품질이 P2P파일공유의 고객만족에 미치는 영향", 고객만족경영연구, 7권, 1호, pp.35-51.

윤성준(2001), "웹쇼핑몰사이트 신뢰도의 결정요인과 구매의향에 미치는 영향에 관한 시뮬레이션 접근방법, 경영학연구, Vol.29, No.3.

정인근(2000), "중소기업의 전자상거래 활성화 전략방안에 관한 연구," 정보통신정책학회, No.31, pp.31-45.

www.nso.go.kr

www.krnic.net

Anderson, E., C. Fornell, and D. R. Lehmann(1994), "Customer satisfaction, market share, and profitability: findings from Sweden," *Journal of Marketing*, Vol.58, pp.53-66.

Baier, A.(1986), "Trust and Antitrust," *Ethics*, No.96, pp.231-260.

Bauer, Hans H., Mark Grether, and Mark Leach(1999), "Customer Relations through the Internet," *Working paper, Department of Marketing*, Mannheim University, http://ecommerce.mit.edu/forum/.

Bearden, W. O. and Teel, J. E.(1983), "Marketing's Promise for Hospitals," *Business Horizons*, Vol.25, Iss.12, pp.71-76.

Bentler, P. M.(1978), "The Interdependence of Theory, Methodology and Empirical Data: Causal Modeling as an Approach to Construct Validation." In James C. Anderson and David W. Gerbing,*Psychological Bulletin*(1988), Vol.103 No.3, pp.411-423.

Campbell, D. T. and Fiske, D. W.(1959), "Convergent and discriminant validation by the multitrait-multimethod matrix," *Psychological Bulletin*, Vol.56, pp.81-105.

Carman, James M.(1990), "Consumer Perception of Service Quality: An Assessment of the SERVQUAL Dimensions," *Journal of Retailing*, Vol.66, No.1, Spring, pp.33–55.

Cronin, J. J. and S. A. Taylor(1992), "A Measuring Service Quality: A Reexamination and Extension," *Journal of Marketing*, Vol.56(July), pp.56–68.

Cheskin Research(1999), "eCommerce Trust Study," A Joint Research Project By Cheskin and Studio Archetype/Sepient(January)

Christy, C. and Matthew, K. O. Lee(2000), "Trust in Internet Shopping: A Proposed Model and Measurement Instrument," *Americas Conference on Information System 2000*, pp.681–689.

Dayal, S.(1999), "How to Build Trust Online: Marketers can build mutually valuable relationships with customers through a trust-based collaboration process," *Marketing Management*, Vol.8 No.3, pp.64–66.

Doney, P. M., and Cannon, J. P.(1997), "An Examination of the Nature of Trust in Buyer-Seller Relationships," *Journal of Marketing*, Vol.61, pp.35–51.

Dowling, G. R. and Staelin, R(1994), "A Model of Percieved Risk and Intended Risk Handling Activity," *Journal of Consumer Research*, Vol.21, No.1, pp.119–134.

Ernst and Young L.L.P(1999), "The Second Annual Ernst & Young Internet Shopping Study", http://www.ey.com/.

Engel, James F., and Rogen D. Blackwell(1982), *Consumer Behavior*, New York: Holt, Reinhart and Winston.

Fornell, C.(1992), "A National Consumer Satisfaction With Service," in Advance in Consumer Research.

Fong, T., Fowler D, and P.M.C. Swatman(1988), "Success and Failure Factors for Implementing Effective Electronic Markets," *EM-Electronic Market*, Vol.8, pp.45–46.

Grandon, E. E. and J. M. Pearson(2004), "Electronic commerce adoption: an empirical study of small and medium US businesses," *Information & Management*, Vol.42, pp.197–216.

Hair, J. F., Anderson, R. E., Tatham, R. L., and Black, W. C.(1995), *Multivariate Data Analysis with Reading*, Prentice Hall. ·

Jarvenpaa, L. Sirrka and Peter A. Todd(1997), "Consumer Reactions to Electronic Shopping on the World Wide Web," *International Journal of Electronic Commerce*, Vol.1, No.2, winter, pp.59–88.

Jarvenpaa, S. L., N. Tractinsky, and M. Vitale(2000), "Consumer trust in an Internet store," *Information Technology and Management*, Vol.1 No.1–2, pp.45–71.

Jöreskog, Karl G. and Dag Sörbom(1993), Lisrel 8 User's Reference Guide, Scientific Software International.

Lewis, J. D., Weigert, A. J.(1985), "Trust as a Social Reality," *Social Forces*, Vol.63, pp.455–471.

Lohse, G. L., and Spiller, P.(1998), "Electronic Shopping", *Communications of ACM*, Vol.411 No.7, pp.81–86.

Luhmann, N.(1979), *Trust and Power*, John Wiley, New York.

Lynch, John G., Jr., and Dan Ariely(2000), "Wine Online: Search cost and competition on price, quality, and distribution," *Marketimg Science*, Vol.19, No.1. pp.70–101.

Moorman, Chirstine, Rohit Deshpand, and Gerald Zaltman(1993), "Factors Affecting Trust in Market Research Relationships," *Journal of Marketing Research*, Vol. 57(January), pp.81–101.

Morgan, Robert M. and Shelby D. Hunt(1994), "The Commitment–Trust Theory of Relationship Marketing," *Journal of Marketing*, Vol.58(July), pp.20–38.

Oliver R. L.(1980), "A Cognitive Model of the Antecedents and Consequences of Satisfaction Decisions," *Journal of Marketing Research*, Vol.17(November), pp.460–468.

O'Keefe, R. M. and Mceachern, T.(1998) "Web–Based Customer Decision Surpport System," *Communications of the ACM*, Vol.41, No.3, pp.71–78.

Peppers, D., and Rogers, M.(1995), "B2B: Customer Development Strategies for the Business–to–Business World", Capstone Publishing.

Raymond, L.(1999), "Organizational Characteristics and MIS Success in the context of small Business," *MIS Quality*, Vol.9, No.1, pp.37–52.

Taylor, S. & G. Hunter(2003), "An Exploratory Investigation into the Antecedents of Satisfaction, Brand Attitude and Loyalty within the (B2B) eCRM Industry," *Journal of Cunsumer Satisfaction, Dissatisfaction and Complaining Behavior*, Vol.16, pp19–32.

Tse D. K. and Wilton P. C.(1981), "Model of Consumer Satisfaction Formation: An Extension," *Journal of Marketing Research*, Vol.25, p.204.

Westbrook, Robert A., and Michael D. Reilly(1983), "Value–Percept Disparity: An Alternative to the Disconfirmations of Expectations Theory of Consumer Satisfaction," In Advances in Consumer Research. Eds. Richard P. Baggozi and Alice M. Tybout. Ann Arbor, *MI: Association of Consumer Research*, pp.256–261.

Woodside, Arch G., Lisa L. Frey, and Robert Timothy Daly(1989), "Linking Service Quality, Customer Satisfaction, and Behavioral Inention," *Journal of Health Care Marketing*, Vol.9(December), pp.5–17.

Zang. G. N. and Park, U. J.(2000), "Factors influencing the reliability of electronic commerce," Korean Institute of Industrial Engineers Conference, pp.641–644.

www.Commerce.net

www.studioarchetype.com/cheskin

설 문 지

안녕하십니까? 본 설문에 응해주셔서 감사합니다. 본 설문은 인터넷쇼핑몰을 사용하시는 소비자 구매동기를 조사하기 위한 것으로 순수한 학술연구에만 사용되고, 무기명 통계처리 되기 때문에 익명성이 보장됩니다. 바쁘시더라도 성실하게 답변해 주시면 감사하겠습니다.

2005년 5월

연 구 자: 조 철 호

Tel. (02) 000-0000 HP. 000-0000-0000

※주거래업체를 정하시고 다음 문항을 읽고 귀하의 생각과 일치하는 곳에 √표 하여 주시기 바랍니다.

전혀 그렇지 않다	그렇지 않다	보통이다	그렇다	매우 그렇다
①	②	③	④	⑤

구분	문항					
쇼핑몰이미지	1. 거래하는 인터넷쇼핑몰은 잘 알려져 있다.	①	②	③	④	⑤
	2. 거래하는 인터넷쇼핑몰은 평판이 좋다.	①	②	③	④	⑤
	3. 인터넷쇼핑몰의 웹디자인이 마음에 든다.	①	②	③	④	⑤
	4. 검색엔진에서 거래 인터넷쇼핑몰을 찾기 쉽다.	①	②	③	④	⑤
제품다양성	1. 쇼핑몰에서 취급하는 상품이 다양하다.	①	②	③	④	⑤
	2. 쇼핑몰에서 취급하는 브랜드가 다양하다.	①	②	③	④	⑤
	3. 쇼핑몰에서 취급하는 상품가격이 다양하다.	①	②	③	④	⑤
	4. 쇼핑몰에서 취급하는 상품디자인이 다양하다.	①	②	③	④	⑤
	5. 쇼핑몰에서 원하는 상품을 구매할 수 있다.	①	②	③	④	⑤
검색편리성	1. 쇼핑몰은 상품목록이 잘 정리되어 있다.	①	②	③	④	⑤
	2. 쇼핑몰의 상품검색방법이 다양하다.	①	②	③	④	⑤
	3. 쇼핑몰의 검색도움기능이 유용하다.	①	②	③	④	⑤
	4. 쇼핑몰의 정보검색속도가 빠르다.	①	②	③	④	⑤
	5. 쇼핑몰에서 원하는 상품을 쉽게 찾을 수 있다.	①	②	③	④	⑤
거래신뢰성	1. 쇼핑몰의 주문처리과정이 믿을 만하다.	①	②	③	④	⑤
	2. 쇼핑몰의 상품배달이 믿을 만하다.	①	②	③	④	⑤
	3. 쇼핑몰의 상품A/S가 믿을 만하다.	①	②	③	④	⑤
	4. 쇼핑몰의 상품반품 및 환불이 믿을 만하다.	①	②	③	④	⑤
	5. 쇼핑몰의 지불시스템이 믿을 만하다.	①	②	③	④	⑤
정보제공성	1. 쇼핑몰은 정확한 정보를 제공한다.	①	②	③	④	⑤
	2. 쇼핑몰은 최신의 정보를 제공한다.	①	②	③	④	⑤
	3. 쇼핑몰은 유용한 정보를 제공한다.	①	②	③	④	⑤
	4. 쇼핑몰은 나의 상품구매정보를 잘 보호한다.	①	②	③	④	⑤
	5. 쇼핑몰은 개인신상정보를 잘 보호한다.	①	②	③	④	⑤

나는 쇼핑몰과의 거래에 대해 전반적으로 만족한다.	①	②	③	④	⑤
나는 이 쇼핑몰의 상품을 계속 구매할 것이다.	①	②	③	④	⑤

주간 쇼핑몰 방문횟수	① 3회 이하	② 4~5회	③ 6~7회	④ 8회 이상

※ 다음은 일반적인 사항에 대한 질문입니다.

1. 귀하의 성별은? ① 남 ② 여
2. 귀하의 나이는? ① 20대 이하 ② 30대 ③ 40대 이상
3. 귀하의 학력은? ①고졸 이하 ② 대재 ③ 대졸 이상
4. 귀하의 직업은?
   ① 학생 ② 회사원 ③ 자영업 ④ 주부 ⑤ 기타(   )
5. 귀하가 지난 1년 동안에 인터넷쇼핑몰을 통해 상품을 구입한 횟수는? (   )

♣ 끝까지 응답해주셔서 고맙습니다.

[부록 2] 통계표

[부표 1] 표준정규분포표

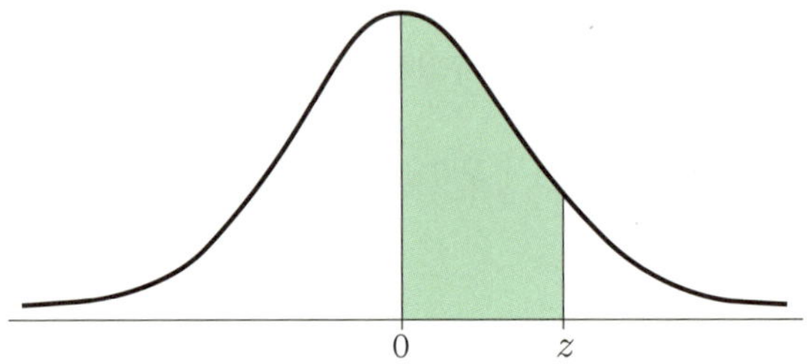

이 표는 Z=0에서 Z값까지의 면적을 나타낸다. 예를 들어 Z=1.25일 때 0 ~ 1.25 사이의 면적은 0.395이다.

Z	.00	.01	.02	.03	.04	.05	.06	.07	08	.09
0.0	.0000	.0040	.0080	.0120	.0160	.0199	.0239	.0279	.0319	.0319
0.1	.0398	.0438	.0478	.0517	.0557	.0596	.0636	.0675	.0714	.0753
0.2	.0793	.0832	.0871	.0910	.0948	.0987	.1026	.1064	.1103	.1141
0.3	.1179	.1217	.1255	.1293	.1331	.1368	.1406	.1443	.1480	.1517
0.4	.1554	.1591	.1628	.1664	.1700	.1736	.1772	.1808	.1844	.1879
0.5	.1915	.1950	.1985	.2019	.2054	.2088	.2123	.2157	.2190	.2224
0.6	.2257	.2291	.2324	.2357	.2389	.2422	.2454	.2486	.2517	.2549
0.7	.2580	.2611	.2642	.2673	.2704	.2734	.2764	.2794	.2823	.2852
0.8	.2881	.2910	.2939	.2967	.2995	.3023	.3051	.3078	.3106	.3133
0.9	.3159	.3186	.3212	.3238	.3264	.3289	.3315	.3340	.3365	.3389
1.0	.3413	.3438	.3461	.3485	.3508	.3531	.3554	.3577	.3599	.3621
1.1	.3643	.3665	.3686	.3708	.3279	.3749	.3770	.3790	.3810	.3830
1.2	.3849	.3869	.3888	.3907	.3925	.3944	.3962	.3980	.3997	.4015
1.3	.4032	.4049	.4066	.4082	.4099	.4115	.4131	.4147	.4162	.4177
1.4	.4192	.4207	.4222	.4236	.4251	.4265	.4279	.4292	.4306	.4319
1.5	.4332	.4345	.4357	.4370	.7382	.4394	.4406	.4418	.4429	.4441
1.6	.4452	.4463	.4474	.4484	.4495	.4505	.4515	.4525	.4535	.4545
1.7	.4554	.4564	.4573	.4582	.4591	.4599	.4608	.4616	.4625	.4633
1.8	.4641	.4649	.4656	.4664	.4671	.4678	.4686	.4693	.4699	.4706
1.9	.4713	.4719	.4726	.4732	.4738	.4744	.4750	.4756	.4761	.4767
2.0	.4772	.4778	.4783	.4788	.4793	.4798	.4803	.4808	.4812	.4817
2.1	.4821	.4826	.4830	.4834	.4838	.4842	.4846	.4850	.4856	.4857
2.2	.4861	.4864	.4868	.4871	.4875	.4878	.4881	.4884	.4887	.4890
2.3	.4893	.4896	.4898	.4901	.4904	.4906	.4909	.4911	.4913	.4916
2.4	.4918	.4920	.4922	.4925	.4927	.4929	.4931	.4932	.4934	.4936
2.5	.4938	.4940	.4941	.4943	.4945	.4946	.4948	.4949	.4951	.4952
2.6	.4953	.4955	.4956	.4957	.4959	.4960	.4961	.4962	.4963	.4964
2.7	.4965	.4966	.4967	.4968	.4969	.4970	.4971	.4972	.4973	.4974
2.8	.4974	.4975	.4976	.4977	.4977	.4978	.4979	.4979	.4980	.4981
2.9	.4981	.4982	.4982	.4983	.4984	.4984	.4985	.4985	.4986	.4986
3.0	.4987	.4987	.4987	.4988	.4988	.4989	.4989	.4989	.4990	.4990

[부표 2] t분포표

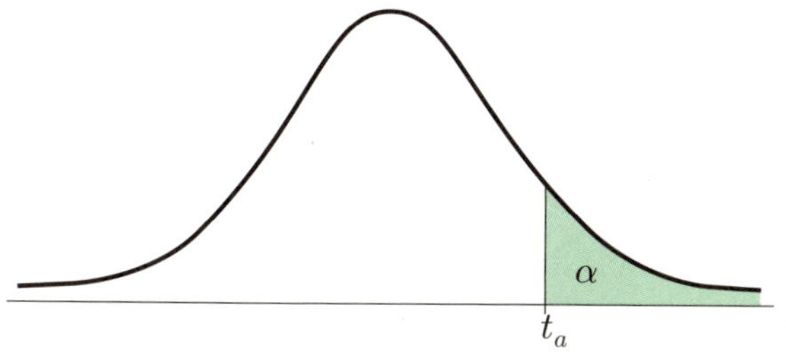

df	$t_{.025}$	$t_{.100}$	$t_{.050}$	$t_{.025}$	$t_{.010}$	$t_{.005}$
1	1.000	3.078	6.314	12.706	31.821	63.657
2	0.816	1.886	2.920	4.303	6.965	9.925
3	0.745	1.638	2.353	3.182	4.541	5.841
4	0.741	1.533	2.132	2.776	3.747	4.604
5	0.727	1.476	2.015	2.571	3.365	4.032
6	0.718	1.440	1.943	2.447	3.143	3.707
7	0.711	1.415	1.895	2.365	2.998	3.499
8	0.706	1.397	1.860	2.306	2.896	3.355
9	0.703	1.383	1.833	2.262	2.821	3.250
10	0.700	1.372	1.812	2.228	2.876	3.169
11	0.697	1.363	1.796	2.201	2.718	3.106
12	0.695	1.356	1.782	2.179	2.681	3.055
13	0.694	1.350	1.771	2.160	2.650	3.012
14	0.692	1.345	1.761	2.145	2.624	2.977
15	0.691	1.341	1.753	2.131	2.602	2.947
16	0.690	1.337	1.746	2.120	2.583	2.921
17	0.689	1.333	1.740	2.110	2.567	2.898
18	0.688	1.330	1.734	2.101	2.552	2.878
19	0.688	1.328	1.729	2.093	2.539	2.861
20	0.687	1.325	1.725	2.086	2.528	2.845
21	0.686	1.323	1.721	2.080	2.518	2.831
22	0.686	1.321	1.717	2.074	2.508	2.819
23	0.685	1.319	1.714	2.069	2.500	2.807
24	0.685	1.318	1.711	2.064	2.492	2.797
25	0.684	1.316	1.708	2.060	2.485	2.787
26	0.684	1.315	1.706	2.056	2.479	2.779
27	0684	1.314	1.703	2.052	2.473	2.771
28	0.683	1.313	1.701	2.048	2.467	2.763
29	0.683	1.311	1.699	2.045	2.464	2.756
30	0.683	1.310	1.697	2.042	2.457	2.750
40	0.681	1.303	1.684	2.021	2.423	2.704
60	0.697	1.296	1.671	2.000	2.390	2.660
120	0.677	1.289	1.658	1.980	2.358	2.617
∞	0.674	1.282	1.645	1.960	2.326	2.576

t분포표(계속)

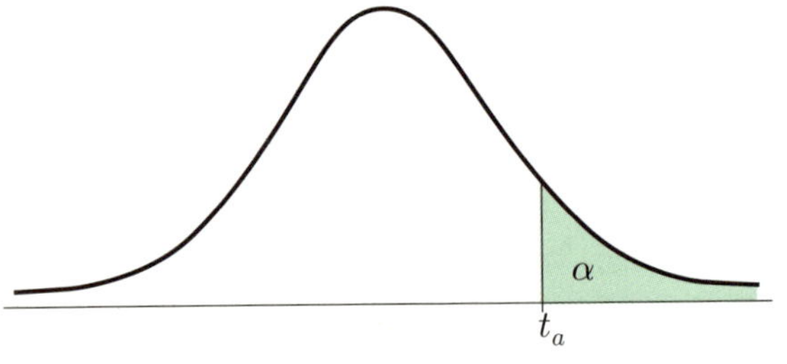

df	$t_{0.0025}$	$t_{0.001}$	$t_{0.0005}$	$t_{0.00025}$	$t_{0.0001}$	$t_{0.00005}$	$t_{0.000025}$	$t_{0.00001}$
1	127.321	318.309	636.919	1,273.239	3,183.099	6,366.198	12,732.395	31,380.989
2	14.089	22.327	31.598	44.705	70.700	99.950	141.416	223.603
3	7.453	10.214	12.924	16.326	22.204	28.000	35.298	47.928
4	5.598	7.173	8.610	10.306	13.034	15.544	18.522	23.332
5	4.773	5.893	6.869	7.976	9.678	11.178	12.893	15.547
6	4.317	5.208	5.959	6.788	8.025	9.082	10.261	12.032
7	4.029	4.785	5.408	6.082	7.063	7.885	8.782	10.103
8	3.833	4.501	5.041	5.618	6.442	7.120	7.851	8.907
9	3.690	4.297	4.781	5.291	6.010	6.594	7.215	8.102
10	3.581	4.144	4.587	5.049	5.694	6.211	6.757	7.527
11	3.497	4.025	4.437	4.863	5.453	5.921	6.412	7.098
12	3.428	3.930	4.318	4.716	5.263	5.694	6.143	6.756
13	3.372	3.852	4.221	4.597	5.111	5.513	5.928	6.501
14	3.326	3.787	4.140	4.499	4.985	5.363	5.753	6.287
15	3.286	3.733	4.073	4.417	4.880	5.239	5.607	6.109
16	3.252	3.686	4.015	4.346	4.791	5.134	5.484	5.960
17	3.223	3.646	3.965	4.286	4.714	5.044	5.379	5.832
18	3.197	3.610	3.922	4.233	4.648	4.966	5.288	5.722
19	3.174	3.579	3.883	4.187	4.590	4.897	5.209	5.627
20	3.153	3.552	3.850	4.146	4.539	4.837	5.139	5.543
21	3.135	3.527	3.819	4.110	4.493	4.784	5.077	5.469
22	3.119	3.505	3.792	4.077	4.452	4.736	5.022	5.402
23	3.104	3.485	3.768	4.048	4.415	4.693	4.992	5.343
24	3.090	3.467	3.745	4.021	4.382	4.654	4.927	5.290
25	3.078	3.450	3.725	3.997	4.352	4.619	4.887	5.241
26	3.067	3.435	3.707	3.974	4.324	4.587	4.850	5.197
27	3.057	3.421	3.690	3.954	4.299	4.558	4.816	5.157
28	3.047	3.408	3.674	3.935	4.275	4.530	4.784	5.120
29	3.038	3.396	3.659	3.918	4.254	4.506	4.756	5.086
30	3.030	3.385	3.646	3.902	4.234	4.482	4.729	5.054
40	2.971	3.307	3.551	3.788	4.094	4.321	4.544	4.835
60	2.915	3.232	3.460	3.681	3.962	4.169	4.370	4.631
100	2.871	3.174	3.390	3.598	3.862	4.053	4.240	4.478
∞	2.807	3.090	3.291	3.481	3.719	3.891	4.056	4.265

[부표 3] χ^2 분포표

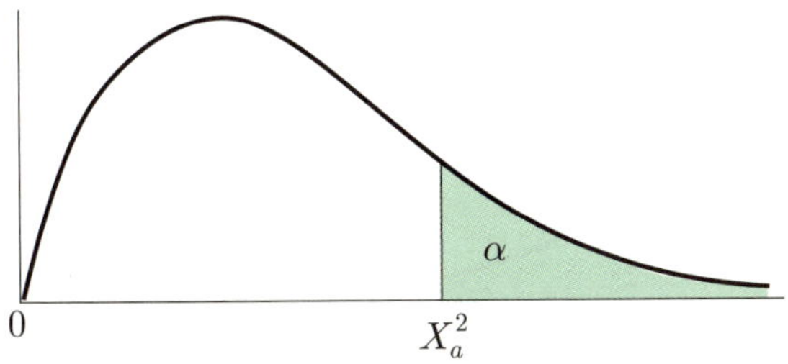

df	$\chi_{0.990}$	$\chi_{0.975}$	$\chi_{0.950}$	$\chi_{0.900}$	$\chi_{0.500}$	$\chi_{0.100}$	$\chi_{0.050}$	$\chi_{0.025}$	$\chi_{0.010}$	$\chi_{0.005}$
1	0.0002	0.0001	0.004	0.02	0.45	2.71	3.84	5.02	6.63	7.88
2	0.02	0.05	0.10	0.21	1.39	4.61	5.99	7.38	9.21	10.60
3	0.11	0.22	0.35	0.58	2.37	6.25	7.81	9.35	11.34	12.84
4	0.30	0.48	0.71	1.06	3.36	7.78	9.49	11.14	13.28	14.86
5	0.55	0.83	1.15	1.61	4.35	9.24	11.07	12.83	15.09	16.75
6	0.87	1.24	1.64	2.20	5.35	10.64	12.59	14.45	16.81	18.55
7	1.24	1.69	2.17	2.83	6.35	12.02	14.07	16.01	18.48	20.28
8	1.65	2.18	2.73	3.49	7.34	13.36	15.51	17.53	20.09	21.95
9	2.09	2.70	3.33	4.17	8.34	14.68	16.92	19.02	21.67	23.59
10	2.56	3.25	3.94	4.87	9.34	15.99	18.31	20.48	23.21	25.19
11	3.05	3.82	4.57	5.58	10.34	17.28	19.68	21.92	24.72	26.76
12	3.57	4.40	5.23	6.30	11.34	18.55	21.03	23.34	26.22	28.30
13	4.11	5.01	5.89	7.04	12.34	19.81	22.36	24.74	27.69	29.82
14	4.66	5.63	6.57	7.79	13.34	21.06	23.68	26.12	29.14	31.32
15	5.23	6.26	7.26	8.55	14.34	22.31	25.00	27.49	30.58	32.80
16	5.81	6.91	7.96	9.31	15.34	23.54	26.30	28.85	32.00	34.27
17	6.41	7.56	8.67	10.09	16.34	24.77	27.59	30.19	33.41	35.72
18	7.01	8.23	9.39	10.86	17.34	25.99	28.87	31.53	34.81	37.16
19	7.63	8.91	10.12	11.65	18.34	27.20	30.14	32.85	36.19	38.58
20	8.26	9.59	10.85	12.44	19.34	28.41	31.14	34.17	37.57	40.00
21	8.90	10.28	11.59	13.24	20.34	29.62	32.67	35.48	38.93	41.40
22	9.54	10.98	12.34	14.04	21.34	30.81	33.92	36.78	40.29	42.80
23	10.20	11.69	13.09	14.85	22.34	32.01	35.17	38.08	41.64	44.18
24	10.86	12.40	13.85	15.66	23.34	33.20	36.74	39.36	42.98	45.56
25	11.52	13.12	14.61	16.47	24.34	34.38	37.92	40.65	44.31	46.93
26	12.20	13.84	15.38	17.29	25.34	35.56	38.89	41.92	45.64	48.29
27	12.83	14.57	16.15	18.11	26.34	36.74	40.11	43.19	46.96	49.64
28	13.56	15.31	16.93	18.94	27.34	37.92	41.34	44.46	48.28	50.99
29	14.26	16.05	17.71	19.77	28.34	39.09	42.56	45.72	49.59	52.34
30	14.95	16.79	18.49	20.60	29.34	40.26	43.77	46.98	50.89	53.67
40	22.16	24.43	26.51	29.05	39.34	51.81	55.76	59.34	63.69	66.77
50	29.71	32.36	34.76	37.69	49.33	63.17	67.50	71.42	76.15	79.49
60	37.48	40.48	43.19	46.46	59.33	74.40	79.08	83.30	88.38	91.95
70	45.44	48.76	51.74	55.33	69.33	85.53	90.53	95.02	100.43	104.21
80	53.54	57.15	60.39	64.28	79.33	96.58	101.88	106.63	112.33	116.32
90	61.75	65.65	69.13	73.29	89.33	107.57	113.15	118.14	124.12	128.30
100	70.06	74.22	77.93	82.36	99.33	118.50	124.34	129.56	135.81	140.17

[부표 4] F분포표

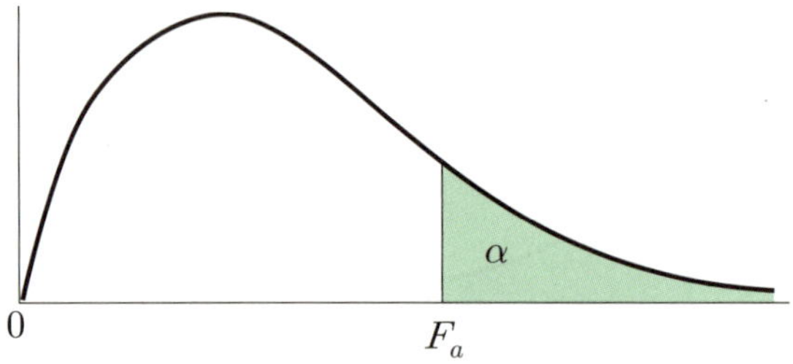

df	1	2	3	4	5	6	7	8	9
					$\alpha=0.01$				
1	4052.0	4999.0	5403.0	5625.0	5764.0	5859.0	5928.0	5982.0	5022.0
2	98.50	99.00	99.17	99.25	99.30	99.33	99.36	99.37	99.39
3	34.12	30.82	29.46	28.71	28.24	27.91	27.67	27.49	27.34
4	21.20	18.00	16.69	15.98	15.52	15.21	14.98	14.80	14.66
5	16.26	13.27	12.06	11.39	10.97	10.67	10.46	10.29	10.16
6	13.74	10.92	9.78	9.15	8.75	8.47	8.26	8.10	7.98
7	12.25	9.55	8.45	7.85	7.46	7.19	6.99	6.84	6.72
8	11.26	8.65	7.59	7.01	6.63	6.37	6.18	6.03	5.91
9	10.56	8.02	6.99	6.42	6.06	5.80	5.61	5.47	5.35
10	10.04	7.56	6.55	5.99	5.64	5.39	5.20	5.06	4.94
11	9.65	7.21	6.22	5.67	5.32	5.07	4.89	4.74	4.63
12	9.33	6.93	5.95	5.41	5.06	4.82	4.64	4.50	4.39
13	9.07	6.70	5.74	5.21	4.86	4.62	4.44	4.30	4.19
14	8.86	6.51	5.56	5.04	4.69	4.46	4.28	4.14	4.03
15	8.68	6.36	5.42	4.89	4.56	4.32	4.14	4.00	3.89
16	8.53	6.23	5.29	4.77	4.44	4.20	4.03	3.89	3.78
17	8.40	6.11	5.18	4.67	4.34	4.10	3.93	3.79	3.68
18	8.29	6.01	5.09	4.58	4.25	4.01	3.84	3.71	3.60
19	8.18	5.93	5.01	4.50	4.17	3.94	3.77	3.63	3.52
20	8.10	5.85	4.94	4.43	4.10	3.87	3.70	3.56	3.46
21	8.02	5.78	4.87	4.37	4.04	3.81	3.64	3.51	3.40
22	7.95	5.72	4.82	4.31	3.99	3.76	3.59	3.45	3.35
23	7.88	5.66	4.76	4.26	3.94	3.71	3.54	3.41	3.30
24	7.82	5.61	4.72	4.22	3.90	3.67	3.50	3.36	3.26
25	7.77	5.57	4.68	4.18	3.85	3.63	3.46	3.32	3.22
26	7.72	5.53	4.64	4.14	3.82	3.59	3.42	3.29	3.18
27	7.68	5.49	4.60	4.11	3.78	3.56	3.39	3.26	3.15
28	7.64	5.45	4.57	4.07	3.75	3.53	3.36	3.23	3.12
29	7.60	5.42	4.54	4.04	3.73	3.50	3.33	3.20	3.09
30	7.56	5.39	4.51	4.02	3.70	3.47	3.30	3.17	3.07
40	7.31	5.18	4.31	3.83	3.51	3.29	3.12	2.99	2.89
60	7.08	4.98	4.13	3.65	3.34	3.12	2.95	2.82	2.72
120	6.85	4.79	3.95	3.48	3.17	2.96	2.79	2.66	2.56
∞	6.63	4.61	3.78	3.32	3.02	2.80	2.64	2.51	2.41

F분포표(계속)

$\alpha=0.01$									
df	10	15	20	24	30	40	60	120	∞
1	6056.0	6157.0	6209.0	6235.0	6261.0	6387.0	6313.0	6339.0	6366.0
2	99.40	99.43	99.45	99.46	99.47	99.47	99.48	99.49	99.50
3	27.23	26.87	26.69	26.60	26.50	26.41	26.32	26.22	26.12
4	14.55	14.20	14.02	13.93	13.84	13.74	13.65	13.56	13.46
5	10.05	9.72	9.55	9.47	9.38	9.29	9.20	9.11	9.02
6	7.87	7.56	7.40	7.31	7.23	7.14	7.06	6.97	6.88
7	6.62	6.31	6.16	6.07	5.99	5.91	5.82	5.74	5.65
8	5.81	5.52	5.36	5.28	5.20	5.12	5.03	4.95	4.86
9	5.26	4.96	4.81	4.73	4.65	4.57	4.48	4.40	4.31
10	4.85	4.56	4.41	4.33	4.25	4.17	4.08	4.00	3.91
11	4.54	4.25	4.10	4.02	3.94	3.86	3.78	3.69	3.60
12	4.30	4.01	3.86	3.78	3.70	3.62	3.54	3.45	3.36
13	4.10	3.82	3.66	3.59	3.51	3.43	3.34	3.25	3.17
14	3.94	3.66	3.51	3.43	3.35	3.27	3.18	3.09	3.00
15	3.80	3.52	3.37	3.29	3.21	3.13	3.05	2.96	2.87
16	3.69	3.41	3.26	3.18	3.10	3.02	2.93	2.84	2.75
17	3.59	3.23	3.16	3.08	3.00	2.92	2.83	2.75	2.65
18	3.51	3.23	3.08	3.00	2.92	2.84	2.75	2.66	2.57
19	3.43	3.15	3.00	2.92	2.84	2.76	2.67	2.58	2.49
20	3.37	3.09	2.94	2.86	2.78	2.69	2.61	2.52	2.42
21	3.31	3.03	2.88	2.80	2.72	2.64	2.55	2.46	2.36
22	3.26	2.98	2.83	2.75	2.67	2.58	2.50	2.40	2.31
23	3.21	2.93	2.78	2.70	2.62	2.54	2.45	2.35	2.26
24	3.17	2.89	2.74	2.66	2.58	2.49	2.40	2.31	2.21
25	3.13	2.85	2.70	2.62	2.54	2.45	2.36	2.27	2.17
26	3.09	2.81	2.66	2.58	2.50	2.42	2.33	2.23	2.13
27	3.06	2.78	2.63	2.55	2.47	2.38	2.29	2.20	2.10
28	3.03	2.75	2.60	2.52	2.44	2.35	2.26	2.17	2.06
29	3.00	2.73	2.57	2.49	2.41	2.33	2.23	2.14	2.03
30	2.98	2.70	2.55	2.47	2.39	2.30	2.21	2.11	2.01
40	2.80	2.52	2.37	2.29	2.20	2.11	2.02	1.92	1.80
60	2.63	2.35	2.20	2.12	2.03	1.94	1.84	1.73	1.60
120	2.47	2.19	2.03	1.95	1.86	1.76	1.66	1.53	1.38
∞	2.32	2.04	1.88	1.79	1.70	1.59	1.47	1.32	1.00

F 분포표(계속)

				$\alpha=0.05$					
df	**1**	**2**	**3**	**4**	**5**	**6**	**7**	**8**	**9**
1	161.45	199.50	215.71	224.58	230.16	233.99	236.77	238.88	240.54
2	18.51	19.00	19.16	19.25	19.30	19.33	19.35	19.37	19.38
3	10.13	9.55	9.28	9.12	9.01	8.94	8.89	8.85	8.81
4	7.71	6.94	6.59	6.39	6.26	6.16	6.09	6.04	6.00
5	6.61	5.79	5.41	5.19	5.05	4.95	4.88	4.82	4.77
6	5.99	5.14	4.76	4.53	4.39	4.28	4.21	4.15	4.10
7	5.59	4.74	4.35	4.12	3.97	3.87	3.79	3.73	3.68
8	5.32	4.46	4.07	3.84	3.69	3.58	3.50	3.44	3.39
9	5.12	4.26	3.86	3.63	3.48	3.37	3.29	3.23	3.18
10	4.96	4.10	3.71	3.48	3.33	3.22	3.14	3.07	3.02
11	4.84	3.98	3.59	3.36	3.20	3.09	3.01	2.95	2.90
12	4.75	3.89	3.49	3.26	3.11	3.00	2.91	2.85	2.80
13	4.67	3.81	3.41	3.18	3.03	2.92	2.83	2.77	2.71
14	4.60	3.74	3.34	3.11	2.96	2.85	2.76	2.70	2.65
15	4.54	3.68	3.29	3.06	2.90	2.79	2.71	2.64	2.59
16	4.49	3.63	3.24	3.01	2.85	2.74	2.66	2.59	2.54
17	4.45	3.59	3.20	2.96	2.81	2.70	2.61	2.55	2.49
18	4.41	3.52	3.16	2.93	2.77	2.66	2.58	2.51	2.46
19	4.38	3.52	3.13	2.90	2.74	2.63	2.54	2.48	2.42
20	4.35	3.49	3.10	2.87	2.71	2.60	2.51	2.45	2.39
21	4.32	3.47	3.07	2.84	2.68	2.57	2.49	2.42	2.37
22	4.30	3.44	3.05	2.82	2.66	2.55	2.46	2.40	2.34
23	4.28	3.42	3.03	2.80	2.64	2.53	2.44	2.37	2.32
24	4.26	3.40	3.01	2.78	2.62	2.51	2.42	2.36	2.30
25	4.24	3.39	2.99	2.76	2.60	2.49	2.40	2.34	2.28
26	4.23	3.37	2.98	2.74	2.59	2.47	2.39	2.32	2.27
27	4.21	3.35	2.96	2.73	2.57	2.46	2.37	2.31	2.25
28	4.20	3.34	2.95	2.71	2.56	2.45	2.36	2.29	2.24
29	4.18	3.33	2.93	2.70	2.55	2.43	2.35	2.28	2.22
30	4.17	3.32	2.92	2.69	2.53	2.42	2.33	2.27	2.21
40	4.08	3.23	2.84	2.61	2.45	2.34	2.25	2.18	2.12
60	4.00	3.15	2.76	2.53	2.37	2.25	2.17	2.10	2.04
120	3.92	3.07	2.68	2.45	2.29	2.17	2.09	2.02	1.96
∞	3.84	3.00	2.60	2.37	2.21	2.10	2.01	1.94	1.88

F 분포표(계속)

$\alpha=0.05$									
df	10	15	20	24	30	40	60	120	∞
1	241.88	245.95	248.01	249.05	250.09	251.14	252.20	253.25	254.32
2	19.40	19.43	19.45	19.45	19.46	19.47	19.48	19.49	19.50
3	8.76	8.70	8.66	8.64	8.62	8.59	8.57	8.55	8.53
4	5.96	5.86	5.80	5.77	5.75	5.72	5.69	5.66	5.63
5	4.74	4.62	4.56	4.53	4.50	4.46	4.43	4.40	4.36
6	4.06	3.94	3.87	3.84	3.81	3.77	3.74	3.70	3.67
7	3.64	3.51	3.44	3.41	3.38	3.34	3.30	3.27	3.23
8	3.35	3.22	3.15	3.12	3.08	3.04	3.01	2.97	2.93
9	3.14	3.01	2.94	2.90	2.86	2.83	2.79	2.75	2.71
10	2.98	2.84	2.77	2.74	2.70	2.66	2.62	2.58	2.54
11	2.85	2.72	2.65	2.61	2.57	2.53	2.49	2.45	2.40
12	2.75	2.62	2.54	2.51	2.47	2.43	2.38	2.34	2.30
13	2.67	2.53	2.46	2.42	2.38	2.34	2.30	2.25	2.21
14	2.60	2.46	2.39	2.35	2.31	2.27	2.22	2.18	2.13
15	2.54	2.40	2.33	2.29	2.25	2.20	2.16	2.11	2.07
16	2.49	2.35	2.28	2.24	2.19	2.15	2.11	2.06	2.01
17	2.45	2.31	2.23	2.19	2.15	2.10	2.06	2.01	1.96
18	2.41	2.27	2.19	2.15	2.11	2.06	2.02	1.97	1.92
19	2.38	2.23	2.16	2.11	2.07	2.03	1.98	1.93	1.88
20	2.35	2.20	2.12	2.08	2.04	1.99	1.95	1.90	1.84
21	2.32	2.18	2.10	2.05	2.01	1.96	1.92	1.87	1.81
22	2.30	2.15	2.07	2.03	1.98	1.94	1.89	1.84	1.78
23	2.27	2.13	2.05	2.00	1.96	1.91	1.86	1.81	1.76
24	2.25	2.11	2.03	1.98	1.94	1.89	1.84	1.79	1.73
25	2.24	2.09	2.01	1.96	1.92	1.87	1.82	1.77	1.71
26	2.22	2.07	1.99	1.95	1.90	1.85	1.80	1.75	1.69
27	2.20	2.06	1.97	1.93	1.88	1.84	1.79	1.73	1.67
28	2.19	2.04	1.96	1.91	1.87	1.82	1.77	1.71	1.65
29	2.18	2.03	1.94	1.90	1.85	1.81	1.75	1.70	1.64
30	2.16	2.01	1.93	1.89	1.84	1.79	1.74	1.68	1.62
40	2.08	1.92	1.84	1.79	1.74	1.69	1.64	1.58	1.51
60	1.99	1.84	1.75	1.70	1.65	1.59	1.53	1.47	1.39
120	1.91	1.75	1.66	1.61	1.55	1.50	1.43	1.35	1.25
∞	1.83	1.67	1.57	1.52	1.46	1.39	1.31	1.22	1.00

F 분포표(계속)

$\alpha=0.10$									
df	1	2	3	4	5	6	7	8	9
1	39.86	49.50	53.59	55.83	57.24	58.20	58.91	59.44	59.86
2	8.53	9.00	9.16	9.24	9.26	9.33	9.35	9.37	9.38
3	5.54	5.46	5.39	5.34	5.31	5.28	5.27	5.25	5.24
4	4.54	5.32	4.19	4.11	4.05	4.01	3.98	3.95	3.94
5	4.06	3.78	3.62	3.52	3.45	3.40	3.37	3.34	3.32
6	3.78	3.46	3.29	3.18	3.11	3.05	3.01	2.98	2.96
7	3.59	3.26	3.07	2.96	2.88	2.83	2.78	2.75	2.72
8	3.46	3.11	2.92	2.81	2.73	2.67	2.62	2.59	2.56
9	3.36	3.01	2.81	2.69	2.61	2.55	2.51	2.47	2.44
10	3.28	2.92	2.73	2.61	2.52	2.46	2.41	2.38	2.35
11	3.23	2.86	2.66	2.54	2.45	2.39	2.34	2.30	2.27
12	3.13	2.81	2.61	2.48	2.39	2.33	2.28	2.24	2.21
13	3.14	2.76	2.56	2.43	2.35	2.28	2.23	2.20	2.16
14	3.10	2.73	2.52	2.39	2.31	2.24	2.19	2.15	2.12
15	3.07	2.70	2.49	2.36	2.27	2.21	2.16	2.12	2.09
16	3.05	2.67	2.46	2.33	2.24	2.18	2.13	2.09	2.06
17	3.03	2.64	2.44	2.31	2.22	2.15	2.10	2.06	2.03
18	3.01	2.62	2.42	2.29	2.20	2.13	2.08	2.04	2.00
19	2.99	2.61	2.40	2.27	2.18	2.11	2.06	2.02	1.98
20	2.97	2.59	2.38	2.25	2.16	2.09	2.04	2.00	1.96
21	2.96	2.57	2.36	2.23	2.14	2.08	2.02	1.98	1.95
22	2.95	2.56	2.35	2.22	2.13	2.06	2.01	1.97	1.93
23	2.94	2.55	2.34	2.21	2.11	2.05	1.99	1.95	1.92
24	2.93	2.54	2.33	2.19	2.10	2.04	1.98	1.94	1.91
25	2.92	2.53	2.32	2.18	2.09	2.02	1.97	1.93	1.89
26	2.91	2.52	2.31	2.17	2.08	2.01	1.96	1.92	1.88
27	2.90	2.51	2.30	2.17	2.07	2.00	1.95	1.91	1.87
28	2.89	2.50	2.29	2.16	2.06	2.00	1.94	1.90	1.87
29	2.89	2.50	2.28	2.15	2.06	1.99	1.93	1.89	1.86
30	2.88	2.49	2.28	2.14	2.05	1.98	1.93	1.88	1.85
40	2.84	2.44	2.23	2.09	2.00	1.93	1.87	1.83	1.79
60	2.79	2.39	2.18	2.04	1.95	1.87	1.82	1.77	1.74
120	2.75	2.35	2.13	1.99	1.90	1.82	1.77	1.72	1.68
∞	2.71	2.30	2.08	1.94	1.85	1.77	1.72	1.67	1.63

F 분포표(계속)

α=0.10										
df	10	12	15	20	24	30	40	60	120	∞
1	60.20	60.71	61.22	61.74	62.00	62.26	62.53	62.79	63.06	63.83
2	9.39	9.41	9.42	9.44	9.45	9.46	9.47	9.47	9.48	9.49
3	5.23	5.22	5.20	5.18	5.18	5.17	5.16	5.15	5.14	5.13
4	3.92	3.90	3.87	3.84	3.83	3.82	3.80	3.79	3.78	3.76
5	3.30	3.27	3.24	3.21	3.19	3.17	3.16	3.14	3.12	3.10
6	2.94	2.90	2.87	2.84	2.82	2.80	2.78	2.70	2.74	2.72
7	2.70	2.67	2.63	2.59	2.58	2.56	2.54	2.51	2.49	2.47
8	2.54	2.50	2.46	2.42	2.40	2.38	2.36	2.34	2.32	2.29
9	2.42	2.38	2.34	2.30	2.28	2.25	2.23	2.21	2.18	2.16
10	2.32	2.28	2.24	2.20	2.18	2.16	2.13	2.11	2.08	2.06
11	2.25	2.21	2.17	2.12	2.10	2.08	2.05	2.03	2.00	1.97
12	2.19	2.15	2.10	2.06	2.04	2.01	1.99	1.96	1.93	1.90
13	2.14	2.10	2.05	2.01	1.98	1.96	1.93	1.90	1.88	1.85
14	2.10	2.05	2.01	1.96	1.94	1.91	1.89	1.86	1.83	1.80
15	2.06	2.02	1.97	1.92	1.90	1.87	1.85	1.82	1.79	1.76
16	2.03	1.99	1.94	1.89	1.87	1.84	1.81	1.78	1.75	1.72
17	2.00	1.96	1.91	1.86	1.84	1.81	1.78	1.75	1.72	1.69
18	1.98	1.93	1.89	1.84	1.81	1.78	1.75	1.72	1.69	1.66
19	1.96	1.91	1.86	1.81	1.79	1.76	1.73	1.70	1.67	1.63
20	1.94	1.89	1.84	1.79	1.77	1.74	1.71	1.68	1.64	1.61
21	1.92	1.88	1.83	1.78	1.75	1.72	1.69	1.66	1.62	1.59
22	1.90	1.86	1.81	1.76	1.73	1.70	1.67	1.64	1.60	1.57
23	1.89	1.84	1.80	1.74	1.72	1.69	1.66	1.62	1.59	1.55
24	1.88	1.83	1.78	1.73	1.70	1.67	1.64	1.61	1.57	1.53
25	1.87	1.82	1.77	1.72	1.69	1.66	1.63	1.59	1.56	1.52
26	1.86	1.81	1.76	1.71	1.68	1.65	1.61	1.58	1.54	1.50
27	1.85	1.80	1.75	1.70	1.67	1.64	1.60	1.57	1.53	1.49
28	1.84	1.79	1.74	1.69	1.66	1.63	1.59	1.56	1.52	1.48
29	1.83	1.78	1.73	1.68	1.65	1.62	1.58	1.55	1.51	1.47
30	1.82	1.77	1.72	1.67	1.64	1.61	1.57	1.54	1.50	1.49
40	1.76	1.71	1.66	1.61	1.57	1.54	1.51	1.47	1.42	1.38
60	1.71	1.66	1.60	1.54	1.51	1.48	1.44	1.40	1.35	1.29
120	1.65	1.60	1.54	1.48	1.45	1.41	1.37	1.32	1.26	1.19
∞	1.60	1.55	1.49	1.42	1.38	1.34	1.30	1.24	1.17	1.00

| 찾아보기 |

| 저자약력 |

조철호

현, 대구한의대학교 의료경영학과 교수
연구실: (053)819-1331
email: ebizdoctor@naver.com, chcho@dhu.ac.kr
blog(자료실): http://blog.naver.com/ebizdoctor
YouTube: 조철호 교수의 통계TV

[학력 및 경력]

경희대 경영학사, 한양대 경영학석사, 경희대 경영학박사
경희대, 한양대, 한국외대, 서울여대, 한국방송통신대(NCS) 강사
생산성본부, 경희대, 부산대 등 SPSS/AMOS/연구방법론/사회조사분석사 강사
대한경영학회, 한국품질경영학회, 한국병원경영학회, 한국생산성학회 등 편집이사 역임

[우수논문상 수상]

2007 한국서비스경영학회, 2008 한국보건행정학회, 2009 한국고객만족경영학회
2012 ASIAN NETWORK FOR QUALITY(ANQ_Hong Kong) Best Paper Awards
2014 한국경영교육학회, 대한경영학회, 한국서비스경영학회
2017, 2019 한국품질경영학회

[주요 저서]

NCS기반 실무자를 위한 문제해결능력, 도서출판 청람, 2018.
사회조사분석사(2급) 사회조사실무 작업형 완성. 도서출판 청람, 2015.
의사결정을 위한 현대통계학, 무역경영사, 2006.
SPSS와 AMOS 활용 연구조사방법론, 무역경영사, 2013.

SPSS/AMOS 활용
구조방정식모형 논문통계분석(제3판)

2014년 2월 20일 1판 1쇄 발행
2021년 5월 20일 3판 1쇄 발행

저　자 | 조철호
발행인 | 이수영
발행처 | 도서출판 청람
서울시 마포구 독막로 288(대흥동, 세양상가 109호)
전　화 | 02)3272-2601~2
팩　스 | 02)3272-2603
홈페이지 | www.crbooks.co.kr
이메일 | crbooks@hanmail.net
등　록 | 2000.8.26 제6-0509호

ISBN 978-89-5972-818-3 93320 [정가 35,000원]